Fondazione Migrantes
ORGANISMO PASTORALE DELLA CEI

RIM

RAPPORTO ITALIANI NEL MONDO | 2024

tau editrice

Rapporto Italiani nel Mondo 2024
a cura di Delfina Licata

Ente Titolare del Progetto
Fondazione Migrantes della Conferenza Episcopale Italiana

Autori che hanno collaborato
Mauro Albani, Maria Rita Amelii, Giulia Ampollini, Loretta Baldassar, Monica Barni, Mario Basevi, Marco Basti, Rita Blasioli Costa, Elena Bravin, Mirco Brondolin, Silvia Bruzzone, Angela Vita Campanella, Maria Carolina Casati, Simone Casini, Francesco Cerasani, Cinzia Conti, Domitilla D'Erme, Rita Deliperi, Rando Devole, Giovanna Di Vincenzo, Lanfranco Fanti, Federico Filauri, Marisa Fois, Riccardo Giumelli, Francesco Goglia, Giuditta Grisolia, Giacomo Guarnera, Francesca Licari, Delfina Licata, Stefano Luconi, Gianmarco Mancosu, Giulia Marchetti, Pietro Mariani, Francesco Marrella, Alessandro Mazzola, Gianluca Miraglia, Monica Miscali, Giulia Monteleone, Antonio M. Morone, Franco Narducci, Orlando Paris, Marco Permunian, Filippo Petrucci, Massimiliano Picciani, Edith Pichler, Antonella Pinto, Andrea Pisauro, Giulio Pitroso, Fabio Porta, Toni Ricciardi, Matilde Rosina, Francesco Rossi, Fabio Massimo Rottino, Daniele Russo, Gaetano Sabatini, Raymond Siebtcheu, Carmen Silvestri, Salvatore Strozza, Leila Simona Talani, Michele Testoni, Susanna Thomas, Elia Tornesi, Orsola Torrisi, Michele Valentini, Maria G. Vitali-Volant, Giannina Leonora Zusi.

PER ORDINAZIONI E PRESENTAZIONI
Fondazione Migrantes
Via Aurelia, 796 - 00165 Roma - Tel. 06.6617901 - Fax 06.66179070
rapportoitalianinelmondo@migrantes.it
redazione@rapportoitalianinelmondo.it

Fraz. Pian di Porto, Via Umbria 148/7 - 06059 Todi (PG)
Tel. 075.8980433 - Fax 075.8987110
www.taueditrice.it - info@editricetau.com

Rapporto Italiani nel Mondo
Tribunale di Roma
n. 170/2013
Data registrazione: 25/06/2013
Direttore responsabile: Ivan Maffeis
Novembre 2024

Il Rapporto Italiani nel Mondo 2024
è dedicato alla memoria di quattro costruttori di cittadinanza:

BENITO MAZZI
(giornalista e scrittore della grande famiglia del RIM, scomparso nel 2022);

DONATA ELISABETTA ROBIOLO BOSE
(diplomatica, fino al 2008 delegata al coordinamento consolare dei Paesi UE a Genk, nel Limburgo, scomparsa nel 2024);

DANIELE ROSSINI
(sindacalista e operatore di Patronato, a dieci anni dalla scomparsa);

MICHELE SCHIAVONE
(segretario generale del Consiglio Generale degli Italiani all'Estero, scomparso nel 2024).

A loro va la nostra gratitudine per l'esempio di impegno e dedizione che ci hanno lasciato. Siano per noi sprone per continuare, con passione e responsabilità, il nostro servizio per i tanti connazionali e le tante connazionali nel mondo.

Indice

Parte Seconda. RIFLESSIONI SULLA CITTADINANZA ITALIANA NELL'EPOCA DELLE MIGRAZIONI

Parte Terza. SPECIALE *CITTADINANZA*

Presentazione

S.E. Mons. Gian Carlo Perego, Presidente Fondazione Migrantes
Mons. Pierpaolo Felicolo, Direttore generale Fondazione Migrantes

Dio cammina con il suo popolo: è il titolo del Messaggio che Papa Francesco ha voluto per la Giornata del Migrante e del Rifugiato 2024 che abbiamo celebrato il 29 settembre scorso[1].

Ancora una volta il Santo Padre ci ha invitato a riflettere sulle persone migranti usando una immagine metaforica, quella del cammino, incisiva e dinamica e assolutamente appropriata nel mondo della migrazione. Papa Francesco nella sua riflessione aggiunge che Dio, oltre a camminare *con* il suo Popolo, cammina *nel* suo Popolo, identificandosi con tutti gli uomini e le donne che percorrono il proprio cammino attraverso la storia, con particolare attenzione agli ultimi, ai poveri e agli emarginati. *Con* loro e *in* loro sperimentiamo l'incontro con Cristo, così come egli stesso ci ha insegnato: "*Ero straniero e mi avete accolto*" (Mt 25,35). Allo stesso modo, i migranti sperimentano, attraverso i "buoni samaritani" che incontrano nel loro peregrinare, la presenza viva del Dio migrante, *con* loro e *in mezzo* a loro.

La figura del Buon Samaritano, esempio di fraternità e responsabilità, viene consegnata a noi, operatori impegnati nella pastorale migratoria, come modello da seguire nel segno dell'"amicizia sociale" e della "fraternità universale".

La Giornata Mondiale del Migrante e del Rifugiato, che celebriamo dal 1914, rappresenta per la Chiesa un'importante occasione per manifestare la materna attenzione e la vicinanza a tutti coloro che si trovano costretti a lasciare il proprio paese alla ricerca di un futuro migliore per sé e per i propri cari. È una Giornata importante per tutta la Chiesa, ma lo è ancora di più per noi, operatori impegnati nella pastorale della mobilità umana, attivamente coinvolti nell'accoglienza, nella protezione, nella promozione e nell'integrazione dei migranti che incontriamo nei nostri contesti. Il nostro servizio, insieme a quello di tante altre realtà del mondo ecclesiale, è segno eloquente del prendersi cura di quanti sono interessati dal fenomeno delle migrazioni e di un impegno che è testimonianza di una "Chiesa in uscita", secondo quel modello di Chiesa che Papa Francesco auspica e incoraggia fin dai primi giorni del suo pontificato.

---

[1] Papa Francesco, *Messaggio Del Santo Padre Francesco per la 110ª Giornata Mondiale del Migrante e del Rifugiato 2024*, 24 maggio 2024, <https://www.vatican.va/content/francesco/it/messages/migration/documents/20240524-world-migrants-day-2024.html>.

La Chiesa cammina e il popolo cammina con lei in un tempo segnato dal movimento, dal migrare, dal partire, dal tornare.

Ci sono diverse tappe che caratterizzano il percorso migratorio e in ogni tappa le persone si scoprono diverse, modificate dal loro andare, arricchite o impoverite, valorizzate o private di cose materiali e di sentimenti. La fatica del viaggio, gli incontri voluti o fortuiti, gli imprevisti, le conquiste, le vittorie e i fallimenti. Il cammino per i migranti è tutto questo e molto di più e la Chiesa si fa prossima, accompagna, conoscendo e sostenendo, prende posizione, si schiera e propone in un'ottica che è innovativa e rispettosa della memoria.

La persona migrante cambia le società con cui entra in contatto e a sua volta ne viene modificata. Ciò è tanto più vero nel caso dell'Italia e il nostro *Rapporto Italiani nel Mondo* lo testimonia da ben diciannove anni. Da quel lontano 2006 tante cose sono cambiate: non facciamo riferimento alla quantità di persone che hanno lasciato il nostro Paese alla volta dell'estero o che, viceversa, sono rientrate o che hanno scelto l'Italia come approdo. I dati li lasciamo agli analisti e agli specialisti dei numeri e delle tendenze che nelle pagine a seguire non mancheranno. Piuttosto, presentando l'annualità 2024 di questo Rapporto istituzionale della Fondazione Migrantes, ci interessa sottolineare la relazione con quanto ci circonda, con l'Italia nella quale viviamo e operiamo. Terra sempre più di migrazione, in cui le generazioni si avvicendano, in cui i migranti diventano parte di un tessuto pienamente abitato o che, da lontano intendono riavvicinare o, ancora, che vivono totalmente partecipando dall'estero.

Abitare, partecipare il tutto svolto con consapevolezza, nella pienezza, cioè, dei diritti posseduti e il primo diritto che muta in questo tipo di società in cammino è il diritto di cittadinanza.

Da almeno vent'anni nel nostro Paese il dibattito sulla cittadinanza non trova compiutezza né per quanto concerne i connazionali che abitano oltreconfine, né per chi è nato, vive, studia, lavora da diverso tempo in Italia.

«Oggi assistiamo a una sorta di distribuzione scalare dei diritti di cittadinanza nel mondo della mobilità e delle migrazioni. La cittadinanza è vista in una sorta di gironi concentrici: nel primo ci sono i cittadini comunitari, i cui diritti sono regolati secondo il principio della reciprocità; nel secondo i cittadini non comunitari, dove valgono accordi bilaterali, convenzioni, patti coloniali; nel terzo ci sono i rifugiati, i richiedenti asilo, gli apolidi, fino ad arrivare agli irregolari. In questo senso qualcuno ha parlato di "cittadinanze" più che di cittadinanza. Per questo è importante, a partire dalla pari dignità delle persone, e dal superamento di ogni forma di esclusione sociale, costruire percorsi di cittadinanza che aiutino a rileggere l'uguaglianza sociale delle persone»[2].

La base di questa costruzione è l'educazione e l'educazione parte dalla conoscenza. Per questo motivo abbiamo dedicato l'annualità 2024 del nostro *Rapporto Italiani nel Mondo* al tema della cittadinanza in modo da stimolare una riflessione su un dibattito da troppo

---

[2] Gian Carlo Perego, "Verso una pastorale della cittadinanza", in Laura Zanfrini, a cura di, *Costruire cittadinanza per promuovere convivenza. Atti della III edizione della Summer School "Mobilità umana e giustizia globale"*, «Studi Emigrazione», anno L, gennaio-marzo 2013, n.189, Roma, p. 174.

tempo ancorato su posizioni ideologiche e di parte. Per una società generativa occorre cambiare con urgenza la prospettiva di lettura rendendoci conto della realtà che ci circonda ancorata, se non proprio fondata, sulla mobilità. Una mobilità che però va governata non negata o fermata. Quale percorso per governare le migrazioni? Anzitutto in Italia, Paese in cui la migrazione è strutturale, conta molto l'estensione e non la limitazione della cittadinanza, cioè della responsabilità sociale e politica. La necessità di educare alla cittadinanza viene da una forte tendenza individualistica che permea la società, che limita l'azione e la dimensione sociale come semplicemente funzionale a degli interessi personali. È la perdita del *bene comune*, dell'*insieme* come fine dell'agire sociale, ma anche la perdita dell'interesse, della *passione sociale* come molla dell'azione sociale: tutto questo indebolisce le relazioni, indebolisce il Paese, sfibra le città. Estraneità ed esclusione riducono il concetto di Paese (e di città) che da casa diventa per alcuni solo tenda; da luogo di partecipazione diventa luogo di lavoro; da luogo di incontro diventa luogo di scontro; da luogo per tutti diventa luogo di alcuni; da luogo di integrazione diventa luogo di esclusione.

Siamo chiamati a riaffermare l'universalismo di alcuni diritti, con una forte attenzione alla relazione d'aiuto e all'accompagnamento. L'esasperata difesa dell'identità spesso nasconde la difesa di interessi e non aiuta a cogliere la novità, ciò che accade. La pandemia – frutto anche della mobilità sempre maggiore nel mondo – ci ha fatto toccare con mano come il Paese (e la città) permeati dalla migrazione debbano essere capaci di avere cura delle persone. Un modello di cura e attenzione nuovo, però, che accompagna e non si limita alle prestazioni; che non abbandona; che costantemente ricerca e non è ripetitiva; che coinvolge e non separa, che ha riferimenti precisi e quotidiani sul territorio, che valorizza la rete degli incontri, dei legami e non solo dei servizi, dentro una nuova programmazione sociale, sanitaria fortemente integrata e pianificata che abitua tutti ad essere soggetti familiari, relazionali, promozionali.

Non è sufficiente identificare e conoscere; occorre incontrare e accompagnare per costruire una relazione costruttiva e risolutiva (in termini di promozione, libertà, protezione, ecc.). Solo l'incontro aiuta a costruire relazioni che vincono la paura, aprono al confronto, invitano al dialogo. E l'incontro deve valorizzare la famiglia, le nuove generazioni sempre più interculturali e con *background migratorio* che richiedono protagonismo, cittadinanza e partecipazione.

La mobilità per un Paese e per i suoi territori può diventare una risorsa rigenerativa se viene governata con raziocinio e lungimiranza. Se abbandonata a sé stessa è fonte di precarietà, povertà, violenza, solitudine. Se governata diventa una dimensione fondamentale del futuro: del resto cosa è la politica se non "la più alta forma di carità" per il bene comune?

Il *Rapporto Italiani nel Mondo 2024*. L'Italia delle migrazioni plurime: il futuro è nella comunità e non nella frammentazione

Delfina Licata, curatrice Rapporto Italiani nel Mondo – Fondazione Migrantes

Premessa

Il 3 ottobre scorso abbiamo presentato, nella suggestiva sala della Biblioteca della Camera dei Deputati, al palazzo San Macuto, il volume *Sulla porta del mondo. Storie di emigranti italiani* scritto da Luigi Dal Cin per la Fondazione Migrantes (Terre di Mezzo editore). Il libro, splendidamente illustrato, si rivolge prioritariamente ai lettori più giovani e al mondo della scuola con il fine di far diventare la mobilità umana patrimonio conoscitivo condiviso e parte integrante dell'educazione e della formazione. All'ultima pagina del libro, Dal Cin affida un auspicio, quello di portare il testo in giro per il mondo affinché le storie che in esso racconta di persone semplici, personaggi illustri, profili di emigranti italiani più o meno definiti nel tempo e nello spazio, possano "tornare a casa", ovvero restituire la loro memoria al territorio e al popolo a cui appartengono e quindi all'Italia e agli italiani, ma anche alla storia familiare di ciascun lettore, giovane e meno giovane, che si appresta a leggere quelle pagine.

"Riportare le storie a casa": è una bellissima immagine di quello che fa anche il *Rapporto Italiani nel Mondo* da diciannove anni cercando di restituire dignità a un tema che era stato dimenticato e messo da parte. Al contrario, oggi, probabilmente anche grazie al lavoro di centinaia e centinaia di studiosi e studiose, italiani e non, che dal 2006 si sono legati a questo progetto culturale della Fondazione Migrantes, si moltiplicano convegni, testi, saggi, articoli, approfondimenti giornalistici e materiali vari dedicati alla mobilità italiana.

Resta ancora una questione irrisolta: lo scollamento tra realtà vissuta e azione politica, perché la mobilità non è solamente un tema culturale di cui dibattere e scrivere, ma è sempre più un tema sociale da affrontare e a cui proporre soluzioni legislative, politiche e pratiche.

La mobilità italiana: alla ricerca della circolarità per sfuggire alla desertificazione

Dall'Italia si parte, lo sappiamo, sempre più numerosi e con profili sempre più complessi. Gli italiani e le italiane non sono stati fermati neanche dall'emergenza sanitaria. Dal 2006 la presenza dei connazionali all'estero è praticamente raddoppiata (+97,5%), mentre le donne, in particolare, sono più che raddoppiate (+106,3%).

Se nel 2006 la motivazione "espatrio/residenza all'estero" raggiungeva il 64,6% del totale, la "nascita all'estero" il 28,0% e le "acquisizioni di cittadinanza" il 2,6%, nel 2024 la situazione è radicalmente cambiata con l'espatrio al 48,0%, la nascita all'estero al 40,9% e le acquisizioni di cittadinanza al 3,4%.

Le crescite dal 2006 mostrano, con ancora più immediatezza, la fisionomia completamente diversa della nostra comunità all'estero. Gli iscritti per espatrio sono passati da quasi 201 mila a oltre 2,9 milioni. I nati all'estero sono cresciuti del 188,5% e le acquisizioni di cittadinanza del 157,8%. A queste occorre aggiungere il lavoro di ripulitura che avviene tramite le reiscrizioni per irreperibilità (+332,5%) e l'aumento della mobilità circolare mediante i trasferimenti da altra AIRE (+70,9%).

Negli ultimi 10 anni le iscrizioni all'Anagrafe degli Italiani Residenti all'Estero (AIRE) per la sola motivazione espatrio sono state 1.179.525. Detto con altre parole, oltre 1,1 milioni di italiani sono partiti con le idee ben chiare ufficializzando il loro trasferimento fuori dei confini nazionali. Di questi, come la narrazione prevalente testimonia, la maggior parte sono giovani tra i 18 e i 34 anni (circa 471 mila) o giovani adulti (poco più di 290 mila). Oltre 228 mila sono i minori e più di 30 mila sono over 65enni. Emergono grazie all'obiettività dei dati, il profilo complesso di chi è partito, le dimensioni plurime di un fenomeno che, stando ai soli dati ufficiali, è chiaramente sottodimensionato anche se considerando tutte le motivazioni le iscrizioni degli ultimi dieci anni arriverebbero a superare quota 2,5 milioni.

Per arrivare a determinare l'impatto di queste cifre sul nostro Paese è necessario un approccio che non sia solamente statistico-numerico, quindi, quantitativo, quanto piuttosto qualitativo. Arrivare a definire, cioè, non tanto in quanti sperimentano la migrazione quanto il tipo di progetto migratorio portato avanti. Nell'epoca della migrazione, infatti, spostarsi non è cifra distintiva o straordinaria, ma la normale prassi di vita che permette, in piena libertà, di sperimentare momenti di vita in altri luoghi più o meno lontani da quello di origine maturando, nel proprio bagaglio esistenziale, più appartenenze per i motivi più disparati (studio, lavoro, famiglia, legami di coppia, amicizie, ecc.).

Ciò che, piuttosto, va considerato e posto in evidenza è se la partenza finisce per depauperare un territorio di risorse demografiche ed economiche, se la circolarità non viene applicata e quindi alle partenze non corrispondono i ritorni ma, piuttosto, la desertificazione di territori dalle menti e dalle braccia più produttive e creative.

L'Italia sta assistendo da tempo proprio a questo secondo scenario ritrovandosi oggetto di squilibri demografici sempre più importanti che faranno scendere la popolazione italiana, a metà di questo secolo, al di sotto dei 55 milioni di residenti. Già ora, in realtà, se calcolassimo soltanto gli italiani, sottraendo gli stranieri (5,3 milioni) dal totale dei residenti in Italia (58,9 milioni) saremmo 53,6 milioni di abitanti, una popolazione che, nell'ambito dell'Europa, perde anno dopo anno potere demografico e, di conseguenza, anche economico e culturale.

Stando ai dati EUROSTAT, l'Unione europea (UE) ha una popolazione di 448,8 milioni di abitanti totali e l'Italia è, oggi, il terzo paese dopo Germania e Francia per popolosità. Il nostro Paese è, allo stesso tempo, lo Stato con la media di età più alta (48,4 anni rispetto a 44,5 anni che è la media UE) e il tasso di fertilità fra i più bassi (1,24 rispetto all'1,46 in Europa)[1].

L'Europa e l'Italia: il futuro è nella comunità e non nella frammentazione

L'UE invecchia e cresce molto meno di altri luoghi del mondo: questo vale non solo dal punto di vista demografico, ma anche produttivo. È quanto attesta il *Rapporto Draghi* che rintraccia nella crescita la sfida esistenziale del Vecchio Continente i cui valori fondamentali sono la prosperità, l'equità, la libertà, la pace e la democrazia in un ambiente sostenibile. «L'UE – scrive Mario Draghi – esiste per garantire che gli europei possano sempre beneficiare di questi diritti fondamentali. Se l'Europa non è più in grado di fornirli ai suoi cittadini – o se deve scambiare l'uno con l'altro – avrà perso la sua ragione d'essere. L'unico modo per affrontare questa sfida è crescere e diventare più produttivi, preservando i nostri valori di equità e inclusione sociale. E l'unico modo per diventare più produttivi è che l'Europa cambi radicalmente»[2]. L'Europa – sostiene ancora l'ex Presidente del Consiglio – è al di sotto delle sue potenzialità non agendo come reale comunità[3].

Il richiamo alla non frammentazione auspicato dall'economista italiano a livello europeo è elemento essenziale da riportare anche in Italia. Occorre agire come corpo unico tenendo ben presenti le differenze territoriali e valorizzandole lì dove sia opportuno per far leva su buone prassi replicabili in contesti simili. Soltanto agendo come "Sistema Paese" sarà possibile superare quello che ormai è definito non più *inverno* ma *congelamento* demografico per dare il senso della maggiore gravità e della sempre più vicina irreversibilità se non si cambia, rispetto alla questione, approccio e metodo.

È quanto emerge dagli ultimi dati sull'Italia. La natalità continua la sua inesorabile discesa (1,20 il numero medio di figli per donna secondo i dati più recenti dell'ISTAT)[4] a cui aggiungere che la speranza di vita alla nascita è aumentata nell'ultimo anno di ulteriori sei mesi arrivando a 83,1 anni. Il calo demografico risulta più sensibile nelle aree interne e, in particolare, in quelle del Mezzogiorno che soffrono una triplice perdita: il calo demografico nazionale, la mobilità interna e le partenze verso l'estero.

---

[1] Si veda: <https://ec.europa.eu/eurostat/web/interactive-publications/demography-2024>.

[2] Si veda: <https://commission.europa.eu/topics/strengthening-european-competitiveness/eu-competitiveness-looking-ahead_en>.

[3] Ibidem.

[4] ISTAT, *Indicatori demografici. Anno 2023*, «Statistiche Report», 29 marzo 2024, <https://www.istat.it/wp-content/uploads/2024/03/Indicatori_demografici.pdf>.

Per il Rapporto *Society at a Glance 2024* le cause che hanno portato l'Italia a diventare uno degli ultimi paesi per fertilità al mondo sono state due ed entrambe perpetrate nel tempo: da un lato la fragilità economica del Paese e dall'altro il clima di incertezza. L'unione di questi due elementi ha prodotto negli italiani, soprattutto giovani e giovani adulti, un radicale mutamento delle loro priorità e dei loro obiettivi[5]. Reddito, precarietà lavorativa e contrattuale, assenza di welfare e costi proibitivi sono le variabili che più hanno influenzato, nel tempo, non solo la decisione di quando diventare genitori – spostando le lancette sempre più in là nel tempo – ma anche la scelta relativa al numero di figli per famiglia e, nel più recente periodo, addirittura hanno messo in discussione la genitorialità stessa. Quando le variabili elencate rendono al meglio delle loro possibilità, cioè quando la famiglia è sostenuta e soprattutto le donne riescono a trovare il giusto equilibrio tra lavoro e vita familiare, i tassi di fertilità migliorano visibilmente. A questo equilibrio bisogna puntare anche considerando il *degiovanimento*, inteso come contenimento del numero delle donne in età riproduttiva, un altro elemento che si sta prepotentemente imponendo nell'epoca attuale in diversi territori europei e in Italia in particolare.

Sempre all'interno del Rapporto *Society at a Glance 2024* si legge che tra i giovani dei Paesi OCSE di età compresa tra i 20 e i 29 anni, 1 su 2 vive con i genitori.

Secondo le rilevazioni EUROSTAT, poi, i giovani in Italia lasciano in media a 30 anni il nucleo familiare di origine (a 30,9 anni i maschi e a 29 anni le femmine), a fronte di una età significativamente inferiore a livello medio europeo (dove si attesta a 26,4 anni, con valori pari a 27,3 anni tra i maschi e a 25,4 anni tra le femmine)[6]. Croazia (33,4 anni), Slovacchia (30,8), Grecia (30,7), Bulgaria, Spagna (entrambi 30,3) e Malta (30,1) presentano un'età media di "uscita" superiore a quella dell'Italia, mentre i valori decisamente più bassi, rispetto a quelli riscontrati nel nostro Paese, si registrano in Finlandia (21,3 anni), Svezia (21,4) e Danimarca (21,7)[7].

Il non riuscire ad affrancarsi dal nucleo familiare di origine è una condizione che è andata peggiorando nel tempo trovando le cause principali sicuramente nella dimensione economica e lavorativa, che hanno poi successivamente generato un cambiamento sociale. Secondo i dati ISTAT, il 71,5% dei 18-34enni vive ancora con i propri genitori, un dato peraltro in forte crescita rispetto al 2012, quando tale incidenza era pari al 61,4% del totale[8]: si sono, quindi, allungati i tempi della transizione alla vita adulta, soprattutto per le difficoltà che i giovani incontrano nell'assicurarsi un'indipendenza economica.

---

[5] OCSE, *Society at a Glance 2024: OECD Social Indicators*, 2024, <https://www.oecd.org/en/publications/society-at-a-glance-2024_918d8db3-en.html>.

[6] EUROSTAT, *When do young Europeans leave their parental home?*, 4 settembre 2023, <https://ec.europa.eu/eurostat/web/products-eurostat-news/w/ddn-20230904-1>.

[7] Ibidem.

[8] *I giovani del mezzogiorno: l'incerta transizione all'età adulta*, «Statistiche Focus», 12 ottobre 2023, <https://www.istat.it/it/files/2023/10/Focus-I-giovani-del-mezzogiorno.pdf>.

Stabilità occupazionale, qualità del lavoro, livelli retributivi e accesso all'abitazione sono, in sintesi, i fattori determinanti che impediscono o agevolano la transizione dei giovani all'indipendenza e alla vita adulta[9].

Il tema delle giovani generazioni è sempre più serio e centrale oggi per l'Italia.

A luglio 2024 sono stati pubblicati i risultati di una indagine condotta da IPSOS per la Fondazione Barletta. Su un campione di 1200 under 30 è emerso che il 35% sarebbe disposto a lasciare l'Italia per cercare all'estero opportunità migliori di lavoro, il 18% sarebbe disposto a trasferirsi ma restando all'interno dei confini nazionali, il 32% sarebbe disposto a trasferirsi ma all'interno della stessa regione, il 15% non è disposto a nessun trasferimento.

Tra i motivi per trasferirsi all'estero per lavoro spiccano la retribuzione migliore (45%), ma anche le generiche opportunità maggiormente positive fuori dei confini nazionali (44%). Seguono le esperienze di vita (25%), la ricerca di una stabilità professionale (22%), la rispondenza tra percorso di studio e lavoro (19%), il rinforzare il proprio curriculum da presentare poi rientrati in Italia (18%), il vivere in un paese altro per cultura (14%), migliorare la competenza linguistica (14%), il piacere del viaggiare (12%) e, infine, il vivere in un paese con caratteristiche climatiche e naturali differenti e il seguire il partner (entrambi a 11%)[10].

Va sottolineato che il sondaggio IPSOS riguardava specificatamente la mobilità per lavoro. L'esperienza quasi ventennale del *Rapporto Italiani nel Mondo* racconta altro. Descrive, cioè, una generazione soprattutto di giovani (18-34 anni) ma anche di giovani adulti (35-49 anni) che all'estero va per crescere, per rigenerarsi, per trovare spazio per sé e i propri cari, per realizzare i propri desideri. La crescita è esistenziale, come persone prima ancora che come professionisti, ma è anche come eventuali partner, padri o madri, figli seguendo la teoria sociologica di Merton, secondo il quale ad una stessa posizione sociale è associata una molteplicità di ruoli reciprocamente correlati e quanto più sviluppata è la differenziazione sociale, tanto più eterogeneo diventa il complesso di ruoli collegati a una data posizione[11]. L'estero ha, in altre parole, sostituito l'*ascensore sociale*, quel meccanismo, cioè, che ha consentito e agevolato per tanti giovani italiani degli anni Cinquanta e Sessanta il cambiamento in una Italia caratterizzata da una società dinamica e in crescita. Dagli anni Novanta il meccanismo si è interrotto e sempre più immobilismo e recessione hanno preso piede sino a oggi. E se prima i figli per lo più ereditavano i percorsi professionali dei padri, oggi generalmente non esiste più neppure questo tipo di eredità se non per piccole nicchie particolarmente privilegiate, in cui oltre che la professione viene tramandato anche lo status dei padri.

---

[9] Istituto Eures Ricerche Economiche e Sociali, in collaborazione con il Consiglio Nazionale dei Giovani e l'Agenzia Italiana per la Gioventù, *Giovani 2024: il bilancio di una generazione*, aprile 2024, <https://agenziagioventu.gov.it/wp-content/uploads/2024/04/2024_01_RAPPORTO-GIOVANI_REPORT-COMPLETO_4_4_2024.pdf>.

[10] *Allarme giovani, il 35% degli under 30 è pronto a lasciare l'Italia per avere salari più alti*, «Il Sole 24 Ore», 7 luglio 2024.

[11] Maria Immacolata Macioti, *Il concetto di ruolo nel quadro della teoria sociologica generale*, Laterza, Roma-Bari, 1993, p. 36.

Territorio e aree interne: dall'immobilismo alla generatività

Ritornando alla ricerca IPSOS, il 15% del campione intervistato vorrebbe restare in Italia e non fare esperienza migratoria né interna né estera[12]: sono i giovani che credono ancora nelle possibilità dei loro territori feriti da scelte poco lungimiranti, territori periferici che vivono una desertificazione accelerata.

Dal 2014 gli abitanti delle cosiddette aree interne sono diminuiti del 5% che, in valore assoluto, significa 700 mila unità. Tra decessi, crisi delle nascite, trasferimenti interni verso città più grandi o metropolitane e spostamenti oltreconfine, la storia che l'Italia sta scrivendo dei suoi borghi tanto acclamati è pericolosa e controproducente.

Gli abitanti si riducono naturalmente e, di conseguenza, si ridimensionano le attività commerciali (-26 mila dal 2014). Scuole, bar, filiali di banche, attività commerciali chiudono generando nuovi esodi. È un paradosso di continuo svilimento e perdita, che interessa sicuramente maggiormente il Meridione, ma che tocca anche il Centro e il Nord del nostro Paese perché le aree interne sono presenti lungo tutta la Penisola, Isole comprese. La Presidenza del Consiglio ha avocato a sé la problematica mettendo a punto una Strategia Nazionale Aree Interne (SNAI) caratterizzata, dal 2021-2027, da 124 Aree di progetto, che coinvolgono 1.904 Comuni, in cui vivono 4.570.731 abitanti[13].

Al di là del numero dei Comuni e di abitanti coinvolti, l'area interna, soprattutto a seguito della pandemia globale, ha sviluppato intorno a sé un movimento paradossale fatto, allo stesso tempo, di repulsione e di attrazione. Se da un lato ci si è accorti della necessità di tornare a vivere una vita più a dimensione della persona, più comunitaria, rallentando e riprendendo in mano la gestione del tempo di vita, sfruttando meccanismi scoperti grazie all'immobilismo procurato dall'emergenza sanitaria, quali per esempio il lavoro a distanza, dall'altro lato il borgo continua ad essere non attrattivo per i giovani che, una volta laureati, forti del percorso universitario già realizzato in città più o meno lontane dal borgo di origine, finiscono per trasformare in definitivo un progetto di trasferimento transitorio in un'altra regione o "giocando la carta" dell'estero. Eppure anche la città inizia a rifiutare i giovani. Affitti molto alti, costo della vita proibitivo. L'Italia allontana le risorse giovani e appena laureate spingendole lontano, convincendole sempre più che il loro scoramento sia giusto e, nello stesso tempo, non modifica la narrazione che da troppo tempo fa di se stessa. Una narrazione ormai usurata di un paese che non è più per i giovani ma solamente per gli anziani, che non si accorge di una immigrazione stabile e strutturale persino conveniente per affrontare sia i problemi demografici che quelli economici. L'immigrazione come risorsa non è solo una frase ideale. È più concreta e reale che mai, anzi ha in sé ormai un qualcosa di salvifico perché è evidente che soltanto una strategia nazionale coordinata e ordinata di

---

[12] *Allarme giovani, il 35%* [...], cit.

[13] Sono i dati che si ricavano dalla *Programmazione Aree Interne 2021-2027* del Dipartimento per le politiche di coesione e per il Sud. Per approfondire la suddivisione delle aree progettuali, dei relativi Comuni e della popolazione coinvolta, si veda: <https://politichecoesione.governo.it/it/politica-di-coesione/strategie-tematiche-e-territoriali/strategie-territoriali/strategia-nazionale-aree-interne-snai/le-aree-interne-2021-2027/>.

ripopolamento potrà far superare gli inverni bui da troppo tempo vissuti da sempre più numerosi territori del nostro Paese.

È quanto mai strettamente necessario capire che c'è una sorta di parola chiave intorno alla quale lavorare con assiduità, responsabilità e impegno civile. La parola è *generatività*, la stessa che ritroviamo nel *Rapporto sul ben-vivere e la generatività delle province italiane 2024*: «La generatività – asserisce Sergio Gatti, direttore generale di Federcasse – è condizione necessaria e sufficiente per ridurre le diseguaglianze in termini di responsabilità fra residenti nei comuni capoluogo e nei comuni non capoluogo. Sono le persone generative che fanno la differenza nei livelli di capitale istituzionale, capitale sociale, responsabilità personale, partecipazione e soddisfazione di vita. non si può dunque rinunciare a investire (o almeno a provarci) nella generatività. Un investimento articolato che deve essere realizzato attraverso tre strategie intrecciate: sistemica o istituzionale (cioè dall'alto: il Rapporto suggerisce nove iniziative concrete); personale (dal basso, individuale: cinque le indicazioni di "esercizi generativi"); comunitaria (sempre dal basso, ma cooperativa, con la prospettiva di attivare o irrobustire percorsi locali di programmazione condivisa e progettata)»[14].

Il *Rapporto sul ben-vivere* confronta i territori provinciali stilando anche classifiche di merito. Ma in questa sede non interessa che sul podio del 2024 troviamo, nell'ordine, Pordenone, Siena e Milano. Ciò che qui interessa è che per ridurre (e magari superare) le distanze e le diseguaglianze fra Centro, Nord e Sud Italia, fra aree metropolitane e aree del margine, bisogna investire nella generatività che non è un concetto astratto, ma calato nelle persone. E sono proprio le persone generative – che si contrappongono in un certo senso a quelli che il paesologo Franco Arminio chiama gli *scoraggiatori militanti* – a fare la differenza al di là del territorio da cui provengono o di quello in cui abitano. Le persone generative vivono la generatività in modo comunitario e per esprimersi al meglio delle loro potenzialità e capacità, riproducendo buone prassi, devono essere guidate da una politica che sia anch'essa comunitaria e finalizzata al ben-essere di tutti.

> «Ci sono due abitanti tipici, il ripetente e lo scoraggiatore militante. Spesso le due figure sono congiunte, nel senso che lo scoraggiatore è per mestiere abitudinario, non cambia passo, continua a scoraggiare, è appunto un militante. Più difficile essere militanti della gratitudine, della letizia. È come se la natura umana in paese fosse più contratta, non riuscisse a diluirsi. E si rimane dentro un utero marcito. Il paese è pericoloso, bisogna saperlo, è un toro con molte corna. Allora se da una parte la città è disumana, il paese è troppo umano, non ti libera mai dall'umano e dunque dal senso della morte e dal senso della ripetizione. Alla fine nel suo senso più profondo la vita è quella cosa che può finire in qualsiasi momento, ma che intanto prosegue più o meno allo stesso modo. E questo in paese è più chiaro. In città è come se agisse un principio diversivo, come se ci fossero altre possibilità. In realtà non ci sono, ma è come se avessi l'illusione che ci siano.

[14] Si veda: <https://creditocooperativo.it/news/presentata-la-vi-edizione-rapporto-sul-ben-vivere-e-la-generatività-delle-province-italiane-2024>.

Fatte queste premesse, come si fa a fare progetti di sviluppo locale? La chiave è dare forza a nuove forme di residenza. Il paese deve essere scelto e non subito. Chi arriva da lontano ha un piglio, una disponibilità che non trovi in chi è affossato nel suo paese. Il residente a oltranza anche quando è animato da buona volontà tende a impigliarsi nelle proprie nevrosi. Il paese tende a essere nevrotico. Il paese non sta bene, questo è il punto. E non ha voglia di curarsi. Lo sviluppo locale si può fare partendo da queste premesse. Allora bisogna aprire porte che non ci sono, bisogna esercitarsi nell'impensato, bisogna essere rivoluzionari se si vuole riformare anche pochissimo. I paesi non moriranno, anche grazie ai loro difetti, grazie al loro essere luoghi che tutelano le malattie di chi li abita. In paese si fallisce, ma in un certo senso non si fallisce mai perché si fallisce a oltranza. È come dormire sempre nelle stesse lenzuola. Bisogna arieggiare il paese portando gente nuova, il paese deve essere un continuo impasto di intimità e distanza, di nativi e di residenti provvisori. Questo produce una dinamica emotiva ed anche economica. E la dinamica è sempre contraria allo spopolamento: bisogna agitare le acque, ci vuole una comunità ruscello e non una comunità pozzanghera»[15].

La "comunità ruscello", dinamica e impensata, quella che "apre la porta" all'interculturalità, sarà il futuro dell'Italia che è già strutturalmente un paese dalle migrazioni plurime destinate a non concludersi mai ma che al contrario, se adeguatamente indirizzate, incentivate e valorizzate, possono trasformarsi in società vive e inclusive.

Giovani e anziani: in Italia un popolo in movimento

Il 10,3% della popolazione mondiale ha più di 65 anni. L'Italia in questa *epoca della senilità* gioca un ruolo da protagonista in quanto la sua popolazione è una delle più longeve al mondo: il 24,3% del totale della popolazione over sessantacinque anni di oggi è destinato ad arrivare, nel 2050, al 34,5% del totale[16].

Gli adulti e i giovani, complessivamente, sono diminuiti di poco meno di 2 milioni di individui: al 1° gennaio 2024 si contano 36 milioni 866 mila residenti con un'età compresa tra 16 e 64 anni (il 62,5% del totale della popolazione), il 2,5% in meno rispetto al 2004, mentre i bambini e i ragazzi fino a 15 anni sono oggi 7 milioni 766 mila (il 13,2% del totale della popolazione), con una perdita di quasi un milione di individui rispetto al 2004. La popolazione di 65 anni e oltre è, invece, cresciuta di oltre 3 milioni, fino a 14 milioni 358 mila individui (il 24,3%, in aumento di 5,1 punti percentuali rispetto al 2004). Di questi, oltre la metà hanno, oggi, 75 anni e oltre: 7 milioni 439 mila individui (il 12,6% della popolazione totale), con un aumento di 3,8 punti percentuali in venti anni[17].

---

[15] Franco Arminio, *Appunti per chi si occupa di sviluppo locale*, marzo 2017, <https://casadellapaesologia.org/2017/03/10/appunti-per-chi-si-occupa-di-sviluppo-locale-2/>.

[16] *Il Paese domani: crescerà lo squilibrio tra nuove e vecchie generazioni, aumenteranno le differenze*, «Statistiche Report», 24 luglio 2024, <https://demo.istat.it/data/previsioni/Previsioni-popolazione-e-famiglie.pdf>.

[17] ISTAT, *Rapporto annuale 2024*, 15 maggio 2024, <https://www.istat.it/produzione-editoriale/rapporto-annuale-2024-la-situazione-del-paese-2/>.

Che siano giovani tra i 18 e i 34 anni o italiane e italiani al di sopra dei 65 anni oggi la voglia di estero pare condizionare entrambe le fasce di età. Il 45,5% del totale iscritti all'AIRE per solo espatrio nell'ultimo anno ha tra i 18 e i 34, il 5,5% ha più di 65 anni. In una generale crescita di tutte le classi di età, gli over 65enni sono aumentati del 12,9% con la variazione più consistente che interessa però, più specificatamente, chi ha tra i 65 e i 74 anni (+14,0%). La *mobilità previdenziale*, quasi del tutto annullata dall'emergenza sanitaria dovuta al Coronavirus è, quindi, ripresa: gli anziani italiani, superato lo shock dovuto alla pandemia globale che li ha colpiti duramente e maggiormente di altre classi di età, si stanno riprendendo il loro spazio di libertà di movimento che avevano interrotto per diversi anni. Essi, perciò, ripartono per nuovi progetti di vita oltreconfine che erano stati sospesi e rimandati[18] ed è possibile rintracciare una molteplicità di profili in base alle mete di destinazione. C'è chi effettua una sorta di *migrazione di ritorno* nel paese in cui era emigrato per anni dove ha lavorato e fatto nascere i propri figli e dove sono nati anche i nipoti; c'è chi fa il *nonno* o la *nonna baby sitter* inseguendo i figli e i nipoti in una sorta di progetto migratorio di famiglia allargato o di ricongiungimento familiare al contrario; c'è chi parte per la prima volta e chi, invece, sceglie l'estero per vivere meglio e pagare meno tasse. In realtà sono cinque gli *indicatori di opportunità* che influenzano gli anziani italiani nella scelta di emigrare: il clima clemente, il regime di tassazione, il sistema sanitario, il costo della vitae il dinamismo culturale. A gennaio 2024 «Il Sole 24 Ore» ha pubblicato una sorta di classifica delle destinazioni: Costa Rica, Portogallo, Messico, Panama, Spagna che significa prioritariamente Canarie, Ecuador, Grecia, Malesia, Francia, Colombia. Come è facile intuire dalla carrellata di paesi così diversi e lontani tra loro, anche la maggiore o minore distanza dall'Italia unita alla tipologia di spostamento – comodità della tratta di viaggio per i rientri diventati una costante rispetto all'emigrazione del passato – sono fattori determinanti che condizionano la scelta degli anziani italiani nei loro progetti migratori.

Mobilità previdenziale e *mobilità giovanile* sono forme che coesistono, oggi, nell'epoca dell'Italia delle mobilità plurime perché sono tappe di sviluppo che accompagnano ciascuna persona rispetto alla vita condotta, agli studi intrapresi, alla professione raggiunta, ai sogni realizzati, alle delusioni raccolte. Se la migrazione è una tappa di sviluppo, al di là della persona che coinvolge, occorre arrivarci preparati sempre e in questo la preparazione è della persona migrante certamente, ma è sempre più doveroso un accompagnamento alla partenza e all'arrivo da parte di un Paese che non dovrebbe mai lasciare soli, ma che al contrario dovrebbe incentivare l'esperienza di mobilità rammentando a chi è partito il valore che ha, e continuerà ad avere, per un Paese, per una città, per un borgo che resta ad aspettarlo.

Lo Speciale 2024. La cittadinanza italiana nell'epoca delle migrazioni

In un mondo sempre più interconnesso dove lo spostamento è immediato, meno faticoso e relativamente semplice, sta mutando velocemente anche il concetto di cittadinanza, oggi

---

[18] Susanna Thomas - Daniele Russo, *L'evoluzione dei movimenti migratori visti attraverso la lente dei pagamenti delle pensioni all'estero*, infra, pp. 88-102.

sempre più definita transnazionalità con legami e appartenenze plurime e complesse. Se giuridicamente la cittadinanza è la condizione di appartenenza a uno Stato da cui deriva il riconoscimento di diritti e doveri (civili, sociali, politici, economici, ecc.), in sociologia la cittadinanza ha un significato più ampio, determinando l'appartenenza di un individuo, la sua libertà di azione e le sue prerogative di status all'interno di una comunità politica.

Da una recente indagine ISTAT, dal titolo *Bambini e ragazzi. Anno 2023. Nuove generazioni sempre più digitali e multiculturali*, emerge che, se per i giovani italiani il termine cittadinanza richiama, nell'ordine, la parola comunità (30,1%), appartenenza (29,7%) e diritti (24,7%), per i ragazzi di cittadinanza non italiana la parola cittadinanza è, soprattutto, diritti (30,2%), poi appartenenza (29,0%) e, a distanza, comunità (17,4%)[19].

È chiaro che chi ha la cittadinanza italiana si sente sicuro nel suo detenere diritti garantiti dalla nascita. Chi invece non la possiede sente forte la questione dei diritti che l'essere cittadino garantisce e ai quali non ha accesso.

Tuttavia, tra i ragazzi non italiani dagli 11 ai 19 anni che fanno parte del campione di questa indagine, ben l'85,2% si sentono italiani pur non essendo riconosciuti tali. Essere italiani significa, in prima battuta, "essere nati in Italia" (54,0% per gli italiani e 45,7% per i ragazzi di altra cittadinanza) e, al secondo posto per entrambi, "rispettare le leggi e le tradizioni italiane". Il rispetto delle leggi e delle tradizioni è, però, il primo elemento per i ragazzi stranieri non nati in Italia[20].

Il luogo, il territorio legato alla nascita è per i giovani essenziale nel sentirsi e nell'essere cittadini di quel luogo: il 58,9% ritiene che chi nasce in Italia debba acquisire in maniera immediata la cittadinanza italiana; il 21,7% è favorevole all'acquisizione della cittadinanza italiana per i nati in Italia dopo un periodo di residenza. Lo *ius soli* è, per i ragazzi tra gli 11 e i 19 anni, un elemento fondamentale nella concessione della cittadinanza: le ragazze sono favorevoli più dei ragazzi; il 62,3% dei ragazzi con cittadinanza non italiana vorrebbe diventare italiano, il 12,1% non lo desidera e il 25,6% è indeciso[21].

Da queste brevi tracce introduttive è già palese il motivo per cui la XIX edizione del *Rapporto Italiani nel Mondo* sia dedicata al tema della cittadinanza per il quale, considerando la sua complessità e articolazione, è necessario un dibattito scevro da posizioni ideologiche che rispetti la storia e il presente di un Paese, l'Italia, caratterizzato da migrazioni plurime e molteplici partenze, arrivi, ritorni e ripartenze.

Più volte, nelle varie edizioni di questo Rapporto della Fondazione Migrantes dedicato agli italiani in mobilità, si è detto che la retorica della trasformazione dell'Italia da paese di emigrazione a paese di immigrazione non funziona: l'Italia è un territorio profondamente diversificato al suo interno in cui però è possibile individuare un elemento che accomuna ogni singola realtà territoriale, dal Meridione al Settentrione, che è la migrazione, in entrata e in uscita, a seconda delle fasi storiche, sociali ed economiche vissute.

---

[19] ISTAT, *Indagine Bambini e ragazzi. Anno 2023, Nuove generazioni sempre più digitali e multiculturali*, «Statistiche Report», 20 maggio 2024, <https://www.istat.it/wp-content/uploads/2024/05/Bambini-e-ragazzi-2023.pdf>.

[20] Ibidem.

[21] Ibidem.

Una storia migratoria così imponente, nei numeri e nella varietà delle destinazioni, ha portato a una presenza altrettanto smisurata di italiane e italiani in tutti i luoghi del mondo, che si è tradotta in inclusione nei territori con acquisizione dei diritti e dei doveri, nonché nella partecipazione a quelle realtà sociali dove i vari e diversificati progetti migratori li avevano condotti.

Nell'edizione 2024 del *Rapporto Italiani nel Mondo* si è voluta analizzare la parola cittadinanza, declinandola in tutti i contesti – linguistico, legislativo, economico, occupazionale, elettorale, pastorale – in cui il possesso della stessa determina garanzia dei diritti e possibilità di partecipazione.

Si è poi voluto fare un viaggio intorno al mondo. Attraverso 24 saggi sono state analizzate e descritte le relazioni che intercorrono tra il tema cittadinanza e 25 diversi paesi, mete di destinazione dei nostri connazionali che si sono recati all'estero dall'epoca della Grande emigrazione sino ai nostri giorni. Rispetto ai vari paesi si cerca di rispondere a interrogativi quali: cosa significa essere o non essere più cittadino italiano? Acquisire o non acquisire la cittadinanza italiana? Aver acquisito un'altra cittadinanza e/o aver perso la cittadinanza italiana?

Per ciascuno Stato approfondito dai 42 autori, studiosi e studiose dall'Italia e dall'estero, viene descritta la legge sulla cittadinanza in vigore e viene raccontato come la legge italiana si sia confrontata (e si confronta tuttora) con quella realtà nazionale, europea o extraeuropea. Quale è stato il comportamento degli italiani e delle italiane che avevano lasciato l'Italia? Chi e quanti hanno perso la cittadinanza italiana? Chi e quanti l'hanno mantenuta? Chi e quanti l'hanno riacquisita o sono in attesa di farlo? Cosa incentiva o, viceversa, cosa disincentiva a perderla o acquisirla?

Albania, Argentina, Australia, Austria, Bangladesh, Belgio, Brasile, Canada, Cina, Etiopia, Francia, Germania, Libia, Marocco, Norvegia, Portogallo, Regno Unito, Senegal, Spagna, Stati Uniti, Svizzera, Sudafrica, Tunisia, Uruguay, Venezuela: sono questi gli Stati di cui si occupa lo Speciale 2024 del *Rapporto Italiani nel Mondo*. Sono paesi dalla grande tradizione migratoria degli italiani e delle italiane o paesi della mobilità più recente, realtà dalla storia coloniale e nazioni che si sono trasformate nel tempo in bacini di immigrazione per l'Italia. È un viaggio nella storia, ma è anche un viaggio di storie. Dietro chi ha perso o ha riacquisito la cittadinanza è possibile incontrare tante storie simili di persone di nostra conoscenza.

L'Italia ha una delle leggi sulla cittadinanza più innovative e lungimiranti pienamente corrispondente alla storia scritta con le partenze in Europa e oltreoceano di migliaia di nostri connazionali. Nel frattempo, però, gli italiani e le italiane non si sono mai fermati e hanno scritto pagine nuove nella più ampia e articolata storia della mobilità umana.

Oggi, in un mondo totalmente cambiato dove l'acquisizione della cittadinanza è diventata materia ideologica di contestazione di chi può o non può, a chi è permesso e a chi no, fare memoria può aiutare, così come è giusto considerare che tra gli italodiscendenti che fanno richiesta per *ius sanguinis* c'è ancora tanto amore e sentimento di appartenenza, ma purtroppo come in tutte le belle favole c'è sempre anche il personaggio cattivo che ha trasformato il tema da luogo del sentimento a spazio per delinquere, creando un mercato del malaffare per la vendita di cittadinanze.

Il proliferare di agenzie facilitatrici specializzate nelle pratiche *iure sanguinis* che offrono agli italodiscendenti pacchetti *all inclusive* comprensivi di alloggio ha portato a situazioni di gravi blackout operativi come quello che sta interessando il Tribunale di Venezia, sede distrettuale per tutto il Veneto, al quale sono arrivate oltre 24 mila richieste di cittadinanza *ius sanguinis* unicamente dal Brasile[22].

Il tema è molto delicato perchè tocca corde delicate. Da una parte la sensibilità delle persone, ma dall'altra le disposizioni di un Paese le cui leggi vanno rispettate. Resta prioritario vigilare affinché si fermino le derive e si impediscano le azioni fraudolente verso l'Italia e gli italodiscendenti. La cittadinanza deve poter essere vista dall'Italia e dagli italiani non come un enorme problema da risolvere, ma come una grande opportunità in un momento sicuramente di recessione demografica, ma soprattutto considerando la grande trasformazione che ha inerito il territorio nazionale a livello culturale e sociale, a seguito dei processi migratori.

Vivere nell'interculturalità e *riconoscere i processi di inclusione* sono le due azioni fondamentali per rivitalizzare una Italia spenta e ripiegata su se stessa.

Ci sono esperienze davvero sorprendenti, per chi le guarda dall'Italia, in tema di cittadinanza italiana come quella dei ragazzi della Conferenza Italian American Future Leaders (IAFL). «Si tratta – ci racconta Umberto Mucci, fondatore di *We the Italians* e mentore della conferenza – di un'Italia che, come dice John Viola, fondatore della Conferenza IAFL, costituisce un ramo cresciuto lontano dell'albero che è rimasto in Italia: un ramo che, però, fa parte dell'albero e di questo è molto orgoglioso, ma un ramo spesso disconosciuto e dimenticato dal fusto dell'albero che sta nello Stivale. E invece quel ramo è un nuovo tipo di italianità: rispetto ai loro genitori e ai loro antenati, questi ragazzi italoamericani vengono spesso in Italia perché viaggiare in aereo è più semplice ed economico e siamo il Paese che ospita più studenti americani al mondo per programmi di *study abroad*. Si tratta di ragazzi e ragazze che parlano più frequentemente la nostra lingua perché la diffusione dell'italiano è più capillare e basta una *app* per aiutare ad impararla almeno all'inizio; conoscono l'Italia più a fondo grazie alla rete»[23].

Questi giovani *future leaders*, che sono già oggi *actual leaders*, rappresentano un tipo di cittadinanza che all'appartenenza sognata, agognata e magari mai del tutto raggiunta davvero, hanno sostituito un'appartenenza reale, concreta e fondamentale anche per l'Italia, ma soltanto nel momento in cui anche il Belpaese li riconoscerà, entrerà in dialogo con loro e li valorizzerà come ghiotta occasione di presenza italiana, operativa e capace, fuori dei confini nazionali.

In questa ottica la cittadinanza non è collegata a un passaporto, ma al possesso di un bagaglio di valori civili e culturali. In questo senso, la vera cittadinanza è allora quella che

---

[22] *Quasi 25 mila brasiliani in attesa «Cittadinanza, tribunale in tilt»*, «Corriere delle Alpi», 13 ottobre 2024.

[23] Si vedano: <https://www.iafuture.org/> e, sul sito di *We the Italians*, <https://www.wetheitalians.com/tag-search/italian-american-future-leaders-conference>.

accetta e riconosce tutte le altre cittadinanze per evitare che ci siano cittadinanze di serie A e di serie B. «*Gli immigrati devono quindi avere il diritto di richiedere la cittadinanza italiana quando ne hanno i requisiti, ma devono anche avere il diritto di mantenere la cittadinanza del loro Paese di origine senza per questo perdere la possibilità di accedere (secondo il principio di pari opportunità e dignità) ai vari servizi sul territorio (affittare, comprare una casa, chiedere e ottenere un prestito in banca, ecc.). Ma in alcune situazioni, anche il possesso della cittadinanza italiana non esclude casi di discriminazione e insulti razzisti. Ad esempio, il cittadino africano naturalizzato italiano che si sente dire "torna in Africa" o "torna nel tuo Paese" subisce una doppia perdita: quella di aver rinunciato alla cittadinanza del Paese di origine (quando questo ultimo Paese non accetta la doppia cittadinanza) e quella di non essere accettato nella società come cittadino italiano nonostante il riconoscimento istituzionale e i vantaggi che ne derivano. Anche se i cittadini senegalesi e sudafricani non sono tenuti a rinunciare alla loro cittadinanza di origine, ricevere insulti pur godendo dei vantaggi amministrativi del passaporto italiano in Italia o all'estero crea però una grave ferita nel cuore e nella mente delle persone perseguitate. Questi fatti rendono necessaria una riflessione sulla necessità di superare le varie forme di razzismo comunicativo in Italia e sull'esigenza di creare le condizioni per un processo di cittadinanza non solo amministrativa bensì attiva, partecipata e inclusiva*»[24].

Una cittadinanza attiva, partecipata e inclusiva: non è una questione di giustizia, ma è il riconoscimento della società plurale che siamo diventati, della diversità che abbiamo ereditato dalla nostra lunga e mai sopita esperienza migratoria e per impegnarci a costruire una comunità dove ognuno possa sentirsi parte integrante esprimendosi al meglio del proprio potenziale, dove le leggi sono realmente giuste perché rispettano i diritti di tutti e non solo di una parte.

Conclusione: guarire dalla ferita migratoria

Da gennaio a dicembre 2023 si sono iscritti all'AIRE, per la sola motivazione "espatrio", 89.462 italiani. È in atto un ulteriore cambiamento: dopo la parentesi dell'emergenza sanitaria, gli italiani hanno ricominciato a viaggiare con più sicurezze alla partenza e ottemperando all'obbligo di legge di cancellarsi dall'anagrafe comunale e iscriversi all'AIRE. Non si è ancora arrivati ai numeri delle partenze di prima dell'avvento della pandemia, con oltre 130 mila partenze per espatrio in un anno, ma nell'ultimo anno, si registra una variazione positiva del 9,1%. Ulteriori cambiamenti quantitativamente più importanti sono attesi elaborando i dati dei mesi in corso successivi all'entrata in vigore della Legge n. 213/2023, che ha introdotto un nuovo regime sanzionatorio per i cittadini italiani residenti all'estero che non hanno ottemperato all'obbligo di iscriversi all'AIRE. Dal 1° gennaio 2024 molti connazionali hanno regolarizzato la loro posizione anagrafica intimoriti dalla sanzione amministrativa pecuniaria prevista che va dai duecento ai mille euro per ogni anno di mancata registrazione.

[24] Raymond Siebetcheu, *Senegal e Sudafrica. Gli effetti linguistici e culturali della cittadinanza italiana*, infra, pp. 456-466.

L'Italia continua ad essere dinamica e generativa trasferendosi all'estero. Resta ripiegata su se stessa, invece, all'interno dei confini nazionali e la stessa mobilità viene letta come un abbandono dei territori, come una fuga dalle responsabilità.

Occorre lavorare per un cambiamento di mentalità, per una crescita culturale soprattutto nelle nuove generazioni, immerse nel tempo della mobilità e della libertà di spostamento. Occorre trasformare il senso di colpa in senso di responsabilità. Parto perché sono privilegiato vivendo nell'Europa unita, libera e democratica e possedendo uno dei passaporti più forti al mondo[25]. Questo privilegio alla partenza deve essere anche lo scopo per il ritorno, dimostrare cioè che quel privilegio ha fatto maturare una persona diversa con competenze più articolate, assolutamente indispensabile per un Paese in difficoltà qual è al momento l'Italia. Occorre arrivare a normalizzare il processo migratorio trattandolo come ordinarietà. Il Belpaese è chiamato a lavorare per riattirare chi parte cercando di valorizzarlo nella sua storia migratoria e concedendogli di esprimersi rispetto a quanto imparato nel confronto, personale e professionale, con culture altre.

Solo guarendo la *ferita migratoria*, considerando, cioè, la partenza non un abbandono ma una possibilità di crescita per un ritorno più utile, sarà possibile finalmente per l'Italia capire il senso vero del partire e il valore del ritorno valorizzando, allo stesso tempo, chi ha scelto l'Italia come meta di destinazione per ricominciare una vita più dignitosa, facendo nascere figli che oggi si sentono pienamente italiani pur non essendolo di diritto.

Ringraziamenti

Un doveroso ringraziamento va ai membri della Commissione Scientifica per il prezioso sostegno e l'immancabile supporto nelle scelte ogni anno più complesse. Un ringraziamento ai **66 autori e autrici** che, dall'Italia e dal mondo, hanno collaborato a questa edizione per la qualità dei saggi messi a disposizione, il clima di armonia instaurato e la particolare sensibilità mostrata con i loro lavori nei confronti dei migranti italiani.

Manifestiamo gratitudine a tutti i lettori fedeli e assidui o a chi per la prima volta si accosta a queste pagine. L'auspicio è che tutti possano trovare utili informazioni ma soprattutto un metodo di studio e di vita dedito al rispetto della diversità e di chi, italiano o cittadino del mondo, si trova a vivere in un paese diverso da quello in cui è nato.

La Fondazione Migrantes ringrazia tutte le strutture che hanno collaborato per i dati e gli approfondimenti e, in particolare, il Ministero dell'Interno, il Ministero degli Affari Esteri e della Cooperazione Internazionale, il Consiglio Generale degli Italiani all'Estero, l'ISTAT, l'INPS, tutte le sedi diplomatiche e le tante associazioni che, nel mondo, si sono messe a disposizione della Redazione del *Rapporto Italiani nel Mondo* fornendo dati e utili informazioni.

[25] Per approfondire la storia e l'evoluzione della presenza italiana in Europa, si vedano i due volumi della Collana *Storia dell'emigrazione italiana in Europa*, diretta da Toni Ricciardi: *Dalla Rivoluzione francese a Marcinelle (1789-1956)* e *Dal Trattato di Roma all'elezione del Parlamento europeo (1957-1979)*, pubblicati da Donzelli, rispettivamente, nel 2022 e nel 2024.

PRIMA PARTE

FLUSSI E PRESENZE

ITALIANI E ITALIANE ALL'ESTERO NEL 2024: una presenza in crescita, articolata ed eterogenea

Delfina Licata, Rapporto Italiani nel Mondo, Fondazione Migrantes

Al 1° gennaio 2023, la popolazione dell'Unione europea è pari a 449 milioni di persone e l'Italia, con i suoi 58,9 milioni di residenti, si conferma al terzo posto per numero di abitanti dopo la Germania (84 milioni) e la Francia (68 milioni)[1].

Nonostante la posizione europea di tutto rispetto, il futuro demografico italiano non si presenta roseo poiché non si riescono a contenere tutta una serie di indicatori preoccupanti sapientemente riassunti dal presidente dell'Istituto Nazionale di Statistica, il Prof. Francesco Maria Chelli, in una intervista rilasciata nel luglio del 2024[2]. Chelli, rispondendo alle domande del giornalista, parla della trasformazione della nostra società dalla classica forma piramidale a quella di un grande fungo in cui la classe di maggiore consistenza appartiene alla generazione dei "baby boomer" nata tra il 1945 e il 1964. Detto in altri termini, le classi attive lo sono sempre meno e le previsioni non sono incoraggianti per il semplice motivo che alla natalità sempre più in discesa (-14 mila nascite rispetto al 2022 e 1,2 il numero medio di figli per donna) occorre aggiungere il "degiovanimento femminile", il fatto cioè che il numero di donne in età fertile in futuro sarà sempre più contenuto.

Il depauperamento demografico si presenta in maniera eterogenea sul territorio nazionale: non è solamente il Mezzogiorno a svuotarsi come la narrazione più ricorrente tende a riportare. Al Meridione occorre aggiungere, infatti, anche le aree interne presenti tanto al Sud quanto al Centro-Nord del Paese: negli ultimi 10 anni le aree interne, ovvero un comune su due in Italia, hanno perso il 5% della popolazione contro l'1,4% delle aree metropolitane[3].

Dal 2020 l'Italia conta circa 652 mila residenti in meno. Nello stesso periodo, invece, continua la crescita di chi ha deciso di risiedere fuori dei confini nazionali (+11,8% dal 2020): da tempo, l'unica Italia a crescere continua ad essere soltanto quella che ha scelto l'estero per vivere.

---

[1] ISTAT, *Noi Italia 2024*, <https://noi-italia.istat.it/>.

[2] *Chelli, "Attenti l'Italia si sta facendo sempre più piccola"*, «la Repubblica», 31 luglio 2024, <https://www.repubblica.it/economia/2024/07/31/news/intervista_a_chelli_presidente_istat-423422112/>.

[3] Ibidem.

Un'Italia che si conferma eterogenea anche rispetto alle partenze

L'Anagrafe della Popolazione Residente all'Estero o Anagrafe degli Italiani Residenti all'Estero (AIRE) è stata istituita con la legge n. 470 del 27 ottobre 1988. Essa è gestita dai Comuni sulla base delle informazioni provenienti dalle rappresentanze consolari all'estero. Eppure, la popolazione italiana residente non include gli iscritti all'AIRE perché l'iscrizione al database dei residenti all'estero implica la cancellazione dall'anagrafe comunale.

Questo significa che, stando ai dati provvisori dell'ISTAT, gli unici utilizzabili al momento della redazione del presente saggio, la popolazione italiana è composta da 58.989.749 residenti, di cui 5.307.598 stranieri, a cui aggiungere 6.134.100 cittadini italiani residenti all'estero (200 mila in più, +3,4%, rispetto alla stessa data dell'anno precedente).

Coloro che attualmente, in Italia e nel mondo, hanno la cittadinanza italiana sono, quindi, 59.816.251. Di questa specifica parte di popolazione il 10,3% risiede all'estero. Detto in altri termini, su 100 cittadini italiani, 10 hanno la residenza oltreconfine.

Se confrontiamo gli iscritti AIRE con i quasi 59 milioni di residenti in Italia (italiani + stranieri) il rapporto non cambia (10, 4%), ma in questo caso si distingue per essere fortemente eterogeneo a seconda del territorio regionale preso in considerazione. Più precisamente, esso è maggiore in ben 11 regioni arrivando a 34 per il Molise, a 27 per la Basilicata, a 24 per la Calabria; è uguale a 10 in Campania e in Puglia; è minore nelle 8 regioni restanti delle quali il dato più piccolo è rilevato in Umbria (5 residenti all'estero ogni 100 residenti in regione).

Questa informazione permette di capire il peso e l'impatto che ancora oggi le partenze verso l'estero, unite al movimento migratorio interno[4] e al fenomeno del pendolarismo di medio o lungo raggio sempre più frequente in Italia, hanno sul territorio nazionale sicuramente, ma soprattutto nei microcontesti (regionali, provinciali e comunali).

Che l'impatto sia differente ed eterogeno è di facile deduzione, ma quanto potente sia la ripercussione dell'attuale emigrazione sui territori già provati da criticità, quali lo spopolamento e la depressione economica, è materia importante da attenzionare a tutti i livelli per introdurre politiche finalizzate al sostegno della "riattrattività" di cui diffusamente si discute oggi in molteplici contesti.

Se la Sicilia si contraddistingue per essere la regione con la comunità di iscritti AIRE più numerosa (+826 mila) seguita dalla Lombardia (+641 mila) e dal Veneto (+563 mila), è la variazione percentuale nel tempo a indicare cosa stia accadendo nei diversi territori di Italia.

---

[4] Francesca Licari, *Le principali caratteristiche delle migrazioni interne dei cittadini italiani*, infra, pp. 58-68 (NdR).

Popolazione residente in Italia e popolazione AIRE per regione. Valori assoluti, incidenze, variazioni e crescite. Anni 2020, 2023, 2024.

Regione	2024			2023			2020			2024-2023				2024-2020			
	Popolazione AIRE al 01/01/2024	Popolazione residente al 01/01/2024 (dato provvisorio)	% iscritti AIRE su pop. residente 2024	Popolazione AIRE al 01/01/2023	Popolazione residente al 01/01/2023 (dato definitivo)*	% iscritti AIRE su pop. residente 2023	Popolazione AIRE al 01/01/2020	Popolazione residente al 01/01/2020	% iscritti AIRE su pop. residente 2020	Variazione popolazione residente		Variazione popolazione AIRE		Variazione popolazione residente		Variazione popolazione AIRE	
	(a)	(b)	(a)/(b)*100	(a)	(b)	(a)/(b)*100	(a)	(b)	(a)/(b)*100	v.a.	%	v.a.	%	v.a.	%	v.a.	%
Sicilia	826.116	4.794.512	17,2	815.439	4.814.016	16,9	784.817	4.875.290	16,1	-19.504	-0,4	10.677	1,3	-80.778	-1,7	41.299	5,3
Lombardia	641.772	10.020.528	6,4	610.952	9.976.509	6,1	533.584	10.027.602	5,3	44.019	0,4	30.820	5,0	-7.074	-0,1	108.188	20,3
Veneto	563.182	4.851.972	11,6	526.203	4.849.553	10,9	456.919	4.879.133	9,4	2.419	0,0	36.979	7,0	-27.161	-0,6	106.263	23,3
Campania	562.938	5.590.076	10,1	548.558	5.609.536	9,8	521.009	5.712.143	9,1	-19.460	-0,3	14.380	2,6	-122.067	-2,1	41.929	8,0
Lazio	510.552	5.720.272	8,9	501.658	5.720.536	8,8	475.187	5.755.700	8,3	-264	-0,0	8.894	1,8	-35.428	-0,6	35.365	7,4
Calabria	450.158	1.838.150	24,5	441.209	1.846.610	23,9	423.668	1.894.110	22,4	-8.460	-0,5	8.949	2,0	-55.960	-3,0	26.490	6,3
Puglia	384.738	3.890.250	9,9	380.271	3.907.683	9,7	367.996	3.953.305	9,3	-17.433	-0,4	4.467	1,2	-63.055	-1,6	16.742	4,5
Piemonte	364.123	4.252.581	8,6	347.302	4.251.351	8,2	310.931	4.311.217	7,2	1.230	0,0	16.821	4,8	-58.636	-1,4	53.192	17,1
Emilia-Rom.	265.103	4.455.188	6,0	252.256	4.437.578	5,7	218.817	4.464.119	4,9	17.610	0,4	12.847	5,1	-8.931	-0,2	46.286	21,2
Toscana	226.732	3.664.798	6,2	214.121	3.661.981	5,8	188.864	3.692.555	5,1	2.817	0,1	12.611	5,9	-27.757	-0,8	37.868	20,1
Abruzzo	211.998	1.269.963	16,7	206.070	1.272.627	16,2	194.986	1.293.941	15,1	-2.664	-0,2	5.928	2,9	-23.978	-1,9	17.012	8,7
F.V. Giulia	204.401	1.195.792	17,1	199.063	1.194.248	16,7	188.731	1.206.216	15,6	1.544	0,1	5.338	2,7	-10.424	-0,9	15.670	8,3
Marche	181.016	1.484.427	12,2	173.055	1.484.298	11,7	155.350	1.512.672	10,3	129	0,0	7.961	4,6	-28.245	-1,9	25.666	16,5
Liguria	176.144	1.508.847	11,7	168.005	1.507.636	11,1	152.605	1.524.826	10,0	1.211	0,1	8.139	4,8	-15.979	-1,0	23.539	15,4
Basilicata	146.142	533.636	27,4	141.518	537.577	26,3	133.914	553.254	24,2	-3.941	-0,7	4.624	3,3	-19.618	-3,5	12.228	9,1
Sardegna	130.217	1.569.832	8,3	129.800	1.578.146	8,2	123.365	1.611.621	7,7	-8.314	-0,5	417	0,3	-41.789	-2,6	6.852	5,6
T.A. Adige	134.761	1.082.116	12,5	128.350	1.077.143	11,9	115.814	1.078.069	10,7	4.973	0,5	6.411	5,0	4.047	0,4	18.947	16,4
Molise	97.973	289.413	33,9	95.598	290.636	32,9	91.097	300.516	30,3	-1.223	-0,4	2.375	2,5	-11.103	-3,7	6.876	7,5
Umbria	47.806	854.378	5,6	46.099	856.407	5,4	41.462	870.165	4,8	-2.029	-0,2	1.707	3,7	-15.787	-1,8	6.344	15,3
Valle d'Aosta	8.228	123.018	6,7	7.891	123.130	6,4	6.965	125.034	5,6	-112	-0,1	337	4,3	-2.016	-1,6	1.263	18,1
Totale	**6.134.100**	**58.989.749**	10,4	**5.933.418**	**58.997.201**	**10,1**	**5.486.081**	**59.641.488**	**9,2**	**-7.452**	**-0,0**	**200.682**	**3,4**	**-651.739**	**-1,1**	**648.019**	**11,8**

* rispetto al dato provvisorio pubblicato sul *Rapporto Italiani nel Mondo 2023*, in questa sede si riporta quello definitivo pubblicato da ISTAT a fine 2023.

Fonte: Migrantes-Rapporto Italiani nel Mondo. Elaborazione su dati ISTAT e AIRE.

Dallo scorso anno, infatti, sono il Veneto (+7,0%) e la Toscana (+5,9%) ad essere state maggiormente interessate da nuove iscrizioni, ma dal 2020 queste stesse regioni sono, rispettivamente, cresciute del 23,3% e del 20,1%. Particolarmente dinamica dal 2020 è anche l'Emilia-Romagna (+21,2%).

Guardando, invece, alle prime tre variazioni rispetto all'ultimo anno in valore assoluto – Veneto (+37 mila), Lombardia (+30 mila) e Piemonte (+17 mila) – la situazione cambia nettamente, attestando il Settentrione come maggiormente protagonista.

Cittadini italiani iscritti all'AIRE per composizione territoriale. Valori assoluti e percentuali. Anno 2024.

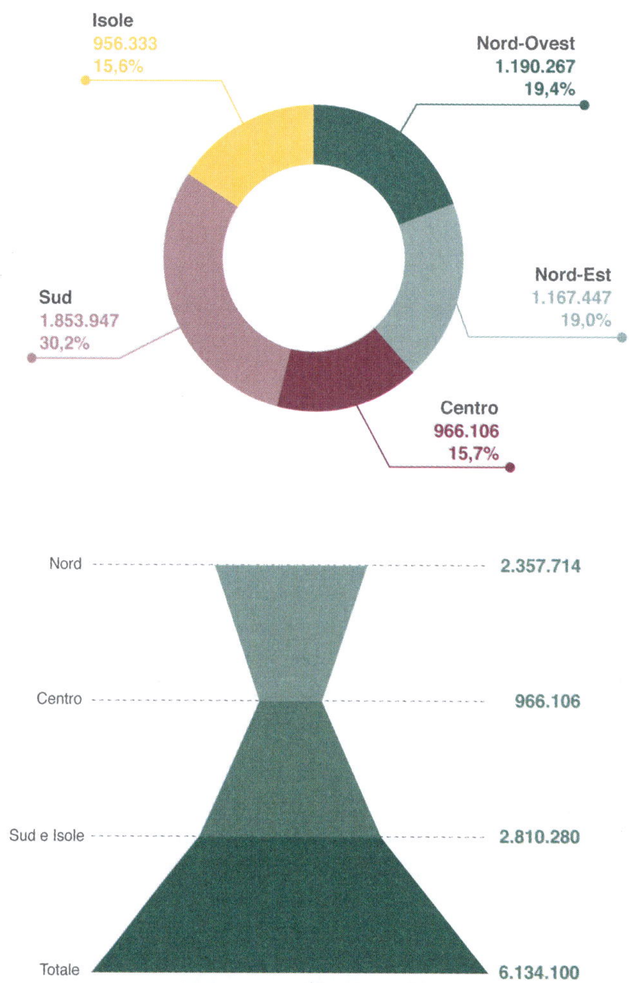

Fonte: Migrantes-Rapporto Italiani nel Mondo. Elaborazione su dati AIRE.

Il 45,8% degli iscritti all'AIRE è di origine meridionale (oltre 2,8 milioni, di cui 956 mila isolani). Oltre 2,3 milioni sono, infine, del Settentrione (il 19,0% sia per il Nord-Est che per il Nord-Ovest con una leggera differenza in positivo per quest'ultimo di circa 23 mila iscritti).

Oltre 966 mila sono, invece, gli iscritti del Centro Italia (15,7%).

Come già messo in evidenza da diversi anni, nel 2024 si registra ancora più marcatamente il cambiamento che sta interessando l'intera comunità dei cittadini italiani residenti fuori dei confini nazionali la cui origine regionale, in passato marcatamente meridionale, si sta modificando a favore di partenze che interessano l'intero territorio nazionale e, di conseguenza, di cittadini che disegnano appartenenze territoriali complesse perché figli di processi migratori plurimi (dal Sud al Centro-Nord Italia e dal Centro-Nord a oltreconfine) e per i motivi più variegati: dalle famiglie che si spostano, alla mobilità per studio, dagli spostamenti per lavoro ai trasferimenti per ricongiungimento familiare.

Sempre più Europa e voglia di cittadinanza italiana

Il 54,2% dei 6,1 milioni di iscritti all'AIRE si trova in Europa (più di 3,3 milioni, di cui oltre 2,5 milioni nell'UE a 15) e il 40,6% in America (oltre 2,4 milioni, di cui 2 milioni in quella centro-meridionale). A seguire: oltre 167 mila in Oceania (2,7%), più di 78 mila in Asia (1,3%) e 70 mila in Africa (1,1%).

L'Europa si conferma il continente in cui vive stabilmente la comunità italiana più dedita alla mobilità circolare all'interno dei Paesi dell'Unione: dal 2020, 332 mila connazionali si sono trasferiti nell'UE e a questi occorre aggiungere altri 11 mila cittadini e cittadine italiani che hanno spostato la loro residenza in altri Paesi europei fuori dell'UE.

Emerge sempre più dall'analisi di lungo periodo dei dati AIRE e in modo sempre più inequivocabile quanto l'America in generale e quella centro-meridionale in particolare stiano rimodificando la composizione per aree continentali aumentando, rispettivamente, nell'ultimo anno del 4,8% e del 5,1% rispetto alla variazione nazionale (+ 3,4%).

Per capire cosa stia accadendo occorre guardare alle motivazioni di iscrizione e ai paesi convolti. Grazie alle acquisizioni di cittadinanza – soprattutto per Brasile e Argentina – il protagonismo di questa area del mondo sta ritornando. Basti pensare che l'acquisizione di cittadinanza incide sul totale delle motivazioni per il 3,4% e rispetto alle oltre 200 mila acquisizioni dell'ultimo anno, il dato per il Brasile e l'Argentina è, rispettivamente, 8% e 4,5% (in valore assoluto circa 49 mila e 43 mila).

L'Argentina si conferma essere anche il Paese con la comunità italiana più numerosa (oltre 952 mila) seguita, a distanza, da Germania (oltre 832 mila) e Svizzera (quasi 640 mila). Tuttavia, lo Stato in cui dal 2023 si sono iscritti più connazionali è, però, proprio il Brasile (quasi 54 mila, una variazione del 9,6% che diventa

Cittadini iscritti all'AIRE per aree continentali. Valori assoluti, incidenze e variazioni. Anni 2020, 2023, 2024.

Paese	2024		2023		Variazione 2024-2023		Variazione 2024-2020	
	Iscritti AIRE	%	Iscritti AIRE	%	v.a.	%	v.a.	%
UE 15	2.558.207	41,7	2.483.013	41,8	75.194	3,0	320.102	14,3
UE nuovi 13	73.888	1,2	70.790	1,2	3.098	4,4	11.857	19,1
Europa centro-orientale	18.785	0,3	17.954	0,3	831	4,6	2.307	14,0
Europa altri	676.322	11,0	675.201	11,4	1.121	0,2	8.925	1,3
Europa	**3.327.202**	**54,2**	**3.246.958**	**54,7**	**80.244**	**2,5**	**343.191**	**11,5**
Africa settentrionale	21.147	0,3	20.623	0,3	524	2,5	1.523	7,8
Africa occidentale	6.424	0,1	6.052	0,1	372	6,1	864	15,5
Africa orientale	7.682	0,1	7.596	0,1	86	1,1	-433	-5,3
Africa centro-meridionale	35.258	0,6	35.527	0,6	-269	-0,8	-1.740	-4,7
Africa	**70.511**	**1,1**	**69.798**	**1,2**	**713**	**1,0**	**214**	**0,3**
Asia occidentale	44.204	0,7	41.782	0,7	2.422	5,8	5.156	13,2
Asia centro-meridionale	2.906	0,0	2.992	0,1	-86	-2,9	-99	-3,3
Asia orientale	31.633	0,5	31.077	0,5	556	1,8	656	2,1
Asia	**78.743**	**1,3**	**75.851**	**1,3**	**2.892**	**3,8**	**5.713**	**7,8**
America settentrionale	465.200	7,6	450.266	7,6	14.934	3,3	39.651	9,3
America centro-meridionale	2.024.758	33,0	1.926.256	32,5	98.502	5,1	250.142	14,1
America	**2.489.958**	**40,6**	**2.376.522**	**40,1**	**113.436**	**4,8**	**289.793**	**13,2**
Oceania	**167.686**	**2,7**	**164.289**	**2,8**	**3.397**	**2,1**	**9.108**	**5,7**
Totale	**6.134.100**	**100,0**	**5.933.418**	**100,0**	**200.682**	**3,4**	**648.019**	**11,8**

Nota: Per garantire la comparabilità in serie storica, si considera il Regno Unito parte dell'Unione europea.

Fonte: Migrantes-Rapporto Italiani nel Mondo. Elaborazione su dati AIRE.

28,0% dal 2020) seguito dall'Argentina (31 mila, variazione 3,4% dal 2023 e 9,6% dal 2020) e dalla Spagna (22 mila, 9,4% dal 2023 che diventa 33,2% dal 2020).

I dati suggeriscono la necessità, sempre più urgente, di studiare il fenomeno della mobilità degli italiani utilizzando lenti multidimensionali e multidisciplinari. È fondamentalmente indispensabile, cioè, leggere i fenomeni nella complessità storica degli eventi di livello globale. Le recessioni economiche vissute nell'America meridionale, unite alle caratteristiche sociali di popolazioni fortemente ancorate alle origini italiane per il passato emigratorio che il Belpaese può vantare e alla legge italiana sulla cittadinanza che garantisce il riconoscimento di queste radici, spiegano il protagonismo oggi di paesi dell'America Latina che ritornano alla ribalta erroneamente come luoghi di emigrazione dei nostri connazionali, quando invece sono territori in cui la presenza avviene per riconoscimento, senza cioè aver fatto, il più delle volte, nessuna migrazione. Tuttavia, proprio per sfuggire alle problemati-

Cittadini iscritti all'AIRE per i principali paesi di residenza. Valori assoluti, incidenze e variazioni. Anni 2020, 2023, 2024.

2024			2023				Variazione 2024-2023		Variazione 2024-2020	
Paese	v.a.	%	Paese	v.a.	%	Paese	v.a.	%	v.a.	%
Argentina	952.555	15,5	Argentina	921.544	15,5	Argentina	31.011	3,4	83.555	9,6
Germania	832.639	13,6	Germania	822.243	13,9	Germania	10.396	1,3	47.551	6,1
Svizzera	639.355	10,4	Svizzera	639.251	10,8	Svizzera	104	0,0	5.400	0,9
Brasile	611.974	10,0	Brasile	558.233	9,4	Brasile	53.741	9,6	134.022	28,0
Regno Unito	475.606	7,8	Francia	464.438	7,8	Regno Unito	17.747	3,8	115.611	32,1
Francia	470.032	7,7	Regno Unito	457.859	7,7	Francia	5.594	1,2	35.947	8,3
Stati Uniti d'America	320.947	5,2	Stati Uniti d'America	307.260	5,2	Stati Uniti d'America	13.687	4,5	37.597	13,3
Belgio	281.948	4,6	Belgio	279.396	4,7	Belgio	2.552	0,9	7.544	2,7
Spagna	255.858	4,2	Spagna	233.886	3,9	Spagna	21.972	9,4	63.822	33,2
Australia	160.702	2,6	Australia	157.646	2,7	Australia	3.056	1,9	7.720	5,0
Canada	144.243	2,4	Canada	142.996	2,4	Canada	1.247	0,9	2.051	1,4
Totale	**6.134.100**	**100,0**	**Totale**	**5.933.418**	**100,0**	**Totale**	**200.682**	**3,4**	**648.019**	**11,8**

Nota: Per garantire la comparabilità in serie storica, si considera il Regno Unito parte dell'Unione europea.

Fonte: Migrantes-Rapporto Italiani nel Mondo. Elaborazione su dati AIRE.

che economiche e per liberarsi dalla morsa di una povertà occupazionale e sociale, moltissimi italodiscendenti, dopo aver preso la cittadinanza italiana, ottengono anche un passaporto per l'Europa e il primo paese ad accogliere questi neoitaliani per discendenza è proprio la Spagna, per compatibilità e vicinanza linguistica e culturale. La Spagna si sta rivelando, nel tempo, il paese privilegiato degli italiani *tout court* accogliendo anche la nuova mobilità in città particolarmente attraenti per i giovani e i giovanissimi italiani (si pensi a Barcellona, ma anche a Madrid) e anche per gli anziani (si pensi alle Canarie e alla mobilità previdenziale prepandemia che ha ricominciato la sua ripresa dallo scorso anno)[5].

Ritornando alla complessità dei fenomeni è necessario parlare ancora di due elementi: la pandemia che ha, dal 2020 e fino allo scorso anno, completamente sconvolto le dinamiche migratorie registrate e anche le scelte dei processi migratori degli individui e la Brexit che è entrata a gamba tesa nelle vite sia di chi nel Regno Unito già viveva e lavorava da tempo, sia di chi era in procinto di trasferirsi o chi aveva desiderio di farlo.

[5] Delfina Licata, "La mobilità italiana nell'ultimo anno: le nuove peculiarità di un dinamismo incerto", in Fondazione Migrantes, *Rapporto Italiani nel Mondo 2023*, Tau Editrice, Todi (PG), 2023, pp. 24-26.

Dal 2020 si sono iscritti all'AIRE nel Regno Unito oltre 115 mila italiani (variazione del 32,1%): è la seconda realtà nazionale dopo la Spagna. Si tratta di registrazioni avvenute soprattutto a seguito del pericolo di essere espulsi dal territorio britannico per la sopraggiunta decisione di uscire dall'UE. In altri termini, i nostri connazionali hanno ufficializzato la loro posizione per poi poter avere più *chance* di restare nello Stato scelto come meta del loro progetto di vita.

Questo significa che la cittadinanza, il diritto più o meno consapevole di far parte di una comunità, al di là del luogo in cui si vive abitualmente, è il vero tema del momento per l'Italia sia che si consideri l'Europa sia che si considerino gli altri continenti.

Caratteristiche socio-demografiche: una comunità vasta e articolata

I 6,1 milioni di cittadini residenti fuori dell'Italia sono iscritti all'AIRE soprattutto per espatrio (il 48,0%, oltre 2,9 milioni) e per nascita all'estero (il 40,9%, 2,5 milioni). Queste due motivazioni, insieme, totalizzano l'88,8% evidenziando come, per l'Italia, la migrazione è una storia sicuramente dalle radici profonde, che non si è mai interrotta rigenerandosi costantemente alla luce dei cambiamenti sociali intercorsi. Che l'Italia fosse un Paese dove si viveva bene o no, ricco o povero, accogliente o respingente da ogni suo territorio, da sempre, italiani e italiane di tutte le età hanno sperimentato processi migratori per i motivi più disparati. Questi legami con il passato, più o meno remoto, e con il presente, più o meno recente, obbligano gli studiosi ad avere un approccio multidimensionale al tema considerando la estrema complessità che lo caratterizza data da elementi che restano uguali nel tempo, che mutano, che spariscono o che ritornano.

Dal 2006 al 2024 la popolazione AIRE è quasi raddoppiata (97,5%) passando da 3,1 a oltre 6,1 milioni. Le donne però, nello stesso arco di tempo, sono più che raddoppiate da oltre 1,4 milioni alle attuali 2.961.160 (+106,3%). Anche questo dato racconta una storia articolata di vite sempre più protagoniste del loro destino che hanno scelto l'oltreconfine come luogo in cui realizzare sogni e costruire una propria professionalità superando i differenziali di genere in cui ancora l'Italia è impantanata[6].

Che la migrazione italiana sia una storia mai finita e sempre in itinere lo attestano i dati sulle classi di età. La comunità ufficiale, infatti, si svecchia sempre di più e alle generazioni emigrate da più di 15 anni (48,5%) si sono via via affiancate, fino a superarle, quelle all'estero da meno di 15 anni (51,5%) e, in particolare, tra i 5 e i 15 anni (28,2%) e da meno di 5 anni (23,3%).

---

[6] Loredana Cornero, *Sulle ali del cambiamento. Narrazioni femminili dell'emigrazione italiana contemporanea*, «Testimonianze ed Esperienze delle Migrazioni», n. 42, Tau Editrice, Todi (PG), 2024.

Il 14,6% di chi è all'estero è minorenne, mentre gli anziani sono il 21,0%. Di questi: il 9,5% ha tra i 65 e i 74 anni, il 6,7% ha tra i 75 e gli 84 anni e il 4,8% ha più di 85 anni.

Cittadini italiani iscritti all'AIRE. Serie storica. Valori assoluti. Anni 2006-2024.

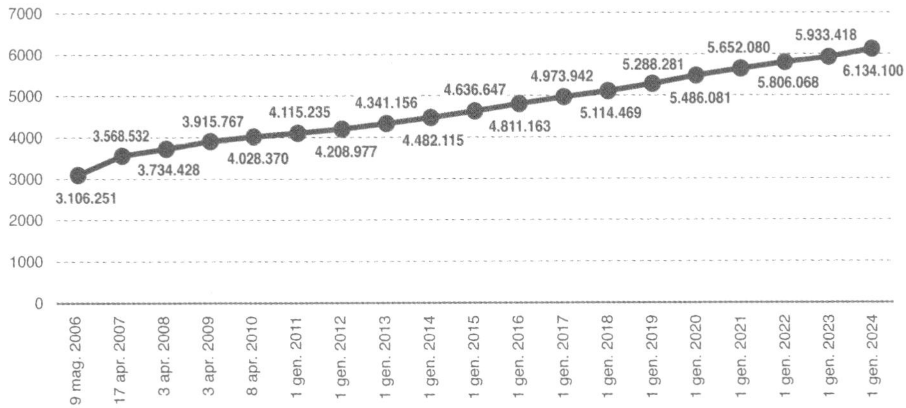

Fonte: Migrantes-Rapporto Italiani nel Mondo. Elaborazione su dati AIRE.

All'estero gli italiani nascono, crescono e invecchiano, creano famiglie, si spostano più e più volte (quasi 74 mila si sono trasferiti da altra AIRE e più di 275 mila sono i reiscritti dopo irreperibilità) vivendo con pienezza l'epoca delle migrazioni in cui spostarsi è segno dei tempi e in cui la partenza è, soprattutto nel caso dell'Europa unita, libera e circolare per ciascun cittadino.

Il 21,7% ha tra i 18 e i 34 anni; il 23,2% appartiene alla classe di età immediatamente successiva (35-49 anni) e il 19,5% sono adulti maturi tra i 50 e i 64 anni. Anche la composizione per età sottolinea quanto la presenza italiana sia articolata ed eterogenea.

Le iscrizioni nell'ultimo anno per tutte le motivazioni: in crescita e la nascita precede l'espatrio

Le previsioni dello scorso anno non sono state disattese. Lungo il corso del 2023, infatti, le iscrizioni all'AIRE per tutte le motivazioni sono ritornate, in valore assoluto, ai livelli prepandemia. Con 255.670 (+46.705 rispetto al 2023) l'estero continua incessantemente a richiamare connazionali.

Restano comunque profonde differenze rispetto a quanto accadeva prima dell'emergenza sanitaria globale. Se prima, infatti, la metà delle iscrizioni avveniva per espatrio, oggi la presenza italiana all'estero cresce soprattutto grazie a chi all'estero già risiede, vive e lavora; per cui la nascita all'estero si riconferma ancora per quest'anno, e in modo più incisivo rispetto all'anno scorso, la motivazione principale (47,3%) di iscrizione nell'ultimo anno (121 mila in valore assoluto) seguita dall'espatrio (35%, oltre 89 mila), dalla reiscrizione per irreperibilità se residente all'estero (6,6%, quasi 17 mila) e dall'acquisizione di cittadinanza (4,6%, quasi 12 mila). A questi occorre aggiungere poco più di 900 iscrizioni per trasferimento dall'AIRE di un altro comune (0,4%).

Iscrizioni all'AIRE per tutte le motivazioni. Serie storica. Valori assoluti e percentuali. Anni 2019-2024.

Motivo	2019	2020	2021	2022	2023	2024
Espatrio	53,1	50,8	49,3	42,9	39,2	35,0
Nascita all'estero	35,9	35,5	36,1	41,3	43,5	47,3
Acquisizione di cittadinanza	3,3	3,6	3,2	3	4,7	4,6
Reiscrizione da irreperibilità	6,8	6,7	5,9	6,3	6,3	6,6
Trasferimento AIRE	0,9	0,7	0,5	0,4	0,5	0,4
Altre motivazioni	-	2,7	5,0	6,1	5,8	5,2
Totale	**242.353**	**257.812**	**222.260**	**195.466**	**208.965**	**255.670**

Fonte: Migrantes-Rapporto Italiani nel Mondo. Elaborazione su dati AIRE.

Il 47,9% delle iscrizioni ha riguardato donne (+122 mila). Come è facile intuire a seguito della particolare incisività della nascita sull'espatrio, il 34,3% ha riguardato minori. Il valore percentuale diminuisce in proporzione all'età, per cui il 29,2% connota i giovani tra i 18 e i 34 anni, il 19,6% i giovani adulti tra i 35 e i 49 anni, l'11,4% italiani e italiane maturi e solo il 5,5% gli over 65enni.

Le iscrizioni per tutte le motivazioni hanno riguardato 198 paesi diversi del mondo ma i più rappresentati sono, nell'ordine, Brasile, Argentina, Regno Unito, Germania, Svizzera.

Le oltre 255 mila iscrizioni sono avvenute da tutti i contesti provinciali indistintamente, ma hanno coinvolto soprattutto Treviso, Torino, Vicenza, Napoli e Cosenza. Città capoluogo e non, di grandi o medio-grandi dimensioni, aree metropolitane portanti e città periferiche: Cosenza precede Milano e Roma; Potenza precede Genova e, soprattutto, Roma.

Veneto, Lombardia, Sicilia, Campania e Piemonte sono i contesti regionali maggiormente interessati.

Iscrizioni all'AIRE per tutte le motivazioni per Paesi, Regioni, Province. Graduatoria prime venti posizioni. Anno 2024.

Graduatoria	Paesi	Regioni	Province
1	Brasile	Veneto	Treviso
2	Argentina	Lombardia	Torino
3	Regno Unito	Sicilia	Vicenza
4	Germania	Campania	Napoli
5	Svizzera	Piemonte	Cosenza
6	Francia	Emilia-Romagna	Salerno
7	Stati Uniti d'America	Toscana	Milano
8	Spagna	Calabria	Padova
9	Venezuela	Puglia	Potenza
10	Belgio	Lazio	Genova
11	Australia	Liguria	Roma
12	Canada	Marche	Verona
13	Paesi Bassi	Abruzzo	Brescia
14	Austria	Friuli-Venezia Giulia	Bergamo
15	Uruguay	Trentino-Alto Adige	Venezia
16	Irlanda	Basilicata	Trento
17	Cile	Sardegna	Palermo
18	Portogallo	Molise	Mantova
19	Danimarca	Umbria	Bari
20	Lussemburgo	Valle d'Aosta	Lucca

Nota: Per garantire la comparabilità in serie storica, si considera il Regno Unito parte dell'Unione europea.

Fonte: Migrantes-Rapporto Italiani nel Mondo. Elaborazione su dati AIRE.

Le partenze per solo espatrio nell'ultimo anno: in debole crescita ma costanti e importanti cambiamenti

Da gennaio a dicembre 2023 si sono iscritti all'AIRE, per la sola motivazione "espatrio", 89.462 italiani, il 54,8% dei quali maschi, il 66,9% celibi/nubili, il 26,9% coniugati/e a cui aggiungere lo 0,3% di unioni civili.

È in atto un ulteriore cambiamento: i trasferimenti ufficiali all'estero, dopo la parentesi dell'emergenza sanitaria, sono ripresi. Non si è ancora arrivati ai livelli del prepandemia, con oltre 130 mila partenze per espatrio in un anno, ma da gennaio a dicembre del 2023 rispetto allo stesso arco di tempo dell'anno prima, si registra una variazione positiva del 9,1% che, in valore assoluto, è pari a 7.500 partenze.

Dal 2022 al 2023 si è riscontrata quella che è stata definita l'*onda lunga della pandemia* (-2,1%, -1.767 iscrizioni) iniziata in realtà nell'ormai lontano 2020 in cui le iscrizioni furono quasi 131 mila (50 mila iscritti in meno rispetto allo scorso anno, -37,4%).

Cittadini italiani iscritti all'AIRE per solo espatrio. Serie storica. Valori assoluti. Anni 2014-2024.

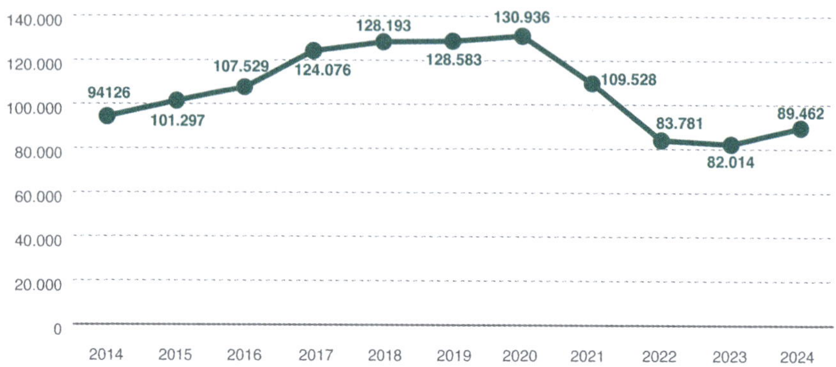

Fonte: Migrantes-Rapporto Italiani nel Mondo. Elaborazione su dati AIRE.

Cittadini italiani iscritti all'AIRE per solo espatrio e genere. Serie storica. Valori assoluti. Anni 2014-2024.

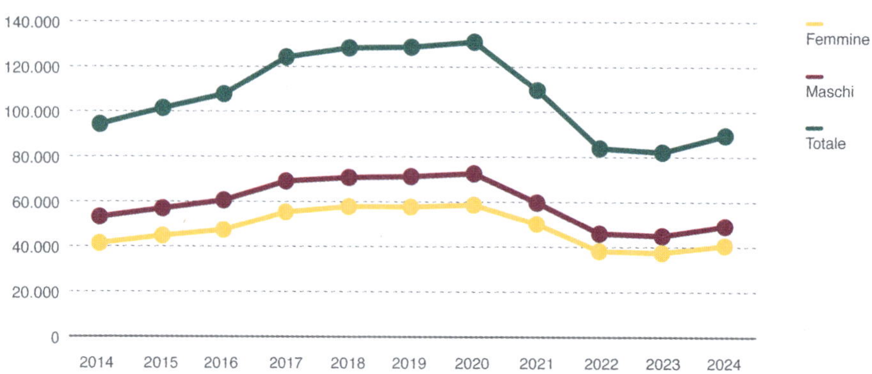

Fonte: Migrantes-Rapporto Italiani nel Mondo. Elaborazione su dati AIRE.

L'emergenza sanitaria globale ha inciso fortemente e per lungo tempo non tanto sulla scelta di migrare, perché comunque gli italiani hanno continuato a partire, quanto nella scelta di farlo in maniera ufficiale ovvero ottemperando all'obbligo di legge di cancellarsi dall'anagrafe comunale e iscriversi all'AIRE. Per diversi mesi se non anni, quindi, molti italiani in mobilità hanno vissuto in Europa in una sorta di limbo che li ha fatti stare, con la testa e con il corpo, un po' qui e un po' là, in un altrove che difficilmente ha trovato una piena realizzazione.

L'indecisione ha caratterizzato questi ultimi anni in maniera chiara, ma altrettanto chiaramente sin dallo scorso anno si intravedevano gli elementi di una ripresa di "normalità" lenta e graduale. Tuttavia, ancora una volta, l'analisi dei dati indica quanto sia necessario il monitoraggio costante delle abitudini dei nostri connazionali rispetto alla migrazione. In questo momento, infatti, diversamente dagli anni precedenti in cui abbiamo parlato di *strategie di contenimento dei rischi* (partenze a preponderanza maschile e riduzione del raggio di distanza delle mete di destinazione con particolare privilegio dei Paesi europei)[7], le italiane e gli italiani che hanno deciso di spostare la loro residenza all'estero nell'ultimo anno presentano caratteristiche, ancora una volta, diverse: più uomini che donne, in calo i minori, ancora più giovani tra i 18-34 anni, crescita sostenuta della mobilità previdenziale, continua il protagonismo delle regioni del Nord ma il Sud, sul lungo periodo, si sta riprendendo il suo spazio.

Ulteriori cambiamenti nei numeri e quantitativamente più importanti sono attesi elaborando i dati successivi al 1° gennaio 2024 quando è entrata in vigore la Legge n. 213 del 30 dicembre 2023 che ha introdotto un nuovo regime sanzionatorio per i cittadini italiani residenti all'estero che non sono iscritti all'AIRE, prevedendo una sanzione amministrativa pecuniaria da 200 a 1000 euro per ciascun anno di mancata iscrizione[8].

Il 45,5% del totale iscritti all'AIRE per solo espatrio da gennaio a dicembre 2023 ha tra i 18 e i 34 anni e un 23,3% appartiene, invece, alla classe di età immediatamente successiva (35-49 anni). La componente dei giovani e dei giovani adulti, quindi, nell'insieme (68,8%) è sicuramente interprete indiscussa dell'attuale esperienza migratoria italiana accompagnata dal 14,7% di minori (oltre 13 mila) e dal 5,5% di over 65 anni (5 mila circa). Il restante 11,1% ha tra i 50 e i 64 anni. Si tratta, cioè, di quasi 10 mila adulti maturi, qualificati o no, con titoli di studio eterogenei, respinti dal sistema occupazionale italiano e che si ritrovano a dover "giocare la carta dell'estero", o genitori di figli in mobilità che tentano e riescono – trovando una idonea occupazione ex novo o una modalità di lavoro alternativa attraverso forme di spostamento in sedi dislocate ad esempio – in un trasferimento per ricongiungimento familiare al contrario di quello solitamente concepito, perché in questo caso è la famiglia di origine che si sposta nel luogo estero in cui i figli si sono trasferiti.

---

[7] Delfina Licata, "La mobilità italiana durante la pandemia: ridotta, incerta, giovane ed europea" in Fondazione Migrantes, *Rapporto Italiani nel Mondo 2021*, Tau Editrice, Todi (PG), 2021, p. 15 e Idem, "La mobilità italiana nell'ultimo anno: drasticamente ridotta, estremamente dinamica", in Fondazione Migrantes, *Rapporto Italiani nel Mondo 2022*, Tau Editrice, Todi (PG), 2022, p. 15.

[8] Le sanzioni amministrative non possono essere retroattive, per cui non si potrà essere sanzionati per periodi antecedenti al 1° gennaio 2024. Ogni adempimento relativo all'accertamento di avvenuta violazione e l'eventuale irrogazione della sanzione restano di competenza esclusiva dei Comuni. Si veda: Franco Narducci, *Iscriversi all'AIRE: obbligo di legge o spirito di appartenenza?*, infra, pp. 129-140 (NdR).

Rispetto ai dati dello scorso anno solo la mobilità dei minori registra un decremento (-2,3%). In una generale crescita di tutte le altre classi di età, però, la variazione più consistente interessa chi ha tra i 65 e i 74 anni (+14,0%). Seguono le classi 18-34 e 75-84 anni (entrambe con +12,7%) e 35-49 anni (10,3%).

La *migrazione previdenziale* è, quindi, ripresa: gli anziani italiani, superato lo shock dovuto alla pandemia globale che li ha colpiti duramente e maggiormente di altri, hanno imparato a convivere con il virus e si stanno riprendendo il loro spazio di libertà di movimento interrotto per diversi anni. Essi ripartono per nuovi progetti di vita oltreconfine sospesi e rimandati, ma mai naufragati[9].

Cittadini italiani iscritti all'AIRE per solo espatrio per genere e classi di età. Valori assoluti, incidenze e variazioni. Anni 2020, 2023, 2024.

Età	2024				2023				Variazione 2024-2023		Variazione 2024-2020	
	Femmine	Maschi	Totale	% totale	Femmine	Maschi	Totale	% totale	v.a.	%	v.a.	%
0-17	6.427	6.712	13.139	14,7	6.507	6.940	13.447	16,4	- 308	-2,3	-13.418	-50,5
18-34	19.123	21.579	40.702	45,5	17.192	18.933	36.125	44,0	4.577	12,7	-12.880	-24,0
35-49	8.759	12.078	20.837	23,3	8.022	10.869	18.891	23,0	1.946	10,3	-10.422	-33,3
50-64	3.912	5.974	9.886	11,1	3.562	5.647	9.209	11,2	677	7,4	- 3.324	-25,2
65-74	1.296	1.871	3.167	3,5	1.155	1.623	2.778	3,4	389	14,0	- 1.008	-24,1
75-84	628	689	1.317	1,5	568	601	1.169	1,4	148	12,7	-297	-18,4
85+	256	158	414	0,5	247	148	395	0,5	19	4,8	-125	-23,2
Totale	**40.401**	**49.061**	**89.462**	**100,0**	**37.253**	**44.761**	**82.014**	**100,0**	**7.448**	**9,1**	**-41.474**	**-31,7**

Fonte: Migrantes-Rapporto Italiani nel Mondo. Elaborazione su dati AIRE.

Partiti da dove e verso dove? I territori italiani e i paesi del mondo protagonisti dell'ultimo anno

Il 52,1% di chi si è iscritto all'AIRE per solo espatrio, da gennaio a dicembre 2023, lo ha fatto partendo dal Nord Italia. In particolare, è il Nord-Ovest l'area maggiormente coinvolta nelle partenze e, infatti, con quasi 16 mila partenze la Lombardia si conferma ancora la prima regione per numero di iscritti (il 17,7% del totale), seguita dal Veneto (11,5%, oltre 10 mila), dalla Sicilia (8,6%, circa 7.700), dall'Emilia-Romagna (7,7%, quasi 7 mila), dal Piemonte (7,4%, 6.600) e dalla Campania (7,1%, circa 6.300). A seguire le altre regioni con valori percentuali molto al di sotto del 7%.

[9] Susanna Thomas - Daniele Russo, *L'evoluzione dei movimenti migratori visti attraverso la lente dei pagamenti delle pensioni all'estero*, infra, pp. 88-102 (NdR).

Tornando alla composizione territoriale, se dal Nord-Ovest sono partiti oltre 46 mila italiani da gennaio a dicembre 2023 per la sola motivazione espatrio, più di 28 mila sono state, invece, le partenze dal Meridione (31,5%).

Ancora una volta, però, sono le informazioni di lungo periodo a indicare sia i cambiamenti importanti sia, soprattutto, il contesto nel quale la migrazione italiana si inserisce. Infatti, guardando alle variazioni percentuali, si nota che la crescita più consistente riguarda il Sud Italia (quasi 3 mila iscritti, il 19,0%) rispetto a una crescita nazionale del +9,1%. Le regioni che presentano le variazioni più significative e di gran lunga superiori al livello nazionale, sono, nell'ordine, la Calabria (+35,3%), la Basilicata (+30,1%) e il Molise (+29,4%).

Seguono il Centro (+12,5%), dove si contraddistingue il Lazio (+22,4%), e il Nord Italia (+10,9%), in cui il territorio regionale che presenta la variazione più alta rispetto a quella nazionale, è la Liguria (+13,5%).

In sintesi, se la mobilità oggi è una questione che interessa il Nord tutto e, principalmente, ormai da diversi anni la Lombardia e il Veneto, sul lungo periodo le partenze vengono maggiormente a impattare sul Meridione, da dove l'emorragia demografica diventa doppia perdita poiché agli spostamenti verso l'estero occorre aggiungere la migrazione interna la cui direttrice Sud-Nord resta sempre la più battuta[10].

Cittadini italiani iscritti all'AIRE per solo espatrio per genere e composizione territoriale. Valori assoluti, incidenze e variazione. Anni 2024-2023.

Regioni	2024				2023				Variazione 2024-2023	
	Totale	Femmine	Maschi	%	Totale	Femmine	Maschi	%	v.a.	%
Nord-Ovest	24.132	11.015	13.117	27,0	23.192	10.596	12.596	28,3	940	4,1
Nord-Est	22.444	10.435	12.009	25,1	21.018	9.805	11.213	25,6	1.426	6,8
Centro	14.706	6.698	8.008	16,4	13.075	5.955	7.120	15,9	1.631	12,5
Sud	18.643	8.074	10.569	20,8	15.670	6.790	8.880	19,1	2.973	19,0
Isole	9.537	4.179	5.358	10,7	9.059	4.107	4.952	11,0	478	5,3
Italia	**89.462**	**40.401**	**49.061**	**100,0**	**82.014**	**37.253**	**44.761**	**100,0**	**7.448**	**9,1**

Fonte: Migrantes-Rapporto Italiani nel Mondo. Elaborazione su dati AIRE.

L'Europa ha accolto il 71,5% di chi si è spostato all'estero da gennaio a dicembre 2023 (quasi 64 mila connazionali). Gli italiani sono partiti da tutte le province di Italia e sono andati in 187 paesi del mondo che rappresentano tutti i continenti.

[10] Francesca Licari, L*e principali caratteristiche* [...], cit., (NdR).

Cittadini italiani iscritti all'AIRE per solo espatrio per provincia. Prime 20 Province. Valori assoluti. Anno 2024.

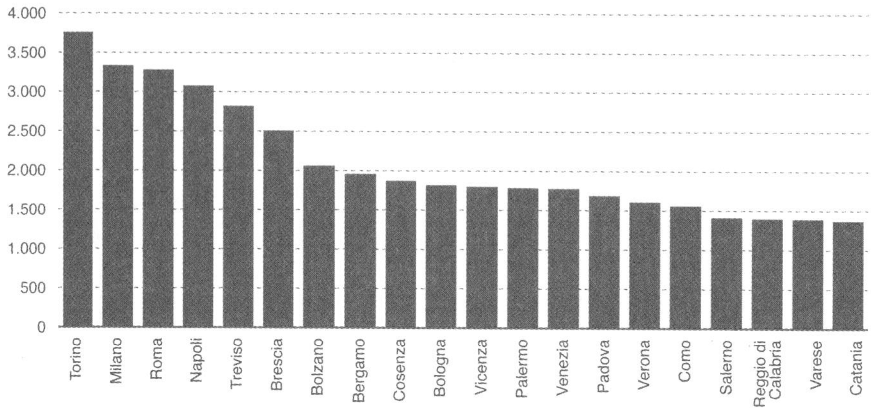

Fonte: Migrantes-Rapporto Italiani nel Mondo. Elaborazione su dati AIRE.

Il Regno Unito continua ad essere il primo paese di destinazione (oltre 12 mila, il 13,5% del totale iscrizioni): per garantire la comparabilità in serie storica nel *Rapporto Italiani nel Mondo* si continua a considerare il Regno Unito parte dell'Unione europea pur non essendo più territorio appartenente all'Unione.

Capire se ancora per quest'anno ci si trova di fronte alla coda delle iscrizioni obbligate dalla Brexit o se ci si imbatte in un nuovo e in realtà mai sopito desiderio di trasferirsi proprio nel territorio di Sua Maestà lo si appurerà, probabilmente, a partire dal prossimo anno. È possibile, comunque, affermare che Londra e le principali città britanniche continuano ad essere luoghi particolarmente attrattivi sia per la tradizione storica e strutturale della presenza italiana in questo Paese sia per le opportunità da sempre offerte, quelle stesse occasioni oggi messe in discussione da una politica migratoria e turistica di natura protezionistica e fortemente regolata.

Cittadini italiani iscritti all'AIRE per solo espatrio per genere e destinazione. Primi 14 Paesi. Valori assoluti e percentuali. Anni 2024 e 2023.

2024					2023				
Paese	Femmine	Maschi	Totale	% sul totale	Paese	Femmine	Maschi	Totale	% sul totale
Regno Unito	5.645	6.397	12.042	13,5	Regno Unito	6.402	7.065	13.467	16,4
Germania	5.085	6.368	11.453	12,8	Germania	5.197	6.105	11.302	13,8
Svizzera	3.838	4.987	8.825	9,9	Francia	4.089	4.412	8.501	10,4
Brasile	3.840	4.258	8.098	9,1	Svizzera	3.317	4.177	7.494	9,1
Francia	3.470	3.694	7.164	8,0	Brasile	2.542	2.677	5.219	6,4

2024					2023				
Paese	Femmine	Maschi	Totale	% sul totale	Paese	Femmine	Maschi	Totale	% sul totale
Spagna	2.728	3.132	5.860	6,6	Spagna	2.244	2.628	4.872	5,9
Stati Uniti d'America	1.866	2.259	4.125	4,6	Stati Uniti d'America	1.707	2.004	3.711	4,5
Argentina	1.654	1.649	3.303	3,7	Belgio	1.257	1.269	2.526	3,1
Belgio	1.371	1.429	2.800	3,1	Paesi Bassi	1.100	1.365	2.465	3,0
Paesi Bassi	1.196	1.478	2.674	3,0	Argentina	1.093	1.151	2.244	2,7
Austria	985	1.172	2.157	2,4	Austria	887	1.051	1.938	2,4
Irlanda	957	1.056	2.013	2,3	Australia	720	939	1.659	2,0
Australia	816	1.157	1.973	2,2	Portogallo	408	568	976	1,2
Canada	477	618	1.095	1,2	Canada	411	545	956	1,2
Altri Paesi	6.473	9.497	15.880	17,8	Altri Paesi	5.879	8.805	14.684	17,9
Totale	**40.401**	**49.061**	**89.462**	**100,0**	**Totale**	**37.253**	**44.761**	**82.014**	**100,0**

Nota: Per garantire la comparabilità in serie storica, si considera il Regno Unito parte dell'Unione europea.

Fonte: Migrantes-Rapporto Italiani nel Mondo. Elaborazione su dati AIRE.

Rispetto allo scorso anno, il Regno Unito, insieme alla Francia, sono le uniche due nazioni, nella graduatoria delle prime 14 posizioni, a presentare una variazione negativa, rispettivamente del -10,6% e del -15,7%. Rispetto al dato nazionale (9,1 %), comunque, vi sono realtà che presentano percentuali di gran lunga superiori come il Brasile (55,2%, 2.879 iscrizioni in più in valore assoluto) e l'Argentina (+47,2%, oltre mille iscrizioni in più).

Interessanti le variazioni percentuali anche di Spagna (+20,3%), Australia (+18,9%), Svizzera (+17,8%) anche se solamente nel caso della Svizzera vengono superate in valore assoluto le mille unità.

Cittadini italiani iscritti all'AIRE per solo espatrio per classi di età e nazione di residenza. Primi 6 Paesi. Anno 2024.

0-17 anni	18-34 anni	35-49 anni	50-64 anni	65+ anni
Regno Unito	Germania	Regno Unito	Brasile	Brasile
Francia	Regno Unito	Brasile	Regno Unito	Germania
Germania	Svizzera	Germania	Germania	Spagna
Brasile	Francia	Svizzera	Svizzera	Argentina
Svizzera	Spagna	Spagna	Francia	Stati Uniti d'America
Spagna	Brasile	Francia	Spagna	Francia

Nota: Per garantire la comparabilità in serie storica, si considera il Regno Unito parte dell'Unione europea.

Fonte: Migrantes-Rapporto Italiani nel Mondo. Elaborazione su dati AIRE.

Conclusioni

Dal confronto tra le destinazioni di chi si è spostato per espatrio nell'ultimo anno e le classi di età emerge chiaramente come occorra approfondire e studiare ad hoc la situazione del Brasile e dell'Argentina, ma anche quella del Regno Unito, mete oggi sicuramente numericamente rilevanti considerando quanto ci trasmettono i dati, ma questi ultimi vanno necessariamente letti con la giusta lente interpretativa. Per fare questo occorre un metodo multidimensionale. Dove non arriva la fonte ufficiale, cioè, devono arrivare le ricerche quanti-qualitative costruite ad hoc. Da qui il legame del *Rapporto Italiani nel Mondo* con numerose strutture di ricerca che, in Italia e all'estero, si occupano di migrazioni europee e internazionali, e di italiani in particolare, ma anche l'impegno della Fondazione Migrantes a investire su ricerche specifiche, come quella che sta conducendo sul monitoraggio delle famiglie italiane in mobilità che ci permetterà, nel 2025, di conoscere meglio le caratteristiche di questo specifico profilo considerandone peculiarità e motivazioni, alla luce di un Paese che ha urgentemente bisogno di riattirare popolazione, italiana e non, attraverso i processi di mobilità e di circolarità della migrazione europea, quindi partenze e ritorni, per evitare la desertificazione territoriale e l'inevitabile crollo demografico che è sempre più vicino[11].

Dal 2006 la presenza dei cittadini italiani all'estero, stando ai dati dell'AIRE, è praticamente raddoppiata: quello che non è cambiata, però, è la percezione che si ha di essa nel nostro Paese, dove si continuano a riproporre articoli sul fenomeno dei "giovani che vanno via"[12], ma mancano una conoscenza della complessità del tema che ingloba elementi sicuramente economici, ma anche sociali, culturali, storici, nazionali e internazionali e una visione globale che, partendo dall'acquisita complessità, diventi azione concreta alle diverse criticità con l'idea di una rigenerazione dei nostri territori e della nostra popolazione.

---

[11] La ricerca, dal titolo *Crescere figli italiani fuori dall'Italia: sfide, difficoltà, opportunità*, è ideata e condotta dalla giornalista Eleonora Voltolina. Per approfondire si vedano: <https://www.raiplaysound.it/audio/2024/05/Expat-del-11052024-0b91dad4-93de-449c-bd48-82d7e3579792.html>, <https://donnecheemigranoallestero.com/felice-estero-intervista/> e <https://www.youtube.com/watch?v=ppm4f1dDb2A>.

[12] Tra i tanti e diversi si riportano in ordine decrescente di pubblicazione *Il lavoro che non paga tra stipendi da fame e contratti precari: centomila giovani via dall'Italia*, «la Repubblica», 22 settembre 2024; *Giovani, riparte la fuga all'estero: tra il 2022 e il 2023 in 100mila hanno lasciato l'Italia*, «La Stampa», 7 settembre 2024; *L'emergenza è l'emigrazione: la fuga dei "giovani cervelli" dall'Italia*, «Avvenire», 11 luglio 2024; *Giovani e cervelli in fuga: 4,5 miliardi all'anno per istruirli. E poi regaliamo i benefici all'estero*, «Corriere della Sera», 17 aprile 2024.

NASCERE ITALIANO FUORI DALL'ITALIA: dati, luoghi e caratteristiche

Mauro Albani, Istituto Nazionale di Statistica (ISTAT)

Introduzione

Il tema della natalità è oggi più che mai all'ordine del giorno. L'inverno demografico, di cui tanto si parla, è anche conseguenza del calo delle nascite che sta interessando tanti paesi avanzati. La fecondità è in calo in Italia, come lo è, più in generale, nei paesi dell'Unione europea, pur se con alcune differenziazioni da paese a paese. Il tasso di fecondità totale nel complesso dei Paesi UE nel 2022 è stato di 1,46 figli per donna, oscillando dagli 1,08 di Malta agli 1,79 della Francia. L'Italia è tra le nazioni in cui il calo delle nascite è maggiormente sentito: sempre nel 2022 il valore del tasso italiano è stato di 1,24. Il trend è in diminuzione, parte dal 2008 e non sembra arrestarsi: i dati provvisori per l'anno 2023 indicano un livello di 1,2 figli per donna che si avvicina molto al minimo storico di 1,19 registrato nel lontano 1995. Corrispondentemente alla diminuzione del livello della fecondità, mutamenti si registrano anche nella cadenza del fenomeno, che misura la scelta da parte delle donne di anticipare o ritardare l'età alla quale diventare madri. Sempre nel 2022, nei Paesi UE risulta elevata l'età media al parto (31,1 anni), oscillando tra i 33,1 anni delle donne irlandesi e i 28 delle bulgare. L'Italia con 32,4 anni si colloca al terzo posto nella classifica dei paesi, seconda solo, oltre che alla citata Irlanda, alla Spagna (32,6).

Alcune delle determinanti del calo della natalità, come le ragioni economiche, sono spesso anche fattore di spinta per l'emigrazione all'estero (o fattore di attrazione, a seconda del punto di vista). Per chi è interessato all'emigrazione italiana all'estero, può essere importante indagare se la ricerca di condizioni di vita migliori in un paese straniero agisca o meno sui livelli di natalità espressi, una volta che vi si è trasferiti. Qual è il livello della natalità degli italiani che risiedono fuori dall'Italia? È più vicino a quello del paese di origine o a quello del paese estero di residenza? Il fenomeno non è stato molto studiato sino ad oggi, anche perché non esistevano dati statistici ufficiali. Informazioni sulle nascite di bambini italiani all'estero si possono oggi ricavare dalle fonti ufficiali anche se, come vedremo, queste presentano alcuni limiti. Per comprendere appieno il significato dei numeri occorre avere presente innanzitutto il quadro normativo di riferimento. Nei due paragrafi che seguono vengono brevemente descritti i due capisaldi legislativi che riguardano i cittadini italiani all'estero: la normativa sulla dimora abituale e quella sulla cittadinanza.

La normativa sulla dimora abituale dei cittadini italiani all'estero e la normativa sulla cittadinanza

La legge che regola il trasferimento della dimora abituale dei cittadini italiani all'estero, come noto, è la Legge 27 ottobre 1988, n. 470 "Anagrafe e censimento degli italiani all'estero". I cittadini italiani che decidano di trasferire la propria residenza all'estero hanno l'obbligo, entro novanta giorni, di dichiararlo all'Ufficio Consolare della Circoscrizione estera presso il paese di destinazione, per essere conseguentemente iscritti all'Anagrafe degli Italiani Residenti all'Estero (AIRE). È tenuto a iscriversi all'AIRE chi si trasferisce per un periodo superiore ai dodici mesi (L. 470/88, art. 1 co.8)[1]. L'iscrizione all'AIRE avviene non solamente per trasferimento della residenza da un Comune italiano, ma anche ad esempio per registrazione dell'atto di nascita di cittadino italiano nato da italiano residente all'estero, o per acquisizione della cittadinanza italiana da parte di persona residente all'estero (L. 470/88, art. 2 co.1). L'AIRE è gestita dai Comuni e dal Ministero dell'Interno. Da quando è operativa l'Anagrafe Nazionale della Popolazione Residente (ANPR) del Ministero dell'Interno, gli archivi AIRE comunali sono stati inglobati nell'ANPR. L'ANPR è la banca dati anagrafica nazionale all'interno della quale vengono raccolti i dati sulle iscrizioni, le cancellazioni e le variazioni anagrafiche dei cittadini, registrati e trasmessi dalle circa otto mila anagrafi comunali[2]. Oltre ai dati anagrafici sui cittadini italiani e stranieri residenti in Italia, l'ANPR contiene anche dati continuamente aggiornati sullo stock e il movimento degli italiani all'estero.

Nonostante a livello politico sia sempre più attuale un vivace dibattito su una possibile riforma, ad oggi la normativa italiana sulla cittadinanza si fonda sul principio dello *ius sanguinis*, sancito dalla Legge 5 febbraio 1992, n. 91 "Nuove norme sulla cittadinanza", che stabilisce che è cittadino italiano chi nasce (o viene adottato)

---

[1] Esistono alcune eccezioni a questa regola generale, ma si tratta di casi particolari, come quelli normati, ad esempio, dall'art. 9 della stessa Legge 470/88 (dipendenti di ruolo dello Stato in servizio all'estero con i loro familiari, militari italiani in servizio presso gli uffici e le strutture della NATO dislocate all'estero, lavoratori stagionali).

[2] L'ANPR è stata istituita ai sensi dell'Art. 62 del Dlgs. 7 marzo 2005, n. 82 "Codice dell'Amministrazione Digitale", modificato dal D.L. 18 ottobre 2012, n. 179 "Ulteriori misure urgenti per la crescita del Paese". Si tratta di un archivio unico informatizzato, nel quale sono stati riversati i dati dei registri anagrafici di tutti i comuni italiani e che viene continuamente aggiornato dai comuni, contestualmente allo svolgimento delle diverse operazioni anagrafiche svolte in locale. Il progetto ha richiesto diversi anni per giungere a completamento, prevedendo il subentro progressivo delle anagrafi comunali nell'archivio centralizzato. Il primo comune italiano a subentrare nell'ANPR è stato Bagnacavallo (Ravenna), nell'ottobre 2016, mentre l'ultimo è stato il comune di San Teodoro (Messina), che ha adottato l'ANPR nel mese di gennaio 2022.

da cittadino italiano. In base alla legge, pertanto, il figlio di un genitore italiano è italiano, anche se il genitore e il nato sono entrambi nati all'estero e risiedono all'estero. Per trasmettere la cittadinanza è sufficiente che uno solo dei due genitori sia italiano. Sono, quindi, italiani i figli di coppie in cui tutti e due i genitori sono italiani residenti all'estero, ma anche i figli di coppie miste, in cui uno solo dei due genitori è italiano[3]. Per gli scopi del presente lavoro, assume poi rilevanza anche il tema della possibilità o meno di avere più di una cittadinanza, che nei diversi paesi è regolato dalle legislazioni nazionali e dai rapporti tra i paesi stessi[4]. Per gli italiani che vivono nei paesi ove vige lo *ius soli* la scelta di rinunciare o meno alla cittadinanza italiana per un figlio può essere condizionata anche dalla possibilità di mantenere la cittadinanza del paese ospitante insieme a quella italiana.

L'AIRE come fonte di dati sui figli degli italiani residenti all'estero

La rapida disamina della normativa di cui nel paragrafo precedente mostra la sua utilità ai fini del presente lavoro in quanto, come vedremo, costituisce il quadro all'interno del quale si formano i dati statistici ufficiali sulla popolazione italiana residente all'estero. Quanti figli mettono al mondo ogni anno gli italiani che risiedono all'estero? In quali paesi esteri avvengono prevalentemente queste nascite? La distribuzione delle nascite per Stato estero è conforme a quella della popolazione degli espatriati? Si tratta di domande a cui non è semplice dare risposta, ma che possono contribuire a gettare nuova luce sulla popolazione italiana all'estero, che negli ultimi anni è stata sempre in crescita. Una fonte importante che ci restituisce dati di natura amministrativa sul fenomeno è l'AIRE. Si tratta della medesima fonte utilizzata correntemente per le statistiche su espatri e rimpatri di cittadini italiani, o per quelle sulla popolazione italiana residente all'estero, pubblicate dall'ISTAT[5].

---

[3] Esiste una possibilità residuale di acquisto della cittadinanza italiana *iure soli*, se si nasce sul territorio italiano da genitori apolidi o se i genitori sono ignoti o non possono trasmettere la propria cittadinanza al figlio secondo la legge dello Stato di provenienza.

[4] In Italia è possibile avere più di una cittadinanza. Degna di menzione è anche la modifica recentemente introdotta nella legislazione in materia dalla Germania, che consente di ottenere la nazionalità tedesca più rapidamente ed estende le possibilità di avere una seconda cittadinanza. L'obiettivo è ridurre la carenza di manodopera che affligge la prima economia europea. A partire dal 27 giugno 2024, i bambini nati in Germania da genitori stranieri acquisiscono la cittadinanza tedesca se almeno uno dei genitori vive legalmente in Germania da più di cinque anni (prima erano otto anni) ed ha un diritto di soggiorno permanente. I figli possono mantenere la cittadinanza dei genitori stranieri, non sussiste più la regola dell'opzione per una cittadinanza o l'altra. In generale, il processo di naturalizzazione è oggi possibile dopo cinque anni di soggiorno in Germania, invece di otto anni come precedentemente disposto.

[5] Si vedano: ISTAT, *Migrazioni interne e internazionali della popolazione residente anni 2022-2023*, «Statistiche Report», 28 maggio 2024, <https://www.istat.it/it/files/2024/05/Migrazioni-interne-e-internazionali-della-popolazione-residente.pdf>; Idem, *Popolazione residente e dinamica demografica.*

In generale, i pregi e i difetti delle fonti amministrative sono ben noti. Nel caso di specie, innanzitutto non tutti i cittadini italiani che si spostano per un periodo superiore ai dodici mesi comunicano il cambiamento di residenza alle Anagrafi come previsto dalla legge. Ciò nonostante per chi si sposta permanentemente all'estero vi siano indubbi vantaggi nell'iscriversi all'AIRE, non solamente di natura fiscale[6]. In alcuni casi l'iscrizione all'AIRE non viene effettuata, ad esempio, se la persona, non avendo certezza (almeno in un primo periodo) della durata della propria permanenza all'estero, non vuole perdere l'assistenza del Servizio Sanitario Nazionale italiano. Talvolta l'iscrizione avviene in un secondo momento, quando sopraggiungono specifiche esigenze o semplicemente quando la permanenza assume carattere di effettiva stabilità. Può anche accadere che di fatto non avvenga mai. Queste scelte impattano ovviamente sulla completezza tanto dei dati di stock quanto dei dati di movimento della popolazione degli iscritti all'AIRE.

I primi dati sulla popolazione italiana residente all'estero pubblicati dall'ISTAT si riferiscono al 31 dicembre 2022. Per l'occasione, la validazione dei dati di stock si è giovata del confronto con altre fonti, come ad esempio gli archivi consolari[7]. Dei dati sui trasferimenti di residenza di italiani da e verso l'estero esiste invece una serie storica ormai consolidata: si tratta di dati storicamente elaborati e diffusi dall'ISTAT già ben prima della transizione ad ANPR. Non esistono invece fonti alternative, o una serie storica di riferimento, per i dati sui nati da cittadini italiani residenti all'estero. Prima dell'introduzione dell'ANPR il dato non veniva acquisito dall' ISTAT. Grazie a specifici accordi per la condivisione delle informazioni contenute nell'ANPR, presi dall' ISTAT con il Ministero dell'Interno, dal 2022 disponiamo del flusso degli iscritti all'AIRE per nascita. Ai fini della quantificazione del fenomeno, tuttavia, il flusso presenta molteplici problemi. Innanzitutto, esso sovrastima

Anno 2022, «Censimenti permanenti popolazione e abitazioni», 18 dicembre 2023, <https://www.istat.it/wp-content/uploads/2023/12/CENSIMENTOEDINAMICADEMOGRAFICA2022.pdf>.

[6] L'iscrizione all'AIRE consente di evitare la cosiddetta *doppia tassazione*. In base al *principio della tassazione mondiale* (*World Wide Taxation Principle*), infatti, il cittadino che lavora all'estero, mantenendo la residenza italiana, ha comunque l'obbligo di pagare le imposte in Italia anche sui redditi prodotti all'estero, salvo che sia diversamente indicato da disposizioni contenute nelle Convenzioni internazionali contro le doppie imposizioni. Dall'imposta dovuta in Italia possono, comunque, essere detratte le tasse già pagate all'estero. D'altra parte iscrivendosi all'AIRE si può usufruire di alcuni servizi forniti direttamente dal Consolato italiano all'estero. Per esempio, il rilascio di certificati anagrafici e di residenza, il rinnovo del passaporto, il rinnovo della patente di guida per chi risiede in Paesi extraeuropei, ecc. Inoltre, come è noto, chi è iscritto all'AIRE può esercitare il diritto di voto per corrispondenza.

[7] La stima del numero di cittadini italiani residenti all'estero a fine anno pubblicata dall'ISTAT è il risultato dell'integrazione di diverse fonti amministrative con i risultati censuari relativi alla popolazione abitualmente dimorante in Italia. Per definire il conteggio della popolazione degli italiani residenti all'estero alla fine del 2022 l'ISTAT ha fatto ricorso non solo all'integrazione dei dati dell'AIRE con i dati delle Anagrafi Consolari del Ministero degli Esteri, ma anche ai "segnali di vita" in Italia desunti delle altre fonti amministrative del Censimento permanente della popolazione, come ad esempio, l'Anagrafe Tributaria del Ministero dell'Economia e delle Finanze per l'individuazione di individui deceduti.

il fenomeno, non comprendendo esclusivamente le nascite da cittadino/i italiano/i residente/i all'estero, ma anche altre tipologie di iscrizioni per nascita.

Poiché la legge italiana prevede che siano cittadini dalla nascita anche i discendenti di avo italiano che abbiano ottenuto il riconoscimento della cittadinanza italiana *iure sanguinis* accade che in alcuni casi i Comuni utilizzino l'iscrizione all'AIRE per nascita per registrare queste persone. La data di nascita, che è tra le variabili rilevate, consente di individuare i nati di un determinato anno, all'interno del più ampio flusso delle iscrizioni per nascita. Tuttavia l'iscrizione può essere soggetta a ritardo. Non sempre il genitore italiano residente all'estero ha interesse a iscrivere tempestivamente il nato all'AIRE, specialmente quando magari in base alla legislazione del paese di residenza il figlio è da subito cittadino di quel paese e in particolare se il paese di residenza non ammette cittadinanza multipla. Non sono rari i casi di registrazioni tardive, effettuate anni dopo la nascita, ad esempio in occasione dell'esigenza, variamente motivata, di ottenere un documento italiano. Ritardi possono, infine, essere dovuti alla procedura stessa di registrazione dell'informazione nell'archivio amministrativo, che prevede passaggi non sempre effettuati per via telematica[8].

I nati da italiani all'estero in base alle fonti ufficiali

Fatte le dovute premesse di cui sopra, passiamo finalmente all'esame del fenomeno oggetto di questo lavoro, come esso appare dalle evidenze amministrative. I dati che utilizzeremo sono quelli più recenti pubblicati dall'ISTAT[9]. Su poco meno di sei milioni di italiani residenti all'estero al 31 dicembre 2022, complessivamente nello stesso anno si registrano poco più di 25 mila nascite, di cui un po' meno della metà (48,8%) sono donne. Le nascite avvengono praticamente tutte all'estero (98,8%), ma vi sono anche poco meno di trecento nati in Italia, soprattutto da residenti nel Regno Unito, Germania, Svizzera e Francia. Nel 97,8% dei casi i nati all'estero sono nati nel paese di residenza del/i genitore/i, mentre solo nel 34,9% dei casi i nati in Italia sono nati nel comune di iscrizione all'AIRE. L'interpretazione di questi dati è evidente e non richiede molte spiegazioni: solo chi vive in un paese estero non troppo lontano decide, in un numero estremamente limitato di casi, di far nascere il proprio figlio/a sul territorio italiano. Quando lo fa, il criterio del comune di origine non sembra essere dirimente.

[8] Ci si riferisce qui alla normale procedura di iscrizione che prevede il passaggio per il Consolato e la successiva trasmissione da parte di questo al comune di iscrizione AIRE per la registrazione nell'archivio anagrafico. Al momento i sistemi dei due uffici (Consolato e comune) non sono integrati e la trasmissione avviene per via cartacea o via posta telematica.

[9] ISTAT, *Gli italiani residenti all'estero – Anno 2022*, «Statistiche today», 18 luglio 2024. Per la stima delle nascite dei cittadini italiani residenti all'estero l'ISTAT ha considerato il flusso degli iscritti all'AIRE per nascita, aggiornato al 1° aprile 2024, limitatamente ai soli iscritti nati nel 2022.

I paesi con numero di nati italiani più elevato sono quelli europei che da soli, con quasi 18 mila nati raggruppano il 70,4% del totale dei nati all'estero. Si tratta soprattutto di nati da italiani residenti in Germania (17,4% del totale), in Svizzera (14,6%) e nel Regno Unito (10%). I numeri sono molto più contenuti per il continente americano (che nel complesso esprime il 22,9% del totale dei nati), con le nascite concentrate soprattutto in Brasile (7,2% del totale) e in Argentina (6,9%). La distribuzione dei nati per territorio estero ricalca solo in parte l'analoga distribuzione della popolazione residente. Il 54,7% degli italiani residenti all'estero vive, infatti, in Europa – il 13,8% in Germania, il 10,7% in Svizzera e il 7,7% nel Regno Unito – mentre nel continente americano risiede il 40,1% del totale degli italiani all'estero, in particolare in Brasile (9,5%) e in Argentina (15,6%). Queste differenze incidono sui valori del tasso di natalità per le diverse aree. Gli italiani residenti nei paesi del continente americano sono prevalentemente italiani per discendenza, figli, nipoti e pronipoti nati all'estero degli italiani emigrati verso questi paesi in occasione dei primi grandi flussi migratori dall'Italia. Avendo in molti casi perduto ogni forma di contatto con la madrepatria, è plausibile che non vi sia interesse per questi soggetti di dichiarare la nascita di un figlio alle Istituzioni italiane, salvo esigenze particolari, o comunque non nell'immediatezza dell'evento. A conferma di ciò, i dati sugli italiani residenti all'estero mostrano che si registrano più nati nei paesi dove la quota di residenti italiani nati in Italia sul totale di residenti italiani è maggiormente elevata: 41,8% nel complesso dell'Europa, 42,7% in Germania, 37,1% in Svizzera, 48,8% nel Regno Unito. Al contrario, si registrano meno nascite nei paesi in cui la percentuale è più ridotta: 16,9% per i paesi del Nuovo Continente, 5,6% per il Brasile, 10,5% per l'Argentina. Ciò nonostante gli italiani che risiedono nei Paesi europei presentino una distribuzione per età mediamente più giovane e più squilibrata per sesso di quelli che risiedono nel Nuovo Continente.

Nati e popolazione italiana all'estero, per area continentale di residenza. Anno 2022

I dati dell'AIRE consentono di spingere l'analisi a un livello territoriale ancor più disaggregato. Il Consolato con il maggior numero di nati da italiani residenti è Londra (oltre 2 mila, l'8% del totale), seguono Zurigo (oltre 1.400, il 5,6%) e Parigi (oltre 1.000, il 4,1%). I Consolati con il maggior numero di italiani residenti sono Londra (Regno Unito, quasi 375 mila), Buenos Aires (Argentina, circa 322 mila) e San Paolo (Brasile, oltre 239 mila), che da soli raggruppano quasi il 16% del totale degli italiani all'estero.

Popolazione italiana e nati all'estero. Valori assoluti. Anno 2022.

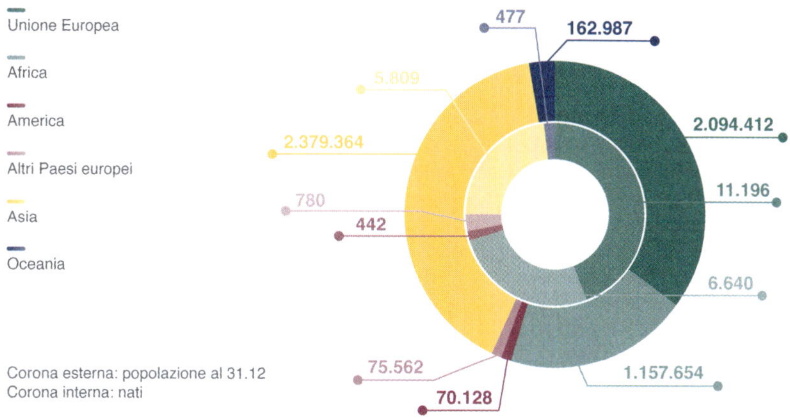

Fonte: Migrantes-Rapporto Italiani nel Mondo. Elaborazione su dati ISTAT.

Primi venti Stati per numero di nati da italiani residenti all'estero. Valori assoluti. Anno 2022.

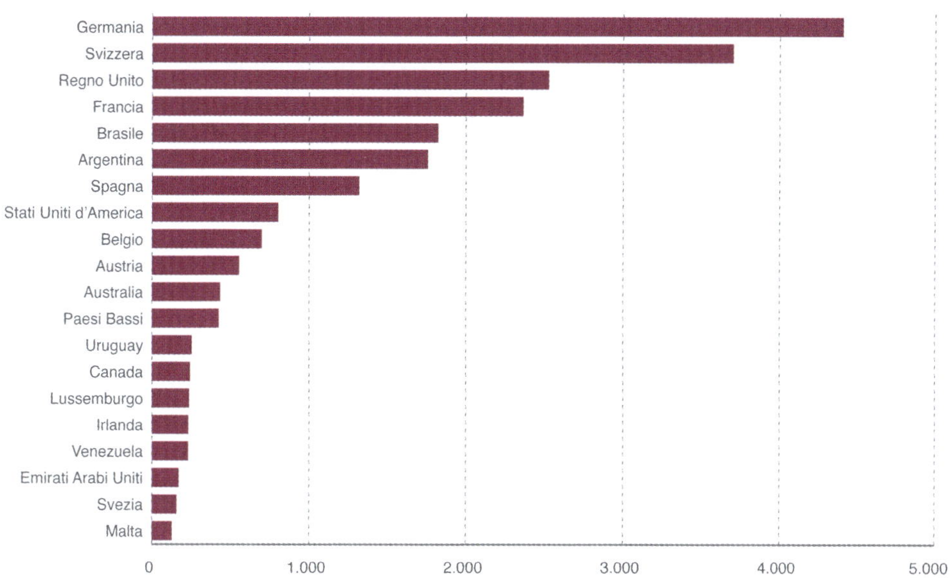

Fonte: Migrantes-Rapporto Italiani nel Mondo. Elaborazione su dati ISTAT.

Primi venti Consolati per numero di nati da italiani residenti all'estero. Valori assoluti. Anno 2022.

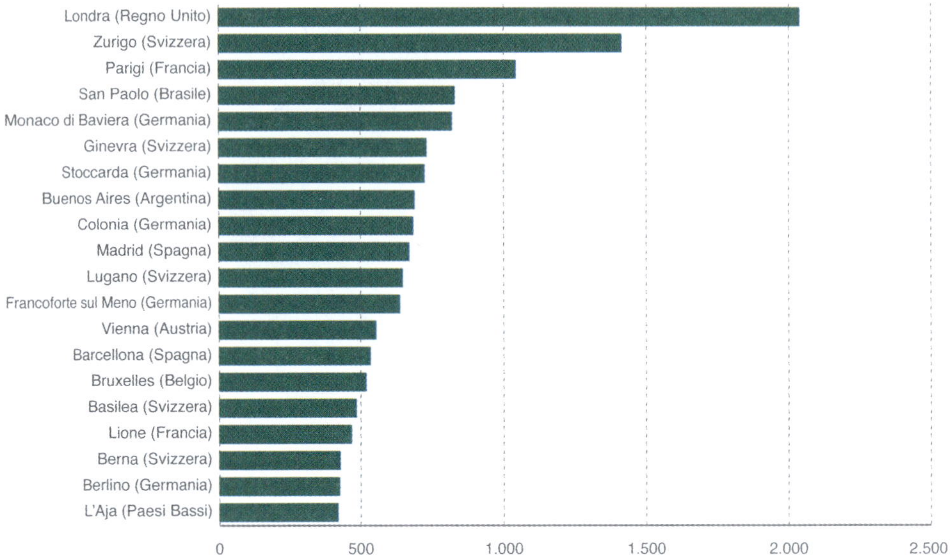

Fonte: Migrantes-Rapporto Italiani nel Mondo. Elaborazione su dati ISTAT.

La natalità degli italiani residenti all'estero

Pur con tutti i limiti delle fonti cui si è accennato, può essere interessante tentare una stima della natalità della popolazione italiana residente all'estero e metterla a confronto con la natalità complessiva dei paesi esteri in cui gli italiani risiedono.

In base alle evidenze amministrative, il tasso di natalità degli italiani all'estero risulta pari complessivamente al 4,3 per mille. Si tratta di un valore inferiore all'analogo tasso calcolato sul totale dei residenti in Italia (6,7 per mille). Si evidenziano del resto importanti variazioni nei valori del tasso sul territorio, a livello di continente, di area sub-continentale, di singolo Stato estero. Si registrano, ad esempio, 5,5 nati ogni mille italiani residenti in Europa, a fronte di soli 2,5 ogni mille per i residenti nelle Americhe. Scendendo maggiormente nel dettaglio territoriale le differenze sono ancora più marcate: si va dai 5,9 nati ogni mille italiani residenti in Spagna o anche i 5,8 per mille residenti in Svizzera, a valori molto più bassi del tasso per il Canada (1,7 per mille) o per l'Argentina (1,9 per mille)[10].

Passando, infine, ad un veloce raffronto con i dati delle popolazioni dei paesi di residenza, si osserva che la natalità del complesso dei cittadini (di qualsiasi nazionalità) residenti nei paesi UE nel 2022 era dell'8,7 per mille, quindi di oltre tre

[10] Le ragioni di questa variabilità sono quelle già in precedenza evidenziate per il numero assoluto delle nascite.

punti superiore a quella fatta registrare dai cittadini italiani residenti nei paesi UE[11]. Il tasso è più elevato anche se si scende nell'analisi del singolo paese. Per la Spagna, ad esempio, nel 2022 il tasso è pari al 6,9 per mille, che si riduce come accennato sopra al 5,9 per mille per i soli residenti cittadini italiani. In Germania il tasso è pari all'8,8 per mille se calcolato sul totale dei residenti, al 5,4 per mille per gli italiani. In Francia i valori sono rispettivamente 6,9 per mille e 5,1 per mille. Il confronto è tuttavia inficiato dal diverso grado di accuratezza delle fonti. È ragionevole supporre che i sistemi di registrazione delle nascite nei paesi esteri citati siano tutti comunque caratterizzati da un buon livello di completezza e accuratezza. Come abbiamo già evidenziato, purtroppo non si può essere altrettanto certi della completezza dei dati di cui l'Italia dispone sui nati da italiani che si sono trasferiti all'estero.

Conclusioni

Pur con tutti i limiti esaminati, le innovazioni recentemente introdotte nelle fonti amministrative consentono di fare un minimo di luce su un fenomeno finora inesplorato: la natalità della popolazione italiana residente all'estero. I primi dati pubblicati dall'ISTAT relativi agli italiani residenti fuori dei confini nazionali e iscritti all'AIRE mostrano un livello di natalità inferiore a quello della popolazione residente in Italia, e inferiore anche a quello fatto registrare dalle popolazioni dei principali paesi in cui sono presenti nostri connazionali. Notevoli differenze si registrano a livello territoriale, con una maggiore dinamicità mostrata dal fenomeno nelle zone in cui è maggiore la quota di nostri connazionali iscritti all'AIRE ma che sono anche nati in Italia (in particolare alcuni Stati europei), a fronte di livelli più bassi della natalità nelle zone ove è più elevato il numero di cittadini italiani AIRE iscritti per discendenza, come l'America.

Maggiori verifiche, approfondimenti e analisi potranno essere fatti probabilmente quando si disporrà anche solo di un minimo di serie storica sul fenomeno.

[11] Per il dato relativo alla popolazione dell'UE e per i dati relativi alla popolazione residente in Spagna, Germania e Francia, la fonte è la base di dati di EUROSTAT Si veda: <https://ec.europa.eu/eurostat/data/database>.

Nati e popolazione italiana all'estero per sesso, continente, area sub-continentale e principali Paesi esteri di residenza. Valori assoluti, percentuali e tassi per mille residenti. Anno 2022.

	Nati				Popolazione al 31.12			
	Totale	% Femmine	% sul Totale	Tasso di natalità	Totale	% Femmine	% sul Totale	% Nati in Italia
Unione europea	11.196	48,3	44,2	5,4	2.093.520	46,4	35,2	41,7
di cui:								
Germania	*4.408*	*49,1*	*17,4*	*5,4*	*822.251*	*45,5*	*13,8*	*42,7*
Francia	*2.365*	*48,2*	*9,3*	*5,1*	*464.696*	*48,1*	*7,8*	*43,2*
Belgio	*701*	*49,6*	*2,8*	*2,5*	*276.920*	*48,2*	*4,7*	*35,2*
Spagna	*1.323*	*48,1*	*5,2*	*5,9*	*232.521*	*45,8*	*3,9*	*33,4*
Altri Paesi europei	6.640	49,1	26,2	5,7	1.152.814	47,7	19,4	41,6
di cui:								
Svizzera	*3.703*	*49,1*	*14,6*	*5,8*	*637.417*	*47,8*	*10,7*	*37,1*
Regno Unito	*2.530*	*48,6*	*10,0*	*5,5*	*456.654*	*47,5*	*7,7*	*48,8*
Totale Europa	17.836	48,6	70,4	5,5	3.246.334	46,8	54,7	41,8
America settentrionale	1.048	49,9	4,1	2,4	447.448	48,1	7,5	50,9
di cui:								
Stati Uniti d'America	*805*	*48,9*	*3,2*	*2,7*	*301.847*	*47,9*	*5,1*	*50,1*
Canada	*243*	*53,1*	*1,0*	*1,7*	*142.547*	*48,4*	*2,4*	*52,2*
America centro-meridionale	4.761	48,5	18,8	2,5	1.936.904	51,0	32,6	9,1
di cui:								
Argentina	*1.759*	*48,4*	*6,9*	*1,9*	*924.335*	*52,0*	*15,6*	*10,5*
Brasile	*1.825*	*49,5*	*7,2*	*3,3*	*562.871*	*49,7*	*9,5*	*5,6*
Venezuela	*231*	*46,8*	*0,9*	*2,1*	*109.235*	*49,8*	*1,8*	*16,4*
Totale America	5.809	48,8	22,9	2,5	2.384.352	50,4	40,1	16,9
Africa	442	51,6	1,7	6,2	70.257	47,4	1,2	28,2
Asia	780	51,4	3,1	10,4	75.562	41,9	1,3	43,0
Oceania	477	49,5	1,9	2,9	163.602	48,5	2,8	38,1
Totale	**25.344**	**48,8**	**100,0**	**4,3**	**5.940.107**	**48,3**	**100,0**	**31,6**

Fonte: Migrantes-Rapporto Italiani nel Mondo. Elaborazione su dati ISTAT.

LE NUOVE TENDENZE DELLA MOBILITÀ NEL PERIODO POST-PANDEMIA: espatri e rimpatri[1] dei cittadini italiani

Silvia Bruzzone, Istituto Nazionale di Statistica (ISTAT)
Francesca Licari, Istituto Nazionale di Statistica (ISTAT)

Gli espatri e i rimpatri dei cittadini italiani sono legati a molteplici fattori, soprattutto economici e connessi alla ricerca di una occupazione soddisfacente e redditizia o al percorso di studio, ma anche a motivazioni familiari e di ricongiungimento dei nuclei.

Nel presente saggio si delineano le caratteristiche dei flussi, la direzione e l'intensità delle migrazioni degli italiani da e per l'estero e le caratteristiche socio-demografiche dei migranti, con particolare riferimento al 2022 e all'ultimo decennio. Tra le principali variabili analizzate, per tracciare un profilo degli individui italiani emigrati o rientrati dall'estero, accanto alle informazioni sulle mete dello spostamento, sono considerati anche il genere, la classe di età e il titolo di studio[2]. Il presente saggio presenta risultati aggiornati per gli anni 2022 e 2023, in forma provvisoria, ad esclusione delle analisi più dettagliate per titolo di studio, consolidate solo fino all'anno 2022. Da segnalare, infatti, che la maggiore tempestività raggiunta negli ultimi anni nella pubblicazione da parte dell'ISTAT dei dati sulle migrazioni internazionali, anche dei cittadini italiani, ha consentito, per la prima volta, di fornire un maggior dettaglio nelle elaborazioni, rispetto alle edizioni precedenti. Per quanto concerne i dati, nel contesto della crisi sanitaria ed economica esplosa nel 2020, la

[1] A partire da questa edizione del *Rapporto Italiani nel Mondo*, la dicitura *Iscrizioni e cancellazioni anagrafiche per trasferimento di residenza all'estero dei cittadini italiani* è sostituita da *Rimpatri ed espatri degli italiani*, in coerenza con la diffusione dei dati ISTAT <https://www.istat.it/it/files/2024/05/Migrazioni-interne-e-internazionali-della-popolazione-residente.pdf> e con il conteggio dei flussi finalizzati al calcolo della popolazione del Censimento permanente.

[2] La fonte di questi dati è la *Rilevazione sui trasferimenti di residenza* condotta dall'Istituto Nazionale di Statistica (ISTAT). Campo di osservazione sono solo i cittadini italiani trasferiti per un periodo superiore ai dodici mesi. L'attuale normativa stabilisce che i cittadini italiani che decidono di trasferire la propria residenza all'estero hanno l'obbligo, entro novanta giorni, di dichiararlo all'Ufficio consolare della Circoscrizione estera presso il paese di destinazione, con conseguente iscrizione nell'Anagrafe degli Italiani Residenti all'Estero (AIRE). Nel momento in cui i cittadini tornano in Italia si provvede alla re-iscrizione in Anagrafe. Si veda: ISTAT, *Archivio della statistica italiana – Popolazione – Emigrazione italiana e rimpatri*, <http://seriestoriche.istat.it>.

mobilità degli italiani ha subito cambiamenti radicali: la pandemia da Covid-19 ha sicuramente influenzato le abitudini degli italiani negli spostamenti. Il 2022 e 2023 registrano, comunque, una netta ripresa.

Le migrazioni degli italiani da e per l'estero

L'analisi di intensità, flussi e direttrici delle migrazioni degli italiani da e per l'estero fornisce un quadro attuale delle migrazioni degli italiani, mentre l'analisi retrospettiva del fenomeno mostra interessanti tendenze sulle modifiche delle destinazioni, delle motivazioni degli spostamenti e delle intensità dei flussi nel tempo.

I dati registrati nell'ultimo decennio mostrano una propensione all'aumento continuo degli espatri fino al 2020 compreso: sembra, infatti, che nel primo anno nel quale la pandemia ha avuto i suoi effetti più acuti, non si sia arrestata la tendenza alla mobilità e all'espatrio per i nostri connazionali. Nel 2021, si registra, invece, una situazione peculiare, caratterizzata da un calo del numero degli espatri ed un contestuale aumento dei rimpatri, tanto che il saldo migratorio raggiunge il livello più contenuto degli ultimi dieci anni (-19.460). Come atteso, infatti, nel 2021 è stata registrata un'importante contrazione dei flussi, dovuta verosimilmente al clima di instabilità e incertezza economica che la pandemia ha causato a livello mondiale e anche alle limitazioni negli spostamenti tra le frontiere. Nel 2022 e 2023[3], i dati mostrano una tendenza ad un nuovo aumento degli espatri e una contemporanea diminuzione dei rientri in patria, con un saldo migratorio che scende nuovamente ai livelli del 2019 (-52.334).

Dal 2013 al 2023 il numero di espatri è passato da circa 82 mila a quasi 108 mila (+31%); nello stesso periodo i rimpatri, pur seguendo un andamento più oscillatorio nel tempo, mostrano nel 2023 valori pressoché raddoppiati rispetto al 2013 (+95%).

Nel secolo scorso, le grandi ondate migratorie italiane erano dirette prevalentemente verso Paesi extraeuropei come Canada, Stati Uniti, Argentina, Brasile e Australia, e coinvolgevano principalmente persone provenienti dal Nord-Ovest e dal Mezzogiorno d'Italia. Tuttavia, nell'ultimo decennio del Novecento, l'Italia ha cessato di essere un paese di emigrazione per diventare un paese di immigrazione, in seguito ai flussi migratori provenienti dall'Africa e, successivamente, dall'Est europeo, agevolati dai cambiamenti politici nei Balcani. Nonostante ciò, l'emigrazione italiana non si è mai fermata, ma ha subìto una trasformazione significativa sia nei progetti migratori e nelle motivazioni alla base dell'espatrio, sia nelle destinazioni,

---

[3] Il dato sulle migrazioni interne e internazionali dei cittadini italiani del 2023 di fonte ISTAT – *Iscrizioni e cancellazioni per trasferimento di residenza* – è provvisorio. Si veda: ISTAT, *Migrazioni interne e internazionali della popolazione residente – Anni 2022/2023*, «Statistiche Report», 28 maggio 2024, <https://www.istat.it/it/files/2024/05/Migrazioni-interne-e-internazionali-della-popolazione-residente.pdf>.

Espatri, rimpatri e saldo migratorio dei cittadini italiani. Serie storica. Valori assoluti. Anni 2013-2023* *(i valori sugli assi sono espressi in migliaia).*

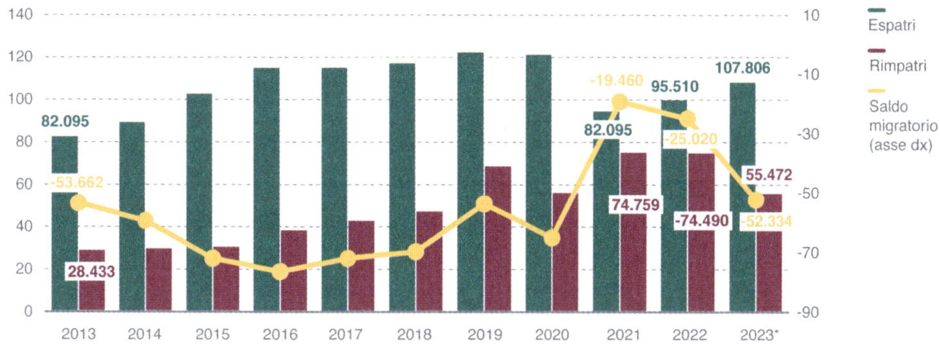

(*) 2023: dati provvisori.

Fonte: Migrantes-Rapporto Italiani nel Mondo. Elaborazione su dati ISTAT.

ora più orientate verso i Paesi europei. Nel 2023, sono stati circa 65 mila gli espatri verso i paesi dell'Unione europea, in lieve diminuzione rispetto all'anno precedente (-3,7%), contro i circa 43 mila verso Paesi extra-UE, invece, in forte aumento (+ 33,5%).

Espatri dei cittadini italiani, per area geografica di destinazione*. Serie storica. Valori assoluti. Anni 2013-2023** *(i valori sull'asse sono espressi in migliaia).*

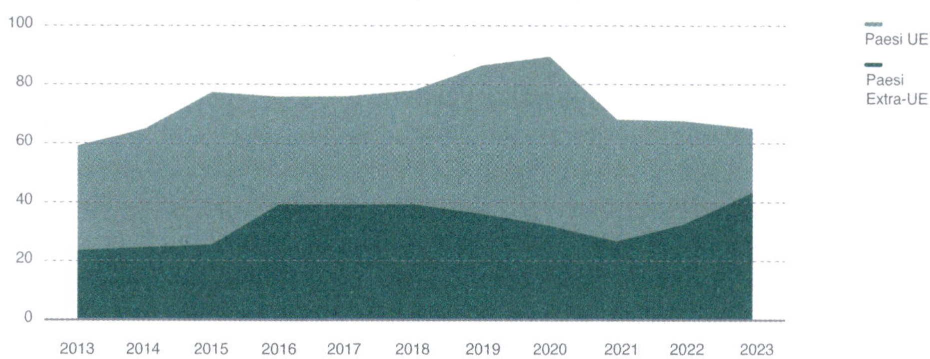

(*) Per garantire la comparabilità in serie storica, si considera il Regno Unito parte dell'Unione europea anche nel 2022.

(**) 2023: dati provvisori.

Fonte: Migrantes-Rapporto Italiani nel Mondo. Elaborazione su dati ISTAT.

Con riferimento alla ripartizione di origine, si registra un generale aumento di espatri: i flussi provenienti dal Centro-Nord, infatti, passano da 57 mila nel 2013 a circa 75.000 nel 2023 (+31%); anche quelli provenienti dal Mezzogiorno risultano in aumento rispetto all'inizio del decennio considerato e passano da 25.237 a 33.162 (+31%). Entrambi i flussi mostrano anche un lieve aumento rispetto all'anno precedente (rispettivamente +8% e +10%).

Espatri dei cittadini italiani, per ripartizione geografica di origine. Serie storica. Valori assoluti. Anni 2013-2023*.

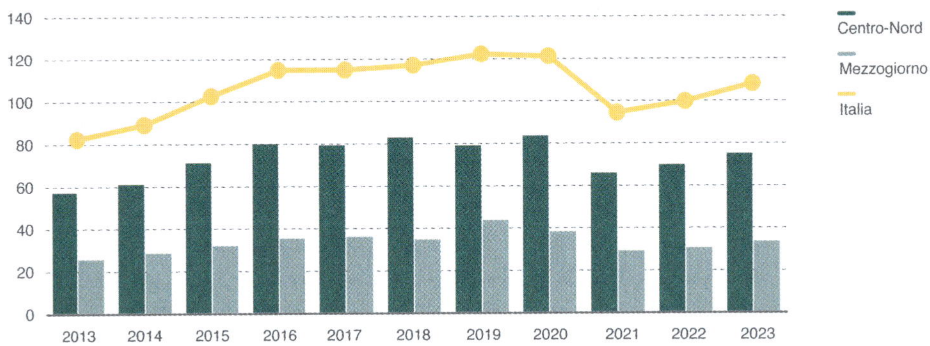

(*) 2023: dati provvisori.

Fonte: Migrantes-Rapporto Italiani nel Mondo. Elaborazione su dati ISTAT.

Direzione e intensità dei flussi migratori degli italiani all'estero

Anche per l'analisi dell'intensità della direzione dei flussi migratori degli italiani da e per l'estero, vista la disponibilità di dati più dettagliati e tempestivi, pubblicati dall'ISTAT, si è ritenuto opportuno fornire di dati per entrambi gli anni 2022 e 2023, proposti in tabella in forma aggregata, per delineare le tendenze del biennio, contraddistinto, peraltro, da andamenti analoghi nei due anni di riferimento, ormai caratterizzati dal nuovo scenario dell'era post-pandemia.

Nel 2022 e 2023, nel complesso, i principali paesi di destinazione sono ancora il Regno Unito e la Germania, che si aggiudicano le prime posizioni in graduatoria e che hanno accolto, rispettivamente, il 15,1% e il 13,3% degli emigrati italiani, seguiti da Svizzera, Francia, Spagna, Brasile e Stati Uniti d'America; tali paesi accolgono, nel complesso, il 65,5% del totale degli espatri degli italiani (circa 136 mila su oltre 207 mila in termini assoluti per la somma dei due anni 2022 e 2023). Il Regno Unito rimane ancora, nel 2022 e 2023, saldamente in prima posizione tra le mete scelte dagli italiani, nonostante l'uscita dall'Unione europea, avvenuta il 31 gennaio 2020, e l'esplosione della pandemia sempre nello stesso anno. Seppure gli italiani considerino, tutt'ora, il Regno Unito una meta privilegiata, durante il 2022 e 2023 si rileva un consistente calo di partenze dei nostri connazionali, rispetto al 2020 e 2021. In termini assoluti diminuisce gradualmente nel tempo: a partire dal 2020, infatti, il numero degli italiani espatriati per il Regno Unito cala da 36 mila partenze nel 2020, a 23 mila nel 2021, a 17 mila nel 2022 e a 14 mila nel 2023 (con un calo di oltre il 50% degli espatri negli anni più recenti rispetto al 2020). Anche il peso percentuale degli italiani che emigrano nel Regno Unito, sul totale degli espatri, passa dal 30 al 15%. D'altro canto, la scadenza di fine gennaio 2020 aveva rappresentato una data molto importante ed era stata preceduta da un periodo nel quale era scattata la corsa alla regolarizzazione della residenza per gli stranieri e all'iscrizione, come richiesto dalle autorità locali, nel registro per ottenere il *settled status*. Anche la Germania (nel 2022-2023, -17% rispetto al 2020 e -3% rispetto al 2021) e la Francia (nel 2022-2023, -25% rispetto al 2020 e -13% rispetto al 2021) registrano diminuzioni tra gli espatri. Il Brasile, che occupa ugualmente le prime posizioni nella graduatoria delle mete di espatrio degli italiani, registra, invece, un aumento del peso percentuale negli anni più recenti rispetto al 2020 e 2021, passando da circa 3.000 espatri nel 2021 a oltre 12.000 nel biennio 2022-2023. Altri paesi verso i quali gli italiani emigrano più frequentemente, oltre a quelli citati, nel 2022-2023, sono il Belgio (3,1%) e i Paesi Bassi (3,2%).

Per quanto riguarda i rimpatri, i paesi dai quali principalmente si ritorna nel 2022-2023 sono, come indicato in precedenza, la Germania, il Regno Unito, la Svizzera, la Francia e gli Stati Uniti d'America, ma anche il Brasile e l'Argentina, per un totale del 58,7% dei rimpatri (oltre 76 mila su circa 129 mila per il complesso del biennio considerato, in termini assoluti). Un ruolo importante nella graduatoria dei primi 15 paesi è giocato anche da Spagna, Paesi Bassi, Australia, Belgio e Venezuela (percentuali sul totale comprese tra 4,3% e 1,6%).

In sintesi, fornendo anche una panoramica globale, nel 2022 e 2023, le aree geografiche per le quali si espatria più frequentemente sono, in particolare, l'Unione europea (63,7%), gli altri Paesi europei non UE (12%) e l'America centro-meridionale (10,7%); la ripartizione geografica di origine, oltre la metà degli espatri, è il Nord Italia (circa 109 mila nei due anni considerati, pari al 52,7%).

Le aree geografiche dalle quali si rimpatria sono principalmente l'UE (52,7%), l'America centro-meridionale (17,3%) e gli altri Paesi europei (11%); anche per i rimpatri, gli italiani rientrano principalmente al Nord (circa 62 mila, nel 2022 e 2023, pari al 47,8%).

Passando all'analisi dei quozienti, è interessante notare che sono 20 ogni 10.000 abitanti i cittadini italiani residenti che espatriano nel 2022 e 2023 dal Nord, 15 dal Centro e 16 dal Mezzogiorno. I rimpatri fanno registrare, invece, quozienti lievemente più contenuti con valore massimo pari a 11 per 10.000 per il Nord, 10 per 10.000 per il Centro e 11 per 10.000 per il Mezzogiorno.

Cittadini italiani espatriati e rimpatriati per ripartizioni di origine/destinazione e area geografica* di origine/destinazione. Valori assoluti e composizioni percentuali. Totale anni 2022 e 2023**.

Ripartizioni di origine	Area geografica di destinazione								
	Unione Europea	Altri paesi europei	Africa	Asia	America settent.	America centro-merid.	Oceania	Totale espatri	% ripartizione di origine
Nord	68.522	14.283	2.245	4.394	6.272	11.169	2.473	109.358	52,7
Centro	21.540	3.490	907	1719	2189	4.103	747	34.695	16,7
Mezzogiorno	42.050	7.085	746	1397	3.648	6.928	1409	63.263	30,5
Italia	**132.112**	**24.858**	**3.898**	**7.510**	**12.109**	**22.200**	**4.629**	**207.316**	**100,0**
% area di destinazione	**63,7**	**12,0**	**1,9**	**3,6**	**5,8**	**10,7**	**2,2**	**100,0**	
Ripartizioni di destinazione	**Area geografica di origine**								
	Unione Europea	**Altri paesi europei**	**Africa**	**Asia**	**America settent.**	**America centro-merid.**	**Oceania**	**Totale rimpatri**	**% ripartizione di destinazione**
Nord	29.673	7.258	3.768	4.267	3569	12.241	1284	62.060	47,8
Centro	12.493	1.931	1.376	1.904	1844	4.420	649	24.617	18,9
Mezzogiorno	26.353	5.141	1.130	1.380	2694	5.784	803	43.285	33,3
Italia	**68.519**	**14.330**	**6.274**	**7.551**	**8.107**	**22.445**	**2.736**	**129.962**	**100,0**
% area di origine	**52,7**	**11,0**	**4,8**	**5,8**	**6,2**	**17,3**	**2,1**	**100,0**	

(*) Per garantire la comparabilità in serie storica, si considera il Regno Unito parte dell'Unione europea anche nel 2022 e 2023.

(**) 2023: dati provvisori.

Fonte: Migrantes-Rapporto Italiani nel Mondo. Elaborazione su dati ISTAT.

Il profilo per età, genere e titolo di studio degli italiani espatriati e rimpatriati

Nel 2022 e 2023 le cancellazioni per l'estero di cittadini italiani sono state nel complesso 207.316, di cui 93.762 donne (45,2%), mentre il numero delle iscrizioni anagrafiche dall'estero è stato di 129.962 mila individui, di cui 56.117 donne (43,2%).

In generale, gli emigrati hanno un'età mediana di 31 anni per gli uomini e 29 anni per le donne, mentre l'età mediana degli italiani che rientrano è leggermente più alta, 35 anni per gli uomini e 32 per le donne.

Nello specifico, l'analisi della struttura per età dei flussi in uscita degli italiani, sempre nel biennio 2022-2023, mette in evidenza che a espatriare sono in particolare i giovani (il 55% nella fascia di età 20-39 anni); consistente è, anche, il numero di minori che presumibilmente si spostano con la famiglia (16% nella fascia 0-17 anni). Da segnalare anche la quota rilevante (23%), tra gli emigrati italiani nel 2022 e 2023, rappresentata dai 40-65enni, segnale, quest'ultimo, di una sempre maggiore propensione e/o necessità ad emigrare all'estero per lavoro anche in età più matura.

Cittadini italiani espatriati per sesso e singolo anno di età. Valori percentuali. Totale anni 2022 e 2023*.

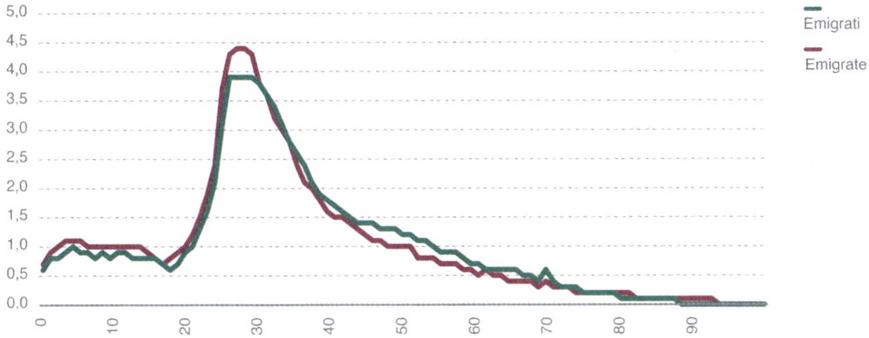

(*) 2023: dati provvisori.

Fonte: Migrantes-Rapporto Italiani nel Mondo. Elaborazione su dati ISTAT.

Per quanto concerne il livello di istruzione, riferito all'anno 2022, in prevalenza gli emigrati italiani hanno un titolo di studio medio-alto (circa il 69% possiede almeno il diploma), con una differenza di genere a favore degli uomini (il 70% contro il 68% delle donne).

Le regioni per le quali è più consistente il flusso migratorio di italiani verso l'estero, sempre nel 2022, sono la Lombardia (circa 19 mila, pari al 19,2% del totale delle cancellazioni), il Veneto (circa 9.500, 9,6%), la Sicilia (circa 8 mila, 8,2%) e l'Emilia-Romagna (circa 7.500, 7,6%).

La quota più elevata di donne che espatria si registra in Friuli-Venezia Giulia e Valle d'Aosta (48,8% e 46,7%), la più bassa in Basilicata (40,2%). Le prime cinque province di cancellazione per l'estero sono Milano, Roma, Torino, Napoli e Brescia le quali, nel complesso, rappresentano oltre un quinto delle migrazioni in uscita.

Osservando i cittadini rientrati in Italia, nel solo anno 2022, risulta che sono anch'essi prevalentemente uomini (56,6%); nel 47,7% dei casi hanno un titolo di studio mediamente basso, nel 29,5% dei casi il diploma e nel restante 22,8% un alto livello di istruzione (laurea e post-laurea). Il 25,6% dei rimpatriati (nel 2022 e 2023) ha oltre 50 anni, percentuale che sale al 28,3% se si considerano i soli uomini.

I rimpatri, nel 2022, avvengono principalmente verso la Lombardia (circa 13 mila, pari al 18% del totale delle iscrizioni), il Lazio (quasi 8 mila, pari al 10,6%), la Sicilia (circa 7 mila, pari al 9,5%) e il Veneto (oltre 5 mila, pari al 7%). Le regioni per le quali è più elevata la percentuale di donne, rispetto agli uomini, che effettuano iscrizioni anagrafiche dall'estero è il Trentino-Alto Adige (49%); la percentuale più bassa si registra, invece, in Puglia e Sardegna (40%). A livello provinciale, i rimpatri avvengono principalmente verso Milano, Roma, Torino, Napoli e Palermo (per un totale del 26%).

Cittadini italiani rimpatriati per sesso e singolo anno di età. Valori percentuali. Totale anni 2022 e 2023*.

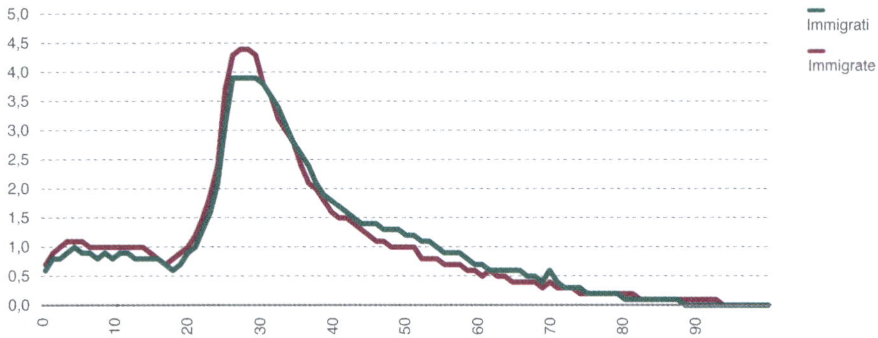

(*) 2023: dati provvisori.

Fonte: Migrantes-Rapporto Italiani nel Mondo. Elaborazione su dati ISTAT.

Caratteristiche demografiche e sociali dei migranti: focus su giovani e over 65

Le migrazioni di cittadini italiani all'estero consentono di delineare profili diversi se si esaminano le generazioni coinvolte, in particolare giovani 15-34 anni e 65 anni e oltre, e se si effettua una analisi per genere e titolo di studio.

Il divario tra donne e uomini molto marcato nel passato, con quote di migrazione verso l'estero prevalentemente maschili e molto consistenti, a partire dagli anni Ottanta si attenua, presentando una ripartizione tra uomini e donne più equilibrata. Dagli anni Novanta e fino ad oggi, poi, le differenze di genere si sono ulteriormente ridotte.

Per quanto concerne la distribuzione per genere, le percentuali sono pressoché costanti a partire dal 2014 e fino al 2015 e sono pari a circa il 57% per gli uomini e al 43% per le donne. Dal 2016 fino all'ultimo anno disponibile, la quota degli uomini espatriati cala di due punti percentuali, a favore delle donne.

Per gli individui espatriati nella classe di età 15-34 le proporzioni per genere sono lievemente variate rispetto alla percentuale per tutte le età (53% per gli uomini e 4% per le donne). Per gli over 65, invece, si attestano sui valori medi per tutte le età (rispettivamente 55% e 45% per gli uomini e per le donne).

Per i giovani tra i 15 e 34 anni, sia uomini, sia donne, nel 2022 e 2023, la graduatoria dei paesi preferiti per espatriare rimane pressoché invariata, rispetto al 2021 e agli anni precedenti, con un avvicendamento però per la prima posizione, per gli uomini, che viene conquistata dalla Germania, seguita del Regno Unito, Svizzera e Francia. Per le donne si confermano le prime quattro mete consuete, Regno Unito, Germania, Svizzera e Francia.

Espatri dei cittadini italiani per genere. Serie storica. Valori in migliaia e variazioni percentuali. Anni 2013-2023*.

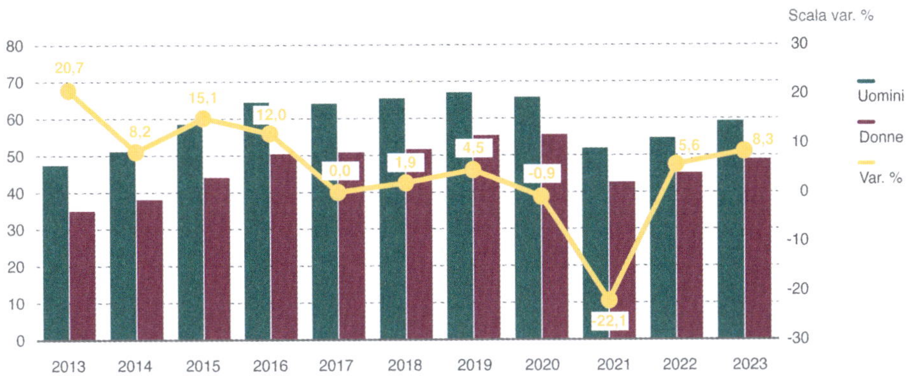

(*) 2023: dati provvisori.

Fonte: Migrantes-Rapporto Italiani nel Mondo. Elaborazione su dati ISTAT.

La graduatoria dei paesi di destinazione per gli individui ultrasessantacinquenni presenta un profilo diversificato rispetto ai più giovani; si conferma, nel 2022 e 2023, la nuova graduatoria dei paesi di destinazione, delineata già nel 2021, con la Spagna che mantiene la prima posizione, seguita dalle mete tradizionali come la Germania e la Francia, ma anche, soprattutto per gli uomini, Brasile e Tunisia, in ascesa nella classifica delle mete preferite, a scapito della Romania che scende nella graduatoria; il Portogallo, invece, esce dalla top 10 dei paesi preferiti per emigrare. Anche per le donne over 65 la Germania e la Spagna rimangono salde in cima alla classifica delle preferenze in graduatoria; Tunisia e Romania compaiono tra le prime dieci anche per le donne. Le nuove scelte rivelano nuovi progetti migratori e potrebbero essere dettate, oltre che dalle caratteristiche di vivibilità e climatiche, anche dalle politiche fiscali più o meno vantaggiose per i non residenti.

I rimpatri riferiti all'anno 2022, dato consolidato anche per la variabile titolo di studio, riflettono un quadro già delineato per gli anni precedenti, con i giovani tra i 15 e i 34 anni in possesso di un livello di istruzione medio-elevato, diploma o laurea (79,5% sul totale 15-34), persino in aumento rispetto al passato. Il rientro in patria dei più giovani rappresenta sicuramente un segnale di forte dinamicità, proprio della circolazione dei talenti, sempre più diffusa negli ultimi anni, sia per motivi di studio, sia per motivi di lavoro. Per incentivare il rientro delle professionalità è sempre più frequente la costituzione di reti di imprese, associazioni, istituzioni e università alleate per attrarre il rimpatrio dei giovani in Italia. La situazione, come già ribadito in più occasioni, è destinata a cambiare nel futuro: il 2020, con l'esplosione della pandemia, ha già fatto sperimentare nuove modalità di lavoro e studio, che sono proseguite anche nel 2021, ma anche nel 2022 e in parte nel 2023. L'a-

Espatri dei cittadini italiani per genere, paesi di espatrio (graduatoria primi 10 paesi) e classi di età. Valori assoluti. Totale anni 2022 e 2023*.

Paesi	15-19	20-24	25-34	Totale 15-34	Paesi	65-74	75-84	85+	Totale 65 +
Maschi									
Germania	623	1.609	5.873	8.105	Spagna	381	152	35	568
Regno Unito	933	1.653	5.479	8.065	Germania	292	138	31	461
Svizzera	360	1.220	4.235	5.815	Brasile	320	82	11	413
Francia	566	831	2.831	4.228	Tunisia	307	52	4	363
Spagna	198	465	2.706	3.369	Francia	200	81	30	311
Paesi Bassi	77	564	2.061	2.702	Stati Uniti	181	81	20	282
Brasile	280	496	1.639	2.415	Regno Unito	205	52	22	279
Stati Uniti	196	383	1.784	2.363	Romania	215	49	12	276
Belgio	122	262	1.379	1.763	Svizzera	133	80	30	243
Austria	54	364	1.288	1.706	Argentina	135	66	16	217
Femmine									
Regno Unito	887	1.959	5.221	8.067	Germania	272	222	71	565
Germania	563	1.709	4.991	7.263	Spagna	303	157	53	513
Svizzera	342	959	3.395	4.696	Brasile	318	58	15	391
Francia	538	1.002	2.933	4.473	Svizzera	141	126	60	327
Spagna	199	487	2.580	3.266	Francia	159	106	46	311
Paesi Bassi	103	622	1.568	2.293	Argentina	155	96	43	294
Brasile	254	388	1.432	2.074	Stati Uniti	171	86	26	283
Stati Uniti	185	328	1.470	1.983	Regno Unito	118	72	34	224
Belgio	113	296	1.465	1.874	Tunisia	106	13	4	123
Austria	48	397	1.129	1.574	Romania	88	17	5	110

(*) 2023: dati provvisori.

Fonte: Migrantes-Rapporto Italiani nel Mondo. Elaborazioni su dati ISTAT.

dozione della modalità di didattica a distanza e smart working ha favorito, infatti, il rientro in patria degli studenti fuori sede e dei giovani già impegnati in un primo lavoro all'estero, con il ritorno dei giovani nelle proprie regioni di origine, spesso nel Mezzogiorno, tanto che per questa tendenza era stato coniato un nuovo termine di riferimento: il South working. Occorre sottolineare che la situazione, diffusa a macchia d'olio, soprattutto nelle fasi più acute della pandemia si sta ridimensionando, per dare maggiore spazio al lavoro e allo studio in presenza. La pandemia, però, ha contribuito sicuramente ad un cambio di mentalità e alla sempre più diffusa possibilità di adottare una modalità di lavoro mista e più flessibile.

Ritornando al dato 2022, oggetto di analisi per il titolo di studio, per gli over 65 il profilo di scolarizzazione risulta basso nel 50,6% dei casi, per donne e uomini nel complesso. Per i più giovani che espatriano, per entrambi i generi, come già ribadito, si registra invece un livello di scolarizzazione abbastanza elevato, con una quota consistente di individui con un diploma superiore (38,5%) e con almeno una laurea (uomini 39,9% e donne 42,3%). Di rilievo la percentuale di giovani italiane laureate che emigrano all'estero: tale elemento rivela una sempre più vivace dinamicità delle donne italiane, generalmente spinte dalla necessità di trasferirsi per cambiare vita o status, probabilmente sollecitata dalla crisi economica degli ultimi anni o dalla discriminazione di genere purtroppo esistente per alcune figure professionali, e scarsa valorizzazione a parità di competenze con i colleghi di sesso maschile.

Nella classe di età 65 anni e oltre, il possesso di un titolo di studio basso è più frequente, con una percentuale del 47% per gli uomini e del 55% per le donne; la quota dei diplomati è pari, rispettivamente, al 34% per gli uomini e al 29% per le donne; i laureati rappresentano una categoria con percentuali in lieve aumento rispetto a quelle registrate nel 2021 (uomini 19%, donne 16%).

Espatri dei cittadini italiani per genere e titolo di studio. Composizione percentuale. Anno 2022.

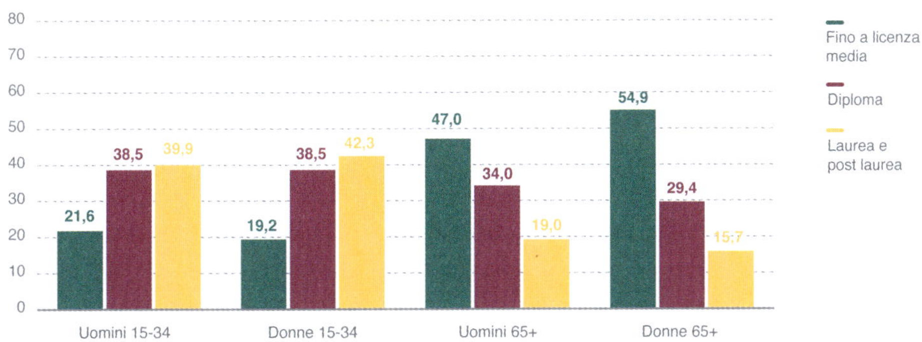

Fonte: Migrantes-Rapporto Italiani nel Mondo. Elaborazione su dati ISTAT.

Regno Unito ancora il più amato ma perde "*appeal*", ritorno del Brasile tra le mete preferite

Il 2022 e 2023 sono stati anni in cui si è superata la fase critica della pandemia, permettendo un ritorno alla libera circolazione delle persone.

Per gli espatriati nella fascia di età 15-34 anni, le proporzioni di genere hanno mostrato leggere variazioni rispetto ai dati complessivi per tutte le età, dove gli uomini rappresentano il 53% e le donne il 47%. Tra gli over 65, invece, le proporzioni rimangono stabili rispetto alla media generale, con gli uomini al 55% e le donne al 45%. Nel 2022 e 2023, la classifica dei paesi preferiti dai giovani tra i 15 e 34 anni per l'espatrio è rimasta sostanzialmente invariata rispetto al 2021 e agli anni precedenti. Tuttavia, tra gli uomini, la Germania ha conquistato il primo posto, scavalcando il Regno Unito, che passa in seconda posizione, Svizzera e Francia. Per le donne, le prime quattro destinazioni preferite rimangono Regno Unito, Germania, Svizzera e Francia. Presente in graduatoria, comunque, come elemento di novità anche il Brasile. La classifica delle destinazioni preferite dagli over 65 mostra un profilo distinto rispetto a quella dei più giovani. Nel 2022 e 2023, si conferma la tendenza già osservata nel 2021, con la Spagna che rimane al primo posto, seguita da mete tradizionali come la Germania e la Francia. Tuttavia, si nota un aumento di popolarità per il Brasile, in particolare per gli uomini, mentre la Romania perde posizioni in classifica. Il Portogallo, invece, esce dalla *top 10* delle destinazioni preferite per emigrare. Anche per le donne over 65, Germania e Spagna mantengono saldamente le prime posizioni, con Tunisia e Romania che fanno il loro ingresso nelle prime dieci. Queste nuove preferenze riflettono nuovi progetti migratori, probabilmente influenzati non solo dalle condizioni di vivibilità e climatiche, ma anche dalle politiche fiscali vantaggiose per i non residenti.

Il contributo dei giovani "expat", abbreviazione di "expatriate", rimane sempre una componente importante dell'emigrazione degli italiani all'estero, fenomeno in costante crescita negli ultimi anni, influenzato da vari fattori economici, sociali e personali. Molti giovani scelgono di trasferirsi all'estero per cercare migliori opportunità lavorative, studiare, o semplicemente per vivere un'esperienza internazionale che possa arricchire il loro bagaglio culturale e professionale. L'attrattiva che esercitano da sempre il Regno Unito e gli Stati Uniti d'America ne è un esempio evidente. Se da un lato l'espatrio, infatti, può offrire numerose opportunità, dall'altro rappresenta una sfida, in quanto i giovani devono spesso adattarsi a nuove culture, lingue e sistemi di lavoro. Nonostante queste difficoltà, molti riescono a integrarsi con successo, costruendo carriere solide e talvolta decidendo di stabilirsi definitivamente all'estero.

Per quanto concerne soprattutto gli emigrati in età più mature, una meta che sta guadagnando terreno nelle graduatorie è anche il Brasile. Il crescente flusso di italiani che scelgono di trasferirsi nuovamente in Brasile è influenzato da diversi fattori, tra cui ragioni economiche, sociali e culturali. Questo fenomeno si inserisce in un contesto storico di relazioni profonde tra i due Paesi, con il Brasile che, sin dalla fine del XIX secolo, ha accolto numerose ondate migratorie dall'Italia. Oggi, molti italiani vedono nel Brasile una terra ricca di opportunità, specialmente nei settori tecnologici, artistici e commerciali, attratti da un'economia in espansione e da un ambiente multiculturale. Inoltre, il "turismo delle radici", promosso di recente, spinge molti discendenti di immigrati a riscoprire le proprie origini, rafforzando ulteriormente i legami tra Italia e Brasile e favorendo nuovi scambi professionali e culturali.

Anche le classiche mete europee, come indicato in precedenza, come Germania, Francia e Svizzera, tengono ancora, specie tra i più giovani. Soprattutto Berlino rappresenta sempre una città dinamica e attrattiva ed è il luogo ideale per dare vita ad una *start-up*, spaziando dal design alle nuove tecnologie e ad altri ambiti. Perdono un po' di potere attrattivo, invece, la Romania e gli altri Paesi dell'Est europeo, possibili motivazioni legate al mercato del lavoro che ha subito delle trasformazioni, con una crescente concorrenza locale e internazionale. Questo potrebbe aver ridotto le opportunità disponibili per gli italiani, specialmente in settori dove una volta erano molto richiesti. Inoltre, la crescente automazione e digitalizzazione hanno cambiato la natura delle opportunità lavorative, rendendo alcuni profili meno richiesti.

Rimpatri ed espatri dei cittadini italiani per genere, classi di età e titolo di studio. Valori assoluti e composizioni percentuali. Anno 2022.

Variabili demografiche e sociali	Totale			
	Iscrizioni		Cancellazioni	
	v. a.	Composizione %	v. a.	Composizione %
Classi di età (in anni)				
0-14	15.419	20,7	14.283	14,4
15-19	3.405	4,6	4.056	4,1
20-24	3.698	5,0	9.472	9,5
25-34	15.144	20,3	35.053	35,2
35-44	12.644	17,0	15.860	15,9
45-54	9.653	13,0	10.261	10,3
55-64	7.448	10,0	5.814	5,8
65-74	4.582	6,2	3.065	3,1
75-84	1.968	2,6	1.293	1,3
85+	529	0,7	353	0,4
Totale	**74.490**	**100,0**	**99.510**	**100,0**
Titolo di studio				
Fino a licenza media	35.549	47,7	36.629	36,8
Diploma di scuola superiore	21.957	29,5	32.311	32,5
Laurea triennale	4.192	5,6	10.281	10,3
Laurea o dottorato	12.792	17,2	20.289	20,4
Totale	**74.490**	**100,0**	**99.510**	**100,0**
	di cui Femmine			
Classi di età (in anni)				
0-14	7.515	23,2	6.987	15,5
15-19	1.664	5,1	2.015	4,5
20-24	1.784	5,5	4.791	10,6
25-34	6.959	21,5	16.195	36,0
35-44	5.298	16,4	6.815	15,1
45-54	3.672	11,3	3.904	8,7
55-64	2.775	8,6	2.213	4,9
65-74	1.622	5,0	1.218	2,7
75-84	815	2,5	658	1,5
85+	255	0,8	226	0,5
Totale	**32.359**	**100,0**	**45.022**	**100,0**
Titolo di studio				
Fino a licenza media	15.611	48,2	16.411	36,5
Diploma di scuola superiore	9.083	28,1	14.178	31,5
Laurea triennale	2.112	6,5	5.119	11,4
Laurea o dottorato	5.553	17,2	9.314	20,7
Totale	**32.359**	**100,0**	**45.022**	**100,0**

Fonte: Migrantes-Rapporto Italiani nel Mondo. Elaborazione su dati ISTAT.

Rimpatri ed espatri dei cittadini italiani per genere, per ripartizione geografica e regione. Valori assoluti e composizione percentuale. Anno 2022.

Regioni e ripartizioni geografiche	Iscrizioni dall'estero				Cancellazioni per l'estero			
	Totale	Femmine	Totale (%)	Femmine (% su totale riga)	Totale	Femmine	Totale (%)	Femmine (% su totale riga)
Piemonte	8.021	3.619	8,1	45,1	5.252	2.277	7,1	43,4
Valle d'Aosta/ Vallée d'Aoste	285	133	0,3	46,7	185	76	0,2	41,1
Lombardia	19.113	8.740	19,2	45,7	13.225	5.852	17,8	44,2
Liguria	2.455	1.121	2,5	45,7	2.425	1.012	3,3	41,7
Nord-Ovest	***29.874***	***13.613***	***30,0***	***45,6***	***21.087***	***9.217***	***28,3***	***43,7***
Trentino-Alto Adige/Südtirol	3.203	1.546	3,2	48,3	1.482	723	2,0	48,8
Bolzano/Bozen	*2.116*	*1.036*	*2,1*	*49,0*	*840*	*415*	*1,1*	*49,4*
Trento	*1.087*	*510*	*1,1*	*46,9*	*642*	*308*	*0,9*	*48,0*
Veneto	9.544	4.376	9,6	45,9	5.432	2.406	7,3	44,3
Friuli-Venezia Giulia	2.353	1.148	2,4	48,8	1.715	779	2,3	45,4
Emilia-Romagna	7.555	3.460	7,6	45,8	4.510	2.026	6,1	44,9
Nord-Est	***22.655***	***10.530***	***22,8***	***46,5***	***13.139***	***5.934***	***17,6***	***45,2***
Toscana	5.684	2.624	5,7	46,2	4.075	1.795	5,5	44,0
Umbria	1.381	621	1,4	45,0	981	420	1,3	42,8
Marche	2.820	1.278	2,8	45,3	1.777	813	2,4	45,8
Lazio	6.995	3.182	7,0	45,5	7.877	3.466	10,6	44,0
Centro	***16.880***	***7.705***	***17,0***	***45,6***	***14.710***	***6.494***	***19,7***	***44,1***
Abruzzo	2.545	1.152	2,6	45,3	2.141	923	2,9	43,1
Molise	634	282	0,6	44,5	631	279	0,8	44,2
Campania	7.181	3.056	7,2	42,6	6.107	2.660	8,2	43,6
Puglia	4.847	2.062	4,9	42,5	4.277	1.705	5,7	39,9
Basilicata	656	264	0,7	40,2	578	220	0,8	38,1
Calabria	3.348	1.432	3,4	42,8	2.666	1.111	3,6	41,7
Sud	***19.211***	***8.248***	***19,3***	***42,9***	***16.400***	***6.898***	***22,0***	***42,1***
Sicilia	8.209	3.692	8,2	45,0	7.060	2.979	9,5	42,2
Sardegna	2.681	1.234	2,7	46,0	2.094	837	2,8	40,0
Isole	***10.890***	***4.926***	***10,9***	***45,2***	***9.154***	***3.816***	***12,3***	***41,7***
Totale	**99.510**	**45.022**	**100,0**	**45,2**	**74.490**	**32.359**	**100,0**	**43,4**

Fonte: Migrantes-Rapporto Italiani nel Mondo. Elaborazione su dati ISTAT.

Espatri dei cittadini italiani per genere, per principali paesi di espatrio e province di cancellazione. Valori assoluti e composizione percentuale. Anno 2022.

Paesi di espatrio	Totale	Femm.	Totale (%)	Femmine (% su totale riga)	Province di canc.	Totale	Femm.	Totale (%)	Femmine (% su totale riga)
Regno Unito	17.063	8.060	17,1	47,2	Milano	5.460	2.490	5,5	45,6
Germania	14.199	6.530	14,3	46,0	Roma	4.760	2.192	4,8	46,1
Francia	10.639	5.106	10,7	48,0	Torino	4.223	1.930	4,2	45,7
Svizzera	9.808	4.390	9,9	44,8	Napoli	3.871	1.624	3,9	42,0
Spagna	6.542	3.075	6,6	47,0	Brescia	2.701	1.236	2,7	45,8
Stati Uniti	4.577	2.102	4,6	45,9	Bergamo	2.300	1.044	2,3	45,4
Brasile	3.693	1.714	3,7	46,4	Bolzano	2.116	1.036	2,1	49,0
Paesi Bassi	3.304	1.488	3,3	45,0	Vicenza	2.031	935	2,0	46,0
Belgio	3.094	1.539	3,1	49,7	Treviso	2.028	923	2,0	45,5
Austria	2.292	1.052	2,3	45,9	Varese	1.957	865	2,0	44,2
Australia	1.925	835	1,9	43,4	Bologna	1.920	884	1,9	46,0
Irlanda	1.612	754	1,6	46,8	Palermo	1.914	877	1,9	45,8
Argentina	1.347	666	1,4	49,4	Catania	1.825	816	1,8	44,7
Portogallo	1.203	510	1,2	42,4	Padova	1.815	829	1,8	45,7
Canada	1.113	482	1,1	43,3	Verona	1.646	789	1,7	47,9
Lussemburgo	1.091	425	1,1	39,0	Bari	1.600	698	1,6	43,6
Totale	**99.510**	**45.022**	**100,0**	**45,2**	**Totale**	**99.510**	**45.022**	**100,0**	**45,2**

Fonte: Migrantes-Rapporto Italiani nel Mondo. Elaborazioni su dati ISTAT.

Rimpatri dei cittadini italiani per genere, per principali paesi di rimpatrio e province di iscrizione. Valori assoluti e composizione percentuale. Anno 2022.

Paesi di rimpatrio	Totale	Femmine	Totale (%)	Femmine (% su totale riga)	Province di iscrizione	Totale	Femmine	Totale (%)	Femmine (% su totale riga)
Germania	12.049	5.147	16,2	42,7	Roma	6.184	2.707	8,3	43,8
Regno Unito	9.835	4.399	13,2	44,7	Milano	5.355	2.437	7,2	45,5
Svizzera	5.842	2.390	7,8	40,9	Napoli	3.093	1.353	4,2	43,7
Francia	4.274	1.899	5,7	44,4	Torino	2.801	1.198	3,8	42,8
Argentina	4.084	1.914	5,5	46,9	Palermo	1.656	702	2,2	42,4
Brasile	3.923	1.728	5,3	44,0	Genova	1.458	591	2,0	40,5
Stati Uniti	3.770	1.691	5,1	44,9	Catania	1.433	601	1,9	41,9
Spagna	3.057	1.366	4,1	44,7	Varese	1.357	585	1,8	43,1
Paesi Bassi	1.492	621	2,0	41,6	Salerno	1.223	530	1,6	43,3
Australia	1.447	625	1,9	43,2	Lecce	1.215	516	1,6	42,5
Belgio	1.402	585	1,9	41,7	Firenze	1.210	564	1,6	46,6
Venezuela	1.118	542	1,5	48,5	Bari	1.202	470	1,6	39,1
Repubblica Popolare Cinese	1.115	400	1,5	35,9	Bergamo	1.184	525	1,6	44,3
Austria	985	475	1,3	48,2	Treviso	1.153	517	1,5	44,8
Irlanda	956	459	1,3	48,0	Cosenza	1.139	482	1,5	42,3
Malta	751	298	1,0	39,7	Bologna	1.133	499	1,5	44,0
Totale	**74.490**	**32.359**	**100,0**	**43,4**	**Totale**	**74.490**	**32.359**	**100,0**	**43,4**

Fonte: Migrantes-Rapporto Italiani nel Mondo. Elaborazione su dati ISTAT.

Rimpatri ed espatri dei cittadini italiani per area geografica di provenienza o destinazione e per ripartizione geografica di iscrizione o cancellazione. Valori assoluti, composizioni percentuali e tassi. Anno 2022.

Area geografica di provenienza	Ripartizione geografica di iscrizione					
	Nord-Ovest	Nord-Est	Centro	Sud	Isole	Totale
UE	19.172	15.823	11.075	12.988	8.256	67.314
Europa centro-orientale	375	384	236	182	51	1.228
Europa altri	3.915	2.113	1.442	2.381	819	10.670
Africa settentrionale	373	255	295	139	111	1.173
Africa occidentale	135	95	54	17	14	315
Africa orientale	102	67	74	31	16	290
Africa centro-meridionale	38	34	23	9	9	113
Asia occidentale	638	346	450	290	90	1.814
Asia centro-meridionale	105	72	81	25	9	292
Asia orientale	582	408	299	186	70	1.545
America settentrionale	1.662	1.351	1.039	1.079	559	5.690
America centro-meridionale	2.140	1.248	1.448	1.499	635	6.970
Oceania	637	459	364	385	251	2.096
Totale	**29.874**	**22.655**	**16.880**	**19.211**	**10.890**	**99.510**
Totale: composizione %	**30,0**	**22,8**	**17,0**	**19,3**	**10,9**	**100,0**
Tassi di rimpatrio per 10.000 residenti	**21,2**	**22,0**	**16,1**	**14,9**	**17,7**	**18,5**
Area geografica di destinazione	**Ripartizione geografica di cancellazione**					
	Nord-Ovest	**Nord-Est**	**Centro**	**Sud**	**Isole**	**Totale**
UE	9.665	6.341	7.529	9.357	6.274	39.166
Europa centro-orientale	606	486	446	412	103	2.053
Europa altri	2.202	844	773	1.930	620	6.369
Africa settentrionale	719	428	394	223	150	1.914
Africa occidentale	330	188	101	38	19	676
Africa orientale	179	124	158	81	31	573
Africa centro-meridionale	141	123	109	75	46	494
Asia occidentale	475	250	499	178	141	1.543
Asia centro-meridionale	121	127	85	57	36	426
Asia orientale	898	598	550	256	150	2.452
America settentrionale	1.123	759	1.055	1.053	495	4.485
America centro-meridionale	4.171	2.579	2.651	2.487	886	12.774
Oceania	457	292	360	253	203	1.565
Totale	**21.087**	**13.139**	**14.710**	**16.400**	**9.154**	**74.490**
Totale: composizione %	**28,3**	**17,6**	**19,7**	**22,0**	**12,3**	**100,0**
Tassi di espatrio per 10.000 residenti	**14,9**	**12,8**	**14,1**	**12,7**	**14,8**	**13,8**

Fonte: Migrantes-Rapporto Italiani nel Mondo. Elaborazione su dati ISTAT.

I RIMPATRI DEI CITTADINI ITALIANI DALL'ESTERO: misurazione e caratteristiche del controesodo

Francesca Licari, Istituto Nazionale di Statistica (ISTAT)

L'Italia ha una importante tradizione migratoria, caratterizzata da dinamiche diverse che ne hanno determinato l'evoluzione. Le prime statistiche ufficiali del secolo scorso hanno contato milioni di cittadini italiani che attraversavano l'oceano, in fuga da un Paese povero, arretrato e consumato dai conflitti mondiali. Si stima che l'esodo, dall'Unità d'Italia fino alla fine degli anni Ottanta, abbia coinvolto oltre 29 milioni di italiani e che ne siano rientrati poco più di 10 milioni. Il passaggio da paese di emigrazione a paese di immigrazione è avvenuto negli anni Novanta del secolo scorso: l'allentarsi dell'intensità degli espatri e la forte pressione migratoria dei cittadini stranieri, causata da contingenze socio-politiche e ambientali che si sono susseguite senza soluzione di continuità fino ai nostri giorni, hanno spostato il dibattito pubblico sui temi più specifici della gestione, l'accoglienza e l'integrazione dei migranti stranieri, relegando in secondo piano il fenomeno migratorio italiano.

Negli ultimi dieci anni, il numero di espatri si è raddoppiato, ma anche i rimpatri degli italiani dall'estero hanno registrato un aumento significativo. I fattori che possono aver determinato queste dinamiche sono complessi e strettamente connessi tra di loro. Il più recente, la pandemia da Covid-19 ha sicuramente avuto un impatto rilevante: l'emergenza sanitaria, infatti, ha creato un clima di incertezza che ha favorito i rientri. Anche la Brexit ha rivestito un ruolo importante nell'incentivare il ritorno in patria a causa delle nuove restrizioni sui diritti di soggiorno e di lavoro applicate ai residenti italiani nel Regno Unito. Infine, per favorire il "rientro dei cervelli" e arginarne la fuga, il governo italiano ha introdotto diverse misure per attrarre professionisti e laureati italiani che avevano lasciato il Paese.

I dati alla base di questo approfondimento sono desunti dalle Iscrizioni e Cancellazioni per Trasferimento di Residenza, che rilevano, oltre alla mobilità interna, i movimenti migratori in entrata e in uscita dal Paese, e forniscono informazioni sia sui territori di origine e destinazione dei flussi, sia sulle principali caratteristiche socio-demografiche di coloro che compiono il trasferimento.

Le dinamiche dei rimpatri nell'ultimo decennio

Durante il periodo 2013-2023[1], il numero dei rimpatri dall'estero dei cittadini italiani è aumentato passando dai 28 mila nel 2013, raggiungendo il picco massimo nel biennio 2021-2022 con oltre 75 mila rientri l'anno, per poi assestarsi al valore più contenuto registrato nel 2023 (55 mila). La tendenza all'aumento degli ultimi anni, finora arrestata solo dall'ultimo dato provvisorio disponibile, non è sufficiente a compensare la perdita di popolazione dovuta agli espatri che, durante lo stesso periodo e fino all'anno della pandemia, sono aumentati in misura considerevole, facendo registrare saldi migratori (differenza tra entrate e uscite) sempre negativi, con una perdita massima di 77 mila italiani nel 2016 e una minima, di poco più di 19 mila, nel 2021. Nel biennio 2022-2023 la perdita media dovuta ai movimenti con l'estero è di circa 39 mila residenti italiani.

In termini relativi rispetto all'inizio del tempo preso in considerazione, i tassi di rimpatrio mostrano un aumento della propensione a rientrare nel Paese, con valori che oscillano dallo 0,5 per mille del 2013 all'1 per mille dell'ultimo dato disponibile. Tutto il periodo è caratterizzato da lievi differenze di genere a favore degli uomini nella propensione al rientro in patria che appaiono più accentuate negli ultimi anni (nel 2023 il tasso di rimpatrio degli uomini è pari al 1,2 per mille contro lo 0,9 per mille delle donne).

Lo squilibrio di genere a favore degli uomini è una peculiarità sia dei rimpatri sia degli espatri perché riflette le diseguaglianze di genere del mercato del lavoro. Alla base di una partenza o di un rientro, uomini e donne possono essere spinti da motivazioni differenti. In entrambi i casi, i fattori di carattere economico sono preponderanti, ma la letteratura sul tema è concorde nell'affermare che per le donne sono rilevanti anche fattori di carattere familiare.

Dal 2013, il numero complessivo di rientri in patria è stato di oltre 543 mila concittadini. Due italiani su cinque rientrano da un Paese dell'Unione europea, in particolare, il 13% del totale dalla Germania, l'11% dal Regno Unito, l'8% dalla Svizzera e il 5% dalla Francia. Consistenti risultano anche i rientri dagli altri Paesi europei (12%), provenienti in larga parte dalla Svizzera (8%).

Tra i Paesi di origine extra-europea, un rimpatriato su cinque arriva dall'America latina, area che tradizionalmente accoglie buona parte di connazionali espatriati dai tempi della Grande Emigrazione del secolo scorso. Trattandosi di comunità italiane di antico insediamento è plausibile che a rientrare in patria siano le generazioni successive ai nostri antenati emigrati. In particolare, l'8% dei rimpatri complessivi dal 2013 al 2023 proviene dal Brasile, il 3% dall'Argentina e dal Venezuela. Per quanto riguarda i rimpatri dagli altri continenti, si rileva che il 9% proviene dall'Asia, l'8% dall'America del Nord e dall'Oceania e il 7% dall'Africa.

[1] I dati riferiti al 2023 sono provvisori.

Movimento migratorio con l'estero degli italiani e tassi di rimpatrio per mille. Serie storica. Anni 2013-2023.

Anni	Movimento migratorio			Tassi di rimpatrio (per mille)		
	Espatri	Rimpatri	Saldi migratori	Maschi	Femmine	Totale
2013	82.095	28.433	-53.662	0,6	0,4	0,5
2014	88.859	29.271	-59.588	0,6	0,5	0,5
2015	102.259	30.052	-72.207	0,6	0,5	0,5
2016	114.512	37.894	-76.618	0,8	0,6	0,7
2017	114.559	42.369	-72.190	0,9	0,6	0,8
2018	116.732	46.824	-69.908	1,0	0,7	0,9
2019	122.020	68.207	-53.813	1,4	1,1	1,2
2020	120.950	55.760	-65.190	1,2	0,9	1,0
2021	94.219	74.759	-19.460	1,6	1,2	1,4
2022	99.510	74.490	-25.020	1,6	1,2	1,4
2023	107.806	55.472	-52.334	1,2	0,9	1,0

Fonte: Migrantes-Rapporto Italiani nel Mondo. Elaborazione su dati ISTAT.

Rimpatri dei cittadini italiani per area geografica e principali paesi di provenienza. Composizione percentuale. Anni 2013-2023.

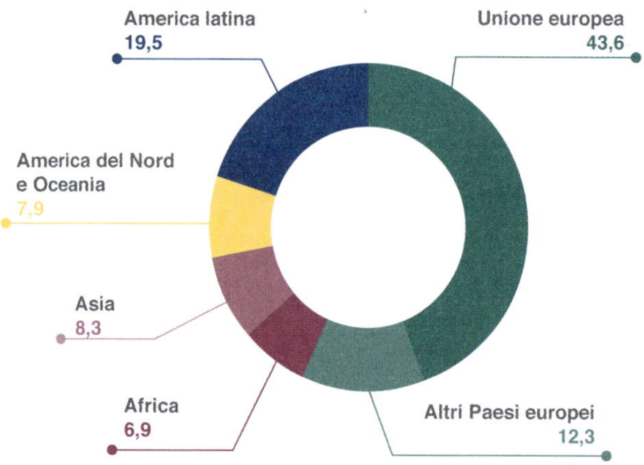

Paesi	%
Germania	12,8
Regno Unito	11,0
Svizzera	7,9
Brasile	7,6
Francia	5,3
Stati Uniti	5,2
Spagna	3,9
Argentina	3,4
Venezuela	3,3
Romania	2,0
Belgio	1,9
Altri Paesi	35,8

Fonte: Migrantes-Rapporto Italiani nel Mondo. Elaborazione su dati ISTAT.

Nel corso del periodo considerato nei primi posti nella graduatoria delle principali provenienze dei rimpatri si sono avvicendati più paesi: Germania, Svizzera e Brasile si sono alternati in testa alla classifica dal 2013 al 2019. Dal 2020 si è, invece, evidenziato un "effetto Brexit" che ha influenzato notevolmente i rientri dal Regno Unito. Le nuove politiche messe in atto dal governo britannico per limitare gli effetti di una immigrazione incontrollata si sono riverberate sui flussi degli espatri ma anche in quelli dei rimpatri. L'uscita del Regno Unito dall'Unione europea, diventata esecutiva a gennaio 2020, ha imposto la regolarizzazione ai cittadini italiani presenti sul territorio ma non ancora iscritti nei registri di popolazione inglesi: coloro che non avevano i requisiti per l'ottenimento di uno *settled status* – che garantisce il diritto di risiedere in UK – non hanno avuto altra scelta che lasciare il Paese.

Nel periodo 2013-2023, un italiano su due è rimpatriato nel Nord Italia, uno su tre nel Mezzogiorno e uno su cinque al Centro. In termini relativi, rispetto agli italiani residenti, i tassi medi di rimpatrio negli anni 2013-2023 sono pari a 0,9 per mille al Nord, a 0,8 per mille al Centro e 0,7 per mille nel Mezzogiorno, ma l'intensificarsi del fenomeno nel tempo è reso evidente dal confronto della distribuzione spaziale dei tassi di rimpatrio all'inizio e alla fine del periodo preso in esame.

Tassi di rimpatrio dei cittadini italiani per provincia di destinazione. Valori per mille. Anni 2013 e biennio 2022-2023.

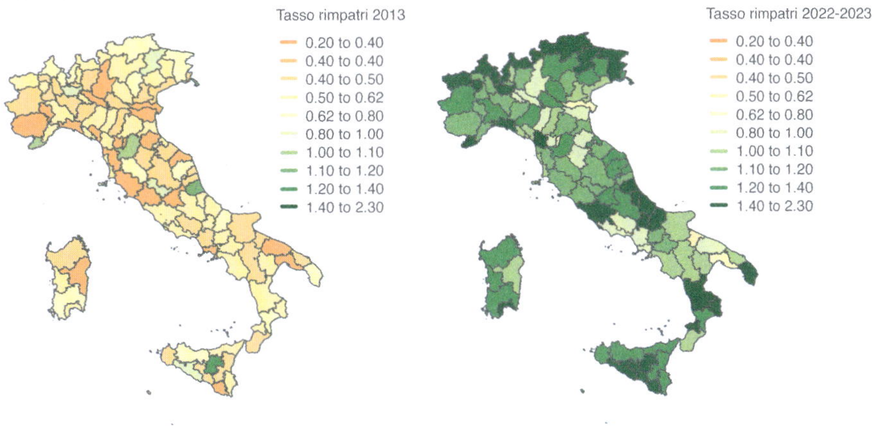

Fonte: Migrantes-Rapporto Italiani nel Mondo. Elaborazione su dati ISTAT.

Nel corso del 2013, i tassi di rimpatri più elevati si osservano nelle province di Enna (1,2 per mille), Trieste (1,1), Teramo (1,1) e Firenze (1,0), quelli più bassi nelle province di Viterbo, Prato e Rieti (tutte con un tasso pari allo 0,2 per mille). Nel biennio 2022-2023 i tassi di rimpatrio sono ovunque superiori rispetto all'inizio del decennio. Molte province settentrionali al confine con l'estero mostrano tassi superiori alla media nazionale, è il caso di Imperia (2,3 per mille), Trieste (2,0), Bolzano e Como (entrambe 1,7), Verbano-Cusio-Ossola (1,6), Sondrio, Aosta, Varese e Belluno (tutte 1,5). Ma poiché il fenomeno risulta diffuso intensamente su tutto il territorio, non mancano, tra le province con i tassi più elevati, quelle del Mezzogiorno, Agrigento in testa (2,0), Campobasso (1,9) ed Enna (1,8). Tra le province del Centro spicca Roma, con un tasso di rimpatrio pari a 1,4 per mille e alcune province sul versante adriatico come Chieti (1,7) e Pescara (1,6).

Rimpatri dei cittadini italiani per principali paesi di provenienza e province di destinazione. Valori assoluti. Anni 2013-2023.

Province di destinazione	Paesi di provenienza											
	Germania	Regno Unito	Svizzera	Brasile	Francia	Stati Uniti	Spagna	Argentina	Venezuela	Romania	Altri Paesi	Totale rimpatri
Milano	2.187	6.861	3.115	2.995	2.726	2.503	1.827	1.098	639	564	17.736	42.251
Roma	2.323	5.761	1.652	2.030	2.539	2.709	2.010	1.170	827	621	18.237	39.879
Torino	1391	1.906	779	2.013	1.715	1.016	1.082	1.006	376	541	8.247	20.072
Napoli	3.243	2.494	767	1.026	906	1.433	795	342	481	253	5.847	17.587
Firenze	790	1.376	567	1.001	700	1.008	547	359	203	193	4.918	11.662
Palermo	2948	1.332	617	220	538	1.268	280	180	522	173	2.728	10.806
Varese	642	874	2.847	635	433	346	440	392	114	120	3.657	10.500
Catania	3.574	997	914	373	419	379	211	182	280	164	2.661	10.154
Treviso	1.024	919	381	1.148	350	436	337	335	265	185	3.842	9.222
Salerno	1.715	882	892	626	312	396	226	347	1321	175	2.239	9.131
Bergamo	507	847	704	1.198	402	442	434	270	84	144	3.981	9.013
Lecce	2.340	544	2.919	213	359	150	167	98	61	155	1.867	8.873
Bologna	631	1.005	361	556	480	650	444	325	144	241	3.988	8.825
Genova	565	1.008	496	423	580	524	472	286	149	165	4.027	8.695
Bari	1.530	1.015	578	352	381	484	259	174	885	108	2.765	8.531
Verona	595	884	327	1.441	291	410	340	248	84	266	3.637	8.523
Como	380	619	3.022	844	232	284	236	249	62	80	2.410	8.418
Brescia	582	988	509	767	323	353	320	273	123	182	3.899	8.319
Cosenza	2.937	382	756	887	264	268	134	368	282	165	1.553	7.996
Vicenza	542	809	306	1.016	258	569	356	205	198	154	3.436	7.849
Altre province	38.935	28.295	20.376	21.299	14.637	12.626	10.512	10.681	10.618	6.053	103.193	277.225
Totale Italia	**69.381**	**59.798**	**42.885**	**41.063**	**28.845**	**28.254**	**21.429**	**18.588**	**17.718**	**10.702**	**204.868**	**543.531**

Fonte: Migrantes-Rapporto Italiani nel Mondo. Elaborazione su dati ISTAT.

Per quanto riguarda le traiettorie dei rientri, incrociando le informazioni sui territori di origine e di destinazione dei rimpatri tra il 2013 e il 2023, emergono interessanti cluster: un quinto dei rimpatri è costituito dai rientri che da un Paese dell'Unione europea ha come destinazione una provincia del Nord, il 17% invece rientra in una provincia del Sud. A un maggior dettaglio territoriale, i flussi di connazionali provenienti dalla Germania (che sono i più numerosi e quelli mediamente più diffusi sul territorio), si dirigono prevalentemente in Sicilia (23%) e in Puglia (12%), significativi sono infatti i cluster di rimpatri a Catania, Agrigento, Palermo, ma anche a Lecce, Bari, Foggia e Brindisi. I rimpatri dal Regno Unito interessano prevalentemente la Lombardia (21%) e il Lazio (12%), grazie al sostanziale contributo delle città metropolitane di Milano e Roma che sono demograficamente rilevanti e attive in termini di dinamiche della popolazione, ma sono numerosi anche i rientri verso le città metropolitane di Torino e Napoli. Dal Brasile si rimpatria molto spesso, oltre che verso Milano e Roma, anche verso le province di Teramo e Verona. Dalla Svizzera è frequente il rientro verso le province di Como e Varese, grazie anche alla vicinanza geografica, ma anche verso la provincia di Lecce. Dagli Stati Uniti è importante il flusso verso le province di Napoli e Palermo. Altri cluster significativi sono quelli di rientro dalla Francia verso le province di Torino e Imperia, quelli dal Venezuela verso la provincia di Salerno e dall'Austria verso la provincia autonoma di Bolzano.

Le principali caratteristiche demografiche dei rimpatriati

I cittadini italiani rimpatriati presentano caratteristiche demografiche specifiche che aiutano a comprendere meglio le dinamiche del fenomeno. Il profilo per sesso ed età del rimpatriato in Italia è in linea con le curve demografiche che descrivono i fenomeni migratori. Così come per gli espatri, anche per i rimpatri si osserva una curva bimodale, con un valore massimo in corrispondenza delle età infantili e pre-scolari, e un altro in corrispondenza delle età attive. Una quota consistente di italiani che rientrano dall'estero appartiene alla fascia di età 15-39 anni (40%), essa generalmente include lavoratori e professionisti emigrati per opportunità di carriera ma che rientrano in Italia per sfruttare nuove opportunità lavorative. Circa un terzo dei rimpatri interessa gli adulti dai 40 ai 64 anni, mentre l'incidenza dei bambini da 0 a 14 anni è pari al 19%.

Inoltre, si evidenzia un caratteristico picco in corrispondenza degli uomini in età più mature (65 anni e più), dovuto plausibilmente alla quota di connazionali che rientrano al termine dell'attività lavorativa all'estero.

Con riferimento all'età al momento del rientro, la curva appare leggermente posticipata per gli uomini rispetto alle donne: si osserva un'età media di 37 anni per i rimpatriati e di 34 anni per le rimpatriate. Dai 35 ai 75 anni i rimpatri degli uomini sono sempre maggiori di quelli delle donne, mentre le due curve si sovrappongono perfettamente per i rimpatriati ultra-settantacinquenni.

Rimpatri dei cittadini italiani per sesso ed età. Valori percentuali. Anni 2013-2023.

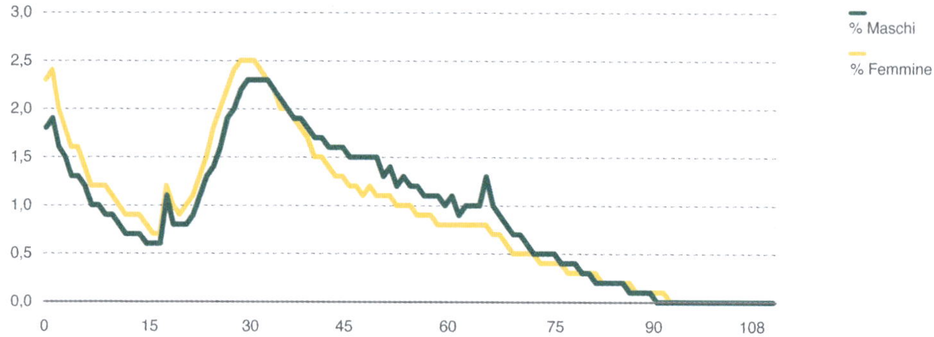

Fonte: Migrantes-Rapporto Italiani nel Mondo. Elaborazione su dati ISTAT.

Le distribuzioni per età sono eterogenee al variare del paese di provenienza dei rimpatri poiché riflettono le diverse motivazioni e dinamiche associate a ciascun contesto geografico: la quota maggiore di giovani adulti (15-39 anni) rimpatria dal Regno Unito (55,3% del totale rimpatri dal Paese); considerevole in questo specifico caso anche l'incidenza di chi rientra dal Brasile (46,7%). Dalla Svizzera e dagli Stati Uniti, invece, tornano prevalentemente connazionali più maturi (dai 40 ai 64 anni).

Rimpatri dei cittadini italiani per principali paesi di provenienza e classi di età. Valori percentuali. Anni 2013-2023.

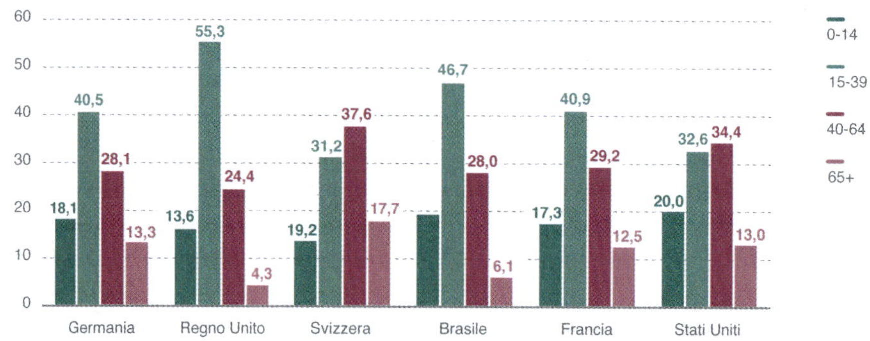

Fonte: Migrantes-Rapporto Italiani nel Mondo. Elaborazione su dati ISTAT.

Il rientro in patria dei giovani qualificati

Il rimpatrio dei "cervelli in fuga" è diventato, negli ultimi anni, centrale nel dibattito pubblico, soprattutto in termini di capitalizzazione di competenze acquisite durante l'esperienza all'estero e, successivamente, re-investite in Italia. L'emigrazione di un giovane laureato, infatti, può rappresentare un'occasione di crescita e di sviluppo professionale se ha carattere temporaneo, cioè se prevede un rientro nel paese entro un periodo limitato di tempo. Viceversa, se il trasferimento fuori dai confini nazionali è definitivo, si traduce in una perdita di capitale umano.

Per arginare l'esodo dei giovani laureati espatriati, noto in letteratura come "fuga di cervelli" o "*brain drain*", sono state adottate diverse misure politiche per incentivare il rientro in patria attraverso l'attivazione di sgravi e benefici fiscali, che prima avevano carattere estemporaneo ma che, con il trend in aumento degli espatri negli ultimi anni, sono diventate strutturali. Ma numerose sono anche le linee di intervento di imprese pubbliche e private per il contenimento della fuga dei talenti.

I settori economici su cui intervenire per attrarre giovani dall'estero e trattenere il capitale umano sono molteplici: si punta maggiormente sulla tecnologia e sul digitale, contando sulle offerte di lavoro di startup e grandi aziende in ruoli di ingegneria informatica, sviluppo software, intelligenza artificiale e data science. Un altro settore di grande importanza è quello della ricerca e dell'innovazione che consente ai giovani professionisti impiegati in università o istituti di ricerca stranieri di entrare a far parte di nuovi progetti finanziati da enti pubblici e privati. Ancora, un altro settore emergente è costituito dall'industria creativa, in cui l'Italia è già riconosciuta a livello mondiale.

È plausibile che tali politiche abbiano avuto un impatto positivo sui rimpatri dei cervelli in fuga, considerando le curve dei rientri dei laureati 25-34enni[2]. Le variazioni dei rientri dei giovani in possesso della laurea rispetto all'anno base mettono in evidenza un trend positivo che non si attenua neanche durante il 2020, anno caratterizzato dalle restrizioni alla mobilità per contrastare il diffondersi della pandemia, ma che subisce un arresto solo nel 2022, ultimo anno disponibile. Considerando la molteplicità di fattori che incidono sulla decisione di rientrare in patria, il calo osservato potrebbe essere congiunturale. Per poter affermare il carattere strutturale di questa riduzione è necessario attendere gli eventi futuri. Analoghe considerazioni valgono per i rimpatri dei giovani diplomati e di coloro che sono in possesso di un livello di istruzione più basso.

---

[2] Viene presa in considerazione la classe di età 25-34 anni in modo da poter esaminare coloro che hanno completato un ciclo di studi universitario.

Giovani rimpatriati di 25-34 anni per titolo di studio. Numeri indici (base=2013). Serie storica. Anni 2013-2022[3]

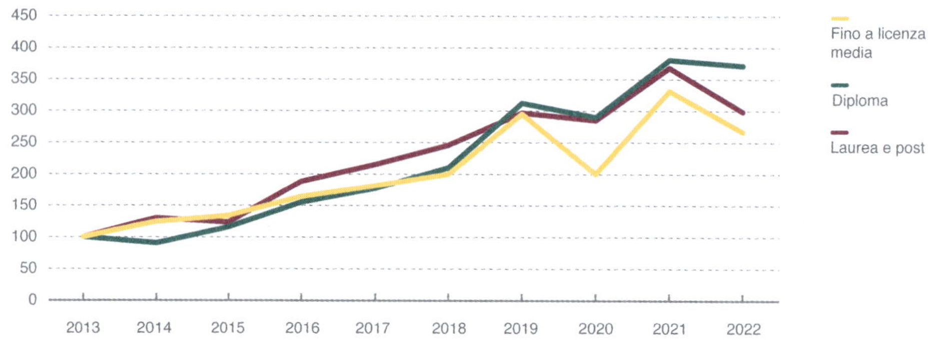

Fonte: Migrantes-Rapporto Italiani nel Mondo. Elaborazione su dati ISTAT.

Conclusioni

La dinamica dei rimpatri dei cittadini italiani ha mostrato negli ultimi anni un trend crescente con un aumento significativo a partire dal 2015. Gli ultimi dati provvisori evidenziano un rallentamento che potrebbe essere dovuto a fattori congiunturali. Prima di poter affermare che si tratti di una controtendenza sono necessari l'osservazione di un periodo più lungo e i dati consolidati.

I fattori che hanno contribuito all'aumento dei rientri sono molteplici e, a volte, inscindibili: cause di natura economica possono essersi intrecciate con quelle di natura sociale e aver determinato la scelta di tornare in Italia. Inoltre, vanno considerati i contesti socio-economici dei paesi di emigrazione e quelli di rimpatrio che agiscono in direzioni opposte attraverso fattori di spinta e di attrazione (*push and pull factors*). Anche la portata di una crisi economica globale, come quella che ha interessato il mondo dal 2008 fino alla metà del decennio successivo, ha avuto effetti e risposte differenti da un paese all'altro.

In generale, i cambiamenti nel contesto internazionale hanno contribuito a indirizzare i flussi in ingresso e in uscita dai paesi. Le politiche migratorie più restrittive messe in atto, ad esempio, dal Regno Unito dopo la Brexit, hanno spinto molti migranti economici a riorientare la scelta del paese di destinazione verso altri mercati del lavoro più flessibili. D'altro canto, la globalizzazione ha aumentato la

[3] I dati provvisori sui rimpatri riferiti al 2023 permettono di fornire importanti anticipazioni delle dinamiche più recenti, ad eccezione della variabile relativa al titolo di studio che, invece, richiede un processo di validazione complesso, a valle delle stime prodotte per la popolazione censita diffusa a fine anno. Per tale motivo, l'analisi sul livello di istruzione sarà condotta fino al 2022, ultimo anno disponibile.

competitività nei mercati del lavoro di molti paesi avanzati rendendo difficile l'affermazione soprattutto dei giovani lavoratori meno qualificati.

Dal punto di vista dell'Italia, i segnali di ripresa mostrati a partire dal 2015, soprattutto in settori come la tecnologia, la finanza e le industrie creative hanno reso il rientro un'opzione più appetibile, specialmente per coloro che avevano acquisito competenze e qualifiche all'estero. Inoltre, le politiche per incentivare il rientro dei talenti qualificati dall'estero, come la riduzione delle imposte sui redditi per coloro che rientrano in patria dopo un periodo di residenza all'estero, hanno reso il rientro più economicamente conveniente, in particolare per i lavoratori altamente qualificati e professionisti nei settori tecnici e scientifici.

Non mancano anche fattori di carattere culturale, sociale e personale, come i mutamenti nelle condizioni personali e familiari, legati per esempio alla volontà di assistere ai genitori anziani, o di crescere i figli in Italia. La pandemia ha accentuato questa tendenza sia perché ha permesso di rivalutare l'importanza delle reti familiari, sia perché il sistema di welfare italiano è altamente attrattivo rispetto a molti paesi in cui l'assistenza sanitaria è affidata al singolo individuo.

I rimpatri, dunque, rappresentano una sfida e un'opportunità per l'Italia che dovrebbe continuare a investire in politiche di promozione e sviluppo ma anche in miglioramenti del contesto sociale per attrarre e trattenere i nostri connazionali residenti all'estero.

LE PRINCIPALI CARATTERISTICHE DELLE MIGRAZIONI INTERNE DEI CITTADINI ITALIANI

FRANCESCA LICARI, Istituto Nazionale di Statistica (ISTAT)

Secondo i sociologi, la mobilità è parte integrante della vita dell'uomo perché coinvolge tutte le fasi della vita personale e sociale degli individui. La progressiva separazione tra il luogo di vita e quello in cui si svolge l'attività lavorativa, l'ingresso delle donne nel mondo del lavoro, la crescente delocalizzazione delle attività produttive sul territorio e la suburbanizzazione intorno alle grandi città, sono tutti fattori che hanno contribuito all'aumento della mobilità nel tempo e nello spazio e al cambiamento della loro struttura. Grazie ai progressi tecnologici che hanno reso, nel tempo, più veloci e accessibili i trasporti, e alla diffusione della rete Internet che ha migliorato la conoscenza e la comunicazione, l'individuo oggi può disporre di una maggiore libertà di fruizione dello spazio. Le implicazioni che derivano da questo fenomeno hanno ripercussioni non solo sul soggetto che si sposta, ma su tutta una serie di altri fattori che con lo spostamento vengono coinvolti: la famiglia, il mercato immobiliare, il mercato del lavoro, il territorio.

Kaufmann, individua, tra le altre, tre tipologie di mobilità, legate alla durata e alla distanza dello spostamento[1]: la *mobilità quotidiana*, intesa in termini di pendolarismo breve per garantire l'accesso ai servizi di base (ad esempio: recarsi a scuola o al lavoro in un comune vicino e/o, in generale, tutti quegli spostamenti che fanno parte della routine quotidiana); la *mobilità residenziale* intesa come uno spostamento entro una certa area geografica considerata familiare, anche all'interno del luogo di residenza, per minimizzare la distanza dal luogo di lavoro e/o dai servizi (scuole, asili, ecc.), per migliorare la qualità della vita, per altre esigenze familiari (nascita di figli, allargamento della famiglia, ecc.); la *migrazione*, che invece comporta un cambiamento non solo territoriale ma anche esistenziale perché lo spostamento implica l'attraversamento di un confine socio-culturale, amministrativo e simbolico molto significativo.

[1] VINCENT KAUFMANN - MARTIN SCHULER - OLIVIER CREVOISIER - PIERRE ROSSEL, *Mobilité et motilité: de l'intention à l'action*, Cahier du LASUR, n. 4, 2004, <https://infoscience.epfl.ch/server/api/core/bitstreams/412cf5ac-0ffc-4ddc-b2b8-33b2c1187baf/content>.

Seppur non sia possibile attualmente, attraverso i dati amministravi, rilevare il motivo dello spostamento, un'ampia parte di letteratura sulle migrazioni è concorde nell'affermare che ci si sposta prevalentemente per motivi di lavoro e che tale motivazione è più robusta all'aumentare della distanza dal luogo di origine (migrazioni di medio e lungo raggio). Le migrazioni di breve raggio (all'interno della provincia), invece, sono maggiormente connesse alle dinamiche del mercato immobiliare e ai fenomeni di metropolizzazione delle grandi città.

Le informazioni alla base di questo saggio provengono dai dati ISTAT sui trasferimenti di residenza tra Comuni italiani. Questa fonte consente di osservare le tendenze fondamentali della mobilità territoriale in Italia, inclusi i dettagli sui flussi interni a livello comunale, come l'origine e la destinazione di chi si sposta, oltre a importanti caratteristiche sociodemografiche come cittadinanza, luogo di nascita, età e livello di istruzione.

Le tendenze degli ultimi dieci anni

Nonostante la recessione economica globale, che ha preso avvio alla fine del primo decennio del Duemila, e la recente pandemia da Covid-19, le migrazioni interne dei cittadini italiani mostrano una tendenza alla stabilità, con un picco nel 2022, dovuto alla ripresa degli spostamenti subito dopo la fase pandemica. Nel biennio 2022-2023[2], la mobilità interna ha coinvolto in media circa 1 milione e 200 mila cittadini italiani all'anno. I trasferimenti di residenza tra Comuni riguardano soprattutto cittadini italiani, ma in proporzione, la propensione dei cittadini stranieri a spostarsi è più alta e pari a circa 50 per mille residenti, rispetto al 22 per mille degli italiani.

La maggior parte delle migrazioni interne si verifica a distanze brevi, prevalentemente all'interno della provincia (mediamente circa il 60% in tutto il periodo osservato). In generale, quattro spostamenti su cinque avvengono all'interno della stessa regione, mentre uno su cinque riguarda un movimento esterno ai confini regionali. Tra i movimenti interregionali, sono di particolare interesse le migrazioni degli italiani sulla tradizionale direttrice Mezzogiorno vs Centro-Nord.

[2] I dati riferiti al 2023 sono provvisori.

Migrazioni interne dei cittadini italiani per distanza di trasferimento. Serie storica. Valori assoluti. Anni 2013-2023.

Anni	Tra comuni italiani						
	Nella stessa provincia (a)	Tra province diverse della stessa regione (b)	All'interno della regione (a)+(b)	Tra regioni diverse	% movimenti intraregionali	% movimenti interregionali	Totale Interno
2013	670.145	167.077	837.222	275.933	75,2	24,8	1.113.155
2014	649.479	161.587	811.066	262.691	75,5	24,5	1.073.757
2015	657.714	162.351	820.065	261.679	75,8	24,2	1.081.744
2016	667.706	165.978	833.684	268.107	75,7	24,3	1.101.791
2017	670.893	165.556	836.449	264.870	75,9	24,1	1.101.319
2018	674.110	167.432	841.542	272.039	75,6	24,4	1.113.581
2019	719.127	180.120	899.247	301.833	74,9	25,1	1.201.080
2020	663.596	168.785	832.381	265.998	75,8	24,2	1.098.379
2021	711.320	181.115	892.435	274.599	76,5	23,5	1.167.034
2022	733.870	190.616	924.486	302.895	75,3	24,7	1.227.381
2023	700.143	182.634	882.777	288.262	75,4	24,6	1.171.039

Fonte: Migrantes-Rapporto Italiani nel Mondo. Elaborazione su dati ISTAT.

Gli italiani che si spostano dal Mezzogiorno al Centro-Nord

La traiettoria migratoria storica, che interessa i movimenti dei cittadini italiani che dal Mezzogiorno si dirigono verso i comuni del Centro-Nord, continua a essere al centro del dibattito politico e sociale poiché si configura come una delle maggiori criticità della cosiddetta *questione meridionale*. Le disparità regionali tra il Nord e il Sud del Paese hanno origini antiche (si pensa risalgano all'Unità d'Italia) e la loro persistenza fino a oggi è dovuta a dinamiche economiche e sociali. Le diverse velocità di sviluppo che hanno interessato le due aree del Paese, unite agli squilibri del mercato del lavoro, hanno causato intensi e incessanti flussi di migrazione interna che solo negli anni più recenti hanno assunto entità più contenute. A queste criticità vanno aggiunte anche le sfide demografiche che il Mezzogiorno ha dovuto affrontare nel corso degli anni. I tassi di natalità sempre più bassi e l'aspettativa di vita sempre più alta hanno portato l'Italia a diventare uno dei paesi più anziani del mondo, secondo solo al Giappone. L'invecchiamento della popolazione, tuttavia, ha avuto sul territorio un impatto differenziato colpendo più velocemente il Mezzogiorno rispetto alle altre aree del Paese e, in questa dinamica sfavorevole, il ruolo delle migrazioni interne è stato decisivo. Le partenze dalle regioni meridionali, infatti, coinvolgono spessissimo le giovani generazioni in età riproduttiva e, molto frequentemente, altamente qualificate.

Nel periodo 2013-2023 si sono mossi lungo la direttrice Mezzogiorno vs Centro-Nord complessivamente circa un milione e 100 mila italiani; circa 590 mila, invece, hanno percorso la traiettoria inversa, dal Centro-Nord al Mezzogiorno, determinando un saldo migratorio negativo e pari a 508 mila unità.

L'andamento dei flussi verso le regioni settentrionali è stato pressoché stabile in tutto il periodo considerato, con un valore massimo osservato nel 2019[3] e un valore minimo nell'anno della pandemia (92 mila). La ripresa della mobilità interna degli italiani dopo la pandemia si è riflessa anche sulla traiettoria Mezzogiorno vs Centro-Nord producendo nell'ultimo biennio rilevato un rialzo dei flussi migratori (111 mila nel 2022, +11,8% rispetto al 2013 e 104 mila nel 2023, +4,4% rispetto all'inizio del decennio). I movimenti sulla direzione opposta nello stesso periodo, invece, appaiono in leggero declino fino al 2018, per poi aumentare lievemente negli anni successivi.

Trasferimenti di residenza dei cittadini italiani tra il Mezzogiorno e il Centro-Nord. Serie storica. Numeri indici e saldo in valore assoluto. Anni 2013-2023.

Anno	Dal Mezzogiorno al Centro-Nord		Dal Centro-Nord al Mezzogiorno		Saldi migratori del Mezzogiorno
	v.a.	Numeri indici Base = 2013	v.a.	Numeri indici Base = 2013	
2013	99.552	100,0	59.028	100,0	-40.524
2014	94.091	94,5	55.005	93,2	-39.086
2015	92.726	93,1	52.249	88,5	-40.477
2016	96.514	96,9	52.913	89,6	-43.601
2017	96.578	97,0	50.061	84,8	-46.517
2018	102.430	102,9	48.750	82,6	-53.680
2019	114.877	115,4	54.200	91,8	-60.677
2020	91.795	92,2	52.944	89,7	-38.851
2021	94.023	94,4	55.041	93,2	-38.982
2022	111.307	111,8	55.310	93,7	-55.997
2023	103.894	104,4	54.174	91,8	-49.720

Fonte: Migrantes-Rapporto Italiani nel Mondo. Elaborazione su dati ISTAT.

[3] Nel 2019 il passaggio alla nuova Anagrafe Nazionale della Popolazione Residente (ANPR) ha agevolato e accelerato lo scambio di notifiche tra i Comuni interessati dai cambi di residenza portando a un aumento del numero di spostamenti. Questi picchi non riflettono l'andamento reale del fenomeno, ma sono da ricollegare a un effetto di tipo "amministrativo".

Riguardo all'età dei migranti italiani verso le regioni Centro-settentrionali nel periodo considerato, quasi la metà (48,5%) degli spostamenti riguardano giovani di 20-34 anni, con un'incidenza che raggiunge il 49,3% per gli uomini e scende al 47,7% se a spostarsi sono le giovani donne. Sull'asse Mezzogiorno vs Centro-Nord sono numerosi anche i trasferimenti degli italiani dai 35 ai 49 anni (complessivamente 22%, con un lieve disequilibrio di genere a favore degli uomini, 22,9% contro il 21,1% delle donne). La quota di giovanissimi da 0 a 19 anni, per lo più bambini e ragazzi in età scolare o prescolare che si spostano con la famiglia, si attesta al 13,7%, in equilibrio tra giovanissimi e giovanissime. La quota di trasferimenti verso il Centro-Nord della generazione più matura, dai 50 anni in su, è pari al 16%, con una netta prevalenza di donne mature (17,4%) rispetto agli uomini della stessa classe di età (14,1%).

Nella traiettoria opposta, la composizione per classi di età dei migranti evidenzia che la quota dei giovani dai 20 ai 34 anni è sempre quella prevalente ma è meno rilevante rispetto ai flussi dal Sud al Nord del Paese (27,8%), ma il disequilibrio di genere, stavolta, è a favore delle donne (28,5% contro il 27,1% degli uomini). Anche per i bambini e i ragazzi di 0-19 anni si evidenzia uno squilibrio a favore del genere femminile (19,5% contro il 17,9% dei ragazzi). Rispetto alla traiettoria tradizionale, sono più numerosi i migranti adulti di 35-49 anni (complessivamente 26,6%), con un'incidenza più elevata per gli uomini (28,4%) rispetto alle donne (24,5%). Sono significativamente più numerosi gli italiani ultracinquantenni che si spostano dal Centro-Nord verso il Mezzogiorno rispetto alla traiettoria opposta (27%, in sostanziale equilibrio tra uomini e donne), in questo caso si potrebbe verosimilmente trattare di una migrazione di "ritorno".

Migrazione interne dei cittadini italiani tra il Mezzogiorno e il Centro-Nord per genere e classi di età. Composizione percentuale. Anni 2013-2023.

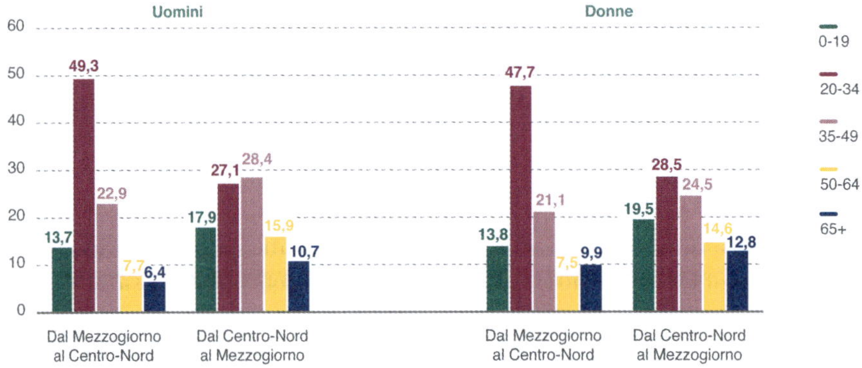

Fonte: Migrantes-Rapporto Italiani nel Mondo. Elaborazione su dati ISTAT.

Dal Mezzogiorno partono consistenti flussi di giovani risorse qualificate

I giovani di età compresa tra i 20 e i 34 anni costituiscono la quota più consistente dei flussi che dal Mezzogiorno si spostano verso le regioni settentrionali. Le partenze delle giovani risorse, spesso altamente qualificate, si ripercuote negativamente sui territori di origine in termini sia di capitale umano, quindi di potenziale economico, sia di capacità riproduttiva che inevitabilmente si riflette sull'invecchiamento e sullo spopolamento delle aree meridionali.

Complessivamente, dal 2013 al 2023, sono oltre 532 mila i giovani che dal Mezzogiorno si sono diretti verso il Centro-Nord, contro i 164 mila che, invece, hanno seguito il percorso inverso. Il saldo migratorio del periodo, dunque, mette in evidenza una perdita netta di 368 mila giovani residenti.

Migrazioni interne e saldo migratorio dei giovani italiani da 20 a 34 anni tra il Mezzogiorno e il Centro-Nord, per livello di istruzione. Valori in migliaia. Anni 2013-2022[4].

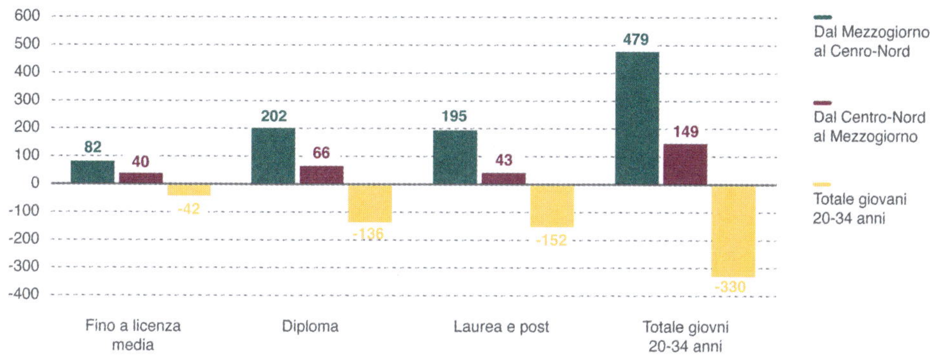

Fonte: Migrantes-Rapporto Italiani nel Mondo. Elaborazione su dati ISTAT.

Uno degli aspetti più rilevanti del fenomeno migratorio che interessa l'asse Sud-Nord del Paese è costituito dalla diaspora delle giovani risorse qualificate dal Mezzogiorno: dal 2013 al 2022 mediamente due emigrati su cinque, proveniente dalle regioni meridionali e insulari e diretti verso il Centro-Nord, è in possesso di almeno la laurea; oltre il 42% al momento della partenza dal Mezzogiorno aveva un diploma e circa un quinto invece era in possesso di un titolo di studio fino alla licenza media, quota che si è ridotta notevolmente nel tempo se consideriamo che

[4] I dati provvisori sulle migrazioni interne riferiti al 2023 permettono di fornire importanti anticipazioni delle dinamiche più recenti, ad eccezione della variabile relativa al titolo di studio che, invece, richiede un processo di validazione complesso, a valle delle stime prodotte per la popolazione censita diffusa a fine anno. Per tale motivo, l'analisi sul livello di istruzione sarà condotta fino al 2022, ultimo anno disponibile.

nel 2013 partivano per il Centro-Nord circa 11 mila giovani migranti con la licenza media, contro i 3,6 mila del 2022.

In valore assoluto, alla perdita complessiva nel decennio 2013-2022 di 330 mila giovani, ha contribuito in maniera significativa il saldo migratorio negativo dei giovani laureati (-152 mila) e, in misura lievemente più contenuta, quello dei giovani diplomati (-136 mila).

Dal punto di vista del territorio, l'analisi dei flussi migratori dei giovani per livello di istruzione mette in evidenza le aree del Paese che maggiormente attraggono capitale umano[5] e quelle, invece, che si impoveriscono di risorse qualificate.

I saldi migratori interregionali dei giovani laureati (20-34 anni) evidenziano consistenti perdite in tutte le regioni meridionali. In valore assoluto, la perdita di giovani residenti in Campania, Sicilia, Puglia e Calabria, nel periodo considerato, è di circa 124 mila risorse qualificate. Il saldo netto nelle restanti regioni del Mezzogiorno (Basilicata, Sardegna, Abruzzo e Molise) è più contenuto e pari a 18 mila unità. Al contrario, le regioni del Centro-Nord guadagnano in termini di capitale umano: la Lombardia e l'Emilia-Romagna attraggono complessivamente oltre 109 mila giovani laureati, seguono il Lazio, il Piemonte e la Toscana con un guadagno complessivo di capitale umano di 25 mila unità.

Saldi migratori interregionali dei giovani laureati italiani da 20 a 34 anni. Valori assoluti. Anni 2013-2022.

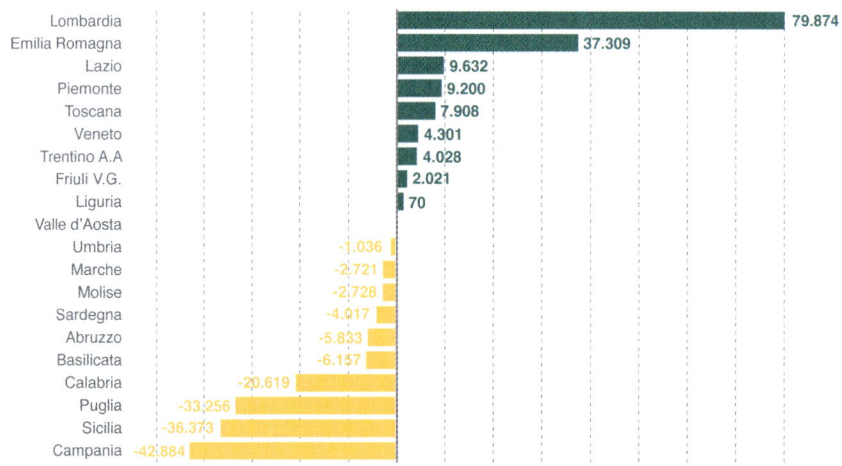

Fonte: Migrantes-Rapporto Italiani nel Mondo. Elaborazione su dati ISTAT.

5 Secondo la definizione di OCSE, il "capitale umano" è l'insieme delle conoscenze, delle abilità, delle competenze e degli altri attributi degli individui che facilitano la creazione di benessere personale, sociale ed economico.

La stretta relazione tra migrazioni interne e internazionali

Tra le dinamiche migratorie interne e quelle internazionali intercorre effettivamente una correlazione intrinseca poiché, non di rado, chi sceglie di emigrare all'estero ha già sperimentato altri tipi di mobilità all'interno del Paese. Questo processo di mobilità è spesso graduale e rappresenta una sorta di preparazione al più grande passo dell'emigrazione internazionale. Un primo passo, ad esempio, può essere rappresentato dal trasferimento dalle zone rurali e/o periferiche verso le aree urbane, o, ancora, da uno spostamento dal Sud verso il Nord. Coloro che si adattano a nuove città, strutture sociali e dinamiche economiche, sono maggiormente propensi a sviluppare competenze, reti sociali e risorse che facilitano il passo successivo dell'espatrio.

Tassi emigratori dei cittadini italiani verso altre ripartizioni e verso l'estero. Serie storica. Anni 2013-2023.

	Nord		Centro		Mezzogiorno	
	tasso emigrazione interno	tasso emigrazione estero	tasso emigrazione interno	tasso emigrazione estero	tasso emigrazione interno	tasso emigrazione estero
2013	2,2	1,7	3,6	1,4	5,0	1,3
2014	2,1	1,8	3,4	1,5	4,7	1,4
2015	2,0	2,1	3,4	1,7	4,7	1,6
2016	2,1	2,4	3,6	2,0	4,9	1,8
2017	2,0	2,4	3,5	1,9	4,9	1,8
2018	1,9	2,4	3,6	2,1	5,2	1,8
2019	2,2	2,4	4,0	1,8	5,9	2,2
2020	2,1	2,6	3,6	1,9	4,8	2,0
2021	2,3	2,0	3,6	1,5	4,9	1,5
2022	2,3	2,2	3,9	1,6	5,8	1,6
2023	2,3	2,3	3,8	1,7	5,5	1,8

Fonte: Migrantes-Rapporto Italiani nel Mondo. Elaborazione su dati ISTAT.

In termini relativi, per mille italiani residenti, il confronto tra i tassi di mobilità di chi si sposta in un'altra ripartizione e verso l'estero mette in luce alcuni cambiamenti nelle scelte di chi emigra: in particolare, nelle regioni del Nord, dal 2015 al 2020 i tassi di mobilità verso le altre aree del Paese sono sempre inferiori rispetto al tasso di migratorietà verso l'estero, segnale evidente che gli italiani residenti nelle regioni settentrionali hanno preferito varcare i confini nazionali piuttosto che migrare verso un'altra ripartizione. Dal 2021, invece, questa tendenza si arresta probabilmente a causa della contrazione degli espatri durante e subito dopo la pandemia. Per le regioni del Centro e del Mezzogiorno, invece, i tassi di emigrazione verso le altre regioni sono decisamente superiori a quelli di espatrio in tutto il periodo considerato, e suggeriscono che i residenti delle regioni centro meridionali hanno una maggiore propensione a spostarsi verso altre regioni piuttosto che verso l'estero. Comprendere il collegamento tra migrazioni interne e internazionali è cruciale per sviluppare politiche che mirino a ridurre le disuguaglianze regionali e a trattenere i talenti, sia a livello nazionale che nelle aree più specificamente interessate dal fenomeno migratorio.

I movimenti migratori nelle Città metropolitane

Le dinamiche migratorie nelle Città metropolitane comprendono la mobilità residenziale tra le aree urbane e le periferie, molto frequentemente tra aree urbane (soprattutto dal Mezzogiorno verso il Centro-Nord) e meno spesso tra cinture di diverse aree metropolitane. Questo fenomeno è strettamente legato a fattori economici, sociali e demografici. Come già discusso, i fattori chiave che determinano gli spostamenti interni sono molteplici. Tra essi, il più determinante è certamente la ricerca di lavoro: i grandi centri urbani, anche quelli del Sud, attraggono i lavoratori da altre parti d'Italia. Anche l'accesso ai servizi è una importante determinante degli spostamenti verso le metropoli poiché esse offrono migliori servizi sanitari, educativi e culturali rispetto alle zone rurali o alle città più piccole e rappresentano dunque un incentivo per chi cerca un miglioramento della qualità della vita.

Uno degli effetti di queste dinamiche migratorie è quello dell'intensificazione dei fenomeni di urbanizzazione: le città metropolitane continuano a crescere grazie ai massicci arrivi dalle aree meno sviluppate o rurali. Questo comporta inevitabilmente dei cambiamenti strutturali dei tessuti urbani ma anche delle composizioni familiari dato che la popolazione immigrata è prevalentemente costituita da giovani, più dinamici e fecondi. Solo recentemente, dopo la pandemia da Covid-19, la pressione sulle città metropolitane si è allentata grazie alla diffusione di nuove forme di lavoro agile e si è osservato un rientro verso le aree suburbane e rurali.

Da un punto di vista politico, le città metropolitane sono state istituite allo scopo di promuovere uno sviluppo territoriale più efficiente e coordinato. Con riferimento, invece, ai confini amministrativi, esse sostituiscono dieci province di regioni a statuto ordinario (Roma Capitale, Torino, Milano, Venezia, Genova, Bologna, Firenze, Napoli, Bari e Reggio Calabria) e quattro di regioni a statuto speciale (Messina, Catania, Palermo e Cagliari). I temi su cui queste importanti aree urbane hanno competenze specifiche sono molteplici e comprendono la pianificazione territoriale, la mobilità, le infrastrutture, lo sviluppo economico e la gestione dei servizi pubblici locali.

Dai movimenti migratori dei cittadini italiani da e per le 14 Città metropolitane nell'ultimo decennio, si evidenziano andamenti in linea con i trend demografici del periodo. All'interno delle Città metropolitane, quasi tutti i comuni centrali (capoluoghi) negli anni dal 2013 al 2023, mostrano saldi migratori positivi dei cittadini italiani, a dimostrazione che le realtà urbane raramente perdono attrattività nei confronti delle periferie limitrofe, anche quelle del Mezzogiorno. Ad eccezione delle aree metropolitane di Bari e Cagliari che invece raccontano un processo di periurbanizzazione che alimenta i limitrofi comuni della prima e della seconda cintura nel caso del capoluogo pugliese e solo della prima cintura nel caso di quello sardo.

Con riferimento ai movimenti fuori dalle province, invece, le città metropolitane del Centro-Nord evidenziano guadagni di popolazione dovuti agli scambi con le altre aree urbane, mentre quelle del Mezzogiorno mostrano perdite anche molto consistenti (è il caso di Napoli, che perde circa 122 mila italiani residenti a causa delle migrazioni verso le altre aree metropolitane).

Saldi migratori dei cittadini italiani nelle Città metropolitane. Valori assoluti. Anni 2013-2023.

Città Metropolitane	All'interno della Città Metropolitana				con altre Città Metropolitane
	Comune-centro	Prima cintura	Seconda cintura	Altre cinture	
Torino	29.192	-2.361	-8.935	-17.896	16.088
Genova	3.506	-1.381	-867	-1.258	1.829
Milano	33.851	-5.154	-8.247	-20.450	56.442
Venezia	5.263	-2.104	-3.309	150	2.096
Bologna	15.326	-6.531	-3.536	-5.259	47.991
Firenze	7.163	-2.120	-1.690	-3.353	14.753
Roma	30.644	-19.196	-8.825	-2.623	49.795
Napoli	9.646	-3.724	-676	-5.246	-121.862
Bari	-1.126	1.929	464	-1.267	-17.248
Reggio Calabria	-675	102	251	322	-26.465
Palermo	8.694	-1.448	-4.782	-2.464	-34.182
Messina	1.593	-209	-437	-947	-15.990
Catania	5.466	-1.300	-1.375	-2.791	-19.138
Cagliari	-165	2.386	-2.213	-8	4.099

Fonte: Migrantes-Rapporto Italiani nel Mondo. Elaborazione su dati ISTAT.

Conclusioni

I movimenti interni degli italiani, in particolare quelli che dal Mezzogiorno si dirigono verso il Centro-Nord, costituiscono un'importante questione sociale ed economica le cui origini risalgono all'unificazione dell'Italia e sono direttamente collegate alla "questione meridionale". Con questa espressione ci si riferisce al divario economico, sociale e infrastrutturale che esiste tra le regioni settentrionali e quelle meridionali dell'Italia, e che è al centro del dibattito politico e sociale sin dall'unificazione del Paese.

Uno degli aspetti più preoccupanti di questo fenomeno è senza dubbio quello delle partenze dei giovani, molti dei quali altamente qualificati, che abbandonano i luoghi origine in cerca di migliori opportunità professionali e di vita.

Le conseguenze di questa diaspora sono profonde e l'impatto che essa ha sul tessuto sociale è notevole: i giovani rappresentano il futuro di una comunità, sia in termini di forza lavoro sia per la loro capacità innovativa e di promozione dello sviluppo. La loro partenza impoverisce le comunità di origine, non solo economicamente, ma anche demograficamente, poiché riduce il numero di famiglie e, di conseguenza, le nascite.

Inoltre, in molte aree del Mezzogiorno, la diaspora dei giovani e la mancanza di un adeguato ricambio generazionale sta provocando un progressivo spopolamento. La geografia delle aree metropolitane rispecchia in parte queste dinamiche, evidenziando da un lato caratteristiche simili quando l'analisi migratoria viene condotta all'interno delle grandi aree urbane, in cui i centri sono i principali motori di sviluppo e traino del dinamismo dell'area. Dall'altro, quando si guarda ai movimenti tra le aree metropolitane il divario tra regioni del Nord e quelle del Sud appare nuovamente evidente.

LE MIGRAZIONI DEI "NUOVI" CITTADINI ITALIANI, PRINCIPALI CARATTERISTICHE E NUOVE TENDENZE

Francesca Licari, Istituto Nazionale di Statistica (ISTAT)
Fabio Massimo Rottino, Istituto Nazionale di Statistica (ISTAT)

La presenza straniera in Italia è rilevante e in crescita: al 1° gennaio 2024 si contano circa 5 milioni e 308 mila residenti di nazionalità non italiana, in aumento di 166 mila unità (+3,2 %) sull'anno precedente. L'incidenza degli stranieri residenti sulla popolazione totale sfiora il 9%.

È in crescita anche il numero degli stranieri che acquisiscono la cittadinanza italiana, al 1° gennaio 2022 se ne contano circa 1 milione 580 mila (+8% rispetto all'anno precedente). Le modalità di acquisizione sono molteplici e dipendono spesso dalla tipologia del migrante straniero: si diventa italiani perché residenti da tempo in Italia (da almeno 10 anni per i cittadini non comunitari, da almeno 4 per quelli comunitari), oppure in quanto figli minorenni di un genitore che è divenuto italiano; o ancora per matrimonio con un cittadino italiano; o perché, nati in Italia e residenti ininterrottamente fino al 18° anno, "eleggono" la Penisola come paese di cittadinanza; infine, grazie allo *ius sanguinis*, ovvero in quanto discendenti di emigrati italiani, nati all'estero ma nel diritto di acquisire *iure sanguinis* la cittadinanza italiana.

La consistenza della popolazione dei "nuovi italiani" è utile come misura dell'integrazione e della stabilità della componente straniera negli anni più recenti, e offre una lettura più chiara dei diversi fenomeni demografici.

Il numero di cittadini stranieri che acquisiscono la cittadinanza italiana è pari a poco meno di 214 mila nel 2022, in deciso aumento rispetto all'anno precedente (+76%) e rispetto al 2016 (+6%), anno in cui si è registrato il valore massimo su base annua (oltre 202 mila).

Rispetto al periodo pre-pandemico, continua a ridursi la quota di acquisizioni per matrimonio che passa dal 13,4% del 2019 all'8,8% del 2022. In lieve aumento, invece, la quota delle acquisizioni per residenza (45,1%, tre punti percentuali in più rispetto al 2021). Stabile, infine, la quota di coloro che acquisiscono per altri motivi (trasmissione dai genitori per i minorenni, elezione al 18° anno di età e *iure sanguinis*); su di essa incidono, in particolare, le acquisizioni dei minorenni per trasmissione dai genitori e quelle per *iure sanguinis*, soprattutto dei cittadini brasiliani[1].

Acquisizioni di cittadinanza italiana per modalità. Serie storica. Valori assoluti e composizione percentuale. Anni 2012-2022.

Modalità di acquisizione	2012	2013	2014	2015	2016	2017	2018	2019	2020	2021	2022
Residenza	37,6	37,3	45,0	50,9	47,4	42,5	35,1	41,6	50,2	42,0	45,1
Matrimonio	31,4	23,7	15,1	9,4	9,0	15,2	21,5	13,4	10,7	12,0	8,8
Altro	31,0	39,0	39,9	39,7	43,6	42,4	43,5	45,0	39,1	46,0	46,1
Totale *(v.a.=100)*	**65.383**	**100.712**	**129.887**	**178.035**	**201.591**	**146.605**	**112.523**	**127.001**	**131.803**	**121.457**	**213.716**

* Comprende: trasmissione dai genitori, elezione al 18° anno di età e, dal 2017, *ius sanguinis*.

Fonte: Migrantes-Rapporto Italiani nel Mondo. Elaborazioni ISTAT su dati del Ministero dell'Interno.

Poiché il numero delle acquisizioni di cittadinanza dal 2012 al 2022 si è quasi quadruplicato, appare evidente l'importanza di considerare l'impatto che la componente dei "nuovi" italiani ha sulle dinamiche demografiche e sociali del Paese. In particolare, lo studio dei comportamenti migratori degli italiani di origine straniera è utile per comprendere le differenze tra le loro dinamiche e quelle dei nativi.

La letteratura sottolinea come chi ha compiuto un primo spostamento migratorio abbia una maggiore propensione a spostarsi sul territorio[2]. Anche se l'acquisizione della cittadinanza viene considerata dal Consiglio d'Europa come un indicatore di stabilizzazione e integrazione, non è escluso che, specie nel contesto europeo, questa possa essere poi seguita da una migrazione[3].

Il presente contributo è volto a indagare l'attitudine a trasferirsi in un paese estero, mostrata da coloro che hanno acquisito la cittadinanza negli ultimi undici anni.

Le emigrazioni dei "nuovi" italiani

Dopo un Novecento contraddistinto da veri e propri esodi di connazionali, soprattutto verso mete oltre oceaniche, interrotti solo dai due conflitti mondiali, il

[1] Si tratta di acquisizioni ottenute da cittadini stranieri discendenti da avo italiano emigrato; particolarmente rilevante è il numero di acquisizioni ottenute da cittadini sudamericani, soprattutto brasiliani.

[2] Cinzia Conti - Domenico Gabrielli - Sabrina Prati - Salvatore Strozza, *Misurare l'immigrazione e la presenza straniera: una sfida continua per la statistica ufficiale*, IX Conferenza Nazionale di Statistica, 2008, <www.istat.it/it/files/2011/02/Dossier_Istat_stranieri.pdf>.

[3] Council of The European Union, *Conclusions of the Council and the Representatives of the Governments of the Member States on Integration as a Driver for Development and Social Cohesion*, Zaragoza meeting, 2010, <http://register.consilium.europa.eu/doc/srv?l=EN&f=ST%209248%20 2010%20INIT>.

numero di espatri dei cittadini italiani si è stabilizzato su volumi molto più contenuti. Nonostante i recenti assetti geopolitici abbiano caratterizzato le nuove ondate migratorie accendendo l'attenzione soprattutto sull'immigrazione dei cittadini stranieri, gli espatri dei cittadini italiani sono nuovamente tornati al centro del dibattito politico e dell'attenzione pubblica.

A lasciare l'Italia sono prevalentemente i cittadini italiani: nel 2022 gli espatri ammontano a poco meno di 100 mila[4].

Considerando le "coorti" di cittadini stranieri che sono divenuti italiani tra il 2012 e il 2022, attraverso tecniche di *record linkage* è possibile collegare i "nuovi" italiani con gli espatri, consentendo in questo modo di analizzare la loro propensione a lasciare il Paese successivamente all'acquisizione della cittadinanza italiana, le caratteristiche di quanti si sono cancellati dall'anagrafe nel periodo considerato e le destinazioni che hanno scelto.

Naturalizzati cancellati per l'estero* per anno di acquisizione della cittadinanza italiana e anno di emigrazione. Serie storica. Valori assoluti[5] e composizioni percentuali. Anni 2012-2022.

Anno di emigrazione	Anno di acquisizione									
	2012	2013	2014	2015	2016	2017	2018	2019	2020	2021
2012	1,9	-	-	-	-	-	-	-	-	-
2013	7,3	1,1	-	-	-	-	-	-	-	-
2014	11,4	9,9	1,1	-	-	-	-	-	-	-
2015	14,8	19,3	12,4	1,9	-	-	-	-	-	-
2016	14,8	18,4	20,7	14,1	8,5	-	-	-	-	-
2017	12,1	12,8	16,7	17,5	17,1	8,2	-	-	-	-
2018	10,2	12,7	13,5	16,8	16,6	24,6	26,5	-	-	-
2019	4,7	7,0	10,2	11,0	12,8	13,5	23,9	19,4	-	-
2020	8,0	7,5	11,8	18,6	18,8	22,7	21,3	39,9	39,5	-
2021	6,7	5,8	7,7	11,9	15,4	16,3	16,0	21,9	35,8	23,9
2022	8,2	5,5	5,9	8,1	10,9	14,7	12,3	18,8	24,7	76,1
Totale (v.a.=100)	**7.177**	**16.994**	**19.603**	**21.722**	**27.429**	**17.171**	**12.622**	**11.261**	**8.360**	**3.904**

* Il *record linkage* tra l'archivio delle acquisizioni di cittadinanza e quello delle iscrizioni e cancellazioni anagrafiche è stato possibile solo per i record con identificativo diretto, pari comunque a circa il 90% del totale dei record.

Fonte: Migrantes-Rapporto Italiani nel Mondo. Elaborazione su dati ISTAT e Ministero dell'Interno.

[4] ISTAT, *Migrazioni internazionali e interne della popolazione residente. Anno 2022-23, «Statistiche Report», 28 maggio 2024,* <https://www.istat.it/it/files/2024/05/Migrazioni-interne-e-internazionali-della-popolazione-residente.pdf>.

[5] Il valore assoluto delle frequenze osservate può differire lievemente rispetto ai valori pubblicati in precedenza per eventuali aggiornamenti dei microdati utilizzati nel *record linkage*.

Negli anni tra il 2012 e il 2022 sono stati oltre un milione e 528 mila gli stranieri divenuti italiani; di questi, sono oltre 146 mila coloro che hanno poi trasferito la residenza all'estero. Nel corso del 2022 ne sono emigrati poco meno di 19 mila, mentre nel 2021 gli espatri dei naturalizzati sono stati oltre 21 mila. Se si considerano i naturalizzati emigrati nello stesso anno in cui hanno acquisito la cittadinanza, se ne contano complessivamente oltre 14 mila.

L'incidenza dei naturalizzati sugli espatri (negli ultimi due anni, un espatriato su cinque è un nuovo cittadino italiano), pur essendo ancora numericamente poco significativa, è considerata una dinamica emergente nel panorama migratorio internazionale.

La propensione all'espatrio dei "nuovi" cittadini italiani è diversa a seconda del paese di cui sono originari. Gli emigrati italiani di origine brasiliana, ad esempio, mostrano la propensione più elevata, con quasi 41 emigrati ogni 100 acquisizioni e uno squilibrio di genere a favore degli uomini (46 espatri ogni 100 acquisizioni per gli uomini e 36 per le donne). Segue la collettività di origine bangladese con 31 emigrazioni ogni 100 acquisizioni di cittadinanza.

Ghana, Pakistan e India, rispettivamente con il 23%, 22% e il 18% si collocano ai primi posti tra i 10 paesi con la frequenza maggiore di "nuovi" italiani emigrati all'estero. I Paesi del Subcontinente indiano si distinguono anche per una maggiore propensione delle donne rispetto agli uomini ad emigrare successivamente all'acquisizione della cittadinanza.

Incidenza dei naturalizzati trasferiti all'estero sul totale di coloro che hanno acquisito la cittadinanza, per sesso e cittadinanza precedente all'acquisizione. Primi 10 paesi. Valori percentuali. Anni 2012-2022.

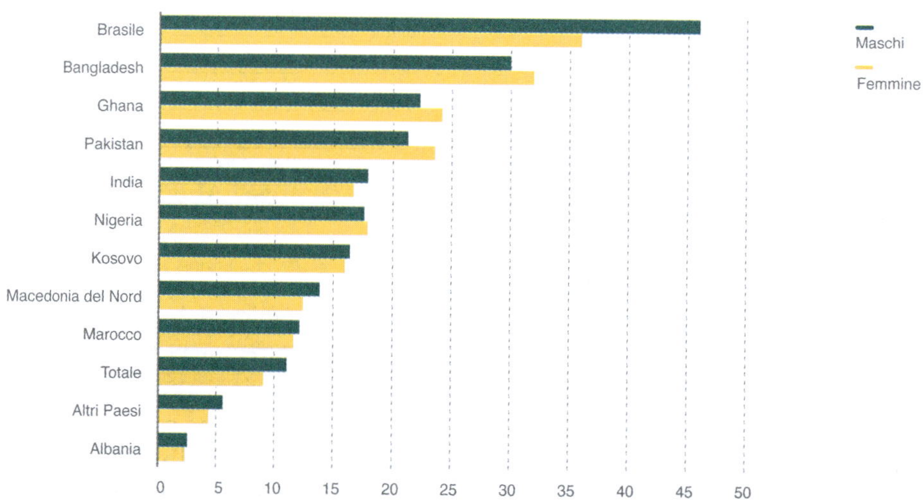

Fonte: Migrantes-Rapporto Italiani nel Mondo. Elaborazione su dati ISTAT e Ministero dell'Interno.

Differenze sostanziali tra le collettività si osservano anche nel tempo tra l'anno in cui viene riconosciuta la cittadinanza italiana e il momento dell'emigrazione: mentre nigeriani, ghanesi, albanesi e pakistani in oltre il 70% dei casi lasciano l'Italia dopo 3 anni o più dall'ottenimento della cittadinanza, l'80% dei brasiliani espatria dopo un solo anno.

Gli stranieri divenuti italiani che decidono di emigrare tendono a differenziarsi anche per la modalità di acquisizione. Considerando, infatti, il totale dei "nuovi" cittadini italiani emigrati fra il 2012 e il 2022, il 31,1% ha acquisito la cittadinanza italiana per residenza, poco più del 9% per matrimonio e circa il 60% per elezione, trasmissione dai genitori o *ius sanguinis*. Questa distribuzione è significativamente differente rispetto a quella di coloro che hanno acquisito la cittadinanza italiana nello stesso periodo ma non sono emigrati: il 44,8% è divenuto italiano per residenza, l'1,1% per matrimonio e il 41,9% per altri motivi.

Naturalizzati cancellati per l'estero per tempo di emigrazione dopo l'acquisizione di cittadinanza per cittadinanza. Valori assoluti e composizioni percentuali. Anni 2012-2022.

Paesi di cittadinanza	Dopo 1 anno	Dopo 2 anni	Dopo 3 anni o più	Totale (v.a.=100)
Albania	13,7	14,1	72,3	5.992
Macedonia del Nord	19,1	18,1	62,8	4.758
Kosovo	21,8	22,1	56,1	3.245
Bangladesh	16,2	27,2	56,6	13.777
India	11,8	18,9	69,4	10.153
Pakistan	10	18,4	71,6	9.487
Ghana	7,1	16,6	76,3	5.706
Marocco	14,2	18	67,8	27.261
Nigeria	6,9	14,7	78,4	3.580
Brasile	79,7	10,3	10,1	14.182
Altri Paesi	*20*	*15,3*	*64,7*	*25.216*
Totale	**22,4**	**17,5**	**60,1**	**123.357**

Fonte: Migrantes-Rapporto Italiani nel Mondo. Elaborazione su dati ISTAT e Ministero dell'Interno.

Rapportando, per ciascuna cittadinanza, coloro che emigrano per modalità di acquisto della cittadinanza con il totale delle acquisizioni ottenute per lo stesso motivo, si possono ricavare indicazioni interessanti sulle propensioni a emigrare. Per gli espatriati di origine bangladese, ghanese e pakistana si osserva una prevalenza delle acquisizioni ottenute per matrimonio rispetto alle altre modalità; d'altronde questa caratteristica è fortemente correlata con la maggiore propensione delle donne ad emigrare, sottolineata in precedenza, visto che sono soprattutto le donne ad acquisire la cittadinanza per matrimonio. Infine, la propensione a emigrare è più elevata per coloro che si spostano dopo aver ottenuto la cittadinanza per trasmissione o elezione: si tratta infatti di persone diventate italiane in giovane o giovanissima età, quindi con una più elevata predisposizione alla mobilità.

Incidenza dei naturalizzati trasferiti all'estero sul totale di coloro che hanno acquisito la cittadinanza, per modalità di acquisizione e cittadinanza precedente all'acquisizione. Primi 10 paesi.. Valori percentuali. Anni 2012-2022.

Paesi di cittadinanza	Residenza	Matrimonio	Altro (a)	Totale
Brasile	27,4	9,4	48,5	40,7
Bangladesh	27,3	31,8	33,6	30,8
Ghana	19,3	22,3	26,9	23,2
Pakistan	18,3	20,8	24,9	22,2
India	15,2	17,6	20,3	17,7
Nigeria	15,5	13,0	19,4	17,2
Kosovo	13,4	13,8	19,6	16,2
Macedonia del Nord	12,5	11,2	14,7	13,3
Marocco	10,4	11,2	13,4	12,0
Albania	2,5	2,6	2,5	2,5
Altri Paesi	*3,6*	*3,9*	*6,8*	*4,9*
Totale	**7,2**	**6,8**	**14,1**	**10,1**

(*) Comprende: trasmissione dai genitori, elezione al 18° anno di età, *ius sanguinis*.

Fonte: Migrantes-Rapporto Italiani nel Mondo. Elaborazione su dati ISTAT e Ministero dell'Interno.

I giovani sono i principali attori della dinamica migratoria sia con riferimento alla mobilità internazionale sia a quella interna. Anche tra i "nuovi" italiani sono i più giovani ad avere una maggiore propensione alla mobilità. A fronte di un'età media di 29 anni tra tutti coloro che nel periodo 2012-2022 hanno acquisito la cittadinanza, quelli che poi sono emigrati all'estero lo hanno fatto mediamente a 28 anni. Si evidenzia un disequilibrio di genere tra le emigrate e gli emigrati: le donne naturalizzate emigrano in media a 27 anni, mentre gli uomini lo fanno intorno ai 30 anni, con qualche lieve differenza a seconda del paese di precedente cittadinanza. I più giovani emigrati naturalizzati sono le donne di origine pakistana la cui età media all'emigrazione è pari a 19 anni. Più maturi sono gli emigrati di origine brasiliana la cui età media all'emigrazione è di circa 34 anni.

Età media all'emigrazione dei naturalizzati emigrati per sesso e cittadinanza precedente. Primi 10 paesi. Anni 2012-2022.

Paesi di precedente cittadinanza	Maschi	Femmine	Maschi e femmine
Albania	30,9	28,1	29,6
Bangladesh	28,1	20,0	25,0
Brasile	34,2	34,4	34,3
Ghana	28,3	25,9	27,1
India	28,5	24,3	26,8
Kosovo	26,3	21,3	24,2
Macedonia del Nord	28,8	23,8	26,8
Marocco	28,4	24,5	26,6
Nigeria	26,4	25,7	26,0
Pakistan	26,6	19,4	23,6
Altri Paesi	*30,6*	*29,6*	*30,1*
Totale	**29,7**	**26,9**	**28,4**

Fonte: Migrantes-Rapporto Italiani nel Mondo. Elaborazione su dati ISTAT e Ministero dell'Interno.

Per quanto riguarda le mete di destinazione dei "nuovi" italiani, si osserva che i Paesi europei accolgono l'82% dei flussi degli emigrati che hanno acquisito la cittadinanza italiana tra il 2012 e il 2022. Per alcune collettività questa diventa l'opzione quasi esclusiva: è il caso dei cittadini del Kosovo e della Macedonia del Nord (rispettivamente 99,8% e 99,7%), il 98% dei cittadini del Bangladesh, del Pakistan, e della Nigeria, una volta ottenuta la cittadinanza italiana, si spostano verso un altro Paese europeo. Per gli originari del Brasile, invece, si può parlare molto verosimilmente di una migrazione di ritorno o comunque di una scelta che li porta a trasferire la residenza nel loro paese di origine.

Cittadini naturalizzati per cittadinanza di origine e area geografica di destinazione. Valori percentuali. Anni 2012-2022.

Cittadinanza di origine	Area geografica di destinazione						
	Europa	Africa	Asia	America settentrionale	America centro-meridionale	Oceania	Totale
Albania	91,5	0,1	0,6	5,3	0,1	2,4	100,0
Bangladesh	98,1	0,0	1,8	0,1	0,0	0,0	100,0
Brasile	39,4	0,1	0,3	1,3	58,3	0,5	100,0
Ghana	97,4	2,0	0,0	0,6	0,0	0,0	100,0
India	84,1	0,0	1,8	13,6	0,0	0,5	100,0
Kosovo	99,8	0,0	0,0	0,1	0,1	0,0	100,0
Macedonia del Nord	99,7	0,0	0,0	0,1	0,1	0,1	100,0

Cittadinanza di origine	Area geografica di destinazione						
	Europa	Africa	Asia	America settentrionale	America centro-meridionale	Oceania	Totale
Marocco	95,7	3,9	0,1	0,2	0,0	0,1	100,0
Nigeria	97,8	1,0	0,0	1,1	0,0	0,1	100,0
Pakistan	97,9	0,0	1,6	0,4	0,0	0,1	100,0
Altri Paesi	*79,7*	*5,8*	*2,7*	*3,9*	*7,2*	*0,7*	*100,0*
Totale	**82,3**	**2,1**	**1,1**	**2,4**	**11,7**	**0,4**	**100,0**

Fonte: Migrantes-Rapporto Italiani nel Mondo. Elaborazione su dati ISTAT e Ministero dell'Interno.

I progetti futuri dei giovanissimi

Particolarmente interessante per la nostra analisi è cercare di indagare i progetti di vita futuri delle nuove generazioni, soprattutto di quelle con background migratorio.

L'Istituto Nazionale di Statistica ha condotto nel 2023 una nuova edizione dell'indagine *Bambini e ragazzi: comportamenti, atteggiamenti e progetti futuri*[6]. La rilevazione ha intervistato con tecnica CAWI oltre 39 mila ragazzi tra gli 11 e i 19 anni residenti in Italia; quasi 23 mila di cittadinanza italiana e oltre 16 mila di cittadinanza straniera. Mediante un questionario, fruibile anche su smartphone, l'indagine ha raccolto informazioni sulla vita quotidiana dei ragazzi; dopo alcuni quesiti iniziali sulle caratteristiche e la storia personale, sono stati affrontati i temi della scuola e degli studi in generale, della cittadinanza e dell'identità, delle relazioni con i compagni, ma anche con gli amici in generale e con la famiglia; oggetto della rilevazione, inoltre, sono stati anche i temi dell'utilizzo dei social media, degli stereotipi di genere e dei progetti futuri delle nuove generazioni.

È in particolare quest'ultimo aspetto il più rilevante per la nostra analisi, soprattutto per quel che riguarda la volontà di rimanere in Italia o meno una volta divenuti adulti.

Utilizzando le informazioni fornite dai ragazzi sulla cittadinanza, e in particolare sul possesso di un'altra cittadinanza oltre a quella italiana, è possibile identificare tre collettivi distinti: quello degli italiani dalla nascita che non hanno altra cittadinanza; quello degli italiani che hanno anche un'altra cittadinanza e che, nella maggior parte dei casi, indentifica il collettivo dei ragazzi italiani con background migratorio; il collettivo dei ragazzi stranieri.

[6] ISTAT, *Bambini e ragazzi: comportamenti, atteggiamenti e progetti futuri. Anno 2023*, «Statistiche Report», 20 maggio 2024, <https://www.istat.it/wp-content/uploads/2024/05/Bambini-e-ragazzi-2023.pdf>.

Ragazzi tra gli 11 e i 19 anni per cittadinanza e luogo in cui vorrebbero vivere da grandi. Valori percentuali. Anno 2023.

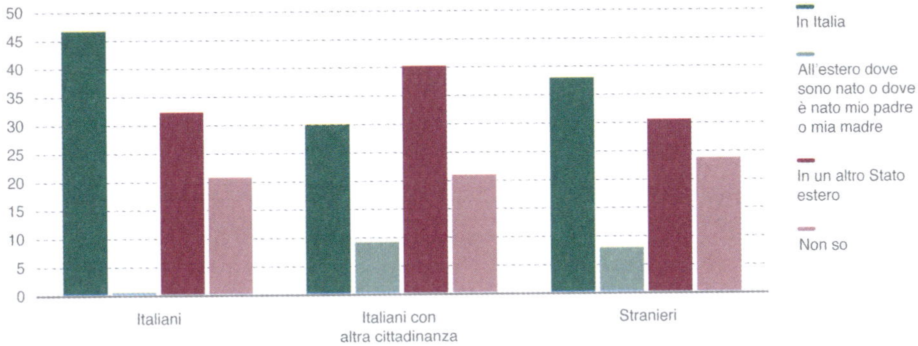

Fonte: Migrantes-Rapporto Italiani nel Mondo. Elaborazione su dati ISTAT.

È possibile evidenziare alcune significative differenze: il 46,6% dei ragazzi italiani dichiara di voler continuare a vivere in Italia anche da adulti, rispetto al 37,9% dei ragazzi stranieri e al 29,9% dei ragazzi italiani con background migratorio; questi ultimi, nella maggior parte dei casi, vedono il proprio futuro all'estero: il 9,1% nello Stato di nascita o dove è nato uno o entrambi i genitori; il 40,1% in un altro Stato estero. Per gli stranieri sono quasi equivalenti le quote di chi vorrebbe rimanere a vivere in Italia (37,9%) o emigrare all'estero (38,4%): il 30,5% in un altro Stato estero e il 7,9% nel paese dove è nato lui o uno dei genitori. Risulta molto significativa anche la quota di indecisi che passa dal 20,7% degli italiani al 23,7% dei ragazzi stranieri.

L'indagine consente di approfondire anche all'interno del collettivo dei ragazzi stranieri, indagando eventuali differenze per le principali cittadinanze presenti nel Paese.

Ragazzi stranieri tra gli 11 e i 19 anni per cittadinanza e luogo in cui vorrebbero vivere da grandi. Valori percentuali. Anno 2023.

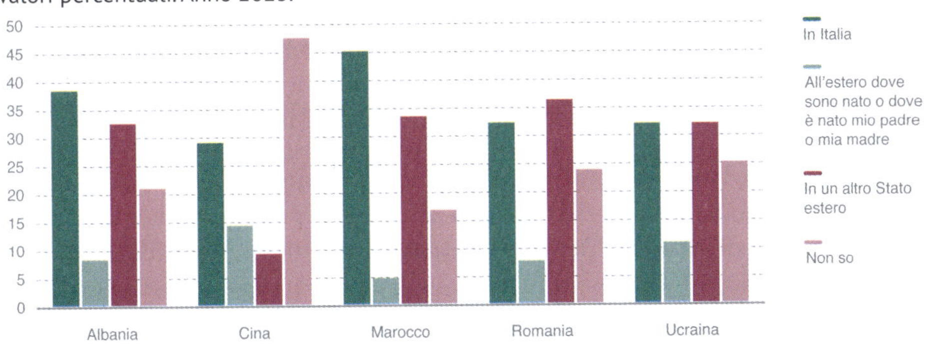

Fonte: Migrantes-Rapporto Italiani nel Mondo. Elaborazione su dati ISTAT.

I ragazzi stranieri che in misura maggiore desiderano continuare a vivere in Italia anche da adulti sono quelli marocchini (45,1%) e albanesi (38,4%), mentre la quota più bassa si registra per i ragazzi cinesi (29,0%), i quali da un lato presentano una percentuale di indecisi molto più alta degli altri coetanei stranieri (47,5%), dall'altro la quota più significativa di coloro che da grandi vorrebbero vivere nel paese di origine proprio o dei genitori (14,3%).

Come nelle precedenti edizioni dell'indagine, sono gli Stati Uniti d'America la meta più ambita dai ragazzi intervistati a prescindere dalla cittadinanza, anche se si mette in luce qualche differenza: mentre il 33,0% degli italiani vorrebbe emigrare negli USA, la percentuale scende al 30,0% per gli stranieri e al 24,4% per i ragazzi italiani con altra cittadinanza. Tra le indicazioni di destinazione riferite al singolo Stato (non aggregati in "Altro Stato europeo", "Altro Stato dell'America", ecc.), la Gran Bretagna si colloca al secondo posto sia per gli stranieri che per gli italiani con background migratorio, mentre per gli italiani dalla nascita è la Spagna la seconda meta dove costruire un futuro professionale e di vita.

Conclusioni

L'impatto dell'immigrazione straniera in Italia ha importanti ripercussioni sulla demografia del Paese: dagli anni Novanta a oggi, seppur in maniera più contenuta, la presenza straniera ha contribuito a modificare la struttura per età della popolazione residente rallentandone il processo di invecchiamento. L'effetto del ringiovanimento della popolazione si esplica soprattutto nel rinfoltimento della popolazione attiva (15-64 anni) e nel mantenimento dei tassi di fecondità almeno ai livelli di quelli dei principali Paesi europei. La presenza straniera in Italia è ormai radicata da anni e, per alcune comunità, il livello di integrazione è elevato. L'acquisizione della cittadinanza italiana potrebbe rappresentare un valido indicatore dell'integrazione dei cittadini stranieri.

Il complesso dei "nuovi" cittadini italiani ha assunto nel tempo un'importanza crescente che si esplica in maniera consistente sulle dinamiche demografiche, come natalità e migrazioni. Gli italiani di origine straniera, infatti, alimentano i flussi di espatri degli italiani all'estero e a volte ne assumono le medesime peculiarità, sia dal punto di vista delle caratteristiche demo-sociali di chi emigra, sia per quanto riguarda i territori di origine e di destinazione.

Tuttavia, è importante sottolineare alcune differenze sostanziali rispetto agli espatri dei connazionali nativi, soprattutto in termini di propensione all'espatrio. I "nuovi" italiani sono mediamente più propensi a lasciare il paese in cui risiedono perché meno legati da vincoli affettivi verso la terra che li accoglie e più flessibili dal punto di vista lavorativo. Inoltre, è universalmente riconosciuto in letteratura che chi ha già un background migratorio è più disposto a compiere altri spostamenti.

Su tutto questo incide fortemente la cittadinanza straniera di origine, rispetto alla quale si osservano significative eterogeneità. È il caso degli espatri dei naturalizzati appartenenti a comunità di antico insediamento in Italia, come le comunità magrebine, o di coloro che sono originari dei paesi che hanno costituito le mete della Grande Emigrazione italiana del secolo scorso, come gli argentini, i brasiliani o i venezuelani.

Infine, molti "nuovi" italiani che espatriano si dirigono verso un paese terzo, diverso da quello di origine, prevalentemente un paese dell'Unione europea. Alcuni di loro, invece, fanno ritorno nel proprio paese di provenienza.

La recente indagine ISTAT, *Bambini e ragazzi: comportamenti, atteggiamenti e progetti futuri*[7], somministrata ai bambini e ai ragazzi italiani e stranieri, offre, tra le tante tematiche esplorate, la possibilità di indagare le future intenzioni dei giovani soprattutto per quanto riguarda la volontà di continuare a risiedere in Italia. Nel collettivo campionato rientrano anche i ragazzi italiani con background migratorio; questi ultimi, nella maggior parte dei casi, vedono nel proprio futuro l'emigrazione in un altro Stato estero nel 40% dei casi e il rientro in patria nel 9%.

[7] Ibidem.

LE ACQUISIZIONI DI CITTADINANZA TRA GLOBALE E LOCALE

Mario Basevi, Istituto Nazionale di Statistica (ISTAT)
Cinzia Conti, Istituto Nazionale di Statistica (ISTAT)

Premessa

Il tasso di acquisizione di cittadinanza (numero di acquisizioni di cittadinanza in un anno sul numero di stranieri residenti) è comunemente utilizzato nell'Unione europea come indicatore di base per le misure di integrazione della popolazione immigrata. Nel nostro Paese però sia l'elemento "immigrazione", sia quello di "integrazione/stabilizzazione" non sempre accompagnano l'acquisizione di cittadinanza. Spesso, infatti, la naturalizzazione non deriva da un lungo processo di inclusione sociale sul territorio italiano, ma da una storia – a volte anche molto lontana nel tempo – di emigrazione. Il principio che informa la normativa italiana sulla cittadinanza è, come noto, quello dello *ius sanguinis*. L'art. 1 della legge n. 91/92 stabilisce che è cittadino per nascita il figlio di padre o madre cittadini. In applicazione del principio dello *ius sanguinis*, il discendente di emigrato italiano nato in un paese in cui vige lo *ius soli* può rivendicare la cittadinanza italiana. Da ciò deriva la concreta possibilità che i discendenti di seconda, terza e quarta generazione, e oltre, di emigrati italiani, siano dichiarati cittadini italiani per filiazione. Sono moltissime negli ultimi anni le persone con avi italiani che hanno richiesto la cittadinanza italiana in paesi del Sud America (soprattutto nati in Argentina e Brasile). Se in molti casi l'acquisizione avviene all'estero tramite la presentazione della domanda presso gli uffici consolari del paese in cui si è nati e si vive, sono però molti gli stranieri residenti in Italia che acquisiscono la cittadinanza per discendenza da avi italiani. Non sempre poi chi diventa italiano – specie chi segue la procedura per discendenza – si stabilizza nel nostro Paese. Gli studi dimostrano infatti che sono molti coloro che, dopo l'acquisizione si trasferiscono all'estero, usando il passaporto italiano come lasciapassare per l'Europa e l'America[1]. In generale, quindi, l'acquisizione di cittadinanza e il tasso di acquisizione rendono conto della duplice storia migratoria

[1] Cinzia Conti - Francesca Licari - Fabio Massimo Rottino, "L'emigrazione dei 'nuovi' cittadini italiani", in Fondazione Migrantes, *Rapporto Italiani nel Mondo 2019*, Editrice Tau, Todi, pp. 37-44.

italiana: quella di tradizionale paese di emigrazione e quella di più recente meta di immigrazione.

L'acquisizione di cittadinanza: un indicatore per l'immigrazione, ma anche per l'emigrazione

L'ISTAT dal 2016 fornisce una stima di coloro che ogni anno diventano italiani per discendenza, nonostante l'Istituto Nazionale di Statistica chiarisca che si tratta di stime di "minimo"[2], negli ultimi anni si è assistito a una crescita del numero di acquisizioni per questa motivazione. In particolare, tra il 2021 e il 2022 si è registrato un vero e proprio picco con le acquisizioni per discendenza che hanno superato i 20 mila provvedimenti, mentre l'anno precedente erano meno di 8 mila. Le acquisizioni *iure sanguinis* assumono rilevanza relativa soprattutto in quelle regioni in cui la presenza straniera è più contenuta, ma che hanno una lunga storia di emigrazione. Si deve porre quindi particolare attenzione quando si leggono i dati complessivi delle acquisizioni di cittadinanza attraverso l'indicatore più utilizzato che è la quota percentuale – o per mille – di acquisizioni sul totale della popolazione straniera residente.

Acquisizioni di cittadinanza per tipo di procedimento. Serie storica. Valori assoluti. Anni 2017-2022.

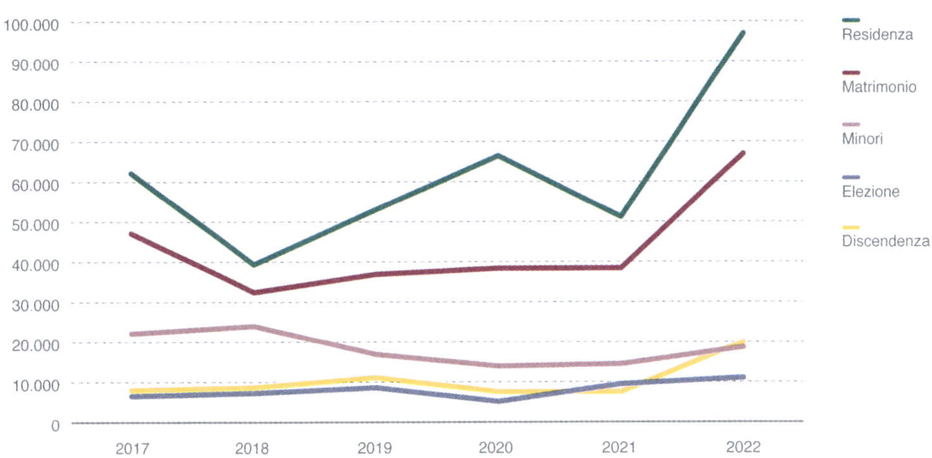

Fonte: Migrantes-Rapporto Italiani nel Mondo. Elaborazione su dati Istat.

[2] ISTAT, *Cittadini non comunitari: presenza, nuovi ingressi e acquisizioni di cittadinanza*, «Statistiche Report», 14 novembre 2018, <https://www.istat.it/it/files/2018/11/Report_cittadini_non_comunitari.pdf>.

Incidenza delle acquisizioni per discendenza sul totale delle acquisizioni registrate per regione. Valori percentuali. Anno 2022.

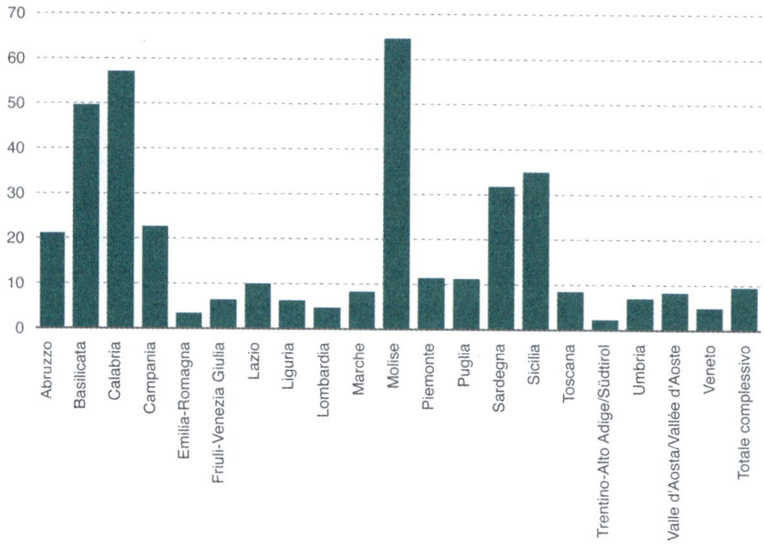

Fonte: Migrantes-Rapporto Italiani nel Mondo. Elaborazione su dati Istat.

Se in alcune regioni, infatti, un rapporto elevato – che comunque non si allontana mai molto dalla media – è da ricondurre alla maturità dei fenomeni migratori che danno luogo a vere e proprie naturalizzazioni di immigrati che risiedono in Italia da lungo tempo e si sono integrati nel nostro Paese, in altre le acquisizioni di cittadinanza sono invece soprattutto la conseguenza della "vecchia" emigrazione verso Paesi oltreoceano. Se si guarda alla quota di acquisizioni per discendenza sul totale delle acquisizioni per regione si vede nettamente che per il Mezzogiorno i procedimenti *iure sanguinis* assumono un valore molto più elevato della media. A fronte, infatti, di una popolazione straniera residente dai numeri contenuti, le acquisizioni di cittadinanza vengono perlopiù dal passato di terra di emigrazione che dal presente. Come è noto, anche il Nord del Paese è stato interessato da importanti flussi di emigrazioni verso l'estero, ma le ripartizioni settentrionali sono anche interessate attualmente da una consistente presenza straniera che, in termini di acquisizioni, supera l'influenza del passato.

Acquisizioni e presenza straniera, un binomio non inscindibile

Chiarito che non sempre l'acquisizione di cittadinanza è connessa alla presenza straniera, si può provare a spingere l'analisi a un livello territoriale più disaggregato. Purtroppo, le stime ISTAT sulla motivazione dell'acquisizione non consentono di arrivare a una disaggregazione comunale, si ipotizzerà quindi che, laddove non si registra una presenza straniera nutrita, le acquisizioni di cittadinanza possano avvenire soprattutto *iure sanguinis*, per discendenza da avi italiani. La figura che segue, in cui le rette tratteggiate – assi y e x – si intersecano nei valori medi assunti dalle due variabili, evidenzia chiaramente, nel quadrante in basso a sinistra, un gruppo di regioni per le quali a una presenza straniera più bassa della media si affianca un livello di acquisizioni di cittadinanza che invece supera nettamente la media. Il caso della Valle d'Aosta è particolare perché si tratta di una regione di confine in cui la popolazione ha stretti rapporti con l'oltralpe francese, ma nello stesso quadrante troviamo molte regioni del Mezzogiorno: Calabria, Sicilia, Basilicata e Molise; la percentuale delle acquisizioni di cittadinanza sul totale della popolazione straniera in quest'ultima regione è particolarmente elevata, ma si deve tenere conto della sua contenuta dimensione demografica.

Altre regioni del Mezzogiorno e delle Isole si collocano nel primo quadrante in basso a sinistra con valori di acquisizioni più contenuti e con un'incidenza di stranieri sul totale della popolazione più bassa della media. Le regioni del Centro-Nord, invece, si concentrano nel primo quadrante a sinistra con alta incidenza di stranieri e una quota più bassa della media di acquisizioni di cittadinanza.

Qui troviamo anche le regioni caratterizzate da una lunga presenza di comunità straniere sul territorio. La maturità dei processi di integrazione però non consente al tasso di acquisizione di cittadinanza di raggiungere i livelli che assume in alcune regioni del Mezzogiorno.

Regioni italiane per percentuale di stranieri sul totale della popolazione residente (media 1° gennaio - 31 dicembre 2022) e percentuale acquisizioni di cittadinanza (anno 2022) sul totale della popolazione residente (media 1° gennaio - 31 dicembre 2022).

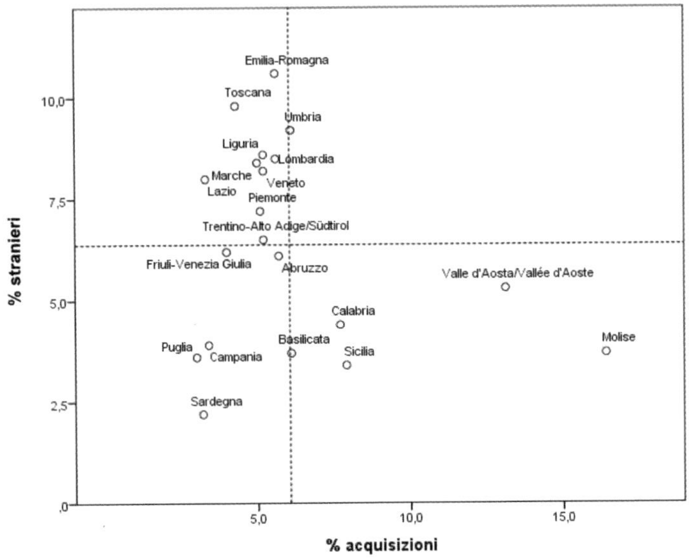

Fonte: Migrantes-Rapporto Italiani nel Mondo. Elaborazione su dati Istat.

Le acquisizioni di cittadinanza nei piccoli centri

Se in valore assoluto sono le grandi città – con in testa Milano (6.710 nuovi cittadini italiani nel 2022), Roma (5.909 acquisizioni) e Torino (4.465) – a registrare il numero più elevato di acquisizioni di cittadinanza, dal punto di vista relativo – acquisizioni di cittadinanza sul totale degli stranieri residenti – emergono soprattutto i piccoli centri. Considerando i primi 10 comuni per quota di acquisizioni registrate nel 2022 su stranieri residenti troviamo diversi centri di confine della Valle d'Aosta e della Lombardia (La Magdeleine, Prali, Crissolo, Paisco Loveno). Gli altri sono, invece, comuni del Mezzogiorno che sono stati in passato terra di emigrazione: Basicò era tra i primi 20 comuni per numero di italiani residenti all'estero nel 2019[3]. In questi territori il numero delle acquisizioni nel 2022 è stato di quasi 2 volte (Teana in Basilicata) e fino a 6 volte il numero degli stranieri residenti (La Magdeleine). Naturalmente si deve tenere conto che si tratta di comuni con una popolazione di piccole dimensioni, il più grande – Longobardi in Calabria – ha 2.326 abitanti.

Nonostante però l'elevato tasso di acquisizione registrato nel 2022, dai dati del censimento del 2021 risulta che tutti i primi dieci comuni, con l'eccezione de La Magdeleine, hanno una quota di nuovi cittadini sul totale della popolazione residente molto più bassa della media italiana (2,4%) e infatti la maggior parte si colloca al di sotto dell'1%. Purtroppo, i dati censuari attualmente disponibili si fermano al 2021, prima quindi del periodo in cui sono state misurate le acquisizioni di cittadinanza riportate in questo lavoro, ma in ogni caso è chiaro che, nonostante l'incidenza di acquisizioni, il contributo dei nuovi cittadini alla popolazione di questi Comuni è molto contenuto. Se accostiamo a questa evidenza quanto emerso dagli studi sulle emigrazioni di nuovi cittadini per discendenza che spesso lasciano l'Italia poco dopo aver preso la cittadinanza, appare abbastanza difficile che anche nel futuro – almeno a breve – i flussi di acquisizioni di cittadinanza possano contribuire – come auspicabile – alla demografia di queste aree. Piuttosto si tratta spesso di persone che andranno a infoltire le file degli italiani all'estero la cui crescita, come ha sottolineato recentemente l'ISTAT, è in quota non trascurabile attribuibile proprio alle acquisizioni di cittadinanza[4]. Da sottolineare, inoltre, vi è che questi Comuni, con l'eccezione di Altilia in Calabria, sono tutti periferici o ultraperiferici, cioè aree interne che, come è noto, hanno un difficile accesso ai servizi e alle infrastrutture e sono, in molti casi, in via di spopolamento.

---

[3] Franco Pittau, *Ricognizione storica dell'emigrazione italiana nelle sue fasi (1861-2019)*, «Affari sociali internazionali», nuova serie, Trimestrale, Anno VIII, n.1-4/2020, pp. 7-25.

[4] ISTAT, *Più italiani residenti all'estero soprattutto per acquisizione di cittadinanza*, «Statistiche Today», 18 luglio 2024, <https://www.istat.it/wp-content/uploads/2024/07/Italiani-residenti-allestero.pdf>.

Primi 10 comuni per quota di acquisizioni di cittadinanza sugli stranieri residenti. Valori assoluti e percentuali. Anno 2022.

Comune	Regione	Descrizione - Aree Interne	Popolazione totale 31 dicembre 2022	%acquisizioni su stranieri residenti 2022	% nuovi cittadini sul totale dei residenti (censimento 2022)
La Magdeleine	Valle d'Aosta	E – Periferico	103	600,0	2,7
Castel di Lucio	Sicilia	F – Ultraperiferico	1.231	547,8	0,1
Basicò	Sicilia	E – Periferico	597	383,3	0,3
Longobardi	Calabria	E – Periferico	2.529	227,3	1,0
Prali	Piemonte	E – Periferico	255	200,0	1,6
Crissolo	Piemonte	E – Periferico	154	200,0	0,6
Paisco Loveno	Lombardia	F – Ultraperiferico	172	200,0	0,5
Pettineo	Sicilia	E – Periferico	1.240	193,5	0,3
Altilia	Calabria	C – Cintura	680	190,0	0,6
Teana	Basilicata	F – Ultraperiferico	523	180,0	0,9

Fonte: Migrantes-Rapporto Italiani nel Mondo. Elaborazione su dati Istat.

Le acquisizioni di cittadinanza nelle aree interne

L'ISTAT ha messo a disposizione la *Mappa delle Aree Interne* che è uno strumento che guarda all'intero territorio italiano nella sua articolazione a livello comunale e identifica i comuni con un'offerta congiunta di tre tipologie di servizio – salute, istruzione e mobilità – denominati Poli/Poli intercomunali. Rappresenta anche tutti gli altri comuni in base alla loro distanza da questi Poli (in termini di tempi medi effettivi di percorrenza stradale), classificandoli in quattro fasce a crescente distanza relativa – Cintura, Intermedi, Periferici, Ultraperiferici – e, quindi, con un potenziale maggior disagio nella fruizione di servizi. I comuni classificati come Intermedi, Periferici e Ultraperiferici rappresentano l'insieme delle Aree Interne del nostro Paese (ISTAT). L'utilizzo della classificazione delle aree interne può aiutare a sintetizzare cosa avviene sul complesso e variegato territorio italiano da una prospettiva funzionale. Si può utilizzare questa griglia territoriale, congiuntamente a quella tradizionale delle ripartizioni, per leggere quanto avviene rispetto ad acquisizioni di cittadinanza e presenza straniera.

Il quadrante in basso a destra della figura che segue, caratterizzato da un elevato rapporto tra acquisizioni di cittadinanza e stranieri residenti, raccoglie soprattutto le aree interne (intermedie, periferiche e ultraperiferiche) di Sud e Isole.

A queste si aggiungono anche le aree periferiche e ultraperiferiche del Nord-Ovest che, come già detto, sono in molti casi aree di confine. Queste aree vivono quindi un "eccesso" di acquisizioni di cittadinanza rispetto alla media (intersezione degli assi).

Le aree periferiche e ultraperiferiche del Nord-Est si trovano nel quadrante in basso a sinistra – caratterizzato da quote contenute di acquisizioni di cittadinanza e di stranieri – insieme ai poli e alle aree della Cintura del Sud e delle Isole che tuttavia si collocano più in basso per presenza di stranieri. Le altre aree del Paese si trovano nel primo quadrante in alto a sinistra, che è caratterizzato da una quota di stranieri superiore alla media e da un tasso di acquisizione di cittadinanza inferiore o intorno alle media. In questo caso, emerge evidentemente che le aree interne sono dei territori in cui la presenza straniera non è sufficiente a spiegare l'elevato tasso di acquisizione di cittadinanza, evidenza che lascia ipotizzare che sia la storia emigratoria a pesare maggiormente. La contenuta quota di nuovi cittadini sul totale della popolazione – in queste aree più bassa della media – mette in discussione anche l'altro elemento spesso associato all'acquisizione di cittadinanza, quello della stabilizzazione sul territorio. Sarà interessante in futuro approfondire questi temi anche con un utilizzo dei dati dell'Anagrafe degli italiani all'estero.

Ripartizioni per tipologia di area[(a)] per percentuale di stranieri sul totale della popolazione residente (media 1° gennaio - 31 dicembre 2022) e percentuale acquisizioni di cittadinanza (anno 2022) sul totale della popolazione residente (media 1° gennaio - 31 dicembre 2022)

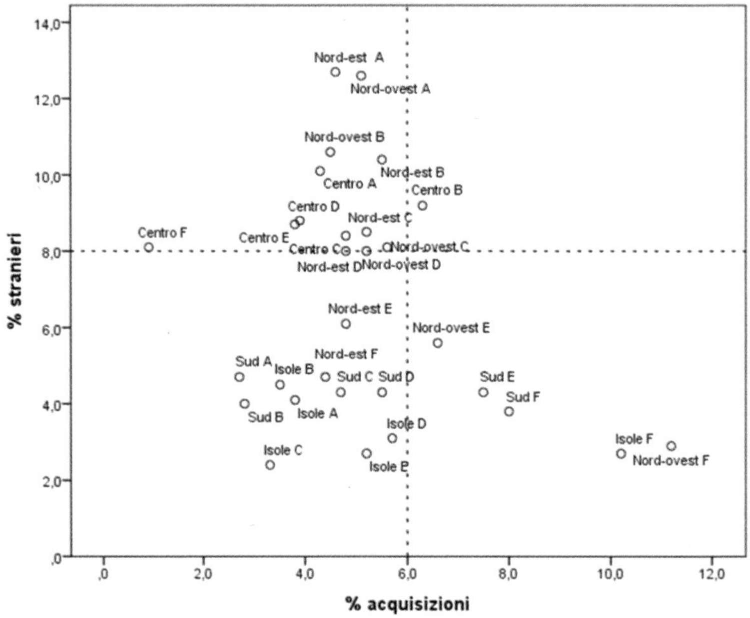

Note: (a) Descrizione delle tipologie rappresentate: A – Polo; B – Polo intercomunale; C – Cintura; D – Intermedio; E – Periferico; F – Ultraperiferico

Fonte: Migrantes-Rapporto Italiani nel Mondo. Elaborazione su dati Istat.

Superare le vecchie dicotomie

Il concetto di cittadinanza sta cambiando rapidamente. C'è grande attenzione nel nostro Paese per le acquisizioni di cittadinanza da parte di stranieri nati in Italia, si discute meno dell'acquisizione di cittadinanza dei discendenti di emigrati nati all'estero. Recentemente, però, sono arrivati alla ribalta della cronaca i casi di uffici comunali che faticano a fare fronte alle numerose pratiche di richiesta di cittadinanza per discendenza e alla conseguente trascrizione degli atti di coloro che diventano italiani (gli effetti dell'acquisizione in questo caso sono retroattivi). Sono poi stati scoperti non pochi casi di gravi irregolarità e vere e proprie truffe nella predisposizione della documentazione necessaria ad ottenere il riconoscimento. È evidente quindi che, almeno in alcuni casi, non è tanto il "sentirsi" italiani o la voglia di stabilirsi nel nostro Paese per un lungo periodo che spinge a chiedere la cittadinanza, quanto piuttosto l'interesse ad avere un passaporto "potente", come quello italiano, per potersi muovere liberamente. È importante tenere conto anche di questi aspetti nella riflessione che si sta portando avanti sulla cittadinanza, superando la tradizionale dicotomia tra immigrazione ed emigrazione. Le migrazioni nel loro insieme stanno oggi spingendo per un rinnovato concetto di cittadinanza, identità e appartenenza. Al di là del risvegliarsi di tendenze nazionalistiche in molti Stati occidentali – e non solo – nella prassi sembra evidente che la società attuale si sta allontanando sempre di più dall'idea di nazione proposta da Federico Chabod che nasceva dal pensiero romantico esaltando il senso di individualità storica ed enfatizzava, contro le tendenze generalizzatrici ed universalizzanti, il principio del particolare. La scossa al concetto tradizionale arriva da più parti. Da un lato, ci sono le nuove generazioni con appartenenze "multiple", identità "transazionali" ecc. che sfidano l'idea di singolarità e faticano a vedere riconosciuti i propri diritti. Dall'altro, è evidente che la "cittadinanza" in un mondo sempre più interconnesso si associa frequentemente non solo all'idea di radicamento e legame con un territorio, ma anche con quella di libertà di movimento. Questo nuovo atteggiamento nei confronti della cittadinanza sta contribuendo a cambiare anche l'idea di diaspora italiana nel mondo che negli anni non solo è diventata più istruita e qualificata, ma sempre più multiculturale. Dopo l'acquisizione della cittadinanza non emigrano, infatti, solo coloro che diventano italiani per discendenza, ma anche tanti giovani immigrati in Italia in giovanissima età o di seconda generazione.

L'EVOLUZIONE DEI MOVIMENTI MIGRATORI VISTI ATTRAVERSO LA LENTE DEI PAGAMENTI DELLE PENSIONI ALL'ESTERO

Susanna Thomas, Direzione Centrale Pensioni INPS
Daniele Russo, Direzione Centrale Pensioni INPS

Premessa: due secoli a confronto e gli effetti sul territorio e sui pagamenti delle pensioni all'estero dei movimenti migratori

Il tema dei trattamenti pensionistici pagati all'estero consente diversi spunti di riflessione non solo su aspetti sociali ed economici, ma anche sulla storia del territorio, inteso come prodotto dell'interazione tra insediamento umano e ambiente. Il territorio, infatti, viene ciclicamente trasformato dal succedersi delle civilizzazioni e dal processo di ristrutturazione dello spazio fisico da parte della società insediata: un adeguamento che coinvolge il paesaggio e l'ecosistema, ma anche l'architettura e le infrastrutture, condizionando tutti gli aspetti delle persone che lo vivono.

In che modo fatti e avvenimenti relativi al passato, più o meno recente, possono spiegare questioni sociali attuali? Quali saranno gli effetti sul mercato del lavoro e quindi sui pagamenti delle pensioni? In che modo il cambiamento climatico, i vecchi e i nuovi conflitti, la disuguaglianza sociale, il progresso della tecnologia, la trasmissione di informazioni, ma anche la disinformazione, impatteranno sugli equilibri nella nostra società? Sono tutti interrogativi che riguardano gli Stati coinvolti: le scelte di molte donne e uomini di spostarsi da un paese all'altro, hanno, infatti, condizionato l'evoluzione dei luoghi sia di arrivo che di partenza, i quali hanno dovuto riequilibrare il sistema collettivo, riorganizzare le strutture, i servizi, il mercato del lavoro, ma anche aggiornare le politiche economiche, sociali e di welfare.

Quando si parla di politiche sociali e di welfare, in Italia, si parla di INPS che, tra l'altro, segue anche l'evoluzione dei pagamenti delle pensioni all'estero, soprattutto in relazione ai cambiamenti migratori cui si è assistito e che sono ancora in atto. L'analisi delle relative serie storiche offre spunti di riflessione a chi voglia comprendere le cause che hanno spinto i nostri nonni, i nostri genitori, i nostri figli a trasferirsi e a ritornare, ma anche sulle prospettive future di chi, al contrario, arriva e decide di rimanere. Da quando l'Istituto ha iniziato a monitorare il fenomeno sui movimenti delle pensioni verso l'estero o dall'estero, si è rilevata l'esistenza di pagamenti di pensioni con caratteristiche totalmente differenti a seconda che questi derivino da ondate migratorie più o meno recenti. Per questo motivo ci si è focalizzati sui tratti salienti che caratterizzano e differenziano le diverse fasi migratorie e gli effetti di queste sui pagamenti delle pensioni all'estero.

In estrema sintesi, le pensioni sorte a seguito dell'emigrazione iniziata nel secolo scorso sono particolarmente numerose, anche se nel tempo si stanno assottigliando, e sono destinate principalmente agli uomini, mentre alle donne sono in pagamento quasi esclusivamente pensioni ai superstiti. Inoltre, queste pensioni sono caratterizzate dall'avere importi medi piuttosto bassi: coloro che emigravano, in passato, erano soprattutto persone a bassa scolarità, in cerca di fortuna, spinte da uno stato di necessità e di difficoltà economica. Le pensioni che ne sono conseguite sono in regime internazionale, dove l'INPS paga solo la quota parte commisurata ai contributi versati in Italia, che, evidentemente, sono pochi e di basso importo. I pagamenti sono destinati alle aree continentali che erano meta di queste grandi ondate migratorie: Nord e Sud America, Oceania e, per quanto concerne l'Europa, soprattutto in paesi vicini al nostro, come Germania, Svizzera, Francia, Belgio e Austria.

Le pensioni derivanti da spostamenti più recenti, invece, sono ancora numericamente meno consistenti delle prime e, sebbene abbiano una tendenza costantemente in crescita, non compensano ancora l'eliminazione delle pensioni collegate all'ondata migratoria del secolo scorso: il trend quinquennale del complesso dei pagamenti di pensione all'estero registra, infatti, un decremento del 6,7%.

Le pensioni sorte recentemente sono principalmente pensioni dirette destinate, questa volta, sia a uomini che a donne. Gli importi medi sono molto più elevati, erogati non più limitatamente alle Aree continentali sopra citate, ma anche in Africa, in Asia, in America centrale e, per quanto concerne il nostro continente, in tutta l'Europa, anche in Paesi del Nord Europa, come ad esempio, Irlanda, Finlandia, Svezia, Norvegia, Olanda, ma anche a Ovest, in Spagna e in Portogallo e a Est, nei paesi che solo dopo il 2000 sono entrati nell'Unione europea e che hanno visto, da allora, un gran numero di partenze verso l'Italia. La forbice che distingue queste due fasi risulta essere ancora più evidente se si considera che l'ondata migratoria meno recente si ritiene terminata durante gli anni Settanta del secolo scorso, quando le emigrazioni hanno subìto un consistente rallentamento durato poi circa 30 anni. A partire dal 2007, in concomitanza con l'inizio della crisi economica, il flusso migratorio degli italiani verso l'estero è ricominciato e perdura nei giorni nostri nonostante la ripresa economica del nostro Paese, anzi se ne è registrata una marcata ripresa anche dopo la contrazione legata alla pandemia. La tabella successiva riepiloga il trend quinquennale delle pensioni nelle singole Aree continentali.

Trend delle pensioni INPS. Serie storica. Valori assoluti e variazione percentuale. Anni 2019-2023.

Area continentale	Anno 2019	Anno 2020	Anno 2021	Anno 2022	Anno 2023	Variazione percentuale
Europa	177.419	180.984	183.058	183.795	185.448	4,5%
Africa	3.310	3.639	3.930	4.055	4.434	34,0%
Asia	1.767	1.896	1.957	2.163	2.468	39,7%
Oceania	37.785	36.137	35.032	32.921	30.571	-19,1%
America settentrionale	80.405	77.853	74.356	69.768	64.773	-19,4%
America centrale	1.337	1.488	1.550	1.570	1.632	22,1%
America meridionale	30.799	28.475	26.497	22.982	21.196	-31,2%
Totale	**332.822**	**330.472**	**326.380**	**317.254**	**310.522**	**-6,7%**

Fonte: Migrantes-Rapporto Italiani nel Mondo. Dati INPS – luglio 2024.

Da un punto di vista tendenziale, i dati interessanti, che confermano quanto appena riferito, riguardano l'incremento del numero dei pagamenti di pensioni in Europa (+4,5%), nonché in Asia, in Africa e in America centrale (rispettivamente +39,7%, +34,0% e +22,1%,). Al contrario, si segnala il segno negativo, come già preannunciato, dei pagamenti in America settentrionale e meridionale e in Oceania, territori storicamente tra le destinazioni preferite dagli emigranti italiani e che adesso ospitano soprattutto pensionati più anziani il cui numero va annualmente riducendosi.

Il 57% delle pensioni pagate all'estero sono erogate in Europa; seguono, quindi, per ordine di grandezza, l'America settentrionale, con oltre il 20%, l'Oceania, con il 10% e, per finire, l'America meridionale con il 7%, l'Africa e l'Asia e l'America centrale con percentuali intorno all'1%. Il peso delle Aree di vecchia destinazione condiziona la tendenza complessiva sopra riferita (-6,7%).

Trend delle pensioni INPS nelle Aree continentali. Serie storica. Variazione percentuale. Anni 2014-2023.

Area continentale	Variazione % in 10 anni
Europa	2,9%
Africa	71,9%
Asia	115,0%
Oceania	-39,2%
America settentrionale	-36,7%
America centrale	126,4%
America meridionale	-54,2%

Fonte: Migrantes-Rapporto Italiani nel Mondo. Dati INPS – luglio 2024.

Gli spostamenti del passato, che erano legati alla necessità e al binomio ricchezza-povertà, hanno visto grandi ondate di migranti italiani spostarsi per un lasso temporale lungo, che hanno prodotto effetti duraturi sulle persone e sui luoghi, sia di partenza che di arrivo: un obiettivo ben definito che coinvolgeva un gran numero di persone che condividevano la medesima condizione di partenza.

Oggi non è più così. Sono cambiate la cultura, la mentalità e la scelta di trasferirsi, non più necessariamente dettate dalla volontà di "stabilirsi" a lungo altrove, ma di spostarsi per un tempo variabile, in base alle esigenze che, via via, si maturano. Gli spostamenti, agevolati da mezzi di trasporto migliori, da comunicazioni e trasmissione di informazioni più efficienti, sono sempre più veloci, immediati, persino virtuali. Oggi siamo di fronte ad un nuovo fenomeno, quello della "interconnessione", che consente, da un lato, di svolgere attività, lavorative o ricreative, a distanza e, dall'altro, di mantenere o di costituire ex novo, relazioni sociali più o meno significative.

La spinta al trasferimento non è più dettata, come in passato, soprattutto da uno stato di *necessità*, quanto da quello di *bisogno*, cioè l'impulso a realizzare un desiderio, un'aspettativa o a colmare una mancanza. Oggi si trasferisce anche chi vuole ampliare le conoscenze, le competenze, gli orizzonti, chi ha voglia di mettersi in gioco, chi desidera crescere, sia professionalmente che personalmente, chi vorrebbe guadagnare di più o sperimentare attività differenti, o, più semplicemente, chi vuole cambiare vita. Non partono più principalmente persone con bassa scolarità o che vivono in uno stato di disagio economico, ma partono i ragazzi, anche con alta formazione/specializzazione, che vogliono acquisire ulteriori competenze e conoscenze. Si spostano i meno giovani, che già svolgono, in Italia, un'attività professionale, ma che vogliono migliorarsi, fare carriera, mettersi in gioco, scegliendo anche paesi diversi, come, ad esempio, quelli in via di sviluppo: partono manager, medici, ingegneri, persone che ricoprivano incarichi o ruoli rilevanti. Emigrano le donne, non più al seguito di qualcuno, ma in autonomia e per gli stessi identici motivi per cui partono gli uomini, e forse, in taluni casi, anche rafforzati. Nonostante i piccoli miglioramenti riscontrati, infatti, le recenti statistiche ci confermano la persistenza del cosiddetto "tetto di cristallo", ovvero la mancanza di parità di genere. Questa si esprime in differenti tipi di assunzioni, in diverse offerte di lavoro, che spesso le escludono da certi comparti lavorativi, nella mancanza di parità a livello retributivo e nelle prospettive di carriera[1]. La mentalità e la cultura più moderna stanno generando ulteriori trasformazioni che si riflettono, oggi, sull'organizzazione del mondo del lavoro e, domani, sui pagamenti delle pensioni.

Alcune ricerche, in particolare, hanno evidenziato un nuovo approccio, da parte dei giovani, nell'impiego. Ad esempio, una delle conseguenze cui si sta assistendo

---

[1] Si pensi che gli importi medi mensili lordi delle pensioni erogate complessivamente da INPS (dati anno 2022) è pari a €. 1.416,24 alle donne, mentre agli uomini l'importo è di €.1.931,86.

nell'epoca post-pandemica è il cosiddetto *downshifting*, cioè la scelta, specie dei giovani, di rifiutare lavori troppo impegnativi preferendo guadagnare di meno, ma avere più tempo a disposizione. Il tempo è diventato un bene fondamentale e non può e non deve essere destinato solo al lavoro, ma anche agli affetti, allo sport, al tempo libero. Si predilige lo *smart working*, il lavoro flessibile, anche a tempo determinato, purché garantisca la libertà di bilanciare la vita sociale con quella lavorativa. Secondo l'ultima indagine realizzata dall'Associazione Italiana per la Direzione del Personale (AIDP) e presentata nel mese di marzo 2023, è emerso che la richiesta di lavorare in *smart working* proviene principalmente dalla fascia di giovani (tra i 18 e i 35 anni), ai primi impieghi, soprattutto laureati con competenze specialistiche e tecniche elevate, con buone retribuzioni[2]. La ricerca di AIDP spiega che i lavoratori maggiormente sensibili ai cambiamenti culturali (circa il 70% della ricerca), sono i giovani di età compresa tra i 26 e i 35 anni, concentrati maggiormente nelle aziende del Nord Italia. Di questi, il 18% ha presentato le proprie dimissioni perché alla ricerca maggior flessibilità sul lavoro, *smart working* o lavoro ibrido e, infine, un ulteriore 18% degli intervistati dichiara di aver dato le dimissioni, "perché si vive una volta sola" e la realizzazione delle proprie passioni è più importante della carriera o della retribuzione[3].

Altra novità del mondo del lavoro è rappresentata dal fenomeno dei cosiddetti *nomadi digitali*. Sono coloro che hanno deciso di svolgere il proprio lavoro tramite computer, tablet o smartphone in ambienti diversi dalle consuete sedi che abbiano una connessione a internet. Fa parte della nuova natura di un mercato che tende a diventare sempre più flessibile, almeno per alcune categorie di lavoratori a cui non fa differenza lavorare da una scrivania in ufficio in pieno centro città o da una casa isolata in riva al mare o in montagna. Secondo le ultime stime[4], il fenomeno dei nomadi digitali è sempre più diffuso e sempre più desiderato: sono oltre 35 milioni in tutto il mondo, e non limitato ai soli giovani. In generale, questo fenomeno è associato al cosiddetto *work life balance*, ossia l'equilibrio tra lavoro e vita. Molti paesi si stanno adeguando offrendo visti lavorativi temporanei alle persone straniere che possono lavorare da remoto, per incentivarne l'arrivo. Anche l'Italia si è mossa in tal senso: la legge n. 25/2022 prima, e il Decreto del Ministero dell'Interno del 29 febbraio 2024 poi, hanno agevolato l'ingresso dei cittadini di Paesi terzi che decidono di lavorare nel territorio nazionale per un determinato periodo, svolgendo la propria attività da remoto. Questa novità intercetta quei lavoratori extra-UE "altamente qualificati" che, sfruttando la tecnologia, sono in grado di lavorare da remoto in via autonoma, per un'impresa anche non residente nel territorio dello Stato italiano.

---

[2] Si veda: <https://www.econopoly.ilsole24ore.com/2022/06/28/smart-working-giovani/>.

[3] Si veda: <https://www.aidp.it/hronline/2022/7/14/le-grandi-dimissioni-minaccia-o-opportunita-per-ridisegnare-il-lavoro.php>.

[4] Si veda: <https://viaggi.corriere.it/news/cards/paesi-per-nomadi-digitali-i-nuovi-visti/?intcmp=dove-terzacolonna-cor>.

Le novità brevemente descritte si riflettono sulla nuova organizzazione del lavoro, e pongono inevitabili domande su come sarà l'evoluzione successiva dei prossimi movimenti migratori e, quindi, dei pagamenti delle pensioni all'estero. Lo spostamento fisico, da un paese all'altro, potrebbe essere fortemente condizionato da quello digitale e il concetto di *presenza* nel mondo si va ampliando, introducendo nuove forme di trasferimento che non hanno più quei confini che fino al secolo scorso la delimitavano. Consapevoli della trasformazione in atto, peraltro sempre più veloce, i cui effetti, sul piano pratico, al momento, rimangono ancora piuttosto confusi, ci si può solo focalizzare, in questa sede, sulle conseguenze a breve termine sui pagamenti delle pensioni all'estero che sono sorte dopo gli anni 2000.

Le pensioni pagate all'estero derivanti dalle migrazioni più recenti

Si premette che le pensioni di nuova generazione, diversamente da quelle conseguenti ai trasferimenti del secolo scorso, sono numericamente ancora piuttosto contenute, ma hanno una tendenza costantemente positiva con elementi qualificanti che le distinguono completamente da quelle derivanti dall'emigrazione più antica.

Si è già accennato alle nuove e differenti motivazioni, rispetto a quelle caratterizzanti il secolo scorso, che hanno spinto molte persone a lasciare il nostro Paese e che le ha condotte anche in paesi che, fino a qualche anno, fa non erano nemmeno noti agli archivi INPS.

a. Nuovi paesi di destinazione

La possibilità di spostarsi in qualsiasi parte del mondo ha consentito a molti lavoratori di realizzare le proprie ambizioni in ogni angolo della terra. Qui di seguito si elencano solo le nazioni maggiormente rappresentative, ordinate in base al numero delle pensioni pagate nel 2023, che nell'ultimo quinquennio hanno visto aumentare il numero delle pensioni INPS in pagamento.

Germania, Svizzera e Austria, in base ai dati forniti dalla Fondazione Migrantes e ai pagamenti delle pensioni INPS, risultano essere ancora mete attrattive per gli italiani che decidono di andare all'estero.

L'Ucraina, la Romania, la Moldavia e la Spagna sono i paesi, invece, che registrano l'incremento più consistente (in valore assoluto, rispettivamente, +4.042, +3.997, +1.673 e + 1.201). Un importante sviluppo si è registrato anche nelle Filippine, in Marocco e nella Repubblica Dominicana. Numeri rilevanti, con andamento invece più altalenante, si registrano in Olanda, Danimarca, Finlandia, Svezia, Albania, Grecia, Irlanda, Monaco, Ungheria, Senegal, Egitto, Capo Verde, Messico, Colombia, Equador, Cile, Costarica e Cuba.

Trend dei Paesi maggiormente rappresentativi legati all'emigrazione più recente. Serie storica. Valori assoluti. Anni 2019-2023.

Paesi	Variazione % 2019	Variazione % 2020	Variazione % 2021	Variazione % 2022	Variazione % 2023	Variazione % quinquennio
Germania	48.984	49.451	50.346	49.743	49.017	0,1%
Svizzera	28.199	28.603	33.502	28.574	28.348	0,5%
Romania	4.149	5.231	6.234	7.757	9.228	122,4%
Spagna	7.446	7.967	8.275	8.604	9.168	23,1%
Ucraina	1.829	3.260	4.447	6.190	7.302	299,2%
Polonia	2.468	2.785	3.022	3.343	3.564	44,4%
Portogallo	2.321	2.321	3.189	3.532	3.557	53,3%
Moldavia	989	1.444	1.857	2.382	3.117	215,2%
Austria	2.823	2.908	2.941	2.933	2.891	2,4%
Bulgaria	1.432	1.735	1.926	2.251	2.700	88,5%
Tunisia	1.062	1.391	1.637	1.785	2.042	92,3%
Serbia	884	987	1.053	1.126	1.236	39,8%
Filippine	493	525	520	592	823	66,9%
Repubblica Dominicana	437	470	494	536	577	32,0%
Perù	477	520	527	508	556	16,7%
Thailandia	420	440	453	468	507	20,7%
Portorico	357	469	501	486	499	39,8%
Marocco	355	379	417	435	470	32,4%
Altri Paesi	**227.697**	**219.586**	**205.039**	**196.009**	**184.920**	**-18,8%**
Totale	**332.822**	**330.472**	**326.380**	**317.254**	**310.522**	**-6,7%**

Fonte: Migrantes-Rapporto Italiani nel Mondo. Dati INPS – luglio 2024.

b. Non solo i giovani

Coinvolti in questo nuovo tipo di migrazione non sono più solo i giovani, anche se ovviamente rappresentano la percentuale maggiore, ma anche persone più mature. Il *Rapporto Italiani nel Mondo* della Fondazione Migrantes, anno 2023, riferisce che il 40% degli emigrati, con iscrizione all'AIRE, supera i 35 anni. Se da un lato questa scelta è motivata dalla crisi economica del 2007, che ha costretto alcuni connazionali a trasferirsi all'estero per trovare nuovi sbocchi professionali, gli stessi che poi, in parte, hanno deciso di rimanere nel paese che li ha accolti, dall'altro si individuano nuove motivazioni. Nei siti internet, in articoli di giornale e in diverse pubblicazioni, infatti, si trovano moltissime storie di chi, anche in età matura, ha deciso semplicemente di cambiare vita e reinventarsi per seguire aspirazioni, interessi e ambizioni. E proprio da queste storie si desume che molti di questi hanno saputo sfruttare i nuovi strumenti lavorativi che la tecnologia mette a disposizione, quali le diverse piattaforme sociali e i blog. Questi ultimi, in particolare, sono una novità tecnologica (un quarto di tutti i siti web è costituito da blog) che ha consentito di fare della propria passione un lavoro, come, ad esempio, per un amante di viaggi diventare un *travel blogger*, per un estimatore della cucina, diventare un *food blogger*, ma anche temi quali allenamento, crescita personale, make-up, moda, e così via. Esistono oltre 600 milioni di blog nel mondo; gli autori producono ogni giorno oltre 6 milioni di post, che ammontano a oltre 2,5 miliardi all'anno. La maggior parte dei blogger ha tra i 30 e i 39 anni e ogni mese circa 409 milioni di persone visualizzano oltre 20 miliardi di pagine web[5]. Sarà interessante comprendere come saranno valorizzati, in un prossimo futuro, questi periodi lavorativi ai fini pensionistici.

c. Non solo gli uomini

Si è già evidenziato come il ruolo delle donne nel mondo del lavoro, nonché in quello dei trasferimenti all'estero, sia completamente cambiato. Oggi le donne emigrano in autonomia, da sole o insieme ad altri familiari, anche per svolgere un'attività lavorativa che dia loro soddisfazione consentendo uno sviluppo professionale e personale. Partono, inoltre, donne non più giovanissime, anche con figli al seguito: pubblicazioni varie, cartacee e online, nonché blog al femminile, raccontano di storie di donne che hanno deciso di cambiare vita e di come i loro figli si siano adattati e integrati nelle scuole e nella nuova cultura. In molti casi, a spingerle fuori dai nostri confini vi è la disparità di trattamento nell'ambito lavorativo rispetto ai loro colleghi uomini, come già accennato.

La scelta delle donne di trasferirsi all'estero per motivi di crescita professionale, sia in età matura, che in quella più giovane, è un fenomeno comunque relativamente recente. Ciò vuol dire che si riflette solo parzialmente sul pagamento delle pensioni all'estero che sono, per il momento, fortemente influenzate ancora dall'emigrazione più antica, i cui grandi numeri sono determinati principalmente da modelli familiari che comportavano una scarsa partecipazione femminile al mondo del lavoro. Per questo motivo, le pensioni ai superstiti costituiscono ancora la tipologia principale di prestazioni corrisposte all'universo femminile all'estero, rappresentando il 52,2%, percentuale in calo rispetto al 2022 quando rappresentavano il 53,9% del totale delle pensioni pagate alle donne che vivono all'estero. Tuttavia, già si registra un'importante crescita delle pensioni dirette (+8,5% nel quinquennio). Il grafico successivo evidenzia il trend delle pensioni dirette e indirette pagate all'estero alle sole donne.

---

[5] Si vedano: <https://cristianiovino.com/statistiche-blog/>; <https://www.eleonorabaldelli.com/statistiche-blogging/>.

Confronto pensioni dirette e indirette pagate all'estero alle donne. Serie storica. Valori assoluti. Anni 2019-2023.

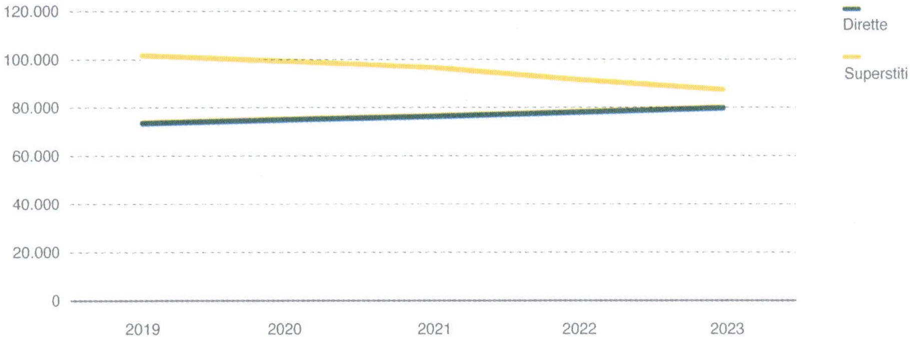

Fonte: Migrantes-Rapporto Italiani nel Mondo. Dati INPS – luglio 2024.

d. Non solo importi medi bassi

Altra caratteristica delle pensioni sorte recentemente è che gli importi medi erogati sono decisamente più elevati. Essendo pensioni collegate ad una migrazione più recente, e quindi dopo il 2007, sono soprattutto pensioni dirette, quindi con un importo più elevato rispetto a quelle indirette che rappresentano, al contrario, la percentuale maggiore tra quelle sorte nel secolo scorso. Inoltre, sono pensioni che si basano su una contribuzione più elevata perché erogata anche a persone che in Italia percepivano stipendi anche elevati.

Tendenza quinquennale degli importi di pensione pagati all'estero nelle diverse Aree continentali. Serie storica. Valori in euro. Anni 2019-2023.

Area continentale	Variazione % 2019	Variazione % 2020	Variazione % 2021	Variazione %2022	Variazione % 2023	Variazione % quinquennio
Europa	€ 763.783.873	€ 831.349.377	€ 878.411.387	€ 942.325.526	€ 1.070.183.460	40,1%
Africa	€ 65.074.411	€ 78.844.191	€ 84.238.571	€ 93.186.599	€ 113.232.218	74,0%
Asia	€ 26.559.797	€ 28.379.713	€ 30.321.328	€ 33.661.303	€ 40.725.204	53,3%
Oceania	€ 80.568.354	€ 77.014.687	€ 74.963.676	€ 69.578.291	€ 71.360.743	-11,4%
America sett.	€ 170.298.178	€ 165.519.828	€ 154.751.883	€ 149.966.634	€ 155.447.451	-8,7%
America cen.	€ 13.692.797	€ 14.754.920	€ 15.410.207	€ 16.503.006	€ 17.353.202	26,7%
America mer.	€ 145.913.901	€ 135.854.315	€ 136.697.244	€ 130.113.880	€ 126.063.483	-13,6%
Totale	**€ 1.265.891.311**	**€ 1.331.717.030**	**€ 1.374.794.295**	**€ 1.435.335.239**	**€ 1.594.365.762**	**25,9%**

Fonte: Migrantes-Rapporto Italiani nel Mondo. Dati INPS – luglio 2024.

Contrariamente a quanto rilevato a livello numerico, gli importi hanno una variazione complessiva positiva di quasi il 26%, dato che cresce ulteriormente nelle Aree di nuova emigrazione e in Europa. Permane il segno negativo in quei territori dove la maggior parte delle pensioni che vi sono pagate sono legate all'emigrazione del secolo scorso.

A seguire le tabelle che riferiscono gli importi totali e quelli medi pagate nelle mete di destinazione del secolo scorso: qui l'INPS paga un importo medio mensile di circa 480 euro.

Dettaglio importi totali e medi erogati presso i Paesi maggiormente rappresentativi legati all'emigrazione meno recente. Valori assoluti e Valori in euro. Anno 2023.

Paesi	Numero pensioni	importo totale	importo medio
Canada	38.311	€ 59.884.492,13	€ 223,30
Australia	30.514	€ 70.617.185,84	€ 330,61
Francia	29.528	€ 108.029.578,77	€ 522,65
Stati Uniti d'America	26.060	€ 89.722.523,13	€ 491,85
Argentina	10.879	€ 51.495.824,42	€ 676,22
Belgio	10.579	€ 34.054.468,25	€ 459,87
Regno Unito	8.657	€ 41.277.979,39	€ 681,17
Altri Paesi	**155.994**	**€ 1.139.283.709,67**	**€ 1.043,34**
Totale	**310.522**	**€1.594.365.761,60**	**€ 513,45**

Fonte: Migrantes-Rapporto Italiani nel Mondo. Dati INPS – luglio 2024.

e. Non solo pensioni in regime di totalizzazione

Un'altra caratteristica di queste pensioni è che alcune sono a totale carico dell'INPS: oggi, infatti, si trasferiscono anche i pensionati che, conseguito il diritto a pensione, decidono di oltrepassare i nostri confini. Sono noti, infatti, i casi del Portogallo, della Spagna, della Tunisia, ma anche di alcuni Paesi dell'Est Europa. La ricerca di vantaggi economico-fiscali è stata a lungo considerata tra le motivazioni che spingeva maggiormente i pensionati a trasferirsi. I dati sui pagamenti all'estero delle pensioni fanno intuire una traiettoria di trasferimento dei pensionati che ricalca quella delle nuove mete di emigrazione dei più giovani evidenziando il desiderio di mantenere i legami familiari, di evitare il senso di solitudine e di non invecchiare lontano dagli affetti più cari.

A seguire, la tabella che elenca i Paesi maggiormente rappresentativi dell'emigrazione più recente con il dettaglio sugli importi totali e medi delle pensioni pagate all'estero nel corso del 2023.

Dettaglio importi totali e medi erogati presso i Paesi maggiormente rappresentativi legati all'emigrazione più recente. Valori assoluti e in euro. Anno 2023.

Paesi	Numero pensioni	Importo totale	Importo medio mensile lordo
Germania	49.017	€ 121.158.820,96	€ 353,11
Svizzera	28.348	€ 120.802.001,84	€ 608,77
Romania	9.228	€ 69.192.445,95	€ 1.071,16
Spagna	9.168	€ 147.395.680,16	€ 2.296,74
Ucraina	7.302	€ 24.856.993,49	€ 486,30
Polonia	3.564	€ 26.171.496,03	€ 1.049,04
Portogallo	3.557	€ 157.475.284,57	€ 3.689,33
Moldavia	3.117	€ 10.624.038,82	€ 486,92
Austria	2.891	€ 23.872.890,35	€ 1.179,67
Bulgaria	2.700	€ 17.318.417,69	€ 916,32
Tunisia	2.042	€ 87.345.641,39	€ 3.564,85
Serbia	1.236	€ 10.913.883,86	€ 1.261,43
Filippine	823	€ 9.895.401,46	€ 1.717,65
Repubblica Dominicana	577	€ 7.716.326,85	€ 1.910,45
Perù	556	€ 4.880.930,07	€ 1.254,09
Thailandia	507	€ 9.687.487,36	€ 2.729,64
Portorico	499	€ 2.725.169,36	€ 780,18
Marocco	470	€ 5.408.631,96	€ 1.643,96
Altri Paesi	**184.920**	**€ 736.924.219,43**	**€ 398,51**
Totale	**310.522**	**€1.594.365.761,60**	**€ 513,45**

Fonte: Migrantes-Rapporto Italiani nel Mondo. Dati INPS – luglio 2024.

Germania e Svizzera, nonostante l'incremento delle nuove pensioni dirette, hanno un importo medio mensile più basso rispetto agli altri Paesi in tabella in quanto ancora largamente influenzato dal numero di pensioni pagate ai superstiti e agli emigrati nel secolo scorso.

Peculiare è, invece, la situazione registrata in Portogallo: qui l'importo complessivo pagato dall'INPS è il più alto in assoluto, nonostante il numero delle pensioni sia più basso rispetto agli altri paesi.

Il motivo risiede nel fatto che vi si sono trasferiti italiani già pensionati che percepiscono una pensione a totale carico dell'INPS. Qui, l'importo medio mensile supera i 3.600 euro, al pari di quello rilevato in Tunisia, un altro Paese che ha visto crescere gli arrivi di pensionati italiani. La Tunisia ha la particolarità di essere una meta attrattiva soprattutto per i pubblici dipendenti, che rappresentano circa il 63% del totale. I pubblici dipendenti, infatti, non possono beneficiare della defiscalizzazione della loro pensione se risiedono all'estero, a meno che non si trasferiscano in Tunisia, Australia, Cile, Marocco e Senegal. Nel quinquennio, i pagamenti pensionistici in Tunisia sono aumentati del 43,3% e, rispetto all'anno precedente, del 100%.

Altro Stato i cui importi di pensione sono fortemente influenzati dai trasferimenti di pensionati italiani, è la Spagna, anche se qui sono mitigati dalla numerosa presenza di chi, invece, vi si è trasferito come lavoratore e che oggi percepisce una pensione in regime di totalizzazione che abbassa l'importo medio complessivamente erogato in questo Paese.

f. Non solo italiani

Le ultime statistiche riferiscono che la popolazione straniera residente in Italia al 1° gennaio 2024 è di oltre 5 milioni e 300 persone e rappresenta l'8,7% di quella residente[6]. In particolare, sono presenti quasi 1 milione e 100 mila rumeni, oltre 415.000 sono i rappresentanti sia della comunità albanese che quella marocchina, a scendere, poi, 307.000 gli appartenenti alla comunità cinese, oltre 140.000 ad alcune comunità provenienti dall'Asia, come India, Bangladesh, Filippine, Pakistan e Sri Lanka; gli egiziani sono quasi 150.000 unità, nigeriani e senegalesi superano le 110.000 persone, mentre gli appartenenti alle comunità moldave, tunisine e peruviane sono circa 100.000. A seguire, i polacchi presenti in Italia sono 74.000, gli equadoregni 63.000, i bulgari e i ghanesi 50.000. Un brevissimo panorama sulla situazione attuale per tracciare l'impatto sulle pensioni pagate all'estero e riflettere sul futuro di queste. Infatti, molte pensioni pagate all'estero, che vengono pagate in nuove Aree continentali, sono destinate a stranieri che, dopo anni passati nel nostro Paese, decidono di rientrare[7]. Oggi, queste superano il 26% del totale e sono in continuo aumento: si registra un trend quinquennale positivo di oltre il 122% in Romania, del 44% in Polonia, di oltre il 215% in Moldavia e dell'89% in Bulgaria. Solo rispetto al 2022, crescono nelle Filippine (+188%), nello Sri Lanka (+78%), in Georgia (+140%) e aumentano del +150% a Capo Verde, in Egitto, in Senegal e in Perù.

[6] Si veda: <http://dati.istat.it/Index.aspx?DataSetCode=DCIS_POPSTRRES1>.

[7] Si noti, peraltro, che, ad eccezione della Romania, per nessuno degli Stati maggiormente rappresentati in Italia è attiva una convenzione bilaterale di sicurezza sociale. Il che significa che i lavoratori di quelle nazionalità non potranno totalizzare la contribuzione italiana con quella maturata nel paese di origine.

Trend delle pensioni pagate agli stranieri. Serie storica. Valori percentuali. Anni 2016-2023.

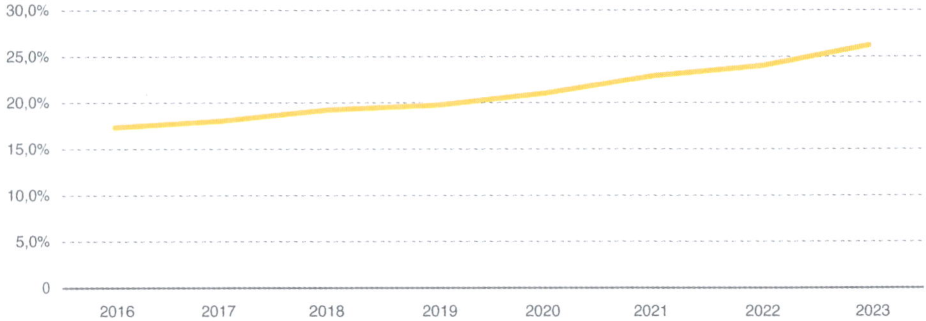

Fonte: Migrantes-Rapporto Italiani nel Mondo. Dati INPS – luglio 2024.

Le pensioni pagate all'estero per Aree continentali. Valori assoluti e percentuali. Anno 2023.

Area continentale	Totale	Italiani	Stranieri	% stranieri su totale
Europa	185.448	123.010	62.438	33,7
Africa	4.434	2.590	1.844	41,6
Asia	2.468	724	1.744	70,7
Oceania	30.571	28.493	2.078	6,8
America settentrionale	64.773	61.174	3.599	5,6
America centrale	1.632	917	715	43,8
America meridionale	21.196	12.097	9.099	42,9
Totale	**310.522**	**229.005**	**81.517**	**26,3**

Fonte: Migrantes-Rapporto Italiani nel Mondo. Dati INPS – luglio 2024.

Il 26,3% delle pensioni pagate all'estero è destinato agli stranieri, percentuale che sale nelle Aree di nuova emigrazione, soprattutto in Asia, dove si raggiunge quasi il 71%. In Asia, peraltro, cresce maggiormente l'incremento (+ 57%), cui fa seguito l'Africa (+37%) e l'Europa (+35%): in generale le pensioni pagate ai soli stranieri sono aumentate, nell'ultimo quinquennio, del 23,5%.

Scendendo nel dettaglio dei singoli Paesi, si riscontra che le percentuali più elevate del numero di pensioni destinate agli stranieri sono nell'Europa dell'Est, dove superano l'85%, ma anche nelle Filippine, in Perù e in Marocco. Al contrario, risultano essere molto basse in Germania, Svizzera, Tunisia e Portogallo, dove non raggiungono il 20% sul totale. Nella tabella che segue sono riportati i Paesi maggiormente rappresentativi, elencati in ordine decrescente in base al numero di pensionati INPS stranieri, nonché la relativa percentuale sul totale.

Le pensioni pagate agli stranieri nei Paesi maggiormente rappresentativi. Valori assoluti e percentuali. Anno 2023.

Pensionati stranieri nei Paesi maggiormente rappresentativi per numerosità - anno 2023		
Paesi	**Pensionati stranieri**	**% su totale**
Germania	8.712	17,8
Romania	8.149	88,3
Ucraina	7.183	98,4
Svizzera	3.340	11,8
Polonia	3.159	88,6
Moldavia	3.014	96,7
Spagna	2.594	28,3
Bulgaria	2.328	86,2
Austria	1.474	51,0
Serbia	1.199	97,0
Filippine	782	95,0
Portogallo	544	15,3
Perù	442	79,5
Tunisia	401	19,6
Marocco	383	81,5
Repubblica Dominicana	257	44,5
Thailandia	214	42,2
Portorico	198	39,7
Altri Paesi	**37.144**	**29,6**
Totale	**81.517**	**26,3%**

Fonte: Migrantes-Rapporto Italiani nel Mondo. Dati INPS – luglio 2024

In conclusione, si vuole proporre una riflessione sulla motivazione che spinge gli stranieri al rientro.

Tolti i casi in cui a trasferirsi in Italia furono donne di mezza età provenienti soprattutto da Polonia, Moldavia, Bulgaria, e Ucraina, arrivate per sostenere la famiglia d'origine e per le quali il conseguimento del diritto alla pensione significa ritornare finalmente a casa, rimane da chiedersi come mai persone che hanno vissuto per anni in Italia, portandosi dietro la famiglia o formandone una all'interno dei nostri confini, che hanno avuto modo di costruire relazioni sociali più o meno importanti, che sono venute in contatto con la nostra cultura e il nostro modo di vivere, decidono poi di rientrare nel paese di origine. In alcuni casi, infatti, questa scelta non è così scontata, in quanto vuol dire lasciare un paese con realtà, una cultura, una qualità della vita molto alta, soprattutto se confrontata con certe nazioni di provenienza. L'Italia, per le sue caratteristiche, è stata, infatti, inserita dalla rivista *International living*[8], all'11° posto, in un elenco di 25 paesi più favorevoli presso i quali stabilirsi. Il confronto è stato fatto sulla qualità della vita assicurata (cultura, divertimento, sistema sanitario, infrastrutture e clima), con altri parametri, quali le spese per acquistare la casa, i benefici fiscali, la burocrazia, il costo della vita, l'assistenza sanitaria e la sicurezza. Il magazine si rivolge, in particolare, agli americani che decidono di trasferirsi da pensionati e aggiorna ogni anno la classifica tenendo conto dei parametri esposti. Lo stile di vita da noi adottato e le peculiarità paesaggistiche e territoriali consentono, secondo la rivista, all'uomo medio italiano di vivere più a lungo rispetto ai suoi vicini dell'Europa occidentale. La convinzione diffusa che l'Italia sia un paese costoso è smentita dal fatto che, al di fuori delle zone turistiche quali Roma, Milano, Firenze, Venezia, vivere in Italia costa circa la metà di quanto costi negli Stati Uniti.

Accanto a queste considerazioni va aggiunto, infine, che tornare indietro, per alcuni immigrati, può voler dire non solo accontentarsi di una qualità di vita, complessivamente considerata, più bassa, ma anche vedersi non riconosciuti alcuni diritti fondamentali. Ciononostante, molti tornano perché in loro prevale l'elemento della memoria rispetto al dato esperienziale: non sono riusciti a sviluppare il senso di appartenenza nel nostro Paese, in una parola, è mancata l'integrazione.

Alla luce dei dati, sopra riferiti, in merito al numero di presenze di stranieri in Italia e alla tendenza al rientro che l'INPS sta registrando, risulta fondamentale, sia a livello sociale che economico, favorire un processo di integrazione e accoglienza che coinvolga tutte le persone che oggi si trovano in Italia per lavorare e contribuire allo sviluppo del nostro Paese.

---

[8] Si veda: <https://internationalliving.com/the-best-places-to-retire/#how-we-compiled-the-index>.

NATI IN ITALIA, RESIDENTI NEL RESTO DEL MONDO: evoluzione recente e caratteristiche demografiche in alcuni Paesi europei

CINZIA CONTI, Istituto Nazionale di Statistica (ISTAT)
SALVATORE STROZZA, Università di Napoli Federico II e Istituto di Ricerche sulla Popolazione e le Politiche Sociali (IRPPS) del CNR

Quanti sono gli italiani all'estero?

La complessità dei nuovi fenomeni migratori, la globalizzazione, l'ormai diffusa – ma non generalizzata – apertura degli ordinamenti alla doppia o alla multipla cittadinanza rendono complesso rispondere con un solo numero al quesito posto nel titolo di questo paragrafo: quanti sono gli italiani all'estero? Se la maggiore disponibilità di fonti di sempre migliore qualità, da una parte consente ormai di costruire un quadro dettagliato della diaspora italiana, dall'altra facilita la circolazione di cifre differenti, rispondenti talvolta a differenti definizioni e all'utilizzo di diverse rilevazioni[1]. Resta quindi fondamentale una riflessione sulle definizioni e sui criteri utilizzati nelle rilevazioni relative alla popolazione italiana all'estero (in senso lato).

Sicuramente il dato più utilizzato è quello dall'Anagrafe degli Italiani Residenti all'Estero (AIRE) che ormai con sistematicità annuale viene aggiornato, fornendo indicazioni sui cittadini italiani che vivono stabilmente al di fuori dei confini territoriali. Questa fonte nazionale consente di individuare tutti gli italiani insediatisi in altri paesi, considerando anche quelli con doppia cittadinanza o con più passaporti contemporaneamente. Pur non essendo esenti da problematiche[2], i dati dell'AIRE hanno quindi il vantaggio di cogliere pure gli italiani che hanno la cittadinanza del paese estero in cui vivono, in genere conteggiati tra i nazionali dalle fonti dei paesi di residenza. Inoltre, l'unicità della fonte considerata consente di avere dati standardizzati secondo le caratteristiche rilevate, potendo distinguere gli italiani residenti

[1] Per una trattazione più analitica della tematica si rinvia a: SALVATORE STROZZA, "Le rilevazioni degli italiani nel mondo: riflessioni sui numeri e non solo", in FONDAZIONE MIGRANTES, *Rapporto Italiani nel Mondo 2009*, IDOS Edizioni, Roma, 2009, pp. 72-88.

[2] Per approfondimenti si rinvia a: ISTAT, *Più italiani residenti all'estero soprattutto per acquisizione della cittadinanza*, <https://www.istat.it/wp-content/uploads/2024/07/Italiani-residenti-allestero.pdf>.

all'estero per paese di insediamento e area geografica (comune, provincia e regione) di origine. Pur non cogliendo la componente non radicata nei paesi di destinazione e quella non interessata all'iscrizione nell'archivio, l'AIRE consente di tracciare un quadro abbastanza realistico delle persone che, residenti all'estero, si sono iscritte nell'anagrafe parallela per migrazione, per nascita o per acquisizione della cittadinanza. In base a questa fonte, tra il 9 maggio 2006 e il 31 dicembre 2022 i residenti all'estero di cittadinanza italiana sono aumentati di oltre 1,8 milioni, passando da poco più di 3,1 milioni a oltre 5,9 milioni di persone[3]. Tale crescita, senza dubbio rilevante, è solo in parte dovuta alla nuova emigrazione italiana, dipendendo anche dal saldo naturale (nascite meno morti) dei nostri connazionali residenti all'estero, nonché dal saldo tra acquisizioni e perdite della cittadinanza italiana da parte di persone residenti al di fuori dei nostri confini nazionali. Di tali aspetti si tiene conto nelle analisi che con cadenza annuale la *Fondazione Migrantes* propone all'attenzione degli studiosi, dei decisori politici e delle altre persone interessate per varie ragioni al fenomeno.

Diverso è però il punto di vista dei paesi che ospitano gli italiani residenti all'estero. In questo caso, infatti, nel conteggio fatto dagli istituti nazionali di statistica non vengono, in genere, considerati coloro che hanno anche la cittadinanza del paese in cui risiedono, essendo inclusi tra i nazionali, cioè tra i cittadini del paese che produce il conteggio. Le statistiche raccolte e diffuse da EUROSTAT consentono di disporre di dati sia sui cittadini italiani, sia sui nati in Italia residenti nella gran parte dei Paesi europei. La fonte EUROSTAT è particolarmente utile e affidabile per i Paesi dell'Unione europea (UE) perché dettagliati regolamenti[4] hanno standardizzato le statistiche fornite dai diversi Stati membri, favorendo così la possibilità di confronto, e hanno inoltre notevolmente migliorato e omogenizzato la qualità dell'informazione disponibile. Le statistiche EUROSTAT riportano naturalmente cifre molto diverse sui residenti nei paesi dell'UE a seconda che si consideri il collettivo dei "nati in Italia" o quello dei "cittadini italiani". Possono esserci molti nati in Italia che nel tempo hanno acquisito la cittadinanza del paese che li ospita e allo stesso tempo ci possono essere cittadini italiani che non hanno mai messo piede in Italia. L'importanza di queste situazioni, ovviamente più probabili con la storicizzazione dell'esperienza migratoria, dipende in larga parte dalle differenti normative vigenti nelle diverse aree del mondo e anche nella stessa UE, rendendo complessi i confronti tra nazioni. Non solo, infatti, nei diversi paesi è possibile riscontrare regole differenti rispetto allo *ius soli* e allo *ius sanguinis*, ma si deve tenere conto anche del diverso atteggiamento normativo degli Stati nei confronti della doppia

[3] Fondazione Migrantes, *Rapporto Italiani nel Mondo 2023*, Tau Editrice, Todi (PG), 2013.

[4] Particolarmente importanti sono stati il Regolamento (UE) n. 1260/2013, relativo alle statistiche demografiche europee, e il Regolamento (CE) n. 862/2007 del Parlamento europeo e del Consiglio, dell'11 luglio 2007, relativo alle statistiche comunitarie in materia di migrazione e di protezione internazionale.

cittadinanza. Un semplice esempio chiarificatore può scaturire dal confronto tra il caso spagnolo e quello francese. Nel paese iberico, che non riconosce agli italiani la doppia cittadinanza, tra i residenti il numero dei cittadini italiani è nettamente maggiore rispetto a quello dei nati in Italia (secondo la fonte EUROSTAT sono, a inizio 2023, rispettivamente 302 mila e 155 mila). Nel paese transalpino, invece, che riconosce la doppia cittadinanza e garantisce attraverso lo *ius soli* temperato un più rapido e semplice accesso alla cittadinanza, si verifica esattamente il contrario: i nati in Italia (313 mila) sono più numerosi dei cittadini italiani (245 mila) risiedenti sul suolo francese. Il collettivo dei nati in Italia è tra i residenti in Francia il doppio dei residenti in Spagna (313 mila contro 155 mila), mentre il collettivo dei cittadini italiani è secondo i dati EUROSTAT più numeroso in Spagna (302 mila), con una cifra che è maggiore anche del numero di iscritti all'AIRE (circa 234 mila), probabilmente anche per effetto dei latinoamericani diventati italiani e trasferitisi nel paese iberico.

Alle fonti finora citate – ampiamente utilizzate nella letteratura sul tema – se ne aggiunge un'altra alla quale viene invece dedicata minore attenzione, le cui statistiche sono senza dubbio interessanti ed essenziali per una parte delle analisi che si intendono sviluppare in questo contributo. Si tratta delle stime UNDESA (United Nations – Department of Economic and Social Affairs) sullo stock dei migranti internazionali distinti per paese di residenza e paese di nascita, consentendo quindi di delineare il quadro evolutivo nel tempo e nello spazio dei migranti nati in Italia. Queste statistiche, per quanto meno analitiche di quelle dell'AIRE e generalmente disponibili a cadenza quinquennale, fanno riferimento ai soli migranti internazionali, forniscono cioè un quadro alternativo, in parte complementare a quello generalmente delineato con i dati più frequentemente utilizzati. In linea con questa scelta, nella seconda parte del contributo si farà ricorso ai dati di stock messi a disposizione da EUROSTAT sui nati in Italia residenti in alcuni Paesi europei intorno al 2012 e al 2022 allo scopo di esaminare le caratteristiche demografiche dei nativi italiani e di stimarne i saldi migratori per sesso e classi di età quinquennali nel periodo 2012-2021, cioè negli anni di forte ripresa dell'emigrazione italiana.

Nati in Italia nel resto del Mondo: evoluzione nel tempo e nello spazio

Le stime UNDESA relative allo stock di migranti internazionali[5] si basano principalmente sulle statistiche relative ai residenti nei diversi paesi del mondo distinti per paese di nascita (o, in assenza di tale informazione, per paese di cittadinanza), dati derivanti per lo più da rilevazioni censuarie e da altre rilevazioni ufficiali (ad esempio, registri di popolazione e indagini campionarie, ma anche archivi internazionali

[5] United Nations, Department of Economic and Social Affairs (UNDESA), Population Division, *International Migrant Stock 2020*. (United Nations database, POP/DB/MIG/Stock/Rev.2020).

su richiedenti asilo e profughi)[6]. La revisione e integrazione delle informazioni disponibili e la determinazione di quelle mancanti costituiscono una parte essenziale, soprattutto per i paesi con statistiche carenti e lacunose, del processo di costruzione del ricco archivio proposto con cadenza quinquennale dalle Nazioni Unite.

Le stime UNDESA consentono di evidenziare come i migranti internazionali, definiti come le persone residenti in un paese diverso da quello di nascita, negli ultimi 30 anni siano cresciuti da meno di 153 milioni a oltre 280 milioni (incremento di quasi 128 milioni), passando dal 2,9% al 3,6% della popolazione mondiale a metà rispettivamente del 1990 e del 2020. I nati in Italia residenti all'estero erano trent'anni fa il 2,2% di tutti i migranti internazionali, ma il loro peso è diminuito nel tempo attestandosi negli ultimi 10 anni intorno all'1,2%. Questa riduzione di importanza in buona parte dipende dalla sensibile crescita del collettivo dei migranti internazionali.

Infatti, se nel periodo 1990-2010 il numero stimato di nati in Italia residenti all'estero si è sistematicamente ridotto (da oltre 3,3 milioni a meno di 2,6 milioni), nell'ultimo decennio il suo ammontare ha ripreso a crescere (Figura 1), sfiorando nel 2020 la numerosità di trent'anni fa (quasi 3,3 milioni). Di fatto, a metà del 2020 i migranti internazionali nativi del Belpaese sono il 97% di quelli stimati a metà del 1990 (Tabella 1), ma con differenze importanti per genere (la quota delle donne si è ridotta al 46%) e, soprattutto, per macro-regioni di insediamento. Se nel 1990, infatti, meno della metà gli italiani all'estero (47,7%) risiedeva in Europa, nel 2020 quasi il 65% si trova nel vecchio continente. Durante il trentennio considerato si è fortemente ridotta la presenza nelle aree transoceaniche di tradizionale emigrazione italiana: i nati in Italia residenti nel continente americano sono diminuiti del 40% passando da 1,4 milioni a 860 mila e quelli insediatisi in Oceania (di fatto, Australia e Nuova Zelanda) sono calati di quasi un quarto scendendo da 270 mila a 210 mila. Queste restano però le principali realtà di residenza dei nativi italiani che vivono fuori dai confini nazionali, dopo naturalmente il continente europeo che ha registrato nell'ultimo decennio una forte crescita dei migranti italiani, passati da meno di 1,4 milioni a 2,1 milioni di residenti.

Germania e Francia da sole ospitano difatti oltre un milione di migranti italiani: in termini relativi più del 30% dei nati in Italia residenti all'estero. Stati Uniti, Svizzera, Canada, Regno Unito, Australia e Argentina sono i principali paesi in cui vivono gli italiani emigrati fuori dall'UE attuale (Tabella 2). In Germania i nati in Italia rappresentano oltre il 4% dei nati all'estero che vi risiedono. Le quote più alte di nati in Italia sul totale dei migranti internazionali le troviamo però in Svizzera (10,8%) e in Romania (11,3%).

---

[6] UNDESA, *Methodology Report. International Migration Stock 2020*, disponibile al link: <https://www.un.org/development/desa/pd/sites/www.un.org.development.desa.pd/files/files/documents/2021/Jan/undesa_pd_2020_international_migrant_stock_documentation.pdf>.

Figura 1 - Popolazione nata in Italia e residente nel resto del Mondo per macroaree di residenza. Stime con cadenza quinquennale riferite a metà anno. Anni 1990-2020.

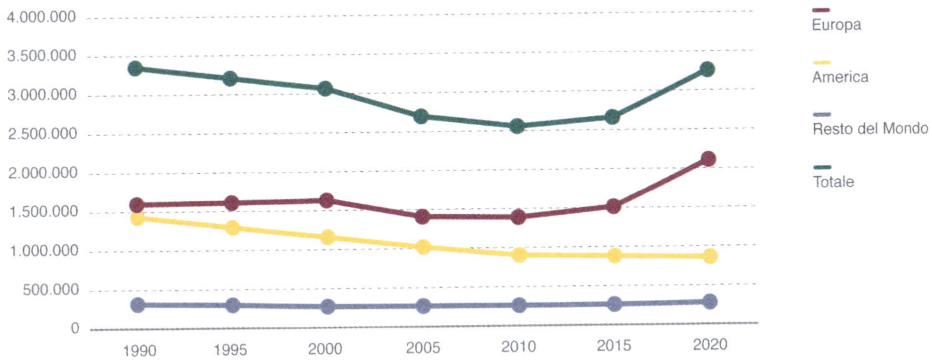

Fonte: Migrantes-Rapporto Italiani nel Mondo. Elaborazioni autori su dati UNDESA.

Tabella 1 - Popolazione nata in Italia e residente nel resto del Mondo per continente di residenza. Valori assoluti in migliaia, numeri indice e percentuali. Stime riferite a metà anno del 1990, 2000, 2010 e 2020.

Anni	Europa	Nord America	America Latina	Africa	Asia	Oceania	Totale
			Valori assoluti (in migliaia)				
1990	1.598,9	918,1	514,8	37,6	9,8	271,9	3.351,0
2000	1.631,9	800,6	360,9	24,5	13,8	235,9	3.067,5
2010	1.390,6	645,6	259,9	36,0	20,1	207,0	2.559,2
2020	2.113,2	564,9	298,8	48,6	22,8	210,5	3.258,8
			Numeri indice (1990=100)				
1990	100	100	100	100	100	100	100
2000	102	87	70	65	141	87	92
2010	87	70	50	96	206	76	76
2020	132	62	58	129	233	77	97
			% per continente di residenza				
1990	47,7	27,4	15,4	1,1	0,3	8,1	100,0
2000	53,2	26,1	11,8	0,8	0,4	7,7	100,0
2010	54,3	25,2	10,2	1,4	0,8	8,1	100,0
2020	64,8	17,3	9,2	1,5	0,7	6,5	100,0
			% donne				
1990	44,8	54,3	48,3	46,5	47,8	46,4	48,1
2000	45,4	54,1	48,1	46,1	47,3	47,1	48,1
2010	45,3	53,8	48,0	46,0	50,1	48,4	48,0
2020	43,7	53,6	47,6	43,0	52,0	48,2	46,1

Fonte: Migrantes-Rapporto Italiani nel Mondo. Elaborazioni autori su dati UNDESA.

Tabella 2 - Primi 15 paesi di residenza nel 2020 della popolazione nata in Italia e residente nel resto del Mondo. Valori assoluti in migliaia e percentuali. Stime riferite a metà anno del 1990, 2005 e 2020.

Gr.	Paesi di residenza	Nati in Italia (migliaia)			% per paese di residenza			% sul totale nati all'estero			% donne		
		1990	2005	2020	1990	2005	2020	1990	2005	2020	1990	2005	2020
1	Germania	486,5	410,3	694,5	14,5	15,2	21,3	8,2	4,4	4,4	37,6	38,6	40,0
2	Francia	521,8	373,8	325,9	15,6	13,9	10,0	8,8	5,5	3,8	50,4	51,6	51,1
3	Stati Uniti	580,6	438,9	310,0	17,3	16,3	9,5	2,5	1,1	0,6	56,0	55,3	56,6
4	Svizzera	208,1	198,9	270,1	6,2	7,4	8,3	15,0	11,0	10,8	43,7	42,3	43,8
5	Canada	337,4	275,7	254,8	10,1	10,2	7,8	7,8	4,5	3,2	51,3	50,8	49,9
6	Regno Unito	88,8	114,5	254,1	2,7	4,2	7,8	2,4	1,9	2,7	50,3	48,7	45,0
7	Australia	271,1	220,5	206,3	8,1	8,2	6,3	6,9	4,5	2,7	46,4	47,8	48,2
8	Argentina	336,0	171,4	153,8	10,0	6,4	4,7	20,4	10,2	6,7	51,3	54,4	56,5
9	Spagna	12,2	47,5	153,6	0,4	1,8	4,7	1,5	1,2	2,2	39,2	37,8	41,3
10	Belgio	176,2	125,9	121,3	5,3	4,7	3,7	13,8	10,1	6,0	46,3	46,1	48,5
11	Romania	0,5	7,2	79,8	0,0	0,3	2,4	0,3	4,9	11,3	56,6	39,4	44,8
12	Venezuela	64,8	49,8	48,1	1,9	1,8	1,5	6,3	4,6	3,6	37,0	38,0	38,0
13	Brasile	70,1	46,3	47,2	2,1	1,7	1,4	8,8	7,3	4,4	45,8	43,5	40,4
14	Paesi Bassi	14,1	17,5	35,9	0,4	0,6	1,1	1,2	1,0	1,5	30,4	33,5	40,0
15	Austria	18,6	24,2	34,2	0,6	0,9	1,0	2,3	2,1	2,0	57,9	52,8	46,1
	Altri paesi	**164,2**	**176,3**	**269,3**	**4,9**	**6,5**	**8,3**	**0,2**	**0,2**	**0,2**	**46,3**	**43,4**	**41,2**
	Totale	**3.351,0**	**2.698,5**	**3.258,8**	**100,0**	**100,0**	**100,0**	**2,2**	**1,4**	**1,2**	**48,1**	**47,6**	**46,1**

Fonte: Migrantes-Rapporto Italiani nel Mondo. Elaborazioni autori su dati UNDESA.

In quest'ultimo caso si deve anche considerare come emigrazione ed immigrazione siano in realtà solo punti di vista diversi di un fenomeno complesso come quello migratorio. Non è detto infatti che i nati in Italia emigrati in Romania abbiano cittadinanza italiana. Anzi, visto il grande numero di romeni che risiedono nel nostro Paese, potrebbero essere anche cittadini romeni nati in Italia e poi trasferitisi nel paese di origine dei propri genitori, come vedremo meglio in seguito.

La prevalenza maschile (quasi il 54% al 2020) tra i migranti italiani si è accentuata anche per effetto della crescita di peso degli insediamenti europei, dove gli uomini erano già in passato più numerosi rispetto alle donne e il cui predominio si è accentuato con le migrazioni dell'ultimo decennio.

Nati in Italia nei Paesi europei: caratteristiche e saldi migratori recenti

Con l'eccezione di Francia, Germania e Regno Unito, per gli altri Paesi europei rientranti tra i primi quindici al Mondo per numero di residenti nati in Italia sono disponibili attraverso i database EUROSTAT i dati, intorno all'inizio del 2012 e del 2022, dettagliati per sesso e classi quinquennali di età. Se ci si concentra sulla struttura per età della presenza italiana in questi Paesi europei, si nota facilmente che alcuni sono contesti in cui la presenza di nati in Italia è quella "storica" e consolidata, altri sono invece territori meta di nuova immigrazione (Tabella 3 e Figura 2). In Svizzera e Belgio, che hanno accolto storicamente l'immigrazione italiana, si evidenzia un'età media della presenza che supera per entrambi i Paesi i 54 anni sia nel 2012, sia nel 2022; si può notare però anche un ricambio della presenza con le classi di età più giovani in crescita; così come aumenta per tutti e due gli Stati, tra il 2012 e il 2022, la quota di nati in Italia ultraottantenni (probabilmente la migrazione storica che si è radicata). Anche per l'Austria l'età media è elevata (55 anni nel 2012), ma in questo caso le classi d'età più anziane nel decennio considerato hanno vissuto un notevole ridimensionamento, mentre è cresciuta sensibilmente l'incidenza delle classi di età giovanili (l'età media scende quindi nel 2022 a 45 anni). Si deve ricordare che l'Alto Adige anche per comunità di lingua ha fortissimi interscambi con l'Austria a partire dalla nota mobilità studentesca. Inoltre, anche in questo caso la Storia gioca un suo ruolo. Non si deve dimenticare, infatti, che nel 1939 Hitler e Mussolini siglarono il patto sul trasferimento nel Reich dei sudtirolesi. In base a tale accordo, coloro che sceglievano la cittadinanza tedesca erano costretti a espatriare, mentre chi sceglieva di rimanere in Italia perdeva il diritto di tutela etnica. Lo scoppio della Seconda guerra mondiale bloccò l'espatrio, ma circa 75.000 persone abbandonarono l'Alto Adige (molti rientrarono alla fine del conflitto)[7]. La Spagna e i Paesi Bassi sono stati, invece, interessati più recentemente dai flussi migratori provenienti dall'Italia e l'età media più bassa (40,7 anni per il primo e 44,3 anni

[7] Margareth Lazinger - Raffaella Sarti, *Tra Südtirol e Alto Adige. Voci da una terra di confini*, «Genesis», n. 1, 2002, pp. 157-186.

per il secondo paese) dei migranti italiani lo dimostra. Gli ultraottantenni hanno un'incidenza del 2% circa, ma anche i nativi italiani di 60-79 anni hanno una rilevanza contenuta, specie in Spagna. Del tutto *sui generis* è il caso della Romania in cui sono i minori (nella classe di età 0-19 anni) a rappresentare, nel 2012, l'85% circa della presenza e nel 2022 oltre l'89% dei nati in Italia. Si tratta verosimilmente di ragazzi nati in Italia e poi rimpatriati da soli – per essere affidati a dei parenti – o con i genitori al termine della loro esperienza migratoria in Italia. Si tratta di un aspetto molto interessante e da approfondire che potrebbe essere ricondotto ai tanti figli di donne impiegate nei servizi alle famiglie che crescono lontano dalle loro madri, affidati alla cura di nonni, zii e altri familiari.

Tabella 3 - Struttura per età della popolazione nata in Italia e residente in alcuni Paesi europei. Valori percentuali ed età media. Anni 2012 e 2022.

Classi di età	Svizzera	Spagna	Belgio	Romania	Paesi Bassi	Austria
			inizio 2012			
0-19	2,7	8,1	4,1	84,9	7,9	7,1
20-39	14,5	48,0	10,7	3,8	38,0	24,3
40-59	36,8	28,4	32,1	6,1	29,4	22,6
60-79	38,9	13,7	43,6	5,0	22,6	29,4
80+	7,1	1,8	9,5	0,3	2,0	16,5
Totale	**100,0**	**100,0**	**100,0**	**100,0**	**100,0**	**100,0**
Età media	**56,6**	**40,7**	**58,5**	**12,3**	**44,3**	**55,1**
			inizio 2022			
0-19	7,1	8,8	8,1	89,1	9,9	11,4
20-39	19,8	39,1	16,9	5,8	52,3	38,0
40-59	29,6	35,3	21,0	2,5	23,8	26,4
60-79	31,8	13,8	41,5	2,3	10,5	11,5
80+	11,7	3,1	12,4	0,3	3,4	12,6
Totale	**100,0**	**100,0**	**100,0**	**100,0**	**100,0**	**100,0**
Età media	**54,4**	**42,8**	**57,0**	**12,4**	**38,6**	**45,0**

Fonte: Migrantes-Rapporto Italiani nel Mondo. Elaborazioni autori su dati EUROSTAT.

Le piramidi delle età costruite per i diversi paesi consentono di apprezzare nel dettaglio la struttura per classi quinquennali con forme che già a un primo sguardo appaiono diversificate, a testimonianza della presenza di situazioni sensibilmente diverse, derivanti da una differente storia migratoria. Evidente è il livello di invecchiamento al 2012 dei migranti italiani residenti in Svizzera, Belgio e Austria, concentrata nelle età lavorative è la loro presenza in Spagna e nei Paesi Bassi, soprattutto alla data più recente. Poiché le piramidi delle età sono state costruite utilizzando i valori

Figura 2 – Piramidi per età della popolazione nata in Italia residente in alcuni Paesi europei ad inizio 2012 (valori chiari) e 2022 (valori scuri).

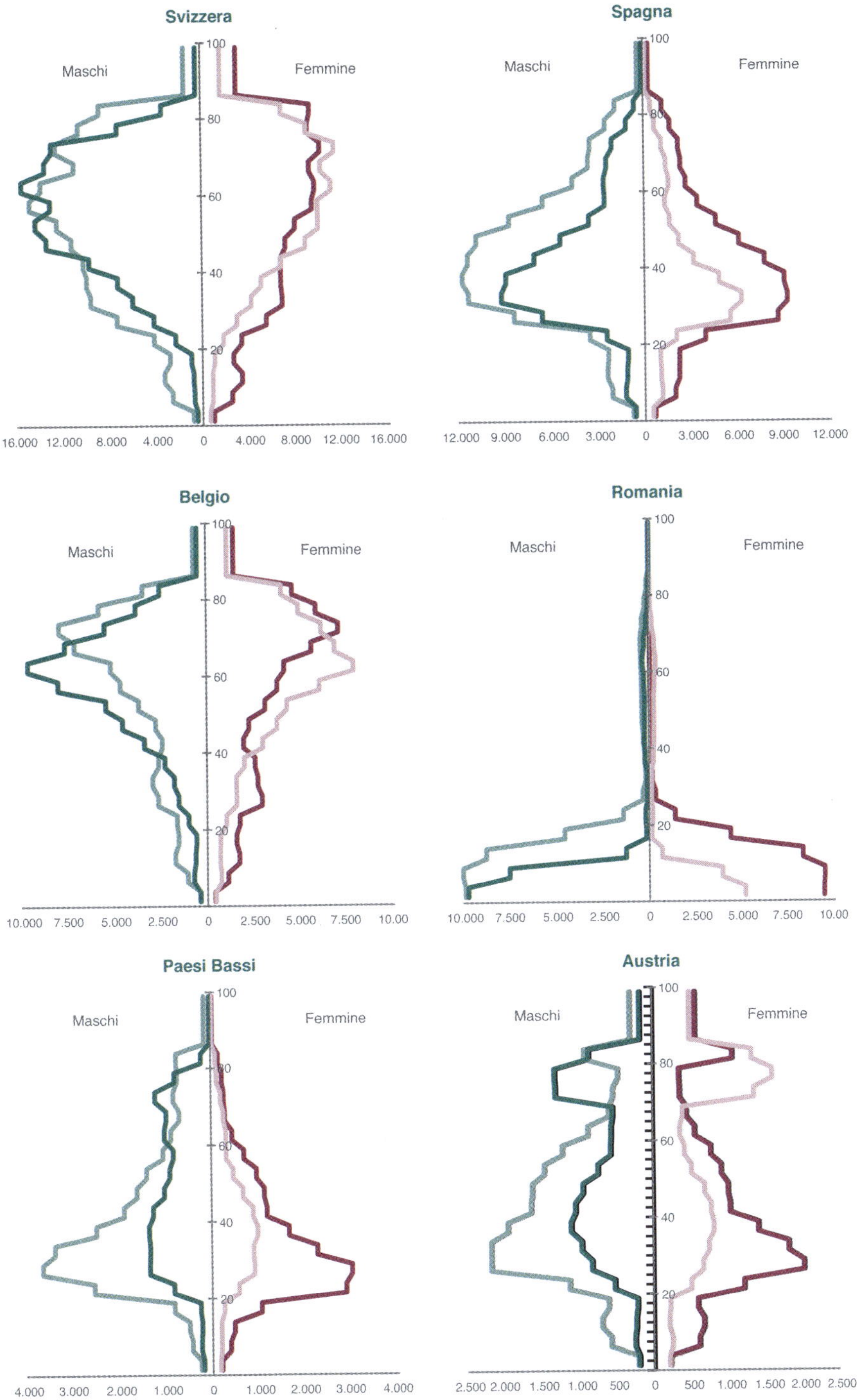

Fonte: Migrantes-Rapporto Italiani nel Mondo. Elaborazioni autori su dati EUROSTAT.

assoluti appare evidente l'accrescimento nel decennio considerato (2012-2021) del collettivo dei nostri emigrati in tutti i Paesi europei considerati, riguardante in special modo le generazioni in età lavorativa. Inoltre, la relativa simmetria nel profilo per età di uomini e donne mette comunque in evidenza in alcuni casi il minore peso della componente femminile soprattutto nelle prime classi di età lavorative.

Per la stima per classi di età quinquennali dei saldi migratori nel periodo 2012-2021 si è fatto ricorso alla metodologia adottata da Hill[8], che si basa sulle riformulazioni di Coale[9] delle equazioni generali sulla crescita e sulla distribuzione per età delle popolazioni proposte da Preston e Coale[10] qualche anno prima. Per una presentazione sintetica degli aspetti metodologici si rinvia ad un contributo di Strozza di qualche anno fa[11], segnalando che è stata ipotizzata una mortalità dei nati in Italia residenti nei sei paesi pari a quella registrata nel periodo dal totale della popolazione residente in ciascuna delle nazioni considerate[12].

Nel decennio 2012-2021 nei sei Paesi europei esaminati il saldo migratorio è risultato positivo, con la Spagna, prima in graduatoria, che ha "guadagnato" complessivamente oltre 78 mila nati in Italia (Tabella 4). Molto alto anche il saldo migratorio della Svizzera, segnale della continuità dell'emigrazione netta italiana verso questa nazione. Siamo anche in questo caso, come in quello dell'Austria, di fronte a un Paese che confina con il nostro e con il quale, quindi, l'interscambio di persone è da sempre relativamente semplice.

---

[8] Kenneth Hill, *New Approaches to the Estimation of Migration Flows from Census and Administrative Data*, «International Migration Review», n. 4, 1987, pp.1279-1303.

[9] Ansley J. Coale, 1985. *An Extension and Semplification of a New Synthesis of Age Structure and Growth*, «Asian and Pacific Census Forum», n. 1, 1985, pp. 5-8.

[10] Samuel H. Preston - Ansley J. Coale, *Age Structure, Growth, Attrition and Accession: A New Synthesis*, «Population Index», n. 2, 1982, pp. 217-259.

[11] Salvatore Strozza, *A re-examination of net migration in European countries in the period 2002-2011: estimates by gender, age and region of birth*, «Rivista Italiana di Economia Demografia e Statistica», n. 2, 2015, pp. 177-188.

[12] Ipotesi alternative come, ad esempio, supporre una mortalità uguale a quella registrata in Italia portano a risultati simili a quelli ottenuti.

Tabella 4 - Saldo migratorio della popolazione nata in Italia e residente in alcuni Paesi europei. Valori assoluti in migliaia e tassi medi annui per 1.000 nati in Italia residenti nei paesi considerati. Anni 2012-2021.

Paesi di residenza	Saldo migratorio (in migliaia)			Tasso migratorio medio annuo (per 1.000 nati in Italia)		
	Maschi	Femmine	Totale	Maschi	Femmine	Totale
Svizzera	40,8	30,6	71,5	29,7	28,0	29,0
Spagna	42,6	36,0	78,6	57,2	71,7	63,0
Belgio	10,5	9,5	20,1	17,8	16,9	17,3
Romania	18,4	21,7	40,1	69,3	124,1	91,1
Paesi Bassi	11,7	10,2	21,9	65,8	90,0	75,3
Austria	9,7	7,5	17,2	63,0	55,7	59,6

Fonte: Migrantes-Rapporto Italiani nel Mondo. Elaborazioni autori su dati EUROSTAT.

Considerando i tassi migratori si evidenzia quello particolarmente alto della Romania: nel periodo preso in esame sono arrivati ogni anno in media 90 nati in Italia ogni 1.000 nati in Italia residenti nel Paese. Come si è indicato, questa dinamica è connessa alla forte immigrazione verso l'Italia di cittadini romeni. Dopo la Romania, sono i Paesi Bassi e – di nuovo – la Spagna ad evidenziare i valori più elevati dei tassi migratori. Si conferma, anche dal punto di vista relativo, il ridimensionamento del Belgio come meta di emigrazione italiana. Nonostante il Paese evidenzi un tasso positivo, il valore (17,3 per 1.000) è il più basso tra quelli dei paesi qui considerati e questo nonostante Bruxelles ospiti istituzioni comunitarie presso le quali sono impiegate anche persone di origine italiana.

Le dinamiche recenti si comprendono meglio osservando anche il profilo per età dei saldi migratori (Figura 3). In generale, il picco positivo nei valori stimati si registra nelle età di ingresso nel mondo del lavoro, cioè nella classe quinquennale 25-29 anni. Con l'aumentare dell'età i saldi migratori restano positivi ma decrescenti. Per il Belgio però diventano negativi per entrambi i sessi dai 60 anni in poi, probabilmente a seguito dei rientri netti in Italia delle persone uscite dal mercato del lavoro per quiescenza. Leggermente diverso il profilo che emerge per la Spagna, dove i saldi restano positivi anche per le età più avanzate e si innalzano dopo i 65 anni. Il Paese iberico, infatti, non solo appare un attraente *buen retiro* dal punto di vista climatico per i pensionati, ma offre anche sgravi fiscali. Inoltre, molti italiani anziani potrebbero essere motivati dall'idea di raggiungere i figli emigrati in precedenza. Completamente diverso il caso della Romania dove, si è già visto, gli ingressi riguardano soprattutto bambini in età prescolare, poi, dai cinque anni il saldo è meno favorevole e per i maschi diventa negativo fino ai vent'anni. Probabilmente i ragazzi vengono fatti rientrare in Italia, dopo la prima infanzia, per studiare nelle scuole italiane.

Figura 3 – Saldi migratori della popolazione nata in Italia residente in alcuni Paesi europei. Valori assoluti e percentuali per classi di età distintamente per sesso. Anni 2012-2021.

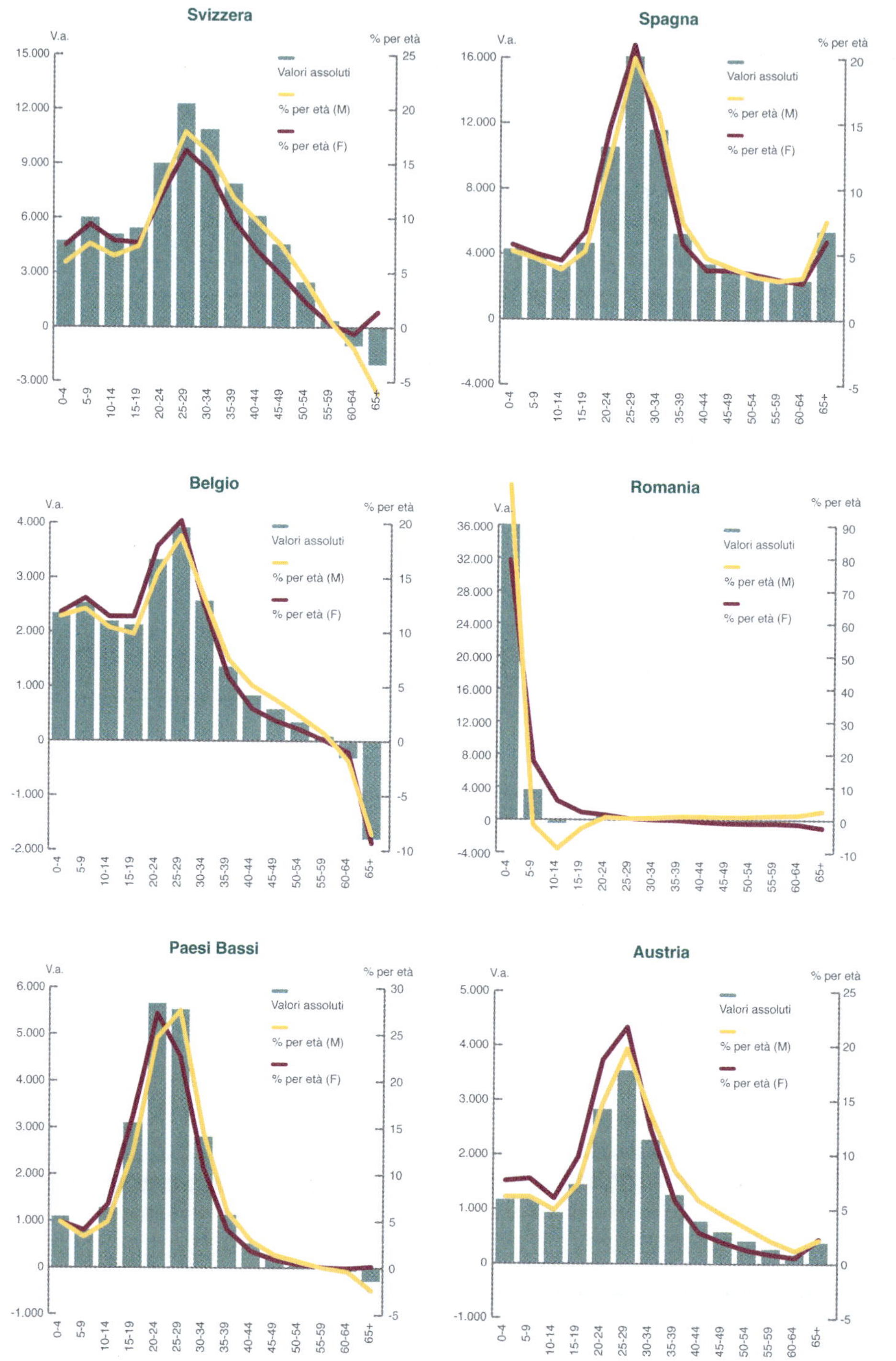

Fonte: Migrantes-Rapporto Italiani nel Mondo. Elaborazioni autori su dati EUROSTAT.

In prospettiva

In generale, quindi, anche da questi ultimi spunti, appare ancora utile ribadire l'importanza di considerare i fenomeni migratori in maniera integrata. Le migrazioni sono in continua trasformazione: per i motivi per i quali ci si sposta, per le traiettorie seguite, per il profilo dei migranti. Emigrazione e immigrazione restano – oggi più che mai – tra loro collegate. Appare inoltre necessario riflettere sulle definizioni utilizzate dalle diverse fonti e sulle diverse prospettive di studio che esse offrono, anche alla luce del fatto che "diaspora", "cittadinanza", "identità" e "appartenenza" sono termini che, nell'intensificarsi dei processi di globalizzazione, hanno cambiato e continuano, rapidamente, a mutare il loro significato. Siamo nell'epoca del "transnazionale" o secondo alcuni del "postnazionale"[13], dell'appartenenza/identità multipla[14] e della liquidità[15] ed è evidente che anche la riflessione sulla popolazione di origine italiana all'estero non può non risentirne[16].

---

[13] Anne-Marie LeGloannec, *Stiamo andando verso una cittadinanza post-nazionale?*, «Scienza & Politica», 26, 2002, pp. 115-130.

[14] Giovanni Giulio Valtolina - Antonio Marrazzi, a cura di, *Appartenenze multiple. L'esperienza dell'immigrazione nelle nuove generazioni*, Franco Angeli, Milano, 2007.

[15] Zygmunt Bauman, *Modernità liquida*, Laterza, Bari, 2000.

[16] Cinzia Conti, *Cittadinanza fluida: e tu quante cittadinanze hai?*, «Neodemos», 2024, <https://www.neodemos.info/2024/06/25/cittadinanza-fluida-e-tu-quante-cittadinanze-hai/>.

LA MOBILITÀ ITALIANA E L'AMERICA: dati e riflessioni

Stefano Luconi, Università degli Studi di Padova

Il quadro generale

Quasi a voler fare da pendant all'autopercezione degli Stati Uniti come «nazione di immigrati»[1], nell'immaginario collettivo l'America rappresenta la destinazione privilegiata dell'emigrazione italiana, a tal punto che, in seguito a partenze indotte soprattutto da motivazioni di carattere economico, l'espressione «fare l'America» è divenuta una metafora per definire una qualche forma di arricchimento e di promozione sociale fuori dai confini nazionali[2]. In realtà, nel secolo successivo al 1876, il primo anno di raccolta di statistiche sistematiche sugli espatri, solo il 44% dei circa 26 milioni di italiani che si stabilirono all'estero attraversò l'Atlantico, rispetto al 52% che si diresse verso gli Stati europei[3].

Le mete americane hanno, comunque, costituito una costante della mobilità internazionale italiana. Nonostante una precoce presenza di vetrai veneziani giunti a Jamestown, nella colonia della Virginia, nel 1621, appena 14 anni dopo la fondazione del primo insediamento permanente inglese nell'America del Nord[4], i flussi transoceanici rimasero quantitativamente trascurabili fino all'inizio dell'Ottocento, alimentati quasi solo da un pugno di avventurieri, missionari e mercanti[5]. Acquistarono, invece, progressiva rilevanza nel periodo successivo. Secondo le cifre dell'Istituto Nazionale di Statistica (ISTAT), se nel decennio 1876-1885 continuarono a prevalere le nazioni europee nella scelta della terra di arrivo (una media di 85.021 trasferimenti ogni anno contro 42.358), nel 1886 si invertì la tendenza e le partenze per l'America (82.166) presero il sopravvento su quelle per l'Europa (80.406)[6].

[1] John F. Kennedy, *A Nation of Immigrants*, Anti-Defamation League of B'nai B'rith, New York, 1958.

[2] Antonio Marinoni, *Come ho «fatto» l'America*, Athena, Milano, 1932; Amauri Chaves Arfelli - Jonas Soares de Sousa, *Fare l'America. O sonho de uma família forlivese*, Jotageême, Itu, 2002.

[3] Rudolph J. Vecoli, "The Italian Diaspora, 1876-1976", in Robin Cohen, a cura di, *The Cambridge Survey of World Migration*, Cambridge University Press, New York, 1995, p. 114.

[4] Jean Carl Harrington, *Glassmaking at Jamestown. America's First Industry*, Dietz, Richmond, VA, 1952, p. 9.

[5] Matteo Sanfilippo, *Il lungo Ottocento delle migrazioni italiane*, Sette Città, Viterbo, 2023, p. 47.

[6] Quando non è diversamente indicato, i dati fanno riferimento a Istat, *Serie storiche. Espatriati per alcuni paesi di destinazione - Anni 1869-2014*, <https://seriestoriche.istat.it/>.

L'esodo vide la preponderanza prima dell'Argentina fino al 1889 (con un picco di 69.008 proprio in questo anno e l'eccezione del 1888 con 97.730 espatri in Brasile), poi degli Stati Uniti nel biennio 1889-1890, di nuovo del Brasile dal 1891 (con un'altra punta di 108.414 ingressi) al 1897, salvo una seconda prevalenza del Paese nordamericano tra il 1892 e il 1893, e degli Stati Uniti dal 1898 al 1921, con un picco assoluto di 349.042 sbarchi nel 1920. L'Argentina primeggiò nuovamente dal 1922 al 1927, per cedere il passo agli Stati Uniti dal 1928 all'ingresso dell'Italia nel secondo conflitto mondiale, con la sola anomalia del 1931, quando 19.034 italiani vollero trasferirsi in Argentina.

La ripresa dell'emigrazione nel Dopoguerra privilegiò ancora una volta l'America meridionale rispetto a quella settentrionale nel primo decennio postbellico, sebbene le mete transatlantiche fossero finite in posizione secondaria rispetto all'Europa occidentale (nel quinquennio 1946-1950 la sola Svizzera ricevette più italiani di Argentina e Brasile messi insieme: 313.033 rispetto a 299.889). L'Argentina tornò ancora una volta ad accogliere il maggior numero di italiani diretti in America dal 1946 al 1954, salvo che nel 1953 quando il Venezuela la scalzò dalla prima posizione, per venire sopravanzata dagli Stati Uniti nel 1955, pur a fronte di una prevalenza complessiva delle destinazioni sudamericane grazie ancora una volta ai rilevanti approdi in Venezuela. Negli anni seguenti, con l'unica eccezione del 1957, il predominio delle mete nordamericane su quelle dell'America Latina fu attestato dall'alternarsi di Stati Uniti e Canada quali principali ricettori dell'esodo italiano transatlantico, in un contesto in cui l'Europa occidentale consolidò il suo primato di maggiore destinataria degli espatri. Dal 2017, con l'eccezione del 2021, il Brasile è stabilmente tornato a costituire la principale meta per l'emigrazione italiana in America, seguito dagli Stati Uniti, ma gli espatri continuano a essere indirizzati in misura largamente prevalente verso l'Europa.

I flussi di massa

Fu l'Argentina la prima regione dell'America ad attrarre gli italiani in modo considerevole, un fenomeno che trovò le sue radici negli arrivi verificatisi soprattutto a partire dagli anni Trenta dell'Ottocento. I conflitti militari per conseguire l'indipendenza dalla Spagna e le successive guerre civili avevano decimato la popolazione di origine europea, offrendo opportunità di lavoro agli italiani, provenienti all'inizio soprattutto dalla Liguria. Con la Costituzione del 1853, che sancì la libertà di immigrazione, gli stessi governi argentini incoraggiarono questi flussi non solo per sopperire alla carenza di manodopera, ma anche nella convinzione che i nuovi arrivati avrebbero contribuito alla modernizzazione del Paese. Inoltre, la fine della dittatura di Juan Manuel de Rosas nel 1852 favorì l'arrivo di esuli risorgimentali che dettero vita alle prime istituzioni della nascente comunità italiana, come l'associazione di mutuo soccorso Unione e Benevolenza, sorta a Buenos Aires nel 1858. Tre anni prima quella che era ormai la principale città argentina contava circa 10.000

immigrati italiani, pari grosso modo al 10% dei residenti totali. Gli italiani si stabilirono prevalentemente in realtà urbane. Nel 1869, l'anno del primo censimento della popolazione, il 59% viveva a Buenos Aires e un altro 3% a Rosario[7]. Tuttavia, si registrò anche un popolamento delle campagne, incentivato da società private di colonizzazione che stipulavano contratti di subaffitto e anticipavano le spese di viaggio e di avviamento. Piemontesi, lombardi ed emiliani fornirono un contributo significativo alla produzione cerealicola argentina, fondando una dopo l'altra le colonie agricole di Esperanza (1856), Emilia (1868), Cavour (1869), Nuova Italia (1872), Vercelli (1873) e Torino (1876)[8].

L'immigrazione di massa in Argentina si collocò nel periodo compreso tra l'inizio degli anni Ottanta e il primo Dopoguerra. Tra il 1881 e il 1920 sbarcarono in questo Paese 1.808.835 italiani, le cui regioni di provenienza si allargarono progressivamente anche al Meridione soprattutto con il nuovo secolo. A raggiungere l'Argentina non furono solo lavoratori che trovarono impiego nelle fabbriche e nell'agricoltura, ma anche piccoli imprenditori del settore metallurgico e tessile. In questo secondo campo, l'esperienza più celebre fu quella di Enrico dell'Acqua, un modesto industriale cotoniero di Busto Arsizio, il cui successo ispirò all'economista Luigi Einaudi il modello di un colonialismo alternativo a quello delle grandi potenze europee, basato sull'espansione dell'Italia nel mondo grazie alle capacità imprenditoriali dei suoi espatriati[9].

Negli stessi decenni approdarono in Brasile 1.225.021 italiani e ben 4.665.430 negli Stati Uniti. La crisi economica che investì l'Argentina nel 1890 causò una contrazione dei flussi, con un dimezzamento degli arrivi a 36.695 già nel primo anno della depressione e un'ulteriore flessione nel biennio seguente. L'Argentina, però, toccò due nuovi picchi dell'immigrazione italiana con 107.227 arrivi nel 1906 e con 111.500 nel 1913, dopo che questa nazione ne aveva ricevuti altri 104.718 nel 1910. Del resto, la media di 41.442 sbarchi ogni anno nel decennio 1886-1895 fu inferiore sia a quella del 1896-1905 (48.974) sia soprattutto a quella del 1906-1915 (71.604). In altre parole, non venne meno l'attrattiva esercitata dall'Argentina sugli italiani ma, pur continuando a crescere in termini assoluti, risultò complessivamente inferiore al richiamo ancor più incisivo proveniente prima del Brasile e poi degli Stati Uniti.

A indirizzare gli italiani in Brasile fu soprattutto l'abolizione della schiavitù in questo Paese nel 1888. Gli immigrati, provenienti per circa un terzo dal Veneto, vi giunsero principalmente per sostituire nell'agricoltura gli afrodiscendenti affrancati

[7] Fernando J. Devoto, *Storia degli italiani in Argentina*, Donzelli, Roma, 2006, pp. 51, 54, 70.

[8] Emilio Franzina, *Gli italiani al Nuovo Mondo. L'emigrazione italiana in America 1492-1942*, Mondadori, Milano, 1995, p. 253.

[9] Daniela Felisini - Stefano Luconi, "Percorsi dell'imprenditoria italo-argentina dall'Ottocento al secondo dopoguerra", in Ilaria Zilli, a cura di, *Un ponte sull'oceano. Migrazioni e rapporti economici tra Italia e Argentina dall'Unità ad oggi*, Consiglio Nazionale delle Ricerche, Istituto di Studi sulle Società del Mediterraneo, Napoli, 2012, pp. 242-279.

che si rifiutavano di lavorare come braccianti nei campi perché equiparavano questa condizione alla privazione della libertà personale che avevano subito in passato. Le fonti brasiliane registrarono un numero di ingressi ben superiore ai dati dell'ISTAT. Per esempio, nell'anno di massimo afflusso, il 1891, riportarono 132.326 arrivi. La cifra teneva conto della riemigrazione degli italiani giunti in un primo momento in Argentina, che si trasferirono in Brasile per sottrarsi alla crisi economica del paese dove si erano inizialmente stabiliti, un fenomeno che sfuggiva invece alle rilevazioni dell'ISTAT. Il governo brasiliano incentivò l'immigrazione, coprendo le spese di viaggio dall'Italia e consentendo l'ingresso di intere famiglie. Proprio su questi nuclei, infatti, si basa la coltivazione del caffè sia per la manodopera nelle *fazendas* già avviate sia per i progetti di colonizzazione. In questo secondo caso, i lotti di terreno da disboscare, dissodare e seminare non erano assegnati a singoli individui, ma a famiglie in ragione del numero dei loro componenti. Dopo il secondo anno dall'insediamento, cioè a partire dal primo raccolto, i coloni dovevano cominciare a riscattare a rate l'appezzamento ricevuto e a pagare i viveri, le sementi e gli attrezzi agricoli che avevano ottenuto al momento del loro trasferimento. Le condizioni di lavoro e di vita erano particolarmente dure, anche in considerazione del fatto che gran parte degli italiani giunse in Brasile dopo che gli immigrati tedeschi si erano accaparrati i terreni migliori, lasciando loro quelli marginali e meno fertili[10].

La consapevolezza dello sfruttamento a cui andavano soggetti gli italiani indusse nel 1902 il governo di Roma a vietare i passaggi navali gratuiti in Brasile. Il provvedimento chiuse l'epoca dei flussi di massa verso questo Paese che, tuttavia, avevano già iniziato a rarefarsi. Gli ingressi degli italiani, infatti, erano già scesi al di sotto di 30.000 l'anno sia nel 1899 sia nel 1900. La sovrapproduzione del caffè alla fine dell'Ottocento aveva diminuito il valore di mercato del prodotto, riducendo gli incentivi a trasferirsi in Brasile per lavorare alla sua coltivazione. In precedenza, le autorità italiane avevano proibito temporaneamente l'emigrazione verso questo Paese in due altre occasioni: tra il 1889 e il 1891, come misura sanitaria in risposta a un'epidemia di febbre gialla, e tra il 1893 e il 1894, a causa della guerra civile scoppiata nello Stato del Rio Grande do Sul. Pur limitando in modo considerevole l'afflusso degli immigrati dal Belpaese, queste misure non lo arrestarono del tutto perché era sempre possibile raggiungere il Brasile salpando da porti non italiani[11].

Il ridimensionamento dello sbocco brasiliano riorientò l'esodo italiano verso l'Argentina e soprattutto gli Stati Uniti. In quest'ultimo gli immigrati risposero a una crescente richiesta di lavoratori nel settore estrattivo, nel campo delle costruzioni e nell'industria come operai non specializzati. Il loro arrivo, tuttavia, suscitò anche profonda ostilità in quanto, oltre a essere accusati di fare concorrenza agli

---

[10] Angelo Trento, *Là dov'è la raccolta del caffè. L'emigrazione italiana in Brasile 1875-1940*, Antenore, Padova, 1984, pp. 22-53.

[11] Antonio Franceschini, *L'emigrazione italiana nell'America del Sud. Studi sull'espansione coloniale transatlantica*, Forzani, Roma, 1908, pp. 464, 468, 472-473.

statunitensi sul mercato dell'impiego, i nuovi arrivati erano di ceppo mediterraneo, generalmente cattolici e sospettati di voler introdurre ideologie sovversive come l'anarchismo e il socialismo in una società capitalistica largamente protestante e di matrice anglo-sassone[12]. Dopo che la Prima guerra mondiale ebbe mostrato agli imprenditori l'esistenza di un'ampia riserva di manodopera potenziale rappresentata dagli afroamericani fino ad allora confinati a mansioni agricole nelle contee rurali del Sud, la xenofobia prese il sopravvento e produsse una legislazione restrittiva dell'immigrazione che andò a colpire soprattutto gli italiani. Due provvedimenti varati nel 1921 e nel 1924 contennero la concessione di visti ai cittadini italiani in un massimo rispettivamente di 42.057 e 3.845 ogni anno[13]. La sostanziale chiusura delle porte degli Stati Uniti, a fronte del mantenimento dei deterrenti al trasferimento in Brasile, restituì il primato all'Argentina nelle scelte migratorie transatlantiche degli italiani per gran parte degli anni Venti. Invece, in un contesto in cui la politica di forti limiti all'esodo intrapresa dal fascismo nel 1927 e la depressione economica degli anni Trenta arginarono il volume delle partenze in misura considerevole, l'innalzamento della quota annuale dei visti a 5.802 riportò gli Stati Uniti a essere la meta privilegiata dell'emigrazione italiana in America fino a quando il Paese d'origine e quello di destinazione non si trovarono su fronti opposti nella Seconda guerra mondiale. Al rinnovato primato della scelta degli Stati Uniti contribuirono anche i provvedimenti adottati dall'Argentina nel 1930, 1932 e 1938 che aumentarono il costo del visto e subordinarono l'autorizzazione a sbarcare all'esistenza di un contratto di lavoro già sottoscritto dagli aspiranti immigrati, senza tuttavia sottrarre questi ultimi a dinieghi arbitrati da parte delle autorità competenti[14].

Il Secondo dopoguerra

Gli Stati Uniti lasciarono in vigore la legislazione restrizionista per oltre venti anni dalla conclusione del Secondo conflitto mondiale. Washington introdusse alcune deroghe. Accolse 9.046 spose di guerra, a cui si aggiunsero 661 figli di militari statunitensi tra il febbraio del 1946 e il dicembre del 1947 nonché 1.344 fidanzate tra il 1947 e il 1950 al di fuori della quota di visti assegnata all'Italia[15]. Poco più di altri 57.000 italiani entrarono, ancora una volta extra quota, avvalendosi di una clausola seminascosta di una legge del 1953 per l'ammissione di rifugiati politici che contemplava ulteriori eccezioni per consentire i ricongiungimenti familiari degli

---

[12] Matteo Pretelli, *L'emigrazione italiana negli Stati Uniti*, il Mulino, Bologna, 2011, pp. 45-48 e pp. 72-78.

[13] Cheryl Shanks, *Immigration and the Politics of American Sovereignty, 1890-1990*, University of Michigan Press, Ann Arbor, 2001, p. 92.

[14] Fernando J. Devoto, *Storia degli italiani in Argentina*, cit., p. 339.

[15] Silvia Cassamagnaghi, *Operazione Spose di guerra. Storie d'amore e di emigrazione*, Feltrinelli, Milano, 2014.

immigrati già presenti in territorio statunitense[16]. Tra il 1951 e il 1960 organizzazioni legate alla Chiesa cattolica riuscirono a far adottare da famiglie statunitensi più di 2.000 bambini italiani orfani o figli naturali di madri nubili[17]. Nel complesso, tuttavia, si trattò di poco più un quarto delle 240.000 persone che il governo italiano aveva sperato di poter inviare negli Stati Uniti per alleviare la pressione demografica interna.

Pertanto, sebbene gli Stati Uniti fossero rimasti la meta agognata dai potenziali emigranti, la riproposizione di un massiccio esodo dall'Italia a causa delle pessime condizioni economiche del Paese nel Dopoguerra spinse ancora una volta le partenze transatlantiche in prevalenza verso l'Argentina. L'arrivo di 329.404 italiani tra il 1947 e il 1951 fu favorito dalla stipula di due trattati bilaterali tra Roma e Buenos Aires nel 1947 e nel 1948 per l'invio di tecnici e operai specializzati nell'ambito di un ambizioso piano di sviluppo industriale promosso dal presidente argentino Juan Domingo Perón. Nelle maglie larghe degli accordi riuscirono a incunearsi numerosi individui compromessi con il passato regime fascista, alla ricerca di un rifugio per mettersi al sicuro da possibili rappresaglie in patria[18]. A raggiungere la nazione sudamericana furono anche imprenditori come l'ex manager dell'Ansaldo Agostino Rocca e il costruttore Carlo Borsari, accompagnati da collaboratori e dipendenti. La preferenza per l'Argentina, però, non si mantenne a lungo. La brusca frenata della crescita economica nel 1951, la svalutazione del peso e i limiti ai trasferimenti di valuta all'estero che andavano a scapito delle rimesse nonché il riorientamento del governo argentino sulla richiesta di investimenti e *know how* italiani, anziché sulla forza lavoro, ridussero l'attrattiva del Paese. Già nel 1952 gli arrivi scesero a 33.366 rispetto ai 55.630 dell'anno precedente. Il fenomeno fu frenato solo in parte da un nuovo trattato sottoscritto tra i due Paesi proprio nel 1952, volto a rilanciare la colonizzazione agricola, e da un provvedimento dell'anno successivo che consentì agli immigrati già insediatisi in Argentina di richiamare i propri parenti più stretti (genitori, coniuge, figlie nubili e figli di età inferiore a ventidue anni)[19]. Questa seconda misura, che univa l'esigenza peronista di stabilizzare la presenza italiana nel Paese con l'intento del governo di Roma di contenere i problemi – anche di possibile natura morale – della separazione tra coniugi, produsse circa 20.000 lettere di

[16] Danielle Battisti, *Whom We Shall Welcome: Italian Americans and Immigration Reform, 1945-1965*, Fordham University Press, New York, 2019, pp. 49-110.

[17] Silvia Cassamagnaghi, *L'adozione di bambini italiani negli Stati Uniti: l'operato del Catholic Relief Service e del Catholic Committee for Refugees: 1951-1961*, «Italia Contemporanea», n. 284, 2017, pp. 67-93.

[18] Federica Bertagna, *La patria di riserva. L'emigrazione fascista in Argentina*, Donzelli, Roma, 2006.

[19] Lucia Capuzzi, *La frontiera immaginata. Profilo politico e sociale dell'immigrazione italiana in Argentina nel secondo dopoguerra*, FrancoAngeli, Milano, 2006; Federica Bertagna, *Italiani in Argentina, ieri e oggi*, Pellegrini, Cosenza, 2020, pp. 77-106.

richiamo nel solo 1953, incentivate anche dal prezzo della traversata, fissato nella cifra poco più che simbolica di 8.000 lire, corrispondenti a 152 euro odierni[20].

Di fonte al ridimensionamento della meta argentina, emerse una destinazione sudamericana alternativa e quantitativamente rilevante per flussi ricevuti, il Venezuela. Alcuni italiani vi erano giunti già nel corso dell'Ottocento, con una punta di 2.764 sbarchi tra il 1874 e il 1888, pari a oltre il 10% del totale degli ingressi in quel periodo[21]. Però, rispetto a una comunità che contava circa 3.000 membri alla fine dell'Ottocento e, a seconda delle differenti stime, tra 4.000 e 6.000 al termine del Secondo conflitto mondiale, fu la creazione di posti di lavoro per tecnici e operai specializzati nel settore estrattivo e nel suo indotto, in conseguenza dello sfruttamento su larga scala di petrolio e minerali ferrosi nel Dopoguerra, a portare in Venezuela 220.547 immigrati tra il 1949 e il 1960. Molti arrivarono al seguito di aziende italiane impegnate nella modernizzazione del Paese e nella realizzazione di infrastrutture. Tuttavia, la caduta del dittatore Marcos Pérez Jiménez, il 23 gennaio 1958, frenò in modo rilevante l'esodo, in base alla considerazione che il nuovo governo democratico di Romùlo Betancourt non avrebbe garantito la crescita economica e la promozione di opere pubbliche allo stesso livello del suo predecessore[22].

Proprio nel 1958 fu il Canada la principale destinazione degli immigrati italiani al di là dell'Atlantico, un primato che lo Stato nordamericano mantenne anche nei due anni successivi. Nel periodo tra le due guerre mondiali si era registrato un aumento della presenza italiana, salita da circa 46.000 individui nel 1911 a 112.625 nel 1941, per una progressiva trasformazione dell'immigrazione da temporanea a permanente. Tuttavia, il decollo dei flussi italiani si verificò nel Secondo dopoguerra[23].

In particolare, la crescita delle partenze verso il Canada negli anni Cinquanta (passate da 5.991 nel 1949 a un massimo di 28.502 nel 1958) concorse a ristabilire la preminenza delle mete nordamericane su quelle sudamericane dalla seconda metà del decennio, nonostante il freno ai trasferimenti negli Stati Uniti per il permanere di disposizioni restrizioniste, ribadite dal *McCarran-Walter Act* che nel 1952 reiterò il sistema delle quote nazionali, assegnando all'Italia appena 5.645 visti ogni anno mentre erano oltre 30.000 i cittadini italiani in lista di attesa[24]. Come nel precedente

[20] Amoreno Martellini, "L'emigrazione transoceanica fra gli anni quaranta e sessanta", in Piero Bevilacqua - Andreina De Clementi - Emilio Franzina, a cura di, *Storia dell'emigrazione italiana. Partenze*, Donzelli, Roma, 2001, pp. 377-378.

[21] Pedro Cunill Grau, *La presenza italiana in Venezuela*, Edizioni della Fondazione Giovanni Agnelli, Torino, 1996, p. 79.

[22] Vittorio Cappelli, *Dagli Appennini alle Ande, al Caribe e all'Amazonia. Percorsi e profili migratori verso le «altre Americhe»*, Rubbettino, Soveria Mannelli, 2022, p. 128; Giuseppe D'Angelo, *Una emigrazione di prima generazione in America Latina: il caso del Venezuela*, «Altreitalie», n. 40, 2010, p. 142.

[23] Luigi Bruti Liberati, "Gli italiani in Canada, 1867-1998", in Luca Codignola - Luigi Bruti Liberati, *Storia del Canada. Dalle origini ai giorni nostri*, Bompiani, Milano, 1999, p. 717.

[24] President's Commission on Immigration and Naturalization, *Whom We Shall Welcome*, Da Capo Press, New York, 1971, p. 100 e p. 104.

caso dell'Argentina, anche in quello del Canada l'immigrazione fu stimolata da un accordo sottoscritto nel 1950 da Ottawa e Roma che consentiva l'arrivo di manodopera a contratto – all'inizio per l'agricoltura, poi per l'industria e soprattutto per il settore delle costruzioni – in funzione delle richieste del mercato del lavoro. Una volta terminato il contratto, gli italiani avevano la possibilità di ottenere il permesso di residenza e richiedere la cittadinanza canadese. Però, il numero di coloro che giunsero in forma di *bulk orders* (ordini all'ingrosso), secondo l'espressione denigratoria usata da molti funzionari canadesi, rimase inferiore a quello di chi si trasferì in base ai programmi di *sponsorship*, attuati tra il 1948 e il 1967, che consentirono l'ingresso a coloro che avevano un congiunto residente in Canada disposto a fare da garante, assicurando il pagamento delle spese per l'alloggio, il cibo e le prime necessità. La politica dei ricongiungimenti familiari fu responsabile dell'arrivo di circa il 90% dei quasi 230.000 italiani immigrati negli anni Cinquanta e dei circa 170.000 che li seguirono nel decennio successivo[25]. D'altro canto, il profondo ridimensionamento del sistema di *sponsorship* dopo il 1967 comportò una drastica contrazione degli arrivi dall'Italia, scesi da 26.102 in quell'anno a 16.745 nel 1968 fino a toccare 3.662 nel 1975.

Nel 1968 gli Stati Uniti terminarono la politica delle quote nazionali con l'entrata in vigore di una legge del 1965 che assegnava a ciascun Paese europeo 20.000 visti ogni anno. Il provvedimento consentì agli Stati Uniti di scavalcare immediatamente il Canada quale principale destinazione transatlantica dei flussi dall'Italia e di consolidare questa posizione negli anni successivi. Tuttavia fu solo nel 1968 che gli italiani sfruttarono nella sua interezza il nuovo numero di ingressi a loro disposizione, passando da 15.470 richieste nel 1969 a sole 6.386 nel 1975, quando a partire per il Canada furono appena 3.662[26]. Ad approfittare della nuova normativa statunitense fu soprattutto chi intendeva ricongiungersi ai familiari già emigrati perché, per coloro che erano alla ricerca di un lavoro, come aveva già osservato il giornalista Giorgio Bocca, con la crescita della domanda di manodopera nel triangolo industriale italiano a seguito del miracolo economico Milano era diventata "un'America dei poveri"[27].

---

[25] Franca Iacovetta, *Such Hardworking People. Italian Immigrants in Postwar Toronto*, McGill-Queen's University Press, Montreal, 1992, pp. 26-28, 46-49.

[26] John Seggar, "Italian Migration to the United States, 1966-1978. The Transition Period and a Decade beyond Public Law (89-235)", in Lydio F. Tomasi, a cura di, *Italian Americans. New Perspectives in Italian Immigration and Ethnicity*, Center for Migration Studies, Staten Island, 1985, pp. 32-56.

[27] Cit. in Patrizia Audenino, "Le braccia del Mezzogiorno e la Milano del «Miracolo»", in Ada Gigli Marchetti, a cura di, *Il Giorno: cinquant'anni di un quotidiano anticonformista*, FrancoAngeli, Milano, 2007, p. 111.

L'ultimo mezzo secolo

I dati del 1975 attestano come, sia pure subendo un forte declino, la mobilità italiana verso l'America fosse proseguita dopo la cesura convenzionale del 1973, quando il saldo migratorio del Paese di origine tornò attivo. Nel periodo successivo, gli italiani diretti al di là dell'Atlantico continuarono a preferire l'America settentrionale e al suo interno gli Stati Uniti. Dal 1975 al 2014, se ne trasferirono 153.931 negli Stati Uniti e 49.046 in Canada, rispetto a 52.240 in Argentina e 42.788 in Brasile. In particolare, i flussi verso l'Argentina si contrassero a causa della crisi economica dell'inizio del Ventunesimo secolo, quasi dimezzandosi dai 3.102 arrivi del 1999 ai 1.642 del 2002. Invece, la lentezza della ripresa dalla grande recessione globale che iniziò a manifestarsi tra il 2007 e il 2008, pur avendo avuto origine negli Stati Uniti, fu contraddistinta nel medio periodo da un aumento della mobilità proprio verso questo Paese. Dopo una flessione delle cancellazioni anagrafiche di cittadini italiani per trasferimento negli Stati Uniti da 3.356 nel 2006 a 2.345 nel 2009, infatti, si verificò una crescita a 5.529 nel 2016[28].

Con il consolidamento della natura post-industriale della società statunitense nel nuovo secolo, la maggior parte dei nuovi arrivati non era più composta da lavoratori generici o semi-specializzati come all'epoca dei flussi di massa, ma da tecnici, uomini e donne d'affari, imprenditori, ricercatori e studenti. Per esempio, furono 2.501 i ricercatori che si trasferirono negli Stati Uniti tra il 2001 e il 2010, mentre circa un terzo degli italiani che vi immigrarono nel 2014 svolgeva funzioni manageriali[29]. Il *brain drain* non fu ostacolato neppure dall'esplosione della pandemia del Covid-19 nel 2020. Proprio in questo anno, infatti, oltre 6.000 italiani presentarono domanda per frequentare corsi di master o di dottorato negli Stati Uniti, con l'intenzione di rimanerci a lavorare dopo il conseguimento del titolo[30]. Inoltre, tra il 2020 e il 2021 furono 7.757 le cancellazioni anagrafiche per trasferimento negli Stati Uniti.

Salvo che nel 2021 (2.770 arrivi rispetto 3.660), però, il Brasile è tornato a sopravanzare gli Stati Uniti quale principale destinazione transatlantica dell'emigrazione italiana. L'anno di cesura che ha segnato il passaggio del testimone tra le due nazioni è stato il 2017, con 6.881 spostamenti in Brasile e 5.486 negli Stati Uniti, grazie alla crescita economica registrata nel biennio precedente dopo la contrazione verificatasi a partire dal 2014. Da allora al 2023 i trasferimenti nel Paese latinoamericano sono stati 44.665, con una punta di 9.042 nell'ultimo anno, rispetto a

[28] Questi e i dati che seguono, riferiti alle cancellazioni anagrafiche, sono tratti da ISTAT, *Migrazioni (trasferimenti di residenza): emigrati - Paesi di destinazione*, <http://dati.istat.it/#>.

[29] OECD, *Getting Skills Right. Italy*, OEC Publishing, Paris, 2017, p. 157; WESTY EGMONT, "Contemporary Italian Diaspora: USA 2014", in ISIDE GJERGJI, a cura di, *La nuova emigrazione italiana*, Edizioni Ca' Foscari, Venezia, 2015, p. 174.

[30] GIACOMO GALEAZZI, *In fuga verso gli USA*, «Interris», 7 agosto 2021, <https://www.interris.it/la-voce-degli-ultimi/fuga-usa/>.

32.706 in quello nordamericano, favoriti da una rapida ripresa dell'economia dopo la pandemia del Covid-19 che nel dicembre del 2022 vedeva operare in Brasile 986 aziende italiane, senza quindi contare le imprese costituite nel Paese da immigrati[31]. Più in generale, tra il 2017 e il 2023, si è verificata una prevalenza delle mete nell'America centro-meridionale (69.608) su quelle in America settentrionale (39.824).

Conclusioni

Al 31 dicembre 2022 (dati più recenti disponibili) i Paesi transatlantici con il maggior numero di cittadini italiani residenti erano, nell'ordine, Argentina (924.335), Brasile (562.871) e Stati Uniti (301.847), cifre che contribuivano a un primato delle presenze nell'America centro-meridionale (1.936.904) rispetto a quella settentrionale (447.448)[32]. Questo quadro, però, non rispecchiava il predominio storico complessivo dell'emigrazione italiana nell'America settentrionale e, in particolare, negli Stati Uniti sulle alte destinazioni del continente, nonostante il ritorno alla supremazia delle mete centro-meridionali negli anni più recenti. Si configurava, invece, come la conseguenza del recupero della nazionalità degli antenati da parte dei discendenti di espatriati che spesso non avevano mai messo piede nella terra d'origine[33]. Il fenomeno era attestato dal fatto che risultava nato fuori d'Italia l'89,5% dei residenti dell'Argentina e il 94,4% di quelli del Brasile, ma solo il 49,9% di quelli degli Stati Uniti. Del resto, tra il 1998 e il 2007, negli anni in cui erano culminate le domande di riconoscimento della cittadinanza italiana da parte degli epigoni degli emigranti, dagli Stati Uniti erano giunte appena 16.500 domande rispetto alle 352.191 arrivate dall'Argentina e alle 157.017 pervenute dal Brasile[34].

---

[31] Ambasciata d'Italia, *Guida agli affari in Brasile*, marzo 2023, p. 6, <https://www.esteri.it/wp-content/uploads/2023/03/guida_agli_affari_in_brasile_ed_2023.pdf>.

[32] Istat, *Più italiani residenti all'estero soprattutto per acquisizione di cittadinanza*, 18 luglio 2024, p. 3 <https://www.istat.it/wp-content/uploads/2024/07/Italiani-residenti-allestero.pdf>.

[33] Federica Bertagna, *Introduzione*, «Studi Emigrazione», n. 234, 2024, p. 180.

[34] Guido Tintori, *Fardelli d'Italia? Conseguenze nazionali e transnazionali delle politiche di cittadinanza italiane*, Carocci, Roma, 2009, p. 39.

SECONDA PARTE

RIFLESSIONI SULLA CITTADINANZA ITALIANA NELL'EPOCA DELLE MIGRAZIONI

ISCRIVERSI ALL'AIRE: obbligo di legge o spirito di appartenenza?

Franco Narducci, già Segretario Generale del CGIE e già Deputato al Parlamento italiano

L'Anagrafe degli Italiani Residenti all'Estero (AIRE): genesi e contesto

Poche leggi promulgate dalla Repubblica italiana, con certezza nel panorama di quelle per le comunità italiane all'estero, hanno mostrato così tante complessità in fase di applicazione come la legge n. 470/1998 che ha istituito l'Anagrafe degli Italiani Residenti all'Estero. L'AIRE, questa illustre sconosciuta! Fino a qualche lustro fa, infatti, soltanto gli addetti ai lavori avrebbero dato una risposta corretta alla domanda: «Che cos'è l'AIRE»? E ancora oggi, nonostante l'estesa mobilità lavorativa transnazionale, l'incremento vertiginoso degli expat e la consistente ripresa del fenomeno migratorio, vi è una diffusa approssimazione conoscitiva sulle norme statuite dall'AIRE. Situazione che rimane immutata nonostante in questi ultimi venti anni vi siano state 5 elezioni politiche che hanno portato nel Parlamento italiano i rappresentanti degli italiani espatriati, alle quali si devono aggiungere le votazioni sui referendum che si sono susseguiti dal 2003 ad oggi, le elezioni dei Comitati degli Italiani all'Estero (Comites) e del Consiglio Generale degli Italiani all'Estero (CGIE). Operazioni che si sono svolte con il voto per corrispondenza e quindi con la massima chiamata in causa dell'AIRE.

È importante, in questa sede, richiamare la genesi, ripercorrere il faticoso cammino e il graduale concretarsi della legge così come la conosciamo e l'applichiamo ai giorni nostri.

Tutti i siti dell'articolata rete del Ministero degli Affari Esteri e della Cooperazione Internazionale (MAECI) – costituita principalmente da Ambasciate e Consolati – riportano informazioni dettagliate sull'AIRE, così come il sito del Ministero dell'Interno e dei suoi terminali operativi e amministrativi (i Comuni italiani). Con le modifiche della Costituzione italiana che hanno introdotto l'esercizio del voto all'estero, la Circoscrizione Estero e l'istituzione della rappresentanza parlamentare degli italiani emigrati, l'AIRE è diventata uno strumento fondamentale per il corretto e legale esercizio della democrazia e soprattutto in questa veste è finita spesso sul banco degli imputati. Ma l'AIRE è fondamentale anche per l'erogazione e lo snellimento dei servizi consolari forniti ai nostri connazionali (passaporti, stato civile, atti notarili, ecc.).

L'esigenza di rilevamenti statistici affidabili della popolazione italiana all'estero è antica come lo è la storia dell'emigrazione italiana. Per decenni gli unici dati conoscitivi riguardanti gli italiani e le italiane che vivevano e lavoravano all'estero erano forniti dal MAECI, spesso con modalità globali, tanto che non era nota nemmeno la dislocazione esatta delle comunità che rappresentavano (e rappresentano tuttora) una percentuale ampia della popolazione residente in Italia.

Ovviamente avere un quadro statistico attendibile e articolato sarebbe stato estremamente utile all'Italia vari decenni prima che il Parlamento, dopo molteplici tentativi, approvasse la legge n. 470 del 27 ottobre 1988 che istituiva l'Anagrafe e il censimento degli italiani all'estero[1], consegnata alla storia come "legge Tremaglia", che da par suo aveva affrontato la questione già in alcune legislature precedenti, in particolare nella IX Legislatura (12 luglio 1983 - 1° luglio 1987) con la Proposta di legge *Censimento generale degli italiani all'estero*, ripresentata in quella successiva – il 2 luglio 1987 – con il titolo *Anagrafe e censimento degli italiani all'estero*[2].

L'approvazione della legge fu un momento alto, importante per gli italiani all'estero: essa poneva le condizioni, esplicitate nel dispositivo di legge, per censire le comunità italiane nel mondo, premessa inderogabile per consentire ai connazionali all'estero di esercitare i diritti costituzionali, segnatamente l'effettività del diritto di voto per le elezioni della Camera dei Deputati e del Senato della Repubblica, come pure a livello comunale, provinciale e regionale, in adempimento all'articolo n. 48 della Carta fondamentale, laddove recita «sono elettori tutti i cittadini» senza limitazioni e a prescindere dal fatto che si trovino sul territorio della Repubblica italiana o oltreconfine.

AIRE e censimento della popolazione

Il primo Censimento della popolazione italiana ebbe luogo nel 1861 nell'Italia unificata nel Regno d'Italia, dopodiché l'andamento demografico del Paese fu censito ogni dieci anni, salvo alcune eccezioni[3].

Il Censimento del 2010-2011 ha messo fine ai censimenti generali a cadenza decennale; da allora, esso è a carattere permanente e riguarda la popolazione e le realtà socioeconomiche. Una ulteriore innovazione (dal 2022) è data dall'aggiuntivo utilizzo dei dati amministrativi integrati, riferiti alla totalità dei Comuni italiani[4].

---

[1] GU Serie Generale n. 261 del 07-11-1988.

[2] Come da prassi parlamentare consolidata, vari Gruppi parlamentari presentarono analogo Disegno di Legge.

[3] Il Censimento non fu effettuato nel 1891 a causa delle difficoltà finanziarie del Paese e nel 1941 a causa della guerra. Un'altra eccezione fu il 1936 allorchè una legge del 1930 intese modificare la periodicità da 10 a 5 anni. Fu, comunque, un esempio unico.

[4] Il Censimento generale della popolazione e delle abitazioni prima, in Italia, e il Censimento permanente ora, sono rilevazioni affidate all'Istituto nazionale di statistica (ISTAT).

Popolazione italiana presente ai Censimenti decennali. Serie storica. Valori assoluti. Anni 1861-2021.

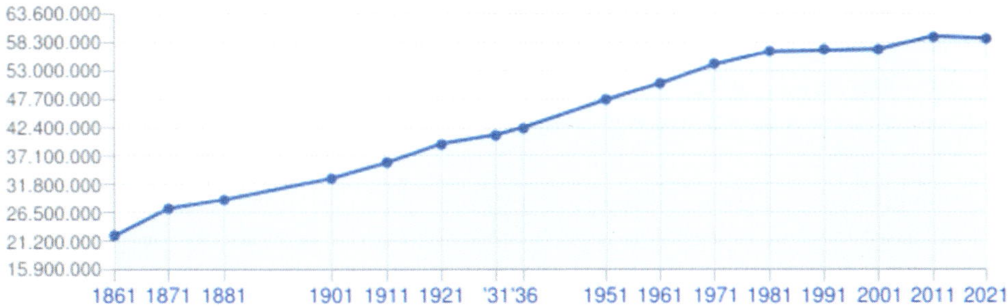

Fonte: Migrantes-Rapporto Italiani nel Mondo. Elaborazione Tuttitalia.it su dati ISTAT, <https://www.tuttitalia.it/statistiche/censimenti-popolazione/>.

I censimenti della popolazione hanno avuto per lungo tempo una grave colpa: non si curavavo debitamente delle italiane e degli italiani residenti all'estero, dando massima preminenza alla gestione corrente dell'Anagrafe della Popolazione Residente (APR). Una lacuna inammissibile. Lo testimonia anche la storia recente, ad esempio con le crisi economiche che a cavallo degli anni Novanta del secolo scorso e l'inizio degli anni Duemila colpirono con durezza le nazioni dell'America Latina (il caso dell'Argentina è emblematico): molti Comuni italiani dovettero confrontarsi con un'ondata di richieste di trascrizioni di atti inoltrate da migliaia di discendenti dell'antica emigrazione, occorrenti per il riconoscimento della cittadinanza italiana (*ius sanguinis*) e quindi l'iscrizione all'AIRE.

Si trattava, nel dettaglio, di richieste di ricomposizione dell'albero genealogico per il riconoscimento della cittadinanza inoltrate da nipoti e pronipoti di quei connazionali che emigrarono, soprattutto in Sudamerica, già a partire dalla fine dell'Ottocento, discendenti che in molti casi non erano mai stati registrati nelle anagrafi consolari.

Fu evidente allora che sul versante dell'anagrafe dei connazionali residenti all'estero si dovevano recuperare decenni d'inattività e di inadempienze e fu chiaro che la ricerca dei documenti richiesti ai Comuni evidenziava la disorganizzazione assoluta regnante in molti casi negli uffici comunali in materia di anagrafi riguardanti gli italiani e le italiane all'estero.

Intanto l'AIRE era diventato l'argomento scottante, di massima attualità, viste anche le scadenze elettorali a carattere referendario alle quali avrebbero partecipato per la prima volta gli italiani residenti all'estero in virtù del nuovo quadro normativo e della legge n. 459 del 27 dicembre 2001, il primo provvedimento attuativo delle norme statuite con le riforme costituzionali e con l'istituzione della Circoscrizione Estero.

È un atto dovuto riconoscere il ruolo di stimolo, proposta e vigilanza svolto dal CGIE nell'intero contesto delle strategie e delle azioni per l'Anagrafe degli italiani all'estero. Un ruolo che peraltro affondava le radici nel protagonismo della rete associativa italiana nel mondo. Di fatto, subito dopo la promulgazione della legge istitutiva dell'AIRE, le associazioni italiane misero in campo una vasta pletora di iniziative per esortare italiani e italiane a iscriversi all'AIRE e, se il caso, notificare i cambiamenti del proprio *status* alle autorità consolari (i cambi d'indirizzo erano molto frequenti).

Di concerto con i Consolati furono create locandine accattivanti per la raccolta dei dati, utilizzate nelle occasioni d'incontro, che allora di certo non mancavano, e naturalmente anche i Patronati presenti all'estero, tramite i loro addetti sociali operanti nelle associazioni, diedero un contributo fondamentale. Questo impegno fu consistente e costante per vari anni, in particolare dal 1989 al 1994, sia per l'iscrizione all'AIRE che per il riacquisto della cittadinanza reso possibile dalla legge n. 91 del 5 febbraio 1992[5]. Mai legge fu salutata da un siffatto entusiasmo come quello che si registrò tra i connazionali all'estero: essa consentì di sanare moltissime situazioni anomale (perdita della cittadinanza dovuta ai matrimoni misti, il caso più frequente!), tanto che i suoi effetti transitori furono prorogati ben due volte per decreto.

Il Censimento del 2001 e gli italiani all'estero

In previsione del censimento che si sarebbe tenuto il 21 ottobre 2001 si pose in termini stringenti la questione "italiani residenti all'estero", dal momento che le manchevolezze delle anagrafi in capo ai due ministeri competenti erano ormai acclarate. L'on. Franco Danieli, allora Sottosegretario agli esteri con delega all'emigrazione, aveva preso di petto la situazione AIRE e il 1° giugno 2000 aveva trovato l'intesa con l'on. Severino Lavagnini, suo pari grado al Ministero dell'Interno, per arrivare all'integrazione tra l'anagrafe consolare e l'AIRE.

In concreto si procedette al salvataggio dei dati anagrafici su supporto informatico e il loro invio al Servizio Informatico della Farnesina. Il lavoro di raccolta dei dischetti contenenti i dati – oggi può sembrare un'era informatica fa, ma l'unico supporto dell'epoca era quello – si concluse nel giro di alcune settimane e consentì l'incrocio dei dati delle due anagrafi.

Fu allora chiaro che per far progredire l'aggiornamento delle anagrafi consolari occorrevano investimenti cospicui in attrezzature informatiche adeguate a potenziare le sedi all'estero, quantitativamente e qualitativamente, nonché lo stesso Servizio informatico centrale. E occorrevano anche la formazione del personale adibito ai

[5] La norma del riacquisto della cittadinanza è contenuta nell'art. 13 della legge 91/92. Il cittadino, residente all'estero, che ha perso la cittadinanza può riacquistarla ai sensi del comma 1, lettera c).

servizi informatici all'estero e maggiori risorse umane per la digitazione dei dati mediante l'assunzione di 250 contrattisti da assegnare alla rete consolare all'estero.

A 12 anni dall'istituzione dell'AIRE parve chiaro che non si potevano ancora raccogliere i frutti auspicati e che a nulla era valsa l'indagine parlamentare effettuata nel 1994, o l'azione di bonifica delle anagrafi concertata tra MAE e Ministero degli Interni nel 1999 in vista delle elezioni europee e, da ultimo, l'operato del gruppo di lavoro interministeriale che avrebbe dovuto risolvere i problemi operativi in vista del voto sui referendum.

Il CGIE, pur condividendo gli sforzi dell'amministrazione volti a rafforzare le strutture degli uffici consolari all'estero, richiamò ripetutamente l'attenzione del Governo sulla lentezza del processo di bonifica e allineamento dei dati, invitandolo ad assumere provvedimenti urgenti anche per evitare una pericolosa *débâcle* in vista del censimento che si sarebbe tenuto il 21 ottobre 2001.

Si temeva, infatti, che l'operazione di censimento degli italiani e delle italiane residenti all'estero fosse destinata all'insuccesso a causa dei deficit accertati riguardanti le anagrafi disponibili, e quindi ad un grave spreco di denaro pubblico, con conseguenti aspre polemiche inscenate soprattutto da quella parte politica, ed anche intellettuale, che aveva mal digerito le riforme costituzionali varate per il voto all'estero[6]. Il CGIE paventava, inoltre, che senza un'adeguata campagna d'informazione e motivazione si sarebbe manifestata l'atavica diffidenza e ostilità dei connazionali all'estero verso l'amministrazione dello Stato che, aggiunta alla deficitaria copertura delle anagrafi, avrebbe causato il fallimento del censimento delle comunità italiane all'estero.

Le preoccupazioni summenzionate erano molto condivise anche nell'area continentale maggiormente in sofferenza, cioè l'America Latina, tanto che Antonio Macrì[7], Vice segretario generale del CGIE per la predetta area geografica, di concerto con il Comitato di Presidenza, si rivolse al MAE chiedendo di arrestare tale inutile operazione e di convogliare le risorse previste per il censimento all'assunzione di un elevato numero di digitatori, una operazione che avrebbe accelerato le azioni di bonifica e implementazione dell'AIRE[8].

[6] Il MAE stimò che, oltre all'intenso utilizzo di risorse umane, la rilevazione degli italiani residenti o temporaneamente presenti all'estero sarebbe costata 25 miliardi di lire per predisporre e inviare il formulario. Il MAE temeva, inoltre, una bassa percentuale di restituzione dei formulari.

[7] Fratello di Franco, padre di Maurizio Macrì, futuro Presidente della Repubblica argentina.

[8] Tecnicamente il MAE predispose un emendamento alla Legge 470/88 che aboliva gli articoli riguardanti il censimento all'estero e consentiva di rilevare i dati dall'Anagrafa consolare. L'emendamento fu inserito nel Disegno di Legge n. 4721 riguardante misure straordinarie per il completamento dell'Anagrafe consolare, l'assunzione di circa 250 contrattisti e il potenziamento delle attrezzature informatiche.

Le strategie e gli obiettivi per l'Anagrafe integrata degli italiani nel mondo all'inizio del 2000

Le complessità che si riscontravano alla fine degli anni Novanta in materia di AIRE s'intuivano già nelle parole d'ordine più ricorrenti negli incontri di lavoro, nelle comunicazioni, nei tavoli tematici, nelle assemblee del CGIE e negli incontri interministeriali: "incrocio dei dati delle due anagrafi" (MAE e MIN), "soppressione e accorpamento (di dati)", "appartenenza a un Comune italiano codificabile" (o non codificabile), "Anagrafe Centralizzata", "monitoraggio dell'andamento dell'Anagrafe", "bonifica dei dati", "stima dei potenziali elettori residenti all'estero", ecc.

Si riteneva in quella fase, anche nel CGIE, che le incongruenze più gravi fossero nelle banche dati del Ministero dell'Interno e di riflesso nelle anagrafi comunali[9], un assunto smentito dalle prime sovrapposizioni delle due anagrafi, da cui risultarono sfasature rilevanti nelle anagrafi consolari.

Accanto agli errori accumulati e trascinatisi per decenni, vi era l'insufficiente e inadeguato grado d'informatizzazione delle sedi consolari all'estero, alcune delle quali (26 su 223 nel 2000) mostravano difficoltà di funzionamento, «per guasti o imperizia degli addetti, o le carenze delle attrezzature»[10]. Nel 2001, con la presentazione del progetto *Anagrafe Integrata degli Italiani nel Mondo*, la Farnesina presentò il piano di rilancio e ammodernamento dell'informatizzazione delle sedi all'estero, un passaggio cruciale per implementare e migliorare l'AIRE.

Informatizzazione delle sedi all'estero. Anno 2001.

Periodo	Ammodernamento/ Informatizzazione	Situazione sedi
Marzo 1990	Versione 1.0	65 sedi con rete locale
Marzo 1991	Versione 2.1	50 sedi monoutente
Settembre 1993	Versione 3.0	65 sedi rete locale restanti monoutente
Primo semestre 1997	Versione 3.0	120 sedi reti locale restanti monoutente
Ottobre 2001[11]	140 sedi con rete locale, versione 3.0 (anagrafe, passaporti, percezioni)	80 sedi monoutente, anagrafe per pc stand-alone

Fonte: Migrantes-Rapporto Italiani nel Mondo. Dati presentati dal MAECI (SICC Ufficio I e DGIEPM Ufficio I) al CGIE il 23.10.2001.

[9] In molti Comuni regnava la prassi di non trasferire dagli elenchi dei residenti i cittadini emigrati o all'estero, per ragioni di convenienze pratiche ovviamente (il numero di abitanti influisce sul "peso politico" del Comune per richieste di finanziamenti, assegnazione di farmacie, ecc.).

[10] MAE, Conferenza dei Consoli, Roma 18-19 dicembre 2000.

[11] Le rilevazioni effettuate da POLIS furono presentate al CGIE il 23 ottobre 2001.

In pari tempo, la Farnesina presentò tre progetti votati a dare un forte impulso all'AIRE in termini di registrazione dei nostri connazionali all'estero e miglioramento dei servizi consolari: POLIS, Osservatorio degli Italiani all'estero; SGC, Sistema Geografico Consolare e Nuova Anagrafe Consolare.

Il progetto POLIS attirò istantaneamente molte attenzioni: con la finalità di Osservatorio degli italiani all'estero, si prefiggeva di monitorare la quantità e qualità delle informazioni esistenti negli schedari consolari attraverso il programma di Anagrafe Consolare, ponendosi sia come strumento di supporto alle decisioni sia come mezzo per bonificare ulteriormente le basi dati. Come Osservatorio agiva sui livelli fondamentali per la bonifica dell'Anagrafe, cioè sui capitoli:

- Residenti
- Fasce di età
- Recapiti incompleti
- Nati in Italia
- Senza Comune di appartenenza

I dati estratti erano disponibili a livello mondiale, suddivisi per aree geografiche, per nazione e per singola sede. Ovviamente i tre progetti erano intrinsecamente connessi tra di loro. Il Sistema Geografico Consolare aveva come obiettivo basilare il "reperimento di località e codici postali"[12] presso le Poste nazionali di ciascun Paese all'estero, l'assegnazione di località e relativi codici postali di ciascuna circoscrizione consolare, la verifica da parte di ciascuna sede all'estero delle località e dei codici postali di competenza tramite apposito programma informatico del MAE.

La parola d'ordine "bonifica dei dati", come già sottolineato, era il *refrain* più ricorrente. È interessante, al riguardo, osservare la rilevazione comparata riportata in tabella, effettuata negli anni 2000 e 2001 da POLIS. Essa mette in evidenza il gran numero di registrati non appartenenti ad un Comune di riferimento nel 2000 e il lavoro di correzione fatto, nonché il problema degli indirizzi errati o incompleti, un fenomeno che anche oggi è di grande attualità[13]. Inoltre, la tabella è altamente indicativa paragonandola con gli analoghi indicatori degli standard AIRE attuali.

---

[12] L'importanza del reperimento e correzione dei CAP fu lampante in occasione dei referendum abrogativi del 15-16 giugno 2003 ("Modifica dell'articolo 18 dello Statuto dei Lavoratori, Legge 300 del 20 maggio 1970 – estensione della tutela contro i licenziamenti senza giustificato motivo alle aziende con meno di 15 dipendenti" e "Referendum contro l'elettrosmog"). Per la prima volta gli elettori italiani residenti all'estero votarono per corrispondenza, ai sensi della legge 27 dicembre 2001, n. 459. Il numero dei plichi elettorali tornati al mittente a causa dell'errato codice postale fu impressionante.

[13] L'attualità della questione indirizzi errati o incompleti chiama in causa il deprecabile comportamento dei nostri connazionali (fortunatamente una minima parte) che non trasmettono il cambiamento d'indirizzo o eventuali correzioni alla sede consolare competente.

Rilevazione schedari consolari. Anni 2000-2001.

Rilevazione	Residenti	Maggiorenni	Potenziali Elettori Senato	Indirizzo incompleto	Privi di Comune italiano di riferimento
2000 (192 sedi)	3.993.163	3.311.096	-	279.926	714.099
2001 (206 sedi)	3.983.148	3.307.018	2.914.070	154.750	396.558
Variazione %	-0,25%	-	-	-44,72%	-44,47%

Fonte: Migrantes-Rapporto Italiani nel Mondo. Dati presentati dal MAECI (SICC Ufficio I e DGIEPM Ufficio I) al CGIE il 23.10.2001.

Come si può intuire la rilevazione su esposta era la somma totale delle rilevazioni effettuate nelle aree geografiche continentali della rete consolare dell'intero mondo. Dalla rilevazione fu inoltre visibile quanto il problema degli indirizzi incompleti fosse esteso in alcune circoscrizioni consolari del Sudamerica, dove per altro risiedono grandi comunità italiane[14].

Allineamento dati, AnagAIRE e identità digitale

L'allineamento periodico dei dati AIRE dei singoli comuni italiani con i dati contenuti nell'anagrafe di tutti gli uffici consolari nel mondo, ovvero i cosiddetti dati MIN/MAE, ha dato un impulso notevole al miglioramento delle anagrafi, soprattutto con l'introduzione dell'AnagAIRE per la gestione informatizzata dall'Anagrafe degli Italiani Residenti all'Estero, in particolare per la gestione dell'archivio AIRE e le relative comunicazioni, da parte dei Comuni, al ministero dell'Interno (AIRE Centrale).

Grazie ai continui aggiornamenti del software sono possibili procedure informatizzate come: validazione dei codici fiscali (allineamento dei dati contenuti nella banca dati anagrafica Aire con quelli tributari); controlli informatici per gli iscritti dal 2000 in poi; invio dei dati all'AIRE Centrale in modalità protetta; inserire le informazioni relative alle unioni civili nella sezione "Stato Civile"; predisporre il file per i test di pre-subentro in ANPR, nonché il file per il subentro.

Le anagrafi, è ovvio, sono un processo dinamico che necessita di continue operazioni di aggiornamento e manutenzione. Soltanto con il continuo allineamento tra i dati dell'AIRE – l'anagrafe gestita dai Comuni e dal Ministero dell'Interno – e quelli registrati negli elenchi istituiti presso gli uffici consolari all'estero, vi è la possibilità di superare le incongruenze del passato.

Non sono scomparse del tutto alcune sfasature nelle operazioni di allineamento, dovute – si ha l'impressione – al fatto che numerosi Comuni non procedono ad effettuare tempestivamente le integrazioni che pervengono dagli uffici consolari

[14] A Caracas (Venezuela) gli indirizzi errati raggiungevano livelli elevatissimi: 103.086 nel 2000, scesi nel 2001 a 82.324 dopo le correzioni.

all'estero, i quali, con un notevole impegno, hanno verificato e integrato decine di migliaia di posizioni. La creazione del CONS 01 elettronico, che consente agli addetti nei consolati di dialogare direttamente con i Comuni e con il sistema AnagAIRE per l'invio dei moduli di aggiornamento ha permesso di espungere errori di registrazione e richiedere l'iscrizione di innumerevoli nuclei familiari, residenti all'estero da decenni e non figuranti nell'AnagAIRE.

Identità digitale

Negli ultimi anni, sia nel contesto italiano che nel panorama internazionale, governi e aziende hanno puntato molto sulle tecnologie informatiche per migliorare le possibilità di dialogo online con i cittadini, necessità risaltata ancor di più durante la pandemia di Covid-19. L'importanza del valore di una chiave estremamente sicura, a tal fine, era fondamentale. Questa chiave è rappresentata proprio dall'identità digitale. Con riferimento al nostro contesto (erogazione servizi consolari, iscrizione all'AIRE, ecc.), ci sono due strumenti di Identità digitale basilari: lo SPID (il Sistema Pubblico di Identità Digitale) e la CIE (la Carta d'Identità Elettronica).

Queste due modalità di Identità digitale sono diventate le credenziali più importanti per accedere ai servizi online della Pubblica Amministrazione a partire dal 28 febbraio 2021 e hanno avuto un impatto positivo anche per i connazionali all'estero in termini di snellimento delle pratiche e dei sevizi consolari.

La creazione del portale Fast It, in uso su tutti i siti della rete MAE, al quale si può accedere con lo SPID o registrandosi, ha ulteriormente contribuito ad un generale miglioramento per l'espletamento di determinate pratiche, ad esempio per l'iscrizione all'AIRE, o per ottenere preziose informazioni.

L'iscrizione all'AIRE come diritto/dovere

L'iscrizione all'AIRE è un diritto-dovere del cittadino e costituisce il presupposto per usufruire di una serie di servizi forniti dalle rappresentanze consolari all'estero. I Comuni sono gli unici competenti alla regolare tenuta dell'anagrafe della popolazione, sia di quella residente in Italia che dei cittadini residenti all'estero, cioè degli italiani che dimorano abitualmente all'estero. Ciascun comune ha la propria AIRE. Esiste, inoltre, un'AIRE centrale nazionale, istituita presso il Ministero dell'Interno, che contiene i dati trasmessi dalle anagrafi comunali.

Chi deve iscriversi all'AIRE?

L'iscrizione all'AIRE dei cittadini italiani nati all'estero o degli stranieri che hanno acquisito all'estero la cittadinanza italiana può essere effettuata solo a seguito della trascrizione, negli appositi registri di stato civile del comune competente all'iscrizione, dell'atto di nascita o dell'acquisto della cittadinanza e solo dopo aver ricevuto dall'ufficio consolare l'indicazione dell'esatto e completo indirizzo estero.

L'esercizio concreto di molti diritti fondamentali previsti dalla nostra Costituzione dipende dall'iscrizione anagrafica, la quale se non effettuata correttamente può comportare conseguenze negative in relazione, ad esempio, ai diritti elettorali, sanitari, sociali e fiscali, civili e personali.

L'iscrizione all'AIRE è un obbligo del cittadino (art. 6, L. 470/1988; art. 11 L. 1228/1954) e, come già sottolineato, è basilare per l'esercizio di importanti diritti, quali per esempio:

- la possibilità di votare per corrispondenza in occasione di elezioni politiche e di referendum, di cui agli articoli 75 e 138 della Costituzione, come previsto dalla legge n. 459/2001;
- la possibilità di votare in occasione delle elezioni dei rappresentanti italiani al Parlamento europeo presso seggi istituiti dalla rete diplomatico-consolare nei Paesi appartenenti all'UE;
- la possibilità di ottenere il rilascio di documenti di identità e di viaggio;
- la possibilità di richiedere il rilascio di certificazioni di competenza delle Rappresentanze all'estero;
- la possibilità di rinnovare la patente di guida (solo in Paesi extra UE).

Devono iscriversi all'AIRE

- i cittadini che intendono trasferire la propria residenza, da un comune italiano all'estero, per un periodo superiore ad un anno;
- i cittadini italiani nati e residenti fuori dal territorio nazionale, il cui atto di nascita sia trascritto in Italia e la cui cittadinanza italiana sia accertata dal competente ufficio consolare di residenza;
- le persone che acquisiscono la cittadinanza italiana all'estero, continuando a risiedervi.

Non devono iscriversi all'AIRE

- i cittadini che si recano all'estero per un periodo di tempo inferiore ad un anno;
- i lavoratori stagionali;
- i dipendenti di ruolo dello Stato in servizio all'estero, che siano notificati ai sensi delle Convenzioni di Vienna sulle relazioni diplomatiche e sulle relazioni consolari rispettivamente del 1961 e del 1963;
- i militari italiani in servizio presso gli uffici e le strutture della NATO dislocate all'estero.

Le modifiche alla legge istitutiva dell'AIRE

Di seguito si riportano alcune delle modifiche più recenti.

Modifica del 2019 - "Decreto Brexit"

A partire dal 26 marzo 2019 con l'aggiunta dell'art. 9 bis alla legge 27 ottobre 1988 n. 470 ad opera dell'art. 16 c. 3 del DL 25 marzo 2019 n. 22[15] cambia la decorrenza giuridica dell'iscrizione all'AIRE nel caso in cui la dichiarazione di trasferimento all'estero sia resa agli uffici consolari.

In questa ipotesi, la decorrenza dell'iscrizione all'AIRE coincide con la data di presentazione della domanda all'ufficio consolare di riferimento. Pertanto, le iscrizioni all'AIRE da parte dei Comuni, in base a domande presentate direttamente agli uffici consolari di riferimento, avranno decorrenza dalla data di presentazione della domanda, mentre rimane invariata la data di decorrenza di iscrizione AIRE nel caso in cui la dichiarazione di trasferimento di residenza all'estero sia stata resa direttamente presso il Comune di ultima residenza in Italia.

Difatti nel caso in cui il cittadino, prima di partire, dichiari al Comune di ultima residenza l'intenzione di trasferire la propria residenza all'estero, la data di iscrizione coinciderà con quella della dichiarazione resa al Comune, a condizione che l'interessato/a si rechi entro 90 giorni presso l'ufficio consolare competente per rendere la dichiarazione di avvenuto trasferimento e questa dichiarazione venga trasmessa al Comune entro un anno dall'espatrio.

Infine, la citata norma prevede che, per tutte le domande presentate agli uffici consolari prima del 26 marzo 2019, ma non ancora trasmesse ai Comuni italiani, la decorrenza dell'iscrizione all'AIRE viene fissata alla data del 26 marzo 2019.

Si riporta il comma dell'art. 16 citato del DL n. 22/2019: "All'articolo 6 della legge 27 ottobre 1988, n. 470, dopo il comma 9 è aggiunto il seguente: «9-bis. Gli effetti della dichiarazione resa all'ufficio consolare, ai sensi dei commi 1 e 3, hanno decorrenza dalla data di presentazione della stessa, qualora non sia stata già resa la dichiarazione di trasferimento di residenza all'estero presso il comune di ultima residenza, a norma della vigente legislazione anagrafica». L'articolo 7 del decreto del Presidente della Repubblica 6 settembre 1989, n. 323, è abrogato. Le dichiarazioni di cui al presente comma presentate anteriormente alla data di entrata in vigore del presente decreto e non ancora ricevute dall'ufficiale di anagrafe hanno decorrenza dalla medesima data".

Modifiche presenti nella legge di Bilancio 2024

La legge 30 dicembre 2023, n. 213 recante il Bilancio di previsione dello Stato per l'anno finanziario 2024 e bilancio pluriennale per il triennio 2024-2026 ha

[15] Cosiddetto "Decreto- Brexit" pubblicato sulla G.U. n. 71 del 25 marzo 2019.

introdotto alcune importanti modifiche sulle iscrizioni anagrafiche. Nello specifico, l'art. 1 comma 242, modificando la Legge n. 1228 del 24 dicembre 1954, introduce misure più severe per chi, spostando anche solo di fatto la propria residenza all'estero, non ottempera all'iscrizione all'AIRE. Nello specifico, il novellato art. 11 della prefata L. 1228/1954 permette ai Comuni italiani di erogare una sanzione da 200 euro fino ad un massimo di 1.000 euro a persona per ogni anno di mancata iscrizione all'AIRE e fino ad un massimo di 5 anni.

Inoltre, l'art. 1 comma 243 della Legge di Bilancio prevede uno specifico obbligo di segnalazione al comune di iscrizione anagrafica in capo a tutte le amministrazioni pubbliche che, nell'esercizio delle loro funzioni, vengano a conoscenza di elementi tali da indicare la residenza all'estero, anche solo di fatto, del concittadino. Il comune di iscrizione anagrafica dovrà comunicare all'Agenzia delle Entrate le informazioni ricevute, così da poter dare inizio a controlli di carattere tributario[16].

Ci si augura che le recenti modifiche, assieme al prodigarsi degli addetti ai lavori e non solo, possano fugare ogni dubbio sulla domanda «Che cos'è l'AIRE?» e ulteriormente stimolare i nostri connazionali all'estero a effettuare l'iscrizione all'AIRE, tenendo conto di un diritto/dovere fondamentale per loro stessi, la corretta erogazione dei servizi e il regolare funzionamento della rete consolare.

[16] Per maggiori informazioni si veda: <https://ambtelaviv.esteri.it/it/news/dall_ambasciata/2024/01/iscrizione-aire-importanti-novita-introdotte-dalle-legge-di-bilancio-2024/>.

CITTADINANZA ITALIANA ED EUROPEA: complementari o rivali in un mondo globale?

LANFRANCO FANTI, funzionario europeo, consigliere politico nel gabinetto della Commissaria europea per l'uguaglianza

"Siamo cittadini del mondo. La tragedia dei nostri tempi è che non lo sappiamo"
Woodrow Wilson

Introduzione

Era una giornata particolarmente ventosa quel 26 giugno del 1963 quando dal balcone del Municipio di Schöneberg, allora sede dell'amministrazione comunale dell'intera Berlino Ovest, John Fitzgerald Kennedy pronunciò una delle sue più celebri frasi: «*Duemila anni fa l'orgoglio più grande era poter dire "civis Romanus sum". Oggi, nel mondo libero, l'orgoglio più grande è dire "Ich bin ein Berliner"*»[1].

Compare ripetutamente il riferimento ad un "orgoglio di cittadinanza", nel quale si intende la cittadinanza come portatrice di diritti, di privilegi, di riconoscimenti che altrimenti non sarebbero possibili. Si narra che John Fitzgerald Kennedy ebbe l'idea di inserire questa frase proprio all'ultimo momento, accingendosi a salire le scale del municipio mentre Willy Brandt, allora sindaco di Berlino, lo attendeva per cedergli la parola. Ma non fu certamente casuale né tantomeno improvvisato questo riferimento. Il Presidente americano sapeva molto bene quanto, politicamente e giuridicamente, "essere cittadini" abbia rappresentato nella storia una custodia di diritti, una appartenenza riconosciuta ad una collettività, un confine ben definito di oneri e di onori al di dentro ed al di fuori del quale si definisce lo spazio politico di un individuo.

Oggi per cittadinanza si intende generalmente la condizione giuridica (o status) degli appartenenti a una comunità politica nazionale denominata popolo, a cui consegue la titolarità di alcuni specifici diritti come anche di alcuni precisi doveri. In aggiunta, a questa cittadinanza che possiamo definire *de iure*, dal 1994 se ne è aggiunta anche una *de facto* che accompagna e complementa quella specifica nazionale: la cittadinanza europea, meglio definita come cittadinanza dell'Unione.

[1] Si veda: <https://it.wikipedia.org/wiki/Ich_bin_ein_Berliner>.

Quest'ultima affianca quella nazionale visto che «*è cittadino dell'Unione europea chiunque abbia la cittadinanza di uno Stato membro. La cittadinanza dell'Unione si aggiunge alla cittadinanza nazionale e non la sostituisce*»[2].

Questo capitolo entrerà più nello specifico per quanto riguarda le nozioni e le definizioni dei due tipi di cittadinanza evidenziandone, dal punto di vista giuridico e politico, la loro genesi, il loro sviluppo e le diverse applicazioni. Soprattutto, approfondirò il rapporto che intercorre tra le due, analizzando se e come esse possano essere messe in contrapposizione o se intercorra piuttosto una complementarità che le rende collegate, fintanto alleate. In seguito, evidenzierò quanto il tema della cittadinanza, specie nelle sue varie declinazioni di riconoscimento (*ius soli*, *ius sanguinis*, *ius scholae*), sia estremamente attuale nel dibattito politico italiano ed internazionale. Infine, metterò in luce l'aspetto della mobilità (migranti di seconda generazione, rifugiati, richiedenti asilo) cercando di inserire il soggetto nel contesto di questa edizione del *Rapporto Italiani nel Mondo*, provando ad evidenziare quanto la cittadinanza sia uno strumento essenziale per chi si vuole spostare, trasferire o risiedere in un altro paese.

Cittadinanza: nascita ed evoluzione

Il termine "cittadinanza" ha radici molto antiche. Nasce e si afferma con la *polis* greca, dove si era cittadini in quanto nati da genitori entrambi liberi e cittadini, e si esercitavano i diritti civili, di norma, appena raggiunti i 20 anni, ma a determinate condizioni (proprietà fondiaria, raggiungimento di un determinato censo minimo, ecc.).

Si passa poi all'esperienza giuridica romana che espande il diritto di cittadinanza facendo diventare *civis* (cittadino) chi nasce da padre cittadino, o, in assenza di giuste nozze, attraverso la nascita da madre, o per adozione da parte di padre cittadino, o per volontà collettiva di chi già possedeva la cittadinanza. Anche lo schiavo liberato da un cittadino romano acquisiva, oltre alla libertà, anche la cittadinanza. Con il passare del tempo vennero assimilati ai cittadini romani i cittadini legati a Roma da una sorta di accordo internazionale (*foedus aequm*), cosa che potrebbe anche in questo caso far pensare ad una sorta di cittadinanza europea *ante litteram,* ma l'accordo però prevedeva che si doveva rinunciare alla cittadinanza originaria.

Il momento che ha amplificato la similitudine, perfino il superamento, dell'applicazione odierna di cittadinanza si tocca nel 212 d.C. quando, con la *Constitutio Antoniniana*, l'imperatore Caracalla la concede a tutti gli uomini liberi dell'Impero. Forse il primo tentativo di "cittadinanza universale": *Historia magistra vitae*...

Ma è con il passaggio all'era contemporanea che il concetto si espande e soprattutto si politicizza. La Rivoluzione francese ridona alla cittadinanza la centralità perduta nel buio del Medioevo e limitata a sudditanza nell'era moderna. Il *citoyen* diventa non solo giuridicamente ma politicamente parte attiva, componente della

[2] Art. 20.1 del Trattato sul Funzionamento dell'Unione europea (TFUE).

nazione e depositario di sovranità (per il momento solo alcuni ceti benestanti). La Dichiarazione dei diritti dell'uomo e del cittadino del 1789 prima e la Costituzione francese del 1791 dopo, non solo misero la cittadinanza al centro del campo politico intesa come fonte e fruitrice della sovranità – *La Legge è l'espressione della volontà generale. Tutti i cittadini hanno diritto di concorrere, personalmente o mediante i loro rappresentanti, alla sua formazione*[3] – ma sancirono per la prima volta in assoluto nella storia il principio del suffragio universale (maschile) ovvero il diritto di voto a tutti i cittadini francesi[4]. Deve essere il Ventesimo secolo a fissare definitivamente il legame indissolubile tra la titolarità dei diritti politici e la cittadinanza quando tra rivoluzioni e conflitti mondiali si afferma storicamente il suffragio universale e il principio della sovranità popolare legata al diritto di cittadinanza.

La cittadinanza italiana

La cittadinanza italiana è la condizione della persona fisica (detta cittadino italiano) alla quale l'ordinamento giuridico dell'Italia riconosce la pienezza dei diritti civili e politici. In Italia il moderno concetto di cittadinanza nasce al momento della costituzione dello Stato unitario e si sviluppa, lo vedremo, con la Costituzione italiana. Attualmente disciplinata dalla legge 5 febbraio 1992, n. 91 che nel suo primo articolo definisce che: *È cittadino per nascita: a) il figlio di padre o di madre cittadini; b) chi è nato nel territorio della Repubblica se entrambi i genitori sono ignoti o apolidi, ovvero se il figlio non segue la cittadinanza dei genitori secondo la legge dello Stato al quale questi appartengono*. La cittadinanza italiana è basata principalmente sullo *ius sanguinis* e, solo in via residuale, sullo *ius soli*: lo *ius sanguinis*, per nascita, riconoscimento o adozione, da parte anche di un solo genitore, cittadino italiano, mentre lo *ius soli* consente di acquistare la cittadinanza ai nati in Italia da genitori apolidi, ovvero da genitori noti il cui ordinamento giuridico di origine non contempli lo *ius sanguinis*.

In aggiunta, è la nostra Costituzione che fornisce un principio generale: *Ogni individuo ha diritto ad una cittadinanza. Nessun individuo potrà essere arbitrariamente privato della sua cittadinanza, né del diritto di mutare cittadinanza* (art.15); poi, nell'articolo 22, ribadisce che: *nessuno può essere privato, per motivi politici, della capacità giuridica, della cittadinanza, del nome*. La *ratio* di partenza di queste disposizioni va inquadrata nella reazione agli arbitrii compiuti dal fascismo, che non solo aveva privato della cittadinanza italiana tutti gli antifascisti in esilio (legge n. 108/1926), ma aveva altresì stabilito delle gravi limitazioni alla cittadinanza e alla capacità giuridica nei confronti dei cittadini di "razza ebraica" (Regio decreto n. 1728/1938).

[3] Art. 6 della Dichiarazione dei Diritti dell'uomo e del cittadino.
[4] Diritto che però non venne applicato perché la Costituzione non entrò mai in vigore.

Aggiornando la *ratio* al presente, si riconosce alla cittadinanza un ruolo chiave per l'esercizio di diritti a cominciare da quello di eleggere e di essere eletti in assemblee rappresentative, di ricorrere presso i tribunali, di ricevere certi sussidi in caso di bisogno, di beneficiare della "protezione diplomatica" del proprio paese. Si comprende quindi il riferimento di John Fitzgerald Kennedy sul valore della cittadinanza, sull'orgoglio di essere definito cittadino inteso come fruitore e protagonista dell'arena politica e giuridica di uno Stato[5].

Ci si domanda, tuttavia, come sia possibile che un popolo di "poeti, santi e navigatori", una nazione che conta 6 milioni circa di iscritti AIRE e con 80 milioni di oriundi sparsi nel mondo[6] abbia una legge così "*difensiva*" per quanto riguarda la definizione e acquisizione della cittadinanza. La legge del 5 febbraio 1992, n. 91, votata agli albori del nuovo fenomeno migratorio ed imperniata sullo *ius sanguinis* andrebbe, anzi mi auguro andrà, come vedremo dopo, aggiornata. Risulta oggi invece una sorta di deterrente all'immigrazione, poco efficace e lungimirante, molto selettiva e discriminante basata sulla eredità degli antenati invece di guardare in avanti verso il sempre più crescente, direi piuttosto inarrestabile, fenomeno chiamato mobilità[7].

Occorre altresì dire che grazie a questa legge, l'ipotesi della doppia cittadinanza non è più eccezionale e soprattutto non comporta più la decadenza automatica di quella italiana come era in precedenza nel caso di cittadini che volevano acquisire anche la cittadinanza di altri Stati[8].

È anche in virtù di questo cambiamento che si è arrivati nemmeno dieci anni dopo all'approvazione della legge che garantisce l'esercizio del voto anche ai cittadini italiani residenti all'estero.

---

[5] Esistono poi casi, rarissimi, per cui tale diritto può essere tolto. La decadenza dalla cittadinanza italiana viene limitata in due ipotesi: quando il cittadino abbia accettato un impiego pubblico o una carica pubblica da uno Stato estero o da un ente internazionale cui l'Italia non partecipa, ovvero abbia prestato servizio militare per uno Stato estero e non ottemperi all'intimazione rivoltagli dal Governo italiano di abbandonare la carica, l'impiego o il servizio militare, oppure quando il cittadino, durante lo stato di guerra con uno Stato estero, abbia accettato o non abbia abbandonato un impiego pubblico o una carica pubblica o abbia prestato servizio militare per quello Stato senza esservi obbligato, ovvero ne abbia acquistato la cittadinanza volontariamente. Al di fuori di queste ipotesi, la cittadinanza italiana si può perdere per rinunzia espressa. Nel caso di perdita della cittadinanza italiana, è prevista, comunque, la possibilità di riacquistarla, se si soddisfano alcune condizioni, quali, ad esempio, la prestazione del servizio militare o l'assunzione di un impiego pubblico o lo stabilimento della propria residenza in Italia.

[6] Si veda: <https://torinonews24.it/news/quanti-sono-gli-oriundi-italiani-nel-mondo-ecco-la-popolazione-di-discendenza-italiana-nel-pianeta-lo-studio/>.

[7] Tra i benefici che si acquisiscono con la cittadinanza c'è anche quello di poter viaggiare e rientrare liberamente senza restrizioni.

[8] Non tutti gli Stati prevedono questa possibilità. Alcuni dei paesi che non ammettono la doppia cittadinanza sono: Spagna, Austria, Bosnia, Danimarca, Estonia, Ucraina, Cina, India, Filippine, Giappone, Emirati Arabi, Nigeria.

La cittadinanza europea

Abbiamo osservato come il concetto di cittadinanza abbia origini antiche e come, nel corso del tempo, abbia incorporato l'idea di appartenenza e partecipazione, due elementi strettamente collegati: si appartiene a una comunità, e in quanto membri di essa, si ha il diritto di partecipare, acquisendo diritti e assumendo doveri. Tuttavia, questo concetto è stato tradizionalmente concepito e coniugato solo al singolare (ad esempio, nell'antica Atene, come *civis romanus*, o nel celebre "*ich bin ein Berliner*"). Solo negli ultimi anni si è iniziato a discutere di cittadinanze multiple, come la doppia o la tripla cittadinanza. Ma è stato con l'avanzamento del processo di integrazione europea, a partire dai Trattati di Roma (1957) fino a quello di Lisbona (2007), che è emerso e si è consolidato un nuovo tipo di cittadinanza, di natura complementare: la cittadinanza europea. Questa nuova forma di cittadinanza non sostituisce, ma si affianca a quella nazionale, conferendo diritti e uno status giuridico distinti. «*Così, l'appartenenza ad un territorio, ad una comunità e ad una cultura definiti da confini nazionali è per la prima volta riferita anche ad un'entità di tipo sovranazionale, facendo formalmente venir meno la nazionalità quale connotazione ideologica esclusiva a base del concetto di cittadinanza. I cittadini europei non possono che avere nazionalità differenti, non essendo unificati su base etnica*»[9].

Si è però trattato di un lungo percorso. La genesi europea parte come un processo di integrazione economica e la priorità è evidentemente quella di garantire libertà di circolazione non per dei "cittadini", ma per dei "lavoratori". Nel corso degli anni, però, e con l'integrazione sempre più avanzata, accanto al completamento della dimensione economica sono emerse sempre più forti le spinte per collocare al centro della costruzione comunitaria il singolo individuo in quanto tale e non solo come *homo oeconomicus*[10].

Sarà il governo italiano durante la *Prima Conferenza al vertice della Comunità allargata*, tenutasi il 15 novembre 1972 ad avanzare, per la prima volta, l'idea di una cittadinanza europea[11].

Il sasso era stato lanciato, ma evidentemente i tempi non erano ancora maturi affinché potesse esser accolta l'idea di una cittadinanza comune, almeno formalmente.

Nel giugno del 1981, intanto, i rappresentanti dei governi degli Stati membri riuniti in sede di Consiglio approvarono finalmente l'istituzione di un passaporto

---

[9] Ennio Triggiani, *I residenti provenienti da Paesi terzi: cittadini senza cittadinanza?*, «Freedom, Security & Justice: European Legal Studies», n. 2, 2017.

[10] Si vedano: Fabrizio Barbaso, *L'Europa dei cittadini: realizzazioni e prospettive*, in Foro it., 1987, p. 152; Claude Blumann, *L'Europe des Citoyens*, «Revue du Marché commun et de l'UE», 1991, p. 283.

[11] Fu il Presidente del Consiglio, Giulio Andreotti, in quella circostanza, a proporre l'istituzione di una "cittadinanza" europea che avrebbe dovuto «aggiungersi alla cittadinanza di cui ciascuno degli abitanti dei nostri Paesi già gode»; si veda: Bollettino (Boll.) Ce n. 11/72, p. 9.

uniforme, convenendo che potesse essere rilasciato da tutti i Paesi al più tardi a partire dal 1° gennaio 1985.

Per sostanziali passi in avanti si dovette attendere il *Progetto di Trattato che istituisce l'Unione europea*, adottato dal Parlamento europeo il 14 febbraio 1984 che, nel suo art. 3, prevedeva l'istituzione di una "Cittadinanza dell'Unione"[12]. Il dibattito sulla strada da percorrere per il raggiungimento di una vera Cittadinanza europea si era decisamente aperto[13].

Fu poi un altro premier, questa volta lo spagnolo Felipe Gonzales, a farsi promotore nel 1990 di una proposta per configurare una Cittadinanza dell'Unione, da concepire come statuto personale e inseparabile dei cittadini degli Stati membri. Se l'iniziativa trovava ora l'accordo anche dei governi, voleva dire che il processo era diventato inarrestabile e l'idea di cittadinanza europea accettata. Andava solamente messa nero su bianco.

Istituita dal Trattato di Maastricht (1992), la cittadinanza europea è la condizione giuridica propria di ogni persona appartenente a uno Stato dell'Unione europea[14].

Dal 1992 viene quindi riscritto il concetto stesso di cittadinanza, prima simbolo per eccellenza dell'appartenenza al singolo Stato, ora invece istituto esteso a livello europeo.

Questo legame, questa estensione della cittadinanza nazionale potrebbe forse portare a dei contrasti o essere in qualche modo alternativa?

---

[12] Boll. Ce n. 6/84, p. 11.

[13] Per una completa ricostruzione delle tappe fondamentali che hanno portato alla cittadinanza europea si veda: Marcello Accorsi, *Cittadinanza europea: progetto politico per una Unione federale*, <https://www.europarl.europa.eu/RegData/etudes/etudes/join/1999/299342/IPOL-LIBE_ET(1999)299342_IT.pdf>.

[14] La cittadinanza dell'Unione implica per tutti i cittadini europei:

- il diritto di circolare e di soggiornare liberamente nel territorio degli Stati membri;
- il diritto di voto e di eleggibilità alle elezioni del Parlamento europeo e alle elezioni comunali nello Stato membro in cui risiedono, alle stesse condizioni dei cittadini di detto;
- il diritto di godere della tutela delle autorità diplomatiche e consolari di qualsiasi Stato membro, alle stesse condizioni dei cittadini di detto Stato, nel territorio di un paese terzo (non appartenente all'UE) nel quale lo Stato membro di cui hanno la cittadinanza non è rappresentato;
- il diritto di petizione dinanzi al Parlamento europeo e il diritto di rivolgersi al Mediatore nominato dal Parlamento europeo (entrambi sanciti dall'articolo 24 TFUE), per denunciare casi di cattiva amministrazione inerenti alle attività delle istituzioni o degli organi dell'Unione;
- il diritto di scrivere alle istituzioni o agli organi dell'Unione in una delle 24 lingue ufficiali dell'UE e di ricevere una risposta nella stessa lingua;
- il diritto di accedere ai documenti del Parlamento europeo, del Consiglio e della Commissione a determinate condizioni;
- il diritto di iniziativa legislativa.

Cittadinanza italiana e cittadinanza europea. Rivalità o complemento?

La cittadinanza dell'Unione europea si aggiunge alla cittadinanza nazionale, senza però sostituirla, in un rapporto di interdipendenza dove il possesso della cittadinanza nazionale è condizione necessaria per acquisire quella europea. In modo innovativo, la cittadinanza dell'Unione ridefinisce il concetto tradizionale di cittadinanza, che storicamente rappresentava l'appartenenza a un singolo Stato, estendendolo ora a una dimensione europea.

Questa cittadinanza europea crea una comunità e uno spazio politico e geografico in cui i cittadini possono beneficiare di uno status giuridico uniforme e godere di diritti paritari, simili a quelli garantiti all'interno di uno Stato sovrano. Sebbene condivida con la cittadinanza nazionale la natura di rapporto giuridico tra il cittadino e l'ente di appartenenza, la cittadinanza dell'Unione si distingue per il fatto che prevede esclusivamente diritti, senza l'imposizione di specifici doveri inderogabili. Inoltre, si tratta di uno status che non possiede autonomia propria, poiché il diritto dell'Unione non stabilisce criteri indipendenti per l'attribuzione della cittadinanza europea, legandola strettamente alla cittadinanza degli Stati membri.

Non vi è dunque nessuna rivalità o concorrenza nel possesso di entrambe le cittadinanze. Siamo di fronte ad una *conditio sine qua non*, la cittadinanza europea ha carattere «ancillare»[15], ovverosia «duale»[16], nel senso che il suo riconoscimento è connesso al possesso della nazionalità di uno dei paesi dell'Unione. Un fatto che potrebbe avere delle similitudini, come ad esempio in Svizzera[17], ma nondimeno rappresenta una novità.

La cittadinanza dell'Unione europea non può essere pienamente compresa se limitata alla sola dimensione giuridica, poiché il suo significato è profondamente politico. Essa mira a rafforzare un senso di appartenenza a un progetto comune e condiviso, senza tuttavia creare un vero e proprio popolo europeo.

Successivamente al Trattato di Maastricht, nel 2000, è stata solennemente proclamata la Carta dei diritti fondamentali dell'Unione europea, che è diventata un pilastro normativo per la tutela dei diritti fondamentali all'interno dell'Unione. La cittadinanza europea è stata inclusa nella Carta sotto il Titolo V, riconosciuta come un diritto fondamentale e inalienabile, oltre che come un istituto giuridico. A conferire ulteriore concretezza e supporto giuridico a questa cittadinanza è intervenuta

---

[15] Sabino Cassese, *La Cittadinanza europea e le prospettive di sviluppo dell'Europa*, «Rivista italiana di Diritto pubblico comunitario», 1996, n. 5, p. 866.

[16] Vincenzo Lippolis, *La Cittadinanza europea*, «Quaderni Costituzionali», 1993. Per una più ampia e dettagliata analisi storica di quella fase, consiglio di consultare lo studio del Parlamento europeo curato da Marcello Accorsi, *La Cittadinanza europea: progetto politico per un'Unione Federale;* <https://www.europarl.europa.eu/RegData/etudes/etudes/join/1999/299342/IPOL-LIBE_ET(1999)299342_IT.pdf >.

[17] Maurice Croisat - Jean-Louis Quermonne, *L'Europe et le fédéralisme*, Montchrestien, Paris, 1996, pp. 21-52.

la Corte di Giustizia europea, che ha rafforzato e chiarito la natura di questo importante "miracolo" europeo [18].

Il grande cambiamento concettuale e la principale differenza tra cittadinanza nazionale ed europea risiedono proprio in questo: mentre la prima mantiene un profilo ancora fortemente "identitario", segnando e definendo l'appartenenza a uno Stato, la seconda va oltre l'espressione della sovranità statale per assumere un carattere non solo sovranazionale, ma strumentale.

La cittadinanza europea è infatti legata alla sua funzione di strumento che consente di usufruire di una serie di diritti, tra cui, come abbiamo visto, quello originario di muoversi liberamente all'interno dei paesi che la riconoscono[19].

---

[18] Nella causa C-135/08, Janko Rottmann/Freistaat Bayern, l'avvocato generale Poiares Maduro della Corte di Giustizia dell'Unione europea ha spiegato la differenza (punto 23 delle conclusioni dell'avvocato generale): «Si tratta di due nozioni allo stesso tempo inestricabilmente connesse e autonome. La cittadinanza dell'Unione presuppone la cittadinanza di uno Stato membro, ma è anche una nozione giuridica e politica autonoma rispetto a quella di cittadinanza nazionale. La cittadinanza di uno Stato membro non consente solo l'accesso al godimento dei diritti conferiti dal diritto comunitario, essa ci rende cittadini dell'Unione. La cittadinanza europea costituisce inoltre qualcosa in più di un insieme di diritti che, di per sé, potrebbero essere concessi anche a coloro che non la possiedono. Essa presuppone l'esistenza di un collegamento di natura politica tra i cittadini europei, anche se non si tratta di un rapporto di appartenenza ad un popolo. [...] Esso si fonda sul loro impegno reciproco ad aprire le rispettive comunità politiche agli altri cittadini europei e a costruire una nuova forma di solidarietà civica e politica su scala europea. Il nesso in questione non presuppone l'esistenza di un unico popolo, ma di uno spazio politico europeo, dal quale scaturiscono diritti e doveri. Poiché non implica l'esistenza di un popolo europeo, la cittadinanza dell'Unione è concettualmente scissa dalla cittadinanza nazionale. Come ha osservato un autore, il carattere radicalmente innovativo della nozione di cittadinanza europea risiede nel fatto che "l'Unione appartiene a, è composta da, cittadini che per definizione non condividono la stessa nazionalità". Al contrario, facendo della cittadinanza di uno Stato membro una condizione per essere un cittadino europeo, gli Stati membri hanno voluto sottolineare che questa nuova forma di cittadinanza non rimette in discussione l'appartenenza primaria alle nostre comunità politiche nazionali. Pertanto, tale nesso con la cittadinanza dei diversi Stati membri costituisce un riconoscimento del fatto che può esistere (e di fatto esiste) una cittadinanza che non è determinata dalla nazionalità. È questo il miracolo della cittadinanza dell'Unione: essa rafforza i legami che ci uniscono ai nostri Stati (dato che siamo cittadini europei proprio in quanto siamo cittadini dei nostri Stati) e, al contempo, ci emancipa (dato che ora siamo cittadini al di là dei nostri Stati). L'accesso alla cittadinanza europea passa attraverso la cittadinanza di uno Stato membro, che è disciplinata dal diritto nazionale, ma, come qualsiasi forma di cittadinanza, costituisce il fondamento di un nuovo spazio politico, dal quale scaturiscono diritti e doveri che vengono fissati dal diritto comunitario e non dipendono dallo Stato. [...] Pertanto, se è vero che la cittadinanza di uno Stato membro condiziona l'accesso alla cittadinanza dell'Unione, è altrettanto vero che l'insieme dei diritti e degli obblighi inerenti a quest'ultima non può essere limitato ingiustificatamente dalla prima».

[19] Il diritto di circolare e di soggiornare liberamente nel territorio degli Stati membri è sancito dall'articolo 21 TFUE. Ciò significa che non sono necessari visti né permessi di lavoro o di soggiorno e che i familiari hanno diritto al ricongiungimento, indipendentemente dalla loro nazionalità. I lavoratori subordinati e autonomi dell'UE possono soggiornare in un altro Stato membro dell'Unione per più di tre mesi senza dover soddisfare condizioni particolari.

Mobilità, migrazione e cittadinanze. Il bisogno di una visione di insieme

Nelle pagine precedenti ho ripercorso le tappe che hanno caratterizzato la nascita e lo sviluppo del concetto di cittadinanza e provato ad illustrare come negli ultimi, ultimissimi anni, si siano affiancati altri modelli: quello della cittadinanza multipla e quello della cittadinanza complementare. Ho evidenziato poi quanto in realtà non persista nessuna rivalità tra quella cosiddetta nazionale e le altre, ma anzi, specie nel caso di quella europea, vi sia un rapporto di dualismo e di funzionalità reciproca.

Ora, a guisa di conclusione di questo saggio, accennerò alcuni degli aspetti dell'attuale, attualissimo, dibattito politico sull'ampiamento della cittadinanza italiana mettendo poi in luce gli intrecci con due fondamentali temi del *Rapporto Italiani nel Mondo*: mobilità e migrazione.

Quello del riconoscimento della cittadinanza italiana è attualmente uno dei temi più caldi e dibattuti del panorama politico italiano. Sui soggetti a cui riconoscerla, sul quando e sul perché, sono saltate logiche di appartenenza e di fedeltà partitica. Di condiviso, forse, l'esigenza di affrontare il tema dopo vari tentativi affondati nel mare dell'ideologia e della strumentalizzazione.

Intanto, qualche dato. Come scrive Tito Boeri, «*Negli ultimi anni siamo stati il Paese dell'Unione europea che ha concesso la cittadinanza al maggior numero di residenti stranieri, sia in termini assoluti che relativamente alla popolazione*»[20], ma siamo allo stesso tempo il Paese che ha una legge sulla cittadinanza molto restrittiva, non adeguata al contesto di mobilità continua, di crescente immigrazione e di bassissima natalità.

Oggi circa un milione e 300 mila figli di immigrati vivono in Italia, il 75% dei quali sono nati in Italia e più della metà ha meno di dieci anni. Non solo parlano la nostra lingua, ma la stragrande maggioranza di questi bambini frequenta la scuola italiana. Non sarebbe tempo di dare a questa "popolazione scolastica" una prospettiva concreta ed immediata di piena integrazione? Ha ancora senso precludere fino al diciottesimo anno di età ogni possibilità di acquisire il diritto di cittadinanza?

Credo siano domande retoriche. È urgente superare lo *ius sanguinis*, in quanto radicato, come abbiamo potuto vedere, ad una visione ancora molto novecentesca, identitaria, della cittadinanza. Viviamo il tempo delle cittadinanze multiple, tema noto non solo alla maggioranza degli italiani che vivono all'estero, ma anche alle nuove generazioni con appartenenze "multiple", identità "transazionali", con famiglie di nazionalità differenti, ecc., che sfidano l'idea di singolarità e faticano a vedere riconosciuti i propri diritti tra i mille cavilli – "lacci e lacciuoli" – delle pratiche burocratiche amministrative italiane.

È evidente che la "cittadinanza" è anche un passaporto che consente di spostarsi liberamente nel mondo. E in questo senso la cittadinanza italiana – che è anche una

[20] *Il valore della cittadinanza: ecco perché la legge va cambiata*, «la Repubblica», 21 agosto 2024.

cittadinanza europea – è un viatico estremamente potente[21]. Lo è per i discendenti di emigrati, ma lo è anche per i giovanissimi di seconda generazione che spesso emigrano da adulti verso Paesi diversi.

Occorre dunque una visione di insieme, fluida come dovrebbe essere la cittadinanza oggi.

Se fino a qualche tempo fa la statistica si poteva permettere di ignorare questi cambiamenti perché riguardavano una parte minoritaria della popolazione, oggi, come testimonia questo *Rapporto*, non è più così e sempre meno lo sarà in futuro. A livello nazionale ed europeo l'accesso al diritto di cittadinanza andrebbe dunque esteso, a partire dalle nuove generazioni scolastiche (*ius scholae*), includendo anche gli adulti provenienti dai Paesi terzi, aperta quindi ai cosiddetti "stranieri lungo residenti"[22].

La doppia, ma sempre più spesso la multipla cittadinanza, dovrà essere considerata una consuetudine se si vorrà dare conto davvero della complessità di un mondo sempre più interconnesso e mobile. La Cittadinanza europea, garante della mobilità e dei diritti che essa comporta, certamente rappresenta in questo contesto il baluardo di un processo in continua evoluzione.

[21] La libera circolazione delle persone, oltre a rappresentare una delle quattro libertà fondamentali, è elemento portante della Cittadinanza dell'Unione.

[22] «Nonostante i venti contrari, l'obiettivo per una progressiva reale parificazione fra persone che vivono stabilmente nello stesso territorio resta quello di una cittadinanza europea oggetto di autonoma regolamentazione ed estesa anche agli stranieri lungo-residenti, caratterizzata da una visione di convivenza, sia tra i cittadini degli Stati membri diversi, o tra cittadini e stranieri, che è insostituibile per l'integrazione europea» Ennio Triggiani, *I residenti provenienti* [...], cit., p. 68.

LE ELEZIONI EUROPEE 2024 E GLI ITALIANI ALL'ESTERO. Significato politico e analisi dei livelli di cittadinanza

FRANCESCO CERASANI, Funzionario al Parlamento europeo

Introduzione

Come incipit di questo articolo è doveroso ricordare due personalità emblematiche per le comunità italiane all'estero, il cui vuoto è emerso con ancora più forza proprio in occasione delle recenti elezioni europee: i compianti David Sassoli, Presidente del Parlamento europeo, e Michele Schiavone, Segretario Generale del Consiglio Generale Italiani all'Estero (CGIE).

Entrambi, spesso con azioni politiche e istituzionali condotte in sinergia, hanno svolto un ruolo essenziale per riempire di significato il concetto stesso di cittadinanza europea, in particolare attraverso un impegno comune per rafforzare l'accesso al voto per le elezioni europee e per favorire i diritti di mobilità, che proprio della cittadinanza UE sono un corollario diretto.

Per Sassoli, la tutela della qualità della democrazia e la difesa delle forme di partecipazione e rappresentanza sono stati punti centrali per tutto il proprio mandato elettorale, come dimostra l'insistenza per l'istituzione di una commissione speciale del Parlamento europeo per la lotta contro le interferenze straniere, in particolare russe, dirette contro l'UE e contro i sistemi democratici. Un pensiero lungimirante, guardando a tanti recenti episodi di contaminazione tra interferenze straniere e forze di estrema destra e nazionaliste, nonché alla tragica evoluzione degli eventi che hanno portato alla guerra di aggressione russa contro l'Ucraina.

Michele Schiavone, nel proprio impegno politico di azione costante e di testimonianza, ha dedicato al legame con i diritti di cittadinanza europea uno sforzo concreto e una visione coerente, fino all'ultimo delle proprie forze. Numerosi sono stati i suoi appelli e campagne volti a superare la discriminazione che esclude gli italiani residenti fuori dai Paesi UE dal poter votare direttamente presso le strutture consolari alle elezioni europee, un tema che sarà approfondito più avanti nell'articolo, con uno specifico riferimento proprio alle proposte elaborate in tal senso dal Parlamento europeo, e rimaste inascoltate in virtù del veto opposto dagli Stati membri.

Non sembri paradossale che a mettere in luce in modo così strategico l'importanza della dimensione europea per rafforzare i diritti e le politiche a sostegno degli italiani all'estero sia stato un italiano residente fuori dall'Unione europea.

Come Schiavone amava ricordare, gli italiani all'estero sono stati i primi cittadini europei in mobilità, se pensiamo che già dal giugno del 1946 sono stati formalmente avviati i primi accordi di emigrazione del Dopoguerra, in quel caso con un paese come il Belgio, in un percorso parallelo al crescente cammino verso l'integrazione europea.

La storia stessa dell'emigrazione italiana all'estero d'altronde lo dimostra: proprio la progressiva crescita dell'integrazione europea, e in particolare la maggiore cogenza del diritto comunitario, hanno determinato un impatto decisivo sull'incremento dei diritti sociali, pensionistici, sanitari, culturali, di circolazione, per tante generazioni di italiani (si pensi in tal senso anche al lavoro e all'impegno di Daniele Rossini, di cui proprio quest'anno cade il decennale della scomparsa[1]).

Questo ha generato un effetto positivo e indiretto anche sui tanti che risiedono fuori dall'Unione europea, se pensiamo ad esempio alla protezione rafforzata per lavoratori, pensionati, giovani in mobilità, ovunque nel mondo, proprio grazie ad alcuni principi inderogabili di cittadinanza europea, di cui l'elezione diretta dei membri del Parlamento europeo è un corollario decisivo.

Le modalità di voto

Sono molto variegate le modalità di voto per le elezioni europee previste dalla normativa in materia per gli italiani all'estero.

Si tratta di tipologie che, sotto le differenze di natura tecnica, offrono uno spettro molto ampio delle forme di rappresentanza e di partecipazione politica degli italiani all'estero, una pluralità che contiene in sé tutte le diverse prospettive e tendenze della partecipazione politica degli italiani all'estero, in una dialettica sempre crescente tra sviluppo di una rappresentanza genuinamente radicata nel paese di residenza e ispirata alla cittadinanza europea, e la tutela del diritto di voto universale, in tutti i continenti e fondata sul principio di un radicamento prioritario con l'Italia.

La forma più ordinaria consiste nella possibilità di votare da iscritti all'Anagrafe degli Italiani Residenti all'Estero (AIRE), con due differenze fondamentali rispetto alla disciplina di voto per gli italiani all'estero in occasione delle elezioni politiche. In primo luogo, il diritto di voto non si esercita per corrispondenza tramite l'invio di plichi elettorali, ma avviene presso seggi istituiti in ogni circoscrizione consolare.

---

[1] Daniele Rossini è stato per molti anni coordinatore del Patronato ACLI in Belgio, diventando un punto di riferimento per la comunità italiana all'estero anche per aver promosso numerose azioni presso la Corte di Giustizia relative alla corretta applicazione dei principi comunitari di cittadinanza, di libera circolazione, di diritto alla salute.

Viene meno uno degli elementi essenziali alla base della legge 459/2001, ovvero la ricerca della massima democraticità e partecipazione, considerato un principio basilare fino al punto di prevedere un oneroso invio postale a tutta la popolazione elettorale nel mondo, e mantenuto come inderogabile nonostante precedenti tentativi (per esempio durante le elezioni dei Comites 2015) di creare un opt-out con una lista di elettori attivi.

Un secondo elemento di limitazione riguarda l'attribuzione di tale modalità di voto presso i consolati solamente ai cittadini italiani residenti in un Paese UE, principalmente per tacite necessità di razionalizzazione dei costi. Tale discriminazione ha suscitato una vasta eco di proteste e determina un'evidente restrizione del bacino elettorale, che in occasione delle elezioni europee 2024 copriva un totale di 1.662.000 elettori, a fronte invece della popolazione elettorale globale di 4.744.000, stando ai dati delle politiche 2022.

La definizione di diritti politici riservati a una categoria delimitata della comunità italiana all'estero ha certamente rilevanza, se vista come possibile premessa di una ulteriore evoluzione verso altri diritti di cittadinanza, come paventato ad esempio in alcune riflessioni in materia di flessibilità nell'iscrizione all'AIRE – specie le più giovani generazioni – o nell'erogazione da parte del paese di residenza di alcuni documenti amministrativi, a condizione di essere residenti nell'UE.

Questa modalità ordinaria prevede l'iscrizione automatica all'interno delle liste elettorali di ogni cittadino residente in un Paese UE. Ad ogni elettore all'estero è assegnata la scheda corrispondente alla circoscrizione elettorale (une delle cinque esistenti in l'Italia), in base all'ultimo comune di residenza in Italia. Non esiste quindi per le elezioni europee la componente specifica di una rappresentanza diretta per gli italiani all'estero, che è la caratteristica centrale della legge 459/2001, né d'altronde simili forme di rappresentanza diretta sono previste da altri Paesi europei. In merito a questa considerazione, va da sé che la modalità italiana per l'elezione dei parlamentari europei tramite l'indicazione di preferenze renda di gran lunga più difficile per un cittadino residente all'estero ottenere chances di elezione. In altri Paesi europei – ad esempio la Spagna – non è rara invece l'elezione di residenti all'estero inseriti in liste bloccate nazionali.

In occasione delle elezioni politiche, sono purtroppo noti alcuni episodi di disfunzionalità nell'organizzazione del voto degli italiani all'estero, soprattutto in relazione alla ricezione dei plichi postali.

Sebbene il voto per le europee avvenga presso le strutture consolari, nondimeno sono state segnalate difficoltà di natura logistico-organizzativa, segnatamente per le lunghe file di attesa e per i numerosi casi di mancata ricezione della convocazione elettorale.

Interrogata in merito, la Direzione Generale per gli italiani all'estero e le politiche migratorie presso il Ministero degli Affari Esteri e della Cooperazione Internazionale (MAECI), che ha cortesemente accettato di rispondere ad alcune sollecitazioni in preparazione del presente articolo, ha voluto esprimere un giudizio complessivamente positivo dal punto di vista organizzativo, sottolineando in particolare l'incremento delle sezioni istituite presso le circoscrizioni consolari (+13% rispetto al 2019). Nel dettaglio, sono state istituite 451 sezioni elettorali rispetto alle 471 del 2019, ma che in quella occasione includevano anche le 73 sezioni istituite nel Regno Unito, oggi fuori dall'Unione europea.

Stando a brevi commenti ottenuti da parte di componenti dei seggi[2], si sottolineano in particolare come maggiori criticità e causa dei tempi di attesa ai seggi l'utilizzo di elenchi degli elettori ancora in modalità cartacea e, soprattutto, un numero di elettori molto alto – circa 4500 a sezione, pari a circa tre volte la media di una sezione elettorale italiana – con un impatto gravoso al momento della vidimazione delle schede.

Al netto di possibili disservizi, il sistema di identificazione degli elettori è parso particolarmente anacronistico in confronto alle modalità usate da altri Paesi europei, per i quali in molti casi è sufficiente presentarsi ai seggi elettorali dei rispettivi consolati, se si è iscritti all'anagrafe locale, senza convocazioni né documentazione aggiuntiva.

Problemi sono stati riportati anche per i cittadini di più recente iscrizione AIRE, che spesso non hanno avuto riscontro della cancellazione dal registro elettorale del comune di residenza, e che sono stati costretti a chiedere con urgenza fino allo stesso giorno di voto, tramite mail Pec, il nullaosta al voto in sede estera.

Alla modalità di voto presso le strutture consolari si aggiunge un'altra tipologia numericamente più esigua, ovvero la **possibilità per i non iscritti AIRE residenti in un Paese UE ma solo temporaneamente, di poter richiedere l'iscrizione alle liste elettorali consolari**, seguendo poi la medesima procedura ordinaria.

Il boom della mobilità nell'ultimo decennio ha posto con forza il tema della inclusione di tale parte della popolazione all'interno di forme di diritti politici e di rappresentanza, in considerazione anche della poca flessibilità nelle regole di iscrizione AIRE, nonché della generale incertezza rispetto al proprio futuro per le generazioni residenti all'estero.

Alcune mobilitazioni in questo senso hanno avuto vasta eco nazionale, come in occasione delle politiche 2022, in cui già fu previsto, per gli elettori ed i loro familiari conviventi che, per motivi di lavoro, studio o cure mediche si trovassero temporaneamente all'estero per un periodo di almeno tre mesi, potessero chiedere di votare per corrispondenza all'estero.

Secondo dati forniti dalla Direzione Generale per gli italiani all'estero, gli elettori temporaneamente all'estero che hanno chiesto di votare presso i seggi istituiti dalle sedi consolari nei Paesi UE sono stati 4.357 all'AIRE, una cifra probabilmente da considerare come più esigua rispetto a certe aspettative. Come parziale

[2] Si ringrazia in particolare Claudio Sartorelli, presidente presso uno dei seggi istituiti dal Consolato di Bruxelles, per aver condiviso alcune impressioni in merito allo svolgimento e alla organizzazione del voto.

spiegazione di tale dato, si può ricordare che un elemento sostanziale per il pieno godimento di un diritto ne è la diffusione presso la cittadinanza. In occasione delle elezioni politiche 2022, convocate in urgenza, come è noto, la scadenza per i non AIRE fu indicata in piena estate, il 24 agosto, con un conseguente scarso numero di registrazioni, mentre nel caso delle europee 2024 la scadenza del 21 marzo è stata fissata con qualche mese di preavviso. Rimane aperta la riflessione su quali forme di pubblicità istituzionali siano più adeguate oggi, poiché l'impressione è che, senza la spinta informale delle forze politiche, associative e dei social media (gruppi Facebook degli italiani all'estero) una asettica comunicazione da parte delle autorità consolari non sarebbe stata sufficiente. E d'altronde, il tema di come modernizzare la comunicazione tra autorità pubbliche e reti delle comunità all'estero è stato molto approfondito nel *Rapporto Italiani nel Mondo* (RIM), considerando la necessità di una maggiore sussidiarietà orizzontale, a partire dal ruolo del mondo associativo.

Un'altra tipologia concerne la possibilità di optare **per votare presso il proprio comune di iscrizione AIRE in Italia**, avviando una richiesta formale al sindaco, entro 48 ore dal voto, di essere aggiunti all'elenco del proprio seggio di appartenenza. Evidentemente per i residenti extra UE, esclusi dal diritto di voto presso le strutture consolari, la norma non prevede alcun procedimento ulteriore.

Tale modalità di voto è certamente l'opzione più "italiana" tra tutte quelle a disposizione per l'elettorato, non solo perché si votano liste italiane, ma addirittura perché si esercita tale opzione in Italia, come se plasticamente non si appartenesse più al corpo elettorale AIRE.

Tale opzione è disponibile anche per le elezioni politiche, ma nel contesto delle elezioni europee ne possono essere sottolineati alcuni elementi peculiari, finanche contradditori, in primo luogo per il contrasto più marcato con il principio della cittadinanza europea e con il diritto di poter votare presso le liste del paese di residenza, e poi per la contraddizione con la generale possibilità di "votare dove si vive".

Non è noto il dato di quanti abbiano optato per votare in Italia, per ammissione della Direzione Generale per gli italiani all'estero e le politiche migratorie MAECI, poiché la richiesta poteva essere rivolta al comune di iscrizione elettorale entro il 7 giugno e tramite canali di comunicazione non conosciuti dalla Farnesina.

Dalla modalità più italiana si passa poi a quella più europea di tutte, ovvero la **possibilità di votare presso liste del paese di residenza**. I procedimenti amministrativi possono variare a seconda dei paesi membri (scadenze per registrarsi, eventuali ammende in caso di assenza ingiustificata in quei paesi ove il voto è obbligatorio), ma il diritto è sancito in modo solenne, dal Trattato di Maastricht in poi e applicato tramite direttiva 93/109/EC, poi seguita da vari aggiornamenti normativi. Tale quadro legislativo si fonda sull'applicazione del principio di non discriminazione ed è un corollario del principio di libera circolazione, che supera definitivamente il requisito del godimento della nazionalità per godere di taluni diritti.

Il numero, stando ai dati forniti dalla Direzione Generale per gli italiani all'estero e le politiche migratorie MAECI, degli optanti per il voto a favore dei candidati a membro del Parlamento europeo spettanti allo Stato di residenza si è ridotto rispetto al 2019: le elezioni europee 2024 contano 125 mila dei cosiddetti elettori optanti a fronte dei 162 mila del 2019. Va tenuto conto tuttavia che i cittadini in possesso di due o più cittadinanze di Paesi dell'UE non sono compresi in tali conteggi, in quanto iscritti automaticamente in più liste elettorali, benché obbligati a esprimere il proprio voto in uno solo dei paesi di cui sono cittadini.

Come tendenza generale, è evidentemente riscontrabile un più forte interesse a partecipare nelle liste dei paesi di residenza da parte delle generazioni con una più storica integrazione, mentre per le più giovani generazioni avviene in misura certamente minore, a conferma di una certa reticenza in chi risiede all'estero da meno tempo a recidere il legame politico con l'Italia.

Il principio della cittadinanza europea, oltre al diritto di voto, prevede anche il diritto a candidarsi presso le liste del paese di residenza, misura che costituisce non solo il superamento di una discriminazione tra cittadini europei, ma che ha il potenziale di creare progressivamente e in modo tangibile un nucleo di rappresentanza transnazionale.

Negli ultimi trent'anni, sebbene tale misura sia stata di limitata applicazione, nondimeno è possibile riportare alcuni casi rilevanti di candidature e, più limitatamente, di elezioni di italo-discendenti o di cittadini italiani. Nella maggior parte dei casi, si tratta di figure che avevano precedentemente optato per la nazionalità del paese di residenza, laddove la doppia nazionalità ancora non era concessa, come è stato il caso dei deputati belgi Marie Arena e Marc Tarabella e, più recentemente, dell'ex Primo Ministro belga Elio Di Rupo, appena eletto parlamentare europeo nella corrente legislatura.

È anche interessante da riportare la recente elezione nella SPD tedesca di Vivien Costanzo, in possesso di doppia nazionalità e figlia di un *Gastarbeiter*: si tratta, in questo caso, di un'esponente della seconda generazione.

Possono essere visti, inoltre, come esempi ancora più compiuti di cittadinanza europea alcuni casi di cittadini italiani di prima generazione eletti al Parlamento europeo, come è il caso di Monica Frassoni, già co-presidente dei Verdi europei, nel cui gruppo parlamentare fu eletta prima nelle liste belghe nel 1999 e poi in quelle italiane nel 2004. Sempre recentemente, è da ricordare anche il percorso politico che ha portato l'ex sottosegretario e già parlamentare italiano Sandro Gozi a essere eletto per due legislature nelle liste del partito del presidente francese Macron.

Analisi elettorale[3]

Le modalità di voto presentate non rendono facile un'analisi complessiva del comportamento elettorale degli italiani all'estero nel corso delle ultime elezioni europee.

---

[3] Per i dati presentati in questa sezione si fa riferimento al Portale *Eligendo* del Ministero dell'Interno.

Si tratta di un problema in primo luogo quantitativo perché il dato scorporato riguarda solo gli italiani residenti nei Paesi UE e permette, quindi, solo una parziale verifica della partecipazione e dell'analisi del consenso.

Anche rispetto ai dati disponibili in Europa, si tratta di un esercizio solo parzialmente sufficiente perché togliere dalla comparazione politica le comunità italiane nel Regno Unito e in Svizzera significherebbe espungere due tra le componenti più rilevanti per la comunità italiana nel mondo, non solo per peso demografico ma anche per valenza politica.

Tutto questo rende quindi meno lineare una lettura evolutiva del voto all'estero in comparazione con le più recenti tornate e d'altronde è altrettanto spurio paragonare i risultati delle europee 2019 con quelli del 2024, perché cinque anni fa il Regno Unito era ancora formalmente membro dell'UE.

Nondimeno, l'esito delle elezioni europee offre sia quantitativamente che qualitativamente numerosi spunti di riflessione, a cominciare in primo luogo dall'analisi della partecipazione elettorale, che continua ad attestarsi su percentuali molto basse. Si riscontra una tendenza a un lieve calo, con una media del 7,1%, a fronte di un dato del 7,64% nel 2019 (con Regno Unito ancora compreso), sebbene in linea generale, il calo nella partecipazione al voto dei connazionali residenti all'estero non sia maggiore rispetto al calo registrato nell'elettorato residente in Italia, passato dal 56,09% del 2019 al 49,69%.

Il dato presenta picchi di bassa affluenza più accentuati in Germania, al 5% (era il 6,1% cinque anni prima) ed è più incoraggiante in Francia (8,4%) e stabile in Belgio (6,1%).

Una lettura interessante viene dall'analisi delle singole circoscrizioni elettorali. Emerge una tendenza generale verso una partecipazione elettorale quasi doppia rispetto alla media per la circoscrizione Nord-Ovest (quasi 15% in Belgio, 13% in Germania) e alta anche per il Centro e il Nord-Est, mentre sono particolarmente basse le cifre per la circoscrizione Isole (3,2% in Germania, 2,9% in Belgio) e Sud (3,5% in Germania, 4,5% in Belgio).

È certamente legittima l'obiezione che i cittadini italiani provenienti da Isole e Sud possano avere una storia di integrazione più radicata, e che sia quindi plausibile la scelta di votare in misura maggiore presso le liste dei paesi di residenza, e allo stesso modo anche che la nuova emigrazione, più legata politicamente e culturalmente all'Italia, abbia proprio nel Nord-Ovest e nel Centro la propria origine prevalente. Tuttavia, alla lettura di questi dati, cresce l'impressione di una progressiva pauperizzazione della partecipazione politica in alcune sacche di emigrazione storica, la cui origine geografica può aiutare a compiere un'analisi generale.

Di fronte a dati così esigui nella partecipazione politica, può risultare meno interessante procedere a un'analisi qualitativa degli orientamenti politici, tuttavia l'occasione delle europee è un test utile a comprendere l'evoluzione all'interno dell'elettorato.

Il principale punto di confronto sono le ultime elezioni politiche del 2022, sebbene appunto l'analisi sia spuria in virtù della restrizione del voto a soli 26 paesi, ed è altrettanto interessante una comparazione con le precedenti europee 2019.

Guardando al 2022, il primo dato da analizzare è una certa stabilità tra i tre partiti di centro-destra, allora riuniti in un'unica lista che arrivò al 28%, e la cui somma alle recenti europee si avvicina al 27,5%. La tendenza è di una chiara leadership di *Fratelli d'Italia* all'interno della coalizione (18,5%,), a discapito del 5% di *Forza Italia* e solamente del 3,8% per la *Lega*, in totale opposizione con il precedente risultato delle europee 2019, dove era la *Lega* ad essere al 18% e *Fratelli d'Italia* solamente al 2,5%. Il dato del centrodestra colpisce per la grande distanza dai risultati nazionali (solo per *Fratelli d'Italia*, dieci punti percentuali sotto la media italiana), ma la prevalenza del centrosinistra corrisponde d'altronde a una tendenza radicata tra gli italiani all'estero, in particolare in Europa. In questo campo, il *Partito Democratico* si attesta al 30,3%, solo un punto in meno rispetto al dato del 2022, e sempre nell'area del centrosinistra emerge il risultato di *Alleanza Verdi* e *Sinistra*, con il 17,8%, molto superiore non solo al già incoraggiante risultato delle politiche 2022 in Europa (9,3%), ma soprattutto alla media nazionale 2024, al 7%. Un arretramento graduale si conferma invece per il *Movimento Cinque Stelle*, che passa dal 13,7% delle europee 2019, al 7,8% di oggi, con l'intermezzo dell'11,6% ottenuto nelle politiche 2022.

Un ulteriore motivo di analisi nel comprendere le evoluzioni dell'elettorato riguarda le variazioni all'interno di alcuni Paesi europei.

Sono interessanti da riportare il risultato sopra la media del *Partito Democratico* in Belgio (35%) e Francia (32,1%), mentre lo stesso partito scende al 26,6% in Spagna. Per tutti e tre i dati, si tratta di una tendenza costante guardando ai risultati 2019 e 2022.

Fratelli d'Italia si attesta leggermente sopra la media europea in Germania (20,2%) e soprattutto in Spagna (29,5%), mentre in Belgio non va oltre il 14,6%.

Degno di nota per i *Cinque Stelle* il risultato in Germania (9,5%), mentre in Belgio scende al 5,4%. Poco rilevanti invece le variazioni per gli altri partiti all'interno dei Paesi europei.

Il caso degli italiani residenti fuori dai Paesi UE

Come approfonditi in analisi elaborate dalla Commissione e dal Parlamento europeo[4], le modalità di voto dall'estero per le elezioni europee variano in modo molto considerevole.

Nell'analizzare questa differenza, va in primo luogo ricordata la diversità delle tradizioni costituzionali in materia elettorale, pensando ad esempio a casi in cui

---

[4] Si vedano: <https://elections.europa.eu/en/how-to-vote/>; <https://www.europarl.europa.eu/RegData/etudes/BRIE/2023/751457/EPRS_BRI(2023)751457_EN.pdf>.

il voto è obbligatorio (ad esempio il caso del Belgio), o in cui è concesso il voto per delega (Francia, Belgio, Paesi Bassi), o alla possibilità per i sedicenni di poter votare specificamente alle europee (tra gli altri, Germania, Austria, Malta, Belgio), o ancora la sperimentazione del voto elettronico (in Estonia).

Il voto per posta per tutti i propri cittadini all'estero è concesso da 15 paesi membri (ad esempio Germania e Spagna) e la maggior parte concede il voto presso il consolato anche fuori dalla UE. Solo in casi molto limitati (Cechia, Irlanda, Slovacchia, Malta) il voto alle europee dall'estero non è mai concesso. L'Italia, come è noto, è l'unica a concedere una modalità particolare, con voto presso il consolato, ma limitato esclusivamente a chi risiede in paesi UE.

Questa situazione di oggettiva discriminazione ha creato un momento particolare di interesse, non limitato solamente agli addetti ai lavori delle politiche per gli italiani all'estero, ma con una eco importante anche sui media italiani ed europei.

Spicca per visibilità e impegno comunicativo la campagna promossa da *The Good Lobby*, insieme ai Comites UK, all'organizzazione *Three Million* (il movimento che ha operato per mobilitare i cittadini europei residenti nel Regno Unito contro la Brexit) e altre reti.

La campagna si è svolta in particolare attraverso una petizione online, intitolata *Se non voli non voti*[5], che si apriva enfaticamente con l'incipit: «Tutte le cittadine e i cittadini italiani sono europei, ma alcuni sono più europei di altri». Il testo della petizione fa riferimento immediato al quadro normativo anacronistico e va oltre la mera rivendicazione, offrendo anche elementi più profondi di riflessione politica legati al contesto internazionale o alla particolare rilevanza del principio della cittadinanza europea.

La sensibilizzazione e mobilitazione della comunità italiana all'estero ha inevitabilmente raggiunto anche le sedi istituzionali. Numerose sono state le iniziative, prevalentemente da parte delle opposizioni, volte a chiedere una modifica della normativa. Una menzione particolare merita la proposta del vicecapogruppo del Partito Democratico alla Camera dei Deputati, Toni Ricciardi, che ha inteso avanzare una soluzione di natura più pragmatica, in grado di facilitare la partecipazione delle comunità più numerose nei Paesi europei, ovvero Svizzera e Regno Unito.

In un disegno di legge depositato a dicembre, non sostenuto dal governo e quindi respinto in aula, si proponeva il diritto di voto per le comunità italiani in Paesi europei non membri dell'UE con una popolazione superiore a 300 mila abitanti. L'inserimento di una soglia minima non puntava quindi a configurare un allargamento *erga omnes*, ma cercava come compromesso di salvaguardare quelle realtà territoriali in Europa dove più forte era il peso demografico, nonché più stretto il legame geografico e politico con l'UE.

[5] Si veda: <https://www.thegoodlobby.it/campagne/voto-italiani-uk-svizzera/>.

La legge elettorale europea e le proposte per i cittadini residenti in altri paesi

Il superamento delle diversità di approcci sul voto dei residenti in altri Paesi UE ha ricevuto negli anni crescente attenzione proprio in sede di Unione europea, in virtù della necessità di risolvere una discriminazione che crea un effetto distorsivo non più tollerabile in termini di partecipazione democratica.

Secondo i Trattati, il Parlamento europeo gode di una procedura speciale di diritto di iniziativa legislativa in merito alle modalità di voto alle europee, e in particolare negli ultimi dieci anni sono state avanzate proposte di grande ambizione, purtroppo mai seguite dagli Stati membri, che su questa materia mantengono il potere finale, con unanimità, della decisione.

Un rapporto particolarmente significativo è stato adottato a maggio 2022. Il testo, preparato dallo spagnolo Domenec Ruiz Devesa e votato a margine della sessione conclusiva della *Conferenza sul Futuro dell'Europa*, per la prima volta delinea in modo compiuto un'ampia riforma per rendere più uniformi le modalità di voto, tra cui anche la creazione di liste transnazionali.

Il rapporto è rilevante per l'analisi della partecipazione politica degli italiani all'estero per aver definito in particolare anche misure comuni sul voto dei cittadini UE residenti in altri Paesi europei.

La proposta del Parlamento, ancora bloccata in sede di Consiglio dell'UE a causa dell'opposizione della maggioranza di Stati membri, enfatizza che «le condizioni che determinano la concessione del diritto di voto variano sensibilmente», che «concedere a tutti i cittadini residenti al di fuori dell'Unione il diritto di partecipare alle elezioni contribuirebbe all'uguaglianza elettorale», che è necessario un migliore coordinamento «onde evitare che gli elettori esprimano un voto in due diversi Stati membri» e chiede formalmente agli Stati membri di «adottare le misure necessarie per consentire a tutti i cittadini dell'Unione di esercitare il diritto di voto alle elezioni del Parlamento europeo, compresi coloro che risiedono o lavorano in paesi al di fuori dell'Unione».

Conclusioni. Cittadinanza europea e partecipazione politica degli italiani all'estero

Come quindi emerge dalla forte presa di posizione da parte dall'Aula di Strasburgo in occasione dell'approvazione della proposta di legge elettorale europea, le elezioni europee sono considerate come il momento centrale per misurare il valore di una cittadinanza europea degna di questo nome.

Ecco perché, come richiamato nell'introduzione con i riferimenti alla memoria del Presidente David Sassoli e di Michele Schiavone, avere a cuore un rafforzamento della dimensione europee delle elezioni per il Parlamento europeo significa principalmente scommettere su un'evoluzione crescente del concetto stesso di cittadinanza.

Da tempo, all'interno delle istanze di rappresentanza della comunità italiana nel mondo, tale tema ha assunto un posto centrale e si sono moltiplicate le riflessioni su come innestare le politiche per gli italiani all'estero nel quadro della cittadinanza europea.

Come ricorda Elio Carozza, segretario generale del CGIE tra il 2006 e il 2015, le prime discussioni sulla priorità da assegnare all'opzione di voto presso il Paese europeo di residenza cominciarono già in occasione delle elezioni europee 1999, le prime ad essere organizzate nel nuovo quadro giuridico di una più forte cittadinanza europea.

Già da allora, emerse una tendenza di grande sostegno a favore della partecipazione locale soprattutto da parte delle nuove generazioni, meglio integrate nei paesi di residenza (o spesso di nascita). In un contesto in cui ancora era assente il diritto alla doppia nazionalità, il voto alle europee presso i paesi di residenza, come pure quello per le elezioni amministrative, era percepito come l'unico modo per partecipare e contare politicamente.

In seno al CGIE, una riflessione più matura fu promossa tra il 2008 e il 2010, in particolare in occasione della Conferenza dei giovani italiani nel mondo e dell'iniziativa *L'Europa en mouvement - II incontro degli europei residenti all'estero*, presso il Senato della Repubblica.

Tali iniziative si inserivano in un'importante fase di passaggio per la rappresentanza degli italiani all'estero, dopo la prima applicazione della legge 459 in occasione delle politiche 2006, e realizzavano un mutamento di prospettiva rispetto alla prima fase della partecipazione politica degli italiani all'estero, quella improntata al celebre slogan "votare per tornare".

Le conclusioni dell'iniziativa del CGIE *Europa in Movimento* sono ancora molto attuali: «Noi riteniamo, proprio per il nostro status di cittadini "en mouvement", appartenenti ad una dimensione transnazionale, di essere i più diretti interlocutori dell'Unione e come tali rivendichiamo la nostra cittadinanza europea con quanto essa comporta in termini di tutela dei diritti, legislazione, educazione, mantenimento delle identità originarie, servizi. Per tale motivo riteniamo che la nascita di un Consiglio Generale degli Europei residenti in uno Stato Membro diverso da quello d'origine non sia più rinviabile. Un organismo consultivo, emanazione dei rappresentanti nazionali degli europei residenti all'estero, e come tale elemento di collegamento permanente con gli organismi comunitari e fra questi ed i cittadini "en mouvement". Auspichiamo, dunque, che i vertici dell'Unione compiano i dovuti passi perché tale organismo cominci a prendere forma e sostanza, accelerando il processo di partecipazione dei cittadini comunitari. Di conseguenza, consideriamo essenziale che vengano affidate ad un "Commissario" le competenze dirette in materia di governance ed i processi nella gestione e l'aggiornamento dello sportello unico accessibile a tutti i cittadini europei. Ed alla stessa stregua giudichiamo improcrastinabile la nascita di un'Agenzia europea ad hoc che assicuri l'analisi, l'aggiornamento ed il monitoraggio della politica europea dei cittadini europei residenti fuori dai loro paesi d'origine»[6].

Leggendo queste parole, si possono intravedere ancora tutti gli elementi su cui impostare proposte per realizzare in modo più incisivo i diritti derivanti dal principio della cittadinanza europea, come affermato anche da Maria Chiara Prodi, nuova Segretaria Generale del CGIE: «La legislatura europea che si è appena aperta potrà offrire l'occasione per riprendere pragmaticamente queste riflessioni e progetti, cercando le necessarie convergenze»[7].

Il voto che ha portato al rinnovo del Parlamento europeo ha chiamato proprio a compiere una scelta per continuare a dare concretezza e tangibilità alla cittadinanza europea, che pertanto non deve essere vista come un principio astratto.

Ecco perché l'analisi del voto degli italiani all'estero in occasione delle europee può assumere una valenza così interessante. Non si tratta infatti solo di un esercizio per misurare alcune tendenze di fondo all'interno della nostra comunità, come avviene in occasione di altre consultazioni elettorali, ma è soprattutto una lettura che permette di ragionare sull'evoluzione del concetto stesso di cittadinanza, in un contesto evolutivo crescente e dalla ricaduta molto concreta verso un potenziale quadro di diritti sempre più avanzato per i nostri connazionali.

---

[6] Si veda: <https://www.esteri.it/mae/resource/doc/2015/01/ATTI%20E%20DOCUMENTI%20DEL%20CGIE.pdf>.

[7] Intervista rilasciata in preparazione del presente articolo, in data 16 luglio 2024.

LE ACQUISIZIONI DI CITTADINANZA IN AMERICA: la discendenza che ama l'Italia

Fabio Porta, sociologo, Presidente dell'Associazione di Amicizia Italia-Brasile, dell'Unione italiani nel Mondo (UIM) del Brasile e dell'Istituto per la Cooperazione con i Paesi Esteri (ICPE).

La cittadinanza è la condizione giuridica e sociale che definisce l'appartenenza di un individuo a uno Stato. Richiamando il pensiero di Pasquale Stanislao Mancini, potremmo dire che la cittadinanza riflette l'appartenenza dell'individuo alla comunità di persone che costituisce la base sociale dello Stato, per cui potremmo definire la cittadinanza come il nucleo centrale dei valori e del sentire di una comunità nazionale che si proietta anche verso il futuro.

Si tratta di un concetto antico per la sua origine e nuovo per i cambiamenti che avvengono nelle società contemporanee, quando si assiste ad un marcato processo di globalizzazione e a rigurgiti protezionistici. Nel corso della storia, la definizione e i diritti associati alla cittadinanza si sono evoluti, influenzati da fattori culturali, politici ed economici. La cittadinanza implica il riconoscimento di diritti civili, sociali, economici e politici, come il diritto di voto, il diritto alla salute e all'istruzione, oltre a doveri come la difesa della patria e il rispetto delle leggi. Essa rappresenta un legame tra l'individuo e lo Stato, dove il cittadino è considerato parte integrante della comunità politica.

La globalizzazione, che comporta anche un incremento della mobilità umana a livello internazionale, pone in discussione le dimensioni classiche della cittadinanza ed apre la porta ai concetti di *cittadinanza plurima* e di *appartenenze ibride* permettendo che alcuni diritti possano accompagnare la persona durante gli spostamenti anche fuori dal territorio dello Stato di origine.

Negli ultimi anni, in Italia e all'estero, il dibattito intorno alla cittadinanza ha assunto una rilevanza e per certi versi una centralità sempre maggiore. In Italia a prevalere sono le ragioni dettate dall'evoluzione socioculturale della società da un lato e le tendenze demografiche recessive dall'altro. Tra gli italiani all'estero, soprattutto nei Paesi extra-europei, la discussione si è invece concentrata sulla crescente domanda di riconoscimenti di cittadinanza (soprattutto in Sudamerica) e la conseguente difficoltà dei consolati di farvi fronte in maniera adeguata, come anche sull'altrettanto legittima richiesta di riacquisto della cittadinanza da parte di coloro che per vari motivi furono costretti nel passato a rinunciarvi (richiesta particolarmente sentita in Venezuela e Nord America).

Ma perché questa "domanda di cittadinanza" è ancora così forte e, soprattutto, quali sono le principali motivazioni che ne stanno alla base? E, ancora, in che maniera questa aspirazione a vedere riconosciuto un diritto previsto dal nostro ordinamento giuridico e amministrativo può divenire un elemento di forza per il nostro Paese ed il suo rapporto con le sue collettività all'estero?

Il tema non è affatto semplice; al contrario: negli ultimi anni è stato spesso oggetto di polemiche e strumentalizzazioni, politiche e giornalistiche, che invece di favorire una riflessione seria e un dibattito approfondito hanno privilegiato la polarizzazione e la semplificazione delle posizioni tra difensori e detrattori dello *ius sanguinis*.

Obiettivo di questa riflessione non è il sostegno, apologetico o meno, ad una tesi piuttosto che ad un'altra; ciò che qui interessa evidenziare sono piuttosto le motivazioni e le tendenze di questa "domanda di cittadinanza" nei principali Paesi dell'America meridionale e settentrionale, continente che nel corso dei secoli ha accolto grande parte della diaspora italiana nel mondo.

Una approfondita lettura di tali argomentazioni, infatti, aiuterebbe una conseguente pacata riflessione sul tema facilitando probabilmente una valutazione di possibili interventi, anche normativi, in un'ottica di valorizzazione intelligente delle nostre collettività, proprio a partire dal diritto e dai doveri di questi milioni di cittadini italiani residenti fuori dai confini nazionali.

Italiani nel mondo e in Sudamerica in particolare

Il numero di cittadini italiani registrati all'Anagrafe degli Italiani Residenti all'Estero (AIRE) è in costante aumento, come dimostrano le diverse annualità del *Rapporto Italiani nel Mondo*.

A questi si devono aggiungere coloro, probabilmente diverse centinaia di migliaia, che per varie ragioni non hanno completato la registrazione all'AIRE e, inoltre, la presenza di circa 80 milioni di oriundi (dato stimato) italiani che costituiscono un fenomeno unico a livello globale capace di offrire un'opportunità straordinaria per sviluppare relazioni internazionali e favorire processi di internazionalizzazione.

È il Sudamerica il territorio in cui vive la comunità degli oriundi più numerosa e Argentina e Brasile sono i Paesi maggiormente coinvolti da questa dinamica demografica che è ancorata nel passato ma che è vitale oggi per una rinascita dell'Italia sicuramente, ma soprattutto per una valorizzazione del nostro passato e del nostro presente legato inscindibilmente alla migrazione.

L'età mediana per il totale degli italiani residenti all'estero è pari a 43 anni, ma c'è una forte variabilità tra i paesi, con valori che variano dai 33 anni dei residenti in Austria ai 58 anni dei residenti in Canada[1].

---

[1] ISTAT, *Popolazione residente e dinamica demografica – Anno 2022*, 18 dicembre 2023, <https://www.istat.it/comunicato-stampa/popolazione-residente-e-dinamica-demografica-anno-2022/>.

Nelle Americhe, specialmente in Argentina e Brasile, la popolazione italiana residente tende a essere composta in prevalenza da individui più anziani, rispecchiando le ondate migratorie del passato. In Brasile, la maggior parte dei nati in Italia rientra nelle fasce di età più elevate, con una concentrazione significativa di ultrasettantenni. Al contrario, tra i discendenti nati in Brasile si osserva una componente più giovane, anche se meno numerosa rispetto alla popolazione più anziana. In Europa, al contrario, come risultato dei flussi migratori più recenti, troviamo comunità italiane, come quella di Londra, caratterizzate da una popolazione più giovane.

Nel 2022, a Buenos Aires, dove risiedono più di 322.000 italiani, l'età mediana dei residenti italiani è di 49 anni, mentre a San Paolo, in Brasile, con oltre 239.000 italiani, l'età mediana è di 44 anni[2].

La distribuzione per genere vede in generale una leggera prevalenza di uomini (107 ogni 100 donne), ma la distribuzione per genere mostra una tendenza non uniforme e sensibilmente variabile tra le diverse aree geografiche. Nei Paesi asiatici, ad esempio, il numero di uomini rispetto alle donne si attesta intorno al 140%. Al contrario, nei Paesi dell'America centro-meridionale, dove le donne risultano essere in maggioranza, si contano 96 uomini ogni 100 donne.

Le variazioni intervenute nel corso degli ultimi venti anni sono legate a fattori diversi. In particolare, l'elevato aumento di italiani residenti in Argentina e Brasile è dovuto prevalentemente al mantenimento della cittadinanza di origine dei genitori o al suo riconoscimento per discendenza (*iure sanguinis*) da un progenitore italiano, fenomeno testimoniato dall'elevato numero di nati nello stesso paese di residenza dei genitori (oltre l'80%) e da un esiguo numero di nati in Italia. L'analisi per luogo di nascita aiuta, infatti, a comprendere meglio la complessità del fenomeno che, di fatto, è la sintesi di migrazioni avvenute in epoche differenti: solo il 31,6% degli italiani residenti all'estero è nato in Italia (1.876.234) e, tra i nati all'estero (4.063.873), coloro che risiedono in un Paese diverso da quello di nascita sono il 15% (610.107 unità)[3].

La cittadinanza italiana: un tema complesso ed eterogeneo

Nonostante la carenza di studi e ricerche di carattere sociologico sul tema (la letteratura sull'emigrazione nelle Americhe è di carattere prevalentemente storiografico) è indubbio che, pur in presenza di motivazioni di carattere strumentale che poco hanno a che vedere con il *genuine link* con l'Italia, la motivazione prevalente che è alla base della richiesta di cittadinanza è da riferirsi alla sincera volontà di riannodare un legame con le proprie origini familiari e territoriali. L'orgoglio emozionale del

---

[2] ISTAT, *Gli italiani residenti all'estero – Anno 2022*, 18 luglio 2024, <https://www.istat.it/comunicato-stampa/gli-italiani-residenti-allestero-anno-2022/>.

[3] ISTAT, *Popolazione residente* [...], cit.

riscatto delle proprie radici è ancora molto forte in Sudamerica e torna ad esserlo anche nei Paesi del Nord America.

Le fasce di età più giovani, discendenti di italiani emigrati nel corso del XX secolo, sono quelle che in maggioranza richiedono la cittadinanza italiana. Questi giovani vedono nella cittadinanza non solo un legame simbolico con il passato, ma un'opportunità per il futuro, sia per motivi economici che di mobilità internazionale, mentre le comunità italiane più anziane, specialmente tra i nati in Italia, vedono nella cittadinanza un modo per riaffermare le proprie radici storiche.

L'interesse ad acquisire la cittadinanza italiana da parte dei discendenti degli italiani, soprattutto nelle Americhe, è un fenomeno che può essere spiegato da una molteplicità di fattori.

Identità culturale e senso di appartenenza

In primo luogo, per molti italo-discendenti, la cittadinanza italiana rappresenta un legame simbolico con le proprie radici culturali e familiari. Attraverso l'acquisizione della cittadinanza, essi cercano di preservare il senso di appartenenza e la continuità con la storia e la cultura italiana, rafforzando i legami con il paese di origine dei propri antenati. Questo aspetto è particolarmente rilevante in contesti in cui le tradizioni e le narrazioni familiari mantengono viva la memoria dell'Italia e della sua diaspora, come evidenziato dagli studi sulle comunità di discendenza italiana. La cittadinanza diventa così un modo concreto per riconnettersi con una eredità spesso idealizzata e profondamente sentita.

Opportunità economiche e di mobilità

Accanto alle motivazioni culturali, c'è anche una dimensione più pragmatica legata alle opportunità economiche. Diventare cittadini italiani consente l'accesso al mercato del lavoro europeo e garantisce una maggiore libertà di movimento all'interno dell'Unione europea, offrendo notevoli vantaggi in termini di mobilità professionale e opportunità educative. Ciò è particolarmente rilevante per i discendenti che vivono in regioni economicamente instabili, come alcuni Paesi sudamericani, dove la cittadinanza italiana è vista come una possibilità concreta per migliorare le proprie condizioni di vita.

Miglioramento della qualità della vita

La cittadinanza italiana non offre solo vantaggi economici e di mobilità, ma può anche tradursi in un miglioramento della qualità della vita. Per molti, in particolare per i genitori con figli, ottenere la cittadinanza significa accedere a sistemi educativi e sanitari più inclusivi ed accessibili, garantendo così un futuro più sicuro e prospero per le nuove generazioni. In questo contesto, la cittadinanza è interpretata come uno strumento per offrire migliori opportunità di crescita e benessere.

Riconoscimento sociale e dignità personale

Un altro aspetto da considerare è il riconoscimento sociale e la dignità personale connessi all'acquisizione della cittadinanza. Essa è percepita come un riconoscimento formale del legame storico con l'Italia, una rivendicazione del proprio diritto a far parte di una comunità italiana globale. Questo riconoscimento offre una dimensione di orgoglio e dignità che rafforza il senso di appartenenza, contribuendo a dare valore e significato alla propria identità.

Sicurezza e stabilità politica

Il ruolo della sicurezza e della stabilità politica nelle decisioni di molti discendenti non deve essere sottovalutato. In diverse regioni del Sud America, caratterizzate da instabilità politica ed economica, la cittadinanza italiana rappresenta una via d'uscita, una sorta di "assicurazione" per garantire migliori condizioni di vita in futuro. Allo stesso modo, la possibilità di trasmettere la cittadinanza alle generazioni successive è uno dei motivi principali per cui molte famiglie scelgono di intraprendere il percorso dell'acquisizione, garantendo così ai propri figli e nipoti maggiori opportunità di mobilità e sicurezza.

Trasmissione intergenerazionale e "romanticizzazione" dell'Italia

Alcuni italo-discendenti sono anche spinti da motivazioni più emotive e nostalgiche. L'immagine dell'Italia come paese di cultura, arte e stile di vita desiderabile alimenta spesso una visione idealizzata, che porta molti discendenti a desiderare un legame più forte e formale con la propria terra d'origine. Questo desiderio è sostenuto dalla "romanticizzazione" dell'Italia attraverso i media, il turismo e la percezione globale del Paese come un luogo ricco di tradizione e bellezza.

Facilitazione dei viaggi

Anche la dimensione pratica dell'agevolazione dei viaggi svolge un ruolo importante. Il passaporto italiano consente di viaggiare senza visto in molti paesi, facilitando sia le opportunità di studio che di lavoro e la possibilità di stabilirsi temporaneamente o definitivamente nei Paesi europei senza le restrizioni riservate ai cittadini extracomunitari.

Riconoscimento e status sociale

Ottenere la cittadinanza italiana può conferire un certo status sociale, specialmente in comunità con una forte presenza di discendenti italiani.

Riparazione storica

L'acquisizione della cittadinanza italiana può essere percepita come una forma di riparazione storica. Per molti discendenti rappresenta un riconoscimento delle difficoltà affrontate dai loro antenati durante il periodo migratorio, quasi un modo per "chiudere il cerchio" e ridare dignità e orgoglio alla propria famiglia. Questo concetto di riparazione è particolarmente rilevante nelle comunità che hanno subito emarginazione o discriminazione nei paesi ospitanti.

Globalizzazione e identità multiple

In un mondo sempre più globalizzato, l'acquisizione della cittadinanza italiana riflette anche la crescente tendenza verso identità fluide e transnazionali. Avere la doppia cittadinanza è spesso percepito come un vantaggio in termini di flessibilità e possibilità di appartenere a più retroterra culturali, un fenomeno che si allinea alla realtà di un mondo sempre più interconnesso e globalizzato.

Accettazione della doppia cittadinanza degli espatriati, tendenza globale e per regione mondiale. Serie storica. Valori percentuali. Anni 1960-2020*

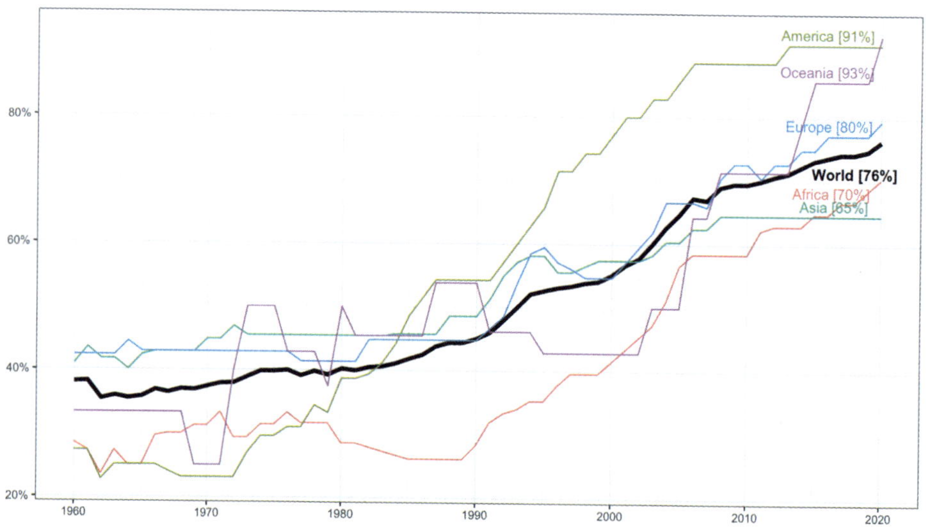

* La percentuale segnalata nel grafico è relativa al 2020.

Fonte: Migrantes-Rapporto Italiani nel Mondo. Macimide Global Expatriate Dual Citizenship Dataset, V5.00, 2020, <https://macimide.maastrichtuniversity.nl/dual-cit-database/>.

Le acquisizioni di cittadinanza italiana nelle Americhe

Secondo il *Bilancio demografico della popolazione italiana all'estero e popolazione residente per sesso* dell'ISTAT, nel solo anno 2022 le acquisizioni di cittadinanza italiana all'estero ammontano a oltre 85 mila, con una concentrazione significativa nelle

Americhe, dove sono riportate oltre 65.911 nuove acquisizioni, soprattutto tramite il sistema dello *iure sanguinis*[4].

America Latina, Brasile e Argentina sono i paesi con il maggior numero di riconoscimenti.

Nel 2022 in Brasile sono state acquisite oltre 27.000 cittadinanze, con un tasso di 49,7 per mille residenti, mentre in Argentina sono state oltre 26.000, con un tasso di 28,2 per mille. Buenos Aires e San Paolo sono le città con il maggior numero di riconoscimenti, concentrando il 27,1% del totale delle acquisizioni in America Latina.

Acquisizioni della cittadinanza italiana per alcuni Paesi dell'America. Valori assoluti e percentuali. Anno 2022.

Paese	Maschi	% Maschi	Femmine	% Femmine	Totale
Canada	621	49,96	622	50,04	1.243
Stati Uniti d'America	1.979	49,71	2.002	50,29	3.981
Argentina	12.830	49,64	13.016	50,36	25.846
Brasile	13.703	50,2	13.595	49,8	27.298
Uruguay	1.015	50,35	1.001	49,65	2.016
Venezuela	2.654	48,02	2.873	51,98	5.527
Altri Paesi	2.163	47,80	2.355	52,20	4.518
Totale	**34.965**	**49,64**	**35.464**	**50,36**	**70.429**

Fonte: Migrantes-Rapporto Italiani nel Mondo. ISTAT, *Bilancio demografico della popolazione italiana all'estero e popolazione residente per sesso al 31 dicembre 2022*, <https://demo.istat.it/app/?i=AIR&l=it>.

Italo-discendenti: una rete globale di relazioni e tradizioni

Gli italo-discendenti sono una forza dinamica e influente a livello globale. Non si tratta di una comunità da assistere o sostenere, ma di una formidabile leva di promozione per l'Italia. All'interno di queste comunità si trovano figure di spicco che hanno un peso considerevole in settori chiave come le imprese, le istituzioni, la cultura, la ricerca, la scienza e l'innovazione, la comunicazione e la politica. Tutto questo rappresenta una peculiarità significativa che l'Italia ha rispetto ad altri paesi

[4] ISTAT, *Bilancio demografico della popolazione italiana all'estero e popolazione residente per sesso al 31 dicembre 2022*, <https://demo.istat.it/app/?i=AIR&l=it>. I dati considerano i cittadini stranieri residenti all'estero che nell'anno di riferimento hanno acquisito la cittadinanza italiana (per matrimonio, riconoscimento *iure sanguinis*, trasmissione diretta al minore convivente, ecc.) e si sono iscritti all'AIRE. Le acquisizioni sono stimate integrando i dati del flusso ANPR e delle iscrizioni all'AIRE per acquisizione della cittadinanza italiana con la parte delle iscrizioni all'AIRE per nascita che non fa riferimento a nascite avvenute nell'anno o a nascite registrate in ritardo.

e non sfruttare appieno questo potenziale sarebbe un grave errore di visione politica e strategica.

Il legame che gli italo-discendenti mantengono con l'Italia li rende una risorsa preziosa non solo per il paese d'origine, ma anche per le società in cui vivono. Grazie a loro, la lingua, le tradizioni e la cultura italiane continuano a vivere oltre i confini nazionali.

Come abbiamo visto, sono sempre più i giovani o le famiglie ad interessarsi al riconoscimento di tale diritto; una motivazione che dovrebbe indurre le nostre istituzioni a investire maggiormente su quell'insieme di programmi in grado di accompagnare questo potenziale riavvicinamento di nuovi cittadini alla nostra comunità nazionale. Ci si riferisce, in primo luogo, alla promozione dei corsi di lingua italiana per giovani e adulti, al sostegno alle scuole pubbliche e paritarie all'estero, alla reintroduzione di progetti e di corsi di formazione professionale e al necessario investimento su un sistema di informazione e comunicazione rivolto alle nuove generazioni di italiani nate all'estero; oltre, infine, alla riforma e al rilancio degli organismi di rappresentanza delle nostre collettività che hanno sofferto in questi anni di un progressivo e ingiustificato ridimensionamento delle risorse ad essi destinate e quindi del loro ruolo, quando invece ci sarebbe bisogno del contrario proprio per intercettare in maniera positiva e intelligente questa nuova crescente domanda di "italianità".

Si tratterebbe, cioè, di recuperare con coraggio e lungimiranza un approccio costruttivo al tema della cittadinanza degli italiani nati all'estero, considerando che un giovane italo-discendente nato in Argentina, Brasile, Canada, Stati, Uniti, Uruguay o Venezuela è mediamente una persona con una buona formazione culturale e con un potenziale sicuramente attrattivo per tutto ciò che riguarda il possibile rapporto con l'Italia, sia nel caso che costui decida di rimanere nel proprio paese di nascita sia nel caso di una eventuale migrazione verso l'Italia.

Se infatti in Italia si discute da anni della mancanza di attrattività verso giovani studenti e ricercatori stranieri, differentemente da quanto avviene in altri partner europei e se il tema dell'immigrazione programmata e qualificata è ormai divenuto agenda politica e non più di parte, è sempre meno comprensibile perché non cogliere nella domanda di cittadinanza degli italiani di questo continente un possibile flusso di nuove risorse umane da intercettare e per certi versi favorire.

Se è vero, anche, che la legislazione italiana in materia di cittadinanza viene spesso considerata tra le più "generose" in relazione alla propria diaspora, è altrettanto vero che poche nazioni al mondo possono contare su una collettività così grande all'estero e che il debito storico che il nostro Paese ha accumulato nel corso degli anni con questa comunità giustifica di per sé questa scelta di legame profondo e continuativo. E non è secondario a questo proposito sottolineare, parlando delle nostre collettività nel continente americano, che i nostri connazionali e ancor più le loro successive generazioni si sono affermati nel corso dei secoli in tutti i campi della società e costituiscono ancora oggi l'ossatura di quella classe media e medio-alta alla quale dovremmo guardare con interesse e non con sufficienza, come a volte è avvenuto nelle discussioni in materia di cittadinanza *ius sanguinis*.

In una parola, si tratta sicuramente di persone che possono offrire molto alla crescita del nostro Paese e un investimento sulla loro "cittadinanza" molto probabilmente garantirebbe un saldo positivo all'Italia e non viceversa.

Un investimento, ovviamente, che potrà essere tale soltanto se accompagnato da adeguate e parallele politiche in grado di renderlo pienamente funzionale anche alle mutate esigenze del nostro Paese in campo sociale ed economico. Un investimento, infine, non alternativo o contrario alle altrettanto giuste e necessarie politiche di inclusione dei "nuovi cittadini" italiani: si tratta, infatti, non soltanto di due facce della stessa medaglia (l'emigrazione e l'immigrazione) ma anche di una grande e forse unica opportunità per un Paese come l'Italia, attanagliato da anni da una profonda e crescente recessione demografica, dal crescente spopolamento delle sue aree interne e dei centri minori e da una preoccupante carenza di manodopera in alcuni settori dell'economia. Immigrati ed emigrati come efficace risposta quindi all'inverno demografico considerando che qualsiasi politica attiva sulla natalità avrebbe effetti soltanto tra qualche decennio.

Alle motivazioni che, come abbiamo visto, influenzano la richiesta della cittadinanza vanno evidenziate quelle di carattere politico-economico da una parte e quelle legate alla possibilità di avere un'assistenza sociosanitaria dall'altra; le prime prevalentemente più forti in alcuni Paesi del Sudamerica (Argentina e Venezuela in particolare), le seconde più evidenti nel Nord America (soprattutto Stati Uniti).

Le crisi cicliche dell'ultimo quarto di secolo in Argentina hanno a fasi alterne favorito un flusso verso l'Italia, mentre la ormai altrettanto lunga crisi umanitaria e istituzionale del Venezuela ha causato una parallela diaspora dei cittadini di quel Paese all'estero; in entrambi i casi siamo di fronte in maniera comprensibile ad un flusso, composto da molti cittadini italiani o di origine italiana, che spesso si orienta per facilità linguistica verso la Spagna.

La naturale propensione degli italiani provenienti dall'America Latina verso la Spagna – e ciò vale in molti casi anche per gli italo-brasiliani verso il Portogallo e per altri Paesi UE – non è soltanto giustificata dall'affinità linguistica; questi Paesi, infatti, hanno messo in atto verso tali flussi migratori politiche specifiche di accoglienza, semplificando i processi amministrativi e favorendo anche l'equipollenza dei titoli di studio. Anche questo dovrebbe condurre l'Italia ad una seria e meno semplicistica e stereotipata visione dell'immigrazione che arriva da Paesi come Argentina, Brasile o Venezuela, passando da una lettura riduttiva se non negativa ad un'altra di carattere lungimirante e inclusivo.

A tale riguardo è interessante notare che l'ISTAT riporta la recente tendenza dei nuovi cittadini italiani, che dopo aver acquisito la cittadinanza decidono di emigrare nuovamente in un altro paese, favoriti dalle possibilità offerte dal possesso di un passaporto di un Paese dell'Unione europea.

I dati parlano di un forte incremento dei residenti italiani in Spagna e in Irlanda, dove, rispettivamente il 43,4% e il 30% è nato in un Paese dell'America

Latina[5]. Un caso analogo riguarda gli italiani residenti nel Regno Unito, una delle mete preferite di emigrazione sia per i giovani nati in Italia, sia per i nati in America Latina (seconde e successive generazioni) e in Paesi delle ex colonie britanniche o di lingua inglese (Bangladesh, Pakistan, India, Nigeria, USA). Complessivamente, il 27,3% degli italiani residenti nel Regno Unito è nato in 172 Paesi diversi, il 48,8% in Italia e il 23,8% nello stesso Regno Unito[6].

Per quanto riguarda infine l'assistenza sociosanitaria, è evidente che soprattutto dai paesi in cui vige un sistema privatistico-assicurativo come gli Stati Uniti si guarda alla cittadinanza italiana come ad una prospettiva utile e interessante in questa materia. Per fare fronte a questo tipo di domanda e, anche in questo caso, renderla compatibile con il nostro ordinamento giuridico su cittadinanza e residenza come anche con le necessarie esigenze di finanza pubblica, sono state presentate in Parlamento specifiche proposte di legge che potrebbero offrire soluzioni in grado di conciliare tali princìpi e trasformare un problema in una opportunità di rafforzamento del sistema e del suo rapporto con le nostre comunità all'estero.

Una rete consolare in affanno

Una domanda crescente, quindi, alla quale una rete consolare insufficiente e inadeguata alle dimensioni continentali di Paesi come Argentina e Brasile, ma anche Canada e Stati Uniti, non sempre è stata in grado di garantire risposte celeri e adeguate, nonostante lo sforzo crescente della nostra amministrazione e anche a fronte delle nuove risorse rese disponibili dal 2017 dall'istituzione del Fondo per la cittadinanza a seguito della legge di bilancio 2016[7].

Per avere una dimensione dell'apporto di risorse date dalle grandi collettività italiane alla nostra rete consolare basti pensare che, escludendo le attività connesse al rilascio dei visti, le entrate assicurate dai servizi consolari nel 2022 sono state superiori agli 85 milioni di euro[8]. Nel solo anno 2019, in attuazione della disposizione dell'art. 1, co. 429, della legge n. 232 del 2016 (la cosiddetta "legge Porta", istitutiva del Fondo per la cittadinanza), l'Amministrazione del MAECI ha avuto la riassegnazione di introiti per l'importo di 3.599.140 euro, pari al 30% dei proventi derivanti dal versamento di 300 euro effettuato da persona maggiorenne a corredo della domanda di riconoscimento della cittadinanza italiana[9].

---

[5] ISTAT, *Popolazione residente* […], cit.

[6] Ibidem.

[7] Proposta emendativa 4127-bis/III/61 dei deputati Porta, Gianni Farina, Fedi, Garavini, La Marca, Tacconi *(approvata)*, pubblicata nel Bollettino delle Giunte e Commissioni del 08/11/2016, p. 60. Si veda: <http://documenti.camera.it/leg17/resoconti/commissioni/bollettini/html/2016/11/08/03/allegato.htm#data.20161108.com03.allegati.all00020>.

[8] MAECI, *Annuario Statistico 2023*, <https://www.esteri.it/it/sala_stampa/pubblicazioni-e-book/archivio_annuario/>.

[9] Camera dei deputati, XVIII Leg., Doc. CLXIV n. 20, Relazione sull'utilizzo delle risorse e sull'efficienza dell'azione amministrativa Anno 2019, Relazione del Ministro degli affari esteri e della coo-

I ritardi causati dall'accumulo di domande per il riconoscimento della cittadinanza, particolarmente significativi in Argentina e Brasile dove le attese in alcuni casi hanno superato i dieci anni, hanno in molti casi favorito il sorgere di un vero e proprio "business della cittadinanza" da parte di studi legali e agenzie private specializzate che offrono servizi in grado di accorciare notevolmente questa tempistica anche ricorrendo alla possibilità di presentare la domanda direttamente ai Comuni in Italia o, sempre più spesso, ad attivare la "via giudiziaria" ricorrendo ai TAR regionali; tutto ciò spesso ha causato una distorsione delle motivazioni nonché uno svilimento dello stesso concetto di cittadinanza, come il caso già denunciato di quell'agenzia che è arrivata a proporre il "Black Friday" della cittadinanza per vendere i propri servizi alla sua utenza di origine italiana[10].

Simili eventi, però, è bene, evidenziarlo, sono la patologia e non la fisiologia di un fenomeno che andrebbe invece affrontato in maniera intelligente con un progressivo e strategico investimento sulla rete consolare, con la finalità di accorciare e possibilmente eliminare le lunghe attese per tali riconoscimenti e conseguentemente debellare la piaga costituita da quanti speculano, e non sempre in maniera corretta e professionale, sulla grande richiesta di cittadinanza italiana.

Resta, infine, un'altra riflessione importante relativa alla compatibilità di più cittadinanze, che è una conquista abbastanza recente. Nel nostro ordinamento, infatti, la possibilità di mantenere la cittadinanza italiana nonostante l'acquisizione di altra cittadinanza, passaggio in genere obbligato per gli emigrati permanenti, è stata riconosciuta dalla legge n. 91 del 5 febbraio 1992.

In questo contesto, tuttavia, resta ancora aperto il tema del recupero della cittadinanza per coloro che in passato furono costretti a naturalizzarsi all'estero: su questo specifico tema da anni sono state depositate in Parlamento proposte di legge per consentire il riacquisto che attendono ancora una risposta coraggiosa, chiara e definitiva. Non averlo ancora affrontato e continuare a non farlo rappresenta un duro colpo alle aspirazioni di migliaia di cittadini nati in Italia che da anni rivendicano una giusta riparazione ad un evidente limite della nostra legislazione. Se è vero che nel 1992 si aprì una finestra per consentire a queste persone tale riacquisto, è altrettanto vero che all'epoca la divulgazione non fu capillare e che, ad oggi, la possibilità di riacquistare la cittadinanza italiana soltanto a condizione di tornare in Italia non consente ad una popolazione prevalentemente anziana l'esercizio di una giusta e legittima aspirazione.

---

perazione internazionale, p. 17, <https://www.camera.it/leg18/491?idLegislatura=18&categoria=164&tipologiaDoc=documento&numero=020_RS&doc=pdfel>.

[10] Fabio Porta, *Il 'Black Friday' della cittadinanza*, «Comunità Italiana», febbraio 2024.

Conclusioni

In un memorabile discorso tenuto al Teatro Coliseo di Buenos Aires dell'8 maggio 2017, rivolgendosi alle migliaia di persone che affollavano la platea in rappresentanza della grande collettività italiana d'Argentina, il Presidente della Repubblica Sergio Mattarella ricordò saggiamente come «[...] non c'è una sola storia d'Italia ma, accanto a quella del territorio nazionale, si è sviluppata una storia degli italiani: tante storie degli italiani, quante erano le comunità trapiantate all'estero. La storia dell'emigrazione italiana è, prima ancora dell'Unità d'Italia, la storia unitaria del nostro popolo».

Ciò vale anche per la costruzione della nostra identità nazionale e quindi della nostra cittadinanza: «Prima ancora di essere *cittadini* del Regno d'Italia – continuava il Presidente Mattarella – gli emigranti provenienti dagli antichi Stati peninsulari preunitari si sono riconosciuti italiani a Buenos Aires, in istituzioni e organizzazioni comuni. Qui è stata custodita, sin dai momenti di crisi del processo unitario del Paese, la nostra identità».

La cittadinanza, quindi, come aspirazione profonda ad essere parte di una comunità di persone e di valori che affonda le proprie radici in un territorio non sempre delimitabile geograficamente; un diritto, certo, ma anche uno stato dell'anima che «nasce dallo sfondamento dei confini individuali in un atto d'amore»[11].

La diaspora italiana nel mondo ci insegna quotidianamente come, senza rinunciare alla propria identità o alle appartenenze nazionali, si possa essere cittadini in una dimensione plurale o, meglio, plurima, frutto di quella ibridazione alla quale si riferisce un altro grande e autorevole sostenitore di una dimensione transnazionale dell'*italicità* intesa come arricchimento della propria identità di cittadino. È con queste parole che Piero Bassetti conclude il suo "manifesto italico" di quasi dieci anni fa: «Ai giovani voglio dire: siate parte determinante di questa nuova *polis,* la cittadinanza pluri-identitaria che offre una dimensione ulteriore al vostro agire. Siate americani, brasiliani, australiani, italiani, argentini, stanziali o *globetrotters, makers* o studenti, professionisti o classe dirigente del domani. Ma sappiate costruirvi il nuovo mondo dell'italicità»[12].

Se l'Italia di oggi saprà interpretare la cittadinanza in maniera innovativa e lungimirante, ma soprattutto inclusiva e accogliente, il futuro sarà segnato da una nuova primavera italica e non più da un inesorabile inverno demografico.

Occorrerà però avere il coraggio di uscire dalla sterile contrapposizione tra *ius soli versus ius sanguinis* per orientarsi verso uno *ius culturae universale*, in grado di temperare tanto l'automatismo della cittadinanza per nascita che l'altrettanto perfettibile diritto di sangue. Il Paese ha bisogno di "nuovi cittadini" che si riconoscano

[11] Bruna Peyrot, *La cittadinanza interiore*, Ed. Città aperta, Troina, 2006.

[12] Piero Bassetti, *"Svegliamoci italici! Manifesto per un futuro glocal"*, Marsilio, Roma, 2015.

nei nostri valori costituzionali e che abbiamo il coraggio e la passione di identificarsi in maniera aperta ma leale nella nostra lingua, nella nostra cultura e in una grande storia fatta di successive contaminazioni, di partenze e di approdi, in una parola: di "italicità".

ITALIA

La cittadinanza italiana rappresenta il legame giuridico che unisce una persona alla Repubblica ialiana, conferendo diritti e doveri secondo quanto stabilito dalla Costituzione italiana e dalle leggi vigenti. Essa può essere acquisita principalmente attraverso il principio dello ius sanguinis, ma anche mediante naturalizzazione e altre modalità specifiche.

Ius sanguinis

Il principio dello *ius sanguinis* è il criterio principale per l'acquisizione della cittadinanza italiana. Secondo questo principio, una persona è cittadina italiana se nasce da almeno un genitore italiano, indipendentemente dal luogo di nascita. La legge n. 91 del 1992, all'articolo 1, conferma questo diritto, specificando che la cittadinanza è trasmessa per discendenza. È fondamentale dimostrare che non vi sia stata interruzione nella catena di trasmissione della cittadinanza, ossia che gli ascendenti italiani non abbiano mai rinunciato alla cittadinanza.

Ius soli

In Italia, il principio dello *ius soli* è applicato in modo limitato. Generalmente, la cittadinanza non è automaticamente acquisita con la nascita sul territorio italiano, a meno che i genitori siano apolidi, ignoti o stranieri che non possono trasmettere la propria cittadinanza. Tuttavia, un minore nato in Italia da genitori stranieri può richiedere la cittadinanza italiana al raggiungimento della maggiore età, a condizione che abbia risieduto legalmente e ininterrottamente in Italia fino a quel momento.

Naturalizzazione

La cittadinanza italiana può essere acquisita anche attraverso la naturalizzazione. Questo processo è riservato a stranieri che risiedono legalmente in Italia per un periodo continuativo di almeno 10 anni. Il richiedente deve dimostrare di avere un reddito sufficiente, una buona integrazione sociale, e di non avere condanne penali gravi. Inoltre, è richiesta una dichiarazione di fedeltà alla Repubblica italiana.

La modalità di acquisto della cittadinanza italiana.
Tipologie di acquisto della cittadinanza italiana secondo le modalità previste, i requisiti richiesti e le autorità competenti a esaminare le istanze, in base alla legge n. 91/1992.

Trasmissione automatica della cittadinanza	Acquisto della cittadinanza in seguito a istanza da parte del richiedente		
	Modalità di acquisto	Requisiti richiesti	Atto o autorità che conferisce la cittadinanza
1. Per nascita da madre cittadina o padre cittadino	**a.** Per dichiarazione di matrimonio con un coniuge cittadino	**a.** 6 mesi di durata e matrimonio ancora valido, oppure 3 anni se la residenza è fissata all'estero; ne pregiudicano l'acquisto condanne per reati gravi	**a.** Decreto del Ministero dell'Interno
2. Per riconoscimento di madre cittadina o padre cittadino	**b.** Per nascita e prolungata residenza nel paese	**b.** Residenza legale ininterrotta fino al compimento del 18° anno di età	**b.** Atto di stato civile emesso dal Sindaco
3. Per *iuris communicatio*, discendenti diretti di genitore naturalizzato	**c.** Per richiesta di naturalizzazione ordinaria	**c.** 18 anni di età, 10 anni di residenza nel paese, nessuna condanna penale, buon livello di integrazione, valutazione dei redditi, giuramento di fedeltà	**c.** DPR, sentito il Consiglio di Stato su proposta del Ministero dell'Interno
4. Per adozione se minore	**d.** Per dichiarazione di riacquisto	**d.** Servizio di leva in Italia, attività nel pubblico impiego, residenza di 1 anno	**d.** Atto di stato civile emesso dal Sindaco
5. Se figlio di ignoti (o apolide) trovato nel territorio dello Stato	**e.** Per discendenza da ex cittadini	**e.** Al momento della nascita del richiedente nessuna rinuncia della cittadinanza da parte dell'avo (genitore, nonno, ecc.) del richiedente	**e.** Atto di stato civile emesso dal Sindaco o dal Console italiano della circoscrizione consolare all'estero
	f. Per richiesta di naturalizzazione straordinaria	**f.** Eminenti servizi resi allo Stato	**f.** DPR, sentito il parere di altri organi

Doppia cittadinanza

La legge italiana consente la doppia cittadinanza, permettendo ai cittadini italiani di acquisire una seconda cittadinanza senza perdere quella italiana. Questo principio è stato rafforzato dalla legge n. 91/1992, che riconosce la possibilità di mantenere la cittadinanza italiana anche quando si acquisisce quella di un altro paese. Tuttavia, alcuni paesi richiedono la rinuncia alla cittadinanza originaria per acquisirne una nuova, ma ciò non influisce sul mantenimento della cittadinanza italiana, a meno che non vi si rinunci espressamente.

Riacquisto della cittadinanza

Gli italiani che hanno perso la cittadinanza possono riacquistarla attraverso diverse modalità, tra cui la residenza in Italia per almeno un anno o l'impiego presso enti pubblici italiani all'estero. Il riacquisto è possibile anche per coloro che hanno svolto il servizio militare per la Repubblica Italiana.

ARGENTINA

La cittadinanza in Argentina è profondamente radicata nei principi dello ius soli e della naturalizzazione. La Costituzione argentina del 1853, ispirata a quella degli Stati Uniti, ha creato un sistema inclusivo volto a promuovere l'immigrazione e l'integrazione sociale.

Ius soli

Il principio dello *ius soli* è fondamentale nel sistema di cittadinanza argentino. Secondo la legge, tutti i nati sul territorio argentino sono automaticamente cittadini argentini, indipendentemente dalla nazionalità dei loro genitori, con l'eccezione dei figli di diplomatici stranieri. Questo principio è stato storicamente utilizzato per promuovere l'immigrazione e la crescita demografica del paese.

Ius sanguinis

L'Argentina riconosce anche il principio dello *ius sanguinis*, permettendo ai figli di cittadini argentini nati all'estero di acquisire la cittadinanza argentina. Questa forma di acquisizione della cittadinanza è particolarmente rilevante per le numerose comunità argentine che vivono all'estero.

Naturalizzazione

La naturalizzazione è un processo attraverso il quale gli stranieri che risiedono in Argentina possono acquisire la cittadinanza. I requisiti principali includono:

- *Residenza continua*: il richiedente deve aver risieduto in Argentina per almeno due anni consecutivi.
- *Contributo sociale*: il richiedente deve dimostrare di aver contribuito alla società argentina, ad esempio attraverso il lavoro, il servizio militare, o altre attività rilevanti.

- *Conoscenza della lingua*: anche se non formalmente richiesto, è generalmente atteso che i richiedenti abbiano una conoscenza adeguata della lingua spagnola.

Doppia cittadinanza

L'Argentina consente la doppia cittadinanza, permettendo ai suoi cittadini di mantenere la cittadinanza argentina.

BRASILE

La cittadinanza brasiliana è regolata da principi costituzionali e da leggi specifiche che definiscono come un individuo possa acquisire, mantenere, o perdere la cittadinanza. Il Brasile adotta principalmente i principi dello ius soli e dello ius sanguinis, ma prevede anche la possibilità di naturalizzazione per stranieri.

Ius soli

In Brasile, il principio dello *ius soli* è applicato in modo esteso, il che significa che chiunque nasca sul territorio brasiliano è automaticamente considerato cittadino brasiliano, indipendentemente dalla nazionalità dei genitori. Questo principio è sancito dall'articolo 12 della Costituzione federale del Brasile. Tuttavia, esiste un'eccezione per i figli di diplomatici stranieri, che non acquisiscono automaticamente la cittadinanza brasiliana.

Ius sanguinis

Il Brasile riconosce anche il principio dello *ius sanguinis*, permettendo ai figli di cittadini brasiliani nati all'estero di acquisire la cittadinanza brasiliana. Tale cittadinanza può essere richiesta presso i consolati brasiliani all'estero, purché si dimostri la discendenza da cittadini brasiliani.

Naturalizzazione

La naturalizzazione è un processo attraverso il quale gli stranieri possono acquisire la cittadinanza brasiliana. Esistono diverse modalità di naturalizzazione, tra cui:

- *Naturalizzazione ordinaria*: riservata a stranieri che risiedono in Brasile per almeno 4 anni, con dimostrazione di integrazione sociale e conoscenza della lingua portoghese.

- *Naturalizzazione straordinaria*: concessa a stranieri che abbiano contribuito significativamente al Brasile o che siano investitori.
- *Naturalizzazione per matrimonio*: gli stranieri sposati con cittadini brasiliani possono richiedere la cittadinanza dopo aver soddisfatto requisiti specifici, come la residenza permanente e la stabilità del matrimonio.
- *Naturalizzazione provvisoria*: applicabile ai minori che risiedono in Brasile e che possono acquisire la cittadinanza al raggiungimento della maggiore età.

Doppia cittadinanza

Il Brasile permette ai suoi cittadini di mantenere più cittadinanze, consentendo quindi la doppia cittadinanza. Questo significa che un cittadino brasiliano può acquisire una seconda cittadinanza senza perdere quella brasiliana, purché il paese di origine non richieda la rinuncia alla cittadinanza brasiliana.

CANADA

La cittadinanza canadese è disciplinata dalla Legge sulla cittadinanza del 1947, la quale è stata modificata diverse volte nel corso degli anni per riflettere i cambiamenti nelle politiche migratorie e nei diritti dei cittadini. Il Canada riconosce sia lo ius soli che lo ius sanguinis, con un focus particolare sui diritti dei cittadini nati sul suolo canadese.

Ius soli

Il principio dello *ius soli* è ampiamente riconosciuto in Canada. Secondo la Legge sulla cittadinanza canadese, qualsiasi persona nata nel territorio canadese è automaticamente cittadina canadese, indipendentemente dalla nazionalità dei genitori, con l'eccezione dei figli di diplomatici stranieri. Questo principio è uno dei pilastri del sistema di cittadinanza canadese, riflettendo l'approccio inclusivo del Canada.

Ius sanguinis

La cittadinanza canadese può anche essere acquisita per discendenza. Un bambino nato all'estero da almeno un genitore canadese acquisisce automaticamente la cittadinanza canadese alla nascita. Tuttavia, esiste una limitazione: la cittadinanza per discendenza è valida solo per la prima generazione nata all'estero. Questo significa che i nipoti di cittadini canadesi, nati all'estero, potrebbero non acquisire automaticamente la cittadinanza canadese.

Naturalizzazione

La naturalizzazione è un processo attraverso il quale i residenti permanenti in Canada possono acquisire la cittadinanza canadese. I requisiti includono:

- *Residenza permanente*: il richiedente deve avere lo status di residente permanente.
- *Presenza fisica*: deve aver risieduto fisicamente in Canada per almeno 1.095 giorni negli ultimi 5 anni.
- *Conoscenza linguistica*: è richiesta una conoscenza adeguata dell'inglese o del francese, le due lingue ufficiali del Canada.
- *Test di conoscenza*: il richiedente deve superare un test che verifica la sua conoscenza della storia, delle leggi e dei valori canadesi.
- *Giuramento di fedeltà*: alla fine del processo, il richiedente deve partecipare a una cerimonia di giuramento, durante la quale giura fedeltà alla Regina e osservanza delle leggi canadesi.

Doppia cittadinanza

Il Canada permette la doppia cittadinanza. Questo significa che i cittadini canadesi possono acquisire un'altra cittadinanza senza perdere quella canadese.

Modifiche recenti alla Legge sulla cittadinanza

Negli ultimi anni, il Canada ha introdotto modifiche significative alla sua Legge sulla cittadinanza. Ad esempio, la Legge C-6 del 2017 ha ridotto il periodo di residenza richiesto per la naturalizzazione e ha eliminato la revoca della cittadinanza per i cittadini naturalizzati accusati di tradimento.

STATI UNITI D'AMERICA

Negli Stati Uniti, la cittadinanza è fortemente influenzata dal principio dello ius soli, sancito dal XIV emendamento della Costituzione. Tuttavia, è anche possibile acquisire la cittadinanza statunitense tramite naturalizzazione per coloro che soddisfano determinati requisiti.

Ius soli

Il principio dello *ius soli* è alla base del sistema di cittadinanza degli Stati Uniti. Secondo il XIV emendamento della Costituzione, tutte le persone nate negli Stati Uniti, e soggette alla giurisdizione degli Stati Uniti, sono automaticamente cittadine americane. Questo principio si applica indipendentemente dalla nazionalità dei genitori, con l'eccezione dei figli di diplomatici stranieri.

Naturalizzazione

La naturalizzazione è il processo attraverso il quale i residenti permanenti negli Stati Uniti possono diventare cittadini americani. I requisiti principali includono:

- *Residenza legale*: il richiedente deve essere stato un residente permanente legale per almeno 5 anni (3 anni se sposato con un cittadino americano).
- *Conoscenza della lingua inglese*: il richiedente deve dimostrare una conoscenza base della lingua inglese, sia parlata che scritta.
- *Esame di educazione civica*: il richiedente deve superare un esame che copre la storia e il sistema governativo degli Stati Uniti.
- *Buona condotta morale*: è richiesto che il richiedente dimostri una buona condotta morale, senza condanne penali gravi.

Doppia cittadinanza

Gli Stati Uniti non richiedono ai cittadini naturalizzati di rinunciare alla loro cittadinanza d'origine, permettendo così la doppia cittadinanza. Tuttavia, i cittadini statunitensi sono tenuti a rispettare le leggi fiscali e altre normative degli Stati Uniti, anche se detengono un'altra cittadinanza.

LA CITTADINANZA ITALIANA: TUTELA, RECUPERO, ITER PROCEDURALE, BENEFICI, DERIVE. Il caso Brasile

GIACOMO GUARNERA, Patronato ACLI Brasile[1]

I 150 anni dell'immigrazione italiana in Brasile compiuti nel 2024

Nel 2024, il Brasile celebra i 150 anni di immigrazione italiana nel Paese, un traguardo iniziato il 17 febbraio 1874, quando il veliero chiamato "La Sofia" sbarcò nel porto di Vitória, Espírito Santo. Questa nave portò 388 contadini italiani che cercavano una nuova vita lontano dalle difficoltà incontrate in patria. La spedizione era guidata da Pedro Tabacchi, italiano di origine trentina, presente in Brasile dal 1850 circa.

Pedro Tabacchi, pioniere dell'immigrazione italiana, si stabilì inizialmente nel comune di Santa Cruz, attualmente conosciuto come Aracruz, nello Stato di Espírito Santo. Lì acquistò una fattoria e si rese conto dell'urgente bisogno di manodopera locale, soprattutto dopo la graduale abolizione della schiavitù. Motivato da questo scenario, iniziò a prospettare la possibilità di portare i suoi connazionali a lavorare nelle fattorie brasiliane, offrendo loro l'opportunità di sfuggire alle difficoltà economiche e sociali che affliggevano l'Italia in quel periodo.

La decisione di portare gli italiani in Brasile non è stata semplice e ha comportato lunghe trattative tra le autorità brasiliane e italiane. Il governo brasiliano, interessato a sostituire il lavoro schiavo con lavoratori liberi e ad aumentare la popolazione di origine europea nel Paese, offrì incentivi significativi per attirare gli immigrati europei. Dopo un periodo di pianificazione e trattative, "La Sofia" lasciò il porto di Genova, iniziando un viaggio di sessanta giorni verso il Brasile.

L'arrivo degli italiani segnò l'inizio di un significativo movimento migratorio. Gli immigrati ebbero da affrontare numerose sfide al loro arrivo in Brasile, comprese le barriere linguistiche e culturali. Molti hanno avuto i propri nomi "brasilianizzati" dalle autorità locali, il che conferiva loro una identificazione diversa che contribuiva a rendere difficile i legami culturali e familiari con l'Italia. Ad esempio, cognomi

[1] Si ringrazia MARLENE GOMES DE OLIVEIRA per la collaborazione al reperimento delle informazioni e alla stesura dell'articolo.

come Giacinto e Bianchi furono trasformati, rispettivamente, in Jacinto e Bianqui, adattandosi alla fonetica portoghese, oltre ai propri nomi che venivano resi in lingua portoghese (Giuseppe in José, Giovanni in João, ad esempio).

Tra il 1874 ed il 1920 si stima che circa 1,5 milioni di italiani siano emigrati in Brasile, attratti dalle opportunità di lavoro e dalla promessa di una vita migliore. Questo flusso migratorio è stato una conseguenza delle condizioni socioeconomiche avverse in Italia, comprese le crisi agricole, la sovrappopolazione e la lenta industrializzazione. Allo stesso tempo, il Brasile stava attraversando una trasformazione economica e sociale, cui gli italiani contribuirono fortemente e in maniera storicamente decisiva introducendo nuove tecniche agricole, fondando colonie e comunità e partecipando attivamente alla vita economica e sociale delle regioni in cui si stabilirono.

Oggi la comunità italiana in Brasile è una delle più grandi al di fuori dell'Italia. Dati dell'Ambasciata d'Italia in Brasile indicano che dei circa 6,5 milioni di cittadini italiani residenti all'estero, più di 700.000 vivono in Brasile, rappresentando circa l'11% del totale. Questa comunità ha mantenuto vive molte tradizioni italiane, contribuendo alla diversità culturale del Brasile. Inoltre le stime ufficiose indicano una presenza di oltre 30 milioni di italodiscendenti.

Oltre all'eredità culturale, l'influenza italiana è visibile nell'architettura, nella gastronomia e nei costumi locali. In città come San Paolo, Belo Horizonte e Porto Alegre, la presenza di quartieri dalla forte identità italiana, come Bixiga a San Paolo, evidenzia l'importanza di questa comunità nella formazione del tessuto urbano e sociale brasiliano. L'eredità degli immigrati italiani continua ad essere celebrata e preservata, riflettendo il contributo duraturo che hanno dato alla società brasiliana. Il percorso degli immigrati italiani in Brasile, segnato da sfide e conquiste, è una testimonianza della resilienza e dell'adattabilità di questi pionieri. Nel corso di 150 anni, loro non soltanto hanno contribuito a costruire il Brasile moderno, ma hanno anche mantenuto vivi i legami con la loro patria, creando un ponte culturale che arricchisce entrambe le nazioni e che andrebbe intensificato.

Questa introduzione si è resa necessaria per avviare il lettore al tema del presente saggio, che riguarda il numero sempre più elevato di acquisizioni di cittadinanza soprattutto in quei paesi dove l'emigrazione italiana è stata particolarmente cospicua e lontana nei tempi. Il Brasile, in tal senso, rappresenta un contesto privilegiato per capire cosa spinga oggi migliaia di italodiscendenti a richiedere il passaporto italiano, le procedure che seguono e le tante derive e irregolarità che si stanno sempre più evidenziando.

Tutela e recupero dell'identità o della cittadinanza italiana. Differenze tra Brasile e Italia

La trasmissione della cittadinanza italiana si basa sul principio dello *iure sanguinis* (diritto di sangue) poiché, secondo la legge n. 91/1992, la cittadinanza italiana per discendenza riconosce che i figli nati da padre o madre italiani sono di fatto italiani. Questo principio fa sì che la cittadinanza italiana venga tramandata di generazione in generazione, indipendentemente dal luogo di nascita, purché possa essere dimostrata la discendenza. Pertanto, anche se un discendente di italiani è nato fuori dall'Italia, lo stesso ha diritto di richiedere la cittadinanza italiana, purché dimostri la sua discendenza diretta.

Di contro, in Brasile la nazionalità è determinata principalmente dal principio dello *ius soli* (diritto di terra). Come previsto dalla Costituzione federale brasiliana (articolo 12, comma I), è considerata brasiliana qualsiasi persona nata nel territorio brasiliano, indipendentemente dalla nazionalità dei suoi genitori. Questo criterio mira a garantire che chiunque sia nato in Brasile abbia la nazionalità brasiliana, promuovendo l'integrazione e l'inclusione di tutte le persone nate nel Paese.

Queste differenze di criteri tra Brasile e Italia si traducono in una situazione unica per i discendenti di italiani emigrati in Brasile. Sulla base delle regole di entrambi i sistemi giuridici, gli italo-discendenti che abbiano ottenuto il riconoscimento della cittadinanza italiana hanno il diritto di esercitare diritti e doveri civici in entrambi i Paesi, essendo titolari di una "doppia cittadinanza". Essendo nati in Brasile, sono cittadini brasiliani per *ius soli* e per i loro legami di sangue con antenati italiani, possono essere riconosciuti come cittadini italiani *iure sanguinis*.

A partire dal XVIII secolo, quando si verificò una massiccia immigrazione italiana in Brasile, i discendenti degli immigrati italiani iniziarono a integrarsi nel tessuto sociale ed economico brasiliano, allontanandosi dalle proprie origini. Questa separazione si è intensificata nel tempo a causa dell'assimilazione culturale, dell'adattamento al nuovo paese e della distanza tra i due continenti, in mancanza dei mezzi di comunicazione oggi esistenti.

Conseguentemente, molte famiglie italiane che si stabilirono in Brasile persero gradualmente il legame con le loro radici italiane e l'Italia era spesso disinformata sull'esistenza, sulle dinamiche e sulle dimensioni di queste famiglie lontane.

Negli ultimi decenni, tuttavia, si è registrato un crescente interesse da parte dei discendenti di italiani nel recuperare e preservare la propria identità e cittadinanza italiana. Questo movimento è stato guidato da diversi fattori, tra cui il desiderio di riconnettersi con le proprie radici culturali, i vantaggi associati alla cittadinanza europea ed il crescente riconoscimento del contributo degli immigrati italiani alla società brasiliana.

Il processo per ottenere la cittadinanza italiana, sebbene burocraticamente impegnativo, è stato facilitato dalle iniziative intraprese da entrambe le nazioni. In Brasile molti discendenti si sono dedicati alla ricerca genealogica per raccogliere la documentazione necessaria a dimostrare la loro ascendenza italiana. Inoltre, le autorità diplomatiche e consolari italiane in Brasile hanno svolto un ruolo cruciale nel sostenere questi sforzi, fornendo informazioni e servizi per assistere nel processo di riconoscimento della cittadinanza, unitamente ad un ruolo fondamentale dei Patronati italiani, attraverso le loro sedi in Brasile.

Questo recupero della cittadinanza italiana ha anche notevoli implicazioni culturali. Riconnettendosi con le proprie radici italiane, i discendenti non soltanto rivendicano un diritto legale, ma promuovono anche la conservazione e la celebrazione delle proprie tradizioni culturali. Festival, associazioni culturali italiane e corsi di lingua italiana sono esempi di come questa eredità viene mantenuta viva in Brasile.

La doppia cittadinanza offre un ponte tra Brasile e Italia, arricchendo entrambi i Paesi culturalmente e socialmente. I cittadini con doppia cittadinanza hanno l'opportunità di godere dei diritti e delle responsabilità di entrambe le nazioni, compreso l'accesso ai servizi, alle opportunità educative e lavorative nell'Unione europea e la capacità di contribuire allo sviluppo delle comunità sia in Brasile che in Italia.

Inoltre, la crescente comunità di italo-brasiliani con doppia cittadinanza rafforza i legami tra i due Paesi, promuovendo scambi culturali, commerciali e accademici. Questo legame duraturo testimonia la resilienza e l'adattabilità degli immigrati italiani e dei loro discendenti, nonché l'importanza di preservare l'identità culturale in un mondo globalizzato.

Percorsi scelti dai discendenti per il riconoscimento della cittadinanza italiana e relative conseguenze

Richiesta amministrativa

Ricostruire la via del ritorno in patria è un desiderio comune tra i discendenti italiani in Brasile. La prima alternativa per coloro i quali abbiano intenzione di ristabilire il legame con l'Italia e ottenere il riconoscimento del diritto alla cittadinanza italiana è la richiesta amministrativa. Questo processo prevede la presentazione della documentazione probatoria alle autorità consolari italiane nel paese di residenza del richiedente.

La documentazione necessaria deve dimostrare inequivocabilmente che i richiedenti siano discendenti diretti di un cittadino italiano che, ad un certo punto, è emigrato in Brasile. A tal fine, è fondamentale che non sussistano dubbi sul legame diretto tra il richiedente ed il suo antenato italiano. Per dimostrare questa connessione sono spesso necessari certificati di nascita, matrimonio e morte, nonché altri documenti storici.

In Brasile è spesso necessario correggere errori di ortografia e altre incongruenze nei registri dei nomi e dei dati personali che potrebbero essere stati modificati nel tempo. Questo processo, noto come "rettifica dei registri di stato civile", può essere effettuato tramite una domanda giudiziale o amministrativa. La rettifica facilita la formazione di un insieme di prove coerenti, che sarà valutato dalle competenti autorità italiane, responsabili per il riconoscimento della cittadinanza.

Storicamente, la richiesta amministrativa presentata direttamente alle autorità consolari italiane all'estero era un metodo pratico e relativamente veloce. Tuttavia, con il passare degli anni, il processo è diventato estremamente lento. Ciò è dovuto al fatto che il numero dei richiedenti è aumentato in modo significativo, determinando un sovraccarico del lavoro dei consolati italiani. Inoltre, al momento, una richiesta di cittadinanza italiana presentata al Consolato Generale d'Italia a San Paolo può richiedere circa sette/otto anni per essere esaminata.

Questo significativo aumento del volume delle richieste amministrative pervenute alle rappresentanze governative italiane all'estero ha comportato un superamento dei tempi di attesa rispetto ai termini stabiliti dalla normativa italiana. Secondo l'articolo 3 del DPR 362/1994, l'amministrazione competente deve concludere il procedimento entro 730 giorni dalla data di presentazione della richiesta. Tuttavia, a causa dell'elevata domanda, questa scadenza viene raramente rispettata, nonostante gli sforzi delle autorità italiane e i mezzi economici stanziati negli ultimi anni per poter evadere le pratiche arretrate. Probabilmente tra due/tre anni la situazione potrà essere esaminata con netti e visibili miglioramenti.

Oltre alla lunga attesa, i richiedenti devono affrontare la complessità di raccogliere la documentazione corretta e garantire che tutti i documenti siano conformi ai requisiti italiani. Questo compito può essere impegnativo, soprattutto per chi ha a che fare con vecchi documenti o registrazioni che sono cambiati nel tempo.

Nonostante queste difficoltà, la richiesta amministrativa resta un percorso importante verso il riconoscimento della cittadinanza italiana, consentendo a molti discendenti di riconnettersi con le proprie radici ed acquisire i diritti legati alla cittadinanza europea. Inoltre, il riconoscimento della cittadinanza italiana offre vantaggi significativi, tra cui il diritto a stabilirsi e quindi vivere, lavorare e studiare in qualsiasi paese dell'Unione europea, nonché l'accesso ai servizi sanitari e ad altri diritti sociali.

La ricerca della cittadinanza italiana attraverso una richiesta amministrativa non è soltanto un iter burocratico, ma anche un percorso personale e culturale. Per molti discendenti, ottenere la cittadinanza italiana rappresenta una riconnessione con la propria eredità e identità, rafforzando i legami familiari e culturali che li uniscono all'Italia.

Processo giudiziale per il riconoscimento della cittadinanza italiana

In virtù dell'elevato numero di richieste amministrative e del superamento dei termini di legge, molti discendenti di italiani sono stati costretti a ricorrere a vie legali per ottenere il riconoscimento della cittadinanza italiana. La lentezza dei consolati italiani, che spesso si traduce in anni di attesa, ha costituito un ostacolo all'accesso ai diritti essenziali, imprescrittibili e permanenti per i discendenti dei cittadini italiani.

Il Tribunale di Roma si è espresso sulla vicenda, riconoscendo la grave dimensione del problema e l'incertezza temporale imposta dai consolati, che contraddicevano le disposizioni di legge. Con una storica decisione nel processo Rg. N. 58581/2017 del 23 marzo 2018, il Tribunale di Roma ha stabilito che: «*L'incertezza in ordine alla definizione della richiesta di riconoscimento dello status civitatis italiano iure sanguinis, il decorso di un lasso temporale irragionevole rispetto all'interesse vantato, comportante peraltro una lesione dell'interesse stesso, equivalgono ad un diniego di riconoscimento del diritto, giustificando l'interesse a ricorrere alla tutela giurisdizionale*».

Questa giurisprudenza ha aperto la strada affinché i discendenti di italiani potessero richiedere il riconoscimento della propria cittadinanza direttamente dinanzi il potere giudiziario italiano. A tal fine, i richiedenti devono presentare tutta la documentazione necessaria comprovante il loro legame diretto con un antenato italiano. Questo percorso, nonostante possa risultare complesso, spesso offre una soluzione più rapida e corretta rispetto al tradizionale iter amministrativo.

I tribunali italiani hanno dovuto adattarsi al significativo aumento delle richieste, attuando misure per facilitare l'iter procedurale e migliorare la distribuzione dei casi tra le autorità giudiziarie competenti. Un esempio notevole è la promulgazione della Legge n. 206/2021 che ha stabilito che, a partire da luglio 2022, i processi non sarebbero stati più concentrati unicamente presso il Tribunale di Roma, ma distribuiti in base alla provenienza del familiare italiano.

Questo cambiamento ha cercato di decentralizzare le richieste ed accelerare il processo giudiziario. Dati recenti indicano che in Veneto, nel 2023, sono state presentate circa mille richieste al mese, per un totale di circa 150 mila istanze di riconoscimento della cittadinanza nell'anno. Le misure in corso attuate dal governo italiano mirano a facilitare l'ottenimento della cittadinanza da parte dei discendenti.

Nonostante queste riforme, la durata esatta di un procedimento giudiziario può variare. Tuttavia, rispetto alla lista d'attesa consolare, il procedimento giudiziario resta un'alternativa praticabile e spesso più rapida per molti discendenti.

È opportuno però precisare che, sulla base di una serie di decisioni giurisprudenziali, la richiesta di riconoscimento della cittadinanza *iure sanguinis* per i discendenti di madre italiana, nati anteriormente al 1°gennaio 1948, può essere trattata ancora oggi solo in via giudiziale.

Si auspica un intervento legislativo che corregga questa iniquità del sistema e renda efficace in via amministrativa l'esercizio del diritto da parte di tali italodiscendenti in tutto il mondo.

Occorre rilevare, infine, che sono ormai centinaia gli studi legali italiani che offrono il servizio indicato e ciò costituisce indubbiamente un filone che alimenta le attività giudiziarie in Italia.

Richiesta amministrativa presentata in Italia, mediante fissazione della residenza in loco. Residenza regolare

La legislazione italiana consente ai discendenti di italiani che documentino il proprio diritto alla cittadinanza di stabilire formalmente la residenza in Italia, consentendo loro di presentare la richiesta di riconoscimento direttamente al rispettivo Comune. Questa opzione offre un'alternativa più rapida ed efficiente alla procedura consolare, spesso complessa.

Dal 2012 il Brasile e l'Unione europea, compresa l'Italia, hanno firmato un accordo di esenzione dal visto per soggiorni di breve durata. Questo accordo consente ai cittadini brasiliani con passaporto valido, sia comune, diplomatico, di servizio o altri documenti di viaggio ufficiali, di entrare o transitare nei paesi membri dell'Unione europea senza la necessità di un visto, purché il viaggio abbia scopi turistici o d'affari. I brasiliani possono rimanere in Italia fino a tre mesi in un periodo di sei mesi.

Prima della scadenza del periodo di tre mesi, i cittadini brasiliani devono richiedere al governo italiano il permesso di attendere l'accoglimento della domanda di cittadinanza. Questo documento è noto come "permesso di soggiorno in attesa cittadinanza" e deve essere richiesto alla Questura competente. Questo tipo di permesso è fondamentale affinché il richiedente possa rimanere legalmente in Italia durante tutto il processo di riconoscimento della cittadinanza.

Tale permesso non consente al richiedente di svolgere attività retribuite, ma rende possibile l'iscrizione al Servizio sanitario italiano. Ciò garantisce l'accesso al sistema sanitario durante il periodo di attesa. La validità di questo permesso varia da tre mesi a un anno, a seconda del tempo necessario per completare il processo di cittadinanza. Una volta riconosciuta la cittadinanza italiana, il permesso non sarà più valido in quanto il richiedente sarà considerato cittadino italiano a tutti gli effetti di legge.

Procedimenti e documentazione necessaria

Affinché la domanda venga accettata è fondamentale che tutta la documentazione sia completa e conforme ai requisiti italiani. Ciò include i certificati di nascita, matrimonio e morte (se applicabile) dell'antenato italiano e di tutti i discendenti fino al richiedente. Inoltre, tutti i documenti dovranno essere tradotti in italiano e apostillati secondo la Convenzione dell'Aja.

Al momento della fissazione della residenza in Italia, il richiedente dovrà registrarsi all'anagrafe del Comune dove risiederà. Questa registrazione è essenziale poiché la residenza formale è un requisito per l'accettazione della domanda di cittadinanza. Il Comune effettuerà un controllo della residenza, che può includere visite a domicilio per garantire che il richiedente risieda effettivamente presso l'indirizzo dichiarato.

Benefici del processo in Italia

Optare per questa strada può essere vantaggioso per la velocità del processo rispetto alla richiesta amministrativa effettuata tramite i consolati italiani in Brasile. I tempi di attesa per il completamento della domanda in Italia possono essere notevolmente più brevi, variando da sei mesi a due anni, a seconda del Comune e della complessità del caso.

Tuttavia, questa opzione presenta anche delle sfide. Stabilire la residenza in Italia comporta costi aggiuntivi, come l'affitto, il cibo e l'assicurazione sanitaria. Inoltre, la necessità di rimanere nel Paese durante tutto il processo può rappresentare un ostacolo per coloro che non hanno la flessibilità necessaria per allontanarsi dal Brasile per lunghi periodi.

Impatto culturale e personale

Per molte persone di origine italiana, vivere in Italia durante il processo di riconoscimento della cittadinanza offre un'opportunità unica per riconnettersi con le proprie radici culturali. Immergersi nella lingua, nella cucina e nelle tradizioni locali può arricchire profondamente la propria esperienza personale e rafforzare il legame con la terra dei propri antenati. Inoltre, questa esperienza può facilitare la futura integrazione nella società italiana, qualora il nuovo cittadino decida di rimanere nel Paese.

In conclusione, stabilire la residenza in Italia per richiedere il riconoscimento della cittadinanza italiana è un'opzione praticabile e spesso più rapida, ma richiede un'attenta pianificazione e la volontà di affrontare le sfide logistiche e finanziarie coinvolte. Il processo amministrativo in Italia, nonostante sia più diretto, richiede una preparazione meticolosa ed un adattamento alle esigenze legali e culturali del Paese.

Residenza fittizia/irregolare

Tuttavia, alcuni discendenti di italiani, alla ricerca di soluzioni rapide, offerte da intermediari che organizzano veri e propri sistemi di procacciamento di affari in tal senso, per evitare la lunga lista consolare o l'alternativa giudiziaria che, seppur vantaggiosa, può comunque durare mesi o addirittura anni, sono stati coinvolti in pratiche considerate illecite dalle autorità italiane.

Queste pratiche conterrebbero aspetti legati a corruzione, il pagamento di tangenti a dipendenti pubblici italiani, il traffico di influenze, l'evasione fiscale, l'uso di documenti e residenze false, tra gli altri reati, con l'obiettivo di ottenere la cittadinanza in maniera quasi immediata.

Questi brasiliani, spesso senza comprendere la gravità degli atti commessi, si avvalgono dei servizi di persone che promettono completa assistenza per la concessione rapida e garantita della cittadinanza italiana. Gli interessati vengono portati in Italia dove, con l'aiuto di "consulenti", stabiliscono una residenza fittizia, a volte senza neanche trascorrere una notte nel luogo messo a disposizione nello schema organizzato. Dopo un breve periodo ricevono un documento ufficiale dal Comune italiano che riconosce la loro cittadinanza. Sebbene questi documenti siano legittimi, si basano su informazioni false e sono frutto di attività considerabili fraudolente.

Di fatto non sussiste nessuna intenzione di stabilire la propria residenza in Italia, ma soltanto una dichiarazione per ottenere un beneficio.

Dopo aver ricevuto i documenti, queste persone ritornano in Brasile e continuano la loro vita, utilizzando questi documenti italiani. Tuttavia, a causa del significativo aumento del numero di residenti registrati in alcune località italiane, le autorità italiane hanno avviato indagini penali che hanno smantellato questi schemi. Di conseguenza, numerose cittadinanze concesse con simili mezzi fraudolenti sono state revocate.

Queste indagini non mirano soltanto a punire gli organizzatori delle attività illegali, ma servono anche ad invitare le persone che hanno ottenuto documenti irregolari a restituire i loro certificati e passaporti italiani. Coloro che desiderino ripresentare la richiesta di cittadinanza devono seguire le modalità legali, sia attraverso la domanda amministrativa che attraverso il procedimento giudiziale.

Negli ultimi anni, la presenza sistematica di questi schemi è stata osservata in diversi Comuni italiani – famosa, in tal senso, è l'indagine su Ospedaletto Lodigiano[2]. La velocità con cui gli organizzatori di tali schemi riescano a trovare nuovi Comuni che accettino le pratiche, quando vengano interrotte i canali precedenti, è davvero rilevante.

Si tratta di un affare dai volumi finanziari notevoli, se si pensa che il costo viene fissato tra i quattro e i cinque mila euro in contanti (come risulta dalle indagini effettuate), oltre a tutte le spese annesse e connesse. Si parla di oltre diecimila pratiche l'anno per questa tipologia di riconoscimento della cittadinanza italiana, un bacino di guadagno davvero notevole.

In risposta, le autorità italiane hanno intensificato la vigilanza per prevenire definitivamente queste irregolarità e diminuire tale fenomeno. Sarebbero, comunque, opportune anche indicazioni maggiori per prevenire gli interessati su simili attività.

Impatti legali e personali

Gli individui che scelgono questi mezzi illeciti spesso non percepiscono le profonde ripercussioni legali e personali delle proprie azioni. Ottenere la cittadinanza attraverso metodi fraudolenti può comportare procedimenti penali e la revoca del riconoscimento, con ulteriore dispendio di tempo, costi e conseguenze impreviste.

[2] Si vedano, a mo' di esempio: Antonio Castaldo, *Ospedaletto Lodigiano, 2057 abitanti e 1300 brasiliani. Che nessuno ha mai visto*, «Corriere della Sera. DataRoom di Milena Gabanelli», 12 dicembre 2018, <https://www.corriere.it/dataroom-milena-gabanelli/cittadinanza-ius-sanguinis-sudamericani-brasiliani-trufffa/973252ec-fd73-11e8-84b7-ff9bf5ee4344-va.shtml>. Luciano Tirinnanzi - Stefano Piazza, *Truffa brasiliana sulla cittadinanza italiana*, «Panorama», 7 gennaio 2020, <https://www.panorama.it/news/truffa-cittadinanza-italiana-passaporto-brasile>.

Dal punto di vista personale, scoprire che la cittadinanza è stata ottenuta in modo fraudolento può causare enorme stress e problemi familiari. La perdita della cittadinanza può incidere sui progetti di vita, compresi gli studi, il lavoro e la residenza in Italia o in altri Paesi dell'Unione europea. La disillusione e la vergogna per aver partecipato ad un progetto criminale possono avere effetti duraturi anche sulla reputazione e sulle relazioni personali e professionali.

L'ottenimento della cittadinanza con metodi fraudolenti può comportare risvolti penali e la revoca totale del riconoscimento, con conseguente dispendio di tempo, costi e conseguenze non misurabili a priori.

Dal punto di vista personale, scoprire che la cittadinanza sia stata ottenuta in modo fraudolento può causare enorme stress e problemi familiari. La perdita della cittadinanza può influenzare i progetti di vita, compresi gli studi, il lavoro e la residenza in Italia o in altri Paesi dell'Unione europea. La disillusione e la vergogna per aver partecipato ad un progetto criminale possono avere effetti duraturi anche sulla reputazione e sulle relazioni personali e professionali.

Ad esempio, coloro che hanno ottenuto la cittadinanza in modo fraudolento potrebbero essere costretti a restituire il passaporto italiano, il che potrebbe rendere loro difficile o impossibile il prosieguo della residenza, dei contratti di lavoro, dei corsi o dei viaggi internazionali nel territorio dell'Unione europea e degli altri paesi che concedono un trattamento differenziato per i titolari di passaporto europeo. La restituzione obbligatoria dei documenti rilasciati dalle autorità italiane è una delle prime e più incisive misure adottate dopo la scoperta dei casi di frode.

Inoltre, queste persone, direttamente coinvolte nel progetto criminale, potrebbero dover affrontare procedimenti penali che richiedono, come minimo, l'assunzione di un rappresentante legale per ridurre al minimo le conseguenze di tali indagini e procedimenti. Dimostrare la buona fede potrebbe essere fondamentale per consentire, in qualche modo, all'interessato di presentare in futuro una nuova richiesta di riconoscimento della cittadinanza. Ciò senza considerare che l'esistenza di precedenti penali pendenti può incidere negativamente sulla persona indagata, sia in termini di opportunità lavorative che di rilascio di visti e autorizzazioni di viaggio, pesando su altri aspetti della vita personale e professionale.

L'importanza di procedere legalmente

Considerati questi rischi, è fondamentale che i discendenti degli italiani seguano le procedure legali stabilite per il riconoscimento della cittadinanza. Nonostante le sfide e il tempo che questi processi potrebbero richiedere, essi garantiscono che la cittadinanza venga ottenuta in modo legittimo e sicuro. Procedere legalmente non soltanto significa rispettare le leggi italiane, ma onora anche la memoria degli antenati che hanno contribuito all'eredità culturale e storica sia dell'Italia che del Brasile.

Scegliere le vie legali, sia attraverso una richiesta amministrativa al consolato che attraverso un procedimento giudiziario, garantisce che i diritti acquisiti siano validi e duraturi. Inoltre, rafforza il legame con l'Italia in modo autentico e rispettoso, garantendo che anche le generazioni future possano essere orgogliose della propria cittadinanza italiana.

Conclusione

L'immigrazione italiana in Brasile, che festeggia 150 anni nel 2024, ha segnato un periodo significativo di trasformazione e integrazione culturale tra i due Paesi. Questo movimento migratorio ha contribuito immensamente alla formazione dell'identità brasiliana, portando con sé una vasta popolazione che si è diffusa in diversi Stati, affrontando e superando sfide culturali e linguistiche. L'arrivo degli italiani non solo ha contribuito alla crescita economica e sociale del Brasile, ma ha anche promosso un ricco scambio culturale che continua ancora oggi.

Gli italiani e i loro discendenti hanno svolto un ruolo fondamentale nel preservare e recuperare l'identità italiana, spesso cercando di riconnettersi con le proprie radici attraverso il principio dello *iure sanguinis*. Questo diritto, riconosciuto dalla legislazione italiana, contrasta con lo *ius soli* brasiliano, che consente a molti discendenti di avere la doppia cittadinanza. Tuttavia, il processo di riconoscimento della cittadinanza italiana è complesso e spesso richiede molto tempo, il che porta tanti a valutare alternative legali e amministrative per ottenere questo riconoscimento.

La richiesta amministrativa della cittadinanza, tradizionalmente effettuata tramite i consolati italiani all'estero, è diventata un processo lungo a causa del notevole aumento delle domande. Il tempo di attesa, che può superare gli otto anni considerando i dati attuali, contrasta con la previsione di legge del termine massimo di 730 giorni, come stabilito dal DPR 362/1994 della normativa italiana. In virtù di questo scenario, molti discendenti scelgono di ricorrere alla via giudiziale, alternativa riconosciuta dal Tribunale di Roma. Questo percorso si è rivelato efficace, nonostante le sfide poste dall'elevato numero di richieste e dalla necessità di adattamento dei tribunali italiani.

Un'altra strada percorsa dai discendenti è la presentazione della domanda amministrativa direttamente in Italia, stabilendovi la residenza formale. Questa alternativa, sebbene giuridicamente valida, è stata corrotta da schemi illegali che comportano tangenti, residenze fittizie e documenti contraffatti. Questi schemi hanno portato ad accertamenti e annullamenti di cittadinanze concesse irregolarmente, avvenuti in diversi comuni italiani, come Ospedaletto Lodigiano, Lauriano, Macerata, Civitanova e Catania. Tali pratiche sono sconsigliabili e implicano gravi conseguenze legali per le persone coinvolte.

I discendenti degli italiani che cercano di riconoscere la propria cittadinanza si trovano ad affrontare un panorama complesso di scelte legali e amministrative, ciascuna con i suoi rispettivi vantaggi e sfide. La preservazione dell'identità italiana in

Brasile continua ad essere un processo dinamico, che riflette sia il ricco patrimonio culturale degli immigrati che le complessità legali e amministrative coinvolte nel riconoscimento della cittadinanza. Questo traguardo storico di 150 anni evidenzia l'importanza di politiche efficienti e trasparenti per facilitare il riconoscimento dei diritti dei discendenti degli immigrati, promuovendo così un legame più forte e legittimo con le loro radici italiane.

Ci si augura che tra qualche anno, recuperati gli arretrati, tutto possa seguire la normale pratica amministrativa, inibendo così i fenomeni paralleli citati.

ABITARE IL MONDO: cittadinanza economica e diritti dei migranti

Gaetano Sabatini, Istituto di Storia dell'Europa Mediterranea - CNR
e Università degli Studi Roma Tre

Premessa

Una recente sentenza della Corte di Cassazione ha fornito un'importante conferma del diritto del migrante a ricevere protezione umanitaria quando il contesto di provenienza sia caratterizzato da una situazione di estrema povertà, anche in assenza di altre condizioni avverse come la presenza di conflitti, calamità naturali o forme di persecuzione su base religiosa o razziale[1]. La Corte ha, infatti, dichiarato inammissibile il ricorso opposto del Ministero dell'Interno alla sentenza con la quale la Corte d'Appello di Trieste aveva riconosciuto la protezione umanitaria a uno straniero, che aveva lasciato ancora minorenne il suo paese in condizione di particolare vulnerabilità economica e, accolto presso un'istituzione caritativa, aveva avviato in Italia un percorso di inclusione e trovato un lavoro, che peraltro gli consentiva anche di estinguere i debiti contratti nel paese di origine.

In altre parole, con il respingimento del ricorso del Ministero dell'Interno, la Corte di Cassazione ha riaffermato che la povertà rientra a pieno titolo tra i motivi per il rilascio ai migranti del permesso di soggiorno per ragioni umanitarie, giacché alla base di questa sentenza favorevole alla concessione della protezione, vi è il riconoscimento al diritto a vivere in condizioni dignitose, che permettano il soddisfacimento dei bisogni fondamentali: al di fuori di tali condizioni, il diritto individuale alla vita è da ritenersi sempre in pericolo, situazione che si riproporrebbe se il migrante respinto dovesse rientrare nel proprio paese di origine.

Cittadinanza politica vs cittadinanza economica

Il pronunciamento della Corte di Cassazione, al di là dello specifico caso cui si applica e della creazione di un importante precedente giuridico, riveste una particolare

[1] Sezione I Civile, 9 maggio 2023, n. 12317, Presidente Maria Acierno, Relatore Massimo Falabella; vedi un commento in Patrizia Maciocchi, *Migranti economici, sì alla protezione umanitaria quando la povertà lede la dignità*, «Il Sole 24 ore», 7 giugno 2023, <https://www.ilsole24ore.com/art/migranti-economici-si-protezione-umanitaria-quando-poverta-lede-dignita-AEPUeUbD>, (consultato il 15 settembre 2023).

importanza anche al fine di riaffermare l'esistenza di una cittadinanza economica oltre alla cittadinanza politica. Per cittadinanza economica s'intende infatti l'insieme dei diritti che permettono agli individui di partecipare pienamente alla vita economica di una comunità, prescindendo dal possesso della cittadinanza intesa come vincolo di appartenenza a una nazione, che di per sé comporta la fruizione di specifici benefici e l'assoggettamento a particolari oneri: se il requisito della cittadinanza politica individua un rapporto biunivoco tra il singolo e lo Stato, fissato da un ordinamento giuridico che statuisce la totalità dei diritti civili e politici cui si ha accesso, la cittadinanza economica stabilisce quali sono quei diritti in campo economico e sociale il cui il godimento deve essere riconosciuto a tutti prescindendo dalla nazionalità.

Come è evidente, il tema della cittadinanza economica si pone come particolarmente importante in contesti caratterizzati da intensi flussi migratori – è il caso dell'Italia e dell'Europa in generale, ma anche del Nord America – dove l'individuo migrante si trova spesso nella condizione di accedere ad opportunità economiche o vedere riconosciuto il proprio diritto a un lavoro dignitoso, a un livello minimo di sussistenza, all'accesso a beni e servizi essenziali, a un minimo di protezione sociale, pur in assenza del requisito della cittadinanza politica.

Guardando più da vicino al caso dell'Italia, il Testo Unico sull'Immigrazione (TUI)[2] stabilisce all'articolo 2 – *Diritti e doveri dello straniero* – la parità di trattamento tra il cittadino straniero e quello italiano per quanto concerne il godimento dei diritti, ivi compresi quelli economici. Più precisamente, nel TUI viene dapprima ricordato (comma 1) che «Allo straniero [...] sono riconosciuti i diritti fondamentali della persona umana previsti dalle norme di diritto interno, dalle convenzioni internazionali in vigore e dai principi di diritto internazionale generalmente riconosciuti» e quindi più specificamente (comma 2) «Lo straniero regolarmente soggiornante nel territorio dello Stato gode dei diritti in materia civile attribuiti al cittadino italiano», (comma 3) «La Repubblica italiana, in attuazione della convenzione dell'OIL n. 143 del 24 giugno 1975, ratificata con legge 10 aprile 1981, n. 158, garantisce a tutti i lavoratori stranieri regolarmente soggiornanti nel suo territorio e alle loro famiglie parità di trattamento e piena uguaglianza di diritti rispetto ai lavoratori italiani», (comma 5) «Allo straniero è riconosciuta parità di trattamento con il cittadino relativamente alla tutela giurisdizionale dei diritti e degli interessi legittimi, nei rapporti con la pubblica amministrazione e nell'accesso ai pubblici servizi, nei limiti e nei modi previsti dalla legge». In aggiunta – e anche in funzione dell'essere o meno cittadini appartenenti all'Unione europea – gli stranieri regolarmente soggiornanti in Italia godono di diritti sociali quali l'iscrizione al Servizio sanitario nazionale, la previdenza sociale, che include contributi per la

[2] D.Lgs. 25 luglio 1998, n. 286, e sue successive modificazioni.

pensione e l'assicurazione contro gli infortuni sul lavoro e la malattia, l'istruzione e la formazione professionale, accesso ad alloggi sociali, ecc.

La legalità come presupposto all'accesso alla cittadinanza economica

La legislazione italiana sembra dunque indicare abbastanza chiaramente come il concetto di cittadinanza economica si applichi indistintamente ai cittadini e agli stranieri e la situazione dei diritti economici degli stranieri non si presenta significativamente diversa in molti Paesi europei ed extra-europei: in Francia, Germania e Spagna gli stranieri hanno diritto a condizioni di lavoro e retribuzione eque, simili a quelle dei cittadini, e possono accedere ai servizi di sicurezza sociale, come l'assicurazione sanitaria e le pensioni; nel Regno Unito i residenti non cittadini possono accedere al National Health Service e, in alcuni casi, a sussidi di disoccupazione e altre forme di assistenza economica; in Canada i residenti permanenti, anche se non cittadini, hanno diritto a lavorare, studiare e accedere ai servizi sanitari pubblici e possono anche beneficiare di sussidi di disoccupazione e altre forme di assistenza sociale[3].

In tutti questi paesi l'accesso ai diritti connessi alla cittadinanza economica è però subordinato allo status di straniero *legalmente* residente; a questa regola fanno parzialmente eccezione gli Stati Uniti d'America dove – come chiaro retaggio storico di lungo periodo di un paese da sempre caratterizzato da un tumultuoso processo di immigrazione e da un non meno impetuoso costante fabbisogno di manodopera – anche stranieri presenti in forma irregolare hanno accesso a una serie di diritti economici e sociali, anche se in misura limitata rispetto ai cittadini e agli stranieri legalmente residenti. Ad esempio, negli USA anche gli stranieri irregolari hanno diritto a reclamare condizioni di lavoro eque e possono denunciare la presenza di abusi in tal senso senza per questo temere di essere oggetto di ritorsioni, in quanto protetti da una specifica legislazione contro la discriminazione sul lavoro, oltreché in altri ambiti; essi hanno altresì diritto – come del resto in Italia e in alcuni dei Paesi europei – a cure mediche di emergenza indipendentemente dal loro *status* legale, mentre a livello dei singoli Stati esistono programmi di assistenza sanitaria per bambini e donne incinte, anche quando si tratti di individui privi di documenti che legittimino la loro presenza sul territorio nazionale.

La Costituzione degli Stati Uniti, inoltre, garantisce il diritto a frequentare le scuole pubbliche fino al termine della scuola superiore anche ai bambini in posizione irregolare; sebbene per gli stranieri illegali l'accesso ai servizi sociali sia limitato,

---

[3] Pietro Gargiulo, "La cittadinanza tra diritto internazionale, diritto dell'Unione europea e diritto nazionale", in Francesca Carrera - Emanuele Galossi, a cura di, *Immigrazione e sindacato. Lavoro, cittadinanza e rappresentanza*, Collana Studi & Ricerche IRES, 2014, Editore EDIESSE, Roma, 2014, pp. 289-300.

esistono però alcuni programmi di assistenza mirati, come le banche alimentari, disponibili per tutti, indipendentemente dallo status legale[4].

La grande importanza del ruolo che le comunità straniere irregolari hanno in alcuni settori nell'economia degli Stati Uniti, in particolare in comparti quali l'agricoltura, l'edilizia, l'estrazione mineraria, la ristorazione, i servizi domestici o quelli sanitari, contribuisce a spiegare la relativa tolleranza di cui gode questo gruppo in materia di rispetto e tutela dei diritti economici, senza però dimenticare che la condizione irregolare rende questi lavoratori comunque specialmente esposti a subire forme di sfruttamento, quali ricevere salari più bassi di quelli di altre categorie di lavoratori o l'essere sottoposti a condizioni di lavoro particolarmente pericolose. Si tratta, del resto, di una questione da sempre al centro di un acceso dibattito negli Stati Uniti perché intimamente legata a quella non meno sentita del controllo dell'immigrazione illegale, come ben si vede dal tenore della campagna elettorale attualmente in corso, dove questo tema costituisce, com'è noto, uno dei punti su cui i repubblicani attaccano con maggiore veemenza i democratici, ritenuti responsabili della debole attività di contrasto all'ingresso di migranti illegali dal Messico e dalle nazioni centroamericane lungo il confine meridionale degli Stati Uniti di cui è accusata l'Amministrazione Biden.

Il punto di più evidente contatto tra questi due temi – il riconoscimento dei diritti economici dei migranti e l'immigrazione illegale – è costituito dall'adozione da parte del governo degli Stati Uniti di misure per il contrasto del lavoro di stranieri irregolari, tra cui l'uso di programmi di verifica dell'occupazione, il più importante dei quali è la piattaforma informatica federale E-Verify, introdotto negli anni Novanta, durante la Presidenza Clinton, e ad oggi utilizzata per controllare la posizione di oltre un milione di lavoratori negli USA, che permette – ma non obbliga – ai datori di lavoro di confermare lo *status* legale dei loro dipendenti[5]. Nonostante l'adozione di questi sistemi, il lavoro irregolare rimane comunque diffuso, alimentato dalla domanda di manodopera a basso costo e dalle difficoltà che molti immigrati incontrano nel tentativo di ottenere uno status legale.

In Europa e in Italia: le radici di una cittadinanza economica inclusiva

Il tema del riconoscimento della cittadinanza economica dei migranti e più in generale dei diritti economici e non dello straniero, prescindendo dalla sua presenza di regolare o meno sul territorio è, del resto, tema assai dibattuto anche in Europa e in Italia: in quest'ultimo contesto, uno dei momenti di migliore sintesi su tali temi

[4] ILO, *Multilateral Framework on Labour Migration: Non-binding principles and guidelines for a rights-based approach to labour migration*, Ginevra, ILO, 2006, Annex II, §. 69; *The economic, social and cultural rights of migrants in an irregular situation*, Report of the Human Rights Office of the High Commissioner, United Nations, New York and Ginevra, 2014, pp. 50, 89, 99 e 105.

[5] Si veda: <https://www.e-verify.gov/about-e-verify> (consultato il 29 agosto 2024).

registratisi recentemente è stato il Convegno annuale del 2009 dell'Associazione Italiana dei Costituzionalisti, organizzato intorno al tema *Lo statuto costituzionale del non cittadino*, in special modo con la relazione di Barbara Pezzini, *Una questione che interroga l'uguaglianza: i diritti sociali del non cittadino*, che ha dedicato particolare spazio al diritto al lavoro come diritto sociale, secondo quanto previsto dall'articolo 4 della Costituzione italiana, che ha stabilito «qualcosa di più che la libertà di scelta della propria occupazione; in particolare [...] con riferimento alle garanzie che devono essere fornite dai soggetti e dagli istituti di intermediazione tra domanda e offerta di lavoro: il diritto di lavorare o di accedere al lavoro – e mantenere il lavoro ottenuto – senza subire l'interferenza abusiva di poteri pubblici e privati», non senza sottolineare alcuni aspetti controversi di questa interpretazione[6].

Nonostante l'attenzione data dai giuristi a questo tema, per tutte le implicazioni qui brevemente richiamate che esso comporta in termini di salvaguardia dei diritti degli individui, le origini dell'elaborazione del concetto di cittadinanza economica devono essere ricercate tuttavia nella riflessione degli scienziati sociali del Novecento. In particolare, il concetto di cittadinanza economica può essere fatto discendere dal pensiero dell'economista comunemente ritenuto il padre del Welfare State, Sir William Beveridge (1879-1963), che in due fondamentali testi editati negli anni della Seconda guerra mondiale fissò le basi dei principi su di cui si sarebbe successivamente edificato lo Stato sociale e, più in generale, della teorizzazione di una serie di diritti inalienabili in campo economico e sociale universalmente applicabili.

Nel *Report on Social Insurance and Allied Services*[7], meglio noto come *Rapporto* o *Piano Beveridge* del 1942, per la prima volta viene teorizzato un piano di politica economica volto a garantire la sicurezza sociale di tutta la popolazione, indipendentemente dalla posizione lavorativa dei singoli individui, attraverso un sistema di assistenza sanitaria universale, politiche attive del lavoro e un reddito minimo garantito. Il concetto di cittadinanza economica appare strettamente legato a queste idee, poiché implica che ogni persona abbia diritto a una serie di garanzie economiche e sociali che permettano una vita dignitosa. In tal senso, il *Piano Beveridge* ha contribuito a definire il raggiungimento di questi obiettivi come parte integrante dei doveri dello Stato, che deve intervenire per assicurare il benessere economico e sociale di tutta la comunità. In sintesi, il *Piano Beveridge* ha posto le basi per una cittadinanza economica inclusiva, dove i diritti sociali ed economici sono visti come essenziali per la piena partecipazione alla vita della comunità, con l'obiettivo di eliminare la povertà mediante la creazione di un sistema di sicurezza sociale universale.

---

[6] Barbara Pezzini, "Una questione che interroga l'uguaglianza: i diritti sociali del non cittadino", in *Lo statuto costituzionale del non cittadino*, Atti del XXIV Convegno annuale dell'Associazione italiana dei costituzionalisti, Cagliari, 16-17 ottobre 2009, Jovene Editore, Napoli, 2010, pp. 163-228; si veda, nello stesso volume, anche il contributo di Valerio Onida, "Lo Statuto costituzionale del non cittadino", pp. 3-24.

[7] William Beveridge, *Report on Social Insurance and Allied Services*, Macmillan, Londra-New York, 1942.

Questi stessi concetti furono in parte ripresi e ampliati da Beveridge in un volume non meno famoso e destinato a un'amplissima diffusione, *Full employment in a free society* del 1944[8].

In Italia il contenuto del *Piano Beveridge*, relativamente al concetto di cittadinanza economica, venne ripreso pochi anni dopo la sua pubblicazione da Ernesto Rossi che discusse le proposte dell'economista britannico in un'appendice del suo celebre libro *Abolire la miseria*[9], dedicato principalmente a discutere i mali del capitalismo e a riflettere sul tema delle disuguaglianze sociali e delle misure necessarie per migliorare le condizioni di vita delle classi meno abbienti, elaborando un ventaglio di proposte per contrastare la povertà, considerata una malattia sociale. Rossi, che condivideva la filosofia di base del *Piano Beveridge*, ne criticava però alcuni aspetti, proponendone delle modifiche per adattarlo meglio al contesto italiano ed evitare potenziali inefficienze, insite in particolare nel capitalismo italiano.

Profondamente influenzato dal clima dell'immediato Dopoguerra e dalla grave situazione economica di quegli anni, *Abolire la miseria* mirava innanzitutto a stabilire delle priorità in ordine ai diritti sociali dei cittadini italiani e a individuare gli strumenti più efficaci per conseguirli, seguendo il percorso tracciato da Beveridge, mediante un ruolo attivo dello Stato nel garantire servizi essenziali come istruzione, sanità e assistenza sociale, l'attuazione di una riforma agraria, la realizzazione di un sistema fiscale pienamente progressivo, la promozione dell'istruzione come un elemento chiave per ridurre le disuguaglianze, ecc. Sebbene riferito specificamente al contesto italiano, il contenuto di quest'opera ha però un valore universale e può facilmente considerarsi un manifesto dei diritti connessi con la cittadinanza economica. Anche se Rossi non affronta direttamente la questione migratoria, peraltro molto presente nell'Italia di quegli anni, le sue proposte per combattere la povertà e ridurre le disuguaglianze sociali, se considerate in un contesto contemporaneo, appaiono strettamente collegate ai diritti economici dei migranti.

Si possono individuare quattro principali temi che costituiscono altrettanti punti di connessione tra il pensiero di Ernesto Rossi e l'elaborazione di un concetto di cittadinanza economica che trova la sua espressione nel riconoscimento dei diritti economici dei migranti: la redistribuzione delle risorse e la giustizia fiscale; l'intervento dello Stato per garantire un welfare universale; l'integrazione economica e la dignità del lavoro; il diritto all'istruzione e alla mobilità sociale.

Per quanto riguarda la perequazione fiscale, Rossi sostiene che uno dei modi per combattere la povertà sia attraverso una redistribuzione equa delle risorse e un sistema fiscale progressivo. Questo principio è direttamente collegato alla necessità di garantire pari opportunità economiche a tutte le persone, inclusi i migranti: un sistema economico più giusto, come quello auspicato da Rossi, deve includere anche i migranti tra i beneficiari delle politiche di redistribuzione.

---

[8] William Beveridge, *Full employment in a free society*, George Allen and Unwin, Londra, 1944.
[9] Ernesto Rossi, *Abolire la miseria*, Casa editrice La Fiaccola, Milano, 1946.

Lo stesso principio guida l'intervento pubblico ai fini della realizzazione dello Stato sociale: anche qui le misure proposte da Rossi, come un maggiore intervento statale per garantire servizi essenziali di sanità, istruzione, assistenza sociale, possono essere estese ai migranti, che ne sono esclusi o non vi accedono completamente. Garantire ai migranti l'accesso a questi diritti è fondamentale per lottare contro la povertà e l'emarginazione a cui spesso sono soggetti.

Per quanto riguarda poi la mobilità sociale, Rossi riconosce l'importanza dell'istruzione come strumento per rompere il ciclo della povertà e la mera riproduzione delle disuguaglianze generazione dopo generazione. Questo è un tema centrale anche per i migranti, che spesso affrontano barriere nell'accesso all'istruzione e nella possibilità di migliorare la propria condizione economica. Politiche educative inclusive sono dunque essenziali per garantire ai migranti un percorso di integrazione e miglioramento economico.

Ai fini dell'integrazione economica, da ultimo, è fondamentale la dignità del lavoro, principio, come si è qui più volte ripetuto, strettamente legato ai diritti dei migranti, spesso soggetti a sfruttamento o impieghi precari: le riforme promosse da Rossi, miranti alla realizzazione di un'economia più equa, comportano automaticamente anche il diritto dei migranti a condizioni lavorative dignitose e giuste.

In sintesi, le proposte di Ernesto Rossi per combattere la povertà e costruire una società più giusta si possono applicare anche alla questione dei diritti economici dei migranti, senza frontiere dettate da cittadinanza politica o nazionalità. A ottant'anni dalla pubblicazione delle opere di Beveridge e Rossi, la questione della rivendicazione di una cittadinanza economica universale permane dunque di immutata attualità nel contesto degli intensi flussi migratori della nostra contemporaneità.

L'ITALIA E L'ATTRATTIVITÀ DEL CAPITALE UMANO: dal successo alla drastica frenata

FRANCESCO ROSSI, fondatore e coordinatore di Gruppo Controesodo
MICHELE VALENTINI, fondatore e coordinatore di Gruppo Controesodo

Introduzione

Gruppo Controesodo <www.gruppocontroesodo.it> nasce nel 2015 con l'obiettivo di fornire informazioni e strumenti affidabili sul tema delle agevolazioni fiscali per attrarre capitale umano e di rappresentare la Community dei lavoratori altamente qualificati rientrati in Italia dall'estero, operando sempre senza alcuno scopo di lucro. Dopo aver collaborato all'ideazione e stesura dei principali interventi legislativi in materia, in particolare l'art.5 del DL 34/2019 (*Misure urgenti di crescita economica e per la risoluzione di specifiche situazioni di crisi – Rientro dei cervelli*), nel tempo è diventato un punto di riferimento sia sulla normativa sia sull'analisi del fenomeno della mobilità italiana da e soprattutto verso l'Italia, disponendo di informazioni tempestive sui flussi di rientro quasi in tempo reale grazie alla costante crescita del numero dei suoi membri. In questo saggio facciamo un bilancio sulle norme agevolative che erano state introdotte dal DL Crescita nel 2019. Tali misure sono state indubbiamente un successo, avendo innescato un poderoso flusso di rientro, nel quadriennio 2020-2023, di circa 40 mila soggetti altamente qualificati, italiani e stranieri. La chiave del successo è stata aver puntato sul radicamento permanente di chi rientra, superando uno dei problemi principali delle norme precedenti. Mostriamo, inoltre, come l'abrogazione del DL Crescita, sostituito da un regime più blando, senza focus sul radicamento e con evidenti difetti, stia già causando un collasso del numero dei rientri. Chiudiamo il saggio presentando i risultati di un sondaggio condotto sulla nostra Community, alla quale abbiamo chiesto come migliorare le norme attuali per renderle nuovamente attrattive.

Un primo bilancio sulle norme per attrarre capitale umano: confermato il successo, ma il futuro vedrà una drastica riduzione

I dati recentemente pubblicati dal Ministero dell'Economia e delle Finanze (MEF) relativi alle dichiarazioni dei redditi del 2022[1] contengono gli ormai consueti dati annuali riguardanti le persone che hanno usufruito dei regimi agevolativi per l'attrazione del capitale umano in Italia. È opportuno commentarli tenendo presente la successione delle diverse norme nel tempo, per trarre conclusioni corrette. I dati hanno nuovamente confermato le nostre previsioni, ma riguardano il passato: sia a livello temporale, poiché si riferiscono al 2022, sia normativo, dato che la legge di riferimento è cambiata a fine 2023 in senso molto restrittivo e potremo verificarne gli effetti solo nel prossimo futuro.

Con la piena entrata a regime delle agevolazioni fiscali per i lavoratori impatriati, potenziate del DL Crescita, in particolare in relazione le norme sul radicamento permanente, l'attrattività dell'Italia come meta di ritorno – ma anche di primo ingresso per i cittadini stranieri – per il capitale umano qualificato ha avuto un'impennata. Il numero di nuovi contribuenti provenienti dall'estero e beneficiari delle agevolazioni fiscali è cresciuto di 11.500 unità, portando il totale a oltre 32.500. Il numero di nuovi contribuenti provenienti dall'estero, dopo il balzo del +144% registrato nel 2021 (anno che segue il 2020, segnato dal blocco della mobilità) è rimasto in fortissima crescita sull'anno precedente, con un tasso pari al +90%: tale crescita è stata pressoché identica sia per gli ingressi al Centro-Nord, sia per quelli nelle regioni del Mezzogiorno – che godevano di agevolazioni potenziate –, sia per i ricercatori.

Impatriati post DL Crescita per aree territoriali. Serie storica. Valori percentuali. Anni 2021-2022.

Incremento n. soggetti vs anno precedente	2021	2022
Centro-Nord	137,0	90,0
Sud	213,0	92,0
Totale	**144,0**	**90,0**

Fonte Migrantes-Rapporto Italiani nel Mondo. Elaborazioni Gruppo Controesodo su dati Ministero dell'Economia e delle Finanze.

Ci aspettiamo che questo andamento venga mantenuto o addirittura superato dai dati ufficiali relativi al 2023 (che saranno pubblicati l'anno prossimo), perlomeno come numero complessivo, mentre siamo pressoché certi che il 2024 vedrà un

[1] Si veda: <https://www1.finanze.gov.it/finanze/analisi_stat/public/v_4_0_0/contenuti/analisi_dati_2022_irpef.pdf>.

collasso dei rientri, a causa dell'abrogazione del regime agevolativo per i lavoratori del settore privato, avvenuta con il D.Lgs 209/2023, che ha introdotto un nuovo regime estremamente meno incisivo. Grazie ai dati MEF del 2022, possiamo anche constatare come le misure sul radicamento permanente stessero funzionando ottimamente: esse erano state introdotte dal DL Crescita e applicate per la prima volta a partire dal 2020; costituivano il fulcro dell'innovazione apportata da tale decreto, costruendo uno schema di incentivo fiscale finalizzato a far radicare permanentemente in Italia i soggetti rientrati, grazie ad un prolungamento delle agevolazioni condizionato ad indici tangibili di radicamento, quali ad esempio la nascita di figli. Prima del varo del DL Crescita, il tasso di "*riespatrio*" dei soggetti rientrati era molto elevato, fino al 50%; per contro nel 2022 il dato sullo stock di impatriati già rientrati, includendo i soggetti che si avvalgono delle misure di radicamento, è sostanzialmente stabile (-1%).

Tasso di riespatrio: quota dei soggetti rientrati che ritorna all'estero l'anno successivo. Serie storica. Valori percentuali. Anni 2015-2022.

Periodo	Tasso %
Prima del DL Crescita, 2015-2019	50,0
Con DL Crescita, 2022	1,0

Fonte Migrantes-Rapporto Italiani nel Mondo. Elaborazioni Gruppo Controesodo su dati Ministero Economia e Ministero del Lavoro.

L'obiettivo delle misure attrattive stava quindi venendo realizzato, ma incomprensibilmente le misure di radicamento permanente sono state abrogate dal recente D.Lgs 209/2023, che ha inoltre ulteriormente peggiorato la situazione ripristinando una vecchia norma, in vigore fino al 2019, ossia la "minaccia" di dover restituire le agevolazioni fruite in caso di "*riespatrio*". Questa impostazione, come ampiamente dimostrato negli anni precedenti all'adozione del DL Crescita, avrà come unico effetto quello di scoraggiare fortemente i trasferimenti in Italia. Vale la pena ricordare che i soggetti che si avvalgono di queste misure sono capitale umano altamente qualificato, e sono nuovi contribuenti che – se si radicano – producono nuovo gettito fiscale[2] e che migliorano fin dal primo giorno le entrate fiscali del Paese e soprattutto ne aiutano le dinamiche previdenziali e demografiche[3].

[2] Va ricordato che queste misure sono fiscalmente a costo zero per lo Stato. Questa valutazione di neutralità fiscale non è una nostra affermazione, ma è un dato presente e ribadito nelle note tecniche della Ragioneria generale dello Stato (RGS) relative a tutti i provvedimenti in materia, a partire dall'art 44 del DL 78/2010 (docenti e ricercatori), la L.238/10 (legge controesodo), l'art. 16 del D. Lgs 147/15 (lavoratori impatriati), il DL 34/2019 (DL Crescita) e il D.Lgs 209/2023.

[3] Le analisi della RGS sono corroborate da un recente paper accademico pubblicato a febbraio 2023 e firmato da due studiosi dell'Institute for Employment Research (IAB) di Norimberga e della

Grazie ai dati delle registrazioni alla nostra Community, che conta oltre 4.500 soggetti e costituisce un campione significativo, possiamo avere una stima "in tempo reale" dell'andamento recente degli ingressi di lavoratori dall'estero. I nostri numeri, aggiornati a fine maggio 2024, mostrano un ulteriore balzo nel 2023 e un forte calo nel 2024. Il balzo del 2023 (+40%) è ulteriore conferma del successo delle misure di incentivo[4] "vecchio stile", mentre crediamo che il calo del 2024 (-16%) sarà strutturale e preludio ad ulteriori decrementi, a causa della minore attrattività del nuovo regime di agevolazioni fiscali.

Come già abbiamo visto, nel 2022, ci sono stati 11.500 nuovi ingressi di impatriati, in crescita del 90% rispetto all'anno precedente. Molti di questi soggetti si trasferiscono con la famiglia, considerato che l'età media al rientro è di 38 anni[5]; considerando che le norme sul radicamento fornivano un'importante estensione delle agevolazioni in presenza di figli minori, un'assunzione prudente è che per ogni impatriato l'Italia acquisti 1,5 nuovi residenti. Sembra dunque realistico stimare che, in assenza di modifiche normative, queste misure avrebbero generato un flusso netto positivo di circa 18-20 mila soggetti all'anno; il dato potrebbe essere sottostimato, se si considera che il trend di crescita dei rientri, come indicato dai nostri dati sui membri della Community Controesodo, è rimasto in forte espansione anche nel 2023.

Se nel periodo 2011-2019, ossia nei primi anni in cui si è introdotto un incentivo fiscale per attrarre capitale umano qualificato in Italia, il numero annuale di lavoratori impatriati in ingresso era poco significativo, nell'ordine di solo 2-3 mila soggetti all'anno, e con una forte tendenza al riespatrio, i numeri del periodo 2020-2022 sono decisamente superiori. Per dare un'idea grezza del loro peso nelle dinamiche demografiche, i dati ISTAT indicano per il 2022 un numero di nuovi nati in Italia pari a 392.000 soggetti, un minimo storico; confrontando i 18 mila ingressi da impatriati con questo numero, si ottiene circa il 4,5%.

Un flusso di rientro internazionale

Nel saggio precedente avevamo testimoniato come, nel corso del tempo, fosse cresciuta la quota dei cittadini stranieri altamente qualificati che scelgono di trasferirsi

---

University of California, Davis. Si veda: JACOPO BASSETTO - GIUSEPPE IPPEDICO, *Can Tax Incentives Bring Brains Back? Returnees Tax Schemes and High-Skilled Migration in Italy*, CESifo Working Paper No. 10271, Munich, 2023, <https://www.cesifo.org/en/publications/2023/working-paper/can-tax-incentives-bring-brains-back-returnees-tax-schemes-and-high>.

[4] In parte il balzo del 2023 è distorto dall'anticipo di molti rientri per poter beneficiare del vecchio regime. Il dato della prima parte dell'anno, che è depurato di questo effetto, resta comunque in significativa crescita intorno al +20%.

[5] FRANCESCO ROSSI - MICHELE VALENTINI, "Più rientri, diverse priorità: i risultati delle politiche per l'attrazione del capitale umano e le sfide da affrontare su famiglie, natalità e investimenti", in FONDAZIONE MIGRANTES, *Rapporto Italiani nel Mondo 2023*, Tau Editrice, Todi (PG), pp. 153-161.

in Italia: la loro incidenza era inferiore al 4% (3,8%) nel 2018, ed è gradualmente salita fino ad oltre l'8% nel 2022, in sostanza raddoppiando[6].

I dati relativi al 2023 mostrano un lieve calo ma rimangono fra il 6% e il 7%. Si conferma, inoltre, l'incremento nella quota di rientri da destinazioni lontane quali America del Nord e Australia, e il calo relativo della quota dei rientri dal Regno Unito: ci aspettiamo che entrambi questi fenomeni si ridimensionino significativamente dal 2024, a causa del taglio delle agevolazioni che disincentiverà le decisioni di spostare lavoro e famiglie da località molto lontane.

Con la nuova legge scende la quota dei giovani e delle famiglie

Un altro aspetto evidente nei nostri dati è il cambiamento dell'età media di chi si trasferisce in Italia dall'estero, che analizziamo segmentando le persone per fasce d'età.

Nel 2023 e nel 2024 ha continuato a salire l'incidenza percentuale della fascia degli over 40, con un trend che si è rafforzato nel 2024. La fascia dei giovanissimi 20-30 anni, dopo essere cresciuta nel 2023, cala nel 2024, ma il calo è soprattutto concentrato nella fascia 30-40 anni, che per la prima volta in assoluto scende sotto al 50% (47%). Il fenomeno non è positivo, e si può leggere così: il ridimensionamento delle agevolazioni dal 2024 impatta prevalentemente sui più giovani, ai quali non conviene più trasferirsi sacrificando retribuzioni medie più elevate e prospettive di carriera, e sulle famiglie con figli minori (la fascia 30-40), che hanno visto azzerare il potenziamento delle agevolazioni legate al radicamento e alla natalità. In questa ottica emerge già un serio effetto negativo della nuova legge, quello cioè di scoraggiare paradossalmente l'ingresso di soggetti giovani e con figli, considerando

Ripartizione dei rientri/ingressi in Italia per fasce di età. Serie storica. Valori percentuali. Anni 2017-2024.

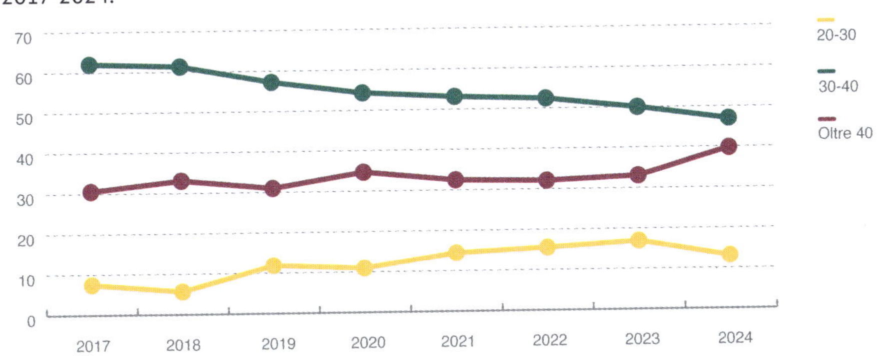

Fonte Migrantes-Rapporto Italiani nel Mondo. Dati Gruppo Controesodo.

[6] Ibidem.

che una delle sfide maggiori che il Paese sta affrontando è quella della denatalità e dell'inverno demografico.

Con le nuove norme calano i rientri al Sud e i lavoratori autonomi

Come abbiamo visto nei paragrafi precedenti, uno dei successi delle norme del DL Crescita è stato quello di innescare dei concreti flussi di trasferimento di lavoratori dall'estero nelle regioni del Mezzogiorno. Questo è stato possibile grazie alle agevolazioni fiscali potenziate per chi trasferiva la residenza in tali regioni che potevano arrivare fino al 90%. I dati ministeriali mostrano che questa dinamica ha continuato a crescere fino al 2022, con un totale di 3 mila soggetti già trasferiti e un incremento di oltre il 200% sull'anno precedente.

I nostri dati indicano che il trend è proseguito anche nel 2023. Purtroppo, la nuova legge ha totalmente cancellato queste misure di stimolo addizionale e nei nostri dati relativi al 2024, aggiornati a fine maggio, la quota dei rientri al Sud ha visto un forte calo, tornando sui livelli del 2019. Connesso a questo fenomeno è il calo che stiamo vedendo nella quota di coloro che rientrano come lavoratori autonomi. Negli anni precedenti al DL Crescita l'incidenza degli autonomi sul totale dei rientri era marginale. Tale norma ha da un lato rimosso il requisito di avere un committente basato in Italia, permettendo a molti professionisti – ad esempio nei settori legati all'informatica o del design – di trasferirsi in Italia mantenendo la base clienti estera, fenomeno che è stato poi accentuato nel periodo del Covid. Dall'altro lato ha agevolato i rientri nel nostro Mezzogiorno con le agevolazioni potenziate e, data la minore presenza in tali regioni di grandi aziende, molti hanno scelto di rientrare come lavoratori autonomi.

Ripartizione dei rientri/ingressi in Italia per aree territoriali. Serie storica. Valori in percentuale. Anni 2017-2024.

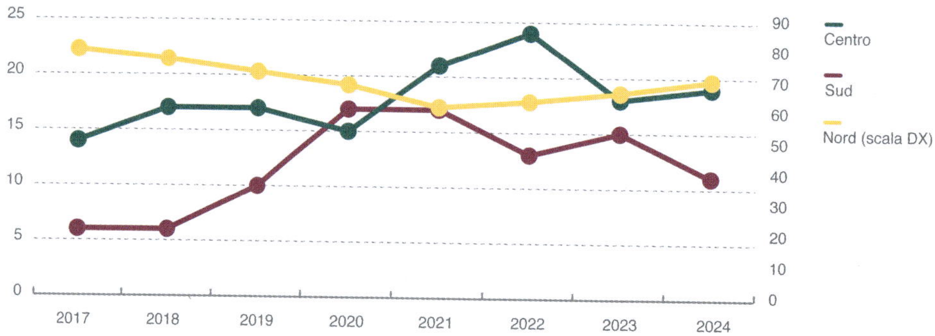

Fonte Migrantes-Rapporto Italiani nel Mondo. Dati Gruppo Controesodo.

Ripartizione delle tipologie di occupazione dei soggetti entrati/rientrati. Serie storica. Valori percentuali. Anni 2019-2024.

Anno	Dipendente	Autonomo	Docente	Ricercatore	Imprenditore	Non occupato	Altro
2019	78,0	2,3	3,0	8,3	0,8	0,00	7,6
2020	62	7,3	1,0	10,4	1,0	6,8	11,5
2021	71,6	4,2	1,1	3,7	1,6	11,6	6,3
2022	68,9	7,2	2,3	4,1	1,4	9,5	6,8
2023	64,2	7,0	2,1	7,0	1,1	10,7	8,0
2024	73,8	4,9	0,8	4,1	1,6	5,7	9,0

Fonte Migrantes-Rapporto Italiani nel Mondo. Dati Gruppo Controesodo.

La voce della Community di Controesodo

Fedeli a quanto fatto in passato, e restando convinti che nessuna norma nasca perfetta e che quelle più efficaci nascano dall'ascolto dei diretti interessati, abbiamo voluto dare voce alla Community di Controesodo raccogliendo opinioni sulla nuova normativa e alcuni spunti per migliorarla. Abbiamo posto tre domande a cui hanno risposto circa 1.000 soggetti in pochi giorni. Il sondaggio aveva testo in italiano e inglese. Innanzitutto, grazie a due domande di profilazione, possiamo confermare alcune considerazioni sul profilo dei lavoratori impatriati. Il 95% dei rispondenti è di nazionalità italiana, il 2,5% ha una nazionalità dei paesi membri dell'Unione europea, quasi il 2% di altri paesi. Il settore di attività è davvero variegato, con un nucleo forte nel campo Comunicazioni e IT (24%), che assieme a Finanza, professioni tecniche e manifatturiero arriva al 60% del totale. Un campione, quindi, numericamente importante e qualificato.

Domanda 1 – *I nuovi incentivi 2024 sono attrattivi?*

Le risposte sono state un prevedibile plebiscito: no, 86,9% e sì, 13,1%.
Come emerge meglio nella seconda domanda, il depotenziamento, l'accorciamento temporale, la minaccia di sanzioni e l'abolizione delle misure sul radicamento riportano l'Italia indietro di oltre 5 anni come attrattività, perdendo la forte visibilità faticosamente guadagnata sia presso i nostri connazionali all'estero, sia presso cittadini stranieri.

Appurato che sarebbe opportuno ripristinare una maggiore attrattività degli incentivi, abbiamo chiesto come farlo, proponendo una serie di opzioni raggruppabili in tre gruppi tematici, che venivano proposte in ordine casuale.

Domanda 2 – *Come i nuovi incentivi andrebbero potenziati?*

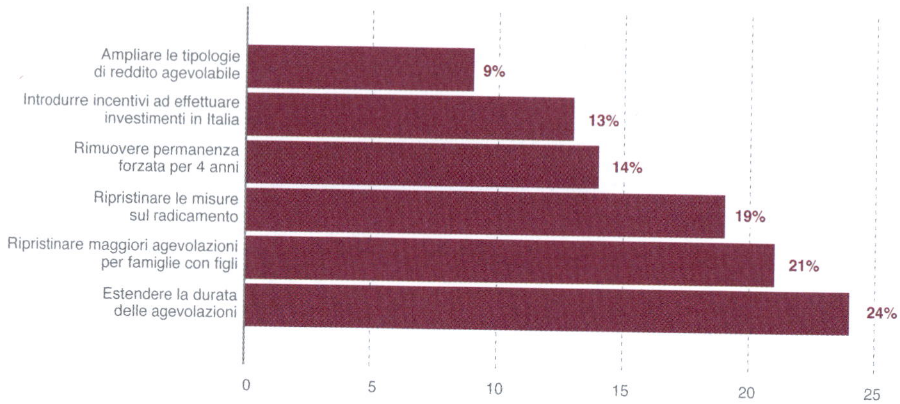

Il primo tema è quello della **semplificazione**: rimuovere l'insensato requisito di permanenza forzata di 4 anni e ampliare le tipologie di reddito agevolabili raccolgono in totale il 23% delle preferenze (14+9). Il secondo tema, probabilmente il più innovativo in ottica futura, è quello degli **investimenti e della natalità**: introdurre incentivi ad effettuare investimenti (13%) e soprattutto ripristinare il potenziamento per chi trasferisce in Italia una famiglia numerosa (21%) arrivano insieme al 34%. Questi due suggerimenti si caratterizzano per le ulteriori ricadute positive sul Sistema Paese derivanti dall'ingresso dei soggetti che oltre alle competenze e al gettito fiscale e previdenziale apportano rispettivamente ulteriori soggetti (figli) e risorse (investimenti). L'idea di accoppiare agli incentivi per il rientro di lavoratori delle forme di incentivazione degli investimenti era stato oggetto del precedente sondaggio effettuato da Gruppo Controesodo a fine 2022[7]: l'indicazione emersa allora era stata molto chiara e consigliava di puntare su *investimento in strumenti/iniziative con impatto elevato sul Sistema Paese*, che potrebbero essere identificate ad esempio con delle startup.

Il terzo tema è quello della **durata** (24%) e del **radicamento** (19%). Come acclarato in modo cristallino dall'esperienza delle norme pre-2019, corroborata dal parere dei nostri connazionali all'estero che confluì nelle indicazioni del DL Crescita, la durata è l'elemento più importante nel rendere attrattive questo tipo di norme. L'abolizione delle misure per agevolare il radicamento permanente (l'estensione temporale delle agevolazioni connessa con la stabilizzazione definitiva in Italia legato a casa e figli) è il difetto principale del nuovo impianto.

[7] Si veda: <https://www.gruppocontroesodo.it/risultati-sondaggio-2022/>.

Domanda 3 – *L'Italia sta facendo abbastanza per attrarre investimenti dall'estero da parte di persone fisiche?*

Anche in questo caso, le risposte sono state plebiscitarie: no, 98% e sì, 2%. Sinora le politiche attrattive hanno mirato ad invertire l'emorragia di competenze che affligge l'Italia da decenni trascurando una strategia per attrarre anche risorse materiali, o addirittura disincentivando il fenomeno, se si pensa che nell'ambito delle norme qui in esame sono state spesso escluse o fortemente limitate le attività d'impresa (errore ripetuto dall'ultimo decreto). A nostro avviso, oltre alle raccomandazioni già esposte, sarebbe più che opportuno introdurre delle disposizioni rivolte alle persone fisiche che entrano o rientrano in Italia in connessione con le norme sull'attrazione del capitale umano, favorendo o incentivando investimenti in Italia nel periodo di rientro o immediatamente successivo. È possibile vedere questo fenomeno come una diversa forma di radicamento con il vantaggio che si potrebbero identificare agevolmente ambiti di interesse strategico. Gruppo Controesodo ha lavorato in passato ad alcune proposte in questo senso che potrebbero essere facilmente utilizzate anche in forma sperimentale.

Conclusione

Le agevolazioni fiscali introdotte dal DL Crescita nel 2019 sono state indubbiamente un successo e hanno generato un significativo flusso di ingresso in Italia di circa 40 mila soggetti altamente qualificati, italiani e stranieri, nel quadriennio 2020-2023. Le dinamiche di questo flusso si sono andate rafforzando nel tempo; ciò che le ha rese davvero efficaci, a differenza delle norme precedenti, è stato il forte accento sul radicamento permanente di chi rientra, collegato al tema della natalità.

A partire dal 2024 il DL Crescita è stato sostituito da una nuova legge che offre incentivi depotenziati e ha perso il focus sul radicamento, e i nostri dati mostrano che ciò si sta già riflettendo in un calo drastico dei soggetti che si trasferiscono in Italia. Un sondaggio fra i membri della nostra Community indica che per recuperare attrattività sarebbe opportuno modificare rapidamente le nuove disposizioni semplificando i requisiti di accesso e ampliando le tipologie di reddito agevolabili, ma soprattutto sarebbe fondamentale reintrodurre una prospettiva di lungo periodo e un legame fra agevolazioni, radicamento e natalità. Infine, il Legislatore dovrebbe introdurre misure parallele per incentivare chi rientra ad effettuare investimenti in Italia, con un approccio innovativo che faccia lavorare in sinergia il capitale umano con quello materiale indirizzandolo in ambiti o settori strategici per il Paese.

LA CERTIFICAZIONE LINGUISTICA COME ELEMENTO DI CONCESSIONE DELLA CITTADINANZA ITALIANA: confronto tra Italia e altri Paesi

MONICA BARNI, Sapienza Università di Roma

Lingua e cittadinanza: le norme e la loro attuazione in Italia

Obiettivo del presente contributo è di riflettere sul legame lingua-cittadinanza-integrazione sotteso alle politiche attualmente in vigore in Italia, mettendole a confronto con le norme in altri Paesi europei ed extra-europei. Anticipiamo che la ricerca su questo tema non ha evidenziato una correlazione diretta fra l'investimento in competenza linguistica e la propensione all'integrazione. Ci domandiamo allora se, in realtà, l'uso della lingua e dei test sia motivata da un'ottica di integrazione, o se piuttosto dalla volontà di controllo dell'accesso ai diritti da parte degli stranieri e di esclusione di gruppi ben definiti e indesiderati.

La normativa che regola le politiche di immigrazione ha gradualmente assunto un carattere restrittivo anche in Italia, conseguenza del clima ideologico e politico che circonda da anni queste vicende. A partire dal Decreto Legislativo n. 286 del 1998, la conoscenza della lingua italiana è diventata uno dei requisiti necessari prima per l'ottenimento del permesso di soggiorno di lunga durata (Legge n. 94/2009 resa operativa dal Decreto Ministeriale 4 giugno 2010) e per l'accordo di integrazione (Decreto Legislativo n. 286/1998 e Decreto del Presidente della Repubblica n. 179/2011), e successivamente per l'acquisizione della cittadinanza. In base a quanto disposto dal Decreto Legge n. 113/2018 (coordinato con la legge di conversione n. 132/2018), questa è subordinata alla verifica della conoscenza della lingua italiana. La norma stabilisce chi è obbligato a sottoporsi alla verifica, quali titoli sono riconosciuti a tal fine e il livello di competenza linguistica richiesta. I richiedenti la cittadinanza per matrimonio o per residenza, che non abbiano sottoscritto l'Accordo di integrazione o che non siano titolari del permesso di soggiorno di lunga durata UE, e non possiedano un titolo di studio rilasciato da un istituto di istruzione pubblico o paritario riconosciuto indicato nella norma, devono superare un test di lingua italiana. Non devono sostenere la prova gli stranieri discendenti da avo italiano emigrato in paesi ove vige lo *ius soli*, se sono in grado di dimostrare che la catena di trasmissione della cittadinanza non si sia mai interrotta. Anche sul versante della verifica della competenza linguistica in italiano si continua ad assecondare il criterio dello *ius sanguinis* e la preferenza co-etnica verso la quale la normativa italiana sulla cittadinanza è totalmente sbilanciata, a partire dalla Legge n. 91/1992.

Il livello di competenza richiesto è il Livello B1 del *Quadro Comune Europeo di Riferimento per le Lingue* (Consiglio d'Europa, 2001, d'ora in poi QCER), il livello di *sopravvivenza*, quello che uno straniero deve possedere per essere in grado di gestire autonomamente i contesti di comunicazione in un paese diverso dal proprio. Il titolo indicato per l'attestazione del possesso del livello B1 è la certificazione linguistica rilasciata dagli enti certificatori riconosciuti[1]. Alcuni di questi, al fine di rispondere ai bisogni linguistici di questi utenti, hanno prodotto un test di Livello B1 specifico ai fini della cittadinanza[2].

Diversamente da quanto stabilito per l'Accordo di Integrazione e per il Permesso CE, che prevedono diverse possibilità di attestazione della competenza linguistica, come anche il superamento di un esame rilasciato dai CPIA al termine della frequenza di un corso di lingua, le certificazioni linguistiche sono state indicate dalla norma del 2017 come l'unico titolo riconosciuto per l'ottenimento della cittadinanza. L'adozione del livello più alto di verifica attraverso l'uso di una certificazione che viene rilasciata da enti formalmente riconosciuti, evidenzia la scelta di utilizzare uno strumento che funga da garanzia per la società che accoglie e sceglie di riconoscere un diritto a uno straniero. Dal momento che i test di certificazione mettono (o dovrebbero mettere) in luce al livello massimo di oggettività e affidabilità, la capacità di uno straniero di gestire le interazioni comunicative, allora garantiscono la sua scelta di investire nell'apprendimento della lingua, assunta come indice della volontà di integrazione nel nuovo Paese. Il successo nei test è utilizzato per mostrare simbolicamente alla società il desiderio da parte dell'immigrato di «'make the effort' to become a speaking citizen»[3]. Adottando questa prospettiva, la lingua e la competenza servono una parte come lubrificante della macchina dell'integrazione e, dall'altra, come una barriera per la conservazione dell'ordine nazionale, un ordine che tende a isolare e condannare tutto ciò che resta diverso: persone, lingue e culture[4].

---

[1] Ad oggi gli enti certificatori riconosciuti sono l'Università Roma Tre, le Università per Stranieri di Perugia e di Siena, la Società Dante Alighieri e l'Università per Stranieri Dante Alighieri di Reggio Calabria.

[2] Si tratta del *CELI 2 Cittadinanza* rilasciato dall'Università per Stranieri di Perugia e il *CILS B1 Cittadinanza* dall'Università per Stranieri di Siena. Si tratta di test ridotti rispetto a quelli del Livello B1 classico, che hanno una spendibilità limitata ai soli scopi della cittadinanza. Durante l'emergenza Covid, quando i richiedenti erano impossibilitati dal recarsi in una sede di esame, gli enti certificatori sono stati autorizzati a rilasciare certificazioni linguistiche "modulari" per l'accertamento della sola competenza orale, sia in ricezione che in produzione, da svolgersi on line.

[3] (Trad.: *fare lo sforzo di diventare cittadino parlante*). Kamran Khan, *Becoming a Citizen: Linguistic Trials and Negotiations in the UK*, London, Bloomsbury Academic, 2019.

[4] Guus Extra - Massimiliano Spotti - Piet van Avermaet, *Language Testing, Migration and Citizenship: Cross-National Perspectives*, London/New York, Continuum Press, 2010, p. 14; Massimo

Lingua, cittadinanza e integrazione

L'uso della lingua come strumento per l'accesso ai diritti, o per l'esclusione, non è legato solo alle necessità contemporanee, ma questa possibilità era nota da millenni e veniva utilizzata. Non soffermandoci sul pluricitato episodio dell'Antico Testamento (Libro dei Giudici, 12, pp. 4-6) in cui si narra come la differenza di pronuncia del termine *shibboleth* servisse a smascherare i nemici[5], ci avviciniamo ai nostri tempi ricordando l'*Immigration Act* del 1917. In questa norma era previsto che gli immigrati che volevano entrare negli Stati Uniti e avevano più di 16 anni avevano l'obbligo di sottoporsi a un test per dimostrare di saper leggere in almeno una lingua. Con questo atto, che precludeva l'accesso a chi non fosse alfabetizzato, era palese la scelta di aprire le porte solo a una precisa categoria di immigrati.

Soprattutto a partire dalla caduta del muro di Berlino e dai conseguenti processi migratori, il binomio lingua e test ha assunto un ruolo sempre più importante nelle ideologie e nelle politiche di vari paesi. La spinta ideologica e politica al controllo dei flussi migratori e il conseguente obiettivo di escludere i migranti con un basso livello di istruzione, e quindi considerati inutili a rispondere alle richieste del mercato, ha visto nella lingua uno strumento a disposizione e facilmente utilizzabile. Oggi come allora la responsabilità delle decisioni viene scaricata sui test di lingua, che, per la loro supposta scientificità e oggettività, sembrano assolvere perfettamente a questo scopo[6].

Inoltre, l'uso della lingua e dei test risponde pienamente alla ideologia monolingue che è ancora prevalente nei Paesi occidentali, pur non avendo riscontro nei fatti né a livello dei territori né degli usi linguistici collettivi e individuali, che sono intrinsecamente plurilingui[7]. La lingua nazionale del paese viene assunta come un potente indice di (volontà di) appartenenza a una comunità, e la competenza acquisita è considerata un segno della garanzia del mantenimento dell'ordine nazionale[8]. In questa logica, se lo straniero parla la lingua del paese, comprenderà e si farà comprendere e quindi non sarà portatore di conflitti. I test linguistici, come vedremo più avanti, possono essere accompagnati anche da prove su conoscenze culturali, denominate *KoS, Knowledge of Society*. In questa scelta è ancora più evidente il modello assimilazionista di culturalizzazione della cittadinanza, che implica che l'accesso alla cittadinanza debba basarsi su dimensioni culturali e sulla

---

Vedovelli, *Prima persona plurale futuro indicativo: noi saremo. Il destino linguistico italiano dall'incomprensione di Babele alla pluralità della Pentecoste*, Roma, EdUP, 2010.

[5] Bernard Spolsky, *Measured words*, Oxford, Oxford University Press, 1995; Tullio De Mauro, *Crisi del monolitismo linguistico e lingue meno diffuse*, «LIDI», n. 1, 1, 2006, pp. 11-37; Tim McNamara - Elana Shohamy, *Language tests and human rights*, «International Journal of Applied Linguistics», n. 18, 1, 2008, pp. 89-95.

[6] Elana Shohamy, *The power of tests. A critical perspective on the uses of language tests*, Harlow, Longman, Pearson, 2001.

[7] Tullio De Mauro, *Crisi* [...], cit.

[8] Massimo Vedovelli, *Prima persona* [...], cit.

conoscenza di "valori", che vanno anche oltre la lingua. Attraverso il successo nei test si individua come "buon cittadino" chi conosce la lingua e la cultura del paese, e si rafforza l'idea che ci sono immigrati culturalmente incapaci di esserlo.

È evidente che tali scelte politiche e di politica linguistica cristallizzano a livello nazionale una ideologia monolingue e monoculturale. Dal punto di vista linguistico, infatti, lo Stato-Nazione non solo attribuisce valore alla sola lingua del paese, ma "guides the perception of what the ideal language is and who the ideal speaker is"[9]. Si considerano come cittadini prototipici e ideali coloro che conoscono la lingua ufficiale o nazionale del paese, il cui modello viene veicolato attraverso i test, e allo stesso tempo si bollano le altre lingue portate dagli immigrati come un problema[10]. Di conseguenza, il multilinguismo e le lingue diverse da quella nazionale sono considerati come minacce per l'ordine e per la coesione sociale, così come lo sono coloro che continuano a parlarle[11].

Impossibile non riconoscere che questa ideologia implica il fallimento del multiculturalismo[12], che viene consolidato a livello nazionale attraverso scelte politiche, anche di fronte a realtà sempre più plurilingui e pluriculturali. Si pensi, ad esempio, all'Italia dove il plurilinguismo (varietà di lingue e dialetti) non solo è da sempre presente nella società e negli usi individuali[13], ma si è diversificato e ampliato negli ultimi trent'anni dall'ingresso degli immigrati. L'ideologia monolingue e monoculturale è inoltre in contraddizione con le raccomandazioni delle istituzioni europee, e in particolare del Consiglio di Europa[14], che, rendendosi conto della realtà, favoriscono e promuovono invece un atteggiamento plurilingue e interculturale a livello sociale e nei processi educativi.

Non intendiamo affermare che la conoscenza della lingua del paese in cui uno straniero emigra non sia necessaria: sappiamo bene che la lingua è lo strumento principale per la partecipazione alla vita sociale e per la convivenza democratica[15], e lo è per coloro che sono di diritto cittadini di uno Stato come per gli stranieri che intendono viverci. Riteniamo però che la conoscenza della lingua del paese in cui sono emigrati non debba andare a detrimento delle lingue che gli immigrati possiedono, e inoltre che vadano create le condizioni di possibilità perché gli immigrati

---

[9] (Trad.: *guida la percezione di quale sia la lingua ideale e chi sia il parlante ideale*). Ingrid Piller, *Naturalization language testing and its basis in ideologies of national identity and citizenship*, «International Journal of Bilingualism», n. 5, 3, 2001, pp. 259-277.

[10] Massimo Vedovelli, *Prima persona* [...], cit.

[11] Ibidem. Si veda anche: Kamran Khan, *Reconceptualising language tests for citizenship as raciolinguistic border regimes*, «Citizenship Studies», n. 26, 4-5, 2022, pp. 525-529.

[12] Ibidem.

[13] Tullio De Mauro, *Scuola e Linguaggio*, Roma, Editori Riuniti, 1975.

[14] *Recommendation CM/Rec (2022)1 of the Committee of Ministers to member States on the importance of plurilingual and intercultural education for democratic culture* (Adopted by the Committee of Ministers on 2 February 2022 at the 1423rd meeting of the Ministers' Deputies): <https://rm.coe.int/prems-013522-gbr-2508-cmrec-2022-1-et-expose-motifs-couv-a5-bat-web/1680a967b4>.

[15] Tullio De Mauro, *Crisi* [...], cit.

possano acquisire una solida competenza nella nuova lingua. Nella realtà, invece, molti paesi sono assai carenti in offerta educativa[16], primo fra tutti l'Italia, che manca di una rete strutturata e soprattutto diffusa sul territorio che si occupa di fornire sostegno linguistico agli immigrati, siano essi all'interno del percorso formativo, sia adulti. Di certo i CPIA, cioè i centri pubblici di istruzione per gli adulti, a cui è stato affidato il compito della formazione linguistica degli immigrati, anche per la loro esiguità numerica sul suolo nazionale, non possono essere in grado di assolvere a questa funzione[17] e i progetti finanziati da fondi nazionali ed europei su questo tema, proprio per la loro natura progettuale, non possono rispondere a un'esigenza educativa strutturale. Non possiamo non ricordare il ruolo che le associazioni di volontariato, spesso di natura confessionale, hanno svolto e continuano a svolgere per supplire a carenze dello Stato.

A ragione Beacco, Little e Hedges ammoniscono che «se la priorità degli Stati membri è l'effettiva integrazione linguistica di queste persone, e non il controllo dei flussi migratori attraverso il controllo delle loro competenze linguistiche, la formazione linguistica deve essere di qualità perché solo tale formazione può davvero aiutare i migranti adulti ad integrarsi nel nuovo contesto linguistico e culturale»[18].

È evidente che la scelta di adottare test di lingua per la cittadinanza in un paese, come l'Italia, che non si è dotato di un adeguato sistema di educazione linguistica per gli immigrati, oltre che a rafforzare l'ideologia monolingue e monoculturale, rappresenta un ipocrita scaricamento di responsabilità su due piani. Si scarica la responsabilità dell'acquisizione della competenza linguistica sui soggetti stessi che chiedono la cittadinanza, che generalmente devono in modo autonomo provvedere ad apprendere la lingua, e si scarica la responsabilità delle decisioni su un test di lingua, che assume il compito di barriera all'accesso ai diritti. Un test che oltretutto va sostenuto a spese di chi ad esso si sottopone. In questo modo, si radica ancora di più l'idea di cittadinanza come un privilegio, un favore, che viene concesso attraverso un processo sempre più selettivo[19].

---

[16] Guus Extra - Kutlay Yagmur, eds, *Language Rich Europe: Trends in policies multilingualism in Europe,* Cambridge University Press - British Council, Cambridge, 2012.

[17] Igor Deiana - Stefania Spina, *Breve storia della classe di concorso A23-lingua italiana per discenti di lingua straniera*, «Italiano LinguaDue», n. 12, 2, 2020, pp. 1-19: <https://riviste.unimi.it/index.php/promoitals/article/view/14969>.

[18] Jean Claude Beacco - David Little - Chris Hedges, *The linguistic integration of adult migrants: from one country to another, from one language to another*, Council of Europe, Strasbourg, 2014, p. 8, <www.coe.int/langmigrants>.

[19] Leah Bassel - Pierre Monforte - David Bartram - Kamran Khan, *Naturalization policies, citizenship regimes, and the regulation of belonging in anxious societies*, «Ethnicities», n. 2, 2, 2021, p. 261.

L'Italia al confronto con altri paesi

Abbiamo accennato che quanto avvenuto in Italia rientra all'interno del più ampio processo che negli ultimi anni ha visto diversi paesi introdurre e formalizzare requisiti linguistici sempre più rigorosi per gestire i processi migratori, seguendo l'esempio dei Paesi Bassi e la Gran Bretagna (non a caso paesi di colonizzazione) che sono stati i primi a prevedere tali test alla fine del secolo scorso[20]. Le indagini periodiche condotte per il Consiglio d'Europa restituiscono una fotografia dell'evoluzione delle scelte negli Stati membri dal 2007 al 2018[21]. Il numero dei paesi che attribuiscono alla lingua un ruolo fondamentale nella loro politica di cittadinanza è raddoppiato tra il 2007 e il 2018. Nel 2018, 34 Stati fra i 41 (il 78%) partecipanti all'indagine prevedevano un test di lingua per l'acquisizione della cittadinanza (Fig. 1), oltre a test di lingua per l'accesso e la residenza temporanea e permanente. Solo in 7 Paesi non sono previsti requisiti linguistici.

Fig. 1. Paesi che prevedono o meno prerequisiti linguistici. Valori percentuali. Anno 2018.

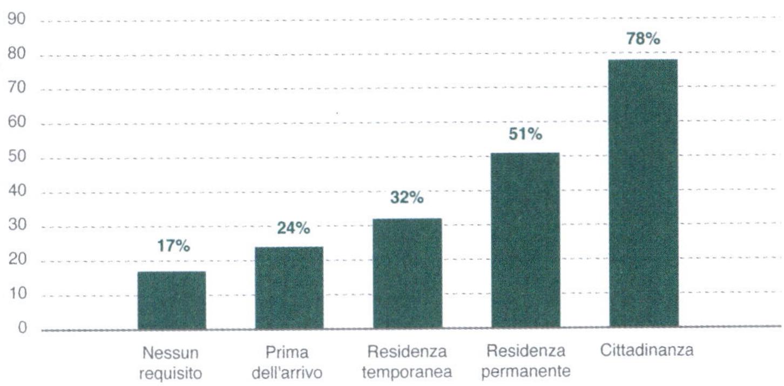

Fonte: Migrantes-Rapporto Italiani nel Mondo. Dati ALTE – Council of Europe.

Il livello di lingua previsto nei test è prevalentemente espresso attraverso la classificazione del QCER, ma la richiesta non è uniforme nei vari Stati, anzi è caratterizzata da un'ampia discrezionalità: si va dal livello A1, quello della prima alfabetizzazione, fino al livello B2 (Fig. 2).

[20] Alberto Bruzos - Iker Erdocia - Kamran Khan, *The Path to Naturalization in Spain: Old Ideologies, New Language Testing Regimes and the Problem of Test Use*, «Language Policy», n. 17, 4, 2018, pp. 419-441; Kamran Khan, *Reconceptualizing*, […], cit.

[21] ALTE - Council of Europe, *Linguistic Integration of Adult Migrants. Report on the 2018 Council of Europe and ALTE survey on language and knowledge of society policies for migrants, Council of Europe, Strasbourg*, 2020.

Fig. 2. Livelli linguistici richiesti per la cittadinanza. Valori assoluti. Anno 2018.

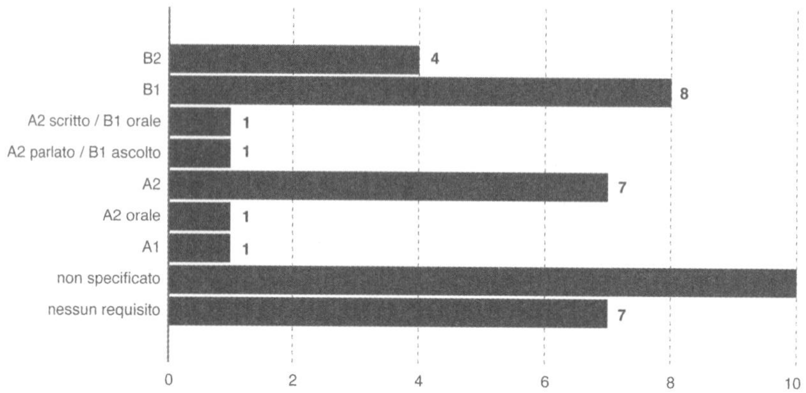

Fonte: Migrantes-Rapporto Italiani nel Mondo. Dati ALTE – Council of Europe.

Mentre nel 2007 solo un paese richiedeva il livello B2 del QCER, il numero era salito a quattro nel 2018. Pertanto, non solo la scelta politica prevalente è di porre una barriera linguistica, ma questa viene spostata sempre più in alto nella scala dei livelli di competenza, rafforzando l'idea di cittadinanza come privilegio. Se pensiamo che anche quei soggetti che il Parlamento europeo ha definito "vulnerabili", perché arrivano nei paesi di emigrazione totalmente privi o con una bassa alfabetizzazione nella propria L1, devono sostenere le prove (cfr., ad esempio, risoluzione del Parlamento europeo del 25 marzo 2012), non possiamo non porci degli interrogativi sulle possibilità che vengono date loro di ottenere questo privilegio, pur avendo vissuto per anni in un paese. Pensiamo alle donne, agli anziani, a chi lavora e deve sostenere una famiglia e che ha poco tempo a disposizione per imparare la lingua presso una struttura formativa. Dall'altro lato, pensiamo a chi, con un alto livello di scolarizzazione, vive in un paese da anni esercitando una professione e che comunque deve sottoporsi a un test totalmente inutile. Se coloro che sono altamente scolarizzati ritengono i test linguistici una intrusione superflua nella loro vita e nella loro volontà di integrazione, coloro che non sono scolarizzati, e che quindi hanno difficoltà a gestire le prove, la vivono come una esclusione, come dimostrano le interviste condotte da van Oers in Germania e nei Paesi Bassi[22].

Oltre al test di lingua, in vari paesi è previsto anche un test *KoS*: la citata indagine del Consiglio d'Europa nel 2018 rileva la sua presenza in 14 paesi. Il test è basato su argomenti che spaziano fra vari temi: dalla storia e la geografia, alla Costituzione e le leggi, ai costumi e le tradizioni del paese, è prevalentemente erogato nella lin-

[22] Ricky van Oers, *Deserving Citizenship: Citizenship Tests in Germany, the Netherlands and the United Kingdom*, The Hague, Brill, 2013.

gua del paese e va svolto per iscritto (su carta o su computer). Il test *KoS*, oltre a richiedere l'adesione a un modello culturale, è nella realtà un ulteriore implicito test di lingua. Anche il test *KoS* risponde a quella necessità di garanzia sociale ottenuta dalla normalizzazione della diversità: la condivisione dei valori culturali del paese ospite rappresenta una garanzia della condivisione degli stessi da parte dei "nuovi" arrivati[23]. Si assiste a una progressiva culturalizzazione dei requisiti per la cittadinanza, che così fungono da protezione per il paese ospite[24].

Un'analisi comparativa delle norme in uso nei vari paesi ha permesso a Milani di individuare tre modelli che legano la possibilità di acquisizione della cittadinanza e alla lingua del paese di emigrazione. Un primo modello, che definisce *selettivo*, particolarmente diffuso nell'Europa orientale, prevede requisiti che rendono difficile l'acquisto della cittadinanza per gli immigrati, ma la favoriscono per gli individui ritenuti affini (culturalmente o etnicamente)[25]. Un secondo modello, che definisce *assimilativo,* adottato soprattutto nei paesi dell'Europa centrale e settentrionale, prevede soluzioni normative che rendono difficile l'acquisto della cittadinanza, ma non pongono barriere a questa possibilità, selezionando come cittadini chi è già integrato dal punto di vista sociale, economico, politico e culturale. In questo modello la verifica delle competenze linguistiche è uno strumento indispensabile per valutare l'effettiva e completa integrazione dell'immigrato nella società. Le difficoltà si concretizzano nelle modalità di prova di conoscenza della lingua particolarmente gravose dal punto di vista economico, la mancanza di sostegni alla preparazione dei test e la richiesta di livelli di conoscenza della lingua medi o alti. Il terzo modello definito *multiculturale* è utilizzato principalmente in Europa occidentale e prevede che la volontà dell'individuo di integrarsi nella società di accoglienza sia verificata attraverso vari parametri che dimostrino l'avvio di un percorso di integrazione all'interno della società, dal punto di vista economico, sociale e politico. In questo modello, la conoscenza della lingua viene richiesta a bassi livelli, e per il raggiungimento di questa è offerto un sostegno in termini di organizzazione di corsi e percorsi formativi. Se adottiamo la modellizzazione proposta da Milani per analizzare il caso Italia, possiamo affermare che è stato scelto il modello assimilativo: la responsabilità dell'acquisizione della competenza, che è richiesta a un livello medio, viene lasciata agli immigrati, che se la devono pagare, e si scarica sul test la responsabilità della decisione.

---

[23] Piet Van Avermaet, "Fortress in Europe?", in Gabrielle Hogan-Brun - Claire Mar-Molinero - Peter Stevenson, eds., *Discourse on language and integration*, John Benjamins Publishing Company, Amsterdam, 2009, p. 15-44.

[24] Leah Bassel - Pierre Monforte - David Bartram - Kamran Khan, *Naturalization policies* [...], cit., p. 260.

[25] Gianmaria Milani, *Cittadini jure linguae. Test linguistici e cittadinanza in Europa*, Giuffrè Editore, Milano, 2018.

Sull'impatto e l'efficacia dei test per la cittadinanza

Riteniamo che il progressivo utilizzo di test per la cittadinanza imponga una riflessione critica sulla loro appropriatezza ed efficacia e sulle implicazioni che ne derivano per i diritti umani e per la partecipazione nelle società democratiche. Già nel 2001 Piller faceva notare come, nel caso dei processi migratori, l'utilizzo di test di lingua per l'accesso «lack both democratic and linguistic validity»[26]. Shohamy e Mc Namara avvertivano del rischio che la lingua, la cui natura è sociale e quindi mirata alla relazione e all'inclusione, venga utilizzata in modo strumentale come barriera all'accesso, e quindi diventi strumento per l'esclusione[27].

Rimarchiamo quanto l'Assemblea parlamentare del Consiglio d'Europa ha giustamente sottolineato nella risoluzione n. 1973 del 2014, cioè che: «there are two primary concerns over the use of these tests. The first is whether they promote integration or have the opposite effect. The second is whether they are being used not so much as an integration measure, but rather as a migration management mechanism to limit the number of migrants entering and/or remaining in the country concerned». Su questa scia, Khan ha definito i test linguistici per la cittadinanza come "raciolinguistic border regimes", espressione che ben descrive l'ideologia e le politiche comuni a molti Stati, di cui i test sono uno dei componenti[28].

Ad oggi gli studi sull'efficacia dei test linguistici per la promozione dell'integrazione sono troppo scarsi. Si tratta invece di un tema su cui la comunità scientifica dovrebbe interrogarsi e promuovere più ampie e sistematiche azioni di ricerca: in particolare dovrebbero farlo coloro che si occupano di test linguistici, il cui campo di studio e di applicazione è il primo ad essere investito da tali questioni[29]. Non ci riferiamo solo alla riflessione sulla validità di questi test, che è comunque una caratteristica del test che andrebbe dimostrata, ma soprattutto alla dimensione etica, che riguarda le conseguenze che questi producono a livello individuale e sociale.

Riteniamo che per un'analisi che mira a far emergere l'efficacia della richiesta di requisiti linguistici e la loro capacità di promuovere l'integrazione debbano essere utilizzati metodi e strumenti che vadano al di là dell'analisi quantitativa dei tassi di

---

[26] (Trad.: *mancano di valore democratico e linguistico*). Ingrid Piller, *Naturalization language* [...], cit., pp. 259-277.

[27] Elana Shohamy - Tim McNamara, *Language Tests for Citizenship, Immigration, and Asylum*, «Language Assessment Quarterly», n. 6, 1, 2009, pp. 1-5.

[28] (Trad.: *ci sono due preoccupazioni principali sull'uso di questi test. Il primo è se promuovono l'integrazione o hanno l'effetto opposto. La seconda è se vengano utilizzati non tanto come misura di integrazione, ma piuttosto come meccanismo di gestione della migrazione per limitare il numero di migranti che entrano e/o rimangono nel paese interessato*). Su questa scia, Khan ha definito i test linguistici per la cittadinanza come "regimi di confine razziolinguistici": Kamran Khan, *Raciolinguistic border-making and the Elasticity of Assessment and Believeability in the UK Citizenship Process*, «Ethnicities», n. 21, 2, 2021, pp. 333-351.

[29] Jamie L. Schissel - Kamran Khan, *Responsibilities and opportunities in language testing with respect to historicized forms of socio-political discrimination: A matter of academic citizenship*, «Language Testing», n. 38, 4, 2021, pp. 640-648.

successo all'esame, molto alti nel nostro Paese. Il solo fatto che un'alta percentuale di richiedenti ottenga la certificazione di livello B1 non può essere interpretato come segnale di integrazione sentita e ricercata, oppure come la conquista di un valore identitario. Occorrono indagini più approfondite, anche di tipo etnografico, attraverso il racconto dell'esperienza da parte di chi l'ha vissuta in prima persona. Ad esempio, non abbiamo elementi che chiariscano come gli stranieri vivano la necessità dei test, come si avvicinino ad essa, come vivano e come venga gestito dai singoli un eventuale insuccesso.

In riferimento al contesto britannico, oltre a quegli studi che hanno mostrato come il processo di acquisizione della cittadinanza sia diventato sempre più complesso, incerto e costoso[30], è stato evidenziato un diverso atteggiamento nei confronti dei test da parte dei richiedenti[31]. Si va da chi sottolinea l'utilità della conoscenza di aspetti culturali legati alla vita nel nuovo paese, a chi mette in dubbio l'efficacia di un'idea di cittadinanza ottenuta semplicemente mettendo una crocetta accanto a una possibile risposta a un quesito, a chi ricerca forme di cittadinanza e strumenti di partecipazione alternativi. Abbiamo accennato sopra che dalle interviste realizzate in Germania e nei Paesi Bassi emerge come approcci politici simili producano conseguenze diverse su persone diverse[32]. Interviste condotte in Norvegia hanno, invece, evidenziato che il *testing regime* è vissuto comunque come un momento di condizionalità e di sospensione dei diritti[33].

È chiaro, pertanto, che anche lo stesso approccio politico può produrre conseguenze diverse.

Concludiamo con l'auspicio che anche in Italia vengano promosse ricerche in questa direzione, in modo da dare sostanza con dati ad opinioni molto polarizzate sul tema dell'utilizzo della lingua e dei test per l'acquisto della cittadinanza. Infatti, il mettere in discussione l'utilità e l'efficacia dei test non può essere considerata una opinione da condannare, così come non può essere approvato un acritico giudizio di positività. Occorre invece far emergere che scelte ideologiche e politiche non ragionate ed ipocrite nel concreto colpiscono le vite delle persone, che sono costrette a subirle senza che siano create condizioni favorevoli per affrontarle.

---

[30] Bridget Byrne, *Making Citizens: Public Rituals and Personal Journeys to Citizenship*, Palgrave Macmillan, Basingstoke, 2014; Linda Morrice, *Cultural values, moral sentiments and the fashioning of gendered migrant identities*, «Journal of Ethnic and Migration Studies», n. 43, 3, 2017, pp. 400-417.

[31] Leah Bassel - Pierre Monforte - David Bartram - Kamran Khan, *Naturalization policies* [...], cit.

[32] Ricky Van Oers, *Deserving Citizenship* [...], cit.

[33] Kari Anne Drangsland, *Speaking Racism - Raciolinguistic Frontiers, Worth and Belonging in the Governing of Refugees in Norway*, «Geopolitics», DOI: 10.1080/14650045.2024.2321175.

CORSI DI LINGUA E CULTURA ITALIANA ALL'ESTERO. Quali prospettive per una cittadinanza pienamente acquisita e partecipata?

Raymond Siebetcheu, Università per Stranieri di Siena

I corsi di studio per apprendere l'italiano all'estero hanno una lunghissima tradizione, risentendo da sempre degli influssi positivi del sostegno alla emigrazione italiana[1]. Lo stesso autore aggiunge che l'Italia ha così attivato nel corso degli anni varie scuole italiane all'estero (veri e propri plessi che rimangono sotto la giurisdizione italiana) e incentivato (anche finanziariamente) la creazione di cattedre di italiano presso istituti scolastici fuori dei confini nazionali, interessati al nostro idioma principalmente per la presenza in quei territori di cittadini discendenti da italiani, o cattedre presso università e istituti per la formazione superiore, o comunque inviando lettori di italiano all'estero.

Secondo l'ultimo censimento del Ministero degli Affari Esteri e della Cooperazione Internazionale (MAECI)[2], sono oltre 2 milioni gli studenti della lingua italiana all'estero. Questi dati si riferiscono al pubblico di italiano iscritto presso i tradizionali enti formativi italiani e stranieri: Istituti Italiani di Cultura (IIC), comitati Dante Alighieri (DA), università con lettorato e con dipartimenti o sezioni di italianistica, scuole italiane, scuole locali che insegnano l'italiano come lingua straniera, enti gestori che offrono corsi di italiano e centri linguistici per la diffusione dell'italiano. Nell'illustrare la situazione dettagliata dei corsi di lingua e cultura italiana nel mondo in alcuni di questi enti, anche partendo dalle riflessioni emerse nell'ultima grande indagine relativa alla diffusione dell'italiano nel mondo, *Italiano 2020*[3], che ha coinvolto 153 testimoni privilegiati, in questo capitolo illustreremo

[1] Andrea Villarini, "Il sistema formativo per l'italiano L2: il quadro generale", in Benedetto Coccia - Massimo Vedovelli - Monica Barni - Francesco De Renzo - Silvana Ferreri - Andrea Villarini, a cura di, *Italiano2020. Lingua nel mondo globale. Le rose che non colsi...*, Editrice Apes, Roma, 2022, p. 185.

[2] Ministero degli Affari Esteri e della Cooperazione Internazionale - MAECI, *Annuario Statistico 2020. Il Ministero degli Affari Esteri e della Cooperazione Internazionale in cifre*, Roma, MAECI, 2020.

[3] Benedetto Coccia et al., a cura di, *Italiano2020* [...], cit.

anche nuovi ambiti di diffusione della lingua italiana nel mondo e le loro ricadute nei processi di cittadinanza acquisita e partecipata.

Gli Istituti Italiani di Cultura (IIC)

Gli Istituti Italiani di Cultura, la cui missione è regolata dalla Legge 401 del 1990, sono il principale strumento istituzionale per la promozione della lingua e cultura italiana nel mondo. Secondo la Legge 401/1990, le loro attività si possono sintetizzare come segue: organizzazione di eventi di arte, musica, cinema, letteratura, teatro, danza, moda, design, fotografia e architettura; gestione di corsi di lingua e cultura italiana; promozione della cultura scientifica dell'Italia; gestione della rete di biblioteche; creazione di contatti tra gli operatori culturali italiani e stranieri; dialogo tra le culture fondato sui principi della democrazia. Nel 2023, il MAECI ha promosso l'iniziativa *100 anni di diplomazia culturale* per celebrare il Centenario della fondazione del primo Istituto Italiano di Cultura avvenuta a Praga nel 1922. Al 14 giugno 2024, la rete internazionale degli IIC nel mondo è composta da 84 sedi sparse in tutti i continenti. Come si evince dalla tabella, nell'ultimo ventennio si sta assistendo ad un progressivo decremento del pubblico di italiano presso gli IIC sparsi in tutto il mondo. Anche se nel 2020 si assiste ad una crescita dei corsi, dopo il calo del 2010, siamo passati da 78.819 studenti nel 2005 a 60.403 nel 2020. Questo calo continuo, osservabile anche negli altri enti formativi di diffusione dell'italiano, è giustificato secondo Vedovelli (2021)[4] da almeno tre fattori: la crisi economica globale; la crisi di tutte le *humanities,* non solo la dimensione linguistica, che crollano a livello di immagine sociale e nell'attenzione delle politiche delle istituzioni; l'assenza di una vera e propria politica di diffusione della lingua e cultura italiana nel mondo.

Pubblico di italiano negli IIC del mondo. Valori assoluti. Anni 2005, 2010, 2020.

2005		2010		2020	
Studenti	Corsi	Studenti	Corsi	Studenti	Corsi
78.819	6.870	70.811	6.503	60.403	6.823

Fonte: Migrantes-Rapporto Italiani nel Mondo. Nostre elaborazioni su dati MAECI.

[4] Massimo Vedovelli, "L'oggetto e le ipotesi di ricerca: una sfida da crisi a crisi", in Benedetto Coccia et al., a cura di, *Italiano2020* [...], cit., pp. 23-61.

I Comitati Dante Alighieri

La Società Dante Alighieri, fondata nel 1889 da un gruppo di intellettuali guidati da Giosuè Carducci ed eretta in Ente Morale con R. Decreto del 18 luglio 1893, n. 347, ha lo scopo di "tutelare e diffondere la lingua e la cultura italiane nel mondo, ravvivando i legami spirituali dei connazionali all'estero con la madre patria e alimentando tra gli stranieri l'amore e il culto per la civiltà italiana" (www.ladante.it). Secondo i dati forniti dal sito ufficiale della Società Dante Alighieri, la rete Dante, presente in 80 Paesi del mondo e in tutti i continenti, include 367 Comitati, 374 Centri d'esame PLIDA, 92 Presidi letterari, 20 Scuole d'italiano e quattro scuole paritarie tra cui la Scuola Italiana Italo Calvino di Mosca (Federazione Russa), la Scuola Italiana a Tirana (Albania) e l'Istituto Dante Alighieri di Campana (Argentina). La rete della Dante Alighieri copre l'attività di circa 8.700 corsi di lingua e cultura italiane, con più di 134.000 soci e studenti che possono visitare le 300 biblioteche disseminate in ogni parte del Pianeta e dotate di oltre 500 mila volumi.

Le scuole italiane

L'organizzazione delle scuole italiane nel mondo è regolata dalla nuova normativa sulla Scuola italiana all'estero (Decreto legislativo n. 64 del 13 aprile 2017) che annovera statali, paritarie e non paritarie in un sistema più ampio, quello della formazione italiana nel mondo, comprendente anche le sezioni italiane in scuole straniere, i corsi di lingua e cultura, le Scuole europee e i lettorati. Precisiamo che in questo lavoro gli enti che erogano i corsi di lingua e cultura organizzati nell'ambito della ex Legge n. 153 non sono stati considerati come scuole italiane bensì come scuole locali che insegnano l'italiano o comitati DA in base ai casi. La rete di scuole italiane all'estero (infanzia, primaria, secondaria di primo e di secondo grado) comprende a oggi[5]: 7 istituti statali omnicomprensivi con sede ad Addis Abeba, Atene, Barcellona, Istanbul, Madrid, Parigi e Zurigo; 43 scuole italiane paritarie, la maggior parte delle quali è costituita da istituti omnicomprensivi, presenti in tutte le aree geografiche nel mondo (Europa, Africa-subsahariana, Mediterraneo e Medio Oriente, Americhe, Asia e Oceania); 7 sezioni italiane presso scuole europee (3 a Bruxelles ed 1 a Lussemburgo, Francoforte, Monaco di Baviera e Varese); 79 sezioni italiane presso scuole straniere, bilingui o internazionali, di cui 63 nell'Unione europea, 13 nei Paesi non UE, 1 nelle Americhe e 2 in Asia e Oceania; 2 scuole non paritarie con sedi a Smirne e Basilea.

Tale rete costituisce uno strumento decisivo per la promozione della lingua e cultura italiana nonché per il mantenimento dell'identità culturale italiana all'estero. Essa comprende, complessivamente, 139 scuole distribuite in tutte le aree

[5] Andrea Villarini, "Il sistema formativo per l'italiano L2: il quadro generale", in Benedetto Coccia et al., a cura di, *Italiano2020* [...], cit., pp. 188.

geografiche nel mondo. Ci sia consentito di focalizzare l'attenzione sulla Scuola italiana di Asmara che, fino al 2020, con 1.221 presenze, era l'Istituto statale onnicomprensivo italiano più numeroso al mondo. Dopo 103 anni di esistenza, nel 2020 quella che possiamo considerare come la "madre delle scuole italiane all'estero" ha chiuso. Ricordiamo che la scuola italiana di Asmara, pur avendo solo il 10% di studenti italiani, era la principale istituzione in Eritrea impegnata nella diffusione della lingua e cultura italiana. La sua chiusura ha quindi implicato non solo la perdita del migliaio di studenti, di cui molti locali, che ogni anno si formava secondo il modello italiano, ma anche la fine di un secolo di insegnamento formale della lingua italiana nel Paese africano. A questa rete delle scuole si affiancano anche i corsi promossi dagli enti gestori ex Legge n. 153/1971.

I corsi previsti dalla Legge n. 153/1971

La Legge n. 153 del 3 marzo 1971 rappresenta una tappa fondamentale nella storia della diffusione dell'italiano all'estero. Con questa legge vennero istituite la formazione e l'assistenza scolastica a favore dei lavoratori italiani all'estero e dei loro familiari, spesso in condizione scolastica precaria.

> «Tale legge, tanto rigida nell'enunciato quanto elastica nell'applicazione, ha consentito lo sviluppo di esperienze diversamente connotate in termini organizzativi e didattici. La dicitura *Corsi di lingua e cultura* copriva una realtà molto varia, con un involucro onnicomprensivo, i cui contenuti sono rivelati, di volta in volta, dalle diverse scelte, operate nelle differenti situazioni geografiche e sociali, nelle quali i corsi stessi si trovano innestati. Chiara è invece l'iniziativa di tipo assistenziale, propria dell'atteggiamento di quegli anni, nei confronti dell'emigrazione italiana all'estero. [...] Tale finalità assistenziale emerge nella richiesta normativa di un duplice percorso: da una parte, il mantenimento dell'identità linguistica italiana nei giovani allievi emigrati all'estero e impossibilitati alla frequenza di scuole nazionali, dall'altra, le agevolazioni all'inserimento di tali studenti nei contesti scolastici stranieri mediante interventi di recupero e sostegno»[6].

I primi italiani non parlavano italiano. Venivano da varie regioni, parlavano i dialetti (piemontese, friulano, siciliano, napoletano, ecc.), ma hanno cercato di spogliarsene subito. Dovettero sforzarsi di parlare in italiano per dare un'immagine positiva e di Paese unito. Era diventato quasi un obbligo parlare italiano. Inoltre,

[6] Maria Cristina Castellani, "I corsi di lingua e cultura italiana: i diversi contesti e la formazione dei docenti", in Massimo Vedovelli, a cura di, *Storia linguistica dell'emigrazione italiana nel mondo*, Roma, Carocci, p. 175.

dovettero imparare anche l'inglese come potevano ed era un problema grosso[7]. In questo contesto, per De Renzo è nata e ha operato la Legge n. 153/1971 (*Iniziative scolastiche, di assistenza scolastica e di formazione e perfezionamento professionali da attuare all'estero a favore dei lavoratori italiani e loro congiunti*) oggetto di specifiche riflessioni da parte degli intervistati. Va notato che tale legge vede la luce appunto in un periodo storico di grande trasformazione della società e dell'economia italiana, i cui sviluppi saranno evidenti anche nel campo dell'istruzione e della diffusione della lingua. La legge prevede, a questo proposito, che si possano istituire corsi di lingua italiana integrativi all'interno dei sistemi scolastici dei Paesi ospitanti i nostri lavoratori stranieri. Questo avrebbe dovuto favorire la conoscenza della lingua italiana soprattutto nelle seconde generazioni, che, del resto, difficilmente avrebbero potuto impararla nell'ambiente dialettofono familiare. A questo proposito, l'indagine *Italiano 2020* ricorda varie testimonianze che evidenziano una certa difficoltà nel rendere i corsi di lingua effettivamente efficaci, sia per ragioni strutturali, ma spesso anche per collocazioni in orari extracurriculari, talvolta di sabato. Ma, soprattutto, «[…] si avverte un certo scollamento tra la finalità elevata e condivisibile della legge e la carenza di una efficace politica attuativa che la accompagni. Il tutto si innesta, peraltro, sul dato sempre più diffuso che riguarda il progressivo calo di interesse da parte delle seconde e terze generazioni nei confronti dell'apprendimento dell'italiano»[8]. Sotto questo aspetto, le testimonianze dell'indagine *Italiano 2020* indicano nettamente i limiti della legge nella mancanza di un'azione politico-educativa sistematica, che non è riuscita a bloccare il lento declino della lingua italiana.

Nel sottolineare che è solo con l'evoluzione del fenomeno emigratorio verso l'estero, che nel frattempo stava subendo un arresto e poi anche un reflusso, che la logica assistenziale subisce un mutamento e un ripensamento, Castellani aggiunge che le attività culturali nate dalla Legge n. 153/1971 si possono riassumere in due tratti: a) diminuzione delle risorse messe a disposizione dallo Stato italiano; b) cambiamento di profilo del pubblico di italiano nel mondo. La mancanza di risorse, conclude, in questo modo «diventa la foglia di fico che nasconde la mancanza di una politica culturale per la nostra lingua nel mondo [...] e, insieme, la conferma del disinteresse punitivo che più o meno nascostamente ha caratterizzato l'atteggiamento della società e delle istituzioni italiane verso l'emigrazione»[9]. È dello stesso avviso Vedovelli, che osserva che:

> «L'analisi di quanto fatto secondo le indicazioni di tale legge porta a mettere a confronto l'azione istituzionale di politica linguistica, i suoi presupposti ideologici, teorico-pedagogici e teorico-linguistici con il quadro a noi contemporaneo dei rap-

---

[7] Francesco De Renzo, "Le dinamiche in atto nell'italiano all'estero tra vecchie e nuove migrazioni", in Benedetto Coccia et al., a cura di, *Italiano2020* […], cit., pp. 135-150.

[8] Ibidem.

[9] Maria Cristina Castellani, "I corsi di lingua […]", cit., pp. 175-192.

porti internazionali fra le lingue: proprio esaminando l'atteggiamento istituzionale verso le giovani e giovanissime generazioni di discendenti di emigrati italiani appariranno macroscopicamente i limiti derivanti dalla mancanza di una vera politica linguistica dello Stato italiano repubblicano, e gli effetti dovuti alla presenza invece di forti caratterizzazioni ideologiche e burocratiche nella sua azione»[10].

Come si evince dall'indagine *Italiano 2020*, illustrando la situazione dell'Australia, l'informante (Inf.) 17 conferma quanto appena osservato illustrando una situazione piuttosto imbarazzante. Per questo informante «è stato commesso un errore enorme; e a questo hanno contribuito l'Italia e la comunità italiana [...] L'Italia all'inizio ha dato un po' di soldi e l'Australia ha detto ben venga, fate fate. Allora, si facevano i corsi il sabato mattina. E il sabato mattina i ragazzi di origine italiana non ne volevano sapere». Anche in Australia, «L'italiano è stato insegnato ai bambini per molti anni nei corsi delle *saturday classes* e dei doposcuola come attività integrative grazie ai fondi della legge 153/1971»[11]. Anche in Sudafrica, la programmazione dei corsi sabato mattina ha trasmesso un sentimento di rabbia e forse anche di odio da parte dei bambini nei confronti di chi organizzava tali corsi, visto che questi figli di discendenti italiani erano costretti ad andare a scuola quando i loro compagni andavano a giocare. L'Inf. 92 specifica in effetti che «c'erano alcuni corsi integrati per i ragazzi italiani, per metterli alla pari con i loro coetanei in Italia nello studio dell'italiano. Questi corsi erano programmati il sabato e ci andavano malvolentieri».

Ritornando all'Australia, l'Inf. 17 precisa che «c'è stato un momento che sarebbe stato possibile cercare, e ci saremmo riusciti, di inserire l'italiano nelle scuole alla pari del francese e del tedesco e della storia e della matematica, cioè mollarla in mano a loro [australiani], nelle scuole statali, come una vera materia scolastica», ma gli stessi gestori erano contrari. Da queste testimonianze, risulta pertanto che la Legge n. 153 finanziava i corsi di lingua, gestiti dal COASIT (Comitato assistenza italiano); i soldi venivano incassati dagli enti gestori, ma da una parte gli aventi diritto (i figli degli emigrati) non frequentavano volentieri tali corsi perché erano programmati negli orari in cui si volevano/dovevano divertire, dall'altra tale progetto non garantiva un radicamento della lingua nel sistema scolastico locale. Il grave limite legato a tali percorsi è quello di non essere riusciti ad arrestare i processi di abbandono dell'italiano presso le giovani generazioni di emigrati italiani. Il dato interessante e positivo, invece, è che tale legge, nonostante tutti i suoi limiti, riuscì ad «avvicinare molti alunni di origine non italiana alla lingua e alla cultura italiana, di averla resa la lingua comunitaria più studiata a scuola e di aver infine diffuso l'italiano oltre i confini della comunità italo-australiana»[12]. In realtà, dei 170 mila

---

[10] Massimo Vedovelli, "L'oggetto e le ipotesi [...]", cit., p 29.

[11] Francesca Gallina, "Australia e Nuova Zelanda", in Massimo Vedovelli, a cura di, *Storia linguistica* [...], cit., pp. 429-475.

[12] Ivi, p. 451.

individui che costituivano l'utenza dei corsi finanziati nel quadro della Legge n. 153/1971 dal governo italiano, solo il 10-20% era effettivamente di origine italiana.

Il giudizio complessivo dell'indagine *Italiano 2020* rispetto alla Legge n. 153 è negativo. Docenti, dirigenti e responsabili di associazioni italiane all'estero sembrano concordi nel sostenere che tale legge non ha prodotto "nessun beneficio" (Inf. 46). Vi sono anche voci che rilevano gli aspetti positivi della Legge n. 153/1971, riconoscendo comunque il merito di aver favorito l'inserimento della lingua nel sistema scolastico del paese ospitante, di aver avuto una funzione di sostegno alle famiglie e di avere in tali modi sostenuto la diffusione dell'italiano. In questa ottica, il giudizio dell'Inf. 129 rispetto a tale legge non è completamente negativo. Secondo tale informante, la Legge n. 153 ha funzionato al di sopra dei propri contenitori. È stata importante perché ha messo insieme il problema della cultura italiana e dell'assistenza scolastica ai figli degli immigrati. È stata inoltre importante perché ha tentato di ordinare gli sforzi che gli italiani facevano a casa, per aiutare i propri figli nella carriera scolastica. Secondo lo stesso informante, tale legge non ha dato programmi precisi ma spunti e indicazioni che hanno permesso il sorgere di iniziative all'estero. Se il numero crescente dei corsisti di origine non italiana a tali corsi è stato considerato come un fatto positivo, tale situazione ha creato alcuni problemi di disciplina e una diminuzione del tempo di insegnamento, oltre al fatto che si era reso necessario reperire nuovi docenti. Ciò rende manifesta la necessità di una revisione per rispondere alle esigenze delle nuove condizioni dei giovani appartenenti alla comunità italiana, per i quali l'italiano va riconquistato come scelta consapevole nel processo di recupero di identità o come strumento di investimento formativo e professionale. Risulta quindi di fondamentale importanza rilanciare il dibattito sulla Legge n. 153/1971 puntando a inserire l'italiano nei curricula scolastici come lingua straniera e non solo come lingua comunitaria, rendendola così materia obbligatoria laddove lo studio delle lingue è tale, al pari delle altre lingue europee[13].

Come chiarisce il MAECI, i corsi di lingua e cultura italiana, in passato esclusivamente a favore dei connazionali all'estero (come previsto dalla Legge n. 153/1971 e dal Decreto legislativo n. 297/1994), in virtù dell'entrata in vigore del Decreto legislativo n. 64/2017, si collocano ora tra gli interventi a favore della promozione della lingua e cultura italiana all'estero[14]. Secondo lo stesso documento, tali corsi sono, pertanto, rivolti ad alunni sia italiani che stranieri in età scolare. Il 65% circa dei corsi è inserito nelle scuole locali (corsi curriculari), grazie soprattutto alle intese sottoscritte con le autorità scolastiche del paese; il 25% (corsi extra-curriculari) si aggiunge all'orario scolastico ed è spesso propedeutico a quelli curriculari o di sostegno all'inserimento scolastico dei figli dei connazionali. Questi corsi sono gestiti da

[13] Ibidem.

[14] Ministero degli Affari Esteri e della Cooperazione Internazionale – MAECI, *Corsi di lingua e cultura italiana e altre iniziative scolastiche all'estero a cura degli enti promotori*, 2020, <https://www.esteri.it/mae/resource/doc/2020/08/circolare_3_del_2020.pdf>.

enti privati locali ("Enti gestori/Promotori") che per questo compito si avvalgono di appositi contributi ministeriali. Oltre a queste due tipologie di corsi ci sono anche i corsi per adulti. Nell'anno scolastico 2018-2019, si contavano 375.853 studenti iscritti (di cui 17.774 adulti) in ben 19.872 corsi di questo tipo nelle varie scuole locali o enti gestori presenti in tutto il mondo.

Dall'analisi dei dati si evince chiaramente che gli alunni di origine italiana che frequentavano i corsi di italiano nelle scuole sono in realtà già da molto tempo la minoranza rilevando con ciò il mancato raggiungimento dell'obiettivo per cui la legge era stata istituita. Questo dato, apparentemente negativo, costituisce però solo una faccia della medaglia. In realtà nell'altra faccia la legge ha avuto anche la funzione di favorire l'interesse di altri studenti non di origine italiana per la lingua italiana, che proprio grazie alla legge era stata inserita all'interno del sistema scolastico di vari Paesi[15]. Ma pur assumendo questo aspetto come un dato positivo, esso ha riguardato evidentemente il passato, vista l'acclarata diminuzione dei corsi e degli studenti. In verità, ciò che scaturisce in modo chiaro dalle parole degli intervistati è l'impressione diffusa che questa legge non abbia più l'effetto propulsivo che forse aveva avuto in origine e che sia necessario approntare strumenti migliori, anche sul piano legislativo, per una politica più incisiva e sistematica per il sostegno e la promozione della lingua italiana all'estero. Del resto, il mondo è cambiato radicalmente, ed è cambiato anche il rapporto con la lingua italiana (e i dialetti) da parte degli emigrati e, soprattutto, dei loro discendenti che hanno atteggiamenti e comportamenti linguistici inevitabilmente diversi[16].

Le nuove vie di diffusione dell'italiano nel mondo

Oltre a IIC, DA, scuole italiane e enti gestori legati alla ex Legge n. 153, ma anche alle scuole e università pubbliche e private locali che non sono sotto il controllo del governo italiano, Villarini ripercorre altri luoghi e spazi di diffusione della lingua italiana all'estero[17]. Tra questi nuovi ambienti che accolgono i corsi di lingua e cultura italiana all'estero ne ricordiamo almeno tre grandi tipologie[18].

a) La fitta, ma incontrollabile rete delle scuole private di italiano che, sulla base delle richieste provenienti dal territorio, attivano dei corsi di italiano, spesso in collaborazione con l'associazionismo legato alle comunità di nostri migranti all'estero, senza un criterio omogeneo per la selezione del corpo docente o per gli obiettivi formativi che vengono ivi perseguiti. Infine, va emergendo un altro ambito di formazione, non più legato alle coordinate geografiche in quanto si tratta di forma-

[15] Francesco De Renzo, *Le dinamiche in atto* [...], cit., pp.135-150.
[16] Ibidem.
[17] Andrea Villarini, "Il sistema formativo [...]", cit., p. 189.
[18] Ivi, pp.183-211.

zione che viaggia sul web. Sono quei corsi, il cui numero va aumentando sempre di più, di italiano on line che vengono erogati da vari punti nel mondo e, proprio in quanto on line, possono raggiungere chiunque disponga di una stabile connessione ad internet anche a migliaia chilometri di distanza. «Questo mondo della didattica della lingua italiana via web è certamente da considerare l'elemento di vera novità nel panorama delle offerte didattiche in lingua italiana e vi si possono rintracciare vari centri diffusori»[19].

b) Una dimensione quasi pulviscolare, ma numericamente rilevante composta da privati cittadini che in nome della conoscenza della lingua italiana, o in nome del ruolo di docenti che già ricoprono per i corsi in presenza, si cimentano nella creazione di spazi online (specie sul canale video YouTube o sui social network quali Facebook, ecc.) *caricando* videolezioni di italiano rivolte ad un indistinto pubblico straniero che naviga su Internet senza fargli assumere i contorni di un corso di lingua. Pur raccogliendo alle volte varie migliaia di visualizzazioni, a dimostrazione del fatto che queste iniziative hanno comunque un qualche interesse tra il pubblico di apprendenti di italiano, non è possibile catalogare queste forme di didattica all'interno di un quadro di riferimento omogeneo per contenuti, obiettivi didattici e modalità di erogazione. Troppo amatoriale l'impronta data a queste forme di didattica per anche solo provare ad organizzarle secondo parametri di giudizio e inoltre prive di una qualche idea di sequenzialità dell'apprendimento essendo essenzialmente delle minilezioni spot tutte scollegate tra di loro. Sono queste, a voler seguire la classificazione in uso presso i documenti ministeriali, delle forme *non-formali* di apprendimento e come tali fuori da ogni controllo sulla qualità e sulla loro reale efficacia. Almeno allo stato attuale del loro stadio di sviluppo.

c) Agenzie didattiche private che, seppur con mezzi e risorse più limitate, iniziano a popolare il web di proprie offerte. Esse si basano su un'idea di corso con relativa selezione e gerarchizzazione dei contenuti, con accessi suddivisi per livello e con il rilascio di un qualche attestato di partecipazione. Il che le porta ad essere classificabili come iniziative omologhe ai corsi d'aula, anche se svolte a distanza, e quindi in qualche modo comparabili per efficacia e capacità di sostenere l'italiano nel mondo.

Conclusione. I corsi di lingua e cultura all'estero e i processi di cittadinanza linguistica e culturale

Se per cittadinanza non si intende soltanto quel processo che avviene attraverso procedure formali e amministrative di naturalizzazione ma anche attraverso la passione per l'Italia e il coinvolgimento attivo nella cultura italiana, a nostro avviso i numerosi stranieri che apprendono la lingua italiana nel mondo possono essere considerati come dei veri e propri ambasciatori della lingua e cultura italiana. A

[19] Ivi, p.189.

dimostrare questa tesi sono le seguenti testimonianze di alcuni africani[20] relative alla percezione che hanno per la lingua italiana: "mi aiuterà ad aprire la porta dei miei sogni", "la lingua dell'amore", "la lingua del mio futuro", "felicità", "lingua che fa sognare", "la più bella lingua del mondo", "la chiave del mio futuro", "la mia vita", "il mio destino", "l'italiano è tutto per me", "la lingua preferita", "la lingua che so manipolare di più dato che sono nata e vissuta in Italia", "per me l'italiano è tutta la mia vita", "la mia dolce metà", "la passione". Queste testimonianze fanno notare che l'italiano è per questi studenti molto più di una semplice lingua straniera perché coinvolge la sfera emotiva, individuale, familiare e sociale degli apprendenti.

Come emerge da questo saggio, ci sono oggi numerosi italiani di seconda, terza e quarta generazione che nonostante le loro origini italiane non hanno sempre lo stesso attaccamento alla lingua italiana come si osserva invece in molti stranieri. Questi giovani di origini italiana sembrano molto legati alla loro cultura d'origine, sebbene condividano e coltivino solo alcuni aspetti di essa. Ad esempio, come si evince da alcuni precedenti studi, anche se non parlano l'italiano, ascoltano la musica italiana e tifano per le squadre di calcio italiane. Nel caso sudafricano le nuove generazioni parlano solo inglese per almeno tre motivi: a) i loro coniugi sono sudafricani e non conoscono l'italiano; b) per un errore di valutazione dei genitori: "pensavamo che parlare due lingue poteva confondere i bambini creando loro problemi a scuola. Quando abbiamo scoperto che non era così era già troppo tardi. Ora i nipoti cercano di dire qualcosa in italiano (saluti) ma rimane a livello di gioco e non di vero processo di apprendimento"; c) i genitori non erano padroni dell'italiano, non si sentivano in grado di parlare la lingua ai figli, optavano quindi per l'inglese[21].

Da queste considerazioni si evince che lingua e cultura italiane costituiscono strumenti privilegiati per costruire un percorso di cittadinanza acquisita, vissuta e partecipata sia da parte degli stranieri che degli italiani di seconda, terza e quarta generazione.

---

[20] Raymond Siebetcheu, *Diffusione e didattica dell'italiano in Africa. Dal periodo (pre)coloniale agli scenari futuri*, Pacini, Pisa, 2021.

[21] Ibidem.

CITTADINANZA, MIGRAZIONI SECONDARIE E LINGUA ITALIANA

FRANCESCO GOGLIA, University of Exeter

Cittadinanza UE e migrazioni secondarie

Negli ultimi dieci anni, una nuova tipologia di emigrazione intraeuropea sta diventando sempre più frequente e visibile, quella di individui che inizialmente si sono stabiliti in un paese di destinazione e una volta acquisita la cittadinanza, emigrano nuovamente in un nuovo paese, specialmente nell'Unione europea (UE)[1]. Questa seconda migrazione, nota come *onward migration*, è resa possibile dall'acquisizione della cittadinanza di un Paese UE che concede la libertà di movimento all'interno della UE. Tradizionalmente, l'acquisizione della cittadinanza è stata concepita come un passo finale per l'integrazione in un paese ospitante; tuttavia, può anche trasformarsi in una risorsa che offre migliori opportunità di mobilità e rappresentare l'inizio di una nuova migrazione[2]. Coloro che intraprendono una migrazione secondaria lo fanno per una varietà di motivi, come proteggersi dalla discriminazione subita nel paese da cui ripartono, dalla precarietà, dalla disoccupazione e dalla mancanza di mobilità sociale[3]. Nell'estratto 1[4], Theresa, una ragazza italo-ghanese emigrata nel Regno Unito, esemplifica le motivazioni per cui molte famiglie italo-ghanesi hanno lasciato l'Italia.

---

[1] FRANCESCO DELLA PUPPA - NICOLA MONTAGNA - ELEONORE KOFMAN, *Onward migration and intra-European mobilities: A critical and theoretical overview*, «International Migration», 59, 2021, pp. 16-28.

[2] CLAUDIA FINOTELLI - MARIA CATERINA LA BARBERA - GABRIEL ECHEVERRÍA, *Beyond instrumental citizenship: the Spanish and Italian citizenship regimes in times of crisis*, «Journal of Ethnic and Migration Studies», 44(14), 2018, pp. 2320-2339.

[3] FRANCESCO DELLA PUPPA - NICOLA MONTAGNA - ELEONORE KOFMAN, *Onward migration* [...], cit., p.10.

[4] Se non altrimenti specificato, gli estratti citati sono tratti da un corpus di interviste con nuovi italiani residenti nel Regno Unito parte del progetto *Onward Migration from Italy to the UK: sociolinguistic implications* (Leverhulme Research Fellowship). I partecipanti al progetto appartengono tutti alla seconda generazione di queste famiglie, con età compresa tra i 18 ei 26 anni, e si sono trasferiti dall'Italia negli ultimi nove anni con le loro famiglie o parte di queste. I sottogruppi rappresentati sono i seguenti: italo-nigeriani, italo-ghanesi, italo-indiani, italo-bangladesi, italo-srilankesi, italo-tunisini e italo-marocchini.

Estratto 1

INT.: Come mai le famiglie cominciavano a partire?
THERESA: Eh, era un po' perché comunque pensavano che non ci fosse, quello che penso anch'io, che non ci sia abbastanza opporunità se sei italo-africana, perché comunque tantissime di noi studiamo, intanto c'è questo stereotipo di cioè di ragazzi africani che non fanno niente, cioè a noi ci piace studiare e tutto quanto, però molti studenti dopo che si erano laureati non trovavano lavoro, avevano una qualifica però avevano un lavoro tipo *low skilled*, diciamo e quindi loro avevano deciso tutti di emigrare e poi le famiglie, alcuni genitori avevano perso il lavoro dopo la crisi perciò era diventata una situazione molto dura per le famiglie.

Diversi studi su queste migrazioni secondarie intraeuropee indicano che la decisione di emigrare nuovamente non viene pianificata in anticipo, ma nasce come reazione alla prima esperienza migratoria. Ottenere la cittadinanza del paese ospitante diventa la risorsa chiave per la mobilità. I primi studi sulle migrazioni secondarie si sono concentrati sui rifugiati che emigrano dopo essersi naturalizzati nel paese dove hanno ricevuto asilo, principalmente nei Paesi dell'Europa settentrionale. Molti rifugiati dello stesso paese, non avendo potuto scegliere la loro destinazione, finiscono in diverse destinazioni dove hanno ottenuto asilo. Una volta naturalizzati, alcuni desiderano trasferirsi in luoghi dove ci sono comunità più numerose di connazionali o percepiscono di avere migliori opportunità[5]. Questo è il caso, tra gli altri, della migrazione secondaria dei rifugiati eritrei dall'Italia. Sebbene agli eritrei sia stato concesso asilo in Italia nell'ultimo decennio, la maggior parte di loro intende trasferirsi nei Paesi dell'Europa settentrionale, dove sono in contatto con connazionali che vi risiedono già. Belloni attribuisce questa tendenza alla mobilità alle limitate opportunità di integrazione disponibili in Italia[6].

Una crescente letteratura negli studi di emigrazione ha studiato anche la migrazione secondaria di migranti economici[7]. Il fenomeno della migrazione secondaria include anche la migrazione di nuovi cittadini italiani verso un altro Paese euro-

[5] JILL AHRENS - MELISSA KELLY - ILSE VAN LIEMPT, *Free Movement? The Onward Migration of EU Citizens Born in Somalia, Iran, and Nigeria*, «Population, Space and Place», 22(1), 2016, pp. 84-98.

[6] MILENA BELLONI, *"Why don't you move onwards?": The Influence of Transnational Ties and Kinship Obligations on Eritrean Refugees' Feeling of Being Stuck in Italy*, in TEKLE MARIAM WOLDEMIKAEL, *Postliberation Eritrea*, Bloomington, Indiana University Press, 2018, pp. 290-317.

[7] Fra gli altri: SORANA TOMA - ELEONORA CASTAGNONE, *What Drives Onward Mobility within Europe? The Case of Senegalese Migrations between France, Italy and Spain*, «Population», 70(1), 2015, pp. 65-95; FRANCESCO DELLA PUPPA - RUSSELL KING, *The New "Twice Migrants": Motivations, Experiences and Disillusionments of Italian-Bangladeshis Relocating to London*, «Journal of Ethnic and Migration Studies», 45(11), 2019, pp. 1936-1952; CRISTINA RAMOS, *Onward migration from Spain to London in times of crisis: the importance of life-course junctures in secondary migrations*, «Journal of Ethnic and Migration Studies», 44(11), 2017, pp. 1841-1857; EDMOND AKWASI AGYEMAN, *Ghanaian Immigrants in a Northern Italian Town: Between Social Exclusion and Onward Migration to the UK*, «Journal of International Migration and Integration», 23(1), 2022, pp. 285-302.

peo. Vari studi si sono concentrati su gruppi specifici come gli italo-bangladesi che si sono trasferiti nel Regno Unito[8], la mobilità dei senegalesi attraverso Francia, Spagna e Italia[9], gli italo-marocchini che sono migrati in Francia e Belgio[10], e gli italo-ghanesi che sono migrati nel Regno Unito[11].

Questi studi hanno identificato vari fattori socio-economici in Italia che contribuiscono alla decisione di rimigrare, tra cui l'immobilità sociale, la disoccupazione, la crisi economica e la discriminazione. Tra i fattori che attraggono le persone verso altri Paesi europei sono stati identificati i legami familiari e sociali, una società multiculturale più avanzata, la percezione di un sistema di welfare sociale migliore e migliori opportunità educative e lavorative per i figli. La ricerca esistente indica che la migrazione secondaria spesso coinvolge intere famiglie (o parti di esse)[12]. Questo corrisponde al gruppo dei "family movers" identificato da Ahrens *et al.*, che decide di trasferirsi per migliorare il futuro della seconda generazione[13].

Anche se i suddetti studi non si sono occupati di risvolti linguistici della migrazione, hanno comunque identificato il ruolo della lingua inglese o francese nella decisione di emigrare nel Regno Unito o in Francia/Belgio. Per esempio per gli italo-bangladesi nel Regno Unito, la padronanza della lingua inglese e un'istruzione scolastica/universitaria britannica per i figli hanno agito come fattori attrattivi nella decisione di lasciare l'Italia[14].

Seconde migrazioni, una prospettiva sociolinguistica

La ricerca sul plurilinguismo e il mantenimento linguistico nelle comunità immigrate di tutto il mondo si è concentrata principalmente sulla conservazione delle lingue del paese d'origine nel paese ospitante. Ha dimostrato che le lingue del paese d'origine possono essere mantenute principalmente nell'ambito familiare o nelle interazioni all'interno di una comunità co-etnica, mentre la/le lingua/e del paese

---

[8] FRANCESCO DELLA PUPPA, *Nuovi italiani attraverso l'Europa. Cittadini globali, stratificazioni civiche e percorsi di mobilità sociale in tempi di crisi*, «Sociologia Italiana», 12 (2018), pp. 95-119; FRANCESCO DELLA PUPPA - RUSSELL KING, *The new* […], cit.

[9] SORANA TOMA - ELEONORA CASTAGNONE, *What Drives* […], cit.

[10] TAHRA ESSIYA, *La nuova emigrazione dei "nuovi" italiani. Esperienze intergenerazionali nelle famiglie italiane di origine marocchina in Francia e Belgio*, Edizioni Accademiche Italiane, 2016.

[11] EDMOND AKWASI AGYEMAN, *Ghanaian immigrants* […], cit.

[12] FRANCESCO DELLA PUPPA, *Ambivalent mobilities and survival strategies of Moroccan and Bangladeshi families in Italy in times of crisis*, «Sociology», 52(3), 2018, pp. 464-479; FRANCESCO GOGLIA, "Onward migration from Italy to the UK: Reshaped linguistic repertoires and the role of English", in CHRISTIANE MEIERKORD - EDGAR W. SCHNEIDER, *World Englishes at the Grassroots*, Edinburgh University Press, Edinburgh, 2021, pp. 255-271; EDMOND AKWASI AGYEMAN, *Ghanaian immigrants* […], cit.

[13] JILL AHRENS - MELISSA KELLY - ILSE VAN LIEMPT, *Free Movement?* […], cit.

[14] FRANCESCO DELLA PUPPA, *Nuovi italiani* [...], cit. Si veda anche: LEILA SIMONA TALANI - GIULIA MONTELEONE - RITA DELIPERI - MATILDE ROSINA - ORSOLA TORRISI, *Bangladesh. Storie di flussi irregolari, cittadinanza e nuove migrazioni*, infra, pp. 320-328 (NdR).

ospitante vengono utilizzate in tutti gli altri ambiti. Nel tempo, individui e comunità di origine migrante possono subire uno *shift* linguistico verso la/le lingua/e del paese ospitante[15]. Il grado e la velocità del processo di *shift* variano a seconda di diversi fattori, tra cui: famiglie endogame/esogame, dimensioni e distribuzione geografica della comunità, l'idea di un futuro ritorno nel paese d'origine, il valore assegnato alla/e lingua/e familiare/i e il legame tra una lingua e l'identità di un particolare gruppo[16].

La ricerca sociolinguistica sulle migrazioni contemporanee ha evidenziato la loro natura transnazionale e l'importanza di esaminare le traiettorie individuali e di gruppo dei migranti per identificare gli effetti di queste traiettorie sui repertori linguistici e sulle identità migranti nei paesi di destinazione[17]. La prospettiva del paese d'origine è riduttiva e non coglie adeguatamente la complessità del repertorio linguistico delle famiglie che hanno intrapreso una seconda migrazione. Prendiamo ad esempio il repertorio linguistico di una famiglia italo-nigeriana che si è trasferita nel Regno Unito. Questo include lingue nigeriane (igbo/yoruba, inglese nigeriano, pidgin English), lingue acquisite in Italia dopo una lunga permanenza (italiano, dialetti italo-romanzi o linguee di minoranza di antico insediamento) e inglese britannico[18]. La conoscenza e i livelli di competenza in queste lingue variano anche a seconda delle generazioni: i genitori hanno l'italiano come seconda lingua, mentre i figli nati in Italia o arrivati da piccoli hanno l'italiano come prima lingua o lingua principale. Durante la loro permanenza in Italia è possibile che i figli di queste famiglie abbiano mantenuto le lingue parlate dai propri genitori oppure che siano già alle prime fasi dello *shift* linguistico verso l'italiano a causa della mancata trasmissione intergenerazionale da parte dei genitori[19].

La ricerca sui risvolti sociolinguistici nelle migrazioni secondarie di nuovi italiani deve ancora svilupparsi. I primi studi che hanno adottato una prospettiva so-

---

[15] Anne Pauwels, *Language Maintenance and Shift*, Cambridge University Press, Cambridge, 2016.

[16] Ibidem.

[17] Jan Blommaert, *The Sociolinguistics of Globalization*, Cambridge University Press, Cambridge, 2010; Jan Blommaert - Jie Dong, "Language and Movement in Space", in Nikolas Coupland, *The Handbook of Language and Globalization*, Wiley-Blackwell, Malden, 2010, pp. 366-85; Alla V. Tovares - Nokonko M. Kamwangamalu, "Migration Trajectories: Implications for Language Proficiencies and Identities", in Suresh Canagarajah, *The Routledge Handbook of Migration and Language*, Abingdon, Routledge, 2017, pp. 207-227.

[18] Francesco Goglia, "Migrazione secondaria e repertori linguistici complessi: Il caso degli italo-nigeriani in Inghilterra", in Maria Elena Favilla - Sabrina Machetti, *Lingue in contatto e linguistica applicata: Individui e società*, Officinaventuno, Milano, 2021, pp. 185-198.

[19] Cecilia Andorno - Marina Chini, *Repertori e usi linguistici nell'immigrazione: Una indagine su minori alloglotti, dieci anni dopo*, Franco Angeli, Milano, 2018.

ciolinguistica si sono concentrati sulla ristrutturazione del repertorio linguistico di famiglie che sono rimigrate in Inghilterra[20] e in Francia[21].

La migrazione secondaria dei "nuovi" italiani nel Regno Unito

Negli ultimi dieci anni, il numero di "nuovi" italiani che lasciano l'Italia è aumentato costantemente. Secondo l'ISTAT, tra i 669.000 cittadini non-UE naturalizzati tra il 2012 e il 2017, circa 42.000 si sono trasferiti all'estero, tornando nel loro paese d'origine (25%) o migrando in un altro Paese europeo (75%)[22]. Tra il 2012 e il 2018, i Paesi europei sono stati la destinazione per il 72% degli italiani naturalizzati, e, per alcuni gruppi, un Paese europeo è quasi l'unica scelta, come nel caso di bengalesi, ghanesi, marocchini e pakistani. Il Regno Unito è la destinazione preferita per gli italiani nati nei paesi del Commonwealth come India, Bangladesh, Ghana e Nigeria[23], mentre gli italo-marocchini tendono a rimigrare verso la Francia o il Belgio[24]. Ci sono comunque altre traiettorie migratorie che vanno in controtendenza e riflettono decisioni personali o familiari di altro tipo. È questo il caso di famiglie italo-marocchine e italo-tunisine che scelgono di emigrare nel Regno Unito[25].

Secondo il Consolato italiano di Londra, al 23 settembre 2021, erano 446.971 gli italiani registrati all'Anagrafe degli Italiani Residenti all'Estero (AIRE) in Inghil-

---

[20] Francesco Goglia, "Migrazione secondaria [...]", cit.; Idem, *Italian-Bangladeshis in London: Onward migration and its effects on their linguistic repertoire*, «Languages» 6(3), 2021, <https://doi.org/10.3390/languages6030121> (consultato il 15.01.2024); Idem, *Italian-Tunisians and Italian-Moroccans in the UK: Onward Migration and Reshaped Linguistic Repertoires*, «Glottopol», 37 (2022), pp. 20-33; Idem, *La onward migration di nuovi italiani in Inghilterra: ristrutturazione di repertori linguistici complessi e mantenimento linguistico*, in «Italiano LinguaDue» 15, 1 (2023), pp. 65-81.

[21] Azzara Noël - Valeria Villa-Perez, "Plurilanguaging et évaluation bienveillante. Une étude de cas sur les migrants adultes en plurimobilité", in Annemarie Dinvaut - Luc Biichlé, *Mieux vivre en langues, ou comment passer de l'insécurité à la bienveillance, la bientraitance, la coopération*, L'Harmattan, Paris, 2020, pp. 143-164; Valeria Villa-Perez, *Répertoire sociolinguistique, expérience biographique et parcons de plurimobilité: des notions imbriquées?*, «Cahiers Internationaux de Sociolinguisticque» n. 19, 2021, pp. 101-126, <https://www.cairn.info/revuecahiersinternationauxdesociolinguistique20212page101.htm> (consultato il 15.01.2024); Valeria Villa-Perez, *Recatégorisations sociolinguistiques et plurimobilités. Réflexions à partir du cas italomarocain*, «GLOTTOPOL Revue de sociolinguistique en ligne» 37, 2022, pp. 107-130, <https://journals.openedition.org/glottopol/2459> (consultato il 15.01.2024).

[22] ISTAT, I*ndagine conoscitiva in materia di politiche dell'immigrazione, diritto d'asilo e gestione dei flussi migratori*, 2019, <https://www.istat.it/it/files/2019/09/Istat_Audizione_I_Commissione_18sett19.pdf>; Cinzia Conti - Francesca Licari - Fabio Massimo Rottino, "L'emigrazione dei "nuovi" cittadini italiani", in Fondazione Migrantes, *Rapporto Italiani nel Mondo 2018*, Tau Editrice, Todi (PG), 2018, pp. 37-44.

[23] Francesca Licari - Fabio Massimo Rottino, "La dinamica migratoria dei "nuovi" cittadini italiani", in Fondazione Migrantes, *Rapporto italiani nel mondo 2020*, Tau Editrice, Todi (PG), 2020, pp. 50-61.

[24] Tahra Essiya, *La Nuova Emigrazione* [...], cit.; Francesco Della Puppa, *Ambivalent mobilities* [...], cit.

[25] Francesco Goglia, *Italian-Tunisians* [...] cit.

terra e Galles. Dal 2020, il Consolato italiano di Londra fornisce anche informazioni sul luogo di nascita. Tra gli italiani residenti in Inghilterra e Galles, la metà è nata in Italia (221.196), un quarto è nato nel Regno Unito (108.170) e un quarto è nato in un paese terzo (117.605). Questo ultimo gruppo comprende sia gli immigrati che hanno ottenuto la cittadinanza italiana tramite naturalizzazione in Italia sia i discendenti di italiani in altri paesi che hanno ottenuto la cittadinanza italiana per discendenza. Quelli nati in un paese terzo includono brasiliani (30,6%), bengalesi (11,6%), pakistani (7,18%), argentini (4%), indiani (6,16%), ghanesi (5%), sudafricani (2,7%) e nigeriani (3%)[26]. Un quarto degli italiani residenti in Inghilterra e Galles, in un modo o nell'altro, ha intrapreso una migrazione secondaria.

La lingua italiana nel repertorio linguistico di nuovi italiani nel Regno Unito

Una volta nel Regno Unito, le famiglie riorganizzano i loro repertori linguistici, con l'inglese che diventa la lingua più prestigiosa e l'italiano retrocesso a lingua d'origine, insieme alla lingua dei genitori. La maggior parte dei partecipanti ha riferito di continuare a usare l'italiano insieme ad altre lingue d'origine nel dominio familiare. Nell'estratto 2, Neha, una ragazza italo-indiana (punjabi), che si è trasferita con la sua famiglia cinque anni prima dell'intervista, parla delle pratiche linguistiche della sua famiglia nel Regno Unito.

Estratto 2

INT.: Mi hai detto che a casa parlate ancora italiano?
NEHA: Italiano, allora parlo italiano con mio fratello, e punjabi con i miei genitori.
INT.: A tuo fratello, viene naturale parlare in italiano?
NEHA: Naturale, sì e quando parlo in punjabi con i miei genitori, sia loro che io, in mezzo alla frase punjabi, c'è sempre una parola in italiano, quindi, sì! [ride]
INT.: E quindi diresti che l'italiano viene mantenuto?
NEHA: Sì, sì, sì!
INT.: E i tuoi genitori invece? Tra di loro, cosa parlano?
NEHA: Tra di loro, parlano in punjabi!
INT.: Principalmente?
NEHA: Sì, sì, sì!
INT.: E l'italiano?
NEHA: L'italiano lo parlano occasionalmente, proprio sì...poco, direi!

[26] CONSOLATO GENERALE D'ITALIA DI LONDRA, *La presenza italiana in Inghilterra e Galles: Studio Statistico*, 2021, <https://conslondra.esteri.it/wp-content/uploads/2022/08/studio_statistico_ii_edizione.pdf>.

La descrizione di Neha sull'uso delle lingue nella sua famiglia mostra come il repertorio linguistico sia stato ristrutturato nel Regno Unito. I figli parlano principalmente punjabi con i genitori e usano l'italiano tra di loro, con l'italiano che diventa una lingua d'origine al pari del punjabi. I genitori mantengono il punjabi, mentre i figli, a seconda degli anni vissuti in Italia, mantengono l'italiano. Neha nota che nella sua famiglia tendono a mescolare italiano e punjabi, nonostante le lingue siano considerate autonome nelle interviste.

In alcune famiglie, un genitore può essere più fluente in italiano o in altre lingue d'origine a causa di esperienze e atteggiamenti diversi. Nell'estratto 3, Ajoba, una ragazza italo-ghanese arrivata nel Regno Unito con la sua famiglia sei anni prima dell'intervista, spiega che parla in twi con sua madre, poiché non è fluente in italiano, mentre con suo padre e suo fratello parla ancora italiano.

Estratto 3

AJOBA: Parlo italiano con mio padre e con mio fratello maggiore e a volte parlo Twi con mia madre [...] perché mia madre non ha imparato l'italiano quando era in Italia e ogni volta parla ghanese con mio padre [...] lei non parla nemmeno inglese, solo ghanese.

Nella nuova vita nel Regno Unito, la lingua inglese diventa la lingua principale al di fuori del dominio familiare e può avere inizio uno *shift* linguistico verso l'inglese specialmente per i figli più piccoli. Nell'estratto 4 Achike, un ragazzo italo-nigeriano (igbo), descrive la competenza linguistica in inglese dei suoi due fratelli più giovani.

Estratto 4

INT.: Hai detto che sei quello che conosce l'italiano meglio dei tuoi fratelli?
ACHIKE: Se lo stanno dimenticando perché non lo usano più.
INT.: Quindi non lo parlano mai a casa?
ACHIKE: Il più piccolo no, anche quando io gli parlo in italiano non capisce, mi chiede di parlare in inglese, il medio lo parla, ma si capisce che non lo usa, ha bisogno di pensare prima di parlare.

Nell'intervista, Achike sottolinea che entrambi i genitori sono igbo e parlano igbo tra di loro e non parlano più italiano nel Regno Unito. Lui è il membro della famiglia che parla l'italiano con maggiore scorrevolezza. Suo fratello minore ha già perso l'italiano (*non lo capisce*), mentre suo fratello medio fatica quando lo usa (*deve pensare prima di parlare*). Molti partecipanti hanno dichiarato di continuare a usare l'italiano e le altre lingue d'origine anche fuori dal contesto familiare, soprattutto con amici che condividono lo stesso repertorio linguistico e/o percorso migratorio. Nell'estratto 5, Samira, una partecipante italo-tunisina, dice di parlare italiano con altri italo-tunisini migrati dall'Italia, con i quali può anche condividere l'arabo tunisino e l'inglese.

Estratto 5

INT.: A parte le persone della tua famiglia parli italiano con altre persone? Hai amici italiani?
SAMIRA: Sì, ho due amiche qui che parlano italiano e anche loro si sono trasferite dall'Italia e allora ho anche questo gruppo di amiche che è italo-tunisino quindi esattamente come me, sono cresciute in Italia e poi si sono trasferite in Inghilterra. Veramente si sono trasferite qui per l'università, quindi si sono trasferite da grandi, ma parlano un misto di tunisino e italiano e inglese.

Il dominio dell'amicizia, spesso considerato meno importante di quello familiare nella letteratura sul mantenimento delle lingue, diventa cruciale per mantenere l'italiano tra i figli maggiori di queste famiglie, soprattutto quando l'italiano non è usato a casa. Inoltre, l'estratto ci mostra che il mantenimento delle lingue può avvenire in modo misto. Villa-Perez ha riportato che i suoi partecipanti italo-marocchini in Francia mantengono italiano e arabo marocchino in modo misto.

Il mantenimento dell'italiano tra i figli di queste famiglie è anche legato al fatto che nel Regno Unito l'italiano è studiato come lingua straniera e può essere utile per le loro prospettive di carriera future. Sia i genitori che i figli ne sono consapevoli. La maggior parte dei partecipanti ha ottenuto certificazioni ufficiali di lingua italiana, come il GCSE[27] e l'A-Level[28] in italiano. Secondo i partecipanti, ci sono diverse motivazioni per scegliere di acquisire qualifiche riconosciute in lingua italiana. Una è l'opportunità di studiare e rafforzare una lingua che temono di perdere e di cui si sentono insicuri, specialmente riguardo alla grammatica e ai registri formali. Poi c'è il desiderio di ottenere una qualifica formale che riconosca la loro competenza linguistica sia in contesti lavorativi britannici che internazionali. Spesso viene menzionata la possibilità di ottenere un punteggio alto in un esame che sembra facile perché già possiedono una padronanza quasi nativa dell'italiano. Questo punteggio, insieme ad altri voti degli A-Level, conta come requisito per l'ammissione all'università e per la selezione in un'università prestigiosa. Pertanto, l'esame A-Level in italiano è percepito come una sorta di bonus che compensa le potenziali difficoltà

[27] Il General Certificate of Secondary Education (GCSE) è un esame che gli studenti inglesi affrontano all'età di circa sedici anni. Gli studenti possono scegliere diverse materie tra le quali una o più lingue straniere. Queste possono essere insegnate nelle scuole come il francese e lo spagnolo, ma le scuole possono offrire l'opportunità di fare l'esame in altre lingue agli studenti che lo richiedono anche senza alcun insegnamento formale.

[28] L'A-Level (General Certificate of Education Advanced Level), corrispondente come idea, grosso modo, agli esami di Stato italiani. Anche per questo esame gli studenti possono scegliere lingue straniere.

in altre materie. A differenza delle altre lingue di origine, il mantenimento dell'italiano può avere un risultato pratico, poiché la sua conoscenza può essere utile per il futuro impiego nel Regno Unito, in Italia e in altri Paesi europei. Nell'estratto 6, Kwashi, una partecipante italo-ghanese, che si è trasferita nel Regno Unito otto anni prima dell'intervista, spiega di aver sostenuto l'esame di italiano a scuola senza alcun insegnamento formale.

Estratto 6

INT.: Mi dici se hai fatto gli esami GCSE e A-Level di italiano?
KWASHI: Praticamente, quando mi sono trasferita qua col GCSE non offrivano il corso di italiano però, visto che sono italiana, mi hanno detto che se volevo potevo farmi gli esami di italiano e quindi non ho studiato, non ho avuto niente, semplicemente mi hanno dato la data dell'esame e io me lo sono fatto, e per A-Level ho visto che appunto la mia scuola non aveva il corso e ho semplicemente di nuovo fatto l'esame.
INT.: Te l'hanno proposto o hai deciso tu?
KWASHI: Me l'hanno proposto, hanno detto che era la possibilità di avere una qualifica in più e io ho accettato ovviamente.

Alcuni partecipanti hanno anche scelto l'italiano come parte del loro corso universitario in Lingue moderne o una Laurea in altre materie che include anche esami di lingua italiana. Questo è il caso di Inamul (ragazzo italo-bangladese), che ha scelto l'italiano come parte del suo corso universitario in Lingue moderne.

Estratto 7

INAMUL: Studio italiano e tedesco all'università, in realtà la maggior parte delle mie lezioni sono in italiano e in quelle lezioni cerco di parlare il più possibile italiano perché ovviamente è peggiorato molto rispetto a quando avevo 15 anni, ma sto cercando di mantenerlo così da poter migliorarlo dal mio livello attuale.

Vale la pena notare che, sebbene per alcune altre lingue d'eredità gli esami GCSE e A-Level siano disponibili, per esempio per il bengalese, l'arabo ed il punjabi, nessun partecipante ha menzionato di averli scelti come materie d'esame. Tra le possibili ragioni potrebbe esserci la percezione di queste lingue come limitate alla comunicazione in famiglia e in una ristretta comunità e non come capitale linguistico per un futuro lavoro o la mancanza di alfabetizzazione in queste lingue. Quasi tutti i partecipanti hanno dichiarato di avere competenze di vario livello nelle lingue dei loro genitori, ma non di saperle scrivere.

Alcuni cenni conclusivi

La sociolinguistica ha appena iniziato a esaminare come i repertori linguistici delle famiglie dei "nuovi" italiani che migrano in altri Paesi europei vengono ristrutturati. In questo capitolo ho presentato alcuni aspetti importanti del mantenimento dell'italiano da parte di ragazzi e ragazze emigrati in Gran Bretagna con le loro famiglie. Nel Regno Unito, l'italiano diventa lingua d'origine e coesiste nel dominio familiare con le altre lingue d'origine di queste famiglie. L'uso dell'italiano varia in base ai singoli parlanti, alle politiche linguistiche familiari e alla competenza in inglese. In alcuni casi, l'uso dell'italiano o di altre lingue d'origine è necessario perché i genitori hanno difficoltà con l'inglese o non hanno imparato l'italiano in Italia. Spesso, i figli maggiori, che hanno trascorso più tempo in Italia e sono più competenti in italiano, svolgono un ruolo cruciale nel mantenere la lingua, aiutando i fratelli minori a resistere al passaggio verso l'inglese. La competenza in italiano è vantaggiosa nel mercato del lavoro, spingendo molti partecipanti a sostenere esami ufficiali di italiano per ottenere qualifiche riconosciute.

L'IDEA DI NUOVA CITTADINANZA NEL MODELLO ITALIANO NELLE SCUOLE ESTERE: *La Scuola* internazionale di San Francisco

ANGELA VITA CAMPANELLA, Insegnante elementare presso
La Scuola internazionale di San Francisco

I cittadini italiani emigrati in California negli ultimi due secoli e i loro discendenti si sono integrati svolgendo un ruolo significativo nello sviluppo e nella crescita del più ricco stato degli Stati Uniti. Secondo il censimento del 2000 della National Italian American Foundation (NIAF), vivono in California 1 milione e mezzo di italoamericani, il 4,3% della popolazione totale, la quarta comunità italoamericana più grande del Paese dopo quelle degli Stati di New York, del New Jersey e della Pennsylvania[1]. Oggi la città di San Francisco, situata nella penisola della Silicon Valley, attira moltissimi nuovi emigrati italiani, professionisti e imprenditori impiegati nelle aziende di alta tecnologia e di informatica, nel mercato digitale e finanziario, nell'industria enogastronomica e della moda.

In città, diverse scuole e istituti promuovono la lingua italiana e offrono programmi sia per coloro che vogliono preservare le proprie radici culturali e linguistiche di discendenza italiana sia per i figli degli emigrati di recente emigrazione. Nel panorama degli istituti scolastici in cui si insegna italiano a San Francisco in California, *La Scuola International School* ricopre un posto di particolare importanza: è una delle sole due scuole bilingui italiano - inglese presenti negli Stati Uniti[2] e contribuisce a promuovere l'immagine dell'Italia andando oltre alla memoria storica dell'immigrazione italiana e alle sue rappresentazioni folcloristiche odierne. Inoltre, non avendo mai interrotto il legame con l'Italia dopo il contatto con la società americana, vuole riportare e condividere in Italia l'eccellenza scolastica creata negli Stati Uniti. Ne scriviamo in questa sede in quanto il progetto educativo de *La Scuola* è fondato su alcuni tratti intrinseci dell'identità italiana, assunti come punti di riferimento per l'azione educativa mirata alla costruzione di una idea di persona e di cittadino adeguata agli attuali contesti storico-sociali. Inoltre, in quanto il progetto

[1] Si veda: <https://www.niaf.org/news/italian-american-statistics/>.

[2] L'altra è *La Scuola d'Italia* di New York, un istituto parificato italiano fondato nel 1977, che offre educazione bilingue italiano e inglese dall'asilo nido alla scuola superiore di secondo grado.

educativo de *La Scuola*, alimentato da una certa visione profondamente italiana, vuole essere riportato in Italia, come testimonianza ed elemento di sviluppo.

L'Istituto scolastico

Fondata nel 2002 come centro gioco per pochi bambini, *La Scuola* conta adesso tre diversi istituti: la scuola materna a *Dogpatch*, nella parte orientale della penisola di San Francisco, la scuola K-8, asilo, scuola elementare e scuola media, nel cuore del quartiere latino *Mission*, e la scuola K-1 aperta da due anni a Palo Alto nella Silicon Valley.

Nell'anno accademico 2021-2022 il numero degli studenti era di 338, per un totale di 258 famiglie; nel 2022-2023 hanno frequentato 367 studenti; nel corrente anno scolastico (2023-2024) gli studenti iscritti sono 402 mentre, al momento della redazione di questo saggio, per il prossimo anno scolastico (2024-2025) sono già iscritti 430 studenti (144 nella scuola materna, 257 nella scuola elementare e media e 29 nella Silicon Valley). I numeri delle iscrizioni crescono di anno in anno con un grado di fidelizzazione pari al 92% per l'asilo nido, del 67% tra i *Grandissimi* e il *Kindergarten*[3] e del 93% tra la scuola elementare e media. Gli studenti della scuola provengono da ambienti plurilinguistici e pluriculturali: le lingue parlate dalle famiglie sono più di 30 (solo il 17% delle famiglie hanno in casa almeno un parlante italiano).

La Scuola è un centro per l'infanzia e la scuola elementare e media autorizzati ai sensi delle norme e dei regolamenti del Titolo 22[4], mentre la struttura, il programma e il personale sono formalmente ispezionati e approvati dalla *State of California Licensing Agency*. È un'organizzazione no profit diretta da un consiglio di amministrazione (*Board of Directors*) di 16 persone che supervisionano la sostenibilità finanziaria della scuola, approvano il budget annuale e sovrintendono alla creazione del piano strategico. È una scuola privata, indipendente dal distretto scolastico di San Francisco, e i cui costi di iscrizione annuale ammontano a $34,550 per mezza giornata all'asilo nido, $43,200 per l'intera giornata (fino alle 5:30 del pomeriggio), $43,770 per la scuola primaria e $45,860 per la scuola secondaria di primo grado. Il 30% delle famiglie ha accesso ad aiuti finanziari che, a seconda del reddito, comportano borse di studio totali o parziali. *La Scuola* fa anche affidamento sulla generosità della comunità per sostenere i costi dell'istituto perché le iscrizioni da

[3] La scuola dell'infanzia è strutturata nelle classi di *Piccolissimi* e *Piccoli* (frequentata da bambini di 2 e 3 anni), *Grandi* (frequentata da bambini tra i 3 e i 4 anni) e *Grandissimi* (frequentata da bambini tra i 4 e i 5 anni). Quest'ultimo è il grado scolastico con una fidelizzazione minore probabilmente dovuta al passaggio verso la scuola dell'obbligo, che vede la presenza di una forte competizione di istituti pubblici e privati.

[4] Il Titolo 22 è un insieme di normc c regolamenti stabiliti dal Dipartimento dei Servizi Sociali della California (CDSS) che regolano le strutture di assistenza comunitaria, comprese le strutture per la cura dei bambini.

La Scuola K-8 nel quartiere di *Mission* viene ospitata in un edificio storico di San Francisco e per legge non si può intervenire nelle caratteristiche esterne. «Trovare un sito adatto per la scuola K-8 a San Francisco» ha affermato la direttrice Imbeni durante l'intervista, «è stato molto impegnativo, perché tutti quelli che hanno uno spazio vogliono fare soldi vendendolo a delle imprese edili che costruiscono appartamenti e locali ad uso commerciale. Per una scuola privata è quasi impossibile avere una propria sede: si riesce solo quando un'altra scuola chiude come è successo qui a Mission. La nostra sede appartiene all'arcidiocesi di San Francisco che può concedere l'uso a lungo termine dei suoi spazi solo ad una organizzazione no profit». Fotografia gentilmente concessa dall'amministrazione de *La Scuola*. Si veda: <https://www.lascuolasf.org>.

sole non coprono i suoi costi complessivi e a tal fine ogni anno sono organizzati diversi eventi e raccolte fondi.

Il piano strategico de *La Scuola* prevede intensi lavori nelle sue due sedi principali. Nell'autunno del 2024 accanto all'edificio storico del campus nel distretto *Mission* inizieranno i lavori per la costruzione di un nuovo istituto progettato dall'architetto Michele Zini di ZPZ Partners di Modena, riconosciuto a livello mondiale per la creazione di scuole e atelier ispirati al cosiddetto "approccio Reggio Emilia"[5] tra cui lo stesso Centro internazionale Loris Malaguzzi: questa struttura

[5] L'approccio Reggio Emilia è «una filosofia educativa fondata sull'immagine di un bambino con forti potenzialità di sviluppo e soggetto di diritti, che apprende attraverso i cento linguaggi appar-

diventerà la prima scuola elementare e media di tutto il continente americano ispirata all'approccio Reggio Emilia. Recentemente sono stati ultimati i lavori per la ristrutturazione della palestra, dell'atelier del suono, dell'atelier di arte, dell'atelier di design, dell'atelier digitale e di quello dei materiali naturali nella sede distaccata dell'edificio San Carlo. I fondi necessari per l'ampliamento del campus a *Mission* sono indipendenti da quelli raccolti con le iscrizioni a *La Scuola*: è in corso una intensa campagna di raccolta fondi e sponsorizzazioni che ha raggiunto il 75% dei costi previsti per l'inizio dei lavori.

Presso il campus *Dogpatch*, anch'esso disegnato dallo studio ZPZ Partners, sarà realizzato un secondo piano che ospiterà un atelier digitale, una sala insegnanti e uno spazio dedicato per lo sviluppo professionale, l'educazione dei genitori e gli eventi della comunità.

Anche il nuovo campus di East Palo Alto è stato oggetto di estesi lavori di costruzione con aule, mobili, giardini, atelier e strutture di gioco ispirati a Reggio Emilia sotto la direzione dell'architetto Zini.

Nel 2023 *La Scuola*, in collaborazione con *Reggio Children*, è diventata sede del CIRC (*California International Reggio Center*) e organizza corsi di formazione e specializzazione professionale sull'approccio Reggio Emilia per insegnanti, pedagogisti e amministratori scolastici.

L'approccio educativo de *La Scuola*

A *La Scuola* l'apprendimento è radicato in diversi curricula (l'*International Baccalaureate*, l'approccio Reggio Emilia, Singapore Math e Pollyanna, un programma di alfabetizzazione) che, nell'insieme, valorizzano tutto ciò che è noto a livello globale sull'insegnamento, l'apprendimento e lo sviluppo del bambino.

La Scuola è l'unica *International Baccalaureate* (IB) *World School* di San Francisco ad offrire sia i programmi *Primary Years* che *Middle Years*[6]: si tratta di un approccio olistico in cui le materie non vengono insegnate isolatamente ma sono interconnesse in unità di indagine organizzate in sei temi transdisciplinari che stimolano la partecipazione diretta degli studenti al loro apprendimento con un focus sullo sviluppo delle loro abilità accademiche, sociali ed emotive.

---

tenenti a tutti gli esseri umani e che cresce nella relazione con gli altri» e che si fonda su «il lavoro collegiale e relazionale di tutto il personale, la presenza quotidiana di più educatori e insegnanti con i bambini, l'atelier e la figura dell'atelierista, la cucina interna come atelier del gusto, l'ambiente come educatore, la documentazione per rendere visibili i processi creativi di conoscenza,il coordinamento pedagogico e didattico, la partecipazione delle famiglie». Si veda: <https://www.reggiochildren.it>

[6] L'IB è strutturato in quattro programmi: oltre ai due programmi offerti da *La Scuola* ci sono anche il *Diploma Programme* e il *Career Related Programme* per la scuola superiore. Nel 2023, 1 milione e 900 mila studenti tra i 3 e i 19 anni hanno frequentato oltre 7.900 programmi IB insegnati in 5.600 scuole in 159 paesi. Si veda: <https://www.ibo.org>.

La Scuola fonda molta parte delle sue linee pedagogiche sull'approccio Reggio in cui, secondo il fondatore Loris Malaguzzi, si crea «una scuola amabile, operosa, inventosa, vivibile, documentabile e comunicabile, luogo di ricerca, apprendimento, ricognizione e riflessione dove stiano bene bambini, insegnanti e famiglie»[7]. Con l'immersione linguistica e la pratica di una seconda lingua, i bambini sono aiutati a scoprire il loro multilinguismo naturale.

A *La Scuola* sono impiegate 106 persone (87 donne e 19 uomini), 46 sono cittadini italiani di recente immigrazione. Degli italiani molti sono laureati in Italia in Scienze dell'educazione, in Lingua e cultura italiana, in Lingue e Letterature straniere o in materie umanistiche e tutto il corpo docente è tenuto a seguire diversi corsi di specializzazione inerenti all'istruzione e all'educazione almeno due o tre volte all'anno. *La Scuola* sponsorizza il visto J1 per la residenza lavorativa negli USA.

Lo studio della lingua italiana

La Scuola è accreditata come Scuola paritaria dal Ministero dell'Istruzione (MIUR) e dal Ministero degli Affari Esteri e della Cooperazione Internazionale (MAECI)[8].

Già dalla scuola dell'infanzia i bambini seguono un programma di immersione linguistica con circa il 90% dell'istruzione in italiano e il 10% in inglese. Con i gradi successivi le percentuali decrescono a favore dell'inglese per garantire una crescita delle competenze anche nella seconda lingua d'istruzione: all'asilo e in prima elementare la percentuale dell'istruzione è del 20% in inglese e dell'80% in italiano; in seconda elementare si passa al 30% in inglese e al 70% in italiano; in terza elementare si arriva al 50% in inglese e il 50% in italiano, per poi concludere alle scuole medie con il 70% dell'istruzione in inglese e il 30% in italiano. Le percentuali linguistiche non comprendono le materie specialistiche[9].

Agli studenti non è richiesto di parlare italiano per iscriversi. Dalla prima media, le classi di italiano sono differenziate in due gruppi in base alla competenza acquisita: i ragazzi madrelingua o con competenze ricettive e produttive avanzate seguono

---

[7] Si veda: <https://www.reggiochildren.it>.

[8] Nel mondo le scuole paritarie sono 45 e nell'anno scolastico 2021-2022 hanno coinvolto circa 16.000 alunni. Promuovendo la lingua e la cultura italiane esse seguono i principi formativi della scuola italiana pertanto «la regolare frequenza [...] costituisce assolvimento dell'obbligo di istruzione ed i titoli di studio rilasciati consentono la prosecuzione degli studi in Italia. Nonostante l'aderenza di questi istituti ai modelli scolastici nazionali, le scuole paritarie si contraddistinguono per un collegamento maggiormente osmotico con l'offerta educativa straniera. Frequentate da un maggior numero di alunni stranieri, sono caratterizzate da una proposta formativa di stampo italiano, ma al contempo da un'impostazione di respiro internazionale che fa sì che gli studenti percepiscano queste scuole come meno tradizionali». Si veda: <https://italiana.esteri.it/italiana/opportunita/scuole-italiane-nel-mondo/>.

[9] Le materie specialistiche offerte sono educazione fisica, musicale, artistica, SEL (acronimo di *Socio-Emotional Learning*), tecnologia, scienze ambientali e lingua spagnola, le cui lezioni iniziano in quarta elementare e proseguono per tutta la durata della scuola media.

il curriculum di italiano della scuola italiana mentre quelli che hanno bisogno di sostegno nell'acquisizione della lingua seguono lezioni di italiano LS. I materiali usati sono dunque differenziati con libri di testo editi e pubblicati in Italia e materiali preparati dagli insegnanti. Ciascuna classe e la biblioteca hanno inoltre libri di lettura in italiano appropriati all'età dei bambini e dei ragazzi, a cui si aggiungono i materiali inerenti alle lezioni transdisciplinari di indagine.

La Settimana della Lingua italiana, il Carnevale, il Dantedì e il Giorno della Liberazione del 25 aprile sono ricorrenze che vengono celebrate con lezioni dedicate, progetti e scambi scolastici con scuole italiane e paritarie.

Intervista alla dottoressa Valentina Imbeni, direttrice de *La Scuola*

Valentina Imbeni, PHD in Ingegneria dei Materiali, emiliana di Modena e residente nella baia di San Francisco da oltre vent'anni, è direttrice de *La Scuola*: in una intervista[10] in qualità di testimone privilegiato a San Francisco, insiste molto sull'idea di una scuola in cui la lingua sia veicolo di un sistema di valori ed ideali positivi legati alla pluralità e ad una italianità aperta e condivisa.

Ad una prima domanda sulle origini de *La Scuola*, Imbeni ha raccontato che l'idea è nata dall'intraprendenza di due genitori italo americani di San Francisco che nel 2002 si sono incontrati e hanno deciso di assumere una baby sitter che parlasse italiano per non far perdere il contatto con la lingua ai propri figli. Hanno dunque pensato di mettere un annuncio su un giornale per vedere se c'era qualcun altro interessato e hanno alla fine creato un *family day care* chiamato *La Piccola Scuola Italiana* (lo *home schooling* è una forma di organizzazione in California dove un insegnante può prendersi cura di diversi bambini in una residenza privata). Valentina Imbeni ha iscritto al centro scuola i suoi due figli e, pur essendo ancora impiegata presso l'Università di Berkeley, dal 2007 ha iniziato a dedicare le proprie capacità gestionali a *La Scuola* lavorando, all'inizio a solo titolo volontario, sulla conversione del *day care* in una organizzazione *no profit*, sulla licenza e sulla ricerca di un sito adatto ad accogliere un numero sempre crescente di bambini. Nel 2010 *La Scuola* contava 60 studenti, con un campus a *Dogpatch* il cui design ha portato il centro ad essere certificato come uno dei primi asili nido con approccio Reggio Emilia nell'America del Nord. Il modello non si è fermato all'*early childhood* ma, nonostante i dubbi espressi all'epoca dalla comunità italiana locale sull'utilità di una scuola italiana bilingue in competizione con le altre scuole ad immersione linguistica di spagnolo, cinese e francese, ha continuato a crescere negli anni con la scuola K-8 (dalla scuola dell'infanzia fino alla scuola secondaria di primo grado).

L'approccio Reggio Emilia, eccellenza mondiale nel settore dell'istruzione dei più piccoli, e in seguito la certificazione dell'IB *Early Years*, unica in città per l'asilo

[10] L'intervista mi è stata gentilmente concessa nel maggio 2023, per la mia tesi di laurea magistrale in Linguistica e comunicazione interculturale presso l'Università per Stranieri di Siena.

nido e per la scuola elementare, hanno contribuito al successo de *La Scuola*, anche se la direttrice Imbeni tiene a precisare che nei sondaggi di fine anno rivolti ai genitori l'italiano risulta sempre come un aspetto di forte attrazione anche per coloro che non hanno legami diretti con l'Italia: «La cosa che li attrae a *La Scuola* non è solo la lingua ma anche la cultura italiana intesa come un *nurturing environment*, che ci distingue per esempio dalla scuola francese dove sentono che c'è una barriera, un distacco tra la famiglia e l'ambiente scolastico [...]. Qui c'è l'aspetto di comunità e di dare priorità alle persone e alle relazioni che è unico, le persone che vengono qui, lo sentono, lo vogliono e lo cercano: nella *bay area* dove quasi tutti vengono da un altro posto e dove quasi nessuno ha la famiglia vicina, la scuola diventa una piccola città, è il posto dove i genitori creano amicizie, dove creano relazioni, dove si sentono protetti. Per me creare un ambiente dove la gente stia bene è fondamentale, è il concetto della "scuola amabile" come posto di ricerca, di apertura, di relazioni, di sincerità dove cerchiamo di far capire che l'Italia è innovazione, è ricerca, è bellezza, è tante altre cose che molti non conoscono ancora [...]. Il motto della scuola *Niente senza gioia*, non è composto di parole vuote, è invece un'intenzione sincera, tutto è intenzionale nell'approccio Reggio: dobbiamo trovare la gioia perché c'è e se non ci riusciamo, dobbiamo cercarla, in particolare con i bambini a cui è nostro dovere comunicare che la scuola deve essere un posto di gioia».

Parlando della politica linguistica italiana, secondo la direttrice Imbeni, fondare un istituto scolastico italiano paritario a San Francisco è stata «veramente una fatica enorme [...], negli ultimi 10-15 anni siamo stati sicuramente fortunati perché abbiamo avuto dei consoli generali[11] che si sono dimostrati persone eccezionali e che hanno creduto alla scuola, appoggiandoci in ogni modo possibile ma non finanziariamente perché non c'è una politica di supporto della lingua. A confronto le scuole francesi ricevono un grande sostegno dal governo che permette loro di sopravvivere e hanno tantissime risorse che noi non abbiamo. È una mancata opportunità perché, anche se l'italiano non può tenere il passo nella competizione con l'inglese, il francese o lo spagnolo, investire sulla lingua italiana sarebbe a mio parere un fattore di crescita molto positivo».

Un'altra grande difficoltà che la direttrice riconosce è che, vista la veloce crescita dell'organizzazione «i ritmi di lavoro sono intensi e l'impegno delle persone che lavorano per noi deve essere anche di tipo diverso: Reggio, IB, immersione linguistica sono una combinazione che rende il modo di insegnare e di imparare complessissimo, non è facile, gli insegnanti che abbiamo noi hanno un grande talento» e a tal proposito afferma che «una *no profit* è un *business* che si dedica alle persone, per cui l'aspetto umano è fondamentale. Ovviamente facciamo attenzione ai titoli di studio

[11] I due consoli di cui parla la dottoressa Imbeni sono l'ex console Lorenzo Ortona e l'attuale console Sergio Strozzi: bisogna notare come la non politica linguistica del governo italiano e la carenza di un protocollo istituzionale va spesso sostituita dall'intraprendenza e dall'iniziativa dei singoli.

dei nostri insegnanti anche se noi siamo anche aperti ad avere dei titoli di studio non specializzati sull'insegnamento: è un'idea che ci è venuta dall'approccio Reggio Emilia, dove l'atelierista è una persona qualificata, con un background diversificato che porta con sé delle capacità uniche e peculiari. Il misto è bello ma per noi fondamentale è il tipo di persona. Le persone le puoi formare, puoi insegnare loro il metodo che usiamo a scuola, puoi far loro frequentare corsi di aggiornamento e seguire corsi di sviluppo professionale[12] ma non puoi cambiare la loro personalità: noi cerchiamo persone che siano relazionali, che credano veramente all'educazione come strumento per creare un mondo migliore».

Da qualche anno, oltre alla costruzione del nuovo campus a Mission, *La Scuola* sta lavorando all'espansione del proprio modello in Italia con l'apertura di un campus a Milano. Valentina Imbeni dice: «L'idea di importare in Italia questo modello di eccellenza italiana creato negli Stati Uniti ci porterà ad avere scambi di insegnanti e scambi di studenti: abbiamo sempre più famiglie che devono fare avanti e indietro, abbiamo tanti insegnanti che vogliono andare là e poi tornare qua e viceversa e lo scambio culturale e di comunicazione interculturale è per noi importante. Inoltre in Italia manca una scuola internazionale che insegni sia l'inglese che l'italiano perché quasi tutte insegnano solo l'inglese perdendo così la bellezza della nostra lingua».

Il sondaggio rivolto ai genitori de La Scuola

Nel maggio 2023 nel *Bollettino*, la e-mail settimanale scolastica inviata il venerdì a tutte le famiglie, è stato chiesto ai genitori degli studenti che frequentano *La Scuola* di rispondere su *Google Documents* ad un breve sondaggio di 19 domande. La metodologia usata è limitata e descrive un campione ristretto e casuale degli utenti che hanno cortesemente deciso di rispondere sia alla raccolta dei dati quantitativi di stampo sociolinguistico della prima sezione (età, titolo di studio, cittadinanza, durata della residenza negli Stati Uniti, discendenza da famiglia italiana, lingua madre, altre lingue parlate e competenza linguistica dell'italiano) che ai dati qualitativi della seconda sezione sulle motivazioni che hanno portato a frequentare *La Scuola*. I risultati raggiunti fanno emergere un profilo di carattere generale di chi ha deciso di iscrivere i propri figli in un istituto bilingue italiano-inglese in una città dallo spiccato carattere plurilinguistico e pluriculturale e dove c'è una vasta selezione di scuole private che offrono immersione linguistica sin dalla più tenera età.

Il sondaggio è stato elaborato e proposto sia in lingua inglese che in lingua italiana «in quanto è stato ipotizzato preliminarmente che la scelta di una delle

[12] Gli insegnanti della scuola sono tenuti per contratto a tornare a scuola due settimane prima degli studenti e a rimanere una settimana dopo la fine della scuola per seguire diversi corsi professionalizzanti. Valentina Imbeni afferma che «a livello di percentuale del nostro budget rispetto ad altre scuole abbiamo veramente dei numeri alti, il PD (*Professional Development*) ci permette di crescere, è un valore che ogni scuola dovrebbe avere, crediamo all'insegnante come ricercatore, come una persona che cresce con gli studenti».

due versioni potesse essere indicativa della preferenza per quella data varietà, sia in termini di competenza (mi sento più a mio agio a rispondere in italiano/in inglese), sia in termini di auto-rappresentazione del sé»[13].

Su un totale di 289 famiglie, hanno risposto in 67, circa un quarto del totale: 13 genitori di 22 bambini, tutti cittadini italiani, hanno risposto in italiano. Tra loro, solo uno ha più di 50 anni e 6 hanno un dottorato di ricerca, dato che fa subito pensare alla neo-emigrazione italiana di professionisti con un alto livello di scolarità verso paesi che possano retribuire il loro lavoro in modo più soddisfacente che in Italia. Tutti hanno dichiarato che l'opportunità di imparare l'italiano è stata molto importante nella decisione di iscrivere i figli a *La Scuola*, "per mantenere viva la relazione con la lingua e la cultura d'origine" e "per conservare la loro identità".

Solo 3 (il 5,6%) dei 54 genitori di 76 bambini che hanno risposto al sondaggio in inglese hanno la nazionalità italiana: 2 dicono di essere italiani di prima generazione, 3 sono discendenti di seconda generazione, 10 di terza o di generazione successiva alla terza, e 40, oltre il 70%, dichiarano di non avere antenati italiani. La lingua madre è l'inglese per 41, 1 solo dichiara di essere madrelingua italiano, tutto il resto parla lingue o dialetti diversi. Le motivazioni date per giustificare la scelta di iscrivere i propri figli a *La Scuola* sono meno omogenee di quelle date dai genitori che hanno risposto al sondaggio in italiano: 19 genitori hanno parlato della lingua italiana come motivo principale; 4 hanno indicato la cultura italiana più in generale; 11 hanno citato l'immersione linguistica; 20 hanno indicato l'approccio Reggio Emilia; 13 il curriculum IB; 3 la filosofia educativa; 2 la pedagogia; 2 i buoni programmi di arte e di musica e il metodo d'insegnamento. Molti hanno fatto riferimento a quello che la direttrice Imbeni ha definito un *nurturing environment*: il calore, soprattutto della scuola dell'infanzia, la creatività, la comunità e più in generale la comunità internazionale, il *feel* della scuola inteso probabilmente come sensazione positiva, l'impegno e la bravura degli insegnanti. Alcuni hanno dichiarato il proprio amore per la lingua "perché nessuna lingua è più bella".

La scelta della lingua nel rispondere al sondaggio rivela le due anime de *La Scuola*. Da una parte ci sono gli italiani, quelli che si sono trasferiti negli Stati Uniti per motivi di lavoro con un alto livello di scolarizzazione in Italia e che sentono forte il legame con la propria lingua madre e con le proprie radici socio-culturali (sono quel 17% della comunità scolastica che hanno almeno un parlante italiano in famiglia e che di fatto sono una minoranza degli utenti); a questi possono essere associati coloro che «si pongono variabilmente più in basso in una virtuale scala di identificazione nell'italianità di appartenenza e della famiglia delle origini»[14], cioè i discendenti degli italiani delle ondate migratorie precedenti a quella attuale che

---

[13] Barbara Turchetta - Margherita Di Salvo, "Analisi dei dati quantitativi", in Barbara Turchetta - Massimo Vedovelli, a cura di, *Lo spazio linguistico italiano globale: il caso dell'Ontario*, Pisa, Pacini Editore, 2018, pp. 121-169.

[14] Ivi, p. 80.

hanno conservato la propria italianità o che hanno deciso di recuperarla per onorare i propri antenati e la propria identità.

Dall'altra c'è invece la maggioranza degli utenti, circa tre quarti del totale, che non ha legami diretti con l'Italia o con l'italiano ma che ha motivazioni legate alla lingua sia perché queste persone sono attratte dai valori e dai tratti positivi che associano all'italiano e alla comunità scolastica italiana in cui si sono inserite sia perché credono nel valore del plurilinguismo per l'educazione dei propri figli, in quanto consapevoli dei vantaggi intrinseci associati alla possibilità di parlare più di una lingua per aprirsi alla società globalizzata e pluriculturale in cui vivono: il prestigio associato all'italiano per sé sembra dunque essere direttamente proporzionale all'attrazione che questi utenti sentono verso il bagaglio valoriale associato alla nostra lingua. L'idea di "cittadinanza italiana" è considerata, in questa prospettiva, nella sua dimensione plurale a livello culturale e linguistico, cioè nei livelli che costituiscono l'essenza identitaria. Si tratta di una identità plurale considerata innanzitutto costitutiva sul piano storico e non indotta dalle migrazioni verso l'Italia avvenuti negli ultimi decenni. Questa idea di identità pluriculturale e plurilingue innerva un concreto progetto pedagogico, alimentato dal confronto con un contesto straniero, che vuole essere riportato in Italia.

Conclusioni

La Scuola è nata grazie all'iniziativa e alla volontà di cittadini e alle capacità imprenditoriali e manageriali di donne italiane, che, sfidando l'apatia e la "non azione" nella promozione della lingua e della cultura italiane, hanno fermamente creduto all'importanza sociale dell'educazione e al valore aggiunto della nostra lingua creando un ottimo modello per sostenere l'italianità nel mondo. *La Scuola*, come tante scuole e istituti parificati nel mondo, offre un'educazione bilingue e biculturale italiana e inglese e mantiene vivo il legame con la lingua italiana dei figli di italiani di recente immigrazione e dei discendenti della vecchia immigrazione, offrendo anche un modello di istruzione unico che combina il metodo IB e il rinomato approccio di Reggio Emilia e attraendo un numero sorprendente di utenti che non hanno legami diretti con l'Italia. L'offerta formativa de *La Scuola* è certamente decisiva nella scelta dei genitori di iscrivere i propri figli all'istituto scolastico, ma la capacità tutta italiana di creare un senso di comunità forte e positivo contribuisce a costruire legami tra studenti, genitori, insegnanti e amministratori che hanno ricadute durature sulla formazione dei bambini che frequentano l'istituto. Quattro anni fa hanno ottenuto la licenza media inferiore i primi ragazzi che frequentavano *La Scuola* da quando avevano due anni e che dunque per più di dieci anni hanno studiato, parlato, giocato e interagito in italiano formando la loro personalità in un ambiente scolastico e comunitario italiano.

La volontà di inaugurare una nuova sede de *La Scuola* a Milano e di riportare in Italia il modello che essa ha elaborato combinando negli Stati Uniti i metodi e gli approcci di istruzione italiani e internazionali più prestigiosi è inoltre segno di quanto le iniziative e gli investimenti sociali ed economici degli italiani all'estero continuano, come in passato, ad avere ricadute positive sullo spazio linguistico, sul modello della cittadinanza italiana e sull'economia del nostro Paese: come a San Francisco, saranno creati posti di lavoro per insegnanti qualificati italiani e italofoni che attiveranno scambi professionali e di esperienze di vita tra i due Paesi e si realizzeranno progetti per promuovere la mobilità di studenti di scuola elementare e media tra l'Italia e gli Stati Uniti.

La strategia de *La Scuola*, grazie a una serie di iniziative mirate e innovative, sembra dunque essere un antidoto efficace al calo di attrattività dell'italiano nel mondo e negli USA in particolare.

DISCORSI D'ODIO E CITTADINANZA: le caratteristiche degli insulti verso lo straniero

ORLANDO PARIS, Università per Stranieri di Siena

Introduzione: le scienze filosofico-linguistiche e i discorsi dell'odio

Le discipline filosofiche si sono interrogate in diversi momenti della loro storia e con diversi approcci metodologici sulle categorie concettuali di *odio* e *violenza*, in molte occasioni facendolo a partire dalle istanze che la contemporaneità, di volta in volta, ha posto. Una delle declinazioni più attuali di questo filone di ricerca vede impegnate le discipline filosofico-linguistiche nel misurarsi con l'odio discorsivo e la violenza verbale. La necessità di guardare a questi fenomeni con occhio e metodologia scientifica è emersa proprio a causa dalla rilevanza che queste dinamiche discorsive hanno assunto nel mondo contemporaneo, anche grazie all'ambiente privo di mediazioni e filtri offerto dai nuovi media. Negli Stati Uniti – dove il termine *hate speech* nasce in primis come categoria giuridica[1] – si è affermato ormai dalla fine degli anni Novanta un vero e proprio campo interdisciplinare di studi, gli *hate studies*[2]: un ambito che riunisce studiosi, ricercatori, professionisti, leader dei diritti umani e responsabili delle ONG. All'interno di questo spazio di ricerca le discipline filosofico-linguistiche rappresentano un importante e affermato filone di studi che, per analizzare l'odio discorsivo, ha introdotto le più disparate strategie teoriche e ha scandagliato diversi contesti comunicativi. In ambito italiano, invece, la situazione è diversa: non esiste ancora un campo di studi interdisciplinari che faccia capo a un settore simile a quello degli *hate studies.* Tuttavia, ormai da diversi anni, filosofi del linguaggio, linguisti e semiologi si stanno confrontando sul tema dell'odio discorsivo e delle nuove forme di razzismo con approcci metodologici differenti ma dialoganti. Ci sono approcci che analizzano l'odio partendo dalla dimensione lessicale della

[1] GIOVANNI ZICCARDI, *L'odio online. Violenza verbale e ossessioni in rete*, Raffaello Cortina, Milano, 2016; IDEM, *Tecnologie del potere. Come usare i Social network in politica*, Raffaello Cortina, Milano, 2019.

[2] Sulla nascita, lo sviluppo e il consolidamento degli *hate studies* ha sicuramente influito la presenza di un movimento intellettuale come il *Critical Race Theory* sviluppatosi negli Stati Uniti già a partire dagli anni Sessanta del Novecento.

lingua[3]; altri si soffermano sulle specifiche strutture narrative sottostanti l'odio[4]; ci sono lavori poi che applicano all'odio il quadro teorico degli atti linguistici proposto da Austin[5]; lavori che si soffermano sulla dimensione pragmatica ed enunciativa[6] e altri ancora che lavorano sulle implicature e le presupposizioni[7]. Insomma, il panorama degli studi filosofici-linguistici sull'odio discorsivo nel nostro Paese è giovane, ma estremamente ricco. Come già abbiamo avuto modo di sottolineare, questa crescente attenzione scientifica è dovuta al fatto che le manifestazioni discorsive d'odio, a causa di una trasformazione nelle dinamiche della dialettica pubblica, si sono sicuramente moltiplicate, assumendo una portata di massa che non ha precedenti storici, ma sono anche evolute costruendo nuovi paradigmi di odio e di intolleranza che non sempre sono immediatamente riconoscibili come tali poiché non sempre sono fondati su un lessico offensivo. Basta aprire un qualsiasi giornale, un qualsiasi Social Network o guardare un programma televisivo per accorgersi che l'odio è diventato l'ingrediente fondamentale del dibattito pubblico: un vero e proprio meccanismo retorico perfettamente integrato nei dispositivi del confronto verbale tanto da diventare una delle colonne portanti della comunicazione politica nelle campagne elettorali. Anche i target dell'odio sono aumentati, nessuno è immune: si odiano gli stranieri, i professanti altre religioni, gli omosessuali di qualunque sesso, gli avversari politici, gli appartenenti a determinate categorie professionali (avvocati, politici, professori…) e così via. Ma l'odio discorsivo è indirizzato anche *ad personam*, in altre parole non su categorie ma su singoli individui: si pensi ai casi di *revenge porn*, *body shaming*, *shitstorm*, *cyberbullismo* e *cyberstalking*. Nelle prossime pagine, in linea con l'argomento di questo numero del *Rapporto Italiani nel Mondo*, ci soffermiamo su una specifica categoria di discorsi dell'odio, quelli xenofobi: i discorsi in cui è lo straniero ad essere il bersaglio dell'offesa. Questa categoria di discorsi dell'odio è legata proprio alla nozione di cittadinanza: lo straniero di fatto è il *non cittadino*, è colui che non appartiene a quel collettivo che è formalmente delimitato proprio dalla categoria giuridica di *cittadinanza* e che i discorsi dell'odio vorrebbero relegato in un altrove e ben distinto dal *noi cittadini*. Prima di addentrarci nelle analisi, è necessario un piccolo chiarimento: lo straniero protagonista dei discorsi dell'odio è, naturalmente, sia lo straniero per gli italiani, ma anche l'italiano che è straniero nei Paesi del mondo. Tuttavia, a causa dell'assenza di un corpus strutturato di discorsi

---

[3] Tullio De Mauro, *Le parole per ferire*, «Internazionale», 2016, <https://www.internazionale.it/opinione/tullio-de-mauro/2016/09/27/razzismo-parole-ferire>.

[4] Caterina Ferrini - Orlando Paris, *I discorsi dell'odio. Razzismo e retoriche xenofobe sui social network*, Carocci, Roma, 2019.

[5] Claudia Bianchi, *Hate speech. Il lato oscuro del linguaggio,* Laterza, Roma- Bari, 2021.

[6] Raffaella Petrilli, *La strategia pubblica dell'odio,* <https://www.treccani.it/magazine/lingua_italiana/speciali/Hate_speech/04_Petrilli.html>.

[7] Edoardo Lombardi Vallauri, *La lingua disonesta. Contenuti impliciti e strategie di persuasione*, il Mulino, Bologna, 2019; Bianca Cepollaro, *Slurs and Thick Terms. Whe Language Encodes Values.* Rowman and Little, London 2020.

dell'odio che abbiano come gruppo target proprio gli italiani, la maggioranza degli esempi presenti in questo lavoro ha come protagonista lo straniero per gli italiani. Pensiamo, però, che questo non intacchi le ragioni di questa analisi: l'obiettivo è, infatti, far emergere il meccanismo generale che sottostà a tutti i discorsi dell'odio xenofobi sia quando il protagonista è lo straniero per l'italiano sia quando è l'italiano ad essere straniero.

Discorsi dell'odio e cittadinanza

Iniziamo la nostra riflessione dalla nozione di "cittadinanza" provando ad affrontare questo concetto non tanto in termini giuridici/politici, ma semiotico/linguistici partendo dalla definizione che ne danno alcuni vocabolari ed enciclopedie.

Per il Nuovo De Mauro[8] il termine "cittadinanza" denota il:

> «1. vincolo di appartenenza di un individuo a uno stato, che comporta un insieme di diritti e doveri: *avere, acquistare cittadinanza italiana, perdere la cittadinanza* [...]».
> Ma anche:
> «3. L'appartenenza di un individuo a una città: *avere cittadinanza romana, fiorentina*».

Anche la voce "cittadinanza" dell'Enciclopedia Treccani delinea un doppio significato:

> «Nell'uso moderno il termine *cittadinanza* tende a presentare due significati distinti: uno teorico-politico e l'altro più propriamente giuridico. Nel primo caso *cittadinanza* designa lo *status* sociale di cittadino e cioè il complesso delle condizioni politiche, economiche e culturali che sono garantite a chi sia a pieno titolo membro di un gruppo sociale organizzato. In questo caso il termine *cittadino* si oppone, prima ancora che a quello di *straniero*, a quello di *suddito* [...]. Nel secondo caso il termine *cittadinanza* designa uno *status* normativo, e cioè l'ascrizione di un soggetto – per connessioni territoriali, per legami di parentela, per libera opzione ecc. – all'ordinamento giuridico di uno Stato. In questa accezione formale il termine *cittadino* si oppone oggi, nel diritto interno come in quello internazionale, esclusivamente a quello di *straniero* (o di *apolide*)»[9].

---

[8] Il *Nuovo De Mauro* è consultabile sul sito della rivista «Internazionale». Si veda: <https://dizionario.internazionale.it/>.

[9] Danilo Zolo, "Cittadinanza", Enciclopedia Treccani, 2000. Si veda: <https://www.treccani.it/magazine/lingua_italiana/speciali/Hate_speech/04_Petrilli.html>.

In queste definizioni, come nelle altre reperibili negli altri dizionari e enciclopedie in lingua italiana, sembrano essere decisive le opposizioni semantiche "appartenenza/esclusione" e "dentro/fuori", che sono a fondamento di locuzioni come «l'essere membro di un gruppo sociale», «appartenenza di un individuo a uno Stato», «l'appartenenza di un individuo a una città» e «l'essere ascritto ad un ordinamento giuridico». In altre parole, il concetto di cittadinanza istituisce e definisce un collettivo (geografico, sociale, politico, giuridico) che, per essere tale, si distingue da chi di quel collettivo non fa parte, da un generico "altro". Questa istituzione di un collettivo, essendo la cittadinanza una condizione giuridica, è di natura formale: la legge definisce i modi per entrarne a far parte e quelli per esserne esclusi, nonché i diritti e i doveri che conseguono dall'appartenenza al collettivo. Dove si insinuano i discorsi dell'odio xenofobi? Nella gestione formale, sociale e comunicativa del rapporto tra "appartenenza" ed "esclusione", tra il "dentro" e il "fuori" dal collettivo. Questo rapporto, nel mondo globalizzato contemporaneo, non può che essere flessibile e dinamico, capace di render conto dei continui spostamenti e scambi, e i discorsi xenofobi lo vorrebbero invece rigido e chiuso. I discorsi dell'odio puntano all'esclusione totale e al rifiuto dello straniero, del non cittadino, un rifiuto che, come vedremo, dal punto di vista discorsivo passa attraverso processi di denigrazione, subordinazione, inferiorizzazione, disumanizzazione e razzizzazione. In questo senso, i discorsi dell'odio xenofobi sono una vera e propria patologia dialettica pubblica capace di incrinare alcune delle dinamiche che sono a fondamento delle società contemporanee: la comunicazione, il rapporto, gli scambi e la permeabilità con l'esterno.

Il lessico xenofobo: gli stranieri in Italia e gli italiani all'estero

Nel 2016 Tullio De Mauro pubblica un articolo dal titolo *Le parole per ferire*[10] grazie al quale costruisce un primo censimento dei termini utilizzati per offendere e denigrare in lingua italiana. De Mauro nella sua riflessione parte da un lavoro di Peckham[11] che aveva identificato due poli dell'*hate speech*: da un lato gli insulti volgari "swear words, dirty words, gros mots, les insultes e injures, blasfemias e insultos, unanständige Wörter"; dall'altro gli epiteti denigratori, cioè i termini utilizzati per insultare gli individui per la loro mera appartenenza ad un gruppo. Nel primo polo ci troviamo di fronte alle cosiddette *parolacce,* parole come *merda, stronzo, culo* che, pur essendo prive di una specifica carica denigratoria, possono essere utilizzate per costruire insulti efficaci; nel secondo polo ci troviamo invece di fronte a quelle che sono espressioni propriamente insultanti che De Mauro definisce "parole per ferire a doppio taglio" in quanto offendono una persona ed evocano offensivamente anche un intero gruppo: ad esempio, *terrone, negro, frocio*. Questi epiteti denigratori

[10] Tullio De Mauro, *Le parole* [...], cit.
[11] Aaron Peckham, *Urban Dictionary*, Andrews McMeel Publishing 2005.

sono termini che hanno una «notevole valenza emotiva di carattere negativo»[12] tale da essere quasi esclusi dal dominio del dicibile. Ma, nonostante ciò, queste parole popolano ampiamente le nostre interazioni comunicative quotidiane. Proprio su questa categoria di insulti – di cui fanno parte anche gli insulti xenofobi – si è sviluppato un crescente interesse nel campo delle scienze umane, principalmente per due ragioni:

> «In primo luogo, a differenza degli insulti generici (come "cretino" o "lestofante") che colpiscono un individuo, gli epiteti hanno la caratteristica di colpire un individuo e un gruppo sociale: con "terrone" valutiamo come degno di disprezzo un individuo e, allo stesso tempo, tutti i meridionali. In secondo luogo, negli epiteti, alla dimensione descrittiva si accompagna strettamente la dimensione performativa e valutativa: con "terrone" non solo descriviamo un individuo come meridionale, ma allo stesso tempo lo giudichiamo come disprezzabile in quanto meridionale»[13].

In altre parole, gli epiteti denigratori sono termini fortemente insultanti che colpiscono l'individuo, ma anche tutto il gruppo a cui questo appartiene, e, come abbiamo sottolineato, gli insulti verso gli stranieri fanno parte di questa categoria. Nel lavoro *Le parole per ferire*, tra gli epiteti denigratori De Mauro individua proprio una categoria di insulti xenofobi che lui chiama «insulti etnici» che solitamente sono tratti da nomi di popoli stranieri, «spesso lontani e mal noti», che vengono usati per offendere una persona e un intero popolo:

> «**albionico** "britannico" "perfido"; **americanata** "grossolanità vistosa e superficiale"; **ascaro** "seguace di basso rango"; **baluba** lomb. "persona rozza e incivile"; **barbaro** (una sorta di iperonimo generalissimo, ereditato dalle lingue classiche), "rozzo, incolto", ma anche "feroce, crudele, efferato"; **beduino** "incivile"; **calmucco** "persona goffa o imbacuccata in modo ridicolo"; **bulgaro** "che presenta caratteri di statalismo ottusamente burocratico e poliziesco"; **cinese** "scritto, scrittura, discorso incomprensibile"; **crucco**, dal serbocroato kruh "pane", nomignolo dato da soldati italiani prima (1939) ai militari altoatesini e trentini, poi (1942) anche agli slavi meridionali, infine generalmente ai tedeschi; **dago** in Canada e Stati Uniti "immigrato spagnolo o italiano"; **ebreo** "avido di guadagno"; **franceseria** "ostentazione di modi francesi", infrancesare; **giallo** "orientale"; **giudeo** "ebreo"; **guascone** "spaccone"; **inghilesarsi, inghilesco, inglesarsi**; **italiese, italiesco, italiota**; **levantino** "astuto", levantinismo; **mammalucco** "sciocco" (nome di una milizia turca battuta da Napoleone); **meteco** "straniero" nell'antica Grecia; **meticcio** "nato da genitori di razza diversa"; **mongolo e mongoloide** "idiota, deficiente"; **negro** "nero"; **ostrogoto** "rozzo, incivile"; **ottentotto** "rozzo, incivile"; **scozzese** "avaro";

[12] CLAUDIA BIANCHI, *Hate speech. Il lato oscuro del linguaggio*, Laterza, Roma- Bari, 2021, p. 93.
[13] Ivi, p.94.

spagnoleria, spagnolesco "borioso, sussiegoso"; **turco** "scritto, discorso incomprensibile"; **unno; vandalo; watusso** "rozzo, incivile"; **zingaro** "persona senza fissa dimora o dall'aspetto trasandato e sporco"; **zulù** "rozzo, incivile"»[14].

Naturalmente ci sono anche molti epiteti denigratori di lingue straniere che hanno come target gli italiani: due secoli di peregrinazioni italiane nel mondo hanno lasciato tracce nelle lingue dei Paesi di accoglienza che sono la spia delle difficoltà di integrazione che i nostri connazionali hanno sofferto. Negli Stati Uniti e in Canada, per riferirsi agli italiani erano molto in voga termini dispregiativi come "**wop**" (la cui etimologia viene fatta risalire addirittura alla parola napoletana guappo) e "**dago**"; in Germania ci si riferiva offensivamente agli italiani con il temine "**Spaghettifresser**" (la cui traduzione suona come "mangiaspaghetti) o con il termine "**mafia man**" e in Francia e Belgio si utilizzava il termine "**rital**".

Ma per offendere e denigrare uno straniero non serve necessariamente utilizzare un epiteto denigratorio: lo stesso De Mauro prima di iniziare la sua classificazione – fondata proprio sulla dimensione lessicale – ci tiene a sottolineare che «nel concreto dell'esprimersi può accadere che qualsiasi parola e frase, del tutto neutra in sé, in circostanze molto particolari possa essere adoperata per ferire»[15]. In altre parole, l'odio verso lo straniero può essere veicolato anche senza parole d'odio, senza epiteti denigratori: a tal proposito molti dei recenti lavori semiotici e filosofico-linguistici che si stanno confrontando con lo *hate speech* hanno dimostrato proprio come il lessico non rappresenti il principale veicolo dell'odio discorsivo.

I discorsi xenofobi velati: denigrare lo straniero senza epiteti denigratori

L'idea che i discorsi dell'odio non vengano realizzati solamente attraverso un lessico palesemente offensivo è alla base di molti degli studi attuali su questo argomento. Naturalmente, il campo di analisi si presenta suddiviso in teorie diverse a partire dalla dimensione del linguaggio messa sotto osservazione, ma anche per il tipo di approccio teorico proposto e per le metodologie di analisi utilizzate. In questo quadro, una prospettiva di analisi di grande interesse è quella che si focalizza sulla dimensione degli impliciti:

> «Ci sono espressioni linguistiche che, mentre esprimono un contenuto, inducono il destinatario a estrarne degli altri non espressi, spesso con l'aiuto del contesto. L'essenza persuasiva di questi impliciti sta nel fatto che il destinatario poiché non vede l'emittente asserire quel contenuto, e anzi è lui stesso a costruirlo, più difficilmente lo metterà in discussione [...]»[16].

[14] Tullio De Mauro, *Le parole* [...], cit.
[15] Ibidem.
[16] Edoardo Lombardi Vallauri, *La lingua disonesta.* [...], cit., p. 27.

Molto interessante, in questo senso, è l'esempio fatto dal linguista Edoardo Lombardi Vallauri, che mette sotto osservazione un tweet di Matteo Salvini:

> Sabato vado a Lampedusa, simbolo del FALLIMENTO dell'UE. Esseri umani vanno aiutati, **ma 2/3 sono CLANDESTINI** (Salvini, 23 marzo 2017).

Come è facile constatare da una semplice analisi lessicale del tweet, non ci sono epiteti denigratori. Eppure, l'enunciato veicola un forte contenuto xenofobo che Lombardi Vallauri spiega in questo modo:

> «Perché l'osservazione contrastiva (introdotta da *ma*) sul trattarsi di clandestini non violi la massima di Relazione, cioè sia pertinente al discorso di aiutare gli esseri umani occorre aggiungervi un'idea implicita, che sarà proprio il destinatario, nell'interpretare l'enunciato, ad aggiungere: l'idea che i clandestini – anche se in pericolo di vita, perché di questo si tratta – non vadano aiutati. Salvini non lo dice espressamente, ma fa in modo di comunicarlo»[17].

Questo esempio fa emergere come gli impliciti siano meccanismi molto potenti per veicolare odio e denigrazione: la loro efficacia dipende dal fatto che il destinatario non vede l'emittente asserire il contenuto denigratorio, che viene veicolato nascosto nelle pieghe del testo. Nel tweet analizzato, Matteo Salvini non dice mai che i "clandestini" vadano abbandonati in mare anche se sono in pericolo di vita, eppure quel contenuto viene comunicato. Un odio discorsivo, quindi, che non sempre si manifesta nella dimensione più superficiale e visibile dei discorsi e che, al contrario, in molte occasioni rimane nascosto e per questo diventa più pericoloso, perché più difficile da riconoscere.

Come sottolinea Filippo Domaneschi[18], l'insulto e la denigrazione sono anche dei congegni che regolano i rapporti interni ed esterni ai gruppi sociali. Le offese solitamente aumentano la polarizzazione tra i gruppi e attraverso la denigrazione «[...] l'insultatore rivendica una distanza con coloro che appartengono al gruppo che è bersaglio di discriminazione etnica, geografica o legata all'orientamento sessuale. Talvolta la barriera identitaria che un insulto è in grado di elevare può persino fungere da soglia discriminante tra ciò che è considerato umano e ciò che umano non è»[19]. In termini semiotici, attraverso un'analisi di alcuni post sui Social Network, a ritrovare questa contrapposizione tra un Noi e un Loro sono stati Caterina Ferrini e Orlando Paris[20]: secondo i due autori, più che da parole offensive, la xenofobia e l'odio sarebbero caratterizzati da specifici schemi narrativi. In questo

---

[17] Ivi, p. 69.
[18] Filippo Domaneschi, *Insultare gli altri*, Einaudi, Torino, 2020, p. 91.
[19] Ibidem.
[20] Caterina Ferrini - Orlando Paris, *I discorsi dell'odio* [...], cit.

senso, secondo lo studio empirico di Ferrini e Paris, i discorsi xenofobi sui social network sarebbero delle vere e proprie formule narrative binarie – caratterizzate da dinamiche di generalizzazione – che rappresentano un collettivo LORO (stranieri) che agisce contro un collettivo NOI (italiani). Proviamo a vedere il funzionamento di questo meccanismo narrativo analizzando un post comparso il 28 settembre 2018 sulla pagina Facebook *MPF- Forconi*, nel quale viene condiviso un articolo del quotidiano online *Il Giornale* dal titolo: «Reati stranieri in aumento. Ecco i dati dell'allarme». Il commento con cui viene condiviso l'articolo è: «L'ITALIA È DIVENTATA DA ANNI, LA BABILONIA DEI CRIMINALI...VENGONO QUI DA NOI DA TUTTE LE PARTI». Nel post non sono presenti epiteti xenofobi, eppure il contenuto è decisamente offensivo verso gli stranieri. Cercando di scomporre la narrazione proposta dal post ci si accorge della presenza di una formula binaria che oppone un NOI a un LORO: la presenza del ruolo LORO è ricoperta dall'attore collettivo "stranieri" che vengono definiti come "criminali", quindi valorizzati negativamente, mentre il ruolo NOI viene esplicitato nel testo attraverso il deittico («vengono qui da noi da tutte le parti») e corrisponde ad un "noi nazione", un "noi cittadini". In altre parole, il post rappresenta un LORO (stranieri) che sta agendo contro un NOI (italiani). Questa tipologia di post è molto presente nei discorsi dei Social Network e costruisce un forte nesso tra popolazione straniera e criminalità. In molte di queste formule binarie il ruolo del LORO è ricoperto da attori singoli come "il nigeriano", "il marocchino", "l'egiziano", eccetera. In questi casi si attiva un processo di generalizzazione e le azioni che compie il singolo attore vengono presentate come rappresentative di tutta una categoria, quella degli stranieri. Possiamo prendere come esempio un post dell'organizzazione di estrema destra Forza Nuova che recita:

> «BUSTO ARSIZIO: NIGERIANO ARMATO SEMINA IL PANICO IN STAZIONE!
> Nei giorni scorsi è stato arrestato un ventenne nigeriano in possesso di un machete e di una pistola – poi rivelatasi giocattolo – che ha terrorizzato le persone che a quell'ora affollavano la stazione di #BustoArsizio. In Italia da appena un anno, ha all'attivo già 9 denunce per minacce, possesso di armi da taglio e droga. È questa la vostra integrazione?».

Ci troviamo di nuovo di fronte ad una formula binaria (un LORO che agisce contro un NOI): il ruolo LORO, valorizzato negativamente, è ricoperto dall'attore "nigeriano". La definizione dell'attore solamente attraverso la nazionalità serve ad attivare il "processo di generalizzazione" e a relegarlo in maniera esplicita, chiara anche al lettore distratto, all'interno del ruolo collettivo LORO. Nella descrizione del post la frase finale, «È questa la vostra integrazione?», rafforza il processo di generalizzazione attivato nella parte iniziale del testo poiché fa in modo di trasformare l'azione di cui il "nigeriano" è protagonista come paradigmatica dei "processi di integrazione". Di conseguenza l'attore singolo "nigeriano", e le azioni che questo compie, sono rappresentativi di tutto il ruolo collettivo. L'individualità viene solo mimata, non esiste realmente nella narrazione, non esiste volontà individuale: il "nigeriano" di cui si parla nel post ricopre il ruolo collettivo del "Loro-immigrati". Il "Noi", invece, è ricoperto dall'attore "persone che a quell'ora affollavano la stazione".

Per concludere, in queste formule binarie, i migranti e gli stranieri non vengono mai rappresentati come *esseri di parola* e quindi come persone con una propria soggettività, identità e volontà, ma sempre come una realtà collettiva, indefinita, portatrice di valori negativi che sta agendo contro di noi. Tutto ciò determina degli effetti passionali molto intensi nell'osservatore-lettore (principalmente paura e rabbia) e contribuisce a costruire un nesso molto forte tra popolazione straniera e criminalità.

Per una cittadinanza aperta

Nonostante nel mondo globalizzato contemporaneo gli spostamenti, gli incontri e gli scambi tra individui e culture differenti siano diventati il vero e proprio fondamento di un sistema politico ed economico internazionale, gli stranieri (gli stranieri in Italia, ma anche gli italiani che sono stranieri nel mondo) sono al centro di campagne pubbliche di odio e denigrazione. Nelle pagine precedenti abbiamo provato a ricostruire alcuni dei meccanismi che caratterizzano gli attuali discorsi dell'odio xenofobi nella convinzione che proprio la comprensione del congegno che sottostà a questo fenomeno possa per un verso fornire i primi strumenti per costruire una risposta – anche pedagogica – al violento meccanismo denigratorio attivo nei confronti degli stranieri e per l'altro contribuire all'idea che nel mondo contemporaneo il concetto di cittadinanza non possa che essere flessibile e capace di render conto degli spostamenti, degli incontri e degli scambi di cui facciamo esperienza quotidianamente.

CHIESA E CITTADINANZA. Un'opportunità di condivisione e coesione sociale

ELIA TORNESI, Fondazione Migrantes e Università degli Studi di Messina

Persona e dimensione sociale nella Dottrina Sociale della Chiesa

Il tema della cittadinanza è centrale nella Dottrina Sociale della Chiesa (DSC), la quale considera la persona umana fondamento e fine di ogni comunità politica (*Gaudium et Spes*, 25). L'essere umano, dotato di razionalità e capace di scelte autonome, trova la sua piena realizzazione nel rapporto con la trascendenza e con gli altri. La dimensione sociale dell'uomo risulta, pertanto, tutt'altro che accessoria, bensì essenziale ed ineliminabile[1].

Natura intrinsecamente sociale della persona, che prescinde dal suo inserimento all'interno di una comunità nazionale piuttosto che di un'altra. Lo Stato modernamente inteso, che di questa dimensione sociale non è l'espressione originale, è piuttosto una funzione della società civile e dei molteplici corpi intermedi che la compongono. Il primato della società nei confronti dello Stato, inteso come struttura oggettiva e funzionale al servizio della società stessa, emerge a più riprese dai testi del Magistero[2].

È dalla natura intrinseca delle persone che scaturisce la comunità politica, attraverso la quale gli uomini possono aspirare al raggiungimento di un fine che sarebbe altrimenti impossibile conseguire individualmente: lo sviluppo umano integrale di ogni sua persona che, guidata dalla propria inclinazione innata verso la verità e il bene, è chiamata a riscoprire la propria identità personale di cittadino orientata verso il perseguimento del bene comune[3].

Papa Francesco ci insegna che la nozione stessa di cittadino, se si considera la sua derivazione etimologica (dal latino *citatorium*), descrive la figura di colui che è convocato a creare un'unione finalizzata al bene comune, spinto dalla naturale

---

[1] PONTIFICIO CONSIGLIO DELLA GIUSTIZIA E DELLA PACE, *Compendio della Dottrina Sociale della Chiesa*, Libreria Editrice Vaticana, Città del Vaticano, 2023, pp. 209-211.

[2] ANGELO SCOLA, "Persona e società", in UNIVERSITÀ CATTOLICA DEL SACRO CUORE, *Dizionario di Dottrina sociale della Chiesa. Scienze sociali e Magistero*, Vita e Pensiero, Milano, 2004, <https://www.dizionariodottrinasociale.it/Voci_fondamentali/Persona_e_societa.html>.

[3] Ibidem.

tensione verso il vero e verso il bene. Il cittadino, ci ricorda il Santo Padre, non costituisce una unità fine a se stessa, né tantomeno una "unità di accumulazione" appartenente ad un gruppo di persone indistinte, bensì una "unità d'ordine"[4]. La coscienza, infatti, rivela a ciascun individuo l'ordine etico-religioso da seguire, il quale incide più di ogni altro valore materiale sugli indirizzi e le soluzioni da dare ai problemi della vita individuale ed associata nelle comunità nazionali e nei rapporti tra esse. Ordine scolpito da Dio in tutte le Sue creature e che l'umanità, gradualmente e comunitariamente, sviluppa[5].

Sulla (almeno) doppia cittadinanza dei cristiani

Dagli insegnamenti della DSC emerge, con tutta evidenza, come la nozione di cittadinanza sia declinabile in diversi modi, a seconda della prospettiva di indagine adottata. È possibile, pertanto, distinguere almeno due tipi di cittadinanza[6].

I cristiani sono, innanzitutto, cittadini del Regno di Dio che non appartiene a questo mondo (Gv 18,36). Come ci ricorda il Santo Padre nel *Messaggio per la 110ª Giornata del Migrante e del Rifugiato*, tutti noi, popolo di Dio, siamo migranti su questa terra in cammino verso la "vera Patria"[7]. Evidenziando, dunque, come ogni patria di questo mondo risulti "fittizia" e di conseguenza ogni cittadinanza storica contingente ed effimera[8].

Tra il II e il III secolo, un autore ignoto così rispondeva agli interrogativi di un pagano, tale Diogneto, circa la fede cristiana: *«[I cristiani] Abitano ognuno nella propria patria, ma come fossero stranieri; rispettano e adempiono tutti i doveri dei cittadini, e si sobbarcano tutti gli oneri come fossero stranieri; ogni regione straniera è la loro patria, eppure ogni patria per essi è terra straniera. [...] Vivono sulla terra, ma hanno la loro cittadinanza in cielo. Osservano le leggi stabilite ma, con il loro modo di vivere, sono al di sopra delle leggi»* (Lettera a Diogneto 5,5-9).

Questo scritto apologetico dei primi secoli del cristianesimo, che ritroviamo citato in diversi documenti conciliari (*Gaudium et spes*, 43; *Lumen gentium*, 38; *Dei verbum*, 4; *Ad gentes*, 15), offre una definizione, sintetica ma efficace, della "cittadinanza escatologica" che identifica e caratterizza ciascun cristiano, cittadino di questa o di quella città. Una cittadinanza caratterizzata da tre elementi distintivi:

---

[4] Francesco, *Papa Francesco. Noi come cittadini noi come popolo*, Jaca Book, Milano, 2013.

[5] Pontificio Consiglio della Giustizia e della Pace, *Compendio della Dottrina Sociale della Chiesa*, cit., pp. 209-211.

[6] Fabio Baggio, *La cittadinanza nella Dottrina Sociale della Chiesa*, «Studi Emigrazione», n. 189, 2013, p. 153. L'autore all'interno del suo saggio distingue e approfondisce tre tipologie di cittadinanza: escatologica, ecclesiale e secolare.

[7] Francesco, *Messaggio del Santo Padre Francesco per la 110ª Giornata del Migrante e del Rifugiato*, 29 settembre 2024, <https://www.vatican.va/content/francesco/it/messages/migration/documents/20240524-world-migrants-day-2024.html>.

[8] Fabio Baggio, *La cittadinanza nella Dottrina Sociale della Chiesa*, cit., p. 156.

la destinazione ultraterrena, la transitorietà delle cittadinanze terrene e la responsabilità nella contingenza[9].

Evocativa è la definizione di “forestieri residenti”, in greco *paroikoi* (da cui deriva il termine “parrocchia”), che in età ellenistica e romana veniva utilizzata per indicare i cittadini di una città dell'impero trasferitisi in un'altra città senza però acquisirne la cittadinanza[10]. Questa condizione, richiamata in plurimi riferimenti biblici (Eb 13,14; Eb 11,13-16; Mt 6,19-20; 1Pietro 1,1; File 3,20; Ef 2,18-19) non preclude, però, la partecipazione attiva dei cristiani alla vita sociale della città in cui risiedono, rispettandone leggi e costumi, purché non siano in conflitto con la loro fede. I cristiani, fin dalle origini, sono chiamati ad essere nel mondo ma non del mondo (Gv 15,18-21) e definiti, pertanto, da (almeno) due diversi tipi di cittadinanza, una terrena ed una ultraterrena. Questo dualismo non deve essere letto secondo una logica contrappositiva: tra i cristiani e il mondo non vi è opposizione. Essi sono stati scelti dal mondo per testimoniare la logica evangelica e quel criterio ordinatore etico-religioso cui si faceva riferimento nel paragrafo precedente. Come sentinelle che attendono l'aurora (Sl 130,6), i cristiani di ogni tempo, nell'attesa della parusia, sono chiamati alla conservazione e al miglioramento della Creazione (Gn 1,26-31; 2,8-17)[11]. La fede nel ritorno di Cristo e nella vita futura non distoglie il cristiano dal compito di perseguire il bene comune; al contrario, funge da stimolo costante. Il *kairos* ci è dato per operare il bene verso tutti, scrive San Paolo (Gal 6,9-10).

Cittadinanza ultraterrena e cittadinanza terrena non solo non sono in contrapposizione tra loro, ma sono tra loro profondamente interconnesse. È proprio in virtù della prima, la cittadinanza celeste, che i cristiani sono chiamati a diventare “collaboratori di Dio” (1Cor 3,9; 1Ts 3,2) e, attraverso le loro azioni, a testimoniare l'annuncio evangelico nel mondo. Un impegno che non si esaurisce in una prospettiva esclusivamente escatologica, ma si concretizza nella realtà presente. Le azioni personali e comunitarie dei cristiani, infatti, costituiscono forme di partecipazione attiva alla vita sociale e civile, incarnando pratiche di cittadinanza attiva nei contesti in cui vivono.

Dall'essere cittadini del Regno di Dio discende una responsabilità che si estende alla cittadinanza terrena: ancora una volta, l'impegno per il bene comune.

La cittadinanza secolare e la Dottrina Sociale della Chiesa

La DSC, per le ragioni esposte, si è spesso occupata di definire e approfondire il tema della cittadinanza terrena o, meglio ancora, secolare[12]. Non potrebbe essere

---

[9] Ibidem.

[10] Giuseppe Riggio, *A Diogneto*, «Aggiornamenti Sociali», n. 5, 2015, p. 430.

[11] Ivi, p. 435.

[12] Alessandra Gerolin, *Cittadinanza*, «Dizionario di dottrina sociale della Chiesa. Le cose nuove del XXI secolo», n.1, 2021, pp. 91-101, <https://www.dizionariodottrinasociale.it/Fascicoli/Dizio-

diversamente, dato che la responsabilità di cura e miglioramento del Creato, di cui si è detto, trova la sua concretizzazione in un determinato contesto spazio temporale caratterizzato da plurime cittadinanze secolari[13].

La nozione di cittadinanza, in questo caso, identifica uno *status* soggettivo, qualificando la relazione giuridica tra individuo e Stato-società, dalla quale discendono diritti e doveri per entrambe le parti.

Il bene comune, concetto cardine nella concezione cristiana delle finalità di ogni convivenza sociale, economica e politica, richiede che i singoli individui e i corpi intermedi, non in grado di garantire da soli il pieno sviluppo della società, promuovano la creazione di istituzioni politiche capaci di contribuire al perseguimento di questo obiettivo[14]. Come evidenziato dalle riflessioni magisteriali concernenti il rapporto Stato e individuo, la scelta di costituire/aderire ad una struttura politica amministrativa non sminuisce in alcun modo l'identità soggettiva degli individui che la compongono e il primato della persona umana in ogni processo di sviluppo[15].

La cittadinanza secolare è un istituto basilare, tutt'altro che scontato, dei regimi democratici, che si afferma, nella sua accezione moderna, a seguito delle grandi rivoluzioni borghesi sei-settecentesche. Un'affermazione che determina il superamento, almeno sulla carta, della sudditanza nei rapporti persona-Stato, propria dei regimi assolutistici, e il riconoscimento di forme di tutela per i cittadini di fronte all'esercizio arbitrario dei poteri statali. Attraverso lo Stato liberale, e la prima generazione dei diritti umani, ricevono tutela le libertà cosiddette negative, volte essenzialmente a proteggere la sfera privata dell'individuo da indebite interferenze dello Stato. Solo in un secondo momento, con l'avvento dello Stato democratico-sociale, lo *status civitatis* si arricchisce di nuove libertà cosiddette positive, posizioni giuridiche soggettive che richiedono un intervento attivo dello Stato a favore dei suoi cittadini.

La cittadinanza secolare implica, dunque, la titolarità di diritti e doveri, in un costante bilanciamento di interessi volto a massimizzare il benessere dei singoli e, soprattutto, della comunità. La DSC si occupa di questi diritti e doveri in vario modo, ponendo particolare attenzione a quei doveri che si traducono in atteggiamenti concreti di responsabilità all'interno della dimensione sociopolitica in cui il cristiano è chiamato a operare. Tra questi, il dovere alla partecipazione personale o collettiva, diretta o mediata, alla vita culturale, economica, politica e sociale del Paese in cui risiede.

La Chiesa, che in questi anni riscopre la sinodalità quale sua dimensione costitutiva, sta meditando molto sui significati del "partecipare". Partecipazione, non a caso, è una delle parole chiave del Sinodo 2021-2024. Nozione che, volendo

---

nario%20di%20dottrina%20sociale%20della%20Chiesa.%20Le%20cose%20nuove%20del%20XXI%20secolo%20-%20Fascicolo%201%20-%20Gennaio-Marzo%202021.pdf>.

[13] Fabio Baggio, *La cittadinanza nella Dottrina Sociale della Chiesa*, cit., p. 157.

[14] Pontificio Consiglio della Giustizia e della Pace, *Compendio della Dottrina Sociale della Chiesa*, cit., n.168, p. 91.

[15] Fabio Baggio, *La cittadinanza nella Dottrina Sociale della Chiesa*, cit., p. 161.

chiamare in causa un'ulteriore declinazione del concetto di cittadinanza, travalica i confini della "cittadinanza ecclesiale". Il tema della partecipazione è da tempo, infatti, al centro del dibattitto filosofico e politologico sulla crisi e sul futuro della democrazia e il contributo che i cristiani possono apportare è tutt'altro che marginale. Lo dimostra la 50esima Settimana Sociale dei cattolici in Italia, intitolata "*Al cuore della democrazia. Partecipare tra storia e futuro*"[16].

La partecipazione, intesa come il coinvolgimento dell'individuo o del gruppo umano nella vita sociale e nei suoi orientamenti[17], concetto ampiamente sviscerato nel campo del diritto, delle scienze politiche e sociali, è altresì foriero di importanti spunti di riflessione anche nell'ambito teologico da prospettive diverse: antropologica-teologica, ecclesiologica e cristologica[18].

La DSC evidenzia, da tempo, come la partecipazione e la responsabilità siano componenti coessenziali della cittadinanza, che devono essere promosse con ogni mezzo. Sempre attuale, da questo punto di vista, il numero 31 della costituzione pastorale *Gaudium et spes* del Concilio Vaticano II che, già nel 1965, metteva in evidenza la necessità di implementare, attraverso l'educazione e una più ampia cultura spirituale, un'etica della responsabilità e della partecipazione.

La Chiesa, infatti, «*stima degna di lode e di considerazione l'opera di coloro che, per servire gli uomini, si dedicano al bene della cosa pubblica e assumono il peso delle relative responsabilità*» (*Gaudium et spes,* 75).

Anche il *Catechismo della Chiesa Cattolica* dedica un importante spazio al tema[19]. Qui, la partecipazione viene descritta come un dovere inerente alla dignità umana, che si realizza attraverso l'impegno personale nei vari settori della vita sociale, dalla famiglia al lavoro, fino alla partecipazione alla vita pubblica. Ogni persona, secondo il proprio ruolo, è chiamata a contribuire al bene comune. Tale partecipazione deve avvenire in un contesto di libertà e giustizia, promuovendo il progresso delle istituzioni che migliorano le condizioni di vita. Ancora una volta, all'educazione e alla cultura viene affidato il compito fondamentale di formare le future generazioni, capaci di trasmettere speranza e valori che rafforzano la coesione sociale. La cittadinanza, e con essa la partecipazione, vanno ben oltre la dimensione istituzionale rappresentativa.

---

[16] Giacomo Costa - Paolo Foglizzo, *Chiesa sinodale: uno spazio per la partecipazione*, «Aggiornamenti Sociali», n.10, 2023, pp. 507-514.

[17] Luigi Lorenzetti, "Partecipazione", in Luciano Pacomio, a cura di, *Dizionario teologico enciclopedico*, Piemme, Casale Monferrato, 2004.

[18] Luciano Pacomio, *Il senso teologico della partecipazione*, «Coscienza», n.1, 2024, pp. 22-23. All'interno dello stesso numero si segnala: Maurizio Ambrosini, *Paura e incertezza minano le Democrazie*, pp. 10-13; Filippo Pizzolato, *La partecipazione: significato, forme e insidie*, pp. 24-27; Renato Balduzzi - Barbara Viscardi, *Dieci assunti sintetici in tema di partecipazione*, pp. 32-33.

[19] *Catechismo della Chiesa Cattolica*, Libreria Editrice Vaticana, Città del Vaticano, 2017, nn. 1913-1917.

Come da insegnamento magisteriale, la politica in senso lato è un'attività quotidiana che coinvolge il cittadino nelle sue scelte e nei suoi comportamenti. Ogni cristiano, ci ricorda l'enciclica *Caritas in veritate*, è chiamato a contribuire al bene comune attraverso la carità, che eleva l'impegno politico a una dimensione superiore. Quando l'azione politica è ispirata dalla carità, essa non solo contribuisce al bene comune terreno ma partecipa anche alla costruzione della "città di Dio" (*Caritas in veritate*, 7).

Il cristiano che agisce secondo questo schema compie, pertanto, un duplice esercizio di "cittadinanza attiva" che travalica i confini della sua cittadinanza secolare.

Cittadinanza e mobilità umana

Lo Stato moderno, nato come entità nazionale, si fonda sull'idea di popolo, che culturalmente si identifica nella nazione e, sul piano costituzionale, nel corpo elettorale. Questa concezione emerge nel contesto delle esperienze liberali, quando la diffusione degli Stati nazionali crea un indissolubile collegamento tra appartenenza allo Stato e alla nazione, per poi consolidarsi nei processi costituzionali del XX secolo. Negli ultimi decenni, la natura e i principi dello Stato costituzionale hanno sollevato interrogativi sul ruolo e sulle finalità della cittadinanza. L'era della globalizzazione e annesse implicazioni, tra cui il fenomeno della mobilità umana, rivelano i limiti di una nozione di cittadinanza ancorata al concetto di Stato-nazione[20]. Oggi, siffatta nozione non può più limitarsi a definire i confini della nazione. In un mondo caratterizzato da strutturali flussi migratori, essa rappresenta il punto d'arrivo, ma anche di partenza, di un percorso di inclusione e integrazione[21]. Non più soltanto una mera concessione dall'alto, ma piuttosto uno strumento di "gestione" del pluralismo e della diversità volto a favorire la partecipazione attiva e l'assunzione di responsabilità comuni. In questo nuovo scenario culturalmente pluralista, la cittadinanza non può e non deve essere identificata in un baluardo a difesa dell'identità nazionale, ma deve piuttosto essere interpretata come un'opportunità di coesione sociale e condivisione[22].

La cittadinanza, pur garantendo l'integrazione formale di un individuo all'interno di una specifica comunità, attraverso l'attribuzione di diritti e doveri, si configura, al contempo, come un criterio di distinzione che separa i cittadini dagli stranieri, influenzando per questi ultimi l'accesso al pieno godimento di alcuni diritti.

---

[20] Giammaria Milani, *La naturalizzazione nel diritto comparato europeo: verso un diritto alla cittadinanza*, «DPCE online», n. 3, 2020, pp. 2565-2568.

[21] Maurizio Ambrosini, *Altri cittadini. Gli immigrati nei percorsi della cittadinanza*, Vita e Pensiero, Milano, 2020, pp. 39-50.

[22] Vincenzo Antonelli, *Cittadinanza ovvero il diritto di avere diritti*, «Bene Comune», n. 11, 2017, pp. 18-21. All'interno dello stesso numero, ma con una prospettiva sensibilmente diversa: Claudio Monge, *Stranieri e ospiti-ospitali: l'accoglienza nelle tradizioni abramitiche*, pp. 22-24.

Questa dinamica escludente è riscontrabile anche nel nostro Paese. Come denunciato da Mons. Gian Carlo Perego, Presidente della CEMi e della Fondazione Migrantes, in uno scritto datato ma sempre attuale, oggi come allora «*assistiamo a una sorta di distribuzione scalare dei diritti di cittadinanza nel mondo della mobilità e delle migrazioni. La cittadinanza è vista in una sorta di gironi concentrici.* [...] *In questo senso qualcuno ha parlato di "cittadinanze" più che di cittadinanza*»[23].

Sebbene gli immigrati regolari, i cosiddetti "residenti non cittadini", siano titolari di libertà civili, diritti sociali e usufruiscano di servizi per i quali contribuiscono fiscalmente (spesso con un apporto maggiore rispetto ai benefici ricevuti[24]), questi non possono tuttavia partecipare alla formazione delle decisioni pubbliche che, ad esempio, programmano prestazioni sociali o stabiliscono i livelli di tassazione. Una contraddizione che diviene ancora più evidente nel caso dei minori "non cittadini" che, pur essendo nati in Italia, non possono dirsi cittadini di questo Paese prima del compimento della maggiore età, previa dimostrazione della sussistenza dei requisiti imposti dalla legge. Paradossalmente, si impone ad un bambino nato e cresciuto in Italia di attendere diciotto anni prima di essere riconosciuto cittadino italiano, mentre ai suoi genitori viene chiesto di attenderne "solo" dieci.

Il dibattito sulla riforma della legge sulla cittadinanza, emanata più di trent'anni fa e i cui limiti sono ormai evidenti, torna ciclicamente a riproporsi[25]. Nonostante il tempo trascorso, le posizioni politiche in gioco sono rimaste pressoché inalterate: da un lato, chi difende una concezione tradizionale ed esclusiva della cittadinanza, vista come un riconoscimento da "meritare" per poter ambire ad un *upgrade* della propria sfera giuridica soggettiva; dall'altro lato, chi riconosce che "i non cittadini" di seconda generazione rappresentano già il Paese reale e ignorarlo sarebbe un esempio di "miopia politica"[26].

Sebbene dai documenti magisteriali non emerga alcuna presa di posizione esplicita tra *ius sanguinis*, *ius soli*, *ius culturae* (e simili), ciò non significa che la DSC con il suo bagaglio sapienziale non fornisca, anche in questo caso, un metodo e una chiave di lettura. Come recentemente sottolineato della Conferenza Episcopale Italia (CEI), la Chiesa non può che farsi sostenitrice di una "visione larga" e inclusiva

---

[23] Gian Carlo Perego, *Verso una pastorale della cittadinanza*, «Studi Emigrazione», n. 189, 2013, p. 174.

[24] Fondazione Leone Moressa, *Rapporto annuale sull'economia dell'immigrazione*, Il Mulino, Bologna, 2023. Si veda anche: Caritas Italiana - Fondazione Migrantes, *Rapporto Immigrazione 2024*, Tau Editrice, Todi (PG), 2024.

[25] Laura Zanfrini, *Una riforma necessaria e inevitabile*, «Bene Comune», n. 11, 2017, pp. 25-28.

[26] Francesco Occhetta, *La Cittadinanza in Italia. Tra "ius sanguinis" e "ius soli"*, «La Civiltà Cattolica», n. 3919, 2013, pp. 14-24. Più recente, Francesco Occhetta, *Così si misura il grado di civiltà del Paese*, «Vita Pastorale», n. 9, 2024, p. 11. Nello stesso numero si veda: Antonio Sciortino, *I nuovi italiani e la miopia politica*, p. 10.

di cittadinanza[27]. Un posizionamento che non è il frutto di "partigianeria politica", ma semmai espressione della fedeltà a un Magistero che impone di mettere al centro di ogni ragionamento la dignità della persona umana. Solo a partire dal riconoscimento della pari dignità delle persone e dal superamento di ogni forma di esclusione sociale è possibile progettare percorsi di cittadinanza che aiutino realmente a rileggere l'uguaglianza sociale delle persone[28].

Seguiamo, dunque, il monito del Card. Matteo Zuppi, Presidente della CEI, ed evitiamo la tentazione di ridurre un problema umanitario a mera questione politica[29].

Chiesa e processi di cittadinizzazione

Limitare il discorso sulla cittadinanza a una questione di diritti e doveri costituirebbe un'operazione di approssimazione. Questo non significa, ovviamente, sminuire l'importanza e la necessità di un intervento normativo che colmi le anomalie evidenziate nel precedente paragrafo. È difficilmente tollerabile che a un individuo regolarmente residente in Italia da cinque o più anni sia negata, ad esempio, la possibilità di concorrere alla determinazione dell'orientamento politico del proprio Comune di residenza. Si tratta di un evidente *vulnus* per un ordinamento democratico che non dovrebbe accettare simili esclusioni.

Detto ciò, è opportuno ribadire che la nozione di cittadinanza non può essere ridotta a un semplice *status* legale e al fascio di posizioni giuridiche soggettive che ne discendono. La cittadinanza è qualcosa di più ampio e profondo e la partecipazione democratica, che sicuramente trova nel diritto di voto uno dei suoi strumenti fondamentali, non coincide unicamente con esso. Vi sono molteplici modalità di partecipazione attiva alla vita comunitaria che non dipendono esclusivamente dalla titolarità di diritti elettorali, ma che si radicano in processi di partecipazione e corresponsabilità.

Al di là di una concezione tradizionale di cittadinanza, intesa come concessione statale dall'alto, vi è una prospettiva alternativa che guarda alla cittadinanza come un processo che, al contrario, si articola dal basso[30]. La cittadinanza vista non come un dato ma come punto di partenza. In questo senso, l'immigrato non è un soggetto meramente passivo, destinatario di provvedimenti concessori, bensì

---

27 *Cittadinanza, Baturi: la Cei per una «visione larga, sì allo ius scholae»*, «Avvenire.it», 25 settembre 2024, <https://www.avvenire.it/chiesa/pagine/baturi-cei-cittadinanza-ius-scholae>.

28 Gian Carlo Perego, *Verso una pastorale della cittadinanza*, cit., p. 174.

29 *Zuppi: "Non rassegniamoci alla paura, dobbiamo costruire insieme"*, «Avvenire.it», 31 agosto 2024, <https://www.avvenire.it/attualita/pagine/zuppi-non-rassegniamoci-alla-paura-dobbiamo-a-costruire-insieme>.

30 Maurizio Ambrosini, *Cittadinanza formale e cittadinanza dal basso. Un rapporto dinamico*, «SocietàMutamentoPolitica», n. 13, 2016, pp. 83-102. Si veda anche: Massimo Ambrosini, *Cittadinanza e immigrazione tra tensione e intrecci*, «Vita e Pensiero», n. 2, 2021, pp. 78-93.

come un protagonista attivo di un percorso partecipativo. Questa visione valorizza il ruolo dell'immigrato come attore sociale che contribuisce a processi di integrazione e coesione. Nel campo delle scienze sociali, alcuni studiosi parlano, volutamente al plurale, di "processi di cittadinizzazione", per sottolineare che, oltre al "processo giuridico di cittadinizzazione" – ossia l'acquisizione di uno *status* legale – esistono molteplici forme di partecipazione civica che danno sostanza alla cittadinanza[31].

In questa prospettiva, l'appartenenza alla comunità dei fedeli e la "cittadinanza ecclesiale" che ne discende dialogano proficuamente con la cittadinanza secolare. Un esempio tangibile di questa interazione è rappresentato dalle comunità cattoliche etniche presenti in Italia, che svolgono un ruolo cruciale nell'accompagnare i propri membri sul piano spirituale, ma anche sociale, analogamente a quanto fanno le comunità cattoliche italiane per i nostri emigrati all'estero.

Per gli immigrati, l'aggregazione in forme associative assume un ruolo centrale nella creazione di uno spazio culturale che preserva la coscienza di gruppo e mantiene viva la memoria delle proprie origini. Questo processo di costruzione identitaria non contribuisce solo al rafforzamento della comunità interna, ma favorisce altresì la promozione di un atteggiamento più rispettoso e consapevole nei confronti delle minoranze e quindi maggiormente aperto al dialogo all'interno della società ospitante. Le comunità religiose, insieme alle associazioni che talvolta si sviluppano al loro interno, si configurano come luoghi di partecipazione attiva dal basso. Qui, gli immigrati o le persone con background migratorio trovano spazi per esercitare quelli che, nella dottrina sociologica, vengono definiti "atti di cittadinanza". L'attività di queste comunità non si limita alla sola dimensione spirituale o di culto, ma si arricchisce di esperienze significative di partecipazione sociale che superano i "confini ecclesiali". Queste realtà si affermano come veri e propri laboratori di solidarietà e sussidiarietà, spazi di partecipazione e corresponsabilità dove gli stranieri sperimentano un protagonismo che la società ospitante, di regola, gli nega[32].

In conclusione, c'è da porsi una domanda cruciale. È lo stesso interrogativo che il sociologo Maurizio Ambrosini, le cui riflessioni hanno più che ispirato questo paragrafo, ha rilanciato qualche mese fa dalle pagine di *Avvenire*[33]. È necessario riflettere su quali e quanti spazi siano concretamente offerti agli immigrati all'interno della Chiesa cattolica italiana, non solo come destinatari di iniziative proposte dall'alto verso il basso, ma come protagonisti attivi e partecipi della vita ecclesiale. Perché, se è vero che gli immigrati spesso rivestono ruoli significativi nelle loro

---

[31] Albert Bastenier - Felice Dassetto, *Nodi conflittuali conseguenti all'insediamento definitivo delle popolazioni immigrate nei paesi europe*i, in Albert Bastenier, a cura di, *Italia, Europa e nuove immigrazioni*, Fondazione Agnelli, Torino, 1990, pp. 3-59.

[32] Maurizio Ambrosini, *Come le religioni accompagnano l'integrazione degli immigrati*, in Francesca Lagomarsino, a cura di, *Pregare tra due mondi. Pratiche religiose e percorsi di integrazione degli immigrati*, Genova University Press, Genova, 2021, pp. 9-16.

[33] *Cittadinanza nella Chiesa e nella società: gli immigrati vanno coinvolti,* «Avvenire.it», 8 luglio 2024, <https://www.avvenire.it/opinioni/pagine/alla-democrazia-serve-cittadinanza>.

comunità etniche, lo stesso protagonismo appare meno evidente nelle parrocchie diocesane. Questo è un interrogativo che una Chiesa autenticamente sinodale non può eludere. La sua credibilità passa, infatti, dalla capacità di offrire risposte che siano realmente inclusive e che riflettano concretamente quei principi di accoglienza e fraternità universale che essa professa. La sfida della mobilità umana interpella tanto lo Stato quanto la Chiesa[34]. È una sfida che investe la cittadinanza secolare così come quella ecclesiale, e richiede a tutti noi di costruire una comunità di fede e di vita capace di dare voce e spazio a tutti, affinché nessuno resti spettatore passivo, ma ognuno possa sentirsi parte integrante e attiva di quel progetto che guarda, non solo al presente, ma al futuro della Chiesa e della società.

[34] Laura Zanfrini, *Verso una nuova idea di cittadinanza. La sfida dei migranti per la società civile e per la Chiesa,* «La rivista del clero italiano», n. 1, 2016, pp. 55-68.

TERZA PARTE

SPECIALE CITTADINANZA

LA CITTADINANZA ITALIANA OGGI: acquisto, perdita e doppia cittadinanza

Avv. Marco Permunian, Avv. Giuditta Grisolia, Dott.ssa Domitilla D'Erme
Tutti gli autori sono membri di Italian Citizenship Assistance (ICA)[1]

I diversi criteri di acquisizione della cittadinanza italiana

La cittadinanza, secondo le modalità vigenti nel nostro Paese, può essere acquisita per diversi motivi e attraverso diverse procedure. In Italia, in particolare, la legge n. 91 del 1992 e successive modifiche e integrazioni prevede fondamentalmente quattro criteri di acquisto della cittadinanza, ovvero per nascita da genitori italiani e fatti equiparati, per *iuris communicatio* (tra cui la cittadinanza per matrimonio), per beneficio di legge e per naturalizzazione.

Nel nostro ordinamento, la modalità di acquisto principale della cittadinanza è quella *iure sanguinis* (per discendenza), grazie alla quale acquistano di diritto alla nascita la cittadinanza italiana coloro i cui genitori (anche soltanto uno) siano cittadini italiani.

Oltre alla cittadinanza per discendenza, vi sono altre tipologie di acquisto o riacquisto della cittadinanza, nello specifico:

- Cittadinanza per matrimonio: il coniuge straniero di un cittadino italiano può richiedere la cittadinanza italiana dopo due anni di residenza legale in Italia o tre anni di matrimonio se risiede all'estero. Questi termini si dimezzano in presenza di figli minori.
- Cittadinanza per residenza: gli stranieri possono richiedere la cittadinanza italiana dopo dieci anni di residenza legale ininterrotta in Italia. Detti tempi sono ridotti per i cittadini dell'UE (4 anni), per coloro che abbiano avuto un genitore

[1] ICA, acronimo per Italian Citizenship Assistance, è una società di servizi nata dalla passione e dall'interesse del suo fondatore, l'Avv. Marco Permunian, per i temi dell'immigrazione e della cittadinanza e, in particolare, per le conseguenze e le implicazioni che l'una determina sulle sorti dell'altra. ICA, infatti, è un'azienda che, attraverso una rete di uffici collocati in Italia, Stati Uniti e non solo, e grazie alla cooperazione di un team di lavoro composto da avvocati, esperti legali, genealogisti, traduttori ed esperti di doppia cittadinanza, offre assistenza a cittadini stranieri con origini italiane che desiderino recuperare la propria originaria identità, attraverso il riconoscimento della cittadinanza italiana.

o un ascendente in linea retta di secondo grado cittadino per nascita o nato nel territorio della Repubblica (3 anni di residenza).

- Acquisto per Decreto del Presidente della Repubblica: questo è un procedimento speciale che può essere applicato in casi eccezionali di particolare merito o interesse nazionale.
- Riacquisto della cittadinanza: gli stranieri che hanno perso la cittadinanza per naturalizzazione in paese estero prima del 16 agosto 1992 possono riacquisire la cittadinanza italiana ristabilendo la propria residenza in Italia.

Regole stringenti sono previste per quanto riguarda la trasmissione della cittadinanza per matrimonio. Infatti la legge prevede che lo straniero coniuge di cittadino italiano possa ottenere la cittadinanza presentando un'istanza al prefetto del luogo di residenza o, se residente all'estero, alle autorità consolari competenti, ove soddisfi contemporaneamente determinati requisiti tra cui residenza legale nel territorio italiano da almeno due anni successivi al matrimonio o, alternativamente, per i soggetti residenti all'estero, il decorso di almeno tre anni dalla data del matrimonio con il cittadino italiano; non avere riportato condanne penali per taluni delitti contro la personalità dello Stato o per taluni delitti puniti con pene edittali non inferiori a tre anni di reclusione. Per ottenere la cittadinanza italiana per matrimonio è previsto il superamento di un test di lingua (legge 1 dicembre 2018 n. 32).

Ancora, l'acquisto della cittadinanza può avvenire per **naturalizzazione**. Tale procedimento si basa su una valutazione discrezionale di opportunità rimessa alle autorità amministrative e fondata su taluni elementi quali il livello di integrazione dell'istante, il possesso di adeguati mezzi di sussistenza patrimoniale, assenza di precedenti penali e rinuncia alla cittadinanza d'origine (dove prevista); è per lo più il caso di stranieri regolarmente residenti in Italia da almeno dieci anni e che, al termine dell'iter amministrativo, devono prestare giuramento di fedeltà alla Repubblica, alla Costituzione e alle leggi dello Stato, oltre che dimostrare una complessiva condivisione di valori e cultura del nostro Paese. La relativa domanda va intestata al Presidente della Repubblica e presentata solo alla Prefettura della provincia di residenza in Italia.

Infine, la legge italiana riconosce anche il criterio alternativo dello *ius soli*, seppur in via residuale, per casi limitati a:

- coloro che nascono nel territorio italiano e i cui genitori siano da considerarsi o ignoti o apolidi (art. 1, co. 1, lett. *b)*);
- coloro che nascono nel territorio italiano e che non possono acquistare la cittadinanza dei genitori in quanto la legge dello Stato di origine dei genitori esclude che il figlio nato all'estero possa acquisire la loro cittadinanza (art. 1, co. 1, lett. *b)*);
- i figli di ignoti che vengono trovati (a seguito di abbandono) nel territorio italiano e per i quali non può essere dimostrato, da parte di qualunque soggetto interessato, il possesso di un'altra cittadinanza (art. 1, co. 2).

Per quanto concerne invece la **perdita della cittadinanza**, secondo le regole attuali, questa può avvenire attraverso diverse modalità e per diverse ragioni:

- Per rinuncia espressa: gli italiani che diventano cittadini di un altro Stato possono rinunciare espressamente alla cittadinanza italiana (art. 11, legge 91/1992);
- Per adesione a un Ufficio pubblico estero o Servizio militare: l'acquisizione volontaria di una carica pubblica o l'assunzione di servizio militare presso uno Stato estero, nonostante l'espresso divieto del Governo italiano, può comportare la perdita della cittadinanza italiana.

Allo stesso tempo, la legge attuale ammette espressamente la **possibilità di conservare la cittadinanza** italiana pur essendo già in possesso di una cittadinanza straniera, oppure dopo averla acquistata o riacquistata. Chi risiede o stabilisce la residenza all'estero può tuttavia rinunciare alla cittadinanza italiana **(art. 11, legge 91/1992)**.

La disposizione consente, in particolare, il mantenimento della cittadinanza italiana agli italiani emigrati all'estero che acquistano volontariamente la cittadinanza dello Stato in cui risiedono per potersi inserire pienamente nel contesto sociale ed economico del Paese e usufruire del trattamento favorevole riservato ai cittadini.

È importante ricordare che, al contrario della legge 91/1992, la legge 555/1912 non ammetteva la "doppia cittadinanza". Difatti, secondo l'art. 8 della legge 555/1912 l'acquisto volontario di una cittadinanza straniera comportava la perdita della cittadinanza italiana.

Pertanto, è solo dal 16 agosto 1992 (entrata in vigore della nuova legge 91/1992), che l'acquisto di una cittadinanza straniera non comporta più la perdita della cittadinanza italiana, a meno che il cittadino italiano non vi rinunci formalmente.

La trasmissione della cittadinanza per discendenza (*ius sanguinis*)

Le prime norme che regolavano la trasmissione della cittadinanza italiana per diritto di sangue erano contenute nel Codice Civile del 1865. Il titolo I del Libro I era difatti titolato: "Della cittadinanza e del godimento dei diritti civili". L'articolo 4 sanciva il diritto all'acquisto della cittadinanza per diritto di sangue (*iure sanguinis*): "è cittadino il figlio di padre cittadino". Tale principio fu ribadito poi dalla legge 555/1912, secondo il cui articolo 1 "è cittadino italiano il figlio di padre italiano".

L'art. 7, invece, regolava la situazione del figlio nato all'estero: «salvo speciali disposizioni da stipulare con trattati internazionali, il cittadino italiano nato e residente in uno Stato estero, dal quale sia ritenuto proprio cittadino per nascita, conserva la cittadinanza italiana, ma, divenuto maggiorenne o emancipato, può rinunziarvi». Secondo questa norma, il figlio di un cittadino italiano, nato su suolo estero di un paese che gli conceda la cittadinanza per nascita, cioè secondo il principio dello *ius soli* poteva mantenere lo status di doppio cittadino. Questa era l'unica eccezione al principio dell'impossibilita di avere la "doppia cittadinanza" sancito dalla legge sulla cittadinanza del 1912.

Per cui, il figlio di un emigrato italiano, nato su suolo statunitense, non solo acquisiva la cittadinanza statunitense *ius soli*, ma poteva conservare anche la cittadinanza italiana ricevuta per diritto di sangue e trametterla alle generazioni future. Questo fa sì che i discendenti di immigrati italiani, nati negli Stati Uniti, possano oggi reclamare il diritto alla cittadinanza italiana per discendenza purché possa essere dimostrato un trasferimento ininterrotto della cittadinanza italiana per diritto di sangue dall'emigrante italiano fino al discendente che intende far valere il proprio diritto. Tale diritto al riconoscimento alla cittadinanza italiana per diritto di sangue può essere esercitato tramite i consolati e le ambasciate italiane all'estero o tramite i comuni italiani (per i residenti in Italia).

Che cosa significa essere cittadino italiano

Ma al di là delle procedure e delle intenzioni cosa comporta, nello svolgersi della quotidianità di un individuo, il possesso della cittadinanza italiana, quali i diritti, i doveri e le opportunità che sono implicate nel riconoscimento di questo *status civitatis*?

Esattamente, la cittadinanza italiana comporta l'assunzione di una serie di diritti e doveri che, nel loro insieme, costituiscono la base della vita civile e democratica del Paese. Questi vengono solennemente enunciati nella Costituzione promulgata il 1° gennaio 1948, definendo il rapporto tra l'individuo e lo Stato e tra gli individui stessi.

Possiamo suddividere i diritti, tutti esplicati in appositi articoli della Costituzione italiana, in civili, politici e sociali.

Tra i diritti civili annoveriamo, primi fra tutti, i diritti di libertà, specificati nella:

a. **Libertà personale**: ogni cittadino ha diritto alla libertà personale, che non può essere limitata se non per ordine dell'autorità giudiziaria nei casi previsti dalla legge (art. 13 Cost.).
b. **Libertà di pensiero, coscienza e religione**: ogni individuo ha il diritto di manifestare liberamente il proprio pensiero e le proprie convinzioni religiose (artt. 19 e 21).
c. **Diritto alla privacy**: la Costituzione tutela la riservatezza della vita privata e familiare (artt. 14 e 15).

Tra quelli politici invece distinguiamo:

a. **Diritto di voto**: ogni cittadino ha il diritto di partecipare alla vita politica del Paese attraverso il voto, che è personale, uguale, libero e segreto (art. 48).

b. **Diritto di associarsi in partiti**: i cittadini hanno il diritto di associarsi liberamente in partiti per concorrere con metodo democratico a determinare la politica nazionale (art. 49).

Da ultimo, tra i diritti sociali spiccano:

a. **Diritto al lavoro**: la Repubblica riconosce a tutti i cittadini il diritto al lavoro e promuove le condizioni che rendano effettivo questo diritto (art. 4).
b. **Diritto all'istruzione**: l'istruzione è un diritto garantito a tutti i cittadini e l'obbligo scolastico è previsto per almeno otto anni (art. 34).
c. **Diritto alla salute**: ogni cittadino ha diritto alla tutela della salute come fondamentale diritto dell'individuo e interesse della collettività (art. 32).

Inoltre, a garanzia del funzionamento e della coesione della comunità nazionale, i cittadini italiani hanno anche una serie di doveri. Tra i più importanti occorre menzionare:

- **Dovere di rispettare le leggi.** Ogni cittadino è tenuto a rispettare le leggi dello Stato e a contribuire, con il proprio comportamento, al mantenimento dell'ordine pubblico e della sicurezza (art. 54).
- **Dovere di difendere la patria.** La difesa della patria è un sacro dovere del cittadino, che può essere chiamato a svolgere il servizio militare o civile in conformità alle leggi (art. 52). È importante leggere questo articolo in combinato disposto con l'art. 11 della Costituzione, ove è stabilito che l'Italia ripudia la guerra come strumento di offesa e come mezzo di risoluzione delle controversie internazionali.
- **Dovere di contribuire alle spese pubbliche.** I cittadini sono tenuti a contribuire alle spese pubbliche in ragione della loro capacità contributiva, mediante il pagamento delle tasse e delle imposte stabilite dalla legge (art. 53).

Si tratta, in definitiva, di un compendio di diritti e doveri che garantiscono lo svolgimento della personalità di ciascun individuo sia come singolo sia nelle formazioni sociali in cui vive e si relaziona, in adempimento ai doveri di solidarietà sociale di cui all'art. 2 della nostra Costituzione.

Cittadinanza italiana: opportunità preziosa

Al di là del catalogo di diritti e doveri che troviamo consacrati nelle fonti positive del diritto, quali sono vantaggi e gli svantaggi dell'avere la cittadinanza italiana? Ovvero quali sono le ricadute pratiche e concrete che gli stessi determinano nella quotidianità di chi ne è titolare; quei vantaggi alla cui normalità è assuefatto chi li possiede, tanto da scorrere indifferenti nel fluire dei gesti e dei comportamenti consuetudinari del presente.

Primo e fondamentale tra tutti, in ossequio alla tutela del diritto alla salute garantito dall'art. 32 della Costituzione, vi è indubbiamente *la possibilità di accesso al Servizio sanitario nazionale gratuitamente o con parziale contribuzione a carico del cittadino, in relazione alle capacità reddituali di ciascun beneficiario delle relative prestazioni*. Il Servizio sanitario nazionale, infatti, rappresenta un *unicum* al mondo in quanto coniuga la qualità e l'efficienza delle prestazioni alla globalità e accessibilità universale delle cure.

Ancora, come non menzionare, in ossequio a quanto disposto dall'art. 34 della Costituzione, *l'istruzione pubblica italiana che viene garantita gratuitamente ed indistintamente ad ogni individuo sino all'università*, permettendo così l'accesso a un'istruzione di qualità a livello mondiale senza dover sostenere onerosi costi di iscrizione.

Non indifferente è poi il *sistema di welfare statale* che mette a disposizione dei cittadini una rete di servizi sociali, assistenziali e previdenziali, tra i quali rientrano sussidi per disoccupazione, pensioni di anzianità, di invalidità civile, inabilità al lavoro, assistenza alla maternità e in generale sussidi per le fasce più deboli della popolazione, garantendo così un indice di qualità della vita superiore rispetto alla media di altri Paesi europei.

Inoltre, allargando lo sguardo al di là dei confini nazionali, non si può non considerare come l'acquisto della cittadinanza italiana rilevi, nell'ottica di una prospettiva globale, anche ai fini dell'*acquisto della cittadinanza eurounitaria*; essere cittadino italiano, infatti, comporta automaticamente essere cittadino UE, con tutto ciò che ne consegue in ordine al diritto alla libera circolazione tra i Paesi membri dell'Unione, alla libertà di stabilimento, alla libera concorrenza, alla tutela dei diritti fondamentali dell'individuo di cui alla Carta di Nizza.

L'elogio dei pregi della cittadinanza italiana, tuttavia, non può celare le storture di un Paese che vive di eccessi e contraddizioni. Infatti, a fronte dei proclamati diritti, nella realtà della vita quotidiana i cittadini si scontrano con la complessità e le lungaggini della burocrazia che, onerando i privati di procedure amministrative lente e macchinose, rischiano di compromettere il concreto assolvimento di quei doveri di solidarietà sociale che la nostra Costituzione impone allo Stato, con conseguente indebolimento dei livelli di tutela delle situazioni giuridiche soggettive. In particolare, la macchinosità dell'apparato amministrativo, le lungaggini dei procedimenti giudiziari, la presenza di fenomeni corruttivi, uniti a un elevato livello di pressione fiscale e bassi livelli occupazionali, in particolare tra la popolazione giovanile, generano, specie tra le fasce sociali meno abbienti, un livello di insoddisfazione sociale che rischia di incrementare il divario economico oltre a quello culturale e di diritti.

Dunque, essere e dovere essere, questa è la continua tensione che anima le relazioni civiche di un Paese che tende ad una eccellenza che resta incagliata e fa fatica ad emergere tra gli eccessi di una burocrazia incapace di autolimitarsi e responsabilizzare se stessa.

ALBANIA.
Presenze e cittadinanze in costruzione

RANDO DEVOLE, sociologo ed esperto di migrazioni

L'anno 2023 sarà ricordato, tra l'altro, per il boom turistico degli stranieri in Albania, tra cui moltissimi italiani, e per l'accordo bilaterale riguardo l'apertura sul territorio albanese di due centri per la gestione dei flussi migratori diretti in Italia. I due eventi hanno sicuramente a che fare con la presenza degli italiani in Albania, nel senso più ampio del concetto, e la loro rappresentazione mediatica potrebbe influenzare persino la percezione della realtà, il che rende necessaria qualche precisazione concettuale e definizione del campo d'interesse.

Durante il 2023 gli ingressi degli stranieri in Albania hanno superato la cifra record di 10 milioni, registrando una crescita del 35% rispetto all'anno precedente. Tra questi, i cittadini italiani sono stati 950.955, ossia il 9% del totale, con un aumento annuale del 56%. L'Italia ha occupato così il secondo posto dopo il Kosovo. Ovviamente, i motivi di ingresso sono stati diversi: personali, vacanze, familiari, religiosi, salute, lavoro, transito, ecc.[1]. Si tratta di cifre da interpretare perché molti ingressi riguardano, ad esempio, i cittadini albanesi che ritornano nel proprio Paese, ma con un passaporto differente e vengono registrati come stranieri. È ovvio, quindi, che nel numero degli ingressi italiani siano compresi moltissimi immigrati albanesi che hanno già acquisito la cittadinanza italiana[2]. Invece, i lavori per la costruzione dei due centri per migranti a Gjadër e Shëngjin, che hanno suscitato molte discussioni e critiche3, sono effettivamente iniziati nel 2024, quindi gli ingressi, in questo caso per motivi di lavoro, non rientrano nelle statistiche pubblicate.

[1] MINISTRIA E TURIZMIT DHE MJEDISIT, *Buletini i turizmit (Bollettino del turismo)*, Tirana, dicembre 2023, pp. 3-5, <https://turizmi.gov.al/wp-content/uploads/2023/05/BULETINI-I-TURIZMIT-DHJETOR-2023.pdf>.

[2] Si stima che dall'inizio dell'immigrazione albanese, negli anni Novanta del Novecento, in Italia circa 300 mila albanesi abbiano acquisito la cittadinanza italiana. Il fenomeno del "calo" degli albanesi nelle statistiche e della crescita dei nuovi cittadini italiani è stato osservato da tempo. Solo nel periodo 2013-2022 si calcolano più di 270 mila albanesi che hanno acquisito la cittadinanza italiana. Si veda: *Gli albanesi in Italia, in "via d'estinzione"?*, «Osservatorio Balcani e Caucaso Transeuropa», 3 luglio 2017, <https://www.balcanicaucaso.org/aree/Albania/Gli-albanesi-in-Italia-in-via-d-estinzione-180766>; ISMU, *Cittadinanze*, 19 marzo 2024, <https://www.ismu.org/cittadinanze-litalia-e-il-paese-europeo-che-ne-ha-concesse-di-piu-comunicato-stampa-19-3-2024/>.

[3] *Migranti. Ok del Senato all'accordo Italia-Albania. Perego: milioni in fumo*, «Avvenire», 15 febbraio 2024, <https://www.avvenire.it/attualita/pagine/la-cei-contro-intesa-albania-italia>.

Quando si parla di "presenza italiana in Albania" si intende il complesso degli italiani che vive stabilmente in Albania con un permesso di soggiorno. Di questa categoria, naturalmente, non possono far parte i turisti, gli imprenditori che entrano nel Paese per limitati periodi di tempo, oppure quelli che vanno in missione, per motivi professionali e umanitari. Inoltre, aumentano ogni anno – lo dimostra anche la pubblicità di cliniche specializzate che fa bella mostra negli aeroporti pugliesi – i viaggi per il cosiddetto "turismo medico" o "turismo sanitario", scelto per i costi evidentemente più competitivi dell'Albania rispetto al Bel Paese[4]. Si tratta, generalmente, di persone che si recano a Tirana per interventi di chirurgia estetica (rinoplastica, riduzione peso corporeo, ecc.), odontoiatrica (impianti dentali) e tricologica (trapianto di capelli) e comprano pacchetti che includono anche i costi di permanenza.

Soggiornanti e motivazioni

La crescita esponenziale dei movimenti tra le due coste dell'Adriatico, insieme alle varie dichiarazioni pubbliche e i resoconti mediatici, rischiano di alterare la percezione della presenza stabile degli italiani, che effettivamente è molto più contenuta, seppure in continuo aumento[5]. Spesso, inoltre, viene veicolata un'immagine dell'Albania come meta turistica e di lavoro, talvolta come un paese di immigrazione, che ha accantonato definitivamente i problemi del passato, il che viene smentito categoricamente dai dati statistici, i quali invece attestano una realtà completamente diversa, ovvero quella di un'Albania con un altissimo tasso di emigrazione, in cui i giovani non vogliono più vivere e lasciano la terra d'origine per andare verso l'Europa e gli Stati Uniti. Se a ciò si aggiunge anche il problema dell'invecchiamento della popolazione, l'Albania presenta attualmente un serio problema demografico. Secondo i dati dell'ultimo Censimento 2023, la popolazione residente è diminuita di quasi il 14% in poco più di dieci anni[6], mentre i dati di EUROSTAT piazzano l'Albania al primo posto per velocità di invecchiamento demografico[7].

Ma quanti stranieri vivono regolarmente in Albania? Alla fine del 2023, il numero di stranieri con permesso di soggiorno era di 21.460 cittadini, in aumento del 18,2% rispetto al 2022. Alla fine dell'anno 2023, la presenza degli stranieri in Albania era composta da 13.691 maschi (63,8%) e 7.769 femmine. La fascia di età

[4] *Albania, impazza il "turismo sanitario"*, «TGCOM24», 10 aprile 2024, <https://www.tgcom24.mediaset.it/cronaca/albania-turismo-sanitario_80448766-202402k.shtml>.

[5] Rando Devole, "Gli italiani in Albania: tra rappresentazione mediatica e realtà", in Fondazione Migrantes, *Rapporto Italiani nel Mondo 2018*, Tau Editrice, Todi (PG), 2018, pp. 218-220.

[6] *Censi 2023/ Shqipëria 2,4 mln banorë, rënie me 13.8% krahasuar me 2011 (Censimento 2023/Albania con 2,4 milioni di abitanti, un calo di 13,8% in rapporto con il 2011)*, 28 giugno 2024, <https://www.monitor.al/censi-2023-shqiperia-24-mln-banore-renie-me-13-8-krahasuar-me-2011/>.

[7] *Shqipëria po plaket më shpejt se gjithë Europa, sipas Eurostat (L'Albania sta invecchiando più velocemente di tutta l'Europa, secondo Eurostat)*, 15 febbraio 2024, <https://www.monitor.al/shqiperia-po-plaket-me-shpejt-se-gjithe-europa-sipas-eurostatju/>.

più numerosa è stata quella compresa tra i 30 e i 39 anni, che costituiva il 22,5% di tutti gli stranieri con permesso di soggiorno. Le domande di permesso di soggiorno nel 2023 sono state 12.430, segnando un aumento del 22,7% rispetto al 2022.

I cittadini provenienti dal Kosovo (3.712), dall'Italia (3.375) e dalla Turchia (1.693) hanno costituito, nel 2023, il maggior numero di stranieri titolari di permesso di soggiorno. Gli stranieri provenienti dall'Europa hanno raggiunto la cifra di 15.223 residenti, il 70,9% del totale degli stranieri mentre un anno prima costituivano il 73,3%. In altre parole, anche se in diminuzione, la stragrande maggioranza degli stranieri proviene dall'Europa[8].

Nel 2023 il lavoro è stato il motivo principale per la richiesta di un permesso di soggiorno (48,3%), seguito dal ricongiungimento familiare (22,2%), da altri motivi (13,3%), da motivi umanitari (12,4%) e motivi di studio (3,7%).

Per quanto riguarda la migrazione irregolare, nel corso del 2023 sono stati registrati sul territorio albanese 6.630 stranieri irregolari, di cui circa il 44,0% originari dell'Afghanistan e della Siria.

Che l'immigrazione in Albania sia un fenomeno recente, lo dimostrano anche i dati della durata dei permessi di soggiorno. I titolari di un permesso di soggiorno a tempo indeterminato alla fine del 2023 erano solo il 14,3%, quelli in possesso di un permesso di validità di cinque anni costituivano il 24,7%. La maggior parte degli stranieri in Albania aveva a fine 2023 un permesso a tempo determinato: l'11,9% fino tre anni, il 13% fino a due anni e il 36,2% fino ad un anno.

I cittadini italiani muniti di permesso di soggiorno hanno registrato un aumento del 14,5% rispetto al 2022, occupando così il secondo posto dopo i kosovari. Per gli italiani il motivo principale di soggiorno è stato quello per lavoro (49,0%) seguito dallo studio (17,7%) e dal ricongiungimento familiare (circa 17%), vista l'esistenza dei matrimoni misti con cittadini/e albanesi, e infine altri motivi[9].

I cittadini italiani sono risultati, a fine 2023, al primo posto per numero di domande di permesso di soggiorno (2.201), quasi il doppio di quelle presentate dai kosovari e dai turchi, in netto distacco anche rispetto a molte altre provenienze.

Dalla caduta del regime totalitario la presenza dei cittadini italiani è diventata stabile e consistente solo negli ultimi due decenni. La difficoltà di reperire dati ufficiali sulla loro presenza negli anni Novanta e a inizio Duemila è dovuta principalmente alla situazione tumultuosa di un paese appena uscito dal totalitarismo e dalla pesante crisi delle società piramidali del 1997. Basti pensare che nel 2006 soggiornavano regolarmente 483 cittadini italiani, mentre nel 2010 erano quasi il doppio (827)[10]. Dieci anni dopo, la presenza degli italiani in Albania risultava più che raddoppiata, sebbene abbia subito una flessione sensibile durante gli anni della

---

[8] INSTAT, *Të huajt në Shqipëri 2023 (Gli stranieri in Albania 2023)*, Tirana, 23 agosto 2024, <https://www.instat.gov.al/media/13789/publikimi-te-huajt-ne-shqiperi-2023_shqip.pdf>

[9] Ibidem.

[10] Rando Devole, *"Gli italiani in Albania* [...]", cit., p. 222.

Albania. Domande di permesso di soggiorno secondo le provenienze. Serie storica. Anni 2021-2023.

Paese di origine	2021	2022	2023
Italia	1.393	2.064	2.201
Kosovo	1.087	2.073	1.343
Turchia	919	782	1.142
USA	231	252	298
Egitto	220	276	480
Filippine	166	272	472
Macedonia del Nord	161	171	212
Bangladesh	154	203	726
Siria	152	181	214
Altro	4.623	3.853	5.342
Totale	**9.106**	**10.127**	**12.430**

Fonte: Migrantes-Rapporto Italiani nel Mondo. Elaborazione su dati INSTAT (Instituti i statistikave).

pandemia. Durante l'ultimo decennio il numero (1.082 nel 2013) si è praticamente triplicato (3.375 nel 2023). Bisogna tener presente, però, che le statistiche non conteggiano gli albanesi che, dopo un'esperienza migratoria in Italia, hanno acquisito la cittadinanza italiana e hanno fatto ritorno in Albania da cittadini italiani ma di origine albanese. Essendo in possesso anche del passaporto albanese, questi cittadini con doppia cittadinanza non hanno bisogno del permesso di soggiorno.

Stranieri e italiani soggiornanti in Albania. Serie storica. Valori assoluti. Anni 2016-2023.

	2016	2017	2018	2019	2020	2021	2022	2023
Italia	1.694	2.302	2.389	2.753	2.067	2.324	2.948	3.375
Totale	**12.519**	**12.906**	**14.162**	**13.507**	**13.609**	**14.921**	**18.151**	**21.460**

Fonte: Migrantes-Rapporto Italiani nel Mondo. Elaborazione su dati INSTAT (Instituti i statistikave)

Anche sul piano dei motivi di soggiorno si sono verificati dei cambiamenti nel tempo. Nel 2010, ad esempio, per quanto riguarda i permessi di soggiorno per lavoro, gli italiani costituivano il 9% del totale e con 139 permessi occupavano il terzo posto dopo i turchi e i cinesi. Nove anni dopo, alla fine del 2019, quindi prima della pandemia, i motivi di lavoro raggiungevano una percentuale notevole (61,9%), per poi diminuire progressivamente ed arrivare al 49% del 2023. Al secondo posto, tra i motivi di soggiorno, ci sono lo studio e il ricongiungimento familiare, che si alternano negli anni il secondo posto, ma senza raggiungere mai la percentuale del 20%.

Molti italiani appartengono alla categoria degli autonomi, sono titolari di attività economiche (manifatturiero, commercio, servizi, consulenza, ecc.), ma altri risultano con un rapporto di lavoro subordinato. Varie testimonianze dimostrano che ci sono tecnici specializzati, chef di cucina, operatori turistici, consulenti, e così via, i quali sicuramente non sono impiegati in lavori di bassa qualifica, sebbene non manchino casi sporadici, come quelli nei *call center*, che spesso assumono anche studenti universitari.

Una categoria in netta crescita è quella dei pensionati. Il motivo economico del trasferimento in Albania, vista la fiscalità conveniente, occupa sicuramente il primo posto, ma sulla decisione influiscono anche la vicinanza geografica, la diffusione della cucina italiana, il clima mite, la conoscenza della lingua italiana. Probabilmente il numero dei pensionati italiani in Albania è destinato a salire, soprattutto dopo la decisione del Portogallo di revocare il regime di tassazione speciale per questa categoria[11]. Bisognerà, tuttavia, vedere il peso che avrà nel futuro l'aumento del costo della vita, il rafforzamento della moneta locale nei confronti dell'euro e le solite difficoltà come la documentazione necessaria e la questione sanitaria. Molti pensionati italiani prediligono di stabilirsi presso località costiere come Durazzo e Valona.

Nuovi cittadini si affacciano alle coste albanesi

L'immigrazione in Albania, inclusa quella italiana, come è stato ricordato, è un fenomeno recente. Infatti, i cosiddetti lungo soggiornanti non costituiscono la maggioranza delle presenze straniere nel Paese. Tuttavia, si tratta di un numero in evidente aumento. Ciononostante, i soggiornanti di lungo periodo provenienti dall'Unione europea non decidono automaticamente di chiedere la cittadinanza albanese, pur avendo i requisiti per farne domanda.

La legge albanese sulla cittadinanza prevede fondamentalmente cinque modi per acquisirla[12]: per nascita (chi ha almeno un genitore con cittadinanza albanese), per origine (chi ha un antenato di origine albanese, con un legame familiare in linea retta fino a tre gradi), per nascita nel territorio (chi nasce nel Paese ma rischia di rimanere apolide) e, infine, per naturalizzazione.

È quest'ultima, la naturalizzazione, a interessare maggiormente gli italiani in Albania. Per acquisire la cittadinanza per naturalizzazione bisogna adempiere ai seguenti criteri principali: avere 18 anni; risiedere legalmente nel Paese per un periodo continuativo di 7 (sette) anni, avendo un permesso residenza permanente, valido al

[11] *La vita dei pensionati italiani in Albania*, 25 gennaio 2024, «Fanpage», <www.fanpage.it/attualita/la-vita-dei-pensionati-italiani-in-albania-qui-e-un-paradiso-risparmiamo-fino-a-25mila-euro-allanno/>.

[12] Vedi art. 4 e segg. della legge della Repubblica d'Albania, n. 113/2020 "Për shtetësinë" (Sulla cittadinanza), <https://qbz.gov.al/share/bfnfoGjxRQG8dVEM0Sg6xA>.

momento della presentazione della richiesta; avere la residenza conforme agli standard abitativi; disporre di redditi sufficienti; non avere condanne per reati penali di una certa gravità; possedere conoscenze di lingua e storia albanese; non costituire una minaccia per l'ordine pubblico e la sicurezza nazionale.

L'acquisizione della cittadinanza è più semplice per i cittadini italiani coniugati con una persona di cittadinanza albanese da più di tre anni: possono, infatti, farne domanda a prescindere dal criterio della residenza continuativa (è sufficiente un anno) e della conoscenza della lingua. Anche gli stranieri con un figlio minore albanese possono fare domanda con solo tre anni di residenza.

La presenza in crescita continua degli stranieri si è accompagnata con l'aumento delle domande e delle acquisizioni della cittadinanza albanese per naturalizzazione. È ovvio che il fenomeno abbia cominciato a prendere forma dopo gli anni Novanta e il primo decennio del Duemila. Nel 2016, risultavano complessivamente 281 acquisizioni di cittadinanza albanese. Il vero salto quantitativo si è verificato negli ultimi tre anni. Infatti, durante il 2022 i nuovi cittadini albanesi hanno raggiunto le 1.527 unità. L'analisi delle provenienze ha restituito dei dati significativi: nel 2022 il primo posto era occupato dai cittadini kosovari (85,1%), seguiti da quelli di origine turca (4,3%) e al terzo posto i cittadini di origine italiana (2,1%)[13].

Acquisizioni di cittadinanza albanese. Serie storica. Valori assoluti. Anni 2016-2023.

	2016	2017	2018	2019	2020	2021	2022	2023
Acquisizioni di cittadinanza albanese	281	316	345	485	423	711	1.527	1.382

Fonte: Migrantes-Rapporto Italiani nel Mondo. Elaborazione su dati INSTAT (Instituti i statistikave).

Seppure in aumento in termini assoluti, l'incidenza dei cittadini italiani nelle acquisizioni di cittadinanza albanese non è consistente. Secondo INSTAT, nel 2021 gli italiani diventati cittadini albanesi hanno costituito solo il 2% e, l'anno successivo, il 2,1%. La percentuale modesta deriva dalla storia recente dell'immigrazione in Albania, dalle caratteristiche delle varie categorie di migranti e dalle esigenze pratiche dei cittadini stranieri. Se da un lato il fenomeno dell'immigrazione in Albania è abbastanza recente, dall'altro ci sono categorie, ad esempio gli studenti stranieri, a cui non interessa, se non in rari casi, intraprendere un percorso che porti alla stabilizzazione nel Paese.

Alcuni cittadini italiani, pur essendo lungo soggiornanti da tempo, vedono la propria permanenza in Albania come temporanea, oppure non vedono nessuna

[13] INSTAT, *Azilkërkuesit në Shqipëri, 2022 (I richiedenti asilo in Albania, 2022)*, Tirana, 4 luglio 2023, <https://www.instat.gov.al/media/11839/azilkerkuesit-ne-shqiperi-2022.pdf>.

utilità pratica nell'acquisire una seconda cittadinanza. Molti, quindi, preferiscono evitare l'iter burocratico della domanda di cittadinanza. Un pensionato, pur soddisfacendo i requisiti della domanda, non è molto motivato per farne richiesta. Per le sue esigenze pratiche gli è sufficiente il permesso di soggiorno a tempo indeterminato. Lo stesso si potrebbe dire di chi ha sposato un/a cittadino/a albanese e quindi è in possesso di un permesso di soggiorno per ricongiungimento familiare, che si può rinnovare senza particolari problemi. Non essendoci un'utilità pratica, molti non avvertono la necessità e di conseguenza non ne fanno richiesta. Bisogna peraltro considerare che i titolari di un permesso di soggiorno permanente in Albania godono degli stessi diritti economici, sociali e sanitari dei cittadini albanesi, tranne del diritto al voto[14].

È ovvio, inoltre, che in questo quadro bisogna tenere presente anche il valore del passaporto italiano. Basta consultare l'indice dei passaporti, che ogni anno classifica i documenti di viaggio del mondo in base al numero di destinazioni a cui i titolari possono accedere senza bisogno di un visto, per accorgersi che il passaporto italiano è di gran lunga più vantaggioso di quello albanese.

La questione dell'utilità ritorna anche quando si parla dell'apprendimento della lingua albanese da parte degli italiani che vivono regolarmente in Albania. La lingua italiana rimane molto utilizzata nel Paese, sebbene la sua diffusione abbia perso terreno negli ultimi tempi, principalmente a favore dell'inglese. Nella vita quotidiana non si sente molto la necessità di imparare la lingua locale e quindi molti italiani preferiscono parlare nella propria lingua oppure in inglese. Ciononostante, l'interesse nei confronti della lingua albanese da parte degli stranieri sembra in crescita, così come le attività didattiche per il suo insegnamento.

Il futuro che sarà

In prospettiva è facile prevedere un aumento della mobilità umana tra i due Paesi, con molti italiani che vanno in Albania, se non altro grazie al recente boom turistico e alla costruzione dei due centri per migranti, ma anche grazie a fattori di lunga data come i consolidati rapporti economici, culturali e familiari (coppie miste). Bisognerà, però, vedere se questa mobilità, ultimamente sempre in crescita, produrrà una presenza stabile e di quale tipo di cittadini italiani.

[14] Si veda l'art. 96 della legge n. 79/2021 "Për të huajt" (Sugli stranieri). Tra l'altro, un nuovo progetto di legge, depositato per consultazione pubblica, nell'ambito delle raccomandazioni europee e del percorso di integrazione, intende rendere più semplice l'ottenimento del permesso di soggiorno per i cittadini dell'Unione europea e per gli studenti. Si veda: progetto di legge "Për disa shtesa dhe ndryshime në ligjin nr.79/2021 "Për të huajt"", (Per alcune aggiunte e modifiche alla legge n. 79/2021 "Sugli stranieri"), <https://konsultimipublik.gov.al/Konsultime/Detaje/775>, consultato il 5 settembre 2024.

L'Albania rimane ancora un Paese pieno di contraddizioni, di luci e di ombre, con un'economia fragile e una democrazia immatura[15], comunque non rispecchiabile in una certa rappresentazione mediatica che traspare da opuscoli turistici e da una propaganda che lo dipinge come definitivamente proiettato verso la modernità. Una cosa è certa: gli italiani che vivono stabilmente in Albania, così come gli albanesi in Italia, costituiscono un fattore di conoscenza reciproca e un formidabile ponte di collegamento tra i due Paesi.

[15] Fatos Lubonja, *I Balcani e la crisi di credibilità dell'Occidente*, «Osservatorio Balcani e Caucaso Transeuropa», 21 febbraio 2024, <https://www.balcanicaucaso.org/aree/Albania/I-Balcani-e-la-crisi-di-credibilita-dell-Occidente-230035>.

ARGENTINA. Dalla cittadinanza come "optional" alla "corsa al passaporto"

MARCO BASTI, giornalista, presidente dell'Associazione Dante Alighieri di Buenos Aires

Quadro storico della cittadinanza italiana da acquisire in Argentina

Una panoramica sul rapporto tra la presenza italiana in Argentina e la cittadinanza italiana può essere presentata o a partire dal quadro storico delle leggi argentine e italiane che regolarono in diversi momenti storici l'accesso alla cittadinanza, oppure in base alle vicende storiche vissute dai due Paesi, che in qualche modo hanno stimolato o scoraggiato le decisioni delle persone di accedere o rinunciare ad una o l'altra cittadinanza.

La prima ondata di emigrazione italiana verso l'Argentina coincise nel tempo con la nascita dello Stato italiano, a conclusione del processo di unificazione (1861) e con la prima legge d'immigrazione approvata in Argentina (Ley n. 817, sancita dal Presidente Nicolás Avellaneda nel 1876).

Il secondo momento può essere identificato con la legge italiana di cittadinanza del 1912, che stabilì il principio dello *ius sanguinis* come criterio guida e coincise con il momento di maggiore afflusso di italiani al Paese sudamericano.

La terza grande ondata migratoria italiana verso l'Argentina si verificò tra la seconda metà degli anni Quaranta e i primi anni Sessanta del XX secolo. In questo periodo e negli anni successivi si sviluppa un maggiore interesse per le norme relative alla cittadinanza e alla doppia cittadinanza. Coincide con il primo accordo bilaterale tra l'Italia e l'Argentina per rispondere alla realtà di persone con le due cittadinanze o che aspiravano ad averle.

Infine, anche come conseguenza di quanto vissuto in precedenza, si può parlare di un quarto periodo, a partire dalla nuova legge italiana di cittadinanza del 1992 (n. 91) e del grande afflusso degli ultimi trent'anni di discendenti di italiani, nati in Argentina, che si presentano nei consolati italiani per presentare istanza di riconoscimento della cittadinanza italiana e che al giorno d'oggi sono la stragrande maggioranza dei cittadini italiani residenti in Argentina, registrati sia nell'AIRE (Anagrafe degli Italiani Residenti all'Estero) che nelle anagrafi consolari.

Per mettere nero su bianco questo cambiamento, possiamo citare alcuni dati degli ultimi sessant'anni. Il censimento nazionale argentino del 1970 registrava la presenza di 637.050 cittadini italiani, praticamente tutti nati in Italia, in maggioranza emigrati nell'ultimo dopoguerra e in parte emigrati nel periodo fra le due guerre o anche prima. Cinquant'anni dopo, il censimento argentino del 2010 registrava 147.499 cittadini italiani.

Ad agosto 2023, la *Dirección Nacional del Registro de las Personas* registrava 84.437 cittadini italiani residenti in Argentina dei quali l'86% di età superiore ai 70 anni[1]. Si tratta degli emigrati italiani del secondo dopoguerra, ormai tutti anziani.

Questo dato ufficiale argentino va comparato con quello delle anagrafi dei consolati italiani in Argentina che, al 31 dicembre 2022 registravano 1.117.173 cittadini italiani[2].

Il confronto fotografa bene l'attuale situazione: l'argomento cittadinanza in Argentina oggi riguarda quasi esclusivamente i discendenti degli emigrati italiani. Si tratta di circa un milione di persone in possesso delle due cittadinanze.

Immigrazione e cittadinanza in Argentina nella seconda metà del XIX secolo

Dopo quasi mezzo secolo di guerre civili susseguitesi all'indipendenza dalla Spagna, l'obiettivo fondamentale della classe dirigente argentina per realizzare uno Stato efficiente è stato quello di popolare l'immenso territorio del Paese. Il progetto è stato poi formalizzato nella Costituzione del 1853, nel cui Preambolo – ma viene ribadito poi anche negli articoli n. 20 e n. 25 – è scritto che i benefici previsti da essa sono aperti «a tutti gli uomini di buona volontà che vogliano abitare nel suolo argentino».

L'articolo n. 20 determina che «Gli stranieri godono di tutti i diritti civili dei cittadini del territorio della Nazione; possono esercitare la loro industria, commercio e professione; possedere beni immobili, acquistarli e alienarli, navigare lungo i fiumi e le coste; esercitare liberamente il proprio culto; fare testamento e sposarsi secondo le leggi. Non sono tenuti ad ammettere la cittadinanza, né a versare contributi forzosi straordinari. Ottengono la cittadinanza risiedendo nella Nazione per due anni continuativi, ma l'autorità può abbreviare tale termine in favore di chi ne faccia richiesta adducendo o dimostrando servigi alla Repubblica».

L'articolo n. 25, invece, sancisce: «Il governo federale favorirà l'immigrazione europea; e non potrà restringere, limitare o imporre alcuna tassa sull'ingresso in territorio argentino di stranieri il cui scopo sia coltivare la terra, migliorare le industrie, introdurre e insegnare le scienze e le arti».

L'obiettivo principale dei primi governi costituzionali era, quindi, quello di popolare il Paese, preferibilmente con immigrati europei, ai quali viene assicurata la parità di diritti e la possibilità di accedere ai diritti politici dei cittadini attraverso la "nazionalizzazione", cioè, l'accesso alla cittadinanza, che consente di occupare

[1] Si veda: <https://estadisticas.renaper.gob.ar/app_extranjeros/>.

[2] MAECI, *Annuario Statistico 2023*, p. 182, <https://www.esteri.it/wp-content/uploads/2024/02/annuario_statistico__web_28022024.pdf>.

tutti gli incarichi politici con la sola eccezione della Presidenza della Nazione come affermato nell'articolo n. 89 della Costituzione.

La legge che storicamente ha regolato la cittadinanza argentina è la n. 346, sancita dal presidente Domingo Faustino Sarmiento nel 1869. In essa viene stabilito il principio dello *ius soli*: «Sono argentini: 1. Tutti gli individui nati o che nasceranno nel territorio della Repubblica, indipendentemente dalla nazionalità dei loro genitori, ad eccezione dei figli dei ministri stranieri e dei membri della legazione residenti nella Repubblica. 2. I figli di nativi argentini che, essendo nati in un paese straniero, optano per la cittadinanza d'origine» (articolo n. 1).

Nell'articolo successivo viene stabilito il principio in base al quale gli stranieri possono accedere alla cittadinanza argentina (naturalizzazione): «Sono cittadini per naturalizzazione gli stranieri di età superiore ai 18 anni, che risiedono nella Repubblica per due anni continuativi e manifestano davanti ai giudici federali di sezione la loro volontà di esserlo».

Prima metà del XX secolo. La legge italiana n. 555/1912. I requisiti per la cittadinanza in Argentina

Il flusso migratorio italiano verso l'Argentina fu consistente anche nei primi due decenni del XX secolo, ad eccezione del periodo 1915-1918. Dal punto di vista storico la presenza italiana in Argentina diventa sempre più importante e gli italiani cominciano a conquistare spazi di rilievo e di prestigio nella società locale.

In Italia viene sancita la legge 13 giugno 1912, n. 555 sulla cittadinanza, basata sul principio dello *ius sanguinis* per la trasmissione della cittadinanza, ma soltanto per linea paterna. Il mancato riconoscimento del diritto di trasmissione della cittadinanza alle donne diventerà, decenni più tardi, uno dei motivi di maggiore insoddisfazione e dibattito da parte dei discendenti di italiani residenti nel territorio argentino che aspirano al riconoscimento della cittadinanza.

Un aspetto previsto dalla legge del 1912, che anche decenni dopo provocherà conseguenze per i discendenti, è la perdita della cittadinanza per coloro che accedono alla cittadinanza di un altro Paese. Questo è un nodo cruciale perché, per accedere a certi impieghi ufficiali in Argentina – docenza, ditte o dipendenze pubbliche – specialmente a partire dagli anni Trenta, era necessaria la cittadinanza argentina. Molti italiani per accedere a tali lavori chiesero la possibilità di avere la nazionalità argentina e quindi persero la cittadinanza italiana, secondo quanto prescritto dalla legge n. 555/1912.

Infine, un altro fatto storico, per il quale diventa influente il possesso o meno della cittadinanza, in questo caso quella argentina, è la cosiddetta legge Saenz Peña (n. 8.871 sancita nel 1912) che stabilisce in Argentina il voto tramite il suffragio universale, segreto e obbligatorio. Naturalmente, al voto potevano partecipare soltanto i cittadini argentini per cui, se uno straniero voleva votare o essere eletto, doveva diventare cittadino argentino. In base alla legge italiana del 1912, ciò comportava la perdita della cittadinanza italiana.

Dal Secondo dopoguerra agli anni Settanta

Il panorama comincia a modificarsi in modo sostanziale con l'ultima grande ondata migratoria che si registra tra gli anni 1946 e 1963, quando circa mezzo milione di italiani emigrò in Argentina.

Durante questo periodo non ci furono modifiche di rilievo alle leggi di cittadinanza né in Italia né in Argentina. I nuovi emigrati vengono da un Paese nel quale è mutato il quadro politico istituzionale con la caduta del fascismo e la rinascita della democrazia, sancita dalla Costituzione della Repubblica approvata nel 1947. In essa sono riconosciuti i diritti sociali, civili e politici dei cittadini, compreso quello del voto. I diritti politici però, non potevano essere esercitati da chi si recava all'estero, ma la possibilità di votare non era un argomento rilevante in quei primi anni di emigrazione, occupati com'erano allora gli italiani appena arrivati, nello stabilirsi, formare famiglia, educare i figli e costruire un futuro nel nuovo Paese.

Tra i princìpi stabiliti dalla Costituzione italiana entrata in vigore nel 1948, c'è anche la parità di diritti tra uomini e donne e, quindi, anche quello della trasmissione della cittadinanza. Questo è un altro punto sul quale, qualche decennio dopo, si sarebbero create non poche incertezze in materia di trasmissione della cittadinanza.

A partire dagli anni Sessanta iniziano o si intensificano i contatti tra le istituzioni italiane e le comunità all'estero e si sviluppa il dibattito sulla situazione degli italiani residenti oltreconfine. Un dibattito che la collettività italiana in Argentina porta avanti con grande interesse e impegno a partire da una realtà profondamente mutata. Da una parte, infatti, il flusso migratorio italiano verso l'Argentina si era arrestato grazie al miracolo economico italiano, dall'altra parte l'Argentina mostra i primi segni di crisi, prima politica, poi economica. Una crisi che col passare degli anni diventerà quasi endemica e sprofonderà nella violenza degli anni Settanta. Questo fa sì che la collettività si interroghi sul suo futuro e su quello dei discendenti, alla luce dei rapporti tra l'Italia e l'Argentina e del dialogo tra le istituzioni italiane e i rappresentanti della collettività.

Tra gli argomenti considerati vi sono anche la cittadinanza e i diritti politici.

Specificamente viene dibattuto il caso degli emigrati che hanno perso la cittadinanza italiana perché diventati argentini. E anche di come trasmettere la cittadinanza italiana ai figli nati in Argentina, che a tutti gli effetti sono argentini per la legge locale.

Frutto di questo dibattito, e ovviamente dell'interesse delle autorità dei due paesi, nel 1971 viene firmato l'Accordo di cittadinanza tra la Repubblica italiana e la Repubblica argentina, che costituisce una prima risposta ai conflitti che si creano o possono crearsi dai casi di doppia cittadinanza[3]. In sostanza l'Accordo, ratificato dai rispettivi parlamenti nel 1973, stabilisce che è possibile il possesso della doppia cittadinanza, ma che può essere esercitata una sola alla volta e prevede forme e stru-

[3] Si veda: <https://www.normattiva.it/uri-res/N2Ls?urn:nir:stato:legge:1973-05-18;282>.

menti per tale esercizio. L'articolo 1 decreta che «I cittadini italiani e argentini per nascita potranno acquisire rispettivamente la cittadinanza argentina e italiana, alle condizioni e nella forma previste dalla legislazione in vigore in ciascuna delle Parti contraenti, conservando la loro precedente cittadinanza con sospensione dell'esercizio dei diritti inerenti a quest'ultima. Le persone che si avvalgono delle disposizioni del presente Accordo saranno sottoposte alla legislazione del Paese che ha concesso la nuova cittadinanza e, in nessun caso, alla legislazione delle due Parti contraenti contemporaneamente. La cittadinanza cui si riferisce il comma primo sarà determinata in base alle leggi del Paese di origine e sarà certificata dinanzi alle autorità competenti mediante la documentazione che verrà concordata tra le Parti per via diplomatica».

Dalle politiche per l'emigrazione all'alluvione dei discendenti

Il dialogo tra lo Stato italiano e gli italiani all'estero, concretizzatosi in numerosi incontri istituzionali tra i quali le storiche I e II Conferenze Nazionali dell'Emigrazione del 1975 e del 1988, consente di approfondire anche il tema della cittadinanza e della sua trasmissione ai discendenti.

Una delle richieste degli italiani in Argentina riguardava la situazione di coloro che per ragioni di lavoro avevano acquisito la cittadinanza argentina e di conseguenza avevano perso quella italiana, secondo quanto previsto dalla legge n. 555/1912. Per dare risposta a quella richiesta ed ai mutamenti sociali e politici del XX secolo, furono approvate la legge 5 febbraio 1992, n. 91 "Nuove norme sulla cittadinanza" e due Regolamenti di attuazione (DPR 12 ottobre 1993, n. 572 e DPR 18 aprile 1984 n. 362) che, tra le altre cose, stabilivano le modalità e un termine di due anni per presentare domanda di riammissione alla cittadinanza italiana, da parte di coloro che l'avevano persa per averne acquisito un'altra. Si trattava, in questo caso, di una soluzione limitata nel tempo a un problema specifico del mondo dell'emigrazione. Trascorsi i due anni, ci furono richieste e progetti per riaprire tale termine, ma senza seguito. Fondamentale nella nuova legge il riconoscimento della parità tra uomini e donne agli effetti della trasmissione della cittadinanza, l'aggiornamento rispetto alla legge del 1912 sulla nazionalizzazione per matrimonio e sulla doppia cittadinanza.

La collettività italiana ha avuto a cuore il tema della cittadinanza a partire dalle mutate condizioni delle realtà dei due Paesi, detto in estrema sintesi, dello sviluppo italiano e della crisi argentina e dell'arresto del flusso migratorio italiano verso l'Argentina, che ha portato gli italiani d'Argentina a interrogarsi sul futuro come comunità e a concludere che la presenza italiana nel Paese sudamericano e la sua eredità poteva solo avvenire attraverso i discendenti e la promozione dei loro legami con l'Italia. E in tale visione, la trasmissione della cittadinanza italiana ai discendenti si è rivelata uno dei punti principali. Da qui l'insistenza dei rappresentanti della collettività nel reclamare sia gli strumenti per rendere concreta la trasmissione della cittadinanza italiana, sia la certezza di non intaccare i diritti che avevano acquisito i discendenti in quanto cittadini argentini. Ne consegue che lo stesso Accordo di cittadinanza, firmato nel 1971, era diventato insufficiente per le attese degli italiani in Argentina.

Al di là della modifica delle norme, ci sono tre momenti di crisi dell'Argentina che fanno crescere la consapevolezza dell'importanza di chiedere il riconoscimento della cittadinanza italiana da parte dei discendenti.

Il primo momento sono gli anni Settanta, in particolare gli anni bui della dittatura (1976-1983) quando molti giovani di origine italiana riescono ad ottenere il passaporto italiano, espressione della cittadinanza, per poter espatriare e così evitare di cadere vittime della repressione illegale.

Un secondo momento storico si verifica alla fine degli anni Ottanta, durante il primo governo democratico, quando la crisi economica che sfocia nell'iperinflazione costringe molti discendenti di italiani a cercare la possibilità di scappare recandosi nella terra dei loro avi. Queste esperienze furono sostenute anche da quasi tutte le regioni italiane con programmi specifici di rientro. L'emigrazione di ritorno si ripeté con la drammatica crisi di fine 2001 (terzo momento storico).

Questi momenti hanno mostrato agli argentini di origine italiana che la cittadinanza italiana poteva essere un'ancora di salvezza in occasione delle ricorrenti crisi dell'Argentina.

Così è iniziata una corsa alla cittadinanza o, come viene detto dagli argentini di origine italiana, la ricerca del "passaporto italiano".

Il desiderio di cittadinanza: da condizione per esercitare diritti a strumento per la mobilità

Al di là delle ragioni storiche che in passato hanno determinato la decisione negli emigrati italiani di conservare o meno la cittadinanza italiana, oggi tale decisione riguarda fondamentalmente i discendenti. Ovviamente in principio le aspettative connesse all'accesso alla cittadinanza italiana hanno a che vedere con i benefici riservati agli italiani residenti in Italia. Vale la pena sottolineare che in realtà parliamo del possesso delle due cittadinanze, perché per i nati argentini il riconoscimento della cittadinanza italiana non comporta né perdita né limitazioni all'esercizio della cittadinanza argentina; quindi, avere la cittadinanza italiana porta solo benefici.

In questo senso, negli anni Ottanta del secolo scorso e anche in vista dei vantaggi pensionistici approvati in Italia in favore dei lavoratori emigrati, in alcuni settori si palesava la possibilità che di tali benefici potessero approfittare anche i discendenti, a condizione che fossero in possesso della cittadinanza italiana. In realtà però, condizione per accedere alla pensione, erano i contributi in Italia. E i progetti di legge – A.C.1291 e A.C.1843 nel 2006, A.C.2473 e A.C. 3008 nel 2007 – relativi alla pensione sociale o assegno sociale per gli italiani all'estero mai approvati, prevedevano come condizione la nascita in Italia[4].

[4] Si veda: <https://documenti.camera.it/leg15/dossier/testi/AS0153.htm#_Toc181436425>.

Un secondo aspetto che ha destato nei discendenti l'interesse per la cittadinanza italiana è stato, sempre a partire dagli anni Ottanta, l'avvio del processo di rappresentanza politica, prima con l'istituzione dei Comitati degli Emigrati Italiani (Coemit) poi diventati Comitati degli Italiani all'Estero (Comites) e del Consiglio Generale degli Italiani all'Estero (CGIE) e quindi con la legge 27 dicembre 2001 n. 459 sull'esercizio del diritto di voto degli italiani all'estero. Per esercitare il voto attivo e passivo, è condizione necessaria essere cittadini iscritti all'AIRE[5].

Oggi però, l'interesse dei discendenti per la cittadinanza italiana si basa su questioni molto pratiche, legate alla mobilità per viaggiare nel mondo con un passaporto che è tra i più apprezzati in quanto consente di spostarsi facilmente, ma più specificamente nei paesi dell'Unione europea, negli Stati Uniti e in Canada senza il preventivo visto d'ingresso. A maggior ragione, per quanti vogliono trasferirsi in altri Paesi, in particolare dell'UE, dove è assicurata la libera circolazione e il soggiorno in qualsiasi Paese membro.

Non ci sono dati precisi sull'emigrazione di argentini. I dati variano da mezzo milione a 3 milioni. Oltre alla mancanza di un registro unificato, c'è da ricordare che molti argentini emigrano con un passaporto di un altro Paese, principalmente italiano o spagnolo. Avere la cittadinanza italiana (o di qualsiasi altro paese UE), serve anche a facilitare la residenza non soltanto nel Paese che concede la cittadinanza, ma anche in tutti gli altri dell'UE. Uno dei casi più noti è quello della presenza argentina di origine italiana in Spagna nell'ultimo decennio. Quanti tra i circa 270.000 cittadini italiani registrati nelle anagrafi delle sedi consolari italiane in Spagna sono nati in Italia e quanti in Argentina?

In materia di conteggio di cittadini, chi ha due cittadinanze contemporaneamente attive può essere contabilizzato due volte. Per fare un esempio, se un residente in Spagna, nato argentino, ma stabilitosi come italiano, si iscrive sia al consolato italiano che a quello argentino, verrà contabilizzato come cittadino all'estero sia dall'Italia che dall'Argentina.

Da aggiungere, infine, è che essere cittadini dell'UE comporta la possibilità di accesso a maggiori possibilità di lavoro e a un ventaglio di professioni più ampio, elementi che possono in definitiva migliorare le condizioni di vita.

---

[5] Vanno ricordati gli eletti nella Circoscrizione Estero nati e residenti in Argentina: il senatore Esteban Juan Caselli, che prima di essere eletto a Palazzo Madama (2008-2013), occupò fino al 2003 diversi incarichi pubblici argentini nella Segreteria della Presidenza, in quella del Vicepresidente, ministro della Provincia di Buenos Aires e ambasciatore argentino presso la Sante Sede e quindi viceministro per i rapporti con i culti del ministero degli Esteri dell'Argentina. Sono nati in Argentina, ma con doppia cittadinanza, anche i deputati Franco Tirelli, Mario Borghese, l'ex senatore Adriano Cario e l'on. Ricardo Antonio Merlo, deputato in tre legislature, senatore tra il 2018 e il 2023 e sottosegretario agli Esteri del I e II governo Conte.

Conclusione. Cittadinanza come acquisizione di competenze, saperi, possibilità.

In base al principio dello *ius sanguinis*, perché venga riconosciuta la discendenza da un italiano occorre presentare documenti che attestino l'ascendenza e che essa non si sia interrotta. Ai discendenti, però, non viene richiesta la conoscenza della lingua italiana, condizione invece necessaria per chi vuole accedere alla cittadinanza italiana per matrimonio con un cittadino italiano. Infatti, dal 4 dicembre 2018 (data di conversione del Decreto-legge Cittadinanza e Immigrazione nella legge Salvini 1° dicembre 2018, n. 132), per il riconoscimento della cittadinanza italiana concessa per matrimonio con un cittadino italiano (articolo 5), occorre conoscere la lingua italiana ad un livello non inferiore al B1 del Quadro Comune Europeo di Riferimento per le Lingue (QCER). Tale certificato per l'estero viene rilasciato da quattro istituzioni riconosciute dal Ministero degli Affari Esteri e della Cooperazione Internazionale (MAECI): l'Università per Stranieri di Perugia, l'Università per Stranieri di Siena, la Società Dante Alighieri e l'Università degli Studi Roma Tre.

In Argentina ci sono 105 comitati della Società Dante Alighieri sparsi in tutto il Paese e di essi 43 sono centri di esami PLIDA, il nome del certificato che rilascia la Società Dante Alighieri.

In questo senso, a partire dal 2019 si è registrato un aumento delle certificazioni, frenato dalla chiusura pandemica del 2020 e con una impennata a partire dal 2021, quando le certificazioni sono raddoppiate mantenendosi stabili negli anni successivi, a dimostrazione della forte richiesta di cittadinanza italiana anche da parte dei non discendenti.

Al di là delle condizioni per accedervi, in fondo ci sarebbe da chiedersi cosa significa oggi la cittadinanza per lo Stato italiano che la riconosce e per le migliaia di persone che la pretendono in Argentina.

Più cittadini sparsi per il mondo significano per l'Italia un maggiore potere politico, economico o culturale? La cittadinanza è uno strumento (uno in più) di aggregazione di quella che Piero Bassetti ha chiamato italicità nel mondo[6], che reca benefici specialmente dal punto di vista economico all'Italia? Oppure è la conseguenza di una risposta data parecchi decenni ormai (e in ritardo) alle comunità degli emigrati italiani per "compensare" dimenticanze e disimpegno dello Stato negli anni più difficili dell'esodo migratorio? C'è un conto economico sulla cittadinanza italiana all'estero? Cosa comporta in termini di strutture e personale e di introiti consolari? Lo Stato italiano conosce quanto "pesano" in percentuale i circa sei milioni di cittadini italiani residenti all'estero, rispetto al totale degli italici[7], o italsimpatici (quindi cittadini e non) sparsi per il mondo?

---

[6] Piero Bassetti, *Svegliamoci italici! Manifesto per un futuro glocal*, Marsilio, Venezia, 2015.
[7] Ibidem.

Chi chiede all'estero – e specificamente in Argentina – il riconoscimento della cittadinanza o la naturalizzazione per matrimonio, lo fa per un senso di appartenenza, perché si identifica con una nazione, un Paese, una cultura? Oppure la cittadinanza italiana è sinonimo di passaporto, di minori restrizioni per viaggiare e magari la possibilità di stabilirsi in Paesi terzi? O anche di protezione per il timore che si ripetano in Argentina i drammi del passato?

Una riflessione sull'argomento sarebbe utile, visti gli storici legami e gli intensi rapporti tra i due Paesi e il numero delle persone che vorrebbe accedere alla cittadinanza italiana in Argentina.

Cittadini italiani iscritti nelle anagrafi consolari in Argentina. Serie storica. Valori assoluti. Anni 1999-2022*.

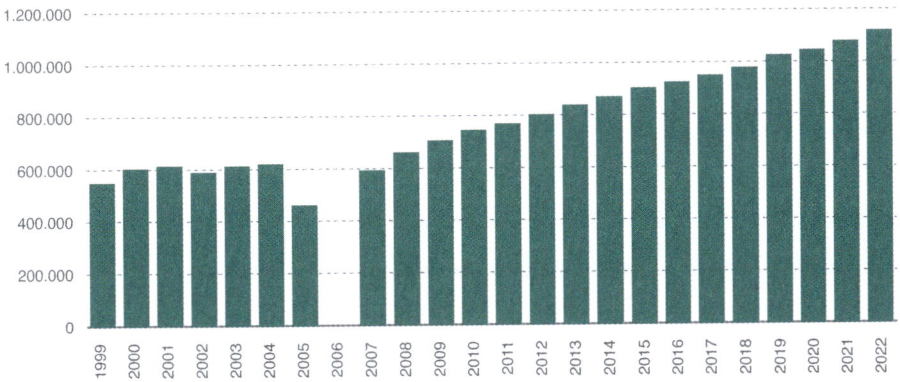

* Dato mancante per il 2006.

Fonte: Migrantes-Rapporto Italiani nel Mondo. Dati MAECI.

Atti di cittadinanza trattati dai consolati italiani in Argentina. Serie storica. Valori assoluti. Anni 1999-2022*.

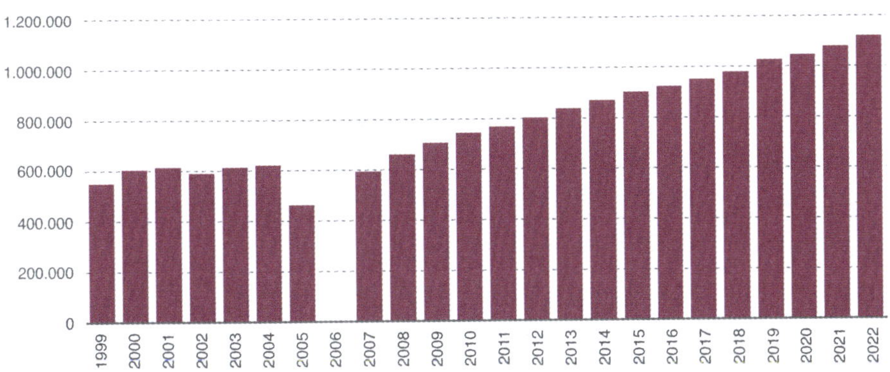

* Dato mancante per il 2006.

Fonte: Migrantes-Rapporto Italiani nel Mondo. Dati MAECI.

Richieste di certificato di non residenza* in Argentina. Serie storica. Valori assoluti. Anni 1997-2021**.

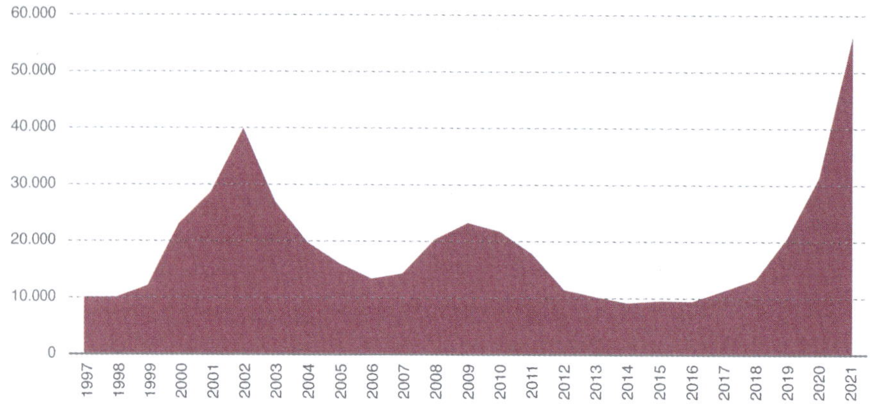

*Il certificato di non residenza viene richiesto da vari Paesi, compresa l'Italia, in modo da verificare che non si sia interrotta la linea di trasmissione della cittadinanza per il fatto che l'avo che trasmette la cittadinanza sia diventato cittadino argentino e quindi abbia perso la cittadinanza del Paese di origine, come succedeva per i cittadini italiani con la legge n. 555/1912. Tale certificato viene emesso dalla Camara Nacional Electoral (Corte d'appello in materia elettorale in Argentina) che certifica che il cittadino straniero che trasmette la cittadinanza non è diventato cittadino argentino, in quanto non iscritto all'anagrafe elettorale tenuta dalla citata Corte d'appello.

**I dati dell'anno 2021 arrivano al mese di settembre e sono messi a disposizione dalla Ong Chequeado che verifica l'esattezza o meno delle informazioni trasmesse dai media, dai funzionari o dalle reti sociali. Si veda: <https://chequeado.com/el-explicador/que-datos-hay-sobre-la-emigracion-argentina-reciente/>.

Fonte: Migrantes-Rapporto Italiani nel Mondo. Dati Camara Nacional Electoral e Ong Chequeado.

Esami di certificazione PLIDA – livello B1 – in Argentina. Serie storica. Valori assoluti. Anni 2019-2023.

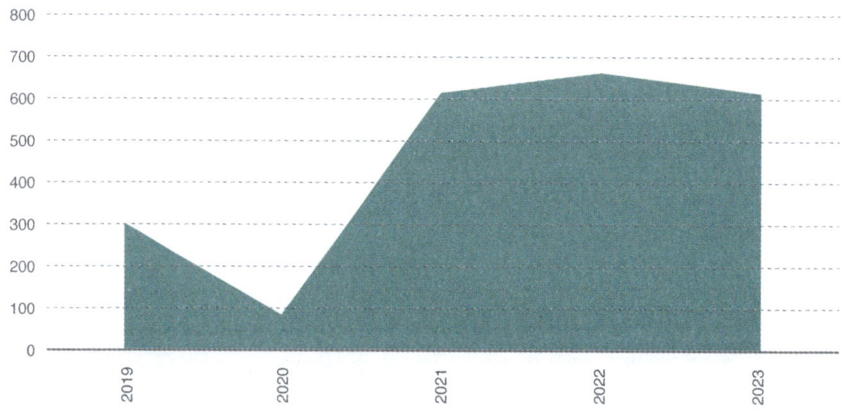

Fonte: Migrantes-Rapporto Italiani nel Mondo. Dati Ufficio PLIDA della Società Dante Alighieri.

AUSTRALIA. La cittadinanza come senso complesso di appartenenza

Giulia Marchetti, Edith Cowan University, Western Australia, Australia
Giulio Pitroso, Griffith University, Queensland, Australia
Loretta Baldassar, Edith Cowan University, Western Australia, Australia

Premessa

In un mondo sempre più globalizzato e caratterizzato da movimenti migratori, la conquista di migliori opportunità di vita, intese come tutte le possibilità di realizzazione dei bisogni e dei desideri in una data società, passa anche attraverso i diritti di cittadinanza e la questione dell'appartenenza gioca un ruolo fondamentale nella società di accoglienza[1]. L'istituto della doppia cittadinanza è un concetto relativamente nuovo che mette in discussione l'univocità tra identità e nazione e formalmente riconosce il molteplice senso di appartenenza dei migranti.

Questo capitolo propone alcune riflessioni sulle interconnessioni tra leggi sulla cittadinanza in Italia e in Australia e le fasi della migrazione italiana nel nuovo continente. Dopo avere ricostruito un quadro storico della migrazione italiana in Australia anche sulla base dei cambiamenti della politica migratoria australiana e delle leggi sulla cittadinanza nei due Paesi, è preso in considerazione l'istituto della doppia cittadinanza, introdotto nell'ordinamento italiano nel 1992. Infine, sulla base di dati qualitativi provenienti da un recente studio australiano sulle mobilità giovanili in entrata e in uscita, consideriamo le esperienze individuali dei giovani italiani in Australia alla luce della politica migratoria selettiva inaugurata dai primi anni Novanta del Novecento.

Un quadro generale della migrazione e della cittadinanza in Australia

La migrazione degli italiani in Australia ha storicamente rappresentato uno dei più grossi contributi alla consistenza demografica australiana e, in termini qualitativi,

[1] Bryan S. Turner, *Ralf Dahrendorf on Citizenship and Life Chances: Thinking Citizenship Series*, «Citizenship Studies», 14(2), 2010, pp. 237-244.

al processo di identità culturale della nazione, quando l'identità/cittadinanza australiana si emancipava da quella inglese e si definiva anche in contrapposizione alle identità immigrate non anglofone[2]. Le informazioni provenienti dalle istituzioni italiane[3], dal terzo settore e dai registri australiani permettono di fornire un quadro generale ma non estremamente preciso della popolazione italiana in Australia. Gli studi fanno spesso riferimento a parametri presi in considerazione dal censimento australiano, quali il paese di nascita, le eredità culturali di riferimento e le lingue parlate in casa. Il censimento si basa sulle dichiarazioni dei residenti australiani e non vi è modo di verificare quanto e come l'italiano sia parlato in casa[4], su che base ci si possa dichiarare italiani e in che modo il paese di nascita influenzi il senso di appartenenza. Allo stesso modo, l'Anagrafe degli Italiani Residenti all'Estero (AIRE) tiene conto delle persone di cittadinanza italiana in Australia, ma non fornisce ulteriori informazioni su criteri socioculturali che potrebbero definirne il senso di appartenenza.

La tabella riporta la serie storica (1999-2022) degli italiani in Australia iscritti all'AIRE e dei nati in Italia. Mentre il numero dei primi aumenta da 120 mila a 173 mila, con un incremento del 44%, il numero dei secondi diminuisce, passando da 238 mila a 161 mila nel giro di 20 anni a causa dei decessi.

La presenza italiana in Australia è il prodotto di diversi momenti migratori, tipicamente individuati come fase pre-ottocentesca, fase pre-guerra (1900-1945), fase del Secondo dopoguerra (1950-1960), fase recente (post-1980) e fase nuova (post-2000)[5]. Si stima che dal periodo coloniale alla Prima guerra mondiale tra 100 mila e 125 mila italiani abbiano vissuto e lavorato nel Paese[6]. Nel periodo 1947-1976, gli accordi tra il governo italiano e quello australiano favorirono l'accrescimento esponenziale dei flussi migratori, coinvolgendo 360 mila cittadini italiani[7], di cui il 25% rientrato in Italia nello stesso arco di tempo[8]. Data la svolta selettiva delle politiche migratorie australiane nel decennio 1990 e visto l'invecchiamento progressivo dei cittadini italiani, la comunità italo-australiana è attualmente prevalentemente costituita da oriundi. Gli italo-australiani costituiscono oggi il terzo gruppo più

[2] Gaetano Cresciani, *The Italians in Australia*, Cambridge University Press, Cambridge, 2003.

[3] Fabio Baggio - Matteo Sanfilippo, *L'emigrazione italiana in Australia*, «Studi Emigrazione», XLVIII (183), 2011, pp. 477-499.

[4] Antonia Rubino, *Trilingual Talk in Sicilian-Australian Migrant Families*, Palgrave MacMillan, London, 2014.

[5] Riccardo Armillei, "A Statistical Analysis of the 'New Italian Migration' to Australia: Redressing Recent Overstatements", in Bruno Mascitelli - Riccardo Armillei, a cura di, *Australia's New Wave of Italian Migration: Paradise or Illusion*, Australian Scholarly Publishing, 2017, pp. 53-78.

[6] Francesco Cavallaro, *Italians in Australia: Migration and Profile*, «Altreitalie», n. 26, 2003, p. 66.

[7] Gaetano Rando, *Italo-Australiani and After: Recent Expressions of Italian Australian Ethnicity and the Migration Experience*, «Altreitalie», 2003, pp. 65-90.

[8] Loretta Baldassar, "Italian Australians in Italy", in Bernadine Kent - Richard Pesman - Catharine Troup, a cura di, *Australians in Italy: Contemporary Lives and Impressions*, Monash University Publishing, Melbourne, 2008, pp. 279-291.

grande della popolazione residente (7,9 %)[9]. I cittadini italiani in Australia sono quasi 160 mila e gli italo-australiani rappresentano il 4,4% della popolazione locale, con 1.108.364 persone che dichiarano di essere discendenti italiani[10].

Cittadini italiani in Australia iscritti all'AIRE e nati in Italia ma residenti in Australia. Serie storica. Valori assoluti. Anni 1999-2022.

Anno	Iscritti all'AIRE	Nati in Italia residenti in Australia
1999	120.306	238.330
2000	122.843	234.040
2001	128.019	229.850
2002	129.452	227.710
2003	128.611	225.360
2004	131.679	222.950
2005	108.309	220.550
2006	117.329	218.040
2007	116.825	214.970
2008	122.863	211.270
2009	126.986	208.130
2010	130.653	204.690
2011	130.570	201.680
2012	137.205	200.350
2013	140.176	200.670
2014	145.134	200.350
2015	148.483	198.510
2016	151.381	195.760
2017	156.342	190.810
2018	160.916	185.300
2019	167.294	179.630
2020	168.643	174.790
2021	171.849	167.570
2022	173.686	161.560

Fonte: Migrantes-Rapporto Italiani nel Mondo. Dati: prima colonna, Annuari statistici del Ministero degli Affari Esteri e della Cooperazione Internazionale (MAECI), ad esclusione del 2007 e del 2012 che sono di Fondazione Migrantes; seconda colonna, dati dell'Australian Bureau of Statistics.

---

[9] Simone Battiston, "Italians in Australia in the Twenty-First Century", in Gabriele Abbondanza - Simone Battiston, a cura di, *Italy and Australia: Redefining Bilateral Relations for the Twenty-First Century*, Palgrave MacMillan, Singapore, 2023, pp. 49-80.

[10] Department Of Foreign Affairs, *Italy Country Brief*, <https://www.dfat.gov.au/geo/italy/italy-country-brief#:~:text=Bilateral%20relationship,people%2Dto%2Dpeople%20links>.

Da cittadini di serie B a WOG: una storia di discriminazione e di rivincita

Da fine Ottocento gli italiani d'Australia furono principalmente impiegati come lavoratori a basso costo, in impieghi solitamente affidati a "razze servili" quando la cittadinanza italiana non corrispondeva alla "bianchezza" della pelle[11]. Da una parte, questi migranti dovettero affrontare la brutalità delle politiche di assimilazione e un persistente razzismo, alimentato sia dalle organizzazioni vicine ai lavoratori che dai piccoli proprietari terrieri. Dall'altra, le teorie razziste furono alla base di pregiudizi tra gruppi di diversa provenienza regionale[12]. In questa maniera, gli italiani, specie i meridionali, si trovarono in una posizione ambigua nel rapporto con le popolazioni indigene, esercitando e subendo, allo stesso tempo, forme di discriminazione. In linea con l'*Immigration Restriction Act 1901*, era data priorità all'assimilazione dei nuovi arrivati che dovevano interiorizzare norme culturali e lingua della società di arrivo.

Durante la Seconda guerra mondiale, gli italiani naturalizzati australiani dovettero subire l'internamento e i lavori forzati come misura di sicurezza nazionale[13], mentre altri dovettero prestare servizio per le forze armate australiane[14]. Gli australiani hanno continuato ad essere sudditi britannici fino al 26 gennaio 1949, quando è stato creato il concetto formale di cittadinanza australiana attraverso l'esecuzione del *Nationality and Citizenship A*ct del 1948. Gli accordi migratori tra l'Italia e l'Australia del Secondo dopoguerra diedero vita a esiti incerti, specie nelle prime fasi, lasciando i migranti in balìa delle fasi infelici dell'economia locale[15].

In tutti gli anni Cinquanta e Sessanta del Novecento il modello migratorio australiano, che assimilava le famiglie immigrate, funzionava in netto contrasto con quello dei Paesi dell'Europa occidentale dove gli italiani capofamiglia migravano nell'ambito del programma di *Gastarbeiter*[16]. Nel 1986 la legge sulla cittadinanza australiana è stata modificata con l'introduzione del principio dello *ius sanguinis*, al fine di contrastare la stabilizzazione di migranti irregolari grazie alla nascita di figli sul suolo australiano[17]. Nel 2002 il governo australiano ha, inoltre, introdotto la possibilità per i cittadini australiani di avere la doppia nazionalità e nel 2007 è stato emanato il nuovo *Australian Citizenship Act*.

---

[11] Catherine Dewhirst, *Collaborating on Whiteness: Representing Italians in early White Australia*, «Journal of Australian Studies», 32(1), 2008, pp. 33-49.

[12] Giulio Pitroso, *Una prospettiva regionalista su 'Italian Diaspora' e 'Anti-Italianism' in Australia e negli Stati Uniti*, «Nazioni e Regioni», 19-20, 2022, pp. 119-138.

[13] Daniela Cosmini-Rose, *Italians in the Civil Alien Corps in South Australia: The 'Forgotten' Enemy Aliens*, «Journal of the Historical Society of South Australia», n. 42, 2014, pp. 43-52.

[14] Gaetano Rando, *Italo-Australiani and After* [...], cit.

[15] Bruno Mascitelli, *Italy and Australia: A Relationship Made and Unmade by Immigration*, «Australian Journal of International Affairs», 69(3), 2015, pp. 339-355.

[16] Loretta Baldassar, "Australian Migrant Families and the Transnationalism of Care", in Martina Boese - Vince Marotta, a cura di, *Critical Reflections on Migration, 'Race' and* Multiculturalism, Routledge, New York, 2017, pp. 177-193.

[17] Kim Rubenstein, *Citizenship and the Centenary. Inclusion and Exclusion in 20th Century Australia*, «Melbourne University Law Review» 24(3), 2000, pp. 24-38.

Intorno agli anni Settanta del Novecento, in un periodo dominato dal multiculturalismo, gli italo-australiani si affermarono a livello sociale, specialmente attraverso le seconde e terze generazioni[18]. Ciò favorì la formazione della cosiddetta cultura "wog"[19] che ostenta tratti e pratiche lontane dai modelli australiani *mainstream*: discendenti di greci e italiani formarono una concezione di identità individuale e di gruppo alternativa a quella anglo-celtica. In un quadro di tensioni tra il Paese di arrivo e quello di destinazione, gli italiani d'Australia hanno maturato un rapporto di amore e odio con l'Italia[20], segnato dal senso di abbandono percepito dalle prime generazioni. Difatti, per gli italodiscendenti l'identità italiana è divenuta un insieme di prassi e di valori[21] in cui la famiglia gioca un ruolo fondamentale[22]. La cittadinanza italiana non è requisito necessario per essere parte della comunità italo-australiana. Anzi, si potrebbe affermare che la situazione descritta interroga il valore di questo strumento per definire l'appartenenza a un popolo. Concorrono a depotenziarla i fattori storici, le difficoltà burocratiche italiane e la politica di assimilazione australiana. Per questa ragione, non tutta popolazione residente in Australia e nata in Italia ha deciso di essere naturalizzata. Secondo il censimento del 2021, il 22% degli italiani nati in Italia e residenti permanenti in Australia non ha acquisito la cittadinanza australiana.

Residenti e cittadini italiani in Australia in base ai censimenti. Valori assoluti e percentuali. Anni 2011, 2016, 2021*.

Anno	Nati in Italia	Cittadini australiani	Non cittadini australiani	Parla solo inglese
2011	185.402	78,9	19,4	17,8
2016	174.044	74,8	23,0	19,4
2021	163.326	76,9	21,9	25,8

*Nella tabella non sono riportati i "non risponde".

Fonte: Migrantes-Rapporto Italiani nel Mondo. Dati Australian Bureau of Statistics.

[18] Fethi Mansouri - Matteo Vergani - Enqi Weng, *Parallel Lives or Active Citizens? Examining the Interplay between Multicultural Service Provision and Civic Engagement in Australia*, «Journal of Sociology», 60 (2), 2024, pp. 419-439.

[19] Il termine, originariamente un *ethnic slur*, è passato ad indicare una forma di rivendicazione delle proprie radici da parte dei giovani discendenti degli emigranti dell'area mediterranea.

[20] Simone Marino, *Ethnic Identity and Race: The "Double Absence" and its Legacy across Generations among Australians of Southern Italian Origin*, «Ethnic and Racial Studies», 42(5), 2019, pp. 707-725.

[21] Eliana Maestri, *Quale Europa? In Italia o in Australia? Percezioni e visioni europee degli italiani australiani di seconda e terza generazione*, «Italogramma», 8, 2014, p. 272.

[22] Emanuela Sala - Loretta Baldassar, *'I don't do much in the Community as an Italian, but in my Family I do': A Critique of Symbolic Ethnicity through a Longitudinal Study of Second-Generation Italian Australians*, «Journal of Anthropological Research», 73(4), 2017, pp. 557-583.

Fino al 2006, i cittadini italiani all'estero dovevano andare in Italia per votare alle elezioni. Questa situazione è stata superata dalla costituzione della Circoscrizione Estero e dal voto per posta o presso le rappresentanze consolari. Tuttavia, permangono altri tipi di ostacoli all'esercizio dei diritti politici, tra cui: le conseguenze dei tagli alla politica; le procedure abbastanza farraginose per il voto; l'impossibilità di votare alle elezioni regionali[23]. Inoltre, i giovani italodiscendenti sono tendenzialmente impreparati ad esercitare il loro diritto di voto, mentre le politiche di assimilazione hanno sfavorito la trasmissione intergenerazionale dell'italiano e di altre conoscenze di base utili alla partecipazione alla vita politica[24]. Ad aggravare le difficoltà, l'emendamento Fiano alla legge 165/2017 ha reso incandidabile chiunque abbia assunto mandati politici elettivi, incarichi di governo, nella magistratura e nelle forze armate in un altro paese nei cinque anni precedenti le elezioni. L'emendamento Lupi ha poi permesso la candidatura dei cittadini residenti in Italia per la Circoscrizione Estero[25].

Più di recente, con l'inizio di una politica migratoria incentrata sulle qualifiche professionali e l'introduzione già negli anni Novanta di ingressi in base al punteggio, la politica migratoria australiana è diventata sempre più selettiva privilegiando ingressi temporanei. Ad ogni modo, come vedremo tra poco, la doppia cittadinanza rappresenta un vantaggio sotto diversi aspetti.

La doppia cittadinanza in Australia

Gli approcci che stanno alla base della scelta di un paese per l'introduzione della doppia cittadinanza sono essenzialmente due[26]. Uno riguarda l'interesse a creare legami più forti con i cittadini che sono emigrati o nati all'estero (approccio che favorisce l'emigrazione, prevalente nei paesi dove lo *ius sanguinis* regola le norme della cittadinanza). L'altro riguarda l'interesse a incrementare i livelli di integrazione dei cittadini stranieri immigrati o nati nel paese di destinazione (approccio che favorisce l'immigrazione, prevalente nei paesi dove lo *ius soli* regola le norme della cittadinanza).

Un chiaro esempio del primo approccio è offerto dall'Italia con l'introduzione nel 1992 di cambiamenti alla legge sulla cittadinanza. Con una tradizione storica di emigrazione (si stima che le persone all'estero con origine italiana siano circa

---

[23] Papais ha messo anche in luce il ruolo delle consulte regionali. Luigi Papais, "Le Consulte regionali dell'emigrazione nel sistema della rappresentanza degli italiani nel mondo", in Fondazione Migrantes, *Rapporto Italiani nel Mondo 2022*, Tau Editrice, Todi (PG), 2022, pp. 95-113.

[24] Simone Battiston, "Il voto degli italiani in Australia fra continuità e segnali di cambiamento", in Simone Battiston - Stefano Luconi, a cura di, *Autopsia di un diritto politico: Il voto degli italiani all'estero nelle elezioni del 2018*, Accademia University Press, Torino, 2018, pp. 145-161.

[25] Ibidem.

[26] Tanja B. Sejersen *"I Vow to Thee My Countries". The Expansion of Dual Citizenship in the 21st Century*, «International Migration Review», 42(3), 2008, pp. 523-549.

80 milioni), l'Italia a partire dagli anni Settanta del Novecento è divenuta prevalentemente paese di immigrazione per tornare nel nuovo millennio un paese di emigrazione, soprattutto in seguito alla crisi finanziaria globale del 2008 che ha dato un forte impulso alla emigrazione giovanile. Secondo Joppke[27], la nuova legge italiana sulla cittadinanza ha di fatto favorito gli emigrati e sfavorito gli immigrati. Era favorita anche la migrazione di ritorno soprattutto dai Paesi del Sud globale, come ad esempio l'Argentina, affetta dalla grave crisi finanziaria del 2001[28]. Invece, i requisiti per la naturalizzazione degli immigrati in Italia sono diventati più selettivi.

Motivi personali e politici hanno storicamente definito le scelte dei migranti. Acquisire la sola cittadinanza australiana rappresentava una scelta politica, ma è stata soprattutto una necessità: era un prerequisito, ad esempio, per lavorare nel settore pubblico, e per evitare rischi di deportazione[29]. Tuttavia, la naturalizzazione portava degli svantaggi importanti. Innanzitutto, i figli nati dopo la perdita della cittadinanza dei genitori non potevano richiedere la cittadinanza *iure sanguinis*. Inoltre, vanno considerate le complicazioni nella gestione dei patrimoni, specie per le donne rimaste in Italia che, nella maggior parte dei casi, quando il marito migrante diventava cittadino australiano, perdevano, con la cittadinanza italiana, anche i diritti di eredità[30]. Baldassar e Raffaetà esplorano nel dettaglio, attraverso studi di caso, le complessità, non solo burocratiche ma anche identitarie, di due generazioni di italiani in Australia: i primi arrivati e i loro discendenti[31]. (Ri)acquisire la cittadinanza italiana è per i primi una operazione ben più difficile di quanto sia per i loro figli australiani ottenere la doppia cittadinanza attraverso la discendenza se questi ultimi erano nati quando i genitori erano ancora cittadini italiani[32].

In Australia, dove la maggior parte della popolazione è nata all'estero o ha almeno un genitore nato all'estero e dove svariati milioni di persone hanno la doppia cittadinanza, la legge del 1992 ha anche consentito il recupero della cittadinanza italiana da parte di chi l'aveva persa con la naturalizzazione e ha consentito l'acquisizione della cittadinanza italiana da parte delle seconde e successive generazioni (nate in Australia e con la sola cittadinanza australiana) attraverso la discendenza, cioè dimostrando di essere discendenti di italiani.

Dal 1992 in poi la possibilità di avere la doppia cittadinanza italiana-australiana ha molteplici vantaggi. In primo luogo, nell'ambito della cosiddetta migrazione

---

[27] Christian Joppke, *Citizenship between De- and Re-Ethnicization*, «European Journal of Sociology», n. 44, 2003, pp. 429-458.

[28] Marianna Prontera, *Differences and Similarities at Work: The Experiences of Italian Ethnic Return Migrants from Argentina and France*, «Altreitalie», n. 58, 2019, pp. 108-126.

[29] Evan Smith, *Shifting Undesirability: Italian Migration, Political Activism and the Australian Authorities from the 1920s to the 1950s*, «Immigrants & Minorities», 40(1-2), 2022, pp. 106-131.

[30] Caroline Lange, a cura di, *Being Australian Women: Belonging, Citizenship and Identity*, University of Western Australia, Centre for Western Australian History, Department of History, 2000.

[31] Loretta Baldassar - Roberta Raffaetà, *It's complicated, isn't it: Citizenship and Ethnic identity in a Mobile World*, «Ethnicities», 18(5), 2018, pp. 735-760.

[32] Ibidem.

transiente i movimenti migratori possono essere scomposti in periodi più o meno prolungati trascorsi in paesi terzi, per motivi di studio, di lavoro o di esplorazione culturale. La doppia cittadinanza è quindi particolarmente importante per facilitare i viaggi all'interno dell'Unione europea (UE, grazie al passaporto italiano) o per soggiornare in Nuova Zelanda (grazie al passaporto australiano). In secondo luogo, nell'ambito del transazionalismo della cura[33], facilita i soggiorni in Italia per assistere familiari o parenti bisognosi di assistenza. In terzo luogo, può facilitare i ritorni temporanei o i rientri definitivi. In quarto e ultimo luogo, tutti questi benefici si trasmettono alle nuove generazioni nate in Australia da genitori con la doppia cittadinanza. Per gli italodiscendenti infatti il viaggio in Italia costituisce una parte importante del percorso identitario e della loro transizione verso l'età adulta.

Residenza permanente e (doppia) cittadinanza. Nuove migrazioni in Australia

Quasi esauritasi all'inizio degli anni Ottanta del Novecento, la migrazione italiana in Australia è tornata a crescere nel secondo decennio degli anni Duemila, quando l'Australia, a partire dagli anni Novanta del Novecento ha iniziato a inserire misure restrittive e criteri selettivi ai nuovi ingressi[34]. La cittadinanza australiana in senso lato si compone per i migranti di oggi di due istituti che ne rappresentano la natura di cittadinanza sociale (residenza permanente) e di cittadinanza politica (cittadinanza in senso stretto). La residenza permanente consente di avere gli stessi diritti dei cittadini australiani per quanto riguarda l'accesso al programma sanitario nazionale, al sistema scolastico pubblico di livello primario e secondario e in qualche misura anche ai servizi di welfare e all'istruzione pubblica terziaria[35]. La cittadinanza in senso stretto conferisce, insieme al passaporto australiano, i diritti di elettorato attivo e passivo nelle elezioni politiche[36].

Notoriamente, la nuova migrazione italiana post-Duemila è diretta prevalentemente nei Paesi dell'UE. In un confronto con la migrazione all'interno dello spazio dell'UE, il caso australiano è particolarmente interessante anche dal punto di vista delle implicazioni multidimensionali della cittadinanza del paese di immigrazione, tra cui la cittadinanza sociale. In base a quella che alcuni chiamano "cittadinanza

---

[33] Loretta Baldassar - Laura Merla, a cura di, *Transnational Families, Migration and the Circulation of Care*, Routledge, London, 2014.

[34] Shanthi Robertson, *Time and Temporary Migration: The Case of Temporary Graduate Workers and Working Holiday Makers in Australia*, «Journal of Ethnic and Migration Studies», 40(12), 2014, pp. 1915-1933.

[35] David Smith - Julia Wykes - Sarah Jayarajah - Tony Fabijanic, "Citizenship In Australia", in Oecd, a cura di, *Naturalisation: A Passport for the Better Integration of Immigrants?*, OECD Publishing, Paris, 2011, pp. 314-333.

[36] Ibidem.

europea"[37], i nuovi migranti italiani possiedono gli stessi diritti sociali dei cittadini del paese di arrivo. Come notano Quassoli e Dimitriadis nel loro studio sui migranti italiani in Germania «la possibilità di naturalizzazione viene trattata dai migranti italiani con un certo distacco e non è ritenuta né urgente né fondamentale»[38]. È invece urgente e fondamentale per gli italiani che arrivano in Australia con un visto temporaneo e tentano di inserire in questo paese lo sviluppo del loro percorso biografico. Un migrante temporaneo, infatti, ha meno diritti di un residente permanente dal punto di vista dell'accesso a molteplici benefici e servizi.

Rispetto ai tanti che li hanno preceduti, gli italiani che oggi entrano in Australia lo fanno in maniera temporanea e con visti precari. Tuttavia, dal 1992 in poi, non devono rinunciare alla cittadinanza italiana quando diventano cittadini australiani. Una volta divenuti residenti permanenti, gli italiani vedono l'acquisizione della doppia cittadinanza australiana-italiana come una evoluzione naturale e non problematica della residenza permanente. Questo nuovo flusso migratorio si inserisce nel filone di studi sulla mobilità transnazionale e i suoi protagonisti sono una giovane generazione tendenzialmente cosmopolita, anche in virtù di molteplici esperienze pregresse di mobilità internazionale, con un senso di appartenenza complesso che non si limita in molti casi al solo Paese di partenza e di arrivo[39].

Il visto vacanza lavoro e la corsa a ostacoli per la cittadinanza australiana

L'Australia è la tredicesima destinazione dei migranti italiani (tra i 18 e i 39 anni)[40] per via dell'accordo bilaterale del 2004 tra il governo italiano e quello australiano per l'istituzione di visti temporanei di mobilità giovanile (visto vacanza lavoro), tesi a facilitare i movimenti dei giovani tra i due Paesi[41]. Sulla base dell'analisi dei dati che riguardano la presenza italiana temporanea e permanente in Australia, Mares ha de-

[37] Cris Shore - Annabel Black, "Citizens' Europe and the Construction of European Identity", in Cris Shore - Victoria A. Goddard - Josep R. Llobera, a cura di, *The Anthropology of Europe*, Routledge, London, 1994. Percy B. Lehning, *European citizenship: Towards a European Identity*, «Law and Philosophy», n. 20, 2001, pp. 239-282.

[38] Fabio Quassoli - Iraklis Dimitriadis, "Modelli culturali e concezione della cittadinanza tra i nuovi migranti italiani a Londra e Berlino", in Marco Alberio - Fabio Berti, a cura di, *Italiani che lasciano l'Italia*, Mimesis, Milano, 2020, pp.171-192.

[39] Giulia Marchetti - Loretta Baldassar - Anita Harris - Shanthi Robertson, *Italian Youth Mobility: The Case for a Mediterranean Model of Family-centred Mobile Transitions*. «Ethnicities» 22(1), 2019, pp. 108-127.

[40] Si veda: <http://dati.istat.it/>.

[41] Loretta Baldassar - Joanne Pyke, *Intra-diaspora Knowledge Transfer and 'New' Italian Migration*. «International Migration», 52(4), 2014, pp. 128-143. Bruno Mascitelli - Riccardo Armillei, a cura di, *Australia's New Wave of Italian Migration: Paradise or Illusion*, Australian Scholarly Publishing, 2017, pp. 53-78. Shanthi Robertson, *Time and Temporary Migration: The Case of Temporary Graduate Workers and Working Holiday Makers in Australia*, «Journal of Ethnic and Migration Studies», 40(12), 2014, pp. 1915-1933.

finito la recente migrazione italiana in Australia come una "migrazione multi-step" poiché in media «il passaggio dallo status temporaneo a quello permanente impiega 6,4 anni e richiede 3,3 differenti visti»[42]. Per un migrante italiano temporaneo che ha intenzione di rimanere in Australia le strade sono due. Quella più comune è iniziare la cosiddetta "corsa a ostacoli"[43] per la residenza permanente che è la via maestra alla cittadinanza australiana. Allo scadere dell'ultimo visto di vacanza lavoro, i giovani italiani si iscrivono a corsi professionalizzanti o all'università e ottengono così un visto per studio che consente loro di rimanere nel paese per la durata degli studi. Nel frattempo, si professionalizzano e hanno la possibilità di trovare lavoro in un settore che consente loro di avere un visto di lavoro sponsorizzato. Dopo aver trascorso il tempo previsto dalla legge nella posizione lavorativa sponsorizzata hanno le carte in regole per fare richiesta di visto permanente che necessita di determinati requisiti (tra cui il superamento del test linguistico) e concede un punteggio in base alla desiderabilità della professione nel mercato del lavoro australiano e all'età. Una seconda strada, che spesso interrompe il percorso appena descritto, è l'ottenimento della residenza permanente attraverso il matrimonio: la nuova migrazione italiana in Australia è fatta da persone in età giovane nel pieno della fase produttiva e riproduttiva della loro vita. A differenza della migrazione italiana del Dopoguerra, questi si affacciano a un mercato matrimoniale esogamico e quindi non sorprende che molti italiani rimangano in Australia e ottengano la residenza permanente grazie alla formazione di legami affettivi stabili (che in molti casi possono anche essere il motivo, non previsto al momento della partenza, della decisione di rimanere).

La cittadinanza italiana diventa un vantaggio in questo difficile percorso. Le convenzioni binazionali permettono l'accesso limitato ad una serie di diritti fondamentali, da cui gli stranieri sono solitamente esclusi. L'Italia è tra gli undici paesi ad avere un accordo reciproco sull'accesso alle cure mediche gratuite in Australia, il *Reciprocal Health Care Agreement* (RHCA). Quest'ultimo si rivela di vitale importanza per chi è sprovvisto di copertura assicurativa privata per i primi sei mesi di permanenza e dona un accesso parziale al *Pharmaceutical Benefits Scheme* (PBS)[44]. Si può convertire la patente di guida italiana, che si rivela utile per accelerare tramiti burocratici, cercare lavoro e trovare casa, mentre per i primi sei mesi di permanenza in Australia, si può guidare con la patente di tipo B italiana[45]. Inoltre, la rete diplo-

---

[42] Peter Mares, *Putting the New Wave of Italian Migration to Australia in Context*, «Studi Emigrazione», n. 207, 2017, p. 479.

[43] Sandro Mezzadra - Brett Neilson, "Borderscapes of Differential Inclusion: Subjectivity and Struggles on the Threshold of Justice's Excess", in Étienne Balibar - Sandro Mezzadra - Ranabir Samaddar, a cura di, *The Borders of Justice*, Temple University Press, Philadelphia, 2011, pp.181-203.

[44] Services Australia, *Visiting from Italy*, <https://www.servicesaustralia.gov.au/reciprocal-health-care-agreements-visiting-from-italy?context=22481>.

[45] Consolato Italiano di Adelaide, *Driving in Australia*, <https://consadelaide.esteri.it/en/servizi-consolari-e-visti/servizi-per-il-cittadino-italiano/autoveicoli-e-patenti-di-guida/driving-in-australia>.

matica e il peso del passaporto italiano costituiscono un vantaggio rilevante, specie di fronte all'eventualità di emergenze.

Il grosso della recente migrazione italiana è dovuto a migranti temporanei: sommando il numero degli italiani con visti temporanei con quello degli italiani con visti permanenti in Australia nel 2021 (totale 13.209 unità), quelli con visti temporanei sono quasi il 90%[46]. Per questo motivo, concludiamo questo saggio prendendo in considerazione le implicazioni, da un punto di vista soggettivo, della temporaneità sui nuovi arrivati, per molti dei quali l'acquisizione della residenza permanente è una priorità e la doppia cittadinanza italo-australiana un punto di arrivo di un percorso che è, allo stesso tempo, migratorio ed esistenziale.

Uno studio qualitativo sul bisogno di cittadinanza dei nuovi italiani in Australia

Il Progetto *Youth Mobilities, Aspirations, Pathways* (YMAP) è una ricerca longitudinale (2018-2023) che attraverso un metodo misto (una *survey* online a 826 persone tra i 18 e i 34 anni e interviste in profondità a 48 persone, ripetute a distanza di due anni) esplora le mobilità giovanili in entrata e in uscita dall'Australia. Considera gli australiani che vivono in altre parti del mondo e giovani da differenti Paesi del mondo, tra cui l'Italia, che al momento della prima rilevazione si trovavano in Australia. L'approfondimento qualitativo è stato realizzato su intervistati selezionati in base a uno specifico background culturale (britannico, cinese, italiano e indiano) ed è stata realizzata anche una ricerca qualitativa spinoff esclusivamente sugli italiani a Perth, Western Australia, e sui ritornati in Italia. In generale quasi un quarto (23%) dei partecipanti alla *survey* ha intenzione di rimanere all'estero in maniera permanente. Tale percentuale è assai superiore se si considera solo il campione di persone arrivate in Australia (36%) ed è del 40% tra gli intervistati provenienti dall'Europa non anglofona, tra cui l'origine più ricorrente è l'Italia. La maggioranza di questi si trova in Australia da 1 a 3 anni (55%) e solo il 13% vive in Australia da più di 6 anni.

Di seguito presentiamo alcune riflessioni sulla cittadinanza che provengono dai dati delle interviste qualitative ai 25 italiani che nel 2019 vivevano a Perth (Western Australia). Questo studio, seguendo le indicazioni del progetto di ricerca YMAP, considera l'impatto della mobilità transnazionale sulle transizioni verso l'età adulta. I giovani italiani spesso sono motivati a lasciare l'Italia perché qui le loro transizioni sono bloccate o ritardate (tra tutte, indipendenza economica e autonomia abitativa) e in Australia sperimentano un modo alternativo di diventare adulti[47]. Tuttavia, se alcune transizioni sono accelerate, altre sono ritardate o messe in pausa e qui entra

---

[46] Australian Government, Department of Home Affairs, <https://data.gov.au/>.

[47] Giulia Marchetti - Loretta Baldassar - Anita Harris - Shanthi Robertson, *Sideways Moves to Adult Life: The Transnational Mobility and Transitions of Young Italians in Australia*, «Journal of Ethnic and Migration Studies», 50(6), 2022, pp. 1409-1427.

in gioco il ruolo della presenza temporanea e della corsa a ostacoli verso la residenza permanente e la cittadinanza australiana.

La precarietà dei visti si riflette in effetti anche in una precarietà esistenziale che coinvolge anche aspetti raramente presi in considerazione negli studi sulle mobilità giovanili. Uno di questi è la volontà di formare relazioni affettive durature per poi mettere su famiglia. Antonio spiega perfettamente come la sua condizione di residente temporaneo lo costringa a considerare queste eventualità solo dopo che avrà ottenuto la cittadinanza australiana.

> *Mi vedevo ad Ischia, ad avere uno stile di vita simile a quello dei miei genitori, si sono sposati, si sono fatti la casa, una famigliola felice. Quindi molto uniti. Classica famiglia meridionale. E mi ci vedevo molto bene in quei panni. Però al momento sono dall'altra parte del mondo e sono in una situazione piuttosto precaria perché non avendo una residenza australiana, una cittadinanza australiana, sono in balìa delle leggi, quindi al momento credo che la mia priorità sarà quella di ottenere, almeno di tentare di ottenere la cittadinanza, e dopodiché una volta ottenuta una stabilità procedere magari con una famiglia.* Antonio, 22, second Working Holiday.

Pur essendosi diplomato a pieni voti alla scuola superiore, Antonio aveva deciso di non iscriversi all'università perché i due fratelli maggiori laureati avevano dovuto migrare nel Nord Italia e anche qui avevano lavori precari e sottopagati. Molti intervistati che, come Antonio, non avevano le qualifiche professionali per ottenere uno *skilled visa* erano nel bel mezzo della corsa a ostacoli per la cittadinanza che è spesso facilitata dall'iscrizione a corsi di studio (professionali e universitari) che consentono di sviluppare le qualifiche richieste per ottenere un visto permanente.

> *A ottobre sarebbe scaduto il visto [di vacanza lavoro], per cui io a luglio ho cominciato la scuola, quindi sono passata in student visa. Io volevo restare, per cui ero andata da un agente di immigrazione. Gli ho detto: "Io so che le cose possono cambiare, le liste cambiano, però quali sono più o meno le cose che ci sono sempre?". E lui mi fa: "Contabilità più o meno c'è quasi sempre". E io ho detto: "Okay, va bene".* Francesca, 28, partner visa.

Come nel caso di Francesca, molti giovani italiani in Australia hanno un approccio strumentale al lavoro e il tipo di professione scelta ha l'obiettivo principale di raggiungere un visto sponsorizzato più che soddisfare desideri di realizzazione personale. I dati della ricerca comunque suggeriscono una diffusa consapevolezza tra gli intervistati che questa è una soluzione temporanea perché il mercato del lavoro australiano, diversamente da quello italiano, offre opportunità, evoluzioni e cambi di carriera.

Quasi metà degli intervistati era arrivata in Australia in coppia, con il fidanzato o la fidanzata. Di quelli arrivati da soli, al momento dell'intervista, quattro persone avevano acquisito la residenza permanente attraverso il partner visa avendo stabilito in Australia una relazione romantica stabile (matrimonio o relazione di fatto). Secondo Hoogenraad, questi visti sono sempre più percepiti nella selettiva politica migratoria australiana «come una scappatoia attraverso la quale gli immigrati 'non meritevoli' utilizzerebbero australiani innocenti solo a fini di immigrazione»[48]. I "partner visa", spesso sottoposti a un'ispezione dettagliata, sono sempre più difficili da ottenere e le tasse ad essi associate sono molto alte[49]. Per Olivia, una giovane italiana arrivata in Australia solo per fare un'esperienza temporanea, conoscere il suo attuale marito ha rappresentato il motivo per rimanere. Olivia, quando l'abbiamo intervistata, stava organizzando la sua festa di matrimonio. Si stava per sposare a un'età che per molti suoi amici in Italia sarebbe, a suo dire, impensabile. Lei era infastidita delle critiche dei suoi amici che dicono che si è sposata solo per la cittadinanza.

> *Alcuni felici, però in realtà li vedevo che erano scioccati come per dire "Oddio, non è possibile", perché è una cosa che secondo me non potranno capire finché non la provano. Cioè la nostra vita in Italia è università pagata dai genitori, fino a quando appunto non hai 23 o 24 anni per triennale e biennale che sia, e nient'altro che quello, qualcuno sì ha dei lavori, fa qualcosa part-time, però non viene concepito il matrimonio così in anticipo in Italia. Oppure se conosco qualcuno che lo fa, lo fa giusto magari per staccarsi dal nucleo familiare. Ehm, mentre qua in Australia quando lo dico cioè per loro è la normalità. Ma la cosa che ho odiato più di tutte, che mi son sentita dire e ridire, che cioè non rido neanche più perché non fa ridere, è quando mi dicono che mi sposo per la cittadinanza.* Olivia, 22 anni, student visa.

Infine, sette intervistati erano arrivati alla residenza permanente e due avevano la doppia cittadinanza italiana-australiana. Valerio, a distanza di sei anni, da quando è entrato per la prima volta in Australia con un visto vacanza lavoro, ricorda ancora la data e l'ora di quando gli è stato comunicato che la sua richiesta di residenza permanente era stata accettata.

> *Era il 15 di aprile del 2015, di mattina, alle 10. Ero in ditta a fare manutenzione con il mio supervisor e, quando mi ha chiamato la mia immigration agent, io gli ho detto: "Stai a vedere che questo è l'ultimo giorno che mi vedi perché mi buttano su un aereo e mi rimandano in Italia". E invece no. Era una buona notizia e quindi gli son saltato addosso, ho abbracciato lui, son tornato in ufficio e ho abbracciato i miei capi. Loro sono stati tutti un po' – perché loro non sono abituati a questo scambio di emozioni – […] E poi ho chiamato la mia ragazza che è scoppiata a piangere. È dovuta andare*

---

[48] Henrike Hoogenraad, *Marriage Migration as Happiness Projects? Africa-origin Male Marriage Migrants' Experiences with Marriage Migration to Australia*, «Journal of Ethnic and Migration Studies», 47(9), 2021, p. 2144.

[49] Ibidem.

a casa dal lavoro perché non smetteva di piangere. Poi dal giorno dopo il rilascio dello stress, della pressione che hai di non avere una sicurezza. [...] Ed è quello che sentono tante persone oggi perché comunque stanno cambiando le cose, stanno rendendo tutto più difficile per stare qua. Valerio, 32, cittadinanza australiana.

Se la residenza permanente ha a che fare con la fine delle preoccupazioni per un possibile rimpatrio forzato, l'acquisizione della cittadinanza australiana consente di costruire anche formalmente un'identità complessa e di fare nuovi progetti per il futuro, come nel caso di Anna e Federico.

Dopo un anno che siamo residenti, poi si può applicare per la cittadinanza. Quindi a febbraio del 2018 abbiamo [io e il mio ragazzo] *applicato per la cittadinanza. Ci è arrivato l'invito per fare il test a novembre, quindi tre mesi fa abbiamo fatto il test, lo abbiamo passato, è molto semplice, e poi ci è arrivato l'invito per la cerimonia che si terrà il giorno dell'Australia Day sabato prossimo. [...] È bello, è un cerchio che si chiude. Ma sarò sempre italiana, saremo sempre italiani.* Anna, 33, cittadinanza australiana.

Appena prendo la cittadinanza, io farò l'applicazione per i lavori del governo. Nel posto dove sono è bello, mi piace, però non posso crescere ancora di più. Mentre qua posso pensare di prendere un lavoro dove posso crescere e diventare qualcuno. [...] i miei amici mi prendono in giro. Dicono che diventerò il sindaco di Perth. [...] Io mi sento cittadino del mondo. Io porto in alto la bandiera italiana e napoletana, mi sento napoletano dentro però comunque io ho sempre cercato di entrare nella cultura in cui mi trovo. E poi, avendo vissuto in America, qui e in Italia, sono abbastanza malleabile. Federico, 29, residente permanente.

La malleabilità delle identità (locali, nazionali, transnazionali) è una caratteristica dei giovani che sono oggi in movimento, i cui percorsi di mobilità sono sempre più transienti. La possibilità di muoversi di nuovo non si esaurisce necessariamente con l'acquisizione della cittadinanza del Paese di arrivo. La doppia cittadinanza italiana e australiana costruisce un vero e proprio ponte tra i due Paesi ed esprime il senso complesso di appartenenza dei protagonisti delle migrazioni contemporanee.

AUSTRIA. "Ospiti a casa propria": la non tolleranza della doppia cittadinanza e i problemi per la comunità italiana

FRANCESCO MARRELLA, Comitato Italiani all'Estero (Com.It.Es) Austria, Presidente Commissione "Lavoro, Integrazione e Politiche Sociali", membro dell'Esecutivo

L'Austria. Un tempo centro dell'ormai dissolto impero asburgico che si estendeva dall'Italia all'odierna all'Ucraina, da Praga ai Balcani. Un regno la cui grandezza era fondata sulla multiculturalità e coesistenza di tradizioni diverse. Una commistione che rimane ancora oggi al centro della Repubblica austriaca…Beh, non proprio.

L'Austria nel 2024 è tra i pochi Paesi europei a non concedere la doppia o multipla cittadinanza acquisita tramite naturalizzazione. La Legge federale sulla nazionalità (*Staatsbürgerschaftsgesetz*)[1] norma, infatti, che chi vuole acquisire la cittadinanza austriaca per conferimento, deve prima rinunciare alla cittadinanza posseduta al momento della richiesta.

Non-tolleranza della doppia cittadinanza in Austria: breve storia

La naturalizzazione a seguito della rinuncia della precedente cittadinanza non è qualcosa di nuovo in Austria. Tale requisito era stato già introdotto nel 1860, all'interno di accordi bilaterali con singoli Stati esteri. La norma venne inserita nel contesto interno dell'Impero con il cosiddetto *Compromesso austro-ungarico* del 1867, che istituì la duplice monarchia e impose ai cittadini ungheresi la rinuncia alla loro cittadinanza d'origine per l'acquisizione di quella austriaca. Nel 1925 venne varata una nuova legge sulla cittadinanza che, per la prima volta, introdusse la rinuncia alla cittadinanza precedente come regola di applicazione generale, poi mantenuta nella successiva legge del 1949. In seguito, la legge sulla cittadinanza del 1965 ha formalizzato nella legislazione austriaca la non tolleranza della doppia cittadinanza. È proprio su questo testo che venne costruita (talvolta riprendendone interi stralci) l'ultima legge austriaca sulla cittadinanza, approvata nel 1985, e che tutt'oggi regola la disciplina in merito. Da allora la normativa è stata modificata in varie occasioni,

[1] Bundesgesetz über die österreichische Staatsbürgerschaft (Staatsbürgerschaftsgesetz – StbG), 1985, versione del 22.07.2024, §§ 10, 19.

in particolare per allinearla agli impegni internazionali, senza però andare a cambiare sostanzialmente lo schema generale delle disposizioni[2].

Per quanto riguarda la legislazione internazionale, è importante sottolineare che l'Austria rimane uno degli unici due Paesi firmatari che non hanno ancora denunciato[3] il Capitolo I della Convenzione di Strasburgo del 1963 sulla cittadinanza multipla (l'Italia lo ha fatto nel 2009)[4], il quale richiede la perdita della cittadinanza al momento della naturalizzazione in un altro Stato firmatario[5]. Questo trattato viene spesso citato dal governo austriaco come una delle motivazioni che obbliga il regime stringente sulla doppia cittadinanza.

L'acquisizione della cittadinanza oggi

La legge federale sulla nazionalità (*Staatsbürgerschaftsgesetz*) del 1985 disciplina tutti gli aspetti relativi alla cittadinanza in Austria. Si tratta di una normativa particolarmente esigente.

La rinuncia alla propria cittadinanza d'origine è solo uno dei molti obblighi per arrivare a possedere il passaporto austriaco. I requisiti per la naturalizzazione sono particolarmente onerosi, tra cui un considerevole numero di anni di residenza obbligatoria (normalmente 10, che possono ridursi a 6 a fronte di determinate condizioni, incluso essere cittadini dell'Unione europea o essere nati in Austria), un reddito stabile e regolare per almeno 36 mesi negli ultimi 6 anni, il possesso di una certificazione di lingua tedesca, il passaggio di un test[6].

Alla regola che non permette l'acquisizione di una doppia cittadinanza si applicano un numero di eccezioni. È importante sottolinearne in particolare due.

L'Austria prevede l'acquisizione della cittadinanza austriaca per discendenza. Se alla nascita il minore acquisisce automaticamente un'altra cittadinanza straniera, allora non perderà la cittadinanza austriaca, ma gli verranno attribuite entrambe.

Inoltre, per gli stranieri che fanno domanda, l'Austria può far decadere l'obbligo di rinuncia alla cittadinanza precedente in caso di un possibile beneficio per lo Stato

---

[2] Rainer Bauböck - Max Valchars, "Non-Toleration of Dual Citizenship in Austria from Dual Citizenship and Naturalisation", in Rainer Bauböck - Max HAller (eds.), *Dual Citizenship and Naturalisation: Global, Comparative and Austrian Perspectives*, Österreichische Akademie der Wissenschaften, Vienna, 2021, pp. 208-212, <https://austriaca.at/0xc1aa5576%200x003c6e47.pdf>.

[3] Consiglio d'Europa, Riserve e dichiarazioni per trattato n. 043 - Convenzione sulla diminuzione dei casi di doppia nazionalità e sugli obblighi militari in caso di doppia nazionalità, <https://www.coe.int/it/web/conventions/full-list?module=declarations-by-treaty&numSte=043&codeNature=0>.

[4] Ministero dell'Interno - Dipartimento libertà civili e immigrazione, Circolare n. 14232, 2009.

[5] Consiglio d'Europa, *Convenzione sulla riduzione dei casi di cittadinanza multipla e sugli obblighi militari in caso di cittadinanza multipla (STE No. 043)*, 6 maggio 1963, <https://rm.coe.int/168006b659>.

[6] Verordnung des Bundesministers für Inneres vom 31. Juli 1985 zur Durchführung des Staatsbürgerschaftsgesetzes (Staatsbürgerschaftsverordnung), versione del 22.07.2024.

austriaco, grazie ai risultati straordinari ottenuti o che si prevede possano essere raggiunti dal nuovo cittadino.

L'acquisizione della cittadinanza austriaca risulta estremamente difficile, se non talvolta impossibile, per via dei molti requisiti e le diverse complessità procedurali. Se l'impossibilità di mantenere la propria cittadinanza di origine non scoraggiasse già molti dal richiedere il passaporto austriaco, un ulteriore deterrente sono gli stringenti requisiti per la naturalizzazione. Non a caso l'Austria è posta in ultima posizione fra i Paesi europei dal *Migrants Integration Policy Index*[7], in controtendenza con le politiche di molti altri Stati nel continente.

I dati sulle naturalizzazioni di stranieri in Austria comprovano queste difficoltà. Nel 2023 il tasso di naturalizzazione è stato solamente lo 0,7% degli stranieri residenti in Austria, corrispondente a circa l'1% della popolazione non austriaca che, in linea di principio, potrebbe essere naturalizzata soddisfacendo il criterio di residenza nel Paese[8]. Questo tasso di naturalizzazione è basso rispetto a quello di altre nazioni con un livello di immigrazione altrettanto elevato ed è rimasto pressoché invariato nel corso degli ultimi 5 anni[9].

Cittadinanza negata in un Paese sempre più straniero

Queste disposizioni così stringenti per l'acquisizione della cittadinanza appaiono avulse, se non in contrasto, con quella che è la realtà del Paese. Un'ingente percentuale della popolazione austriaca è infatti composta proprio da cittadini stranieri. Ad inizio 2024 l'Istituto nazionale di statistica (Statistik Austria) ha registrato 9.159.993 abitanti nel Paese. Gli stranieri erano il 19,7%, pari a 1.800.866 unità, mentre i cittadini austriaci si attestavano a 7.357.884[10]. Quasi il 3% dei cittadini stranieri (circa 261.000) era nato in Austria[11]. I cittadini di altri Stati europei, in particolare la Germania, costituiscono il gruppo più numeroso di immigrati in Austria.

L'incidenza di residenti non austriaci si fa ancora più marcata se si guarda alla capitale, Vienna. Nella città, che all'inizio del 2024 ha superato i 2 milioni di abitanti per la prima volta dal periodo precedente il primo conflitto mondiale, gli stra-

---

[7] *The Migrant Integration Policy Index (MIPEX)*, 2020, <https://www.mipex.eu/access-nationality>.

[8] Statistics Austria - Federal Institution Under Public Law, *Naturalisations in 2023 decreased by 3.2%*, «Statistik Austria», Press release, 2024, <https://www.statistik.at/fileadmin/announcement/2024/02/20240215Einbuergerungen2023EN.pdf>.

[9] Expert Council For Integration, *Integration Report 2023*, Federal Ministry for Women, Family, Integration and Media, 2024, p. 18.

[10] Statistics Austria - Federal Institution Under Public Law, *Population growth in Austria in 2023 considerably lower than in previous year*, «Statistik Austria», Press release, 2024, <https://www.statistik.at/fileadmin/announcement/2024/05/20240528Demographie2023EN.pdf>.

[11] Statistik Austria, *Statistisches Jahrbuch Migration & Integration 2023*, 2023 p. 21, <https://www.statistik.at/fileadmin/user_upload/MIG2023.pdf>.

nieri sono oggi il 35,4% della popolazione. Si tratta, in valore assoluto, di 710.633 persone, una quota significativa di tutti i cittadini stranieri registrati in Austria. Di questi, un terzo hanno passaporto di altri Stati membri dell'Unione europea.

L'Austria si ritrova ad affrontare una composizione sociale che richiede grande attenzione verso le politiche di integrazione per poter essere gestita al meglio. Un approccio così restrittivo in termini di cittadinanza risulta un ostacolo in questo senso, generando gravi criticità su due piani distinti ma connessi: quello dell'integrazione sociale e quello della partecipazione democratica.

Integrazione separata

L'Austria deve molto della sua crescita, demografica e non solo, all'afflusso costante di stranieri all'interno dei suoi confini[12]. Basti pensare che dell'aumento del 12,6% della popolazione austriaca fra il 2001 e il 2022, l'11,2% è il saldo netto migratorio, mentre solo l'1,4% di questa crescita era dovuto al saldo positivo di nascite[13]. Fra il 2015 e il 2022 la percentuale di popolazione con background migratorio è passata dal 21,4% al 26,4%[14]. Stando alle proiezioni di Statistik Austria, questa tendenza continuerà nei decenni a venire facendo dell'immigrazione l'unico vero traino alla crescita della popolazione contro un continuo invecchiamento generale dei residenti e l'emigrazione dal Paese.

L'immigrazione in Austria ha, inoltre, dimostrato di avere un forte carattere stanziale. Le persone una volta arrivate spesso si stabiliscono in maniera molto prolungata se non definitiva. Stando ai dati del 2022, il 16% dei cittadini stranieri residenti in Austria è arrivato prima del 1990, il 38% tra il 1990 e il 2009 e il 36% tra il 2010 e il 2019[15]. Uno studio della città di Vienna ha mostrato come nel 2022 ben il 79% dei cittadini senza cittadinanza austriaca vivesse nella capitale da almeno 5 anni o vi fosse nato (l'Austria non applica lo *ius soli*) [16]. Questa stanzialità si riflette in un alto senso di appartenenza all'Austria da parte degli stranieri[17].

---

[12] Statistics Austria - Federal Institution Under Public Law, *Census 2021: Austria is growing due to immigration and ageing*, «Statistik Austria», Press release, 2022, <https://www.statistik.at/fileadmin/announcement/2023/07/20230717Volkszaehlung2021EN_corr.pdf>.

[13] Statistics Austria - Federal Institution Under Public Law, *Immigration leads to further population growth*", «Statistik Austria», Press release, 2023, <https://www.statistik.at/fileadmin/announcement/2023/11/20231122BPR2023EN.pdf>.

[14] Statistics Austria - Federal Institution Under Public Law, *More than a quarter of the population has roots abroad*, «Statistik Austria», Press release, 2023, <https://www.statistik.at/fileadmin/announcement/2023/08/20230824MigrationIntegration2023EN.pdf>.

[15] Expert Council For Integration, *Integration* [...], cit., pp. 16-18.

[16] Stadt Wien, *Staatsbürgerschaft und Einbürgerung in Wien*, 2023, p. 11, <https://www.google.com/url?sa=t&rct=j&q=&esrc=s&source=web&cd=&cad=rja&uact=8&ved=2ahUKEwj48baq2Z-HAxVVxgIHHSlaDS8QFnoECCYQAQ&url=https%3A%2F%2Fwww.digital.wienbibliothek.at%2Fdownload%2Fpdf%2F4854131.pdf&usg=AOvVaw2fV0ysYUj-PW0aW3GsY2J-&opi=89978449>.

[17] Statistik Austria, *Statistisches* [...], cit., p. 96.

Vivere la propria esistenza o larga parte di questa in un Paese senza però esserne pienamente cittadini nel corso degli anni genera una dinamica di alienazione da "separati in casa". Dinamica che colpisce ancor di più le generazioni di stranieri nati in Austria. Questo non può che impattare profondamente sulla riuscita della loro integrazione, facendosi ancora più grave per i cittadini con passaporto di Paesi al di fuori dell'Unione europea dal momento che non hanno modo di godere delle diverse garanzie comunitarie.

Divario democratico

La difficoltà ad acquisire la cittadinanza austriaca pone poi una seria problematica di rappresentanza democratica. Il non essere cittadini austriaci, infatti, nega il godimento di un diritto politico fondamentale: quello di voto.

L'attuale legge elettorale in Austria richiede il possesso della cittadinanza austriaca ed il raggiungimento dei 16 anni per poter votare alle elezioni del Presidente federale, del Parlamento o dei rispettivi parlamenti regionali (*Landtag*)[18]. I cittadini di Paesi dell'Unione europea che abbiano più di 16 anni possono partecipare alle elezioni comunali e dei sindaci nel luogo di residenza, oltre che a quelle per il Parlamento europeo. Un'eccezione molto importante a questa regola è però Vienna, dove nemmeno ai cittadini europei è permesso eleggere il sindaco ed il consiglio comunale (per ragioni che spiegheremo sotto).

Analizzando i dati più recenti di Statistik Austria, sul totale di 1.801.184 persone con cittadinanza non austriaca che vivevano in Austria all'inizio del 2024, poco meno di 1,5 milioni avevano più di 16 anni. Circa il 19% della popolazione nazionale in età di voto, quindi, non ha potenzialmente modo di poter far valere le proprie istanze tramite elezioni.

Considerando poi l'alto tasso di immigrazione e la permanenza in Austria di cittadini di Paesi terzi, per via di questa disposizione sempre più persone, molte delle quali da lungo tempo nel Paese o addirittura essendovi nate, non hanno modo di eleggere i propri rappresentanti ad alcun livello, fatte alcune eccezioni per i cittadini comunitari.

In questo contesto risulta ancor più limitante la peculiarità viennese. Nel 2022, il 33,4% della popolazione viennese non aveva diritto di voto, un numero destinato a crescere[19]. Inoltre, agli oltre 250.000 cittadini europei non austriaci nella capitale non viene permesso di partecipare alle elezioni del sindaco e del consiglio comunale. Sebbene una specifica direttiva dell'Unione europea garantisca il diritto di voto e di eleggibilità alle elezioni comunali per i cittadini dell'Unione che risiedono in uno Stato membro di cui non hanno la cittadinanza[20], questo non è possibile a Vienna

[18] Gesamte Rechtsvorschrift für Nationalrats-Wahlordnung, 1992, versione del 30.06.2024.
[19] Stadt Wien, *Staatsbürgerschaft* [...], cit., p. 4.
[20] Consiglio dell'Unione europea, Direttiva 94/80/CE del Consiglio, 19 dicembre 1994.

per via della doppia carica che il sindaco ricopre. Il sindaco è primo cittadino della municipalità e al contempo presidente della Regione (*Bundesland*) di Vienna. Secondo la Costituzione federale austriaca, il Consiglio regionale (*Landtag*), in quanto organo legislativo, può essere eletto solo da cittadini austriaci.

Questo divario democratico è un problema ben riconosciuto in Austria e che ha richiamato una grande attenzione da parte di organizzazioni della società civile e della stampa[21]. Al contrario, il dibattito parlamentare non ha approfondito la tematica della doppia cittadinanza, oggetto di una forte polarizzazione politica causata da questioni ideologiche e di natura storica. Proprio l'Italia è stata al centro di un raro riaccendersi della questione per via delle tensioni politiche e diplomatiche[22] generate tra il 2017 e il 2019 dall'intenzione dell'allora governo austriaco di destra popolare-nazionalista – *Österreichische Volkspartei (ÖVP)* e *Freiheitliche Partei Österreichs (FPÖ)* – di presentare un progetto di legge per la concessione della doppia cittadinanza austriaca agli altoatesini di lingua tedesca e ladina nella provincia di Bolzano[23]. Una proposta che avanzò sino ad un emendamento nel parlamento viennese[24] ma poi venne accantonata con il cambio di governo nel 2019.

La comunità italiana in Austria

Il numero di cittadini italiani in Austria è cresciuto in maniera significativa nell'ultimo decennio e rimane in costante aumento[25]. I registrati all'Anagrafe degli Italiani Residenti all'Estero (AIRE) erano circa 47.000 nel 2023 contro gli appena 29.000 nel 2016. Stando ai dati di Statistik Austria – che conteggia le doppie cittadinanze come solo austriache, causando una discrepanza rispetto ai numeri AIRE – gli italiani residenti in Austria al 1° gennaio 2024 erano 39.454. Un totale quasi quadruplicato rispetto ai 10.656 residenti nel 2002. Una crescita sostenuta anche dalla natalità con un totale di 4.547 istanze di trascrizione di nascita di bambini italiani

[21] Da notare l'iniziativa *Pass Egal Wahl* organizzata dall'Associazione SOS Mitmenschen, <www.passegalwahl.at>.

[22] Camera dei Deputati, *Mozioni concernenti iniziative in relazione al prospettato riconoscimento della cittadinanza austriaca ai cittadini italiani di lingua tedesca e ladina residenti in Alto Adige*, 27 settembre 2018.

[23] Si vedano: Lino Panzeri, *Sulla doppia cittadinanza in Alto Adige/Südtirol: brevi note a margine di una (annunciata) proposta di legge austriaca*, «Osservatorio Costituzionale 3/2018», Associazione Italiana dei Costituzionalisti, 2018, <https://www.osservatorioaic.it/images/rivista/pdf/38-Panzeri_definitivo.pdf> e Oskar Peterlini, *Doppio passaporto austriaco - L'intento e le polemiche, il diritto internazionale e comparato, i precedenti italiani*, «NOMOS» 2/2020, <https://www.nomos-leattualitaneldiritto.it/wp-content/uploads/2020/10/Peterlini-2-2020-1.pdf>.

[24] *Betreffend enge bilaterale Gespräche zur Doppelstaatsbürgerschaft für Südtiroler*, Entschließung des Nationalrates, 19 settembre 2019, <https://www.parlament.gv.at/gegenstand/XXVI/E/121>.

[25] Laura Cuzzocrea - Francesco Marrella - David Primo - Sara Rebeschini, *Rapporto Comunità italiana in Austria 2022*, Comitato degli Italiani all'Estero (Com.It.Es) Austria, 2023, <https://comitesaustria.at/wp-content/uploads/2023/10/Comites-Austria-Rapporto-comunita-italiana-in-Austria-2022.pdf>.

processate dalla Cancelleria Consolare tra il 2018 e il 2023, con una media stabile attorno ai 760 nati per anno.

Gli italiani in Austria risiedono principalmente a Vienna (14.679 italiani) e nelle regioni di confine con l'Italia, ovvero il Tirolo (8.697) e la Carinzia (3.226).

Il *Rapporto Comunità Italiana in Austria 2022* realizzato dal Comitato degli Italiani all'Estero Austria (Com.It.Es) è ad oggi lo strumento principale per l'analisi delle caratteristiche sociali e di adattamento dei concittadini nel Paese[26]. Dal Rapporto emergono risultati particolarmente rilevanti per comprendere come gli italiani si approcciano all'integrazione in Austria e, in particolare, alla questione della cittadinanza. I dati in molte aree mostrano tendenze in linea con quelle dell'immigrazione generale in Austria.

Analizzando i dati relativi agli anni di permanenza in Austria, si evidenzia la presenza di una nutrita proporzione di persone che vivono in territorio austriaco da un lungo periodo di tempo. Il 33,2 % del campione ha vissuto in Austria per più di 10 anni, seguiti da coloro che vi hanno passato tra i 6 e i 10 anni (28,7%). Inoltre, una percentuale molto elevata (42,7%) segnala l'intenzione di considerare il proprio trasferimento in Austria come una scelta definitiva. Facendo un calcolo sommario, sovrapponendo i dati del Rapporto Com.It.Es. con quelli del numero totale di italiani in Austria si potrebbe azzardare che 29.000 italiani nel 2023 vivevano nel Paese da sei anni o più.

La netta maggioranza delle persone che ha risposto ha riportato di non aver intenzione di richiedere la cittadinanza in Austria (61,4%), mentre solo il 14,5% esprime la volontà di ottenere il riconoscimento della cittadinanza d'oltralpe. Interessante che un numero significativo di partecipanti (24,2%) abbia indicato di non aver ancora ragionato in merito al tema[27].

Sebbene i dati diano un'indicazione importante sull'intenzione dei rispondenti, rimane da comprendere la motivazione che sottende al non voler richiedere la cittadinanza. Azzardando una semplificazione fra due opzioni, questa scelta potrebbe essere dovuta tanto al fatto di non voler perdere la propria cittadinanza di origine, quanto al non sentire la necessità di godere dei benefici che deriverebbero dal diventare cittadini austriaci. La questione però è certamente più complessa.

Stando ai dati del Rapporto, il numero di persone con doppia cittadinanza italo/austriaca risulta estremamente marginale, raggiungendo solamente l'1%, contro invece la quasi totalità dei partecipanti (95,9%) in possesso della sola cittadinanza italiana al momento della compilazione.

---

[26] Ibidem.

[27] Per un confronto: Max Halle - Jeremias Stadlmair, *Wunsch nach Erwerb der österreichischen Staatsbürgerschaft*, Stadt Wien, 2021, p. 20, <https://migrant-integration.ec.europa.eu/system/files/2022-06/Haller%2C%20Stadlmair%20%282021%29%20-%20Wunsch%20nach%20Erwerb%20der%20%C3%B6sterreichischen%20Staatsb%C3%BCrgerschaft.pdf>.

Estremamente ridotte rimangono le rinunce alla cittadinanza italiana, contando mediamente 35 rinunce per anno con una tendenza stabile negli anni[28].

Conclusioni

Quello della doppia cittadinanza non è un tema nuovo al dibattito in Austria. Nel contesto geopolitico attuale, però, le criticità connesse alla difficile acquisizione della cittadinanza oltre che la quasi impossibilità di possederne multiple stanno diventando sempre più pressanti in prospettiva futura. Le normative rischiano, infatti, di avere un impatto estremamente negativo tanto sulla tenuta democratica quanto sulla coesione sociale in Austria, contribuendo allo sviluppo di un Paese diviso con sempre più residenti "separati in casa". In quest'ottica, è particolarmente preoccupante la situazione dei figli nati in Austria da stranieri. Queste giovani generazioni saranno obbligate a crescere e vivere in una nazione che non li riconosce come cittadini, senza mai godere appieno dei diritti concessi ai coetanei austriaci, pur seguendone il medesimo percorso.

Da queste difficoltà non sono esenti gli italiani in Austria. I problemi tanto identitari quanto pratici relativi alla mancata doppia cittadinanza toccano nel vivo la comunità italiana già oggi e sono destinati ad esacerbarsi nel suo sviluppo futuro. Il numero degli italiani residenti in Austria da lungo periodo o in pianta stabile continuerà a crescere, non ultimo anche grazie alla nascita nel Paese di bambini italiani, ingrossando le fila di cittadini non meno italiani ma al contempo non meno interessati a contribuire alla vita politica in Austria.

Diventa prioritario per l'Italia affrontare sin da oggi la questione del superamento della restrizione per l'acquisizione della doppia cittadinanza in Austria.

In questo quadro, il Com.It.Es. Austria si è impegnato sin dal suo insediamento per sollevare l'attenzione sul tema, avvalendosi appieno del proprio mandato. L'attore principale, nonché responsabile, rimane però lo Stato italiano. È auspicabile che le nostre rappresentanze dello Stato italiano in Austria, così come il Parlamento, partecipino attivamente alla questione entrando in contatto con le opportune controparti austriache per promuovere sforzi volti a facilitare la concessione della doppia cittadinanza.

Spesso si argomenta che in fondo anche senza la cittadinanza austriaca la vita nel Paese per i cittadini italiani è "praticamente uguale" a quella degli austriaci. Una simile affermazione è in primo luogo errata a livello fattuale. Questo atteggiamento poi pone un numero sostanziale di quesiti di principio: perché la Repubblica italiana dovrebbe accettare di perdere cittadini a favore di un altro Stato per via di un'imposizione di quest'ultimo? Su che principio un individuo non può veder riconosciuta la propria identità multipla, anche a livello amministrativo?

[28] Dati forniti dalla Cancelleria Consolare Italiana in Austria.

Inoltre, il trascurare la questione è in contrasto con lo spirito e i dettami della Costituzione italiana. La Repubblica deve impegnarsi per assicurare il pieno sviluppo e la realizzazione dei diritti dei propri cittadini, anche quando residenti all'estero[29]. Ancor più prendendosi cura delle nuove generazioni di italiani che nasceranno in Austria, in un atteggiamento lungimirante vista la continua crescita degli italiani all'estero.

Perché, indifferentemente da dove ci troviamo, siamo tutti un frammento di Repubblica. Una e indivisibile.

[29] Si veda la Costituzione italiana, in particolare gli articoli 3 e 4.

BANGLADESH.
Storie di flussi irregolari, cittadinanza e nuove migrazioni

Leila Simona Talani, King's College London (UK)
Giulia Monteleone, King's College London (UK)
Rita Deliperi, International Organisation for Migration (IOM), Geneva (Svizzera)
Matilde Rosina, Brunel University London (UK)
Orsola Torrisi, McGill University (Canada)

Introduzione

Il presente saggio analizza il valore dell'acquisizione della cittadinanza italiana per i cittadini di origine bengalese, soffermandosi sul caso dei cittadini italo-bengalesi residenti nel Regno Unito di cui è esaminata la corrente migratoria e il comportamento a partire dal 1992[1]. Per questa comunità verranno presentate le motivazioni che l'hanno portata a lasciare l'Italia, percezioni sulla loro scelta in prospettiva temporale e sul proprio senso di identità, riflessioni rispetto alla Brexit e alla pandemia di Covid-19 ed eventuali riconsiderazioni del proprio percorso migratorio.

La comunità bengalese in Italia: da migranti irregolari a cittadini

Il Bangladesh è tra i paesi di partenza per flussi migratori più comuni al mondo, con quasi mezzo milione di persone che emigrano ogni anno[2]. Ad oggi, sono quasi 15 milioni i bengalesi nel mondo che risiedono fuori dal Bangladesh[3]. Storicamente, l'Europa è tra le mete privilegiate dell'immigrazione bengalese, sia per le prospettive

---

[1] I dati presentati in questo saggio si rifaranno alla ricerca del gennaio 2022 dal titolo *La Migrazione Secondaria: Il caso della comunità italo-bengalese nel Regno Unito*. Il lavoro è stato promosso dal Comites di Londra ed è stato curato da Leila Simona Talani, Matilde Rosina, Orsola Torrisi, Rita Deliperi e Giulia monteleone ed è disponibile su: <https://www.comiteslondra.info/la-migrazione-secondaria-il-caso-degli-italo-bengalesi/>. Si veda anche: Consolato Generale d'Italia Londra, *La presenza italiana in Inghilterra e Galles: studio statistico*, 2a edizione, 2021, <https://conslondra.esteri.it/wp-content/uploads/2022/08/studio_statistico_ii_edizione.pdf>.

[2] International Labour Organization Country Office for Bangladesh (ILO), *Labour Migration from Bangladesh*, 2023, <https://www.ilo.org/dhaka/Areasofwork/labour-migration/lang--en/index.htm>.

[3] The Government of the People's Republic of Bangladesh. Bureau of Manpower, Employment, and Training (BMET), *Overseas employment and remittances of Bangladeshi*

economiche che per le influenze culturali derivanti dal passato coloniale britannico. L'Italia e il Regno Unito sono, infatti, i due Paesi europei più comuni per i bengalesi che si spostano per lunghi periodi o permanentemente all'estero[4]. I cittadini di origine bengalese in Europa sono circa mezzo milione, secondo l'Organizzazione Internazionale per la Migrazione (IOM), e di questi, 241.799 si trovano nel Regno Unito e 135.468 in Italia[5]. Mentre la migrazione verso il Regno Unito è spiegata in termini di affinità culturale e linguistica dovuta all'influenza del passato coloniale britannico, l'Italia è divenuta una meta con l'affermarsi delle logiche di una società e di una economia globali. Inoltre, l'Italia negli anni Novanta era percepita come porta di ingresso più facile in Europa presentando una politica migratoria flessibile (rispetto ad altri Paesi europei) e periodiche opportunità di regolarizzazione dell'immigrazione irregolare. In più, la rassicurazione per la possibilità di riuscire a lavorare nell'economia informale costituiva un incentivo a scegliere l'Italia rispetto ad altri paesi più rigidi. L'immigrazione bengalese verso l'Italia ha inizio negli anni Ottanta, e vede il crearsi di prime comunità, tra cui proprio quella di Roma. Tor Pignattara è un quartiere emblematico per la migrazione bengalese in Italia. Fino al 1987, tuttavia, i bengalesi in Italia erano pochi, si stima non più di 600. Con la Legge Martelli nel 1990, la maggioranza di questi immigrati privi di documenti ottenne il permesso di soggiorno: ciò causò un esponenziale aumento nella migrazione bengalese verso l'Italia, prima a Roma e poi, a partire dal 1996, quando una seconda riforma permise la regolarizzazione di molti stranieri, in città del Nord come Milano, Bologna, Padova, Venezia e Vicenza. I residenti in Italia di origine bengalese costituiscono, ormai, una comunità molto numerosa ed eterogenea, alla seconda generazione. Secondo il rapporto del 2022 sulla comunità bengalese in Italia, al 1° gennaio 2022, i bengalesi residenti regolarmente in Italia erano 150.692[6].

Il riferimento principale per la cittadinanza in Bangladesh è rappresentato dal *Citizenship Act* del 1951 (all'epoca il nome originale era *Pakistani Citizenship Act*, in quanto il Bangladesh rimase parte del Pakistan fino al 1971, quando raggiunse l'indipendenza) e dal *Bangladesh Citizenship (Temporary Provisions) Order 1972*. Il *Citizenship Act* riconosce la cittadinanza bengalese a tutti coloro che erano residenti o

---

workers from 1976 to 2022, 2022, <http://www.old.bmet.gov.bd/BMET/viewStatReport.action?reportnumber=16>.

[4] Ciò è dovuto a dinamiche globali del mercato del lavoro, ma anche, nel caso del Regno Unito, all'appartenenza del Bangladesh al Commonwealth, con gli inerenti benefici e la vicinanza culturale che da esso scaturiscono. Si veda: <https://www.oasiscenter.eu/en/migration-processes-from-bangladesh-to-italy-motivation-networks-and-routes>.

[5] International Organization for Migration (IOM), *Bangladeshi Migrants in Europe 2021: A multiple source snapshot*, 2021, <https://bangladesh.iom.int/sites/g/files/tmzbdl1006/files/documents/bangladeshi-migrants-in-europe-2021.pdf>.

[6] Si veda: <https://www.lavoro.gov.it/documenti-e-norme/studi-e-statistiche/rapporto-annuale-sulla-presenza-dei-migranti-2022-bangladesh#:~:text=Gli%20oltre%2033mila%20minori%20bangladesi,al%201%C2%B0%20gennaio%202022.&text=pu%C3%B2%20portare%20a%20forme%20di,istruzione%2C%20reddito%20e%20disagio%20sociale>.

figli e nipoti di residenti sul territorio divenuto bengalese prima del 25 marzo 1971, in aggiunta determina che la cittadinanza bengalese viene riconosciuta secondo il criterio dello *ius sanguinis*, ovvero il discendente di un cittadino bengalese ha diritto alla cittadinanza bengalese sia se nato sul suolo bengalese sia se nato all'estero.

Tuttavia, il *Citizenship Act* prevede che il diritto alla cittadinanza tramite *ius sanguinis* può non essere applicato se l'individuo non soddisfa i requisiti per la cittadinanza prevista da qualsiasi altro riferimento legislativo del Paese. Dunque, il governo può negare la cittadinanza per *ius sanguinis* se lo stato *de iure* (discendenza di sangue) e quello *de facto* non sono entrambi soddisfatti. Questo ha creato discrepanze specialmente nel caso dei figli di cittadini Rohingya sposati con cittadini bengalesi. A seguito di ordini amministrativi, infatti, il governo obbliga a rifiutare la registrazione all'anagrafe di figli di cittadini Rohingya sposati con cittadini bengalesi così come la registrazione di atti di matrimonio tra quest'ultimi[7]. La cittadinanza per *ius soli* (ovvero riconosciuta per nascita sul territorio) è concessa solo in rari casi, per esempio se la cittadinanza dei genitori del neonato è ignota.

Dal 2023, il Bangladesh riconosce la possibilità per i propri cittadini di possedere la doppia cittadinanza con 101 paesi; in precedenza ciò era possibile solo con 57 nazioni[8]. L'attuale legge sulla cittadinanza potrebbe essere rivista dall'introduzione della proposta legislativa di un nuovo *Citizenship Bill* approvato nel 2016, ma che attualmente è sotto revisione[9]. In particolare, si considera che il disegno di legge, se introdotto, andrebbe ad ampliare la casistica di persone a rischio di apolidia, e per la validità retroattiva della legge anche ad annullare il riconoscimento della cittadinanza bengalese per quei cittadini già riconosciuti[10]. In aggiunta, il disegno di legge andrebbe a limitare i diritti politici dei cittadini bengalesi con doppia cittadinanza, tra cui coloro che desiderano candidarsi alle elezioni, far parte di associazioni politiche o lavorare come funzionari pubblici[11]. Per tali motivi, la riforma è stata fortemente criticata dai diversi esponenti della diaspora bengali nel mondo[12].

---

[7] Mohammad Sabuj, *The Right to Citizenship of Rohingya Children of Bangladeshi Descent Under International Human Rights Law*, «Statute Law Review», vol. n. 45, Issue 1, April 2024, hmae011, <https://doi.org/10.1093/slr/hmae011>.

[8] Si veda: <https://www.dhakatribune.com/bangladesh/305765/bangladeshis-can-now-avail-dual-citizenship-in-101>.

[9] Si veda: <https://www.rmmru.org/newsite/wp-content/uploads/2019/10/Policy-Brief-21.pdf>.

[10] Ibidem.

[11] Si veda: <https://www.nytimes.com/2017/04/04/opinion/how-bangladesh-makes-second-class-citizens.html?_r=0>.

[12] Si veda: <https://www.nytimes.com/2017/04/04/opinion/how-bangladesh-makes-second-class-citizens.html?_r=0>.

La migrazione secondaria e l'esperienza di cittadinanza come italiani all'estero: il caso del Regno Unito

Se, dunque, ai cittadini italo-bengalesi è riconosciuto il diritto di possedere la doppia cittadinanza, molti di loro non hanno interrotto il proprio percorso migratorio in seguito all'ottenimento del passaporto italiano. Di fatti, sono migliaia coloro i quali hanno effettuato una seconda migrazione, non molto dopo aver acquisito la cittadinanza italiana[13], proprio esercitando il diritto alla mobilità garantito dal passaporto italiano in quanto europeo all'interno dell'area Schengen. Tra le mete predilette spicca fra tutte il Regno Unito[14]. Come per la migrazione verso l'Italia anche quella dall'Italia al Regno Unito è stata influenzata fortemente dall'esistenza di reti sociali transnazionali presenti costituite da amici, parenti e conoscenti che possono fornire un primo approdo.

Il Regno Unito è una meta di emigrazione estremamente "italiana": tra il 2015 e il 2020, Londra è stata la destinazione principale dell'emigrazione italiana[15]. Nel 2019 la Gran Bretagna è stata la principale destinazione per i cittadini italiani, con 32.190 cancellazioni anagrafiche a favore di tale Paese[16]. Considerando soltanto l'Inghilterra e il Galles, a luglio 2020 risultavano 446.971 italiani residenti, un numero di abitanti paragonabile a quello di una città come Bologna[17]. Questa cifra è da considerarsi al ribasso rispetto alla presenza effettiva di italiani sul territorio britannico, poiché, come già menzionato, molti cittadini non provvedono a comunicare alle autorità la modifica della propria residenza all'estero. Per la comunità italo-bengalese, poi, al di là delle prospettive economiche offerte dal Regno Unito, occorre considerare i forti incentivi culturali che rendono l'integrazione in questo Paese più facile. I fattori culturali e linguistici derivanti dal passato coloniale britannico nel subcontinente indiano sono rilevanti, così come l'appartenenza del Bangladesh alla realtà del Commonwealth. Infatti, i cittadini bengalesi hanno la possibilità di godere di diritti civili e politici, così come di unirsi alle forze armate nel Regno Unito, in quanto cittadini Commonwealth. Il *British Nationality Act* del 1981 (Schedule 3)[18] tutela il *right of abode*, ovvero il diritto di soggiorno per i

---

[13] Mohammad Morad - Francesco Della Puppa - Devi Sacchetto, *The dark side of onward migration: experiences and strategies of Italian-Bangladeshis in the UK at the time of the post-Brexit referendum*, «British Journal of Sociology», vol. 72, n. 5 (2021), pp. 1311-1324; Mohammad Morad - Devi Sacchetto, *For the future of the children: The onward migration of Italian Bangladeshis in Europe*, «International Migration», vol. 59, n. 6, 2020, pp. 142-155.

[14] Per approfondire si veda: Francesco Goglia, *Cittadinanza, migrazioni secondarie e lingua italiana*, infra, pp. 230-239 (NdR).

[15] Si veda: <https://www.statista.com/statistics/603114/number-of-registered-italians-in-london-uk-by-gender/>.

[16] Istat, *Iscrizioni e Cancellazioni Anagrafiche: anno 2020*, 1° febbraio 2022, <https://www.istat.it/it/files/2022/02/REPORT_MIGRAZIONI_2020.pdf>.

[17] Consolato Generale d'Italia Londra, *La presenza italiana* [...], cit.

[18] UK Public General Acts, *British Nationality Act, Schedule 3*, 1981, <https://www.legislation.gov.uk/ukpga/1981/61/schedule/3>.

cittadini del Commonwealth[19]. Il *right of abode* prevede che l'individuo che goda di questo diritto è libero di entrare, lavorare e abitare nel Paese senza essere soggetto a controlli, non necessita di visto e può permanere in suolo britannico senza limitazioni temporali. Esso viene applicato a chi può dimostrare di usufruirne dal 31 dicembre 1981 senza aver perso la propria cittadinanza, ovvero a tutti i cittadini Commonwealth figli di genitori cittadini britannici o di ex colonie britanniche o mogli di essi e che non hanno perso tale status dal 1982. Ai cittadini del Bangladesh si applica il *right of abode* mentre, ad esempio, non a quelli del Sudafrica e del Pakistan poiché lasciarono il Commonwealth, rispettivamente, nel 1972 e nel 1961, rientrandoci poi nel 1989 e nel 1994[20]. Il *right of abode* tende a favorire i territori che furono colonie più antiche dell'impero britannico rispetto a quelle più recenti[21]. Per questo motivo, la cittadinanza UE fino a prima della Brexit permetteva di godere di maggiori benefici nel Regno Unito, che allora era Stato membro. L'appetibilità della cittadinanza italiana, dunque, risiede nel suo dare accesso al mercato unico europeo e alla mobilità connessa a Schengen. La grande tendenza migratoria della comunità italo-bengalese verso il Regno Unito si nota a partire dagli anni della crisi economica del 2007 ed è stata dettata da motivazioni di natura economica, culturale e sociale.

Secondo uno studio del Consolato Generale di Londra[22], circa il 25% della comunità italiana in Inghilterra e Galles – stimata intorno a 500.000 individui – possiede doppia cittadinanza. Di questi, l'11% sono italiani di origine bengalese (circa 13.750). Secondo lo studio di Talani *et al.* del 2022 che ha analizzato i dati AIRE del Consolato Generale di Londra afferenti alle circoscrizioni di Inghilterra e Galles, al luglio 2021 risultano 13.559 italo-bengalesi o italiani nati in Bangladesh registrati all'AIRE[23]. Di questi, 8.883 (65,5%) sono maschi e 4.676 (34,5%) femmine. Tra coloro che hanno espressamente dichiarato la doppia cittadinanza italobengalese, la rispettiva distribuzione di genere appare analoga con 1.571 (65,9%) individui di sesso maschile e 812 di sesso femminile (34,97%).

L'età media generale è di 40,1 anni. Per quanto riguarda le donne, l'età media è inferiore a quella delle loro controparti maschili (35,64 contro 42,58). La maggior

[19] Nel novembre del 2019, l'Home Office britannico ha pubblicato anche delle linee guida sul *right of abode* dal titolo *Nationality: right of abode*, Version 7.0. si veda: <https://assets.publishing.service.gov.uk/government/uploads/system/uploads/attachment_data/file/1155440/Nationality_-_right_of_abode.pdf>.

[20] L'Home office ha pubblicato anche una guida per aiutare a capire chi ha il *right of abode*. Si veda: <https://assets.publishing.service.gov.uk/government/uploads/system/uploads/attachment_data/file/710737/cukc-right-of-abode-flowchart-v1.0.pdf>.

[21] Il governo britannico ha commissionato uno studio sulle lezioni apprese dal caso della generazione Windrush. Si veda: <https://www.gov.uk/government/publications/windrush-lessons-learned-review>.

[22] Consolato Generale d'Italia Londra, *La presenza italiana* [...], cit.

[23] Leila Simona Talani - Matilde Rosina - Orsola Torrisi - Rita Deliperi - Giulia Monteleone, *La Migrazione Secondaria* [...], cit.

parte degli intervistati non fornisce il proprio livello di istruzione (64,3%) o status occupazionale (70%). Tra coloro che lo fanno, emerge che le donne nella maggior parte dei casi sono più istruite (p<0,000) rispetto agli uomini (Fig. 1), ma risultano meno attive lavorativamente (Fig. 2). In particolare, al momento della registrazione all'AIRE, la maggior parte delle donne italo-bengalesi (il 42% circa) riferisce di essere disoccupata o casalinga, mentre gli uomini tendono ad essere occupati in lavori artigianali o in impieghi a specializzazione medio-bassa. La maggior parte dei soggetti all'interno di questo sottogruppo proviene dalle regioni settentrionali della Lombardia (30,7%) e del Veneto (30,6%).

Figura 1. Livello di istruzione per genere degli italo-bengalesi in Inghilterra e Galles. Valori percentuali. Anno 2022.

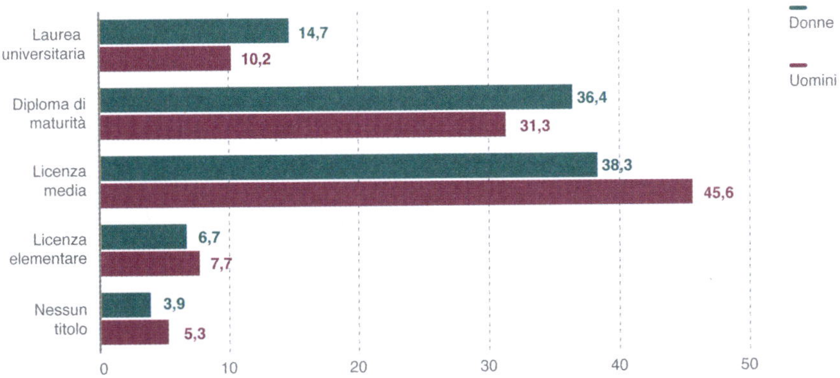

Fonte: Migrantes-Rapporto Italiani nel Mondo. Talani *et. al.*, *La Migrazione Secondaria* [...], cit., p. 25.

Figura 2. Stato occupazionale per genere degli italo-bengalesi in Inghilterra e nel Galles. Valori percentuali. Anno 2022.

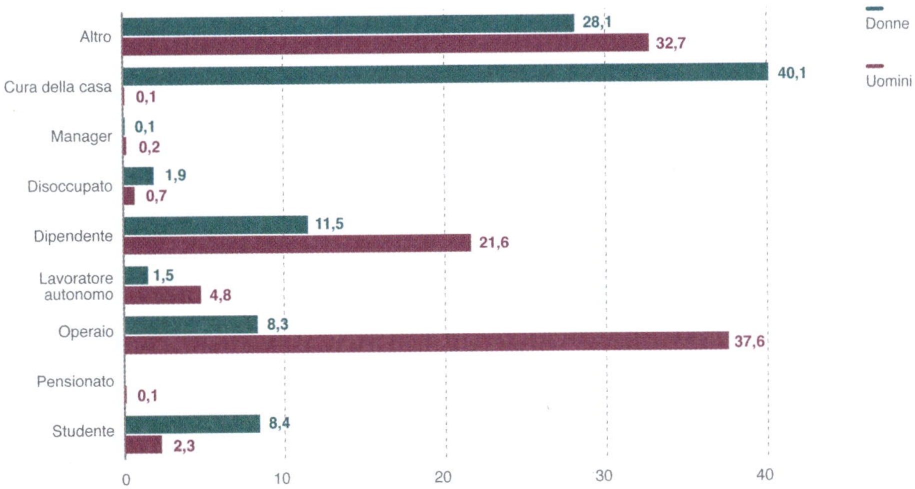

Fonte: Migrantes-Rapporto Italiani nel Mondo. Talani *et. al.*, *La Migrazione Secondaria* [...], cit., p. 25.

Le motivazioni della migrazione verso il Regno Unito

Secondo la ricerca prodotta da Talani *et al.* (2022)[24], la migrazione verso il Regno Unito della comunità italo-bengalese è stata motivata da ragioni di natura economica, culturale e sociale.

Tra i fattori di breve-medio termine, la stabilità economica e finanziaria – in particolare gli alti tassi di disoccupazione in Italia a seguito della crisi finanziaria del 2008 – è risultata fondamentale nella scelta a favore della migrazione secondaria. Viceversa, il Regno Unito è stato ritenuto più stabile in termini economici e finanziari, offrendo migliori prospettive di lavoro proprio nel momento in cui la comunità italo-bengalese in Italia era stata duramente colpita dalla recessione.

Le migliori prospettive di mobilità sociale per i propri figli, inoltre, hanno avuto un ruolo essenziale nel motivare la migrazione secondaria verso il Regno Unito per diversi italo-bengalesi. Il ruolo dell'istruzione e le opportunità di lavoro per il futuro dei propri figli (sia nel Regno Unito, che nel Bangladesh, che altrove) sono dunque ritenuti fattori chiave.

Questa constatazione risulta particolarmente calzante per gli italo-bengalesi del Regno Unito, le cui origini sociali ed il passato coloniale del loro paese di origine li inducono a ritenere che un'istruzione britannica potrebbe offrire migliori opportunità per la vita dei propri figli sia in Europa che nel Bangladesh. Effettivamente, non solo si ritiene che renda più facile il reperimento di un impiego lavorativo per i propri figli, ma, qualora questi decidessero di tornare in Bangladesh, non risulterebbero svantaggiati da un'imperfetta padronanza della lingua bengalese, perché sopperita dal bilinguismo inglese. Allo stesso modo, si ritiene che lo studio nella lingua inglese possa garantire loro la possibilità di accesso al mercato del lavoro in diversi altri paesi, come il Canada, l'Australia, gli Stati Uniti ed altri.

Migrando verso il Regno Unito, la generazione più matura non ha potuto beneficiare dell'accesso a lavori qualificati, continuando perlopiù ad esercitare lavori di tipo fisico e a bassa specializzazione. A ciò si aggiunge il desiderio dei genitori di evitare ai propri figli la sofferenza provocata dalla discriminazione che essi stessi hanno dovuto sopportare all'inizio del loro percorso migratorio in Italia. In effetti, il Regno Unito viene percepito dai bengalesi come un Paese che, rispetto all'Italia, consente un maggior grado di mobilità verticale a diverse comunità etniche. Questa considerazione si intreccia con il desiderio di sottrarsi al razzismo ed alla discriminazione.

Altre considerazioni di rilievo riguardano la religione, la cultura e l'integrazione. Sotto questo profilo, considerato che la maggior parte dei bengalesi è musulmana, il Regno Unito viene percepito dalla comunità italo-bengalese come un territorio in cui risulta più facile mantenere una cultura musulmana. In Gran Bretagna, infatti, ci sono numerose moschee e diverse scuole offrono studi islamici. È dunque più

[24] Ibidem.

facile far crescere dei figli secondo lo "stile islamico". Socialmente sembra essere più facile integrarsi nel Regno Unito, mentre in Italia risulta più difficile in quanto si continua ad essere considerati "extracomunitari".

Dallo studio emerge anche che le organizzazioni italo-bengalesi svolgono un ruolo chiave sia per i migranti che per gli aspiranti tali. Le reti esistenti nel paese di destinazione, infatti, da sempre facilitano l'adattamento e forniscono informazioni e assistenza ai nuovi arrivati. Le associazioni italo-bengalesi nel Regno Unito sono state sicuramente molto usate a scopo sociale e ricreativo, ma anche come canali di informazione per le problematiche legate all'alloggio, alla scuola ed altre questioni fondamentali per il primo periodo di migrazione e non solo.

La relazione tra la più recente comunità italo-bengalese nel Regno Unito e la consolidata comunità britannico-bengalese appare discretamente tesa e complicata. In particolare, gli italo-bengalesi al loro arrivo non hanno potuto fare affidamento sulla ben radicata comunità britannico-bengalese. Inoltre, secondo alcuni degli intervistati, quest'ultima sembra avvallare la retorica Brexit nei confronti dello spostamento della comunità italo-bengalese nel Regno Unito, soprattutto in riferimento all'argomentazione che si approprierebbero del loro lavoro e sfrutterebbero il sistema previdenziale britannico.

Conclusione. Le prospettive future, l'integrazione nel Regno Unito e i legami con l'Italia

Molti membri della comunità italo-bengalese nel Regno Unito mantengono legami forti con l'Italia. Seguono le notizie e la politica italiana e tifano addirittura per l'Italia nelle partite di calcio contro il Regno Unito. Alcuni di loro tornano spesso in Italia per far visita a parenti e amici. In ogni caso, sembrerebbe che la lingua italiana non venga usata tra le mura domestiche, preferendo l'inglese o il bengalese (ma i figli cresciuti in Italia comunicano tra loro in italiano). Gli italo-bengalesi nel Regno Unito si sentono italiani e riconoscono l'Italia come loro Paese, a tal punto che non richiedono nemmeno la cittadinanza britannica; dall'altro, non sembrano intenzionati a trascorrere tutta la loro vita nel Regno Unito, e in molti esprimono il desiderio di tornare in Bangladesh o in Italia per la pensione.

Lo studio evidenzia l'esistenza di una differenza tra la "vecchia e la nuova generazione" di italo-bengalesi nel Regno Unito con la prima più propensa ad un rientro in Italia dopo la pensione. La prima generazione percepisce l'Italia come Paese più caldo e accogliente rispetto al Regno Unito, e ha sviluppato un forte senso di appartenenza nei confronti dell'Italia.

Lo stesso non riguarda i giovani italo-bengalesi nel Regno Unito, che sono maggiormente integrati nella società britannica e nel mercato del lavoro, nonché più abituati alle usanze ed ai costumi locali.

Rispetto all'impatto della Brexit e del Covid-19 e, in generale, rispetto al futuro, la maggior parte delle persone intervistate non sta pianificando lo spostamento in un altro paese, mentre molti stanno considerando di tornare in Bangladesh dopo la pensione. In seguito alla Brexit, questa comunità ha provveduto a convertire i propri diritti come cittadini UE in Regno Unito tramite l'*EU settlement scheme*, che ha permesso il riconoscimento del diritto di soggiorno dei cittadini UE arrivati sul suolo britannico prima del 31 gennaio 2021. Attualmente, tramite questo schema e gli accordi vigenti tra il Regno Unito e l'Unione europea, i membri della comunità italo-bengalese, in virtù della loro cittadinanza europea, mantengono gli stessi diritti di cui godevano prima del referendum del 2016 nel Paese.

BELGIO.
La naturalizzazione degli italiani: numeri e ragioni di un fenomeno significativo

ALESSANDRO MAZZOLA, Centre d'Études de l'Ethnicité et des Migrations (CEDEM) dell'Università di Liegi, Belgio

Introduzione

Studiare l'immigrazione italiana risulta oggi un compito relativamente ostico, ed il contesto belga non fa ovviamente eccezione. Dopo un momento di interesse storico-scientifico per la diaspora italiana, l'attenzione è oggi generalmente meno orientata verso il fenomeno delle migrazioni intraeuropee, a beneficio di altri scenari migratori caratterizzati da forte criticità ed emergenza. Come già sottolineato in altri contributi[1], siamo attualmente in un contesto di scarsità e non sistematicità dei dati, conseguenza anche del processo di integrazione europea che rende il movimento degli italiani meno tracciabile, soprattutto nei Paesi UE.

In questo saggio cercheremo ancora una volta di dare atto della complessità del variegato scenario della migrazione italiana in Belgio, e affronteremo la questione della naturalizzazione dei cittadini italiani nel Paese. Emergeranno dunque diversi aspetti della citata carenza di dati aggiornati, che cercheremo di colmare attraverso il ricorso a varie fonti documentarie e statistiche, messe a disposizione soprattutto dal Belgio, oltre che ad una serie di dati originali e di testimonianze etnografiche raccolte direttamente presso connazionali. Una considerazione superficiale del fenomeno potrebbe illuderci che la questione della naturalizzazione del cittadino italiano in un altro Paese dell'Unione europea sia, al giorno d'oggi, in un certo qual modo secondaria. Mostreremo, al contrario, come lo studio di tale questione possa restituire elementi molto interessanti per la comprensione dei fenomeni in atto, sia dal punto di vista degli individui coinvolti che delle strutture politico-istituzionali.

Nelle sezioni che seguono ci occuperemo innanzitutto di fare un breve excursus sull'evoluzione delle norme in materia di acquisizione della nazionalità in Belgio, e sui numeri e le tendenze che riguardano la comunità italiana. Questi due aspetti, come è intuibile, sono andati in parallelo negli ultimi quarant'anni. In seguito sarà

[1] Si veda ad esempio: MARCO MARTINIELLO - ALESSANDRO MAZZOLA - ANDREA REA, *La nuova immigrazione italiana in Belgio*, «Studi Emigrazione», LIV, n. 207, 2017, pp. 440-450.

invece opportuno fare il punto sulle motivazioni di coloro che scelgono di naturalizzarsi, ponendo l'accento sui fattori incentivanti e sugli ostacoli. Tale obiettivo non può che essere perseguito attraverso il racconto di storie e percorsi individuali, testimonianze dirette di migranti italiani che hanno chiesto e ottenuto la cittadinanza belga in tempi recenti, cercando per quanto possibile di diversificare i profili[2].

Numeri e norme: un percorso parallelo

L'immigrazione italiana in Belgio ha attraversato diverse fasi e momenti chiave nel corso del Novecento e negli ultimi vent'anni. Dal Secondo dopoguerra fino ai giorni nostri, il Belgio è ciclicamente tornato ad essere una delle destinazioni più importanti per l'emigrazione italiana, che di conseguenza rappresenta una presenza costante nella comunità nazionale belga nell'età contemporanea. Fino agli anni 2010, gli italiani erano infatti la minoranza immigrata demograficamente più importante nel Paese, restando oggi nelle prime posizioni per presenza e arrivi annuali[3]. Questo fenomeno lungo e complesso è andato di pari passo ai processi di integrazione da un punto di vista socio-culturale e politico-istituzionale. Come è chiaro, il percorso di integrazione europea ha favorito e radicalmente mutato lo scenario sia in termini di ottenimento dei diritti che di riconoscimento della propria identità culturale per tutti cittadini dell'Unione. Gli italiani, in particolare, hanno visto evolvere il proprio status dagli anni del famoso protocollo italo-belga del 1946, basato sullo scambio tra la manodopera italiana e il carbone delle miniere valloni, fino ad essere parte integrante della comunità nazionale, della vita politica, economica e culturale del Paese[4]. Gli atroci stereotipi ed il razzismo subìto nei primi anni di emigrazione sono quasi del tutto spariti[5], e si può definire la minoranza italiana oggi come largamente integrata e in parte addirittura assimilata ad una popolazione, quella belga, caratterizzata da un'estrema diversità etnoculturale.

In questo scenario, il fenomeno dell'acquisizione della nazionalità da parte degli italiani sembra avere un'importanza soprattutto storica, rimandando ad un'epoca

---

[2] Il presente lavoro si basa su un *dataset* di 42 interviste non strutturate realizzate tra aprile e luglio 2024 con diversi profili di partecipanti. L'autore ha egli stesso presentato una domanda di naturalizzazione nel giugno del 2024, acquisendo informazioni in prima persona su meccanismi e procedure. Al momento della redazione di questo saggio (agosto 2024), la domanda è in fase di valutazione da parte delle autorità belghe.

[3] Si veda: Alessandro Mazzola - Elsa Mescoli - Marco Martiniello, "I profili della neomobilità giovanile italiana in Belgio", in Fondazione Migrantes, *Rapporto Italiani nel Mondo 2018*, Tau Editrice, Todi (PG), 2018, p. 262.

[4] Per un resoconto completo sulla storia migratoria del Belgio, si veda: Anne Morelli, a cura di, *Histoire des étrangers et de l'immigration en Belgique: de la Préhistoire à nos jours*, Couleur livres, Bruxelles, 2004.

[5] Sulla persistenza di alcuni stereotipi si veda: Alessandro Mazzola - Marco Martiniello - Elsa Mescoli, "Le comunità italiane in Belgio. Nascita, trasformazione e ritorno degli stereotipi", in Fondazione Migrantes, *Rapporto Italiani nel Mondo 2019*, Tau Editrice, Todi (PG), 2019, pp. 352-360.

in cui vivere da stranieri in Belgio significava avere un accesso limitato ai diritti, nonché uno status civico inferiore. In tempi recenti, naturalizzarsi assume un valore completamente diverso e sicuramente molto meno determinante in termini di impatto sulla vita degli immigrati, essendo gli italiani già titolari di diritti quasi al pari dei belgi in quanto cittadini dell'UE. Ciò potrebbe indurre a pensare che l'interesse per l'acquisizione della nazionalità sia scemato nel corso degli anni, e sia una prerogativa quasi esclusiva della vecchia generazione di emigranti. Tuttavia, fatto salvo per una prima ondata di nazionalizzazioni sul finire degli anni Ottanta, le statistiche ci mostrano che siamo di fronte ad un fenomeno relativamente recente. Ancora al 1991, solo il 19% delle persone nate italiane e residenti in Belgio aveva richiesto e ottenuto la nazionalità belga, ed è solo a partire dal 2000 che si registra un incremento al 31%, per passare al 40% nel 2011[6]. Questo dato è da interpretare alla luce dei cambiamenti politico-istituzionali nel Paese. Ciò fa dunque emergere un primo generale assunto, e cioè che l'andamento delle naturalizzazioni è inscindibilmente legato alla trasformazione delle norme e della legislazione in materia di acquisizione della nazionalità.

Uno spartiacque importante nell'evoluzione della normativa è, infatti, l'entrata in vigore del codice di nazionalità belga del 1984, e la sua successiva riforma del 1991. Tale codice è frutto dell'evoluzione del concetto stesso di nazionalità nel Paese, ed è strettamente legato al contesto economico e sociale in cui ha avuto luogo l'immigrazionc a partire dal Dopoguerra. Da un'epoca di immigrazione essenzialmente economica in cui il Belgio fa appello agli stranieri per sopperire alla mancanza di manodopera, si passa infatti ad una fase in cui ci si rende conto dell'essenza stabile della migrazione. Il nuovo codice include ampi riferimenti alla realtà migratoria del Paese, mettendo particolarmente l'accento sulla presenza di italiani, allora di gran lunga la minoranza più rappresentativa[7]. Di conseguenza prende corpo l'idea che la nazionalità non debba più essere considerata alla sola luce dell'unità etnoculturale, morale e religiosa. Il Belgio si dota di una legislazione che scavalca l'idea del rimpatrio dei lavoratori immigrati sul modello tedesco del *gastarbeiter*, e allo stesso tempo rifiuta l'approccio assimilazionista tipico di altri paesi. Tali ideologie lasciano infatti progressivamente il posto ad una concezione che stabilisce che la nazionalità debba corrispondere a legami socioeconomici effettivi tra l'individuo e lo Stato in questione.

Segno tangibile di tale riformato approccio è l'introduzione del principio di *ius soli* nella forma del doppio *ius soli* per i nati in Belgio da almeno un genitore nato in Belgio, e dello *ius soli* condizionale per i nati in Belgio da genitori residenti nel Paese

---

[6] Myria, *70 ans d'immigration italienne... et plus !*, Myriatics #5, settembre 2016, <https://www.myria.be/files/MYRIATRICS_5_FR.pdf>.

[7] In particolare, il capitolo II del codice è dedicato alle ragioni della riforma e fa il punto sull'evoluzione demografica della popolazione italiana. Si veda: Michel Verwilghen, *Le Code de la Nationalité Belge*, Bruylant, Bruxelles, 1985 pp. 78-84.

da almeno dieci anni. Facile intuire che il target di queste rinnovate norme per la concessione della cittadinanza siano state le seconde e terze generazioni di immigrati. I dati storici esistenti testimoniano infatti un primo boom delle nazionalizzazioni in corrispondenza di ogni riforma (soprattutto il 1984-1985 e 1991-1992, come accennato, ma anche successivamente il 2000-2001, che ha riguardato soprattutto immigrati di origine extraeuropea)[8].

Un altro importante momento di svolta avviene nel passaggio tra gli anni 2000 e gli anni 2010, quando Belgio e Italia hanno entrambi denunciato la Parte I della Convenzione di Strasburgo sulla doppia cittadinanza[9]. Il Belgio lo ha fatto nell'aprile 2007, mentre l'Italia lo ha fatto nel maggio 2009. Tale provvedimento è entrato in vigore circa un anno più tardi, e dunque dal 4 giugno 2010 gli italiani residenti in Belgio possono acquisire la cittadinanza belga senza dovere rinunciare a quella italiana. Gli effetti di questo riformato assetto sono evidenti nel numero di nazionalizzazioni che passano da 5.481 per il triennio 2007-2009 a 9.187 nel 2010-2012 (variazione particolarmente apprezzabile nel grafico che segue).

Cittadini italiani naturalizzati in Belgio per regione. Serie storica. Valori assoluti. Anni 2000-2023.

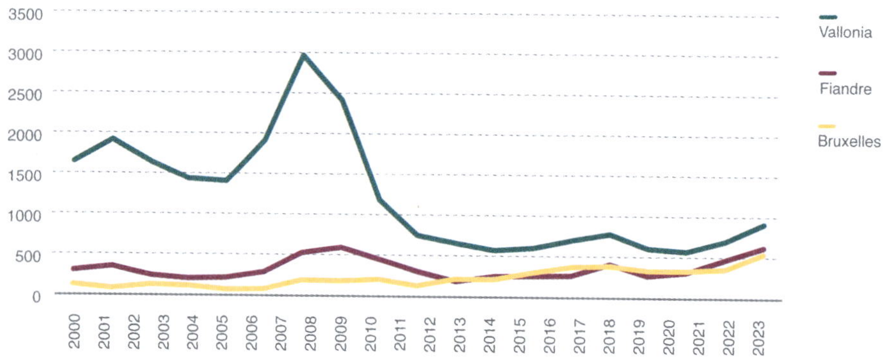

Fonte: Migrantes-Rapporto Italiani nel Mondo. Elaborazione su dati Statbel.

[8] Si veda: Thierry Eggerickx, "Contribution externe : Les changements de nationalité en Belgique: quelles évolutions démographiques ?", in Myria, *Chapitre 2 - Migrations en Belgique : données statistiques*, pp. 68-70, <https://www.myria.be/files/Migration2016-Eggerickx_changements_nationalite.pdf>.

[9] La normativa italiana in materia di doppia cittadinanza è regolata dalla legge 5 febbraio 1992, n. 91 che sancisce un passo in avanti nella considerazione della volontà individuale nell'acquisizione o nella perdita della cittadinanza, e riconosce il diritto al mantenimento di più cittadinanze. Tuttavia, la Parte I della Convenzione di Strasburgo datata 1963, tesa a ridurre i casi di doppia nazionalità, prevede che all'acquisizione di un'altra cittadinanza europea si perda automaticamente la propria nazionalità d'origine. A partire dalla Germania nel 2002, numerosi Stati europei, come appunto il Belgio e l'Italia, hanno dunque denunciato tale articolo ed hanno definitivamente aperto la strada alla doppia cittadinanza.

In tempi recenti, prendendo ad esempio le statistiche disponibili per il periodo 2000-2023, gli italiani sono la terza nazionalità nel mondo sul totale delle naturalizzazioni, dopo due paesi di fortissima emigrazione verso il Belgio come la Turchia e, soprattutto, il Marocco.

Principali nazionalità sul totale assoluto delle naturalizzazioni. Valori assoluti. Anni 2000-2023.

Paese	Naturalizzazioni
Marocco	189.826
Turchia	85.156
Italia	**48.839**
Congo RDC	39.677
Altri Paesi	*508.153*
Totale	**871.651**

Fonte: Migrantes-Rapporto Italiani nel Mondo. Elaborazione su dati Statbel.

Limitando la statistica ai cittadini dei 27 Stati membri dell'Unione europea, gli italiani sono invece di gran lunga il gruppo più numeroso ad aver ottenuto la nazionalità belga. Si contano infatti 48.839 naturalizzazioni, dunque oltre un quarto del totale di 185.112 (totale UE) nel periodo di riferimento, una maggioranza percentuale rilevante rispetto alle altre nazionalità (come si evince dal grafico).

Principali nazionalità sul totale delle naturalizzazioni di cittadini UE. Valori assoluti. Anni 2000-2023.

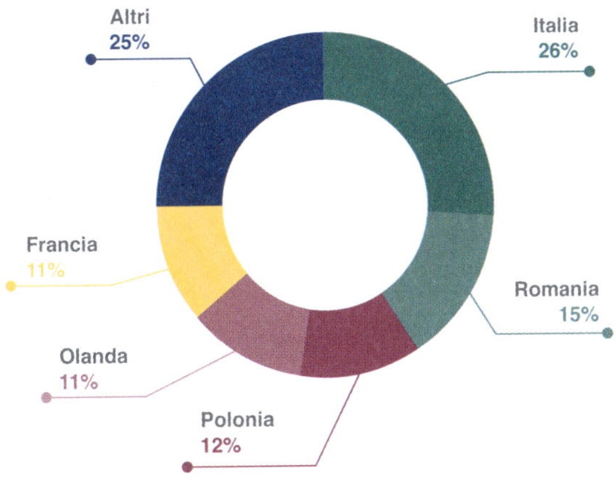

Fonte: Migrantes-Rapporto Italiani nel Mondo. Elaborazione su dati Statbel.

È interessante notare che, a parte Francia e Paesi Bassi che hanno storicamente una connessione culturale diretta con il Belgio per questioni di prossimità geografica e soprattutto linguistica[10], le altre due nazionalità nelle prime cinque posizioni, Romania e Polonia, hanno visto un incremento delle nazionalizzazioni soltanto in periodi recenti, a partire dal 2015. Un altro rilevamento interessante in questo senso riguarda ancora la distribuzione geografica delle naturalizzazioni sul territorio belga. Pur essendo come detto largamente primi nei numeri generali su queste cinque nazionalità, gli italiani sono il penultimo gruppo sia nella regione di Bruxelles che nelle Fiandre. In Vallonia, al contrario, le naturalizzazioni degli italiani rappresentano oltre il 50% del totale (35.252 su 67.781).

Distribuzione per regione belga delle nazionalizzazioni dei primi 5 Paesi UE. Valori assoluti. Anni 2000-2023.

	Bruxelles	Fiandre	Vallonia
Italia	**5.130**	**8.457**	**35.252**
Francia	6.459	3.513	10.599
Paesi Bassi	1.315	18.713	1.259
Polonia	6.308	12.624	2.720
Romania	8.224	12.498	6.155
Altri Paesi	*11.791*	*22.299*	*11.796*
Totale	**39.227**	**78.104**	**67.781**

Fonte: Migrantes-Rapporto Italiani nel Mondo. Elaborazione su dati Statbel.

Questo dato è in netta controtendenza con i dati di immigrazione contemporanea, che mostrano un aumento significativo della presenza italiana soprattutto a Bruxelles, dove l'attrattiva socioeconomica si somma a quella delle istituzioni europee che hanno sede in città, e in maniera minore nelle ricche Fiandre. La Vallonia, territorio del cosiddetto *Sillon industriel*, ex fulcro industriale-minerario del Belgio, mostra invece una netta diminuzione della popolazione italiana[11]. Dalle statistiche esistenti si deduce dunque una tendenza atipica delle naturalizzazioni degli italiani rispetto ai cittadini di altri Paesi UE. Ciò dipende certamente dal fatto che gli italiani formino oggi in Belgio comunità molto eterogenee e dalla profondità storica unica,

[10] Si ricorda, a tal proposito, che il Belgio è uno Stato federale le cui principali comunità politico-culturali, le Fiandre e la Vallonia, sono rispettivamente di lingua olandese e francese. La Regione di Bruxelles-Capitale è altresì un territorio biligue olandese/francese. Il tedesco è la terza lingua dell'unione, utilizzato ufficialmente nella piccola comunità germanofona comprendente alcuni territori lungo il confine tedesco.

[11] Il dato del 2015, ad esempio, mostra un incremento di oltre il 17% a Bruxelles ma una flessione del 21% in Vallonia. Si veda: MARCO MARTINIELLO - ALESSANDRO MAZZOLA - ANDREA REA, *La nuova immigrazione* […], cit, p. 442.

e che le naturalizzazioni riguardino trasversalmente immigrati di vecchia generazione presenti soprattutto in Vallonia e nuove generazioni attratte principalmente ma non esclusivamente da Bruxelles. Questo è, dunque, un altro assunto importante che testimonia la complessità globale del fenomeno e che necessita pertanto di un ulteriore livello di approfondimento qualitativo.

Le ragioni nelle storie degli italiani, tra utilitarismo e identità

Per comprendere le motivazioni che spingono gli italiani a voler ottenere la nazionalità belga è opportuno chiarire quali siano i requisiti e le procedure specifiche. Il cittadino maggiorenne può presentare domanda a partire dal quinto anno di residenza in Belgio, quando cioè il suo statuto cambia da residente temporaneo a permanente. Lo Stato belga ritiene prioritarie due condizioni all'ottenimento della cittadinanza: l'integrazione economica e l'integrazione socio-linguistica. Coloro che fanno domanda sono dunque tenuti a dimostrare di essere economicamente attivi, provando un impiego relativamente stabile quantificato in un totale di 468 giorni di lavoro effettuato sugli ultimi 5 anni di residenza. Per quanto riguarda l'integrazione socio-linguistica, è necessario sottoporsi ad un esame nella forma di un test di cittadinanza, dal quale sono esenti coloro che posseggono un diploma superiore belga, una formazione professionale riuscita di almeno 400 ore, un impiego ininterrotto di almeno 5 anni, o che hanno completato un corso di integrazione. Esistono tuttavia condizioni particolari per diversi profili per i quali i criteri di accesso alla nazionalità sono alleggeriti. Tra queste eccezioni rientrano i cittadini italiani nati in Belgio o sposati con un cittadino belga, i genitori di un minore belga, coloro che sono impossibilitati a lavorare per invalidità, i maggiori di 65 anni e i residenti con almeno 10 anni di permanenza ininterrotta[12].

Il fatto che l'andamento delle naturalizzazioni degli italiani in Belgio abbia seguito le evoluzioni legislative risulta chiaro anche dai resoconti e dalle testimonianze empiriche esistenti, che raccontano di una rinnovata corsa alla naturalizzazione all'indomani di ogni passo avanti legislativo[13]. Questo dato può dare un'informazione generale sulle ragioni alla base della scelta di acquisizione della nazionalità, che sembrano rientrare in un'ottica principalmente utilitaristica. Ci si naturalizza principalmente per esigenze pratiche, come ad esempio per velocizzare o sempli-

[12] Gli attuali criteri per l'ottenimento della nazionalità belga sono entrati in vigore dal 1° gennaio 2013 in seguito a modifiche apportate al Codice della nazionalità. Tali modifiche sono considerate come un importante irrigidimento delle procedure e delle possibilità di nazionalizzazione, con un impatto particolarmente importante per un pubblico in situazione di precarietà sociale ed economica, nonché per individui analfabeti e per le donne. Si veda ad esempio: *Le Code de la nationalité de 2012 (I). Une politique qui rend l'accès à la nationalité impossible pour les personnes analphabètes*, «Lire et Écrire», 5 gennaio 2015, <https://lire-et-ecrire.be/IMG/pdf/code_de_la_nationalite_-_analyse_1.pdf>.

[13] Si veda ad esempio: *La lezione del Belgio sullo ius soli*, «Internazionale», 8 aprile 2021, <https://www.internazionale.it/opinione/francesca-spinelli/2021/04/08/lezione-belgio-ius-soli>.

ficare le pratiche burocratiche nel luogo in cui si vive, o per avere accesso ad un livello più avanzato di diritti. Dall'altro lato ritroviamo invece motivazioni di tipo identitario, legate alla volontà di definire ufficialmente la propria appartenenza morale, anche se in maniera non esclusiva, alla comunità nazionale. Questi due livelli di motivazione si ritrovano in maniera più o meno evidente in tutti i casi presi in esame e saranno qui descritti in successione, riportando dati qualitativi analizzati e stralci di interviste.

Il primo ordine di motivazioni è come detto di tipo utilitaristico. Molte domande di nazionalità avvengono infatti in seguito alla necessità di accedere a servizi specifici in ambito burocratico o istituzionale. Come afferma Diego Rosa, rappresentante del Consolato Generale d'Italia di Charleroi, una delle principali motivazioni è il sentimento, da parte di chi richiede la cittadinanza belga, di avere più facilità burocratiche nel paese di residenza[14]. Molte testimonianze rimandano infatti a particolari difficoltà e tempistiche molto lunghe per ottenere ad esempio un documento di identità. Oltre al fatto che per alcune procedure ci sia logicamente bisogno di attendere l'interazione tra l'Anagrafe degli Italiani Residenti all'Estero (AIRE) ed il proprio comune anagrafico in Italia, bisogna anche considerare la grande pressione a cui sono sottoposti gli uffici consolari in un paese di forte immigrazione come il Belgio, nonché la distanza delle sedi da alcune aree di immigrazione storica[15]. Non sono rari nemmeno i casi in cui cittadini italiani si siano ritrovati bloccati tra due amministrazioni, per ragioni burocratiche. È il caso di Alessio, quarantenne in Belgio dal 2012, che ha ottenuto la nazionalità belga nel 2024:

> Mi sono trovato che dovevo rinnovare la patente, ma l'ultima volta l'avevo rinnovata in Italia, anche se avevo già residenza in Belgio. È esplosa una specie di bomba, il tilt burocratico. Il comune di Bruxelles scaricava la responsabilità all'Italia; il Consolato metteva in mezzo gli articoli e le convenzioni, e dava la colpa al Belgio. [...] Io ci lavoro con la machina, stavo impazzendo, allora abbiamo visto quello che ci voleva per chiedere la nazionalità, ed è finita che è stato più facile che rinnovare la patente[16]!

Per i residenti permanenti, l'acquisizione della cittadinanza belga è spesso dunque una scelta di praticità che risolve situazioni scomode nella vita quotidiana, senza correre il rischio di dover raddoppiare le procedure burocratiche.

---

[14] Conversazione telefonica del 22 agosto 2024.

[15] La rete diplomatico-consolare italiana in Belgio conta una sede consolare a Bruxelles, responsabile per i residenti nella Regione di Bruxelles, nel Brabante e nelle Fiandre, e una sede a Charleroi responsabile per i residenti in Vallonia. La città di Liegi, ad altissima concentrazione di italiani, dista ad esempio oltre cento chilometri dalla sede di riferimento di Charleroi. Dato il numero di italiani presenti nel Paese, le strutture consolari svolgono un servizio al cittadino paragonabile a quello di un comune di una città italiana medio/grande.

[16] Intervista dell'8 luglio 2024.

La prospettiva utilitaristica non ha tuttavia solo ragioni pratiche, ma spesso si articola all'interno delle norme che regolano l'accesso ai diritti in generale, ed in particolare ai meccanismi assistenziali e di sicurezza sociale esistenti in Belgio. Si tratta di un aspetto molto delicato della questione migratoria italiana, che mette in luce una serie di criticità e di problematiche che sono spesso in ombra[17], oltre che i limiti dell'integrazione europea dal punto di vista socioeconomico. Una testimonianza molto esplicita in questo senso viene da Giacomo[18], residente a Bruxelles da oltre un decennio che ha acquisito la nazionalità belga nel 2022:

> [La nazionalità belga] l'ho chiesta onestamente perché ho avuto paura. Ho passato i cinquant'anni e se perdo il lavoro nessuno più mi prende. Allora devo stare attento, perché quando hai finito lo *chômage*[19] poi passi al CPAS[20], e quello se non sei belga dopo un anno te lo tolgono[21].

Questo tipo di strategie nel percorso migratorio non sono in effetti così rare, dato che anche per un cittadino dell'Unione europea esiste il rischio di vedersi ritirare i diritti di cittadinanza o addirittura, in circostanze particolari, di essere destinatario di un vero e proprio decreto di espulsione, soprattutto nel caso in cui la propria condizione socioeconomica sia considerata come un peso per lo Stato belga[22].

Dall'altro lato, rispetto alla prospettiva utilitaristica, troviamo motivazioni di tipo identitario alla base della scelta di acquisire la nazionalità. La possibilità della doppia nazionalità ha sicuramente incentivato molti italiani in questo senso, riconoscendo e in un certo qual modo assecondando l'esistenza di identità complesse, come quelle dei figli giovani di immigrati recenti, nati in Italia ma scolarizzati e socializzati nel paese di immigrazione, o delle seconde e terze generazioni di immi-

---

[17] Come sottolineato in altri lavori, gli italiani emigranti sono oggi quasi univocamente rappresentati da storie di successo e di perfetta integrazione, oltre che descritti da retoriche come ad esempio la cosiddetta "fuga dei cervelli" (persone con alta formazione e capacità che trovano impiego adeguato soltanto all'estero). Si veda ancora ad esempio: Marco Martiniello - Alessandro Mazzola - Andrea Rea, *La nuova immigrazione* [...], cit.

[18] Nomi, dati personali e circostanze che riguardano i partecipanti all'inchiesta sono anonimizzati.

[19] La parola francese *chômage* (disoccupazione) è usata in questa intervista e nel linguaggio comune per identificare l'indennità di disoccupazione.

[20] CPAS è acronimo di *Centre public d'action sociale*, ovvero l'ente pubblico responsabile di fornire assistenza sociale, incluse misure di accompagnamento e di sostegno, psicologico, sociale, finanziario, medico e amministrativo. Come spesso accade nel linguaggio comune, in questa intervista l'acronimo è utilizzato impropriamente per identificare il cosiddetto *revenu d'intégration sociale*, ovvero il reddito minimo accordato a individui e famiglie bisognose di aiuto socioeconomico.

[21] Intervista del 29 luglio 2024.

[22] Si veda ad esempio un caso che ha avuto particolare risalto mediatico in Italia e in Belgio: *Silvia, l'artista espulsa dal Belgio. "Non mi arrendo, ho fatto ricorso"*, «la Repubblica», 25 dicembre 2013, <https://bologna.repubblica.it/cronaca/2013/12/23/news/silvia_l_artista_espulsa_dal_belgio_passer_il_natale_a_bologna-74361409/>.

grati storici. Dal punto di vista identitario, la possibilità della doppia nazionalità ha rappresentato per molti la risoluzione di un dilemma[23]. Un altro aspetto rilevante nelle testimonianze raccolte è il sentimento di appartenenza morale ad una comunità che travalica i confini nazionali e prende la forma di una cittadinanza europea. La testimonianza di Laura, residente a Bruxelles dal 2012 e naturalizzata belga dal 2023, è interessante in questo senso:

> Un terzo della mia vita l'ho passato qui in Belgio, da quando sono venuta in Erasmus. Quindi per me è stato importante simbolicamente diventare belga, poter girare con quel passaporto, anche se poi non cambia quasi nulla dal punto di vista concreto. Non mi sento legata ad un paese solo, e questa cosa la volevo ufficializzare. Per me [...] è la coronazione di un percorso, come dire, scrivere sui documenti che tu sei cittadina d'Europa[24].

Nell'ambito identitario rientrano anche motivazioni politiche, come ad esempio la possibilità di accedere al diritto di voto. Questo elemento attraversa trasversalmente i diversi profili e le biografie individuali, e risulta un incentivo molto importate alla naturalizzazione. La testimonianza di Benedetta, in Belgio dal 2009 e con doppia nazionalità dal 2016:

> Per me [il voto] è la cosa principale, l'ho fatto principalmente per quello. Mi è sembrato sempre ridicolo votare per l'Italia, anche ingiusto. Perché dovrei decidere io per un paese in cui non vivo, in cui non vivrò forse mai? [...] Se non sei belga puoi votare in Belgio per le elezioni locali, ma non per il parlamento per esempio, e nemmeno per le europee. Anche questo è ridicolo, [e] alla fine da straniero ti trovi quasi a non avere nessun peso politico, dato che voti dove non vivi, e vivi dove non voti[25].

Considerando la progressiva crisi di interesse verso la politica, soprattutto presso le nuove generazioni, questo è forse un dato sorprendente. È significativo notare inoltre che in Belgio il voto è obbligatorio per i cittadini iscritti alle liste elettorali e l'astensionismo è sanzionato.

---

[23] *Belgio, aller simple: 1946-1996 - (IV) Devenir belge, rester italien: dilemme*, «Le Soir», 20 giugno 1996, <https://www.lesoir.be/art/belgio-aller-simple-1946-1996-iv-devenir-belge-rester-i_t-19960620-Z0C88M.html>.

[24] Intervista del 20 maggio 2024.

[25] Intervista del 27 aprile 2024.

Conclusione

Attraverso questa piccola indagine abbiamo mostrato che analizzare un aspetto apparentemente secondario della faccenda migratoria possa evocare fatti di indubbio interesse e circostanze anche sorprendenti. Nello studio dell'emigrazione italiana restano aperte numerose questioni di grande interesse. Oltre ai dati ci sono da comprendere aspetti identitari e culturali, sociali, politici ed economici degli oltre sei milioni di italiani all'estero, una parte importante del Paese, che costituiscono un universo complesso e ad oggi parzialmente conosciuto.

BRASILE. Una lunga storia che si fa presente dinamico e complesso

Rita Blasioli Costa, Coordinatrice nazionale Patronato ACLI Brasile
Maria Carolina Casati, Presidente Associazione ACLI São Paulo

Premessa

Le informazioni e considerazioni che seguono derivano dalla nostra esperienza di lavoro da oltre quarant'anni con la collettività italiana ed italo-brasiliana come Associazione/Patronato ACLI in Brasile. La nostra prima attività è stata quella previdenziale e assistenziale che ci ha permesso di approfondire in modo speciale le relazioni con i vari nuclei familiari e le loro esigenze, tra le quali spicca il desiderio di riscoprire le proprie origini e riscattare la cittadinanza italiana.

A partire dalla fine degli anni Ottanta-inizio Novanta, abbiamo cominciato a offrire il nostro ausilio nella ricostruzione delle pratiche di cittadinanza italiana, in quanto molti avevano scarse informazioni sulle origini dei propri ascendenti e sulla legislazione vigente.

Caratteristiche dell'emigrazione in Brasile

Dall'inizio del XIX secolo e durante tutto il periodo del "Brasil Império" (1822-1899) il Brasile ha accolto più di 3 milioni di persone, confermandosi una delle principali destinazioni degli emigranti nel continente americano.

Con l'abolizione della schiavitù, ha avuto inizio una nuova ondata migratoria all'interno di quella che è stata definita "immigrazione sovvenzionata", ovvero un movimento migratorio organizzato in un primo momento grazie al lavoro di "agenti di viaggio" e, successivamente, con la partecipazione diretta e da protagonista del governo brasiliano. Tali programmi avevano come promotori i proprietari delle grandi *fazendas* di caffè e prevedevano il pagamento dei biglietti di viaggio, la garanzia di una abitazione e del lavoro nei campi. Tra i gruppi più numerosi che approdarono in Brasile in questo periodo e fino agli anni Trenta del Novecento, vi furono gli italiani e i giapponesi.

I nostri primi emigranti provenivano soprattutto dal Veneto, dalla Campania e dalla Calabria. Ma, tra il 1930 e il 1945, durante il Governo Getúlio Vargas, fu messa in pratica una politica migratoria restrittiva e xenofoba. Lo straniero divenne sinonimo di problema, di movimento sovversivo, di chi portava il comunismo e l'anarchia, l'imperialismo giapponese e il nazismo. Tutto ciò per giustificare le misure repressive. Le restrizioni agli emigranti si intensificarono a partire dalla convocazione dell'Assemblea costituente del 1933.

Durante il periodo della dittatura Vargas, tra le altre misure restrittive, a tutti gli emigranti e i loro discendenti in territorio nazionale fu proibito parlare la loro lingua di origine in pubblico in modo da obbligarli all'integrazione culturale. Questa proibizione ha avuto conseguenze serie e importanti sul mantenimento e la vitalità della lingua italiana, soprattutto tra gli italodiscendenti, in quanto l'insegnamento delle lingue straniere nelle scuole pubbliche è stato reinserito solo nel 1996.

Nonostante ciò, oggi in Brasile si stimano 32 milioni di oriundi italiani, cifra che attesta sia che si è arrivati alla quarta/quinta generazione di italodiscendenti e sia che l'interesse per il riacquisto della cittadinanza italiana è elevato.

Ius sanguinis e ius soli: due Paesi, due riflessioni sulla cittadinanza

La legge che, in Italia, si occupa della cittadinanza è la n. 91 del 5 febbraio 1992. La cittadinanza italiana viene trasmessa dall'ascendente italiano ai figli senza limiti di generazioni (*ius sanguinis*), ma con restrizioni nei casi riguardanti la discendenza materna: hanno diritto al riconoscimento della cittadinanza italiana solo i figli di madre italiana e padre di cittadinanza straniera se nati dopo il 1° gennaio 1948, oppure i figli nati prima di quella data se hanno padre ignoto (art. 1 comma 2 della legge n. 555/1912 e art. 7 del Codice Civile del 1865).

In Brasile, invece, vige il diritto dello *ius soli*: è cittadino brasiliano chi nasce in territorio brasiliano.

In passato, la legge della "Grande Naturalizzazione" del 1889 concedeva a tutti gli stranieri, compresi gli italiani, residenti nel territorio brasiliano lo *status* di cittadino brasiliano, anche se non ne avevano fatto richiesta, nel caso in cui non dichiarassero il contrario fino al termine di sei mesi a partire dalla data di arrivo in Brasile. L'obiettivo di questa disposizione non era trasformare i cittadini di altre nazionalità in brasiliani facendoli rinunciare alla loro nazionalità di origine, ma piuttosto quello di implementare in Brasile lo *ius soli*: chi nasceva sul suolo brasiliano era automaticamente brasiliano. Questa legge ha creato, nel corso degli anni, interpretazioni differenti sul diritto di cittadinanza soprattutto per gli italodiscendenti.

Finalmente, nel 2022, la Corte di cassazione a Sezioni Unite ha stabilito, con la Sentenza n. 25317/2022, che la cittadinanza italiana si perde solo dietro rinuncia esplicita.

Un altro elemento importante da attenzionare è che per la legge n. 555/1912 l'acquisto volontario di una cittadinanza straniera comporta la perdita della cittadinanza italiana per l'interessato e i suoi figli minorenni, ma la legge n. 91/1992 ha introdotto un regime di pluripolidia, ovvero la possibilità di avere più cittadinanze. Quindi, dal 16 agosto 1992, data dell'entrata in vigore della nuova legge n. 91/1992, l'acquisto di una cittadinanza straniera non determina la perdita della cittadinanza italiana, a meno che il cittadino italiano non vi rinunci formalmente.

Pertanto, chi è discendente di italiano nato in Brasile può avere le due cittadinanze senza pregiudizi reciproci.

Dall'esperienza di anni di servizio alla comunità italiana e da una analisi delle diverse pratiche archiviate nel tempo per redigere il saggio qui presentato, emerge che all'interno di un gruppo familiare vi è sempre una sorta di leader che si interessa del processo di riacquisizione della cittadinanza italiana, acquisendo tutte le informazioni necessarie, studiando la normativa e raccogliendo i documenti per la finalizzazione del processo.

Le donne, in particolare, sono le pioniere nelle richieste di cittadinanza, per loro e per i loro figli e nipoti, in vista di benefici di lavoro e, soprattutto, di studio.

È interessante notare che, attraverso l'analisi dei documenti di chi ha fatto richiesta della cittadinanza italiana, le attività professionali e i titoli di studio sono andati progressivamente migliorando. Detto in altri termini, se i bisnonni lavoravano come braccianti, i nonni hanno spesso svolto le attività di commercianti o artigiani, i loro figli hanno avuto una prima formazione scolastica ricoprendo lavori amministrativi o autonomi, le donne in particolare nell'area dell'educazione scolastica; oggi i nipoti e pronipoti sono per la maggior parte laureati e con svariate specializzazioni, liberi professionisti e occupano ruoli di prestigio all'interno della società tanto nell'area culturale e politica che in quella economica.

Osservando i nuclei familiari, inoltre, si nota che i primi matrimoni sono stati contratti tra persone molte giovani, soprattutto le contraenti erano spesso minorenni e dall'unione è nato un numero elevato di figli, arrivando addirittura a 15/16 per singola famiglia. Questo andamento si registra fino agli anni Quaranta, dopodiché vi è un brusco cambio sia nei numeri che nelle caratteristiche delle famiglie italiane e, quindi, della comunità italiana e, di conseguenza, della società brasiliana.

- Dal 1940 al 1950 il numero medio è di sei figli per nucleo familiare.
- Dal 1960 al 1970 da sei si scende a quattro.
- Dal 1970 al 1980 da quattro si scende a tre.
- Dal 1980 ad oggi da due a uno.

Bisogna considerare che in passato molto spesso le giovani madri sono decedute a causa dei numerosi parti e il coniuge superstite ha contratto seconde nozze, costituendo nuclei familiari ancora più numerosi e con fratelli proveniente da unioni diverse.

A ciò si deve aggiungere che le pratiche di divorzio in Brasile sono state molto facilitate e velocizzate: infatti, oggi è possibile farle anche per via amministrativa. Ciò determina la presenza di un numero elevatissimo di famiglie "allargate" e di figli avuti da seconde e terze unioni.

Un'altra osservazione necessaria è relativa al fenomeno della emigrazione interna, dalle zone rurali ai centri urbani. Molte famiglie italiane si sono concentrate in quartieri specifici che conservano attualmente peculiarità italiane (elementi urbanistici, cromatici, ecc.), ma anche usi e costumi che direttamente richiamano l'identità italiana (processioni, negozi, prodotti alimentari e non, ecc.).

Nella Città di San Paolo, ad esempio, gli abitanti dei quartieri Bela Vista, Moóca, Brás, Casa Verde e Pari conservano un modo di parlare facilmente identificabile con l'origine italiana, così come mantengono feste popolari con grande affluenza di pubblico e inserite all'interno del calendario delle attività culturali del Comune di San Paolo.

Modalità di richiesta della cittadinanza italiana

I discendenti di cittadini italiani residenti in Brasile richiedono la cittadinanza italiana attraverso tutte e tre le possibili strade.

- Per via *amministrativa* presso il Consolato italiano del luogo di residenza: presentando una istanza e quindi entrando in una lista di attesa.
  Avendo come riferimento quanto applicato dal Consolato italiano di San Paolo, la richiesta della cittadinanza italiana ha avuto un grande picco nel decennio degli anni Ottanta del Novecento, quando il processo era relativamente semplice e veloce. Era sufficiente, infatti, mettere insieme tutti i documenti necessari e presentarsi in Consolato per la consegna della richiesta.
  Questo procedimento è stato applicato fino all'inizio del 2002, quando il Consolato ha stabilito un criterio di prenotazione che permetteva ad un unico richiedente di indicare il numero di familiari interessati alla cittadinanza. La media di calcolo applicata è stata quella che ogni richiesta poteva essere moltiplicata per l'indice di 3,4 di richiedenti per nucleo familiare.
  A partire dal 2014, questa modalità è stata nuovamente modificata ed il richiedente poteva fare la richiesta solo per sé e per i figli minori di 18 anni.
  Ciò ha generato una lunghissima fila di attesa per la trattazione delle pratiche, che venivano evase dopo circa 12 anni.
  Nel 2022, il Consolato ha accelerato la convocazione dei richiedenti ed oggi l'attesa è di circa 6 anni. Sempre nel 2022, il Consolato ha stabilito un limite di richieste mensili con la finalità di adeguare, nel corso dei prossimi anni, il numero delle richieste ai riconoscimenti effettuati.

- Per via *giudiziale*: dal 2021 la competenza per decidere sulle domande *iure sanguinis* per via giudiziale non è più del Tribunale di Roma (che prima aveva competenza esclusiva), ma del Tribunale del Foro di nascita dell'avo italiano (Legge Delega n. 206/2021). Le domande di cittadinanza *iure sanguinis* presentate per via giudiziale dai residenti all'estero, quindi, dovranno essere avanzate non più al Tribunale di Roma, ma al Tribunale in cui hanno sede le Sezioni specializzate in materia di immigrazione e cittadinanza. Non è necessaria la presenza dei ricorrenti in Italia e la causa verrà gestita da un avvocato regolarmente iscritto all'Ordine degli Avvocati in Italia, tramite procura.

- Per via *amministrativa* presso il Comune di residenza in Italia: presentando una istanza al Sindaco del Comune di residenza (se il richiedente risiede in Italia). In questo caso, per ottenere l'iscrizione all'anagrafe ai fini della presentazione dell'istanza, l'interessato non deve essere titolare di permesso di soggiorno, ma è sufficiente la dichiarazione di presenza (Circolare del Ministero dell'Interno n. 32 del 13 giugno 2007).

ESEMPIO DI NUCLEO FAMILIARE
Testimonianze di Henrique e Fabiola

Di seguito presentiamo un esempio di un'analisi di un nucleo familiare, omettendo il cognome per tutela dei dati personali.

Famiglia "Italo Z."

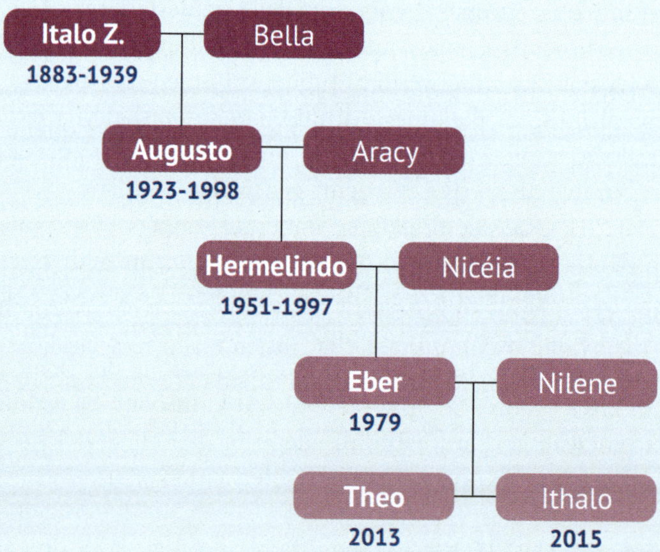

Il 05/03/2024, il Patronato ACLI di San Paolo ha celebrato ben quarant'anni di attività. In quella occasione abbiamo ospitato diverse testimonianze, tra cui quella di **Henrique**, di anni 40, nipote di Leonardo Narducci.

«Prima di tutto, vorrei presentarvi i membri della famiglia Narducci, che mi hanno accompagnato in questo percorso di crescita e appartenenza alla comunità italiana: le mie care zie Rosa e Ana, i miei cugini Giovanna, Mariana, Gabriel e Victor, i miei genitori Antonia e Gilberto e i miei fratelli Gustavo e André. Il mio nonno Leonardo e la mia nonna Giovanna.

Il primo ad aver avuto contatto con il Patronato ACLI è stato mio nonno Leonardo Narducci nell'ottobre del 1989, quando con la signora Ana Salvato ha iniziato le pratiche per la pensione di vecchiaia in accordo Italia/Brasile.

La pensione gli è stata concessa nel marzo 1991 e da quel momento si è sempre recato al Patronato ACLI per qualunque servizio di cui ha avuto bisogno, dove continua ad essere assistito fino ad oggi.

Successivamente tutti noi figli, nipoti, pronipoti abbiamo acquistato la nostra cittadinanza italiana per discendenza grazie all'aiuto del Patronato ACLI ed oggi siamo tutti orgogliosamente italo-brasiliani.

La mia esperienza è stata ancora più stretta visto che sono stato per alcuni anni professore di lingua italiana presso l'Associazione ACLI e attraverso le ACLI sono venuto a conoscenza del Comites di San Paolo, del quale ho fatto parte prima come membro della Commissione Giovani e, successivamente, come Consigliere e attualmente come volontario.

La determinazione e l'impegno di miei nonni nel mantenere vive le nostre radici italiane attraverso il Patronato ACLI hanno avuto un impatto profondo sulla mia formazione e sulle mie scelte di vita. La sua eredità di orgoglio e appartenenza mi ha ispirato a continuare a coltivare e valorizzare la cultura italiana, rendendola parte integrante della mia identità. Sono eternamente grato per il suo prezioso insegnamento e per avermi introdotto in questa meravigliosa comunità e che, insieme alla mia famiglia, abbiamo potuto attingere la nostra identità italo-brasiliana con fierezza e gratitudine».

«Il mio nome è **Fabiola** Natali ho 44 anni, sono figlia di padre italiano nato a Foligno il 7 marzo 1950 e, purtroppo, deceduto a San Paolo il 4 settembre del 1999, e di mamma brasiliana.

Durante la mia infanzia ho avuto il privilegio di avere un contatto intenso con la mia nonna paterna, Luisa Pastorelli Natali, quindi con la cultura, gli usi e i costumi italiani, meno con la lingua perché a casa parlavamo tutti il portoghese.

Mia nonna era una pensionata italiana e frequentava il Patronato ACLI dal 1994. Con lei ho avuto il mio primo contatto con il patronato quando, insieme alla mia famiglia, abbiamo avviato le pratiche per il riconoscimento della nostra cittadinanza italiana.

Mio cugino Antonio Carlo era stagista presso l'Associazione ACLI e quando nel 2004 è iniziato il programma del Servizio Civile delle ACLI all'estero ho presentato domanda e sono stata una delle prime "civiliste brasiliane", insieme a Rachele Curcio Ximenes, anche lei figlia di mamma italiana.

Dopo l'anno di servizio civile sono stata assunta al patronato come operatrice della sede di Santos ed oggi ricopro l'incarico di responsabile della sede provinciale di San Paolo.

Attraverso il lavoro al patronato il mio sentimento di appartenenza all'Italia è cresciuto molto di più. Ho avuto un contatto maggiore con la lingua italiana, anche se la maggior parte dei nostri assistiti parla una lingua "colorata", tra dialetto, italiano e portoghese, e ascoltare le loro storie, le loro esperienze di vita e poterli aiutare a conseguire i loro diritti, soprattutto previdenziali ed assistenziali è per me molto gratificante.

Dal 2006 sono membro del Comites di San Paolo dove attualmente ho l'incarico di tesoriere.

Fino a 26 anni ho vissuto l'Italia attraverso i racconti del mio papà e soprattutto di mia nonna, ma quando nel 2006 sono andata in Italia per un corso di formazione del Patronato ACLI e ho avuto l'opportunità di conoscere parte della mia famiglia in Italia, è stato uno dei momenti più belli della mia vita. Sono arrivata alla stazione ferroviaria di Spoleto e ad aspettarmi c'era Marcella, una cugina del mio papà. Mi aveva detto che per identificarla mi avrebbe aspettato con una rosa in mano. Quando l'ho vista, ho incontrato il suo sguardo e ricevuto un fortissimo abbraccio da parte sua e il sentimento che ho provato è stato quello di essere finalmente tornata a casa».

CANADA.
Lingua e cittadinanza: piani diversi e influenze reciproche

SIMONE CASINI, Università degli Studi della Tuscia

Il contributo prende in esame un aspetto importante della vita degli italiani in Canada legato a vicende storiche, sociali, economiche, ma anche linguistiche che hanno avuto, e continuano ad avere, un peso determinante nel grande Paese nordamericano. L'obiettivo è quello di considerare l'intrinseco legame non solo nella storia della filosofia, ma nella attualità contemporanea, tra lingua e cittadinanza, e come l'una e l'altra, pur appartenendo a piani epistemologici diversi (uno etico e identitario, l'altro politico e di convivenza civile), siano in realtà interconnessi a tal punto da influenzarsi vicendevolmente.

Non volendo (né potendo) delineare un quadro assoluto che in tema di lingue ed emigrazione assumerebbe comunque la veste di parzialità, ci proponiamo di delineare in sintesi il contesto storico migratorio e giuridico nel quale le questioni di cittadinanza italiana (e con esse quelle di naturalizzazione canadese e doppia cittadinanza) si sono sviluppate, per poi muoverci verso testimoni privilegiati in grado di apportare, seppur nell'ottica della parzialità, un elemento particolare sul piano linguistico-identitario.

Lingua e cittadinanza: uno sguardo storico

La cittadinanza ha origini linguistiche latine, ma affonda le sue radici storiche e teoriche nell'esperienza della *polis* greca. La città-stato non era solo un luogo fisico, ma rappresentava un modello di organizzazione sociale e politica che avrebbe influenzato profondamente il concetto di cittadinanza nel pensiero occidentale. Secondo Aristotele, la *polis* è una necessità naturale per l'essere umano, che è per sua natura un *animale politico*; il cuore della *polis* è quindi la comunità politica, che si sviluppa non solo per necessità pratiche, ma perché l'uomo, essendo dotato di linguaggio, può comunicare, discutere e deliberare su questioni comuni. La lingua gioca un ruolo cruciale in questo processo: non è solo un mezzo di espressione, ma la condizione attraverso cui passa il riconoscimento reciproco tra individui, l'organizzazione sociale e in generale la comunità che permette agli individui di superare il concetto di coesistenza, spostandolo verso i principi del vivere ordinato e politicamente attivo[1].

Nella visione aristotelica, il linguaggio umano è essenziale per la vita politica (stesura di leggi, dibattiti, governance ecc.) e questo legame rende evidente come la *polis* non potrebbe esistere senza il *logos*, la parola. Ogni sviluppo della *polis*, dalle leggi ai regolamenti, dalla partecipazione democratica alle decisioni collettive, dipende dalla capacità dei cittadini di comunicare tra loro. Tuttavia, nel mondo greco la cittadinanza, cioè l'appartenenza alla *polis*, era un privilegio riservato a chi ne faceva parte come membro riconosciuto della comunità politica stessa, al di là della lingua comune che pure era un elemento fondamentale: questa esclusività rifletteva molto più di un semplice status legale; era un riconoscimento dell'appartenenza a una collettività con diritti e doveri reciproci. Nella *polis* greca la condivisione della lingua non è condizione sufficiente per garantire la cittadinanza, ma è condizione necessaria affinché tale condivisione possa almeno prospettarsi al di là di altri elementi valoriali.

Nella Storia Moderna gli Stati nazionali hanno tentato di costruire un'unità linguistica tra le popolazioni all'interno dei propri confini e dove gli Stati non esistevano, ma vi era una tradizione linguistica consolidata, si è spesso cercata l'indipendenza politica basandosi su un senso di identità linguistica. Oggi possiamo osservare che questa idea di sintesi innerva e qualifica la vita sociale di una comunità tanto che è stata centrale nel pensiero di Wittgenstein, che affermava chiaramente che rappresentare una lingua significa rappresentare una forma di vita[2].

L'Italia e il Canada: un rapporto di migrazione

Uno studio pubblicato nel 2022 sul potere delle lingue a Toronto[3] evidenzia il grande potere che l'italiano ancora oggi esercita nei confini dell'*heritage* (genericamente tutto ciò che è connesso ad una identità migratoria, al suo legame etnico con una comunità). Il potere che l'italiano esercita in questo ambito è di gran lunga superiore rispetto a quello esercitato in altri ambiti (da quello educativo, a quello economico e dei nuovi valori contemporanei) e richiama l'emigrazione italiana in Canada come capitolo significativo della storia migratoria italiana.

L'eterogeneo mondo della migrazione ha una lettura univoca che abbraccia anche l'Italia e il suo essere oggi terra di immigrazione, laddove ieri era, appunto, terra di emigrazione. Leggere emigrazione e immigrazione nel solco del contatto non ha l'ambizione di decifrare un caso attraverso l'altro e viceversa. Vuole dimostrare, piuttosto, che le vicende linguistiche italiane – che hanno portato alla costante e

[1] Tullio De Mauro, *In principio c'era la parola*, il Mulino, Bologna, 2009.
[2] Ibidem.
[3] Simone Casini - Salvatore Bancheri, *What Is the Language of Power?*, Legas, Toronto-Ottawa-New York, 2022.

mai risolta questione delle lingue e del plurilinguismo – hanno fuori dall'Italia un esito che, seppur diverso come risultato specifico, è in linea di continuità come presupposto e paradigma.

Per l'Italia di ieri il Mediterraneo era il mare della partenza; oggi, invece, è il mare spesso tragico dell'arrivo. Che si tratti di sbarchi con gommoni oppure di emigrazione in Canada poco importa: le due cose con al centro il Mediterraneo sono collegate, e verso questa ipotesi ci muove un paradigma di analisi dei fatti per cui i prefissi dicotomici *e-* ed *in-* (emigrazione vs immigrazione) rendono pieno valore a loro stessi solo se considerati assieme, solo se considerati nella storia come forme diverse, figlie della medesima voglia di riscatto sociale, pace, libertà, lavoro e, in una sola parola, vita.

L'esodo migratorio verso il Canada ha conosciuto una maggiore consistenza nel Secondo dopoguerra così da aver dato luogo ad una vera e propria comunità italiana in Canada la cui storia linguistica, sociale e generalmente culturale è ancora da completare, almeno nella sua globalità. La fine della Seconda guerra mondiale rappresenta l'inizio di un periodo eccezionale per l'emigrazione italiana in Canada. Si riattivano infatti le catene migratorie interrotte prima della guerra e – in tempi decisamente rapidi – gli italiani diventano il maggior gruppo immigrato residente nel Paese; tra il 1951 e il 1961 la sua consistenza quasi si triplica, passando da 150.000 a 450.000 individui. Nel 1971 gli italiani residenti sono 730.830; i nati in Italia 385.000[4]. Il Canada stabilisce un rapporto privilegiato con i governi italiani, desiderosi di esportare manodopera per alleggerire la disoccupazione, soprattutto nelle regioni meridionali. La maggioranza degli italiani (circa il 90%) giunge in Canada attraverso il canale della cosiddetta sponsorizzazione secondo il quale un italiano era autorizzato ad entrare legalmente, se in Canada era già residente un parente disposto a fare da garante e a coprire le spese del primo periodo di insediamento. La pratica della sponsorizzazione termina ufficialmente nel 1967, quando le autorità canadesi stabiliscono per l'ingresso di nuovi migranti criteri legati alla qualifica professionale, anche se frequenti sono i casi di famiglie arrivate come turisti che hanno richiesto la *permanent residence* poi concessa. L'ultima fase dell'emigrazione in Canada è caratterizzata dall'arrivo di lavoratori specializzati, già inseriti nel mercato del lavoro italiano. Una conseguenza del modello migratorio della sponsorizzazione è l'incentivo alla centralità delle reti sociali familiari, parentali e di paese, che hanno dato vita alle *Little Italies* producendo un effetto linguistico fondamentale in chiave di contatto: tali realtà hanno definito una sorta di isolamento comunitario rispetto alle altre comunità immigrate e hanno incentivato la nascita di organizzazioni sociali (poi più genericamente culturali), tanto che, nella sola area di Toronto, Buranello

[4] Michele Colucci - Matteo Sanfilippo, *Guida allo studio dell'emigrazione italiana*, Settecittà, Viterbo, 2010.

e Lettieri[5] considerano oltre 250 gruppi regionali e ben 400 organizzazioni italiane il cui ruolo era la promozione della cultura, della lingua e delle tradizioni del paese di riferimento.

Cittadinanza italiana in Canada: il quadro normativo

Il concetto di cittadinanza rappresenta molto più di uno status legale; è un paradigma profondamente legato all'identità culturale e storica dell'individuo e della collettività. Esplorare questo concetto significa comprendere come l'appartenenza a una nazione influenzi la percezione di sé e degli altri, specialmente in un contesto come quello italiano, dove l'emigrazione ha giocato un ruolo cruciale nella formazione dell'identità nazionale. Il Canada, essendo una delle principali destinazioni per gli emigrati italiani a partire dalla fine del XIX secolo, ospita oggi una delle più grandi comunità italiane all'estero.

In Italia, la cittadinanza è regolata principalmente dalla Legge n. 91 del 5 febbraio 1992. Questo testo normativo ha sostituito la precedente legislazione del 1912, modernizzando le regole sulla cittadinanza per rispondere alle esigenze di un mondo sempre più globalizzato. Le principali modalità di acquisizione della cittadinanza italiana sono il principio dello *ius sanguinis* che stabilisce che è cittadino italiano chi nasce da almeno un genitore italiano, indipendentemente dal luogo di nascita. È la modalità più comune con cui i discendenti degli emigrati italiani in Canada possono richiedere la cittadinanza italiana anche se nati in Canada, purché dimostrino di avere un antenato italiano e che questo non abbia rinunciato alla cittadinanza italiana prima della nascita del richiedente. Solo dal 1992 la legge italiana permette la doppia cittadinanza, modificando nei fatti quanto previsto dall'art. 8 della Legge del 1912 che prevedeva la perdita della cittadinanza italiana per chi decideva spontaneamente di acquisire la cittadinanza canadese e risiedere in territorio straniero. Questo è in apparenza un vantaggio significativo per gli italocanadesi, poiché consente loro di godere dei diritti e dei benefici di entrambe le nazionalità, tra cui il diritto di voto, l'accesso ai servizi sociali e sanitari, e la possibilità di lavorare e vivere liberamente in Italia e negli altri paesi dell'Unione europea.

Tuttavia, *origine italiana*, *comunità italo-canadese*, *cittadinanza italiana* sono concetti non totalmente sovrapponibili sia sul piano qualitativo (per ciò che definiscono) sia, conseguentemente, su quello quantitativo, andando a toccare gruppi e numeri diversi.

La comunità italiana presente in Canada è andata costantemente diminuendo dal 1970 ad oggi fino a quasi dimezzarsi nell'arco di soli 15 anni. Dai 290.000 connazionali presenti nel 1970 si è passati a 129.930 presenti nel 1984. Nel 1971,

[5] Robert Buranello - Michael Lettieri, "Italian Regional Organization", in Julius Molinaro - Maddalena Kuitunen, a cura di, *Italian Cultural Organizations in Ontario*, Soleil, Welland, pp. 25-42.

secondo quanto dichiarato dalla nostra autorità consolare in Canada, gli italiani presenti erano 288.484; secondo il dipartimento dell'immigrazione canadese nello stesso anno gli italiani erano invece 202.071; la stessa fonte indicava in 734.516 la comunità italiana comprensiva anche degli oriundi mentre secondo l'ambasciata italiana era pari a 916.000 persone. Nel 1984 secondo l'ufficio federale di statistica gli italiani (includendo anche i cittadini naturalizzati e quelli di origine italiana) erano 944.900, valore superiore a quello del 1971. Ne consegue che da un lato la nostra collettività diminuisce se si considera la cittadinanza come elemento discriminante, dall'altro si ha che i canadesi di origine italiana o italocanadese continuano ad aumentare. Con riferimento a dati rilevati nel 1971, risulta che il 27% degli italiani canadesi ha conservato la cittadinanza italiana, sebbene solo il 45% sia nato in Canada: anche questi dati rivelano una tendenza a richiedere la cittadinanza canadese e allontanarsi di conseguenza dalla madrepatria.

Secondo il censimento del Canada del 2021, 1.546.390 canadesi (il 4,3% della popolazione totale) hanno origini italiane. L'ISTAT evidenzia che al 31 dicembre 2022 i cittadini italiani che dimorano abitualmente all'estero sono 5 milioni e 940 mila, con una crescita di 97 mila unità rispetto all'anno precedente[6]. Il numero di cittadini italiani residenti all'estero cresce nel 2022 per varie cause: tra queste si registrano 85 mila acquisizioni di cittadinanza italiana (la stima comprende, oltre alle acquisizioni per matrimonio e per trasmissione al minore convivente, circa 13% e 38% rispettivamente, soprattutto i riconoscimenti della cittadinanza italiana *iure sanguinis*, 49%). Nel caso del Canada si registra un totale di 142.547 cittadini italiani residenti di cui 74.463 nati in Italia e 68.084 nati all'estero[7]. Da una comparazione sommaria, non potendo definire nel dettaglio chi sono i cittadini iscritti all'Anagrafe degli Italiani Residenti all'Estero (AIRE), appare evidente che i numeri tra comunità e cittadinanza sono assolutamente divergenti. È senza dubbio vero che nel contesto straniero non è automatica l'iscrizione del cittadino residente all'estero nelle liste AIRE, anche per una normativa farraginosa e una obbligatorietà disattesa, e questo vale per i neo-emigrati e, a maggior ragione, per coloro che hanno stabilito da anni la residenza nel paese straniero.

La naturalizzazione è il processo attraverso il quale un cittadino straniero può diventare cittadino canadese. Come abbiamo messo in luce nel paragrafo precedente, e come essenzialmente avviene in ogni storia migratoria, il motore economico e lavorativo, pur non essendo l'unico a spingere verso il movimento, è senza dubbio quello con maggiore peso. Per molti italiani emigrati in Canada, la naturalizzazione

[6] ISTAT, *Gli italiani residenti all'estero*, 18 luglio 2024, <https://www.istat.it/wp-content/uploads/2024/07/Italiani-residenti-allestero.pdf>, (ultimo accesso il 3 settembre 2024).

[7] Interessanti, in tal senso, sono i numeri di un piccolo comune siciliano, Delia, in provincia di Caltanissetta che, con dati 2024 forniti dal comune stesso, registra un numero di emigrati pari a 1676, 797 iscritti AIRE, 3 cancellati per perdita della cittadinanza, 60 deceduti e 816 cittadini irreperibili. Si consideri che nel 2022 solo 60 cittadini canadesi residenti all'estero hanno chiesto la cittadinanza italiana.

rappresentava un passaggio cruciale per assicurare (o forse meglio provare a garantire, cosa non diversa da quanto avviene oggi) una stabilità giuridica e sociale nel paese che avevano "scelto" come nuova residenza. Non essendoci, almeno nei primi anni Settanta, l'istituto della *permanent residence*, molti emigrati erano indirettamente costretti dal proprio datore di lavoro a ottenere la cittadinanza locale che, in virtù della già ricordata Legge n. 91 del 1912, implicava necessariamente la perdita della cittadinanza italiana. Era una scelta di "buon senso pratico" a determinare il passaggio di status giuridico che poteva avere implicazioni anche per gli altri membri della famiglia – i figli, ad esempio, che se non ancora maggiorenni, automaticamente perdevano la cittadinanza italiana[8]. La norma rifletteva la concezione tradizionale della cittadinanza, vista come un legame esclusivo con un singolo Stato. Per gli italiani che si naturalizzavano canadesi, ciò significava dover abbandonare formalmente il loro status di cittadini italiani, perdendo i diritti e i privilegi associati, come il diritto di voto in Italia e la possibilità di trasmettere la cittadinanza ai figli. Tale decisione, sofferta sul piano etico e identitario, si rendeva necessaria perché – ma la cosa non è diversa dall'attualità – l'accesso a determinate posizioni (statali, accademiche, manageriali ecc.) era subordinato a selezioni comparative, a cui potevano partecipare solo cittadini canadesi. Oggi, la questione non è così netta come nel passato – considerata anche l'apertura del Canada al mercato del lavoro globale – tuttavia sia in ambito pubblico che privato l'assunzione di un lavoratore non cittadino (o non in possesso dalla *permanent residence*) implica la necessità di far passare il processo di assunzione attraverso i controlli di *Immigration* che prevede l'obbligatorietà per il datore di lavoro di giustificare l'assunzione del cittadino straniero tramite una "esclusività delle competenze", ovvero una dichiarazione talvolta complessa e sostenuta da imprescindibili dati e analisi per non aver individuato in Canada (tra i cittadini canadesi o i residenti permanenti) nessun lavoratore in grado di assolvere in maniera adeguata al compito professionale oggetto del posto di lavoro. Ne consegue una difficoltà logistica, burocratica (e anche economica) non indifferente[9], tanto che solo le grandi aziende e istituzioni oggi riescono ad abbracciare realmente il mercato del lavoro internazionale, consentendo una competitività reale al di là dello status di cittadino. Se questo è vero nel presente, nel passato le cose non andavano diversamente: le ragioni lavorative, connesse alla prospettiva del progetto migratorio di lungo periodo, spingevano sempre più cittadini italiani a rinunciare alla propria cittadinanza per ottenere la cittadinanza canadese, dando avvio ad una spirale che non era solo giuridica e legale, ma aveva implicazioni importanti per

[8] In caso di figli maggiorenni, questi avevano la possibilità di scegliere se acquisire la cittadinanza straniera o mantenere quella italiana.

[9] Nel caso delle università, per l'assunzione di un cittadino non canadese, si devono realizzare *searches* internazionali che hanno tempi enormemente dilatati rispetto alle altre destinate solo ad un pubblico nazionale, e non sono isolati i casi in cui a seguito del non rispetto della stringente normativa di immigrazione, alle università è stato impedito di bandire nuovi posti internazionali per più di un anno, oltre al pagamento di significative penali.

l'identità personale e il legame con l'Italia. La perdita della cittadinanza italiana aveva un valore emotivo e identitario e molti emigrati italiani, pur accettando di diventare cittadini canadesi per ragioni pratiche, sentivano una profonda disconnessione dal loro paese d'origine, un sentimento che poteva essere ulteriormente complicato dalla distanza geografica e dalla difficoltà di mantenere legami con l'Italia. La relazione tra naturalizzazione canadese, emigrazione italiana e perdita della cittadinanza italiana è un esempio delle complesse dinamiche che caratterizzano l'identità e l'appartenenza nazionale. Per molti italiani emigrati in Canada, la scelta di acquisire la cittadinanza canadese significava un compromesso tra l'integrazione nella nuova società e la rinuncia al legame formale con l'Italia.

La legge del 1992 ha cambiato il quadro normativo consentendo la doppia cittadinanza, dando la possibilità ai cittadini naturalizzati canadesi che hanno perso la cittadinanza italiana per averne acquistato volontariamente una straniera prima del 16 agosto 1992, di riacquistarla, pur rimanendo all'estero, sottoscrivendo presso il Consolato di riferimento una dichiarazione formale entro il termine del 31 dicembre 1997. Chi non si è avvalso della possibilità di riacquistare la cittadinanza italiana, può comunque ridiventare cittadino italiano dopo un anno di residenza legale effettiva in Italia. Nei fatti, però, anche nella finestra 1992-1997 molti cittadini naturalizzati canadesi hanno rinunciato al riottenimento della cittadinanza a causa della farraginosità delle informazioni date al tempo, delle lungaggini dei Consolati non adeguatamente pronti a rispondere ai numeri ingenti di italiani residenti in Canada che hanno in molti casi ostacolato, fino alla perdita definitiva, la possibilità di riacquisto della cittadinanza se non attraverso lo spostamento della residenza anagrafica per almeno un anno in territorio italiano[10].

Il Consolato Generale d'Italia a Toronto ha fornito alcuni dati significativi sulle pratiche di cittadinanza per discendenza accolte annualmente a partire dal 2014[11].

I dati di Toronto mettono in luce un progressivo aumento di pratiche di cittadinanza *iure sanguinis* (ad eccezione dei due anni di Covid) da parte di cittadini che si avvicinano al passaporto italiano per ragioni molteplici tra cui la possibilità di viaggiare senza visto in numerosi Paesi del mondo (il passaporto italiano è in questo più "potente" di quello canadese), controlli di frontiera rapidissimi per chi attraversa frequentemente l'Atlantico e soprattutto la possibilità di soggiorni prolungati in UE e/o Italia senza permessi di soggiorno.

---

[10] Si consideri come molti aspiranti cittadini italiani perdevano intere giornate di lavoro per fare la fila fuori dai consolati (anche in condizioni climatiche estreme come quelle invernali) per poi dover ritornare a casa senza l'agognato risultato e dover tentare così il giorno seguente, sperando di essere più fortunati. Queste difficoltà avevano inevitabilmente conseguenze sul piano lavorativo e scoraggiavano i lavoratori italiani a richiedere il passaporto italiano.

[11] Non sono disponibili presso le sedi consolari i dati precedenti al 2014 e/o legati alle pratiche di riottenimento della cittadinanza nella finestra temporale 1992-1997.

Pratiche di cittadinanza per discendenza accolte dal Consolate generale d'Italia a Toronto. Serie storica. Valori assoluti. Anni 2014-2024.

Periodo o Anno	N. pratiche cittadinanza ricevute (*iure sanguinis*)
1° gennaio – 31 luglio 2024	422
2023	537
2022	492
2021 (Covid)	79
2020 (Covid)	80
2019	453
2018	452
2017	462
2016	371
2015	384
2014	171

Fonte: Migrantes-Rapporto Italiani nel Mondo. Dati Consolato Generale d'Italia a Toronto.

Ad esse si aggiungono l'interesse a meglio gestire i legami anche di natura economica con familiari ancora residenti nei luoghi di origine ancestrale in Italia (molti canadesi di origine italiana hanno anche ereditato proprietà o intendono comprare proprietà immobiliari) e un generale interesse a riscoprire le proprie origini culturali e/o familiari, con frequenti "viaggi delle radici". Si precisa, su indicazione dello stesso Consolato, che tali motivazioni sono essenzialmente frutto di impressioni empiriche tramite colloqui con i richiedenti, non essendo questi elementi previsti dalla legge nei processi di cittadinanza[12].

Perdita e mantenimento della cittadinanza italiana: alcune considerazioni in chiave linguistica

Nei processi di perdita, mantenimento e riottenimento della cittadinanza, quali sono, se ci sono, le conseguenze linguistiche per lo sviluppo o almeno il mantenimento della competenza in italiano? Una risposta univoca a nostro avviso non è possibile perché, come abbiamo dimostrato in contesto canadese[13], i fattori che condizionano la competenza linguistica sono molteplici e particolari, e attengono al

[12] Si ringrazia il Console Generale d'Italia a Toronto, dott. Luca Zelioli, per la disponibilità dimostrata e per aver condiviso i dati delle pratiche di cittadinanza del Consolato Generale d'Italia a Toronto.

[13] Simone Casini, "L'italiano all'estero: riflessioni linguistico-semiotiche tra Italia e Canada", in Simone Casini - Christine Sansalone - Salvatore Bancheri - Michael Lettieri, a cura di, *A Journey through Knowledge. A Festschrift in Memory of Paul A. Colilli (1952 - 2018)*, Cesati, Firenze, 2020, pp. 577-595.

piano dell'istruzione (sia per la scolarizzazione in Italia che in Canada), al momento della migrazione, al contesto familiare, ai legami (talvolta anche solo turistici) mantenuti con la terra d'origine, alla professione. Una varietà di variabili, a loro volta specificabili in maniera ancora più particolare, che rendono difficile se non impossibile una standardizzazione. Tuttavia, una certezza esiste: il legame tra lingua e status giuridico-sociale della persona c'è ed è vivo non solo per la filosofia di Aristotele, ma ne vediamo gli esiti nel ben più recente *Dieci tesi per un'educazione linguistica democratica* che, come è noto, è un documento di politica linguistica che non risponde ad esigenze meramente didattiche, ma con alle spalle la profondità teorica di un approccio semiotico e sociolinguistico ai fatti di lingua, si propone come collante tra attività linguistica e vita sociale e culturale, laddove proprio l'aggettivo *democratico* è rivolto ai principi di uguaglianza politica e civile dei cittadini. Il legame tra lingua e cittadinanza esiste e l'ipotesi che proponiamo tenta di inquadrare quanto la competenza linguistica possa essere influenzata dallo status di cittadino. In altri termini, crediamo che, seppur indirettamente, privare un cittadino di uno status giuridico come la cittadinanza possa determinare in questo, seppur in modo inconscio, una sorta di abbandono o sfilacciamento del legame con la terra d'origine e questo riflettersi in modo diretto sulle capacità linguistiche. Se la cittadinanza sin da tempi dei greci è uno status di appartenenza comunitaria, il non possesso della cittadinanza è lo status della non appartenenza comunitaria, e quindi se non si è parte della comunità in senso formale, allora si tende a non essere parte della stessa comunità anche sul piano culturale, sociale, comunicativo, identitario e, appunto, linguistico. Non è un caso che in Canada molti emigrati naturalizzati se in assenza, per ragioni lavorative, di legami economico-culturali con l'Italia, con il passare degli anni hanno diminuito i viaggi in Italia, i contatti anche telefonici con amici e parenti rimasti in Italia, con la conseguenza sul piano delle lingue di una progressiva perdita di competenza e comunque con la cristallizzazione ad una Italia linguistica e culturale del passato[14]. L'altra faccia della medaglia è invece rappresentata da un mantenimento dello status di cittadino (o dal riacquisto della cittadinanza) che è un segno (psicologico più che materiale) per lasciare comunque aperta la "porta della migrazione", un modo per dire a se stessi prima che agli altri, che il viaggio potrebbe avere un ritorno e, sentendosi ancora parte di una comunità politica e sociale, mantenere viva la volontà e la necessità di usare e parlare italiano. Spesso, quasi sempre, la "porta della migrazione" nei fatti è chiusa, e una migrazione di ritorno si ha ad età avanzata dopo una intera vita sociale e attiva in Canada; ma quello a cui noi facciamo riferimento è una sorta di spinta emotiva al mantenimento di un legame culturale (o alla inaugurazione di tale legame, ad esempio per quanto riguarda le terze e le quarte generazioni) che dal piano giuridico si sposta verso quello linguistico.

[14] In tal senso si noti il ruolo che la televisione e in generale i media hanno giocato nel processo di mantenimento e sviluppo della lingua.

A sostengo di tale ipotesi proponiamo le testimonianze di due testimoni privilegiati (KI_1; KI_2) che seppur con storie migratorie diverse, mettono in luce dalla prospettiva personale il legame tra lingua e passaporto.

KI_1 è una emigrata di prima generazione, arrivata in Canada nel 1968, all'età di 11 anni, assieme alla famiglia, e che ha passato oltreoceano la propria vita professionale e affettiva. Quando il padre nel 1975 fu "costretto" a prendere la cittadinanza canadese lei, appena maggiorenne, decise di non prenderla e conservare quella italiana:

> Dopo 50 anni di vita a Toronto non ho ancora preso la cittadinanza canadese perché non ho mai voluto perdere la mia cittadinanza italiana, non ho voluto perdere il mio passaporto italiano. [...] Io non ho mai sentito la necessità o urgenza di essere cittadina canadese anche se amo molto il Canada [...] Non mi sono sentita mai limitata o inferiore con il mio status di *permanent resident*.
>
> La decisione di mantenere la cittadinanza italiana ha avuto un suo percorso che ha preso avvio con la crisi esistenziale del "chi sono io". Dopo avere studiato l'italiano, nel mio lavoro non ho mai fatto uso della lingua italiana. Non era necessaria nel mio *day to day*. Avevo pochissimo a che fare con la comunità italiana, ma mi sentivo italiana anche perché avevo il mio passaporto.
>
> Nell'ambiente anglosassone, mi dicevano *you are so Italian* e non perché parlassi con un accento italofono, ma per il mio modo di fare, il mio atteggiamento, la mia cultura. Gli altri, e io tenevo molto a questo, capivano che non ero la tipica *Italian-Canadian immigrant*, ma qualcosa di diverso.
>
> Con il passare degli anni, il mio attaccamento all'Italia era sempre più forte, non pensavo per niente di prendere la cittadinanza canadese; ho ritenuto e ritengo il passaporto italiano (che rinnovo con fedeltà) il mio essere, la mia vera identità.
>
> Sul piano della lingua credo di essere italofona con un alto grado di competenza in italiano che non sento la mia L2, e anzi aver mantenuto la mia identità giuridica è stato per me fattore spinta, incentivo legame identitario, linguistico e culturale con l'Italia.
>
> Mi chiedo: cosa sarebbe successo se avessi perso la mia cittadinanza? Forse niente, forse molto, sicuramente mi sarei sentita meno italiana, meno accolta dall'Italia e quindi meno aperta a vedere nell'italiano la *form of life*.
>
> Nel 2025 prenderò anche la cittadinanza canadese, ma sarò sempre italiana prima e poi canadese[15].

La riflessione tra lingua e cittadinanza, ovviamente, non coinvolge solo lo spazio italiano, ma ha una valenza internazionale: KI_2 è una neo-emigrata italiana, attualmente *International visiting scholar* presso il Dickinson college (Pennsylvania,

[15] L'intervista è avvenuta tramite zoom nel mese di agosto 2024. KI_1 ha poi tramesso un breve testo di sintesi.

US) che ha voluto e ottenuto la cittadinanza canadese perché motivata a sviluppare un percorso migratorio di lungo periodo.

> Ho iniziato a studiare inglese fin dalla scuola elementare e negli anni seguenti ho sempre cercato di migliorare il mio livello di lingua come meglio potevo: con canzoni, libri in lingua inglese e guardando film senza doppiaggio. La vera opportunità di emigrare però è arrivata nel 2013 e dopo due anni di colloqui, documenti e visite mediche, ottenni la mia *Permanent Resident Card*. Decisi di fare questo salto nel buio senza conoscere il Canada, se non attraverso i libri, e di trasferirmi a Toronto. Avere una conoscenza della lingua inglese mi ha sicuramente aiutata, ma mi è stato chiaro fin da subito che nonostante gli anni di studio avrei comunque dovuto continuare a lavorare sulla lingua per divenire parte integrante della società canadese. Per questo motivo mi iscrissi ad un corso serale del Toronto District School Board dedicato ai nuovi immigrati [...]. Migliorare la mia conoscenza della lingua mi ha dato più sicurezza nell'affrontare la burocrazia quotidiana, mi ha incentivata a conoscere persone appartenenti a diverse culture e mi ha fatto sentir parte di questo Paese. Dopo tre anni, ho fatto domanda di cittadinanza e nel 2020 sono diventata cittadina. L'inglese è parte integrante di me perché sono cittadina canadese, e adesso che non è più un mistero o una cosa strana di come io riesca a comprenderlo perfettamente, mi rendo conto che seppur all'età di 35 anni, è diventato la mia "seconda" L1[16].

Conclusioni

Le questioni migratorie, da quelle giuridiche a quelle educative ed economiche, sono fatti di vita mai rinviabili: hanno condizionato la vita di milioni di italiani all'estero e condizionano oggi la vita di milioni di stranieri in Italia. Si aprono a fattori di contatto, di dignità civile e tale dignità va data perché è giusto, è eticamente giusto così. Sul piano delle lingue, poi, vogliamo concludere con le parole di Camilleri che dialoga con De Mauro[17], e che richiama la questione della migrazione alla questione più ampia che supera quella dell'italiano, dell'inglese, del francese o delle altre lingue ufficiali, per aprirsi ad una visione creativa di contatto linguistico che crediamo sia conseguenza inevitabile del movimento.

> (De Mauro a Camilleri): Che cosa offriamo a quel 7% di popolazione che, per nostra fortuna, la fortuna sua è venuta a cercarla qui arrivando da altre terre, parlando lingue che ad eccezione del rumeno, del portoghese o dello spagnolo latinoameri-

---

[16] L'intervista è avvenuta tramite zoom nel mese di agosto 2024. KI_2 ha poi tramesso un breve testo di sintesi.

[17] Tullio De Mauro - Andrea Camilleri, *La lingua batte dove il dente duole*, Roma-Bari, Laterza, 2013.

cani, sono lontanissime dalla nostra? Qui la lingua nemmeno batte perché per ora manco ci si accorge del nuovo dente che spunta.

(Camilleri a De Mauro): Questo sì che è un argomento importante con il quale concludere il nostro discorso. Viviamo circondati da gente che parla altre lingue, lingue diverse dalla nostra, lingue non europee. La mia speranza è che siccome la lingua è sempre in movimento [...] da questo meticciato di lingue degli extracomunitari e dei migranti tutti, il guscio vuoto [...] possa essere riempito da queste nuove parole che arrivano da fuori. [...] Ecco, io spero questo, che il guscio vuoto che si sta svuotando possa essere colmato, arricchito e non sostituito, da parole nuove e diverse che diventeranno parole nostre. Mi è capitato di leggere alcuni racconti scritti da extracomunitari e la forza e l'energia del loro italiano, nonostante la povertà linguistica, sono talmente dirompenti che l'italiano acquista un vigore nuovo, una nuova linfa che ringiovanisce la parola[18].

Si apre, per l'italiano, e per le lingue, una nuova questione linguistica, che è questione di lingue, culture, identità, forme di vita. È una questione etica, di convivenza politica, sociale, civile nel mondo globale.

[18] Ivi, pp. 125-126.

CINA.
Doppie identità senza doppia cittadinanza

Giovanna Di Vincenzo, docente di lingua e cultura cinese e mediatrice culturale

Cittadinanza e identità sono due concetti che inevitabilmente si affrontano e si scontrano quando i protagonisti sono legati allo stesso tempo all'Italia e alla Cina. La questione della nazionalità per alcuni è un tasto dolente perché la Repubblica Popolare Cinese è uno di quei paesi che non ammette la doppia cittadinanza. La normativa su questo punto è categorica: l'articolo 3 della legge cinese sulla nazionalità dichiara che «ai cittadini cinesi non è concesso possedere un'altra cittadinanza»[1]. Questa barriera normativa obbliga a una scelta coloro che si trovano nella condizione di dover decidere se essere cinesi o italiani e, non solo crea disagi dal punto di vista pratico, ma dà anche il pretesto per riflettere e ponderare la questione della propria nazionalità, fondamentalmente interconnessa con gli interrogativi esistenziali sulla propria identità. Essere italiani o cinesi per chi è cresciuto e vive tra i due mondi diventa pertanto una scelta esclusiva. Ma chi si trova a fare questa scelta?

Tra gli italiani residenti in Cina sarebbe alquanto insolito pensare di rinunciare alla cittadinanza italiana per l'acquisto di quella cinese, se esistono casi in epoca contemporanea sono rari o scarsamente documentati[2]. Diverso è il discorso per gli italiani "misti", figli di coppie formate da padre italiano e madre cinese, o viceversa, da padre cinese e madre italiana, oppure per i cittadini cinesi nati o residenti in Italia da molti anni. Per chi appartiene a uno dei suddetti casi decidere categoricamente a quale nazionalità appartenere non è semplice, perché sancisce, almeno sulla carta, una preferenza che di fatto non rispecchia la loro dualità di origine, natura e identità. Avere la doppia cittadinanza risolverebbe tante questioni dal punto di vista

[1] National Immigration Administration, *Legge sulla Nazionalità della Repubblica Popolare Cinese* (adottata nella Terza Sessione della Quinta Assemblea Popolare Nazionale, promulgata con Ordine n. 8 del Presidente del Comitato Permanente dell'Assemblea Popolare Nazionale ed entrata in vigore il 10 settembre 1980). Si veda: <https://en.nia.gov.cn/n162/n222/c421/content.html>.

[2] Una vicenda peculiare è quella del contadino Alvise Giusti, l'"italiano che divenne cinese per caso", la cui storia è stata resa celebre alla fine degli anni Novanta, quando dopo anni di residenza in Cina riuscì ad entrare in contatto con i parenti italiani e visitare il paese natio. Alvise Giusti era figlio di un'italiana che sposò successivamente un imprenditore cinese stabilitosi in Italia nei primi anni del Novecento. La famiglia si trasferì in Cina poco prima della fondazione della Repubblica popolare, quando Alvise era ancora bambino. Da allora visse in un villaggio di campagna della provincia dello Zhejiang, crescendo come un cinese con il nome di Xu Xiangshun e mettendo su famiglia in Cina, la sua patria d'adozione in cui restò fino alla morte, nel 2023.

pratico e, non ultimo, esistenziale. Tuttavia, se da parte delle istituzioni italiane non è mai stato considerato come un ostacolo la compresenza di cittadinanze (basti pensare agli accordi che l'Italia ha fatto con molti paesi del mondo su questo tema), lo è tuttora per il governo cinese per ragioni di appartenenza culturale e patriottismo. La Cina è un Paese che afferma fortemente la sua identità etnica, di per sé composita, vivendo al suo interno 55 minoranze oltre a quella *han*, maggioritaria. Essere cinesi significa condividere una sfera di valori che hanno radici antiche, rintracciabili prevalentemente nel secolare pensiero confuciano. L'appartenenza etnica da sola, però, non basta se i cittadini di origine cinese trasferitisi all'estero hanno acquisito la cittadinanza del paese d'adozione. D'altro canto, l'Italia non prevede lo *ius soli*, lasciando così la scelta autonoma al compimento del diciottesimo anno di età ai cittadini nati e residenti in maniera continuativa nel nostro Paese. Prendendo il caso delle seconde generazioni cinesi in Italia, sappiamo che ereditano la nazionalità cinese dai genitori (salvo i casi in cui questi abbiano acquisito la cittadinanza italiana ovviamente) ma possono scegliere se mantenere quella cinese o acquisire quella italiana una volta maggiorenni. Propendere per l'una o l'altra opzione, come abbiamo già sottolineato, è una scelta a volte tormentata e condizionata certamente non solo dalla impossibilità di avere la doppia cittadinanza, ma anche dalle caratteristiche dei percorsi migratori degli individui che si trovano a fare questa scelta.

Cittadini italiani per scelta o pragmatismo

La comunità dei cinesi regolarmente soggiornanti nel nostro territorio è costituita da 284.495 individui (dato al 1° gennaio 2023), gran parte dei quali residenti nel Nord Italia, in particolare in Lombardia (24,3%), Toscana (19,7%) e Veneto (12,3%)[3]. Si tratta di una comunità consolidata nel nostro Paese, si pensi alla *chinatown* milanese di via Paolo Sarpi oppure allo storico contesto di Prato. È una collettività molto giovane con un'incidenza del 40% di cittadini under 30, caratterizzata da un quasi perfetto equilibrio di genere, ulteriore segnale di un profondo radicamento nel territorio. L'esistenza di solide reti familiari regola le dinamiche migratorie e lavorative attraverso il mutuo aiuto nelle attività imprenditoriali che caratterizzano prevalentemente l'aspetto relativo all'occupazione. Nella comunità cinese si registra un basso tasso di disoccupazione in quanto quasi tutti i membri sono impiegati in attività commerciali, ricettive e industriali nel settore manifatturiero, con un ruolo attivo sotto il profilo occupazionale da parte delle donne. La mobilità dalla Cina ha storicamente un nesso molto profondo con la propensione all'impresa e al lavoro autonomo, soprattutto in alcune aree e distretti del territorio italiano (Toscana *in primis*), per ragioni sia legate alla tradizione produttiva di queste aree, sia per la nota predisposizione al *business* dei cittadini dello Zhejiang, la provincia cinese da

[3] Ministero del Lavoro e delle Politiche Sociali, *La comunità cinese in Italia*, 2023, pp. 8-12, <https://rb.gy/x9rwki>.

cui si sono originate le principali catene migratorie verso l'Europa. Inoltre, i cinesi detengono una quota alta di permessi di soggiorno di lungo periodo (65,2%), il che rende la comunità cinese tra le più stabili in Italia rispetto a quelle di altri paesi non comunitari. Di certo, nel computo delle presenze ufficiali sopra riportato non sono inclusi gli individui di origine cinese che hanno acquisito la cittadinanza italiana, che nell'arco di dieci anni, tra il 2012 e il 2022 sono stati 14 mila, con un picco nel 2015 (1.896). Il dato più recente in tal senso risale al 2022, in riferimento al quale si registrano 1.118 acquisizioni prevalentemente motivate dal raggiungimento della maggiore età, seguite dalla trasmissione dai genitori (*ius sanguinis*), naturalizzazione e matrimonio con *partner* italiano[4]. Un fatto significativo è che il fenomeno di acquisizione della cittadinanza riguarda in misura minore i cittadini cinesi rispetto alle altre comunità ed è molto complesso fornire un quadro rappresentativo delle motivazioni e delle istanze che stanno alla base della loro decisione. Inoltre, la minore propensione dei cinesi adulti ad acquisire la cittadinanza italiana fa sì che sia minore la quota degli individui che diventano cittadini italiani da minorenni.

Per capire le ragioni di questa tendenza è opportuno indagare quali sono le caratteristiche migratorie di questa storica comunità. Secondo un rapporto ISTAT sulle seconde generazioni pubblicato nel 2020, in cui si includono i figli di immigrati stranieri in Italia ed in senso lato anche i minori che emigrano in età scolare, le comunità dell'Asia assieme e quelle dell'America Latina sono quelle che si sentono più "straniere" che "italiane", tra questi rientrano i cinesi con il 42,1%[5]. A questa percezione contribuisce non solo l'età di arrivo nel paese di immigrazione ma anche il fattore linguistico. La conoscenza della lingua italiana influisce sul "pensare" in italiano, questa abilità diminuisce in coloro che sono arrivati in Italia in età prescolare, nelle seconde generazioni sinodiscendenti solo il 36,9% dichiara di pensare in italiano, mentre prevale la componente di chi parla in famiglia la lingua madre dei genitori (non sempre il mandarino, ma il dialetto della località di provenienza) anche tra coloro che sono nati in Italia o vi sono arrivati da piccolissimi. Questo tratto finisce per condizionare la qualità della comunicazione e l'interazione con la popolazione locale, facendo registrare le percentuali più basse di interazione a scuola con i compagni italiani a fronte di una maggiore frequentazione di connazionali. Di contro, una connotazione distintiva delle seconde generazioni originarie di Paesi extra-UE è soprattutto il bilinguismo, che consente di mantenere i legami con la cultura di origine ma allo stesso tempo di collocarsi in un panorama sempre più interessato dal concetto di fluidità transnazionale, in cui la condivisione di due o più sistemi di valori è ritenuto essere un *plus* nella società contemporanea, costituita in misura crescente da culture in movimento.

---

[4] Ivi, pp. 10-11.

[5] ISTAT, *Identità e percorsi di integrazione delle seconde generazioni in Italia*, 2020, p. 22, <https://rb.gy/piyl1i>.

Il suddetto rapporto prende in esame anche altri aspetti che condizionano l'integrazione e la percezione di essere italiani, aspetti che ci consentono di inquadrare al meglio lo stile di vita ed anche le motivazioni che stanno alla base della scelta di rinunciare o meno alla cittadinanza cinese per quella italiana. Ad esempio, sia tra coloro che sono nati in Italia che tra coloro che sono arrivati da piccoli, a parità di condizioni con membri di altre comunità di stranieri, la propensione a rimanere in Italia è alta. Questo dato sorprende se visto in relazione con la competenza linguistica, l'abilità di "pensare" in italiano, la coesione tra i membri della comunità e la frequentazione assidua di connazionali. Tuttavia, le traiettorie di vita che i cittadini di origine cinese intraprendono nel nostro Paese rispondono a logiche consolidate distinte rispetto ad altre collettività presenti in Italia, e sono strumentali in quanto dettate dalla convenienza soprattutto rispetto al tema degli affari. In linea generale, è la forte attitudine all'impresa che determina una serie di caratteristiche fenomenologiche in seno agli assetti familiari: ad esempio, l'usanza diffusa negli adulti di prima generazione di separarsi dai figli piccoli e lasciarli alle cure dei nonni in patria, al fine di potersi dedicare al lavoro, assicurare il benessere economico familiare e permettere ai bambini di avere un primo approccio alla scolarizzazione di stampo cinese, con la possibilità di apprendere il mandarino. Altrettanto diffusa in alcune maglie della comunità è la tendenza a supportare i familiari nella gestione delle attività lavorative, spesso all'origine di casi di *drop-out* scolastico e bassa scolarizzazione, pur rilevando, tuttavia, casi di prosecuzione degli studi a livello universitario e post-laurea, percorsi professionali e di studio alternativi rispetto all'indirizzo prettamente economico (al quale i membri sono per lo più interessati). Anche la competenza linguistica è legata, ma non solo, all'abitudine di trascorrere i primi anni di vita e studio in Cina, per poi essere inseriti nel sistema scolastico italiano in gradi inferiori rispetto all'età, rendendo così più difficoltosa l'interazione con i pari. La letteratura sulla diaspora cinese in Italia ha trattato ampiamente le caratteristiche di questa comunità, nonché gli ostacoli all'attuazione di buone pratiche per l'inserimento dei minori nel contesto scolastico[6]. Inoltre, l'estrazione sociale dei migranti cinesi ha un peso rilevante sull'educazione dei figli: a differenza degli Stati Uniti, dove i cinesi immigrati appartengono alla classe media e valorizzano lo studio, in Italia si sono attivate catene migratorie provenienti da zone rurali, con un'istruzione medio-bassa e inserite in contesti lavorativi ad alta intensità di manodopera. Tralasciando in questa sede le politiche italiane riguardo l'accoglienza, l'integrazione e le problematiche annesse, sono il familismo con le sue logiche di alleanza e di opportunità tra i membri della comunità, e i concetti culturali quali la

[6] Si vedano gli approfondimenti sul tema dell'educazione e la diaspora cinese: Sabrina Ardizzoni - Maria Omodeo, *L'istruzione dei sinodiscendenti nelle scuole italiane. Tracce e percorsi*, «Sinosfere», numero XV, 2022, <https://sinosfere.com/2022/10/16/sabrina-ardizzoni-e-maria-omodeo-listruzione-dei-sinodiscendenti-nelle-scuole-italiane-tracce-e-percorsi/>; Stefano Costantini, *I preadolescenti-adolescenti sinoitaliani e il drop out. La complessa ridefinizione della propria identità dall'analisi di vissuti scolastici*, «Sinosfere», numero XV, 2023, <https://rb.gy/8ekwv0>.

reputazione personale e la pietà filiale che hanno influenzato e tuttora influenzano la condotta sociale dei cittadini di origine cinese, nonché l'approccio genitoriale nella valutazione dei percorsi relativi all'istruzione e all'occupazione dei figli. Visioni e riflessioni più recenti tra i componenti della comunità cinese in Italia e l'osservazione diretta all'interno dei contesti educativi in cui i minori sono inseriti, sembrano rivelare l'avvio di un processo di trasformazione delle modalità di *parenting* e di scelta per quanto concerne le questioni su cui la mentalità tradizionale ha sempre avuto un peso, come, ad esempio, l'educazione. Se da un lato permangono le situazioni di semilinguismo, abbandono scolastico, crisi identitarie nel passaggio dall'adolescenza all'età adulta, difficoltà di integrazione e interazione con i pari, dall'altro le penultime e ultime generazioni si sforzano nel tentativo non solo di negoziare un equilibrio nella relazione dicotomica dell'essere "mezzi cinesi" e "mezzi italiani", ma anche di affermare la volontà di essere se stessi nella propria unicità, accettando e sanando quella spaccatura generata dalla sensazione di sentirsi a metà tra due culture. All'idea del sacrificio pare contrapporsi in alcuni l'esigenza di dedicare più tempo ai propri figli, di offrire un'educazione più rispettosa dei loro bisogni e delle loro aspirazioni, di vivere in una dimensione lavorativa meno orientata alla produttività ma più all'aspetto ricreativo e relazionale. Questi orientamenti *in nuce* segnalano una transizione dalle pratiche migratorie della prima generazione verso una diversa concezione della genitorialità, della gestione familiare e un maggiore senso di appartenenza e partecipazione alle questioni nazionali, che potrebbe dare forse un nuovo impulso anche all'acquisizione della cittadinanza italiana.

È alquanto difficile reperire dati e percentuali per stabilire una classifica delle motivazioni principali alla base della scelta della cittadinanza. Tuttavia, le interazioni con diversi membri della comunità cinese sull'argomento fanno emergere quali sono le riflessioni più ricorrenti. Ancora una volta "pragmatismo" è la parola chiave, sia per coloro che optano per la cittadinanza italiana sia per coloro che mantengono quella cinese. Chi ha rinunciato a quest'ultima per divenire formalmente cittadino italiano lo ha fatto per una serie di vantaggi collegati alla propria situazione. Ad esempio, tra le ragioni si annoverano la prosecuzione degli studi di istruzione superiore all'estero e quindi la facilità di ottenimento del visto e di residenza in altri paesi con in mano un passaporto italiano, ritenuto più "forte" rispetto a quello di altri Paesi extra-UE, oppure semplicemente la possibilità di viaggiare e spostarsi all'interno dell'Unione europea e nel resto del mondo. Questa opzione è quella privilegiata dai cittadini giovani, con grande ambizione e spirito di autorealizzazione individuale, con una propensione ad uscire fuori dai percorsi occupazionali già tracciati a livello familiare e comunitario. Talvolta invece sono i cittadini insediatisi in Italia da molti anni con la propria famiglia allargata a propendere per la cittadinanza italiana non avendo più molti legami in Cina. Non è insolito anche il mantenimento di entrambi i passaporti, utilizzati all'occorrenza per viaggiare in Europa o in Cina, una consuetudine "clandestina" che però trae origine e vantaggio dagli scarsi controlli dei rispettivi Paesi, che dovrebbero effettuare indagini *ad hoc* sulle situazioni individuali durante gli spostamenti. La frequenza dei viaggi nel Paese di origine condiziona la scelta inversa, ovvero quella di mantenere il passaporto cinese, prassi molto diffusa tra i membri della comunità cinese con permesso di soggiorno di lungo periodo. Pur avendo intenzione di continuare a risiedere nel nostro Paese, molti trovano di gran lunga più conveniente non acquisire la cittadinanza italiana che comporterebbe la richiesta di visto di ingresso ogni qualvolta devono recarsi in Cina per visita ai parenti o per gestione di attività imprenditoriali che necessitano di frequenti spostamenti tra i due Paesi. Non ultima tra le ragioni di scelta della cittadinanza cinese è un profondo e viscerale legame con la cultura di origine che alcuni faticano a sciogliere anche perché animati dall'orgoglio di appartenere ad un Paese sempre più potente dal punto di vista economico e geopolitico.

Italiani di Mezzo

"*Di dove sei?*", una domanda che per alcuni appare semplice e immediata, per altri può essere spiazzante, esigere tempi di risposta prolungati, in grado di scatenare sinapsi complesse, che sottendono la preoccupazione di dover giustificare alla nostra controparte l'inaspettata corrispondenza tra "faccia" e provenienza. Un tipico episodio che capita alle persone con tratti somatici differenti che parlano fluentemente la lingua del posto in cui vivono è di sentirsi rimarcare (non sempre con intenzioni offensive) la loro competenza linguistica da "madrelingua", essendo tuttavia nati o sempre vissuti in quel determinato luogo. Probabilmente il ricordo di questi episodi riaffiora quando si considera se "sposare" o meno la nazionalità del paese di adozione, e forse quella sensazione di disagio o imbarazzo ha un impatto inconscio su tale decisione. Questo può capitare, come abbiamo visto, non solo ai cittadini di origine straniera nel nostro Paese, ma anche agli italiani che sono nati o cresciuti all'estero.

La nostra comunità residente in Cina è costituita da profili diversificati, studenti, professionisti, uomini d'affari, la cui spinta al trasferimento è dettata prevalentemente da motivazioni legate all'occupazione o alla carriera, che coinvolgono non solo i singoli individui ma intere famiglie. Alcuni espatriati portano con sé la propria famiglia dall'Italia, altri la formano *in loco* con cittadini stranieri o cinesi. In quest'ultimo caso, tra le varie questioni di ordine culturale, sociale e linguistico ne emerge anche un'altra non meno problematica, quella burocratica. I figli misti nati in Cina possono ottenere la cittadinanza dell'uno o dell'altro genitore, ma in nessun caso possono avere entrambe le nazionalità, per via dell'esclusività richiesta dall'ordinamento cinese. Parlare con i diretti interessati e raccogliere le testimonianze delle famiglie che si trovano in questa situazione ci consente di comprendere lo stato di limbo nel quale talvolta rimangono intrappolati anche dopo aver preso la fatidica decisione di essere di nazionalità italiana o cinese. Occorre precisare che le esperienze e i fatti raccontati non sono rappresentativi della totalità delle famiglie composte da genitore italiano e cinese, ma è bene portare alla luce una questione che rivela problematiche simili, per non dire speculari, a quelle evidenziate per i sinodiscendenti in Italia. La situazione si complica se il contesto familiare è costituito da due o più figli misti, nati in nazioni diverse e con percorsi educativi diversi. In tal caso, ci si può trovare a dover affrontare *iter* e prassi del tutto differenti per l'accesso agli stessi servizi, come l'educazione ad esempio. Chi nasce in Cina con almeno uno dei genitori di nazionalità cinese, tramite l'atto di nascita può avere il certificato di residenza cinese, regolamentata dal cosiddetto *hukou*, un sistema che determina non solo l'appartenenza al luogo di domicilio ufficiale di una persona, ma anche l'accesso a risorse e opportunità. L'*hukou* è esclusiva dei cittadini della Repubblica popolare e sancisce di conseguenza la possibilità, tra le altre, di frequentare le scuole statali. È significativo il caso di un nostro connazionale[7], trasferitosi in Cina da più di un decennio, *manager* di successo, sposato con una donna cinese con la quale ha avuto tre figli, due nati in Cina e uno in Italia. I primi due hanno ottenuto l'*hukou* alla nascita, che ha permesso loro di andare alla scuola pubblica, scelta ponderata consapevolmente da entrambi i genitori sia per ragioni economiche (mantenere più di un figlio all'interno del sistema di istruzione privata può essere molto dispendioso, a causa delle elevate rette delle scuole internazionali) che culturali e linguistiche. Al momento della scelta del percorso di istruzione per i due figli più grandi, la priorità per la coppia è stata quella di fornire un'istruzione di stampo cinese che avrebbe garantito una massiva esposizione al mandarino e un'acquisizione linguistica di livello nativo, altrimenti impossibile nelle scuole internazionali basate su *curriculum* esteri o misti. Frequentare la scuola pubblica ha significato dare un'impronta culturale molto marcata ai figli, cresciuti all'insegna del rigore del sistema di istruzione cinese, basato su disciplina, rispetto delle gerarchie, pressione sui risultati scolastici, ecc. Allo stesso tempo, le periodiche visite ai parenti in Italia durante le festività e l'impegno del padre a trasmettere lingua, usanze e consuetudini tipicamente italiane e a partecipare a iniziative promosse dai consolati *in loco*, hanno fatto maturare nei figli la fierezza delle proprie doppie origini e l'entusiasmo verso l'Italia, al punto che la famiglia ha optato per la scuola superiore italiana dopo aver concluso le scuole medie in Cina. Il rientro e il cambio di scuola rispondono stavolta alla volontà della coppia di offrire più esperienze, favorire non solo il bilinguismo e l'esposizione a sistemi educativi e di pensiero vari e non unici, ma anche un bilanciamento degli aspetti di entrambe le culture di origine dei genitori. Questa intenzione si è scontrata però sul lato formale con l'obbligo di scegliere quale cittadinanza mantenere per

[7] L'interlocutore è stato intervistato nell'ambito di una ricerca effettuata per la Fondazione Migrantes tra il 2021 e il 2023 sui minori italiani nati o cresciuti in Cina, figli di nostri connazionali qui residenti per periodi prolungati. Il campione intervistato include famiglie con bambini e adolescenti in età scolare, sia misti che con entrambi i genitori italiani. Le testimonianze raccolte sono contenute nel libro: Giovanna Di Vincenzo, *Italiani di Mezzo. Vivere e crescere in Cina*, «Quaderno Migrantes», n. 24, Tau editrice, Todi (PG), 2024. A seguito delle interviste realizzate nell'ambito della suddetta ricerca, l'interlocutore è stato ricontattato per un approfondimento sul tema della cittadinanza in vista dei cambiamenti di residenza che, come aveva precedentemente dichiarato, avrebbero coinvolto a breve i membri della sua famiglia.

i propri figli. Nel momento in cui la famiglia ha deciso di richiedere la carta verde, ovvero il certificato di residenza permanente, per i primi due figli nati in Cina, questi hanno difatti dovuto rinunciare all'*hukou* ottenuto alla nascita. Essendo formalmente cittadini cinesi non avrebbero potuto avere in tal modo i requisiti per richiedere la *green card*, che è esclusiva dei cittadini stranieri. In questi casi si è posto un ulteriore problema da parte dei genitori, ovvero quello di decidere la cittadinanza per i propri figli ancora minorenni, e quindi non pienamente consapevoli di tale scelta, che si rivela essere in un certo senso irreversibile, dato che riottenere la cittadinanza cinese in seguito sarebbe molto complicato. Anche la procedura per effettuare la rinuncia prevede un cerimoniale rappresentativo del grande senso di patriottismo che si cela dietro un atto del genere: i diretti interessati o chi ne fa le veci (ad esempio, i genitori nel caso di minorenni) devono fare una dichiarazione videoregistrata in presenza di pubblici ufficiali. Inoltre, l'esito della richiesta non è immediato ma soggetto a verifiche e ad un'approvazione finale da parte degli uffici preposti. Per lo Stato cinese si tratta della "perdita" di un proprio cittadino, che lascia trapelare anche un'idea di tradimento (difatti i numerosi controlli sono dovuti ad implicazioni politiche che però, secondo quanto riportato dall'intervistato, difficilmente riguardano i cittadini di origine mista). Per quanto ancora molto giovani, i genitori hanno riflettuto assieme ai figli su quali sarebbero state le prospettive future vivendo e studiando in Italia, aprendosi comunque alla possibilità di proseguire la formazione universitaria in Europa o addirittura in Cina, sebbene in qualità di "stranieri". In una fase già delicata come quella dell'adolescenza, cambiare paese, abitudini e *mindset* può essere una sfida ed incidere sulla formazione della personalità e sul benessere emotivo, ma può essere anche un'occasione di riflessione sulla propria identità multiculturale. I ragazzi che vanno incontro ad un'esperienza di crescita simile sono definiti "*third culture kids*", dove per "terza cultura" si intende "uno stile di vita altro rispetto alla cultura di origine e di arrivo, condiviso solo con chi vive la stessa esperienza"[8], una sorta di spazio ibrido, altro rispetto a quello ben definito dei ragazzi che nascono e crescono nello stesso luogo. Tuttavia, benché questo sentimento di duplice affiliazione sia comune a molti ragazzi di terza cultura sparsi nel mondo, in coloro che hanno origini cinesi la situazione è complicata dal punto di vista della cittadinanza. Questo dover rinunciare sulla carta ad essere "anche" cinese per alcuni potrebbe essere ingiusto e generare un senso di straniamento in occasione di un eventuale ritorno in Cina. Certamente anche nel caso riportato la scelta è stata pragmatica in quanto dettata da una valutazione delle circostanze personali e a breve termine, che tiene forse conto della percezione che si ha dell'Ita-

[8] Questo concetto, nato nell'ambito degli studi condotti dai sociologi americani Ruth Hill Useem e John Useem sul fenomeno dei bambini nati o cresciuti all'estero per via del lavoro dei genitori, è stato poi rielaborato dagli studiosi David C. Pollock e Ruth E. Van Reken. Si veda: David C. Pollock - Ruth E. Van Reken - Michael V. Pollock, *Third Culture Kids: The Experience of Growing Up Among Worlds*, Nicholas Brealey Publishing, Boston, 2017, (versione e-book).

lia e della Cina a livello globale, del loro prestigio e della forza e flessibilità del rispettivo passaporto. Essere cittadini cinesi oggi significa essere protagonisti in prima linea nella scena politica ed economica internazionale, essere italiani al contempo porta con sé un'immagine di carisma invidiabile nel mondo. Tuttavia, al di là dei particolarismi nazionali, la vera forza dei ragazzi *cross*-culturali, sia seconde generazioni italiane in Cina sia sinodiscendenti in Italia, è difatti la loro capacità di adattamento, di essere cittadini del mondo, nonostante le difficoltà di sentirsi pienamente dell'una o dell'altra parte. Consapevoli che in questo momento storico possedere la doppia cittadinanza italo-cinese non è possibile, rimane tuttavia molto forte in essi il desiderio di vedere riconosciuta la loro origine non come un elemento di contrasto rispetto alla maggioranza, ma come una particolarità da apprezzare e valorizzare, in un'ottica di dialogo interculturale e pacifico tra Paesi.

ETIOPIA.
"Legami storici" e significati di cittadinanza

GIANMARCO MANCOSU, School of Advanced Study, University of London

Durante la visita di Stato in Etiopia del marzo 2016, salutando studenti e docenti della scuola italiana di Addis Abeba, il presidente della Repubblica Sergio Mattarella ha rimarcato «l'amicizia grande e la vicinanza proiettata nel futuro tra i nostri popoli e le nostre culture millenarie, quella etiope e quella italiana» a testimonianza dei «legami storici e culturali profondi» che intercorrono tra i due Paesi. Il giorno successivo, sempre Mattarella si è recato ad Arat Kilo, piazza centralissima di Addis Abeba al cui centro si erge un alto obelisco, eretto nel 1944 per celebrare la vittoria contro gli invasori italiani: in quell'occasione, il Presidente ha deposto una corona in memoria delle vittime etiopiche durante l'occupazione fascista, e ha stretto la mano a una dozzina di vecchi partigiani etiopici che avevano combattuto contro gli occupanti; segno, questo, che di fatto ha confermato il gesto di scuse compiuto da Oscar Luigi Scalfaro durante la storica visita in Etiopia del 1997[1].

Questi due eventi evidenziano la misura in cui i rapporti attuali tra i due Paesi siano, più o meno indirettamente, influenzati da quei legami "storici" di incontro e scontro riconducibili ai tentativi di conquista italiani a fine Ottocento e all'occupazione fascista dell'Etiopia di metà anni Trenta. Dinamiche che, come vedremo, hanno lasciato eredità nel contesto post-coloniale e che hanno certamente influenzato le scelte di cittadinanza e il significato sociale e culturale ad essa collegato. Per questa ragione, il presente contributo vuole interpretare il valore e le pratiche contemporanee di cittadinanza tra Etiopia e Italia – di fatto accumulabili a quelle di altri contesti e provenienze – alla luce di una riflessione più ampia sul portato storico e sulla complessità che caratterizza il legame tra i due Paesi. Questa riflessione richiede in primis di navigare attraverso un excursus storico e legislativo che intercetta la vicenda coloniale e post-coloniale italiana nel Corno d'Africa. La prima parte di questa analisi ricostruirà quindi le vicissitudini storiche e normative che hanno caratterizzato le appartenenze coloniali e post-coloniali nel Corno d'Africa; la seconda parte invece offrirà una riflessione su fenomeni più recenti, nonché possibili interpretazioni legate al significato che la cittadinanza italiana assume nella

[1] Si veda: <https://www.quirinale.it/elementi/4646> (ultimo accesso 22 giugno 2024).

contemporaneità, tenendo conto naturalmente dei lasciti dell'esperienza coloniale, ma anche di dinamiche migratorie e socio-culturali da essa slegate.

I "legami storici" tra Italia ed Etiopia

La natura dell'espansionismo italiano (prima liberale e poi fascista), la fine dell'impero fascista durante la Seconda guerra mondiale, la presenza di comunità italiane nel Corno d'Africa durante la federazione tra Etiopia ed Eritrea e la successiva guerra civile tra questi due Paesi sono elementi decisivi per definire le dinamiche di appartenenza e di cittadinanza, soprattutto per quei soggetti "liminali" nati dall'unione tra italiani e africane[2]. Inoltre, la mobilità fisica e sociale di gruppi e individui verso le ex-colonie, all'interno delle stesse e da esse verso la Penisola, ha caratterizzato anche la più recente configurazione delle pratiche di acquisizione della cittadinanza italiana a partire dalla legge n. 91 del 5 febbraio 1992. Come noto, questa normativa stabilisce che la cittadinanza può essere acquisita in vari modi: per nascita, per discendenza (principio dello *ius sanguinis*), per adozione, per matrimonio, per naturalizzazione, e in altri casi specifici. Il principio dello *ius sanguinis* prevede che la cittadinanza sia automaticamente trasmessa dai genitori ai figli, rendendo cittadini italiani i bambini nati da almeno un genitore italiano[3]. Inoltre, gli stranieri coniugati con cittadini italiani possono ottenere la cittadinanza dopo due anni di residenza legale in Italia, o dopo tre anni se residenti all'estero. Il Decreto del Presidente della Repubblica (DPR) del 12 ottobre 1993, n. 572, chiarisce le procedure amministrative e i requisiti documentali necessari per l'acquisizione, il riacquisto e la rinuncia alla cittadinanza italiana, mentre il DPR del 18 aprile 1994, n. 362, regolamenta in dettaglio le modalità operative per la presentazione delle domande di cittadinanza, stabilendo tempi e modi, nonché le autorità competenti per l'esame delle istanze.

Questo quadro normativo, e le successive modifiche, sono naturalmente in vigore anche per l'Etiopia, un contesto che, come accennato, presenta particolari condizioni storiche e sociali che hanno reso peculiare il significato dell'acquisizione della cittadinanza italiana. La relazione culturale tra Italia ed Etiopia affonda le sue radici nei rapporti che intercorsero tra l'area mediterranea e il Corno d'Africa sin dall'epoca premoderna e soprattutto moderna[4]: tuttavia, dalla fine del diciannovesimo secolo, la strategia espansionistica nel Corno d'Africa dell'Italia portò all'acuirsi

---

[2] Molto più rari sono stati, invece, i casi di unioni con genitrice italiana e genitore africano.

[3] Tuttavia, è previsto anche un elemento di *ius soli*: i bambini nati in Italia da genitori stranieri possono ottenere la cittadinanza italiana al raggiungimento della maggiore età, purché abbiano risieduto legalmente e ininterrottamente in Italia. Gli stranieri possono acquisire la cittadinanza italiana attraverso la naturalizzazione dopo un periodo di residenza legale in Italia, che varia dai 4 ai 10 anni a seconda delle circostanze.

[4] Benjamin Weber, *Gli Etiopi a Roma nel Quattrocento: ambasciatori politici, negoziatori religiosi o pellegrini?*, «Mélanges de l'École française de Rome - Moyen Âge», n. 125/1, 2013 <https://journals.openedition.org/mefrm/1036> (ultimo accesso 3 luglio 2024); Leonardo Cohen, *The Missionary Strategies of the Jesuits in Ethiopia (1555-1632)*, Harrassowitz Verlag, Wiesbaden, 2009; Salvatore

dei rapporti tra la giovane nazione e il millenario impero del Corno d'Africa. Nonostante l'Italia avesse consolidato la sua presenza nel Mar Rosso istituendo la colonia dell'Eritrea (1890), l'obiettivo principale era la conquista dell'impero del *negus* Menelik II, che tuttavia respinse l'avanzata militare italiana sconfiggendo gli occupanti nel 1896 ad Adua. Disfatta, questa, che di fatto inibì solo parzialmente le ambizioni coloniali italiane nell'area. Circa quarant'anni dopo, Benito Mussolini mobiliterà tutte le energie nazionali per "vendicare Adua" e conquistare il "posto al sole" in terra d'Africa: l'occupazione militare (1935-1936) e il governo dell'impero dell'Africa orientale italiana (AOI, 1936-1941) – costrutto giuridico-amministrativo per il governo dei possedimenti di Eritrea, Somalia ed Etiopia – si caratterizzarono per l'uso di metodi estremamente violenti per il controllo militare e sociale, nonché per l'instaurazione di normative discriminatorie che influenzarono significativamente l'appartenenza giuridica e socio-culturale dei sudditi africani alla cultura dei dominatori. Per questa ragione, sebbene in linea generale l'esperienza della colonizzazione sia caratterizzata da un intricato equilibrio tra pratiche relazionali d'incontro e scontro tra culture differenti, la configurazione razzista e segregazionista del colonialismo fascista – sancita in particolare con le leggi contro le unioni miste del 1937 e contro il riconoscimento dei figli nati da quelle unioni da parte del genitore italiano del 1940[5] – attribuì un valore escludente e discriminatorio al concetto d'*italianità* nello spazio coloniale e, per certi versi, anche in quello post-coloniale.

La prima legge italiana sulla cittadinanza n. 555 del 1912 – rimasta di fatto in vigore senza sostanziali modifiche fino al 1992 – intervenne in un quadro socio-demografico in profondo cambiamento: milioni di italiani stavano lasciando la Penisola (e, infatti, il dispositivo era finalizzato a mantenere i legami con gli emigranti italiani e i loro discendenti, che avrebbero avuto accesso alla cittadinanza tramite il principio dello *ius sanguinis*), di fatto rendendo impossibile la perdita della cittadinanza trasmessa per via patrilineare[6]. In questo modo, gli italiani che emigravano all'estero erano visti dai governi nazionali come strumenti per proiettare una determinata influenza oltre territorio nazionale e, in alcuni casi, per definire

Matteo, *The African Prester John and the Birth of Ethiopian-European Relations 1402-1555*, Routledge, New York, 2016.

[5] Regio decreto-legge n. 880, 19 aprile 1937 e regio decreto-legge n. 822, 13 maggio 1940; sulla legislazione razzista del colonialismo si vedano: Olindo De Napoli, *La prova della razza. Cultura giuridica e razzismo in Italia negli anni Trenta*, Le Monnier, Firenze, 2009; Nicoletta Poidimani, *Difendere la razza: Identità razziale e politiche sessuali nel progetto imperiale di Mussolini*, Sensibili alle Foglie, Roma, 2009; Giulietta Stefani, *Colonia per maschi. Italiani in Africa Orientale: una storia di genere*, Ombre Corte, Verona, 2007; Barbara Sorgoni, *Parole e corpi. Antropologia, discorso giuridico e politiche sessuali interrazziali nella colonia Eritrea (1890-1941)*, Liguori, Napoli, 1998; Giulia Barrera, *Dangerous Liaisons. Colonial Concubinage in Eritrea 1890-1941*, Northwestern University, Evanston, 1996.

[6] Sabina Donati, *A Political History of National Citizenship and Identity in Italy, 1861–1950*, Stanford University Press, Stanford (CA), 2013.

i confini della sovranità in termini coloniali[7]. Ciò è stato particolarmente vero in quei territori in cui l'Italia esercitava un controllo coloniale, ovvero Eritrea, Somalia e Libia, in cui i flussi migratori erano certamente inferiori rispetto alle altre mete migratorie (in particolare d'oltreoceano), ma che tuttavia divennero interessanti laboratori d'identità nazionale e d'appartenenza[8]. In quei contesti i colonizzatori italiani, la stragrande maggioranza dei quali maschi, si univano con le donne locali, dando alla luce figli che – secondo le normative vigenti – potevano essere riconosciuti se nati all'interno di matrimoni (infrequenti, ma comunque consentiti dal Codice civile). Tuttavia, come osservato da Valentina Fusari, i figli nati al di fuori di matrimoni riconosciuti erano la maggioranza: essi rimanevano «dal lato paterno, figli illegittimi [...] che esperivano emarginazione sociale tanto da parte italiana quanto eritrea, inducendo allo stereotipo della loro antisocialità»[9] e quindi alimentando le convinzioni del "pericolo" biologico e sociale provocato dai prodotti delle unioni miste tra europei e africani, convinzione che andò esasperandosi durante il ventennio fascista[10].

Nel 1933, pochi anni prima dell'occupazione dell'Etiopia, vi era stato un primo tentativo di bloccare questo fenomeno, attraverso atti normativi locali basati su motivazioni pseudo-scientifiche, a loro volta ispirate dal diffuso razzismo biologico dell'epoca. Con il regio decreto-legge del 6 luglio 1933, n. 999, l'acquisizione della cittadinanza per i cosiddetti "meticci" – soprattutto se nati da padre ignoto – poteva avvenire solo dopo aver superato la "prova della razza", un vero e proprio esame medico basato su rilevazioni antropometriche ma anche su prove linguistiche e scolastiche. Ma l'iniziativa legislativa non era servita a limitare il fenomeno del "meticciato" e nel 1935, alla vigilia del conflitto, secondo Michele Strazza in «Eritrea per tre italiani vi era un meticcio»[11]. Negli anni successivi, la gerarchia razziale voluta dal fascismo per il suo impero – sostanziata nei citati decreti-legge n. 880 del 19 aprile 1937 e n. 822 del 13 maggio 1940 – intersecò la svolta antisemita e tutte le normative riconducibili al nuovo reato di "lesione del prestigio della razza". A seguito di

[7] Guido Tintori, "Italian Mobilities and the *Demos*", in Ruth Ben-Ghiat - Stephanie Malia Hom, a cura di, *Italian Mobilities*, Routledge, New York, 2016, pp. 111-132; Roberta Pergher, *Mussolini's Empire-Nation. Sovereignty and Settlement in Italy's Borderlands, 1922-1943*, Cambridge University Press, Cambridge, 2017.

[8] Giuseppe Finaldi, *A History of Italian Colonialism 1860-1907*, Routledge, Londra, 2017; Rhiannon Noel Welch, *Vital Subjects. Race and Biopolitics in Italy. 1860-1920*, Liverpool University Press, Liverpool, 2016; Nicola Labanca, *In marcia verso Adua*, Einaudi, Torino, 1993; Angelo Del Boca, *Gli italiani in Africa Orientale. Vol 1: Dall'Unità alla marcia su Roma*, Laterza, Roma-Bari, 1985; Romain Rainero, *I primi tentativi di colonizzazione agricola e di popolamento dell'Eritrea (1890-1895)*, Marzorati, Milano, 1960.

[9] Valentina Fusari, *La cittadinanza come lascito coloniale: gli italoeritrei*, «Altreitalie», n. 57, 2018, pp. 34-51.

[10] Francesco Cassata, *"La difesa della razza". Politica, ideologia e immagine del razzismo fascista*, Einaudi, Torino, 2008.

[11] Zincone Vittorio, *Il meticciato in AOI*, «Rassegna sociale dell'Africa Italiana», n. 2, 1939, p. 115.

queste normative, vennero determinate differenti forme di cittadinanza imperiale, capaci di strutturare gerarchie «non solo fra italiani e popolazione coloniale, ma anche all'interno delle genti coloniali: infatti, mentre i libici potevano inizialmente ottenere la cittadinanza italiana, almeno nel caso dei nativi di Tripolitania, e poi la cittadinanza italiana libica [...] in Eritrea, Somalia e Etiopia rimase in vigore una politica di sudditanza»[12]; questa subordinazione giuridica si sostanziava in forme di segregazione sociale che relegavano i sudditi coloniali, ma anche i figli delle unioni miste ora associati alla "comunità indigena", ai margini della vita della colonia[13].

La fine dell'impero e le appartenenze post-coloniali

Quest'ordine segregazionista e razzista fu smantellato una volta caduto il fascismo: nel Dopoguerra la politica, l'economia, la società e anche il senso di appartenenza nazionale dovevano essere ricostruiti, e questo processo passava anche per la revisione dei dispositivi legali di cittadinanza, visto che il fascismo aveva via via ristretto libertà individuali ed espulso dal corpo nazionale gruppi considerati razzialmente inferiori. Tra il 1944 e il 1947 furono abrogati gli istituti legislativi discriminatori, prima quelli antisemiti e infine quelli concernenti le popolazioni colonizzate[14]. Tuttavia, ciò non portò a un'immediata risoluzione delle numerosissime istanze legate alla richiesta di cittadinanza italiana da parte degli italo-eritrei (il gruppo decisamente più sostanzioso) i quali, una volta cadute le barriere legali che impedivano loro di acquisire la cittadinanza del genitore italiano, iniziarono a manifestare l'intenzione di accedere a questo riconoscimento.

La concessione di cittadinanza divenne però materia di contenzioso politico tra Italia, Inghilterra (che dal 1941 amministrava le ex-colonie italiane) ed Etiopia: l'Italia, almeno fino ai primi anni Cinquanta, tese a voler riconoscere la cittadinanza agli italo-eritrei al fine di perorare la causa del "ritorno" in Africa, l'Inghilterra voleva invece rafforzare l'elemento nazionalista locale, "de-italianizzando" la colonia; l'Etiopia, dal canto suo, non nascondeva le sue mire di espansione d'influenza verso il Mar Rosso. Dopo la definitiva sistemazione delle ex-colonie a fine anni Quaranta, e l'annessione federata dell'Eritrea all'Etiopia nel 1952, il governo di Roma iniziò a rivelarsi freddo, se non ostile, alle concessioni di cittadinanza[15]. Nel caso

---

[12] Valentina Fusari, *La cittadinanza come lascito coloniale* [...], cit., p. 36; si vedano anche: Florence Renucci, *La strumentalizzazione del concetto di cittadinanza in Libia negli anni Trenta*, «Quaderni fiorentini per la storia del pensiero giuridico moderno», 33/34, 2005, pp. 319-342; Davide Rodogno, *Il nuovo ordine mediterraneo*, Bollati Boringhieri, Torino, 2003.

[13] Il regio decreto-legge n. 822 del 13 maggio 1940 (*Norme relative ai meticci*), al primo comma dell'art. 2 statuiva: "Il meticcio assume lo statuto del genitore nativo ed è considerato nativo a tutti gli effetti", mentre all'art. 3 vietava il riconoscimento del meticcio da parte del "genitore cittadino" italiano.

[14] Valeria Deplano, *La madrepatria è una terra straniera. Libici, eritrei e somali nell'Italia del dopoguerra*, Mondadori-Le Monnier, Milano, 2017, pp. 90-93.

[15] Ivi, pp. 109-123.

degli italo-etiopici, il numero di richieste di cittadinanza era decisamente inferiore rispetto all'Eritrea: come mostrato da Giovanna Trento, molti degli italiani che rimasero dopo la Seconda guerra mondiale non registrarono legalmente i loro figli italo-etiopici presso l'Ambasciata o il Consolato italiano (riaperti nei primi anni Cinquanta)[16]; i cosiddetti *insabbiati* – ex-coloni italiani che decisero di recidere i legami con la cultura d'origine integrandosi totalmente nella realtà locale – non avevano alcun interesse a far valere la patrilinearità e a trasmettere la cittadinanza italiana ai loro figli[17].

Con l'*Imperial order* n. 6 del 1952 (il decreto che prevedeva l'incorporazione federale e l'inclusione del territorio dell'Eritrea), il governo imperiale di Addis Abeba ripristinò un regime di cittadinanza varato nei primi anni Trenta, cioè prima dell'occupazione fascista. Secondo questo decreto, a qualsiasi abitante del territorio imperiale (intendendo sia l'Etiopia che la federata Eritrea) non in possesso di altra nazionalità sarebbe stata conferita la cittadinanza etiopica. La normativa stabilì poi che le persone nate in Eritrea (da unioni miste tra un genitore eritreo e uno di altra nazionalità) sarebbero automaticamente diventate sudditi etiopici, a meno che non avessero espresso la preferenza di mantenere la nazionalità straniera entro sei mesi dalla data del decreto. Tuttavia, gli italo-eritrei e gli italo-etiopici a cui non era stata concessa la cittadinanza italiana (per scelte politiche o per lungaggini burocratiche italiane) si ritrovarono in un limbo legislativo, e quindi divennero a tutti gli effetti cittadini etiopici, anche perché il sistema etiopico non prevedeva, e tutt'oggi non prevede, la doppia cittadinanza. Con l'annessione unilaterale dell'Eritrea nel 1962, l'Etiopia annullò formalmente la federazione e abolì il governo eritreo, portando allo scoppio di un trentennale conflitto civile. L'annessione prevedeva che la cittadinanza etiopica venisse conferita a tutti gli abitanti, a meno che non possedessero una nazionalità straniera. Fu in quel contesto che i vecchi coloni italiani, nonché i figlio italo-etiopici (e anche i molti italo-eritrei che si spostarono verso l'Etiopia) acquisirono definitivamente la cittadinanza etiopica. Nel 1974, quando l'imperatore Haile Selassie fu rovesciato da un colpo di stato socialista del DERG, il regime di cittadinanza, di fatto, non cambiò. Il DERG venne destituito nel 1991; l'anno successivo il governo di transizione etiopico stabilì l'indipendenza dell'Eritrea, confermata con il referendum del 1993. In questi anni di transizione, gli abitanti

[16] Questo per due principali motivi: da un lato, è continuata una pratica coloniale di non riconoscere legalmente i figli afro-italiani, consuetudine già presente in epoca liberale e divenuta normativa durante il fascismo; dall'altro, la legislazione italiana, fino al 1975, vietava agli italiani già sposati di riconoscere figli nati al di fuori del matrimonio, anche se di fatto si era abbandonato il tetto coniugale italiano e si era iniziata una nuova relazione in Etiopia: Giovanna Trento, *Ethiopian-Italians. Italian Colonialism in Ethiopia and Gender Legacies*, «Arabian Humanities», 17, 2012, pp. 2-15.

[17] Fabienne Le Houérou, *L'épopée des soldats de Mussolini en Abyssinie (1936–1938): Les 'Ensablés'*, L'Harmattan, Parigi, 1984; Giovanna Trento, *Madamato and Colonial Concubinage in Ethiopia: A Comparative Perspective*, «Aethiopica», 14, 2011, pp. 184-205.

di Etiopia ed Eritrea potevano avere la doppia nazionalità; tuttavia, dal 1995, la doppia cittadinanza non fu più consentita[18].

L'ascendenza italiana come "capitale" di cittadinanza

Il quadro appena tracciato mostra come il passato coloniale italiano abbia da un lato influenzato la configurazione geopolitica del Corno d'Africa e dei due attori principali nell'area; dall'altro, quell'esperienza ha influenzato le vite e il senso di appartenenza alle comunità nazionali di soggetti e gruppi "liminali", come i figli degli *insabbiati*, le cui origini e traiettorie di vita difficilmente si sono incasellate in categorie legali e sociali chiaramente definite e definibili. Tracciando una possibile comparazione con il caso degli italo-eritrei, Giovanna Trento sostiene che anche in tempi recenti i «figli [italo-etiopici] non riconosciuti dai loro padri affrontano pregiudizi continui»: essi spesso vengono chiamati "italiani" in termine dispregiativo, e possono incontrare difficoltà nell'ottenere un passaporto etiopico a causa del loro nome italiano. Alcuni sono ancora identificati «come "figli di due bandiere"»[19]; ad Addis Abeba viene ancora oggi usato un termine che richiama la parola "soldato", evocando il passato di occupazione fascista e le relazioni tra soldati italiani e donne dell'Africa orientale. Ciò mostra come il passato coloniale e fascista continui a influenzare la percezione dell'identità e del senso di appartenenza degli italo-etiopici.

Come visto nelle precedenti sezioni, la nascita di figli italo-etiopici (nati quindi da un genitore italiano) durante l'occupazione fascista ha anche originato genealogie e un "capitale" di cittadinanza spendibile nel contesto post-coloniale (quando, cioè, vennero abrogate le normative discriminatorie fasciste che impedivano il riconoscimento del figlio da parte del genitore italiano). Sebbene, a differenza del caso degli italo-eritrei, gli italiani che rimasero in Etiopia dopo l'occupazione coloniale tesero a non trasmettere la cittadinanza ai loro figli, è indubbio che i "legami storici" evocati risultino decisivi per comprendere la presente configurazione del significato di cittadinanza italiana nel contesto etiopico, anche alla luce della recente crisi politica e umanitaria che spinge numerosi etiopici (in particolare delle regioni del Nord) a lasciare il loro Paese e a cercare una nuova vita in Europa, e anche in Italia[20]. Avere un genitore o un nonno con la cittadinanza italiana risulta perciò utile anche in questo contesto; inoltre, come osservato da Giuseppe Grimaldi, altre dinamiche come i matrimoni "fittizi" (concordati *ad hoc* solo per ottenere la cittadinanza) tra

[18] Zecharias Fassil, *Report on Citizenship Law* [...], cit., pp. 7-9.

[19] Giovanna Trento, *Ethiopian-Italians* [...], cit., p. 8 (traduzione dall'autore).

[20] Si veda: <https://addisabeba.aics.gov.it/it/home-ita2/paesi/assistenza-umanitaria-migrazioni/> (ultimo accesso 8 luglio 2024); <https://www.santegidio.org/pageID/30284/langID/it/itemID/57169/Profughi-nuovi-arrivi-dallEtiopia-con-i-Corridoi-Umanitari-Benvenuto-e-conferenza-stampa.html> (ultimo accesso 9 luglio 2024).

contraenti italo-discendenti ed etiopici certamente influenzano non solo le statistiche, ma anche il significato più culturale legato alle richieste di cittadinanza[21].

Nel contesto delle dinamiche contemporanee di cittadinanza tra Etiopia e Italia è importante ricordare che la legge italiana sulla cittadinanza del 5 febbraio 1992, n. 91, stabilisce che la cittadinanza italiana può essere acquisita in vari modi riconducibili prevalentemente al principio dello *ius sanguinis* – con la trasmissione automatica dai genitori a figli. Tuttavia, è previsto anche un elemento di *ius soli*: i bambini nati in Italia da genitori stranieri possono ottenere la cittadinanza italiana al raggiungimento della maggiore età, purché abbiano risieduto legalmente e ininterrottamente in Italia. Gli stranieri maggiorenni, invece, possono acquisire la cittadinanza italiana attraverso la naturalizzazione dopo un periodo di residenza legale in Italia, che varia dai 4 ai 10 anni a seconda delle circostanze. Inoltre, gli stranieri coniugati con cittadini italiani possono ottenere la cittadinanza dopo due anni di residenza legale in Italia o tre anni se residenti all'estero.

In assenza di dati specifici sulle richieste di cittadinanza presentate presso il consolato italiano di Addis Abeba[22], alcune cifre indirette – fornite dagli annuari statistici del Ministero degli Affari Esteri e della Cooperazione Internazionale – ci aiutano a focalizzare come i residenti in Etiopia, a fronte di una comunità di italiani oscillante tra le 1.500 e 1.800 unità, abbiano chiesto un numero non significativo di atti di cittadinanza, ovvero il certificato attestante che né il richiedente, né uno dei suoi genitori o nonni, abbiano mai rinunciato alla cittadinanza italiana.

Il numero di richieste vede un peculiare picco nel 2018: possiamo ipotizzare che la distensione tra Eritrea ed Etiopia, concretizzatasi proprio negli accordi del luglio di quell'anno e basata su di un'avversione condivisa nei confronti del Tigrai People Liberation Front da parte dei governi di Asmara e Addis Abeba, abbia permesso la più facile circolazione tra i due Paesi, e quindi l'accesso a domande di cittadinanza in vista di un possibile percorso migratorio verso l'Italia[23].

---

[21] Giuseppe Grimaldi, *Il triangolo conveniente: «matrimoni per mobilità» tra Etiopia e Italia*, «Altreitalie», 57, 2018, pp. 69-86.

[22] Diverse richieste sono state effettuate dall'autore sia agli uffici diplomatici che a quelli consolari, che tuttavia non hanno avuto risposta.

[23] Le forze armate eritree intervennero subito nel conflitto a fianco di quelle etiopiche, accerchiando il territorio del Tigrai. Questo intervento militare si acuì a partire dal 2020, distruggendo infrastrutture e campi agricoli nel Tigrai, e costringendo migliaia di cittadini etiopici a rifugiarsi nel vicino Sudan oppure a intraprendere la traversata del Sahara e del Mediterraneo per raggiungere l'Europa. Si veda: *Ethiopian refugees in Sudan: A briefing note to the UNHCR and UN-OHCHR on the human rights situation of Ethiopian refugees in Sudan*, African Centre for Justice and Peace Studies, 21 settembre 2022, <https://www.acjps.org/ethiopian-refugees-in-sudan-a-briefing-note-to-the-unhcr-and-un-ohchr-on-the-human-rights-situation-of-ethiopian-refugees-in-sudan/> (ultimo accesso 9 luglio 2024).

Atti di cittadinanza inoltrati alla rappresentanza consolare di Addis Abeba. Serie Storica. Valori assoluti. Anni 2000-2023.

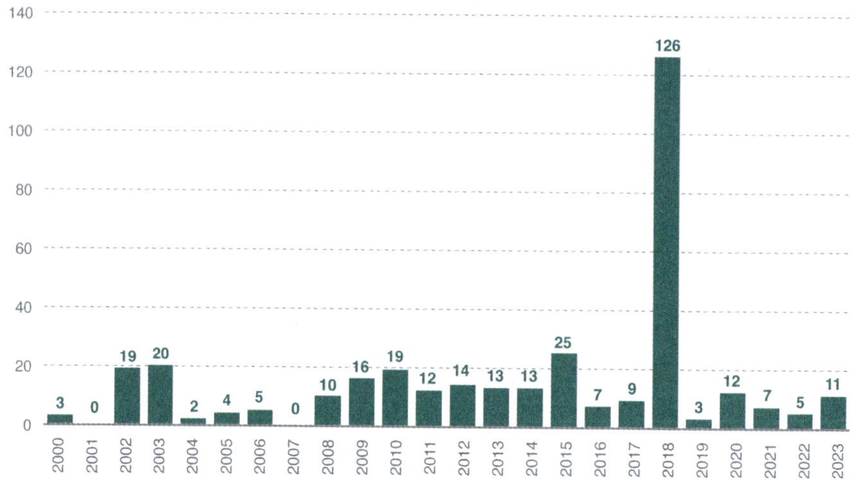

Fonte: Migrantes-Rapporto Italiani nel Mondo. Dati Annuari Statistici del Ministero degli Affari Esteri e della Cooperazione Internazionale.

Conclusioni

Nel complesso, l'acquisizione della cittadinanza italiana da parte dei cittadini etiopici avviene secondo modalità e dinamiche comuni ad altri contesti e provenienze. Tuttavia, è indubbio che il legame storico che ha unito i due Paesi, una dinamica di incontro-scontro iniziata durante la stagione coloniale fascista e continuata nel contesto post-coloniale, sia stato – e sia tutt'oggi – un fattore che senza dubbio influenzi il significato dell'acquisizione della cittadinanza italiana da parte dei cittadini etiopici. Sebbene il legame con l'Italia e la presenza di figli/eredi di unioni miste sia significativamente minore del caso eritreo[24], la presenza di una rilevante comunità italiana in Etiopia, in parte ancora legata ai vecchi coloni, è stata un fattore determinante nella definizione di un significato specifico e socialmente riconosciuto dell'*italianità* da parte dei figli di unioni miste; queste ultime si sono infatti riarticolate in forme diverse anche dopo la fine del colonialismo italiano. Tuttavia, visto il citato caso degli *insabbiati* (italiani che hanno, di fatto, rinunciato alla loro cittadinanza inserendosi nella realtà locale), possiamo dedurre che alcuni dei loro eredi abbiano posto in essere «tattiche genealogiche per ottenere la cittadinanza italiana» che si sono scontrate con la «mancanza di documenti che attestino la discendenza e con le zone d'ombra della memoria familiare, dovute alle pratiche coloniali di repressione

[24] Si veda: <https://www.internazionale.it/notizie/vincenzo-giardina/2021/11/13/italia-eritrea-colonialismo-figli> (ultimo accesso 9 luglio 2024).

e invisibilizzazione legale del meticciato»[25]. Elementi che riverberano anche nelle dinamiche di matrimoni "fittizi" contratti proprio per ottenere la cittadinanza del coniuge. In questo contesto, l'ascendenza patrilineare italiana – quando appurata e appurabile – rappresenta una risorsa potenziale per incrementare il capitale sociale personale: la cittadinanza del genitore o dell'antenato diviene uno dei «dispositivi tattici per ottenere diritti e muoversi attraverso i confini dello spazio gerarchico globale»[26]. Di conseguenza, le richieste di atti di cittadinanza inoltrate al consolato di Addis Abeba sono significative, in quanto consentono alle persone di produrre i documenti richiesti al fine di avviare l'istruzione della pratica di cittadinanza italiana e avere così accesso a un passaporto dell'Unione europea. Anche in questo caso, il passato di incontro-scontro diviene risorsa e capitale per descrivere traiettorie e strategie di mobilità e di ridefinizione individuale in un nuovo contesto geografico e culturale.

[25] Valentina Fusari - Daniela Salvucci - Sara Settepanella, *Introduzione*, «Altreitalie», 57, 2018, pp. 5-13.
[26] Ibidem.

FRANCIA.
La cittadinanza come perfezionamento soggettivo di un'integrazione "facile"

Maria G. Vitali-Volant, già Université du Littoral-Cote d'Opale
Massimiliano Picciani, Consiglio Generale degli Italiani all'Estero

Introduzione: essere cittadine/i italiani in Francia oggi

Quando si evoca la vicinanza, non solo geografica, tra Francia e Italia, si dimentica il concetto di frontiera tra due nazioni che hanno una storia politica e istituzionale molto diversa. Il principio di cittadinanza è proprio su questa linea immaginaria: un confine delicato ed evanescente, forse anacronistico visti i tempi, sul quale domina la Storia.

La Francia è stata, storicamente, terra d'emigrazione per gli italiani: si conta ad oggi che circa l'8% della popolazione francese sia di ascendenza italiana, con un flusso di massa iniziato già a fine Ottocento dalle valli del Piemonte verso la Provenza, passando dalle importanti comunità italiane nel Nord e nell'Est della Francia negli anni Cinquanta, attorno ai poli industriali di carbone e siderurgia, oltre che nella cintura urbana di Parigi[1], fino alla presenza molto più diffusa di oggi, con una nuova mobilità che predilige i grandi centri urbani, al di là di Parigi, metropoli internazionale e da sempre attrazione per cittadine/i di tutte le nazionalità. Oltre agli attuali circa 500 mila iscritti AIRE a fine 2023, e ai tanti altri connazionali non registrati all'AIRE (per la precarietà della loro presenza all'estero o per la paura di perdere l'assistenza sanitaria in patria), l'ISTAT stima che almeno 5 milioni di francesi abbiano, oggi, almeno un progenitore di nazionalità italiana. A questi dati, si aggiunge un immaginario collettivo francese favorevole all'italianità e alla sua tradizione culturale, con grandi figure storiche e di chiara origine italiana che hanno marcato la costruzione stessa della Francia nei secoli: si pensi, a titolo d'esempio, a Caterina de' Medici o al cardinale Mazzarino.

La grande capacità di integrazione che le comunità italiane hanno avuto in Francia, forse più che in ogni altro Paese europeo, è ben conosciuta: la vicinanza geografica e linguistica, l'affinità culturale, lo stesso credo religioso, hanno contribuito

[1] Impossibile dimenticare l'opera di memoria di François Cavanna, che con il suo libro di memorie autobiografiche *Les Ritals* (éditions Belfond, Paris 1978) ripercorre la vita quotidiana delle comunità di italiani in Francia negli anni Trenta.

in modo determinante a fare oggi della cultura italiana, dal campo culinario a quello linguistico, un elemento integrante della stessa cultura francese[2].

È importante tuttavia associare un elemento, che precede e rafforza questa intensa dinamica di integrazione e di assimilazione, e che riguarda la storia della Francia come Paese che ha saputo associare nei secoli una forte esperienza di immigrazione, dovuta essenzialmente alla mancanza di manodopera, sia agricola sia operaia – spesso a seguito delle tante guerre richieste dalla *grandeur* imperiale francese – a una tradizione universalistica di diritti di cittadinanza che, con la *Dichiarazione dei diritti dell'uomo e del cittadino*, ha posto le basi di ogni principio di cittadinanza nel mondo moderno.

A tutto questo si aggiunge oggi la creazione dell'Unione europea, di cui Francia e Italia sono Paesi fondatori, e la possibilità di avere la doppia nazionalità: risulta evidente come negli ultimi anni per gli italiani in Francia (specialmente per coloro arrivati dopo il 1992) avere o meno la nazionalità francese non è più una necessità, anche a fronte della possibilità di accedere a posizione lavorative qualificate pur non essendo cittadini francesi, ma piuttosto una libera scelta, legata a una volontà di sentirsi totalmente integrati, soprattutto politicamente, alla realtà nella quale si vive.

Essere cittadini italiani in Francia oggi è dunque relativamente "semplice": finiti gli anni del permesso di soggiorno del Secondo dopoguerra, dal punto di vista amministrativo, un nostro concittadino – grazie al quadro normativo dell'Unione europea da un lato, e alle disposizioni normative della République con la sua politica di estensione delle tutele sociali e sanitarie anche ai non francesi dall'altro – è oggi sostanzialmente equivalente a un cittadino francese. Ha le stesse opportunità professionali e buona parte dei diritti – tranne, ovviamente, quelli consustanziali alla cittadinanza stessa, ovvero il diritto di voto per le elezioni legislative e presidenziali. Anche se può sembrare caricaturale, l'esperienza mostra che i nostri connazionali sono spesso visti con simpatia, apprezzati e riconosciuti sul lavoro, per impegno, creatività, capacità di adattamento, e non è raro trovarne in ogni settore economico e in ogni ambito nella piramide sociale francese.

Non è stato sempre così nel passato – un esempio per tutti è la famosa "strage di Aigues-Mortes" di fine Ottocento – e per alcuni versi rischia di non essere più così in futuro per una parte dei nostri connazionali: l'importanza dei flussi migratori extra-europei, in particolare dalle ex-colonie francesi, e le difficoltà – e in alcuni casi i fallimenti – del modello di integrazione e assimilazione francese, hanno portato in Francia come altrove a spinte xenofobe che puntano non solo a rimettere in discussione principio di cittadinanza *ius soli*, ma anche a chiamare in causa la stessa

[2] Alberto Toscano, *Ces Italiens qui ont fait la France*, «Historia», 2018. Il numero speciale di questa rivista, di ben 100 pagine, completa la bella mostra *Ciao Italia* tenutasi presso il Musée national de l'histoire de l'immigration di Parigi nel 2017.

possibilità, per cittadini bi-nazionali, di poter esercitare ruoli dirigenti nel Paese[3]. Se gli italiani in Francia non sembrano essere l'oggetto di tali minacce, la presenza di una significativa comunità di nostri connazionali di "nuova cittadinanza", ovvero persone di origine africana o del Maghreb che hanno preso la cittadinanza italiana e si sono poi spostati a vivere in Francia, potrebbe fare l'oggetto di eventuali attacchi, e rafforzare le tensioni già vive tra i due Paesi sulla questione migratoria.

Per queste ragioni, la questione della cittadinanza (in particolare delle sue modalità di acquisizione e di perdita) ha assunto, tanto nel diritto interno, quanto in quello comparato, sempre maggiore significato, anche a causa dell'impatto che stanno avendo i fenomeni migratori sui sistemi costituzionali, in particolare dei Paesi europei e in Francia.

Quadro storico e giuridico della cittadinanza in Francia

La citoyenneté, ovvero la nascita del concetto di cittadino[4]

Il cittadino (*citoyen*) è colui o colei che appartiene ad un insieme omogeneo in una unità storica e architettonica: la *cité* è il luogo dove il cittadino ha diritto di prendere parte alla comunità o alla società, l'entità morale dove il cittadino esercita i suoi diritti. Il concetto è direttamente legato a quello romano di *civitas* e al titolo glorioso di cittadino romano (*civis*): ne troviamo esempi in Corneille, Voltaire, La Bruyère, ecc. Nella Francia dell'*Ancien Régime* monarchico avevano diritto alla cittadinanza gli uomini che esercitavano una funzione: amministratori, magistrati di giustizia o avvocati e altri funzionari riuniti sotto la definizione di *noblesse de robe* (nobiltà di apparato), laddove la «robe» o «grand habit» era il loro modo di vestirsi, di presentarsi: l'immagine del potere. Con la Rivoluzione francese, cittadino è chi ha diritto di cittadinanza, quindi non più solo il borghese o il nobile che partecipa alla gestione dello Stato. Dalla Francia, questo concetto si è poi esteso in tutto il mondo: il concetto di cittadinanza odierno prende le mosse dal pensiero politico liberale moderno, secondo cui «la cittadinanza è strumento per la realizzazione di una comunità politica fondata sull'uguaglianza», anche se l'uguaglianza aveva una valenza «interna» e non «esterna», ovvero riconosciuta a coloro che erano titolari del diritto medesimo.

La Costituzione francese e la cittadinanza

La Costituzione francese prevede i principi in ordine ai diritti civili, alla nazionalità, allo Stato e alle capacità delle persone, unitamente alle regole per l'esercizio delle libertà pubbliche.

---

[3] Il divieto per cittadini binazionali di ricoprire posizioni di rilievo in Francia, e in particolare per l'alta funzione pubblica, è stato uno dei principali temi di campagna elettorale del Rassemblement National nelle recenti legislative francesi dell'estate 2024.

[4] EMILE LITTRE, *Dictionnaire de la langue française*, Hachette, Paris, 1873-1874, 4 vol., in quarto.

È prevista egualmente la cittadinanza europea (art.88-3), in condizioni di «reciprocità e secondo le modalità previste dal trattato sull'Unione europea firmato il 7 febbraio 1992», che consente anche il diritto di voto attivo e passivo alle elezioni municipali. Non sono rari i casi di italiani, senza cittadinanza francese, candidati nelle liste municipali di molte città francesi.

La cittadinanza, dunque, «rappresenta la condizione di appartenenza», il cui esercizio è rimesso in maniera esclusiva allo Stato. Il sistema francese per l'acquisto della cittadinanza si è ispirato al principio dell'«assimilazionismo etnocentrico», ovvero al modello repubblicano d'integrazione, che ha fatto proprio il concetto dell'*État Nation*, basato sui presupposti della cittadinanza, della conoscenza della lingua e delle culture nazionali. Si tratta di una specificità importante che ha rappresentato una risposta al fenomeno immigratorio, di grande importanza, avvenuto in Francia sin dalla fine del XIX secolo, per contrastare non solo temporanee carenze di manodopera, ma una persistente crisi demografica. Con il concetto di assimilazione si identifica il processo sociale di avvicinamento dei comportamenti, che connota le realtà in cui vi è un rapporto asimmetrico tra la società accogliente e i soggetti che chiedono la cittadinanza.

Conseguenza delle politiche di accoglienza dovrebbe essere un processo di integrazione degli immigrati e dei loro discendenti.

Per una parte della dottrina, le politiche di assimilazione hanno rappresentato lo strumento francese per attuare una immigrazione "ben gestita", tanto da affermare che gli immigrati e i loro discendenti «hanno portato una sfumatura di più alla nostra cultura complessa»[5]. L'emigrazione italiana in Francia, come quella polacca o portoghese, ne è un esempio relativamente ben riuscito, a differenza di altre comunità extra-europee, per le quali nella realtà tale integrazione non si realizza a pieno. Questa dottrina è sembrata infatti carente, se non fallimentare, nella integrazione delle ondate migratorie provenienti dalle ex-colonie, con un effetto di risentimento o di umiliazione avvertito da intere popolazioni.

Originariamente i flussi migratori diretti in Francia dall'Italia erano caratterizzati dalla volontà di ottenere la cittadinanza francese, apprezzandone le tradizioni e la cultura e l'accoglienza sui luoghi di lavoro. Come affermato da una parte della dottrina, «Le particolarità storico-naturali – lingua, religione, tradizioni morali e culturali, valori etnici, folclore, dialetti, ambiente geopolitico, vicende militari, miti e rituali – svolgono il ruolo di precondizioni di fatto dell'appartenenza di un cittadino alla Nazione»[6].

---

[5] Ferdinand Braudel, *L'identité de la France*, Flammarion, Paris, 1986, p. 595.

[6] Danilo Zolo, "La strategia della cittadinanza" in Danilo Zolo, a cura di, *La cittadinanza. Appartenenza, identità, diritti*, Laterza, Roma-Bari, 1994, p. 20.

L'acquisto della cittadinanza

La disciplina dell'acquisto della cittadinanza francese contiene diverse previsioni sovrapponibili a quelle previste nell'ordinamento italiano. Il sistema francese prevede, infatti, che la cittadinanza venga riconosciuta per nascita a chiunque nasca nel territorio nazionale, se entrambi i genitori sono ignoti o apolidi ovvero nel caso in cui non possano trasmettere la loro cittadinanza, secondo le previsioni del paese di provenienza.

Ancora, la cittadinanza francese può essere accordata a soggetto figlio di ignoti trovato sul territorio nazionale, che quindi si presume sia nato sul territorio francese, sempre che non si trovi la documentazione dalla quale si possa ricavare lo Stato di appartenenza.

Quello francese rappresenta l'ordinamento che fra i primi si è dotato di una normativa sull'acquisto della cittadinanza francese per *ius soli*, accanto a quello dello *ius sanguinis*.

Nel Codice civile napoleonico è stato introdotto l'acquisto della cittadinanza per *ius sanguinis*, ma a seguito dell'aumento dei flussi migratori, il legislatore francese ha introdotto la possibilità di acquisire la cittadinanza *iure soli*. Nel sistema francese vige, infatti, il principio del «doppio *ius soli*», secondo il quale la cittadinanza viene riconosciuta automaticamente nei confronti di colui che nasce sul territorio francese, da genitori di cui almeno uno nato in Francia. Accanto a questo, è previsto il beneficio dello «*ius soli* semplice», con il quale la cittadinanza viene concessa al compimento della maggiore età a chi è nato in Francia da genitori stranieri, purché al compimento della maggiore età risieda o abbia la residenza abituale nel Paese per un periodo, continuo o discontinuo, di almeno cinque anni dal compimento dell'undicesimo anno di età.

Le modalità di acquisto della cittadinanza francese

Il sistema normativo francese in materia di cittadinanza trova il suo fondamento negli artt. 17/33-2 Codice Civile, nel Libro I, intitolato *De la nationalité française* e dalla Convenzione del Consiglio d'Europa, del 6 maggio 1963, che prevede le ipotesi di riduzione dei casi di nazionalità plurima.

Gli artt. dal 17 al 20 del *Code civil* regolamentano gli istituti del riconoscimento della cittadinanza alla nascita e si riferiscono ai casi di filiazione, in cui almeno un genitore sia francese, *ius sanguinis*, e ai casi di nascita sul territorio francese, *ius soli*.

Nell'art. 21-15 è contenuta la disciplina dell'acquisizione della cittadinanza per naturalizzazione, conseguente a provvedimento dell'autorità pubblica.

La normativa del codice civile francese si sviluppa sui trascorsi storici del Primo dopoguerra e sulla collocazione all'interno del codice della disciplina in oggetto, a opera della legge 93-933 del 22 luglio 1993.

Come accennato, nel sistema francese è previsto che la cittadinanza possa essere acquistata in tre differenti modalità: l'acquisizione per filiazione, *ius sanguinis*, e per nascita, *ius soli*; l'acquisizione per matrimonio con cittadino o cittadina francese (con procedimento di riconoscimento della durata di 4 anni dal matrimonio, con residenza effettiva e non interrotta nel territorio francese); per naturalizzazione, a seguito di un provvedimento delle autorità nazionali.

È importante specificare il meccanismo dello *ius soli*: la Francia ha una lunga tradizione di applicazione di tale istituto, anche se oggi non è più automatico. Dal 1994 il nato in territorio francese da genitori stranieri può ottenere la cittadinanza facendone richiesta purché sia vissuto stabilmente sul territorio dello Stato per almeno 5 anni (in Italia la permanenza deve essere di almeno 10 anni, con un'interruzione massima di 6 mesi e la richiesta non può essere fatta prima del raggiungimento della maggiore età). Inoltre, dal 1998, secondo la Legge Guigou, al compimento della maggiore età (18 anni) chi è nato in territorio francese da genitori stranieri accede automaticamente alla cittadinanza se i due genitori, alla nascita del richiedente, disponevano di un permesso di soggiorno e se il richiedente ha risieduto in Francia per almeno cinque anni. È, quindi, importante considerare che i nostri connazionali di seconda generazione, nati in Francia da emigrati italiani, hanno tutti ottenuto la nazionalità francese con questo meccanismo.

La naturalizzazione è invece un riconoscimento che può essere concesso solo al soggetto straniero maggiorenne che sia in grado di dimostrare di avere la residenza abituale nel territorio francese da almeno 5 anni prima della presentazione della domanda; in alternativa a questo, se il soggetto ha frequentato un corso di studi della durata di due anni presso un istituto di istruzione universitaria francese ovvero abbia reso importanti servizi allo Stato, la residenza abituale deve essere di almeno due anni. Nel momento in cui si firma il decreto, il richiedente deve risiedere stabilmente e in maniera permanente in Francia, il territorio in cui sono concentrati gli interessi materiali e i legami familiari.

Questa è la modalità più diffusa tra i cittadini italiani che si trasferiscono oggi stabilmente in Francia, in particolare per la cosiddetta "nuova migrazione": come già anticipato, una volta stabilita la propria vita lavorativa e familiare in Francia, la facilità di assimilazione porta alla volontà di divenire pienamente cittadino, con tutti i diritti politici associati. Inoltre, può essere di interesse – pur senza obbligo alcuno – per coloro che possono trovarsi a lavorare in seno alla funzione pubblica francese.

Requisito necessario per avere la cittadinanza francese è la conoscenza della lingua francese, che deve essere valutata sulla base dei criteri fissati con decreto, previo parere del Consiglio di Stato. Come accennato in precedenza, con la legge n. 2011-672 del 16 giugno 2011 relativa all'immigrazione, l'integrazione e la nazionalità, il riformatore ha rivisto le disposizioni riguardanti l'esigenza di una conoscenza sufficiente della lingua francese. Sulla base di tale disposizione, infatti, è richiesto che il soggetto straniero che faccia richiesta di cittadinanza francese produca un diploma rilasciato da un'autorità francese o un certificato ufficiale rilasciato, da meno di due anni, da un organismo titolare del marchio *Français langue d'intégration* o da un organismo certificatore.

Nel regime francese, l'acquisto della cittadinanza del Paese non determina la perdita o la rinuncia della cittadinanza originaria, così come nel caso di acquisto di altra cittadinanza, l'ordinamento francese non richiede che il cittadino rinunci alla cittadinanza francese.

In aggiunta a quanto sin qui detto, si ricorda come il 24 marzo 1995 è divenuto efficace tra l'Italia e la Francia il secondo protocollo che ha modificato la Convenzione di Strasburgo del 1963. A seguito di tale modifica, è consentito il mantenimento della cittadinanza italiana a beneficio di colui che acquista volontariamente la cittadinanza francese e viceversa, in tutti i casi previsti all'art. 1 del protocollo, anche nelle ipotesi di trasferimento della residenza all'estero.

Di conseguenza, la cosiddetta *déchéance de la nationalité* (perdita della cittadinanza) è applicabile solo nei confronti dei soggetti a cui è stata riconosciuta la cittadinanza francese. Essa è la conseguenza di casi di condanna per crimini o delitti contro gli interessi fondamentali della Nazione, di atti di terrorismo o per aver messo in atto condotte contrarie al possesso della cittadinanza francese e pregiudizievoli per gli interessi della Francia e che avvantaggino un altro paese.

La cittadinanza italiana in evoluzione[7]

La cittadinanza italiana è "giovane" rispetto a quella francese. In Italia il moderno concetto di cittadinanza nasce con la costituzione dello Stato unitario ed è attualmente disciplinato dalla legge 5 febbraio 1992, n. 91. A differenza del regime legale francese, la cittadinanza italiana è basata principalmente sullo *ius sanguinis* e, solo in via residuale, sullo *ius soli:* lo *ius sanguinis*, per nascita, riconoscimento o adozione, da parte anche di un solo genitore, cittadino italiano, mentre lo *ius soli* consente di acquistare la cittadinanza ai nati in Italia da genitori apolidi, ovvero da genitori noti il cui ordinamento giuridico di origine non contempli lo *ius sanguinis*.

Si ha la cittadinanza per naturalizzazione, dopo dieci anni di residenza legale in Italia, a condizione di assenza di precedenti penali e di presenza di adeguate risorse economiche; il termine è più breve per *ex* cittadini italiani e loro immediati discendenti, stranieri nati in Italia, cittadini di altri Paesi dell'Unione europea, rifugiati e apolidi. Mentre si ha per matrimonio con un cittadino italiano, dopo due anni di residenza legale in Italia o dopo tre anni di matrimonio, se residenti all'estero (termini ridotti della metà in presenza di figli nati o adottati dai coniugi), a condizione di assenza di precedenti penali. Prima del 27 aprile 1983 (data di entrata in vigore della legge 21 aprile 1983, n. 123), le donne straniere che si sposavano con cittadini italiani acquistavano automaticamente la cittadinanza italiana. La cittadinanza

---

[7] Tommaso Aucello, *La cittadinanza italiana e la sua evoluzione*, «Rivista di Diritto e Storia Costituzionale del Risorgimento», n. 1/2017, pp. 1-19.

si può acquistare, inoltre, su domanda, se si nasce in Italia da genitori stranieri e si risiede interrottamente fino al compimento dei 18 anni, presentando domanda entro l'anno successivo al Ministero dell'Interno; per aver prestato servizio militare di leva o servizio civile se straniero o apolide discendente fino al secondo grado da cittadino italiano per nascita.

La Costituzione repubblicana, in materia di cittadinanza per via materna, rimase inattuata dal giorno della sua entrata in vigore fino all'anno 1983. Nonostante l'eguaglianza determinata dagli artt. 3 e 29 della Costituzione, non fu emessa dal Parlamento nessuna legge che modificasse la mancanza di una norma di diritto positivo la quale permettesse al figlio di madre con cittadinanza italiana, e padre straniero, di essere cittadino italiano *ius sanguinis*.

Vantaggi e inconvenienti della doppia cittadinanza italiana e francese, dopo la legge del 1992, per gli italiani residenti in Francia

Il carattere protettivo della legge sulla cittadinanza in Francia con le sue peculiarità e contraddizioni sono alla base dell'incentivazione della richiesta di cittadinanza francese da parte dei cittadini italiani residenti in Francia.

Una volta arrivati in Francia, e sormontato il (breve) periodo di adattamento, il sistema di protezione socio-sanitaria francese e il dinamismo economico invitano infatti a restare: un'offerta di lavoro ampia con tutele e sussidi di disoccupazione, la tutela del posto di lavoro, una retribuzione più interessante e sancita da regole strette, una protezione sanitaria valida per tutti (anche stranieri), un regime generoso di prestazioni sanitarie e sussidi familiari, l'esistenza di un reddito minimo contro la povertà, sono tutti elementi determinanti. Come anticipato, la possibilità di divenire cittadino francese – e quindi, in alcuni casi, anche di esprimere il proprio parere, attraverso il voto, a difesa di questo sistema di protezione sociale – senza obblighi di rinuncia rispetto alla propria cittadinanza di origine, è ovviamente molto conveniente.

Gli svantaggi della doppia nazionalità, a meno di volontà di accedere a posizioni lavorative particolarmente delicate (e difficilmente accessibili) come quelle che riguardano la sicurezza nazionale, sembrano ad oggi praticamente inesistenti.

Si può vivere in Francia avendo la sola nazionalità italiana – scelta perseguita da molti esponenti della emigrazione del Secondo dopoguerra, tenuto conto del quadro normativo vigente all'epoca – oppure avendole entrambe, senza difficoltà quotidiane.

Il riacquisto della cittadinanza italiana dal 1992: quadro normativo e analisi qualitativa sul campione della Circoscrizione consolare di Parigi[8]

Alcune specifiche disposizioni di legge sono state adottate negli anni (dal 1992 in poi) per la doppia cittadinanza italiana e francese, in più di quelle normalmente vigenti in ciascun Paese. Per l'Italia, vanno elencati:

- Il secondo Protocollo di emendamento alla Convenzione sulla riduzione dei casi di pluralità di nazionalità e sugli obblighi militari in caso di nazionalità plurima, fatto a Strasburgo nel febbraio 1993, che prevede il mantenimento della cittadinanza italiana nei casi di acquisto della cittadinanza francese nelle seguenti ipotesi: matrimonio con cittadino o cittadina francese, nascita e residenza stabile in Francia fino alla maggiore età, trasferimento e residenza stabile in Francia prima dei diciotto anni.
- Il Parere del Consiglio di Stato n. 199/97 del 05/03/1997, a favore del mantenimento della cittadinanza italiana della donna coniugata con cittadino italiano e naturalizzata straniera in vigenza della legge n. 555 del 1912.
- La Circolare del Ministero dell'Interno, n. K.60.1/5 dell'08/01/2001 (Cittadinanza in dipendenza del matrimonio nel quadro normativo della legge n. 555/1912, con efficacia retroattiva al 01/01/1948 della sentenza della Corte Costituzionale n. 87 del 16/04/1975). Riconoscimento della cittadinanza italiana *ex nunc* per le donne sposate a cittadino francese (divenute cittadine francesi art. 37 CNF 1945) tra il 01/01/1948 e l'11/01/1973: "possesso ininterrotto". Le donne italiane che hanno acquistato automaticamente prima del 01/01/1948 la cittadinanza straniera del marito e quindi perso la cittadinanza italiana non possono che avvalersi dell'art.219 L151/1975 e riacquistare la cittadinanza italiana *ex nunc*.
- La Circolare n. 14232 del 28 ottobre 2009: denuncia parziale dell'Italia della Convenzione di Strasburgo, efficacia al 04/06/2010, con effetto retroattivo al 04/06/2009. L'Italia si è avvalsa della riserva prevista al punto 3 dell'Annesso alla Convenzione che permette ai cittadini di conservare la propria nazionalità se lo Stato di cui si chiede di acquisire la cittadinanza vi consente preventivamente.

Per la Francia valgono, invece, le disposizioni di legge seguenti:

Loi n. 93-933 du 22/07/1993 réformant le droit de la nationalité (integrazione al Codice Civile francese), che introduce all'art.21-7 la dichiarazione di volontà per i cittadini stranieri nati in Francia (fine dell'automatismo dell'ex art. 44) tra i 16 ed i 21 anni: perdita della cittadinanza italiana se dichiarazione resa dopo i 18 anni,

[8] Tale circoscrizione copre tutta la metà settentrionale della Francia, dalla Bretagna fino a Lille, includendo ovviamente Parigi e a Sud, fino a Digione. Per questo paragrafo si ringrazia sentitamente il Consolato Generale d'Italia a Parigi per le indicazioni fornite, per gentile interessamento della Console Generale, dott.ssa Irene Castagnoli.

dal 01/01/1994 (data di entrata in vigore della disposizione) fino al 24/03/1995 (entrata in vigore del 2° Protocollo di Strasburgo)

Deuxième Protocole portant modification à la Convention sur la réduction des cas de pluralité de nationalités, firmato a Strasburgo nel febbraio 1993 (entrato in vigore nel marzo 1995): prevede il mantenimento della cittadinanza italiana nei casi di acquisto della cittadinanza francese nelle ipotesi di matrimonio con cittadino o cittadina francese, nascita e residenza stabile in Francia fino alla maggiore età, trasferimento e residenza stabile in Francia prima dei diciotto anni;

Décret n° 2009-362 du 31/03/2009: denuncia da parte della Francia della Convenzione di Strasburgo, con effetto al 05/03/2009: si ritiene che l'acquisto volontario della cittadinanza francese avvenuto successivamente al 05/03/2009 non abbia più comportato la perdita della cittadinanza italiana (l'acquisto della cittadinanza francese rientra quindi nell'art.11 della legge n. 91/1992).

A fronte di questo articolato quadro normativo tra i due Paesi, è possibile tracciare un'analisi qualitativa a fronte di alcuni dati. A partire dal 16 agosto 1992 (entrata in vigore della legge n. 91/1992), solo 62 cittadini hanno reso presso il Consolato Generale d'Italia a Parigi la dichiarazione di riacquisto della cittadinanza italiana ai sensi dell'art. 17 della legge n. 91/1992[9] e solo 2 cittadini hanno reso la dichiarazione di riacquisto ai sensi dell'art. 219 della legge n. 151/1975[10] (perdita di cittadinanza per matrimonio). Il dato include anche la consultazione dei registri di cittadinanza dei Consolati di Lilla e di Digione, oggi chiusi.

Il numero è piuttosto esiguo rispetto al numero di connazionali residenti in quanto sia l'Italia che la Francia avevano ratificato la *Convenzione sulla riduzione dei casi di cittadinanza plurima e sugli obblighi militari in caso di cittadinanza plurima*, firmata a Strasburgo il 6 maggio 1963: tale convenzione prevedeva che i cittadini degli Stati contraenti perdessero la loro precedente cittadinanza in caso di acquisto o riacquisto, a seguito di una espressa manifestazione di volontà, della cittadinanza di uno dei Paesi che avevano sottoscritto e ratificato la Convenzione medesima.

Quanto ai cittadini che hanno riacquistato la cittadinanza italiana ai sensi dell'art. 13 della legge n. 91/1992[11] (riacquisto per trasferimento della residenza in

---

[9] Art. 17, legge n. 91/1992: «1. Chi ha perduto la cittadinanza in applicazione degli articoli 8 e 12 della legge 13 giugno 1912, n. 555, o per non aver reso l'opzione prevista dall'articolo 5 della legge 21 aprile 1983, n. 123, la riacquista se effettua una dichiarazione in tal senso entro due anni dalla data di entrata in vigore della presente legge. 2. Resta fermo quanto disposto dall'articolo 219 della legge 19 maggio 1975, n. 151».

[10] Art. 219, legge n. 151/1975: «La donna che, per effetto di matrimonio con straniero o di mutamento di cittadinanza da parte del marito, ha perduto la cittadinanza italiana prima dell'entrata in vigore della presente legge, la riacquista con dichiarazione resa all'autorità competente a norma dell'articolo 36 delle disposizioni di attuazione del codice civile. È abrogata ogni norma della legge 13 giugno 1912, n. 555, che sia incompatibile con le disposizioni della presente legge».

[11] Art. 13, legge n. 91/1992: "1. Chi ha perduto la cittadinanza la riacquista: [omissis]

c) se dichiara di volerla riacquistare ed ha stabilito o stabilisce, entro un anno dalla dichiarazione, la residenza nel territorio della Repubblica;

Italia), il Consolato Generale ci indica che non risulta possibile fornire dati precisi in quanto la procedura deve essere finalizzata dal Comune italiano dove si stabilisce la residenza ai sensi dell'art. 13 comma 1 lettera c: presso il Consolato Generale si effettua solo la dichiarazione con la quale si manifesta l'intenzione di trasferirsi che deve poi essere finalizzata entro un anno.

L'analisi di tale campione, seppur limitato geograficamente, a fronte della forte presenza di comunità italiane nella circoscrizione stessa (dal 1950 ad oggi, il flusso in sola entrata dall'Italia verso l'area geografica in questione può essere stimato attorno ad almeno 600 mila persone), e sulla base delle conversazioni occasionali avute sul tema con diversi nostri connazionali della cosiddetta "vecchia emigrazione", induce a pensare a due schemi di comportamento dei nostri connazionali.

Da un lato, quelli – arrivati dagli anni Cinquanta in poi – che non hanno mai perso la cittadinanza italiana per una serie di motivi quali: attaccamento alla propria identità, una concezione provvisoria della loro permanenza in Francia, difficoltà nelle pratiche amministrative francesi, la volontà di evitare il servizio militare ai propri figli, e – tutto sommato – l'assenza di una reale esigenza di integrazione politico-amministrativa, nonostante la piena compartecipazione alla vita sociale ed economica francese. In altre parole, un'integrazione riuscita ma non perfezionata con l'acquisto della cittadinanza.

Dall'altro, coloro che, avendo perso la cittadinanza italiana per quella francese, o essendo nati cittadini francesi per il dispositivo dello *ius soli*, decidono di restare amministrativamente francesi, pur mantenendo dei fortissimi legami culturali con l'Italia, in alcuni casi tanto da avere piccole residenze secondarie per le vacanze. Molti di questi nostri "ex" connazionali sono attivi nelle associazioni culturali di amicizia Francia-Italia, e in alcuni casi partecipano alle sedute dei Comites in quanto membri nominati ma non eleggibili perché privi della nazionalità italiana. Una volta fatta la scelta di restare in Francia, specialmente per le seconde generazioni, l'impatto dell'assimilazione al tessuto francese è talmente forte che, associato alla facilità con la quale si può comunque raggiungere l'Italia o interagire con il suo ecosistema culturale, il riacquisto della cittadinanza non è più avvertito come un'esigenza.

Su quanto detto deve essere messo in conto anche il fattore linguistico: la mancata trasmissione della lingua da parte dei genitori emigrati ai figli dovuta alla volontà di un'integrazione e alla speranza di garantire ai propri figli una vita migliore nel Paese di adozione, ancor più se in regime di *assimilation républicaine*. Se i cognomi di assonanza italiana in Francia sono particolarmente diffusi (anche a causa della presenza di Corsi e Nizzardi), non è raro scoprire che persone di diretta ascendenza italiana hanno perso ogni legame con il Paese d'origine dei propri genitori, anche a

d) dopo un anno dalla data in cui ha stabilito la residenza nel territorio della Repubblica, salvo espressa rinuncia entro lo stesso termine;

[omissis]".

causa della mancata trasmissione della lingua che impedisce loro di tornarvi (anche solo per le vacanze).

I "nuovi italiani" in Francia: una tripla integrazione e una cittadinanza plurima

Oltre ai connazionali della "vecchia emigrazione", con seconde e terze generazioni, e quelli "expat" del primo decennio del Duemila, esiste oggi un nuovo fenomeno, che vede "nuovi italiani", all'origine cittadini di Paesi dell'Est europeo o extra-UE, fare a loro volta una scelta di vita in Francia. La acquisizioni della cittadinanza italiana – stando alle elaborazioni ISMU ETS su dati ISTAT ed EUROSTAT – sono in crescita di quasi il 10% all'anno: nel 2022 gli stranieri che hanno acquisito la cittadinanza italiana sono stati in totale 133.236 (per il 50,9% femmine e per il 49,1% maschi), il 9,7% in più rispetto al 2021, anno in cui si sono registrati 121.457 nuovi cittadini[12]. L'Italia si posiziona al nono posto dei Paesi europei per tasso di acquisizione della cittadinanza; tra il 2014 e il 2021 il nostro Paese è sempre oscillata fra il quinto e il decimo posto in classifica. Al netto della forte presenza di italo-discendenti (in particolare in Brasile ed Argentina), va riportato come una parte importante provenga dai Paesi del Maghreb, come il Marocco, o dell'Africa sub-sahariana, storicamente legati alla Francia da un passato coloniale e dal perdurare di una comune base linguistica.

Gli itinerari di questi "nuovi connazionali" in Francia, su cui ad oggi mancano – a conoscenza degli autori – statistiche e informazioni dettagliate, sono di grande interesse: proprio a causa della loro "facilità di accesso" al contesto francese, a cominciare dalla padronanza della lingua, essi possono essere incentivati – a causa della situazione economica italiana, sempre relativamente instabile – a decidere di lasciare l'Italia per la Francia. La cittadinanza italiana è per loro una garanzia in termini di diritti e di protezione sociale in Francia, perché come detto sopra, in quanto cittadini UE sono equiparati ai francesi; il sistema amministrativo e sociale italiano in Francia (consolati da un lato, patronati dall'altro) rappresenta per loro un vero punto di riferimento, forse anche di più che per italiani espatriati che, per la loro origine europea, non avvertono il rischio di discriminazione o di essere respinti nel proprio Paese di origine.

---

[12] Fondazione ISMU, *Tornano a crescere le acquisizioni di cittadinanza italiana – Comunicato stampa*, 31 maggio 2015, <https://www.ismu.org/tornano-a-crescere-le-acquisizioni-di-cittadinanza-italiana/#:~:text=Fondazione%20ISMU%20ETS%20evidenzia%20che,sono%20registrati%20121.457%20nuovi%20cittadini>.

Conclusione

La cittadinanza come concetto, non solo storico e politico, ma anche giuridico, suscita dibattiti vivaci e scontri politici di peso. Intesa nel senso classico di *appartenenza*, la cittadinanza si coniuga con la società moderna o, seguendo la definizione classica, alla modernità che corrisponde alla concezione razionalista del mondo, della società e dell'individuo. La costruzione di una comunità di cittadini liberi e razionali sormonta le vestigia degli antichi regimi, fondati sull'oppressione dalla tradizione o dalla legge divina, e fa sì che l'individuo si è mutato in cittadino prima, e poi in protagonista dello sviluppo economico in quanto lavoratore: «La cittadinanza è lo spirito guida. La parola si riferisce a tante definizioni. In fondo bisogna dire che la cittadinanza è il fine che salda ogni cittadino alla politica: attraverso la sua espletazione si realizza la vita in positivo nella quale si riconosce pienamente»[13].

Abbiamo voluto mettere in evidenza le differenze tra Francia e Italia sulla storia del concetto di cittadinanza, per rinsaldarne il senso e la sua concettualità democratica. La declinazione di questi elementi teorici nel loro impatto sul quotidiano dei nostri connazionali che vivono in Francia ci ha portato a considerare che, alla luce di una integrazione amministrativa, economica, sociale e culturale relativamente "facile" nella comunità nazionale francese – pur con tutte le difficoltà quotidiane ed emotive per i singoli, come accade nella vita di tutti i migranti – i nostri connazionali mostrano un rapporto relativamente disinvolto, e quasi strettamente personale, con la cittadinanza d'origine e una eventuale doppia cittadinanza. Per l'emigrazione storica o per la cosiddetta "nuova" emigrazione, si diventa cittadini *anche* francesi, o si resta cittadini unicamente italiani (o unicamente francesi, se si è persa la cittadinanza italiana iniziale) per scelta e per volontà di partecipazione alla vita politica locale, in particolare facendo ricorso allo strumento della naturalizzazione, ma senza sentimenti di obbligo o di necessità. Tale discorso è invece totalmente diverso per i "nuovi italiani" di origine extra-europea, per i quali la cittadinanza è un baluardo di protezione in un momento di fragilità democratica per entrambi i Paesi, e per l'Europa.

---

[13] Annalisa Furia, *La cittadinanza durante la Rivoluzione Francese (1789-1799)*, «Revue Science et Politique. Pour une histoire des doctrines», 27, 2002, pp. 31-49; Conseil d'État, *Ètude annuelle, 2015, La citoyenneté.* «Être (un) citoyen aujourd'hui», Conférence de presse, septembre 2018, p. 6, <www.conseil-etat.fr>.

GERMANIA. Concetto "etno-nazionalistico" di cittadinanza e cittadinanza plurale per un Paese di immigrazione

EDITH PICHLER, Centre for Citizenship, Social Pluralism and Religious Diversity – Universität Potsdam

Introduzione

Nonostante la lunga tradizione di migrazione, la politica e la società tedesca hanno a lungo resistito a considerare la Repubblica Federale come Paese di immigrazione. Solo l'ammissione di questa realtà ha aperto la strada a una riforma della legge sulla cittadinanza che fino a questa presa di coscienza si era basata – a partire dal processo di unificazione tedesco di metà Ottocento delle regioni tedesche attraverso Bismarck[1] – sull'idea etno-nazionale che si può essere tedeschi ma non diventarlo[2]. Tale prassi è da ricondurre a differenti concetti di nazione e cittadinanza nei molteplici Paesi europei: da una parte, per esempio, la Francia con le idee di Renan[3] di nazione e appartenenza come plebiscito quotidiano e d'altra parte la Germania con l'idea *romantica di nazione* di Herder e Fichte legata ai concetti di sangue e lingua[4]. Concetti che hanno influenzato il processo di naturalizzazione degli stranieri e così anche degli italiani di Germania.

Nel presente testo vengono presentati sia i diversi sviluppi che hanno portato in Germania a una legge della cittadinanza più ampia che tiene conto delle varie fasi

[1] La Germania, come l'Italia, ha avuto un tardivo processo di unificazione completato solo nel 1871 da Bismarck. Si vedano: HELMUTH PLESSNER, *Die verspätete Nation. Über die politische Verführbarkeit bürgerlichen Geistes*, Suhrkamp, Frankfurt am Mai, 1994; NEIL MACGREGOR, *Deutschland. Erinnerungen einer Nation*, Verlag C.H. Beck, München, 2015.

[2] Si vedano: MAX WEBER, *Wirtschaft und Gesellschaft*, Tübingen, Mohr, 1985; HEINRICH AUGUST WINKLER, *Die Deutschen und die Revolution. Eine Geschichte von 1848 bis 1989*, C.H.Beck, München, 2023.

[3] ERNEST RENAN, *Was ist eine Nation? Und andere politische Schriften*, Folio Verlag, Wien u. Bozen, 1995; WALTER MARKOW - ALBERT SOBOUL, *1789. Die große Revolution der Franzosen*, Pahl-Rugenstein, Köln, 1989.

[4] JOHANN GOTTLIEB FICHTE, *Reden an die deutsche Nation*, Edition Holzinger, Berliner Ausgabe, 2017; JOHANN GOTTFRIED HERDER, *Sämtliche Werke*, Hansebooks, Norderstedt, 2021.

migratorie sia come la comunità italiana di Germania si articola e reagisce a queste trasformazioni.

Identità e cittadinanza, che tipologie?

Nel loro studio, Rogers Brubaker e Frederick Cooper[5] sottolineano come l'identità sia un concetto altamente prescrittivo, non naturalmente esistente nella società, ma prodotto attraverso pratiche sociali e utilizzato strategicamente nei processi politici[6]. Secondo il loro punto di vista, il termine identità non è indispensabile e propongono diverse altre soluzioni proprio per la complessità e l'eterogeneità che esso produce: *identificazione e categorizzazione attraverso se stessi* (identificazione relazionale attraverso parenti, amici ecc.; identificazione categoriale attraverso l'appartenenza a gruppi con caratteristiche comuni come lingua, cittadinanza, classe, orientamento sessuale ecc.) *o attraverso altri criteri d'appartenenza* (Stato o movimenti sociali e gruppi); *auto-concezione e posizione sociale* (percezione/coscienza di chi si è e della propria posizione sociale nelle molteplici forme e di come si agisce; termini correlati sono l'auto-rappresentazione e l'autoidentificazione); *comunanza* (partecipazione ad una peculiarità comune), *legame* (le relazioni che si intrattengono) da cui consegue l'esistenza di un gruppo solidale.

Gli autori, quindi, suggeriscono di andare oltre le identità, non nel nome di un universalismo immaginario, ma in nome della chiarezza concettuale e aggiungerei anche nel rispetto delle diverse realtà e delle diverse concezioni che tante persone, e in questo caso anche gli immigrati, hanno di sé. Il termine cittadinanza deve essere perciò inteso ad almeno due livelli. Da un lato, si riferisce allo status formale o legale dei cittadini, cosa che avviene anche in questo saggio in cui è lo status di cittadino ad essere preso in considerazione[7] e, in questo senso, la cittadinanza non è diversa dalla nazionalità. In secondo luogo, l'accento è posto sul contenuto e sul significato dello status e, a questo livello, l'attenzione non si concentra più sulla questione di chi ha lo status e di come questo viene acquisito, ma su ciò che lo status offre a chi lo possiede e di come viene effettivamente vissuto nella pratica.

Diritti di cittadinanza

La mobilità è, da sempre, una caratteristica preponderante dell'Europa di oggi; ciò vale anche attualmente per i discendenti di seconde, terze e quarte generazioni di lavoratori emigrati nei Paesi europei. La mobilità europea, sempre più protagonista,

---

[5] Rogers Brubaker - Frederick Cooper, *Beyond 'identity'*, «Theory and Society» 29, 2000, pp. 1-47.

[6] Benedict Anderson, *Die Erfindung der Nation. Zur Karriere eines folgenreichen Konzepts*, Campus, Frankfurt/Main, 1988.

[7] Ernest Gellner, *Nations and Nationalism*, Blackwel, Oxford, 1983; Eric J. Hobsbawm, *Nations and Nationalisms since 1780. Programme, Myth, Reality*, Cambridge University Press, New York, 1990.

ha prodotto nuove riflessioni, spesso astratte, relative ad esempio a concetti quali identità europea o cittadinanza europea. Negli ultimi anni è poi stato riscoperto il testo del sociologo inglese, Thomas H. Marshall, che suddivideva i diritti di cittadinanza in tre categorie giuridiche: politici, civili e sociali.

I *diritti di cittadinanza civili* si basano sulla garanzia dei diritti individuali: libertà della persona, di parola, di pensiero e di religione, libertà di proprietà etc. I *diritti di cittadinanza sociali* garantiscono, invece, un minimo di welfare e di sicurezza economica, fino al diritto ad una esistenza secondo gli standard sociali prevalenti. Le istituzioni primariamente preposte a garantire questi diritti sono il sistema scolastico-educativo ed i servizi sociali. Con *diritti di cittadinanza politici*, infine, Marshall intende il diritto alla partecipazione ed alla gestione del potere politico, sia come membri di un organismo in possesso di autorità politica (partito) sia come elettori. Proprio l'esercizio di quest'ultima categoria di diritti costituirebbe – secondo il sociologo – il presupposto per l'esercizio anche degli altri[8].

Gi italiani in Germania hanno avuto ed hanno ancora un percorso inverso rispetto a quello descritto da Marshall, essendo passati dal diritto di cittadinanza sociale (inclusione nel sistema del welfare attraverso il lavoro) a quello di cittadinanza civile e raggiungendo, da ultimo, forme di partecipazione politica peraltro non ancora pienamente esercitata. Tra i motivi di questa debole partecipazione, vi è il basso tasso di italiani naturalizzati ed in possesso anche della cittadinanza tedesca.

Sviluppo del diritto di cittadinanza in Germania

Lo sviluppo del diritto tedesco in materia di naturalizzazione e cittadinanza nella storia recente può essere analizzato in due fasi: il periodo dal 1913 al 1999, con la prima riforma, e il periodo successivo, fino alla nuova legge entrata in vigore nel 2024. Un tedesco, ai sensi dell'articolo 1 della Legge sulla cittadinanza tedesca (StAG), è "chiunque abbia la cittadinanza tedesca". Questa può essere acquisita sia per nascita che per naturalizzazione.

La legge sulla cittadinanza, entrata in vigore nel 1913, che si basava principalmente sul principio dello *ius sanguinis*, è stata modificata solo in minima parte sino alla fine del secolo scorso. A più di un secolo dalla sua introduzione, questa legge era generalmente considerata obsoleta, restrittiva e incompatibile con la realtà di una moderna società tedesca, caratterizzata da diverse fasi di immigrazione.

Solo nel 1999, con il governo rosso-verde, la legge sulla cittadinanza è stata riformata e, entrata in vigore il 1° gennaio 2000, ha esteso il principio dell'acquisizione della cittadinanza per discendenza o eredità (*ius sanguinis*), stabilito dalla Legge sul Reich e sulla Nazionalità del 1913, al principio territoriale (acquisizione

[8] Thomas H. Marshall, *Staatsbürgerrechte und soziale Klassen*, in Jürgen Mackert - Hans Peter Müller, a cura di, *Citizenship Soziologie der Staatsbürgerschaft*, Westdeutscher Verlag, Wiesbaden, 2000, pp. 45-102.

della cittadinanza per nascita nel Paese, *ius soli*). Ciò ha rappresentato una rottura significativa con la concezione etno-nazionale che aveva prevalso fino ad allora, ovvero che si *poteva essere tedeschi ma non diventare tedeschi*[9].

Dalla riforma della legge sulla cittadinanza del 2000, i cittadini stranieri che soddisfano determinati requisiti hanno il diritto di essere naturalizzati dopo otto anni di residenza in Germania, se in grado di mantenere se stessi e le persone a carico senza ricorrere all'assistenza sociale e all'indennità di disoccupazione, se non hanno commesso delitti e se in possesso di una sufficiente conoscenza della lingua tedesca.

Dal gennaio 2008, la conoscenza dell'ordinamento giuridico e sociale e delle condizioni di vita in Germania deve essere dimostrata anche attraverso un esame di naturalizzazione. Di regola, le persone che desideravano essere naturalizzate dovevano rinunciare alla loro precedente cittadinanza, ma ciò non valeva per un altro Stato membro dell'UE, perciò anche per gli italiani residenti in Germania.

Inizialmente, l'allora governo rosso-verde guidato dal cancelliere Gerhard Schröder (SPD), voleva sancire l'ampia accettazione della doppia cittadinanza nella nuova legge. L'iniziativa è, tuttavia, fallita a causa della resistenza dell'opposizione. La CDU/CSU ha lanciato una campagna nazionale di raccolta firme *Sì all'integrazione - no alla doppia cittadinanza*. Ciò ha portato a una soluzione di compromesso: il cosiddetto "modello di opzione", secondo il quale i bambini nati in Germania da genitori stranieri ricevevano automaticamente la cittadinanza tedesca se un genitore aveva vissuto in Germania per almeno otto anni ed era in possesso di un permesso di soggiorno permanente. Se, invece, acquisivano contemporaneamente la cittadinanza straniera dei genitori, essi dovevano scegliere una delle due cittadinanze tra il 18° e il 23° compleanno (obbligo di opzione)[10].

Nel dicembre 2014 è entrato in vigore un nuovo regolamento sulle opzioni, in base al quale i bambini nati e cresciuti in Germania da genitori stranieri non devono più scegliere un'unica nazionalità a determinate condizioni. Essi possono mantenere sia la cittadinanza tedesca che quella dei genitori se hanno vissuto in Germania per almeno otto anni fino al compimento del 22° anno di età, se hanno frequentato la scuola in Germania per sei anni o se hanno conseguito una qualifica scolastica o di formazione professionale in Germania. I bambini nati in Germania da cittadini dell'UE, invece, acquisiscono sia la cittadinanza tedesca che quella dei genitori e possono mantenerla senza dover soddisfare ulteriori condizioni. In ogni caso, il prerequisito rimane che almeno uno dei due genitori abbia vissuto legalmente in Germania per otto anni e sia in possesso di un permesso di residenza permanente.

---

[9] Vera Hanewinkel - Jochen Oltmer, *Staatsbürgerschaft und Entwicklung der Einbürgerungszahlen in Deutschland*, Bundeszentrale für politische Bildung, Bonn, 2017; Jürgen Mackert, *Kampf um Zugehörigkeit. Nationale Staatsbürgerschaft als Modus sozialer Schließung*, Westdeutscher Verlag, Opladen/Wiesbanden, 1999.

[10] Vera Hanewinkel, *Staatsbürgerschaft und Einbürgerung in Deutschland*, Bundeszentrale für politische Bildung, Bonn, 2021.

In seguito alla riforma della legge sulla cittadinanza, nel 2000 è stato raggiunto un picco di circa 187.000 naturalizzazioni totali. Negli anni successivi, il numero di naturalizzazioni è diminuito in modo significativo. Nel 2008 circa 94.500 persone hanno ottenuto la cittadinanza tedesca. Da allora il numero di naturalizzazioni è aumentato[11]. Nel 2023 sono stati naturalizzati in Germania circa 200.100 stranieri, il numero più alto dal 2000. Secondo l'Ufficio federale di statistica, il numero di naturalizzazioni è aumentato di circa 31.000 unità (+19%) rispetto all'anno precedente[12].

La nuova legge del 2024

Per rendere più attrattivo il Paese, nel 2024 è stata varata una legge sulla cittadinanza che facilita la naturalizzazione. Dietro questa decisione non ci sono solo intenti umanitari, ma anche interessi utilitaristici. Infatti, sia la Ministra Federale dell'Interno Nancy Faeser che il Ministro del Lavoro Hubertus Heil (SPD) hanno sottolineato, prendendo ad esempio il Canada, che la riforma è decisiva anche per attirare i lavoratori qualificati, di cui il sistema produttivo tedesco ha urgente bisogno.

Lo stesso Ministro federale della Giustizia, Marco Buschmann (FDP), si aspetta che la riforma della naturalizzazione porti a un maggiore ordine e controllo nella politica di integrazione e incentivi gli immigrati a trovare lavoro. «La nuova legge sulla naturalizzazione contiene due chiari messaggi», ha dichiarato a *Welt*. «In primo luogo, stiamo rendendo la naturalizzazione più facile per coloro che vivono del proprio lavoro. Tuttavia, coloro che ricevono prestazioni sociali come l'assegno di cittadinanza o il sostegno al reddito di base non possono di norma essere naturalizzati. Questo rafforza anche il nostro mercato del lavoro»[13].

Con la riforma la naturalizzazione è possibile dopo cinque anni di residenza, invece degli otto precedenti, e nel caso di "riuscita integrazione" il periodo può essere ridotto fino a tre anni. Importanti presupposti sono, come nel passato, il non dipendere da sussidi sociali (qui sembra che la legislazione sia più generosa che nel passato) e il non aver commesso dei reati. Inoltre, per la generazione dei *Gastarbeiter*, ovvero i residenti in Germania da più di cinquant'anni (e fra questi tanti italiani), verranno introdotte delle facilitazioni: ad esempio, non sarà più necessario sostenere una prova scritta di conoscenza della lingua tedesca e il test di naturalizzazione (*Einbürgerungtest*). Il cosiddetto "doppio passaporto" passa da eccezione a regola. In linea di principio, i cittadini naturalizzati potranno mantenere la loro cittadinanza originaria. Attualmente, infatti, la doppia cittadinanza è un'eccezione.

---

[11] Si veda: <https://www.destatis.de/DE/Themen/Gesellschaft-Umwelt/Bevoelkerung/Migration-Integration/_inhalt.html#sprg229290>.

[12] Destatis, Pressemitteilung Nr. 209 vom 28, Mai 2024.

[13] Ricarda Breyton, *Das neue Einbürgerungsrecht enthält zwei klare Botschaften*, 29 giugno 2024, <https://www.welt.de/politik/deutschland/article252225658/Einbuergerung-Das-neue-Einbuergerungsrecht-enthaelt-zwei-klare-Botschaften.html>.

Mentre gli economisti e il mondo dell'industria valutano la riforma positivamente e ritengono che vista la concorrenza globale possa attirare la manodopera necessaria, da parte dell'opposizione sono arrivate critiche aspre. La CDU/CSU, sottolineando che la cittadinanza tedesca è qualcosa di molto prezioso, ha parlato di "svendita" del passaporto tedesco, paragonandolo ad un articolo in offerta speciale al Black Friday. Sostenendo il principio della "lealtà" nei confronti di un solo Stato, questa parte politica si è dichiarata contraria all'introduzione della doppia cittadinanza, anche se la possibilità esiste per tutti i cittadini dell'Unione europea[14].

La comunità italiana e le naturalizzazioni

Dopo anni di stagnazione, dagli anni Novanta è ripresa l'emigrazione italiana verso la Germania con caratteristiche profondamente differenti rispetto a coloro che dal Bel Paese arrivavano nel territorio tedesco negli anni Cinquanta e Sessanta. Se all'inizio si è trattato di una "nuova mobilità europea", favorita dal processo d'integrazione europeo così come dai diversi progetti di formazione e studio, con la crisi finanziaria ed economica è cominciato in Europa un nuovo periodo di migrazione dettata dalla necessità e dal bisogno[15].

Come in passato, tra le mete di questa nuova mobilità verso la Germania ci sono centri economicamente importanti della Baviera, dell'Assia, del Baden-Württemberg e del Nord Reno-Vestfalia, regioni particolarmente dinamiche del Sud-Ovest del Paese. Un forte incremento della presenza di italiani ha interessato la "città-Stato" di Berlino, che comunque è sempre stata caratterizzata da una crescita constante della presenza italiana e dall'insediamento di immigrati che, a differenza delle regioni dell'emigrazione del lavoro, provenivano da diversi ambienti sociali.

[14] Edith Pichler, "La Germania vuole diventare attrattiva! La nuova legge sulla immigrazione e il disegno di legge sulla cittadinanza", in Massimo Livi Bacci, a cura di, *Geodemografia 2023. 21 scritti per meglio comprendere il mondo*, 10 maggio 2024, pp. 81-84. <https://www.neodemos.info/2024/05/10/geodemografia-2023-21-scritti-per-meglio-comprendere-il-mondo/>.

[15] Si vedano, a tal proposito: Fondazione Migrantes, *Rapporto Italiani nel Mondo* 2019, Tau Editrice, Todi, 2019; Maddalena Tirabassi - Alvise Del Prà, *La meglio Italia. Le mobilità italiane nel XXI secolo*, Accademia University Press, Torino, 2014; Enrico Pugliese, *Quelli che se ne vanno. La nuova emigrazione italiana*, il Mulino, Bologna 2018; AA.VV., *Viaggio tra gli italiani all'estero. Racconto di un Paese altrove*, il Mulino, Bologna, n. 6/2018.

Distribuzione della popolazione di origine italiana secondo Circoscrizione Consolare. Serie Storica. Valori assoluti. Anni 2015-2024[16].

Circoscrizione Consolare	2015	2016	2017	2018	2019	2020	2021	2022	2023	2024*
Berlino	26.786	29.337	32.324	35.172	38.374	40.933	43.072	45.765	47.584	49.930
Colonia	122.157	124.030	126.460	127.543	130.232	132.091	133.912	135.730	136.998	138.121
Dortmund	60.112	61.113	62.794	64.150	65.707	67.009	68.242	69.190	69.795	70.196
Frankfurt	150.246	153.847	157.603	160.912	165.496	168.443	170.872	173.115	174.711	176.121
Friburgo	52.045	53.520	55.101	56.407	57.811	58.510	59.471	60.420	61.043	61.571
Hannover	43.544	45.496	47.468	49.276	51.093	52.979	54.716	56.133	57.201	58.287
Monaco	106.481	110.719	114.482	117.918	122.995	126.672	129.826	132.532	135.386	137.442
Stoccarda	172.693	176.419	181.642	185.256	189.048	192.332	195.270	197.148	197.972	198.948
Wolfsburg	9.559	9.673	9.867	10.059	10.266	10.399	10.582	10.627	10.679	10.713
Totale	**743.623**	**764.154**	**787.741**	**806.693**	**831.022**	**849.368**	**865.963**	**880.660**	**891.396**	**901.329**

*dati di marzo 2024.

Fonte: Migrantes-Rapporto Italiani nel Mondo. Dati Ambasciata d'Italia a Berlino-Ufficio Sociale.

Secondo i dati dell'Ufficio di Statistica Tedesco, nel 2023 i cittadini italiani con doppia cittadinanza erano 180.000. Tra questi vi sono i nati in Germania che ricevevano automaticamente la cittadinanza tedesca se uno dei genitori vive/viveva almeno da otto anni con permesso di soggiorno (con la nuova legge bastano cinque anni) nel Paese[17].

Cittadini italiani che hanno ottenuto la cittadinanza tedesca. Serie storica. Valori assoluti. Anni 2002-2023.

Anno	2002	2005	2006	2007	2008	2009	2010	2015	2019	2021	2023
Maschi	419	842	808	630	664	587	648	1.815	2.325	2.640	1.930
Femmine	428	787	750	635	728	587	657	1.591	2.150	2.405	2.070
Totale	**847**	**1.629**	**1.558**	**1.265**	**1.392**	**1.273**	**1.305**	**3.406**	**4.475**	**5.045**	**4.000**

Fonte: Migrantes-Rapporto Italiani nel Mondo. Dati Statistisches Bundesamt.

[16] Ringrazio la Prima Consigliere d'Ambasciata, Anna Bertoglio, e l'Ufficio Sociale, così come la Coordinatrice dell'Intercomites Germania, Simonetta Del Favero, per i dati messi gentilmente a disposizione di questo mio lavoro.

[17] Destatis, *Statistischer Bericht - Mikrozensus - Bevölkerung nach Migrationshintergrund - Endergebnisse*, Wiesbaden, 2023.

Nel 2023, il 98,8% di italiani che ha ottenuto la cittadinanza tedesca ha mantenuto quella di origine[18]. I dati sulla naturalizzazione in Germania dimostrano però che, nonostante sia possibile dal 2002 acquisire la doppia cittadinanza, il numero di cittadini italiani che ne fanno richiesta non è molto elevato. Questo nonostante i Comites, l'Intercomites, le istituzioni e il mondo associativo italiano abbiano, negli ultimi decenni, promosso, attraverso diverse campagne di sensibilizzazione, la naturalizzazione e la possibilità di ottenere la doppia cittadinanza.

Alcuni dati a confronto sui possibili "nuovi cittadini"

Circa il 14% della popolazione in Germania, ovvero 12 milioni di persone, non è in possesso della cittadinanza tedesca. Di questi, circa 5,3 milioni vivono in Germania da almeno dieci anni e avrebbero diritto alla naturalizzazione[19]. Secondo i dati dell'Ufficio Statistico Federale del 2023, però, ci sono solo 2,9 milioni di persone con doppia cittadinanza. Ciò corrisponde al 3,5% della popolazione[20]. La proporzione di naturalizzazioni in Germania rispetto alla popolazione straniera che potrebbe farne domanda per acquisire la cittadinanza tedesca è, quindi, da tempo bassa: nel 2021 era del 2,4%[21]. Nel 2022, 168.545 persone hanno richiesto la cittadinanza tedesca: si tratta solo del 3,1% dei cittadini stranieri. Con l'1,1%, il tasso di naturalizzazione in Germania è inferiore a quello dell'UE, che corrisponde al 2,0%[22].

Se da una parte la burocrazia (pratiche e formulari da riempire, esami di naturalizzazione e sulla conoscenza della lingua tedesca, non essere dipendenti dai sussidi sociali) non facilita la richiesta, dall'altra parte il fatto di dover pagare circa 250 euro di spese amministrative senza la certezza che alla fine del percorso si avrà la cittadinanza, viene visto, specialmente dagli emigrati della prima generazione, come un'offesa. Molti di questi, infatti, sono dell'opinione che, dopo tanti di anni di lavoro e di sacrifici per la Germania, lo Stato tedesco dovrebbe far loro il regalo della cittadinanza tedesca per ringraziarli della dedizione mostrata[23]. Con la nuova legge sulla cittadinanza del 2024 e le facilitazioni introdotte (è sufficiente, per esempio, la conoscenza della lingua orale) il Governo viene incontro alla cosiddetta "*generazione dei Gastarbeiter*"[24] e, come annunciato con la riforma, «si desidera onorare l'apporto

---

[18] Destatis, *Einbürgerungen 2023*, Wiesbaden, 10 Maggio 2024.

[19] Die Bundesregierung, *Modernes Staatsangehörigkeitsrecht Schnellere Einbürgerungen unter strengeren Voraussetzungen*, Berlin, 27 giugno 2024.

[20] Destatis, *Statistischer Bericht - Mikrozensus - Bevölkerung nach Migrationshintergrund - Endergebnisse*, Wiesbaden, 2023.

[21] Edith Pichler, *La Germania* [...], cit.

[22] Die Bundesregierung, *Modernes Staatsangehörigkeitsrecht* [...], cit.

[23] È quanto rilevato dall'autrice in diversi colloqui avuti con i protagonisti della prima ondata migratoria italiana a seguito di diverse ricerche condotte.

[24] Con il termine *Gastarbeiter* (lavoratori ospiti) si intendono gli immigrati del lavoro reclutati dalla Germania attraverso diversi accordi bilaterali con i Paesi di origine: nel 1955 con l'Italia, nel 1960 con

di questa generazione allo sviluppo del Paese»[25]. Si vedrà nel futuro se questa generazione tanto *generosa* ma anche tanto *orgogliosa* farà uso della nuova possibilità almeno come forma di riconoscenza a livello simbolico.

In tale contesto è interessante osservare le pratiche di naturalizzazione fra gli immigrati discendenti dalla generazione dei *Gastarbeiter*. Alcuni di loro godono come gli italiani dei privilegi dati da una sorta di "cittadinanza europea", dall'essere cittadini di uno Stato membro dell'Unione europea, diversamente da quanto accade, ad esempio, per gli immigrati di origine turca che, nel 2023, con quasi 3 milioni di cittadini oriundi, sono in Germania la comunità straniera più numerosa. Circa 1 milione e 600 mila hanno la cittadinanza tedesca, fra gli italiani il loro numero è di 260 mila persone[26]. Di seguito, in tabella, vengono messi a confronto i dati riguardo la naturalizzazione degli immigrati di origine italiana e turca: è interessante, però, non il numero totale di chi è stato naturalizzato, ma la percentuale sul potenziale di quelli che ne potrebbero fare richiesta[27].

Potenzialità dei possibili richiedenti della cittadinanza tedesca di origine italiana e turca. Serie storica. Valori percentuali. Anni 2011-2020[28].

Nazionalità	2011	2012	2013	2014	2015	2016	2017	2018	2019	2020
Italiani	0,4	0,5	0,6	0,7	0,7	0,7	0,9	0,9	1,0	0,9
Turchi	2,0	2,3	2,0	1,6	1,4	1,2	1,1	1,2	1,2	0,9

Fonte: Migrantes-Rapporto Italiani nel Mondo. Dati Statistisches Bundesamt.

Come possiamo vedere dai dati, la comunità italiana nonostante una più lunga permanenza in Germania ha, rispetto a quella turca, una percentuale di richieste di cittadinanza minore rispetto la più ampia potenzialità. Gli italiani, nel contesto europeo, godono di privilegi come il diritto al voto comunale e a quello europeo, oltre che la libera circolazione, fattori che potrebbero non incentivare una loro naturalizzazione a differenza di quanto accade ai turchi. Per entrambe le comunità, comunque, si possono osservare delle similarità: per esempio, la richiesta di natura-

la Spagna e la Grecia, nel 1961 con la Turchia, nel 1963 con il Marocco, nel 1964 con il Portogallo, nel 1965 con la Tunisia e nel 1968 con la Jugoslavia.

[25] Die Bundesregierung, *Modernes Staatsangehörigkeitsrecht* [...], cit.

[26] Destatis, *Statistischer Bericht* [...], cit.

[27] Sachverständigenrats Für Integration Und Migration (SVR), *Erfolgsfaktoren einer gelingenden Einbürgerungspraxis. Expertise des wissenschaftlichen Stabs des Sachverständigenrats für Integration und Migration im Auftrag der Beauftragten der Bundesregierung für Migration, Flüchtlinge und Integration*, Berlin, 2021.

[28] Petra Bendel, *Einbürgerungsreform und Einbürgerungspotenzial: Was bringen die nächsten Jahre?*, Berlin 2022.

lizzazione viene fatta dopo più di 20 anni di permanenza per gli italiani (28 anni) e per i turchi (23 anni)[29].

La generazione dei *Gastarbeiter* era, infatti, orientata al rientro dopo un periodo più o meno lungo di emigrazione in territorio tedesco. Progetto, quello del ritorno a casa, rimasto disatteso: dopo anni di permanenza si decide, più o meno a malincuore, di "stare qui", anche perché ormai figli e nipoti vivono in Germania.

Osservazioni finali

La mobilità in Europa si è trasformata da una migrazione in seguito ad accordi bilaterali sul reclutamento di forza lavoro, a spostamenti in seguito ai ricongiungimenti familiari, a nuove forme di movimento promosse dai processi di integrazione europea.

Nel passato, migrare era inteso, secondo il "modello del container", come passaggio da un container-nazionale a un altro. Le nuove forme di mobilità e di soggiorno, così come i migranti con un habitus transnazionale, fanno sì che le pareti dei container-nazionali diventino sempre più porose. In considerazione di queste trasformazioni e tendenze si può intravedere un gap fra mobilità europea e prassi istituzionale (nazionale e europea). Così, molte delle persone intervistate dall'autrice nell'ambito di uno studio su giovani mobili a Berlino criticano il fatto che non esista ancora un passaporto europeo[30].

Questi processi in qualche modo influenzano l'identità e il senso di appartenenza o di cittadinanza europea. Alla luce di diverse analisi è possibile ipotizzare alcuni modelli di identità e di cittadinanza europea per gli italiani:

- Identità/cittadinanza europea come complemento e risultato di già appartenenza (per esempio in Francia);
- Identità /cittadinanza europea in alternativa ad un sistema di debole inclusione di cittadinanza in Germania.

In questo contesto, punti di incentivazione per la naturalizzazione degli italiani di Germania sarebbero l'acquisizione di diritti non solo economici e sociali, ma anche politici, come descritti da Marshall perché, a lungo termine, si determina un deficit democratico se diversi gruppi – e qui rientrano pure gli italiani di Germania –, sono esclusi dai processi politici. Infatti, un basso tasso di naturalizzazione riduce la possibilità di incidere sulla vita politica del Paese di immigrazione e gli italiani, a differenza degli immigrati di origine turca, hanno spesso una bassa presenza nei diversi luoghi della rappresentanza politica sia livello regionale che federale.

---

[29] Destatis, *Einbürgerungen 2023* [...], cit.

[30] Edith Pichler, *Die Italiener in Berlin und ihr Selbstverständnis als neue Europäer*, in Oliver Jenz - Roberto Sala, a cura di, *Dolce Vita? Das Bild der Italiener in Deutschland*, Frankfurt/New York, 2011, pp. 277-294.

LIBIA.
Dalla cittadinanza italiana a quella postcoloniale

Antonio M. Morone, Dipartimento di Scienze Politiche e Sociali - Università degli Studi di Pavia

Lo studio dell'essere o non essere cittadino italiano in Libia rimanda necessariamente alla storia dei rapporti speciali tra Italia e Libia e in particolare alla vicenda, per tanti versi penosa, del colonialismo. Nel caso degli italiani di Libia, l'eredità coloniale giocò per tanti versi un ruolo di dissuasione, se non proprio di preclusione, rispetto alla possibilità di acquisire la cittadinanza libica in alternativa a quella italiana o in aggiunta ad essa, a seguito della riforma relativa alla doppia o plurima cittadinanza introdotta dalla Legge 5 febbraio 1992, n. 91, articolo 11. Dopo l'espulsione della comunità italiana dalla Libia nel 1970, furono pochissimi i casi di opzione per la cittadinanza libica, riferibili per lo più a donne italiane sposate con uomini libici. La presenza poi di altri italiani che da allora ad oggi si sono recati nel paese per motivi prevalentemente di lavoro ha acquisito la fattispecie della mobilità internazionale piuttosto che quella della vera e propria migrazione. D'altra parte, proprio la condizione particolarissima delle relazioni postcoloniali tra Italia e Libia rinvia al caso opposto, ossia a quello dei libici che acquisirono o tentarono di acquisire la cittadinanza italiana. Si tratta appunto di un caso specialissimo proprio perché i libici non erano stranieri qualunque, ma nel loro portato postcoloniale sperimentarono gli effetti di lungo periodo di quella che era stata la cittadinanza coloniale.

Se il dominio coloniale si fondò sulla pratica intesa a differenziare gerarchicamente la società tra cittadini-colonizzatori e sudditi-colonizzati, il caso della colonia di Libia ebbe la specificità di prevedere una cittadinanza coloniale che rispondeva pur sempre all'esigenza di differenziare tra colonizzati e colonizzatori, ma elevava i libici a una posizione di intermediari preferiti o favoriti rispetto agli altri sudditi coloniali del Corno d'Africa. La cittadinanza coloniale, infatti, stabiliva un certo *set* di diritti e doveri, ma soprattutto la possibilità di acquisire la cittadinanza nazionale metropolitana a ben determinate condizioni. In effetti, proprio lo sguardo al passato coloniale deve far riflettere sulla giustapposizione tra i concetti di cittadinanza e nazionalità nel senso che proprio lo studio della condizione dei colonizzati, sudditi o cittadini coloniali che fossero, rivela i limiti di una cittadinanza tutta ripiegata sulla nazionalità e di conseguenza poco incline a includere potenziali cittadini di altre nazionalità e in particolare gli ex-colonizzati e i loro discendenti.

Gli italiani e la difesa dell'italianità nella Libia indipendente

Al momento dell'indipendenza del Regno di Libia, nel 1951, erano ancora 40 mila gli italiani residenti nel Paese, concentrati soprattutto a Tripoli e nella Tripolitania[1]. Per tutti gli anni Cinquanta e Sessanta, la comunità italiana di Libia ricoprì un ruolo di particolare rilevanza sociale ed economica, senza dubbio sulla scia e per tanti versi in continuità con quello che era stato il ruolo degli italiani in Libia durante l'occupazione coloniale. Con l'indipendenza del Paese, nel 1951, gli italiani persero definitivamente le loro prerogative politiche e di governo che erano già state fortemente ipotecate e limitate a partire dal 1943 con l'occupazione da parte degli Alleati dell'ex-colonia e l'istituzione dell'amministrazione militare inglese in Tripolitania e Cirenaica e di quella francese nel Fezzan. Nonostante la perdita del loro status di colonizzatori, gli italiani mantennero rilevantissimi interessi economici e molte proprietà personali e aziendali in Libia al punto che si può a buona ragione scrivere che gli italiani continuarono a giocare un ruolo determinante nella gestione di alcuni settori chiave per l'economia del Paese, specie in Tripolitania: il comparto della meccanica leggera, dei trasporti, della produzione agricola e della trasformazione dei prodotti agroalimentari oltre a importanti servizi tecnici e alle professioni medica, ingegneristica, contabile e scolastica[2].

Da un punto vista sociale, molti italiani mantennero senza dubbio uno status privilegiato legato sia alla loro posizione di preminenza economica, sia al passato di colonizzatori che venne ampiamente criticato dagli esponenti del movimento indipendentista libico, ma al contrario continuò a essere considerato utile e, per certi versi, tollerato da altri libici che avevano ricoperto a vario titolo il ruolo di intermediari o facilitatori del dominio coloniale italiano. Per quello che fu l'esito politico dell'indipendenza libica che sancì la vittoria di un'alleanza conservatrice capeggiata da Idris al-Sanusi a discapito del movimento nazionalista libico, non stupisce allora l'atteggiamento di estrema comprensione verso gli italiani e la loro inclusione nella società libica postcoloniale. La dirigenza libica indipendente non intraprese infatti nessuna vera politica rivoluzionaria verso gli interessi e le proprietà degli stranieri, a differenza delle politiche di nazionalizzazione inaugurate nei paesi limitrofi, Egitto e Tunisia.

La scoperta del petrolio e la sua messa in produzione, a partire dal 1959, finirono un po' paradossalmente per fare gioco a quegli italiani, circa 20 mila, che erano rimasti in Libia, da stranieri, durante tutti gli anni Cinquanta. Infatti, le competenze e le professionalità degli italiani si rivelarono utilissime, se non indispensabili, per gli impianti di produzione e l'indotto legati allo sfruttamento delle risorse energeti-

---

[1] Anna Baldinetti, *The Origins of the Libyan Nation. Colonial Legacy, Exile and the Emergence of a New Nation-State*, Routledge, New York, 2010, p. 132.

[2] Antonio M. Morone, "Italiani d'Africa, africani d'Italia: da coloni a profughi", in Idem, a cura di, *Gli italiani e l'Africa tra colonialismi e migrazioni*, «Altreitalie», 42, gennaio-giugno 2011, pp. 20-35.

che. In cambio, gli italiani ne ottennero importanti ritorni economici. La scoperta del petrolio trasformò rapidamente la società in Libia, innescando una forte polarizzazione economica: la prossimità al potere e il conseguente accesso alla rendita petrolifera implicarono un rapido arricchimento di alcuni gruppi, compresa una parte rilevante degli italiani, a discapito di ampi strati della popolazione che dalla rendita energetica ottennero solo benefici marginali o addirittura nulli, finendo per sperimentare un processo di impoverimento, o in ogni caso marginalizzazione, in un paese che stava diventando sempre più ricco. La trasformazione della Libia in un *Rentier State* fece passare le entrate del bilancio pubblico da 20 milioni di dollari nel 1960 a 3.130 nel 1977[3].

Con la Rivoluzione del 1969, la storia della presenza italiana in Libia subì una drastica e repentina svolta. Quella che poi sarebbe diventata per oltre quarant'anni la guida della Rivoluzione, il colonello Mu'ammar al-Qaddafi, decise di attuare una radicale nazionalizzazione dello Stato e della sua economia, applicando in Libia misure ancor più drastiche di quelle che in Egitto e in Tunisia stavano già mostrando i primi importanti segnali di cedimento, se non proprio di fallimento. Nel 1970 tutti gli italiani residenti nel Paese vennero espulsi: si trattò di una misura che nella prospettiva della Rivoluzione mirava ad affermare senza esitazione la piena sovranità libica all'interno e all'esterno del Paese e infatti andò in coppia con la chiusura delle basi militari statunitensi e inglesi. Per quanto repentina, l'espulsione fu in ogni caso l'esito di una trattativa con l'allora Ministro degli Esteri, Aldo Moro, e con il governo democristiano che non diedero il giusto peso alle richieste libiche, finendo per spingere al-Qaddafi a compiere un atto senza dubbio estremo[4]. Nella prospettiva della nuova leadership rivoluzionaria libica, erano troppi gli interessi e le proprietà che direttamente o indirettamente gli italiani ancora gestivano in un Paese che voleva essere realmente sovrano e indipendente. Il punto era proprio che gli italiani in Libia erano stranieri e, per larghissima parte, non avevano dimostrato nessun interesse e intenzione a rinunciare alla propria cittadinanza per acquisire quella libica.

La Legge del 18 aprile 1954 che regolamentava l'acquisizione e la perdita della cittadinanza libica prevedeva sia il diritto di opzione, per coloro che risiedevano in Libia da almeno 10 anni a far data dal 7 ottobre 1951, giorno dell'entrata in vigore della Costituzione libica, sia la naturalizzazione che poteva essere richiesta in ogni momento alle autorità di governo. Le condizioni minime erano la residenza nel Paese da almeno dieci anni, il possesso dei mezzi economici necessari alla propria

---

[3] Bashir M. el-Wifati, "Agricultural Development and Its Future in Libya", in Bichara Khader - Antonio M. Morone, a cura di, *The Economic Development of Libya*, Croom Helm, London, 1987, p. 157.

[4] Arturo Varvelli, *L'Italia e l'ascesa di Gheddafi: la cacciata degli italiani, le armi e il petrolio (1969-1974)*, Milano Baldini Castoldi Dalai, 2009.

sussistenza e una "sufficiente conoscenza" (art. 5) della lingua araba[5]. Senza dubbio molti degli italiani ancora residenti in Libia all'inizio degli anni Cinquanta si trovarono nelle condizioni formali di domandare la cittadinanza libica, per opzione o naturalizzazione, e a maggior ragione lo furono quelli che nel 1970 ancora vivevano nel Paese. Tuttavia, la stragrande maggioranza degli italiani di Libia decise di mantenere la cittadinanza italiana negli anni di Idris così come nel 1970. Le ragioni sono molteplici e vanno ricercate nel più ampio contesto di applicazione della legge sulla cittadinanza libica del 1954 che tutelava pienamente proprietà ed esercizio delle professioni degli stranieri, con solo alcune limitazioni relative agli impieghi pubblici e con riferimento al limite del 49% del capitale investibile in società private. Entrambe queste misure andavano nel senso di favorire una libicizzazione dello Stato e dell'economia, ma ebbero una portata molto più limitata rispetto alle politiche di vera e propria nazionalizzazione, attuate in altri paesi vicini. Oltre alle deroghe di legge per l'impiego di avvocati, medici e farmacisti stranieri nel settore pubblico, poiché tali professionalità erano pressoché introvabili tra i cittadini libici, il punto fu che la clausola della compartecipazione societaria non riguardava le tantissime concessioni agricole o aziende individuali italiane. In definitiva, in Libia, gli italiani poterono continuare a vivere e lavorare da italiani, senza grandi problemi, e anzi incrementando la propria posizione economica e sociale in ragione del fatto di esercitarla a cavallo tra l'interno e l'esterno del Paese, in un vero e proprio ruolo di intermediazione postcoloniale.

Al contrario, l'ipotesi di un passaggio alla cittadinanza libica non risolveva il problema dell'esclusione dai pubblici uffici poiché, per legge, un cittadino naturalizzato libico per dieci anni era interdetto dai pubblici uffici e dal diritto di voto passivo. Inoltre, la conoscenza della lingua araba poteva risultare problematica per alcuni, anche se l'arabo era parte del normale curriculum scolastico. Tuttavia, era soprattutto l'incertezza legata alla condizione dei non musulmani nella legislazione libica del 1954 a porre un reale pregiudizio: infatti, lo statuto personale e successorio seguiva in ogni caso il diritto islamico e dunque prefigurava una condizione di ignoranza, se non di vero e proprio svantaggio, per le minoranze religiose come erano sicuramente i cristiani in Libia, molti dei quali italiani, oppure gli ebrei, alcuni dei quali avevano pure la cittadinanza italiana. Dunque, la cittadinanza italiana non venne solo vista o vissuta come uno strumento per garantirsi un certo status economico e sociale, ma evidentemente rinviava in modo più ampio alla protezione e garanzia di un'idea di italianità connotata in termini non solo di lingua e cultura, ma anche attraverso la religione cristiana e quel senso di civiltà e modernità che derivava direttamente dalle tante contraddizioni e discriminazioni di epoca coloniale. Ecco allora che l'ipotesi di passare alla cittadinanza libica non solo scontava una convenienza marginale in termini di status economico e sociale, ma finiva per

---

[5] Annibale Chillemi, *La condition juridique des étrangers en Libye*, «Civilisations», 7, 3, 1957, pp. 229-330.

diventare impraticabile rispetto a quel sentimento di italianità nel quale la gran parte della comunità italiana ancora residente in Libia si riconosceva: un conto era ammettere la parità giuridica tra italiani e libici, un altro era quello di definirsi libici, rinunciando a quella "Libia italiana" costruita attraverso l'occupazione coloniale e che ancora persisteva in rapporti di potere, relazioni economiche, pratiche sociali e soprattutto identità collettive. Se una tale condizione era vera per gli anni della monarchia di Idris, a maggior ragione lo fu con la Rivoluzione del 1969 che puntava ad affermare la prevalenza e la preferenza del cittadino libico a ogni altro straniero attraverso un'idea di nazione fortemente legata all'identità araba. Ecco allora che di fronte all'espropriazione dei loro averi e alla conseguente espulsione, per gli italiani di Libia l'opzione di passare alla cittadinanza libica restava a maggior ragione inaccettabile, da un punto di vista politico e culturale ancora prima che economico. Il passaggio alla cittadinanza libica diventava in definitiva una vera e propria prova di fedeltà agli ideali del nuovo regime che difficilmente potevano incontrare il favore degli italiani che proprio quel regime individuava come uno dei principali bersagli delle sue politiche postcoloniali.

In un contesto dove l'eventuale acquisizione della nazionalità libica imponeva la perdita automatica di quella italiana, l'esodo degli italiani dall'antica colonia fu pressoché totale. È vero che nella nuova Libia di al-Qaddafi poterono presto tornare a lavorare altri italiani che, non avendo nulla a che vedere con il passato coloniale, svolsero soprattutto la funzione di operai specializzati nel settore petrolifero, ma queste nuove presenze erano riconducibili alle mobilità stagionali o comunque a lavori temporanei piuttosto che a una vera e propria migrazione poiché questi italiani non trasferirono mai il centro primario dei loro interessi e della loro vita in Libia[6]. L'unica importante eccezione fu quella relativa alle coppie miste, solitamente marito libico e moglie italiana, che rappresentarono un vero e proprio tabù nell'allora società, tanto per i libici che per gli italiani, proprio perché quel tipo di unione infrangeva quella comune divisione tra gli uni e gli altri, tra musulmani e cristiani, tra libici e italiani, sulla scia della vecchia discriminazione tra colonizzati e colonizzatori. Le donne italiane che rimasero in Libia anche dopo il 1970 lo poterono fare in via d'eccezione proprio perché coniugate a un cittadino libico: alcune di esse mantennero la cittadinanza italiana, altre optarono per la naturalizzazione.

Nei decenni successivi, e a maggior ragione, durante gli anni della guerra civile dal 2011 a oggi, la situazione non è mutata significativamente e dunque la fattispecie degli italiani presenti in Libia è rimasta legata alle mobilità stagionali da lavoro, specie nel settore energetico: la cittadinanza libica ha così continuato a essere tutt'altro che attrattiva da parte italiana, anche dopo che dal 1992 si dischiuse la possibilità di avere una doppia cittadinanza. I dati statistici reperibili all'Anagrafe

[6] Si è calcolato che all'inizio del 1986 fossero oltre 8 mila gli italiani presenti nelle concessioni petrolifere dell'ENI in Libia. Paolo Soave, *Fra Reagan e Gheddafi. La politica estera italiana e l'escalation libico-americana degli anni '80*, Rubbettino, Soveria Mannelli, 2017, p. 145.

degli Italiani Residenti all'Estero (AIRE), contano 645 italiani residenti in Libia nel 2016 e, pochi di più, 691 nel 2022[7]. Evidentemente si tratta di un numero piccolissimo che verosimilmente registra anche quelle donne italiane sposate con cittadini libici, di cui però non sono disponibili dati precisi.

Dalla cittadinanza coloniale a quella italiana?

La concessione della cittadinanza coloniale ai sudditi libici attribuiva loro uno status di relativo privilegio, se comparato a quello delle popolazioni colonizzate del Corno d'Africa. Il fine della concessione della cittadinanza coloniale non era certo quello di equiparare libici e italiani, piuttosto di riconoscere uno specifico *set* di diritti e doveri coloniali che, nella prospettiva dei colonizzatori, dovevano incentivare l'adesione dei libici al sistema coloniale e conseguentemente la loro intermediazione nella lotta per il controllo del paese. Infatti, la resistenza del movimento anti-coloniale in Libia era andata crescendo al termine della guerra italo-ottomana nel 1912, tanto che durante gli anni della Grande Guerra l'Italia aveva faticato a mantenere il controllo della colonia. Dunque, alla fine del conflitto mondiale, l'Italia aveva cercato una soluzione più politica che militare per affermare il possesso della colonia: la cittadinanza coloniale rispondeva proprio a questo imperativo. A seguito dell'emanazione degli statuti di Tripolitania e Cirenaica nel 1919, i sudditi furono trasformati in cittadini italiani della colonia: formalmente, sia i cittadini metropolitani che quelli coloniali erano soggetti attivi e passivi di diritto, al contrario dei sudditi coloniali che erano soggetti solo passivi di diritto[8]. Cambiato lo scenario politico, con l'avvento del fascismo, la Legge del 26 giugno 1927, n. 1013, disponeva la cessazione degli statuti e contestualmente passava da un principio di uguaglianza di fronte alla legge tra cittadini metropolitani e coloniali a uno di uguaglianza tra i cittadini coloniali[9]. Quando, infine, nel 1939 la Libia venne divisa tra i territori del Sud libico, sottoposti ad amministrazione militare, e le nuove province d'Oltremare di Tripoli, Misurata, Derna e Bengasi, divenute parte integrante del Regno d'Italia, i libici ottennero, a norma del Decreto Legge del 9 gennaio 1939, n. 70, la cittadinanza italiana speciale, in una prospettiva di assimilazione che si rivelò «più apparente che reale»[10]. La nuova normativa non abrogava la precedente cittadinanza coloniale, che restava a definire lo status degli altri soggetti libici residenti al di fuori delle quattro province costiere, ma abrogava nei fatti ogni possibilità di accedere alla cittadinanza metropolitana.

---

[7] Ufficio Centrale di Statistica, *Anagrafe degli* italiani residenti all'estero, serie 2016 e 2022, <https://ucs.interno.gov.it/ucs/contenuti/8067961.htm>.

[8] Giovanni Cordini, *Elementi per una Teoria Giuridica della Cittadinanza*, CEDAM, Padova,1998, pp. 130-139.

[9] Florence Renucci, *La strumentalizzazione del concetto di cittadinanza in Libia negli anni Trenta*, «Quaderni fiorentini», 33-34, 2004-2005, p. 320.

[10] Luigi Goglia, *Sulla politica coloniale fascista*, «Storia contemporanea», 19, 1, 1988, p. 45.

Con l'indipendenza della Libia la cittadinanza coloniale cedette chiaramente il passo alla nuova cittadinanza libica, tuttavia nell'epoca postcoloniale quella cittadinanza specialissima per la sua prossimità a quella italiana, fu intesa, e a tratti rivendicata, come strumento per ottenere la cittadinanza italiana da parte di quei libici che, per vari motivi, ritennero di trasferirsi permanentemente in Italia. Fu il caso soprattutto di tanti ebrei libici che furono costretti a lasciare il Paese sull'onda dei pogrom nell'immediato Secondo dopoguerra e poi definitivamente nel 1967 in concomitanza con la Guerra dei Sei Giorni[11]. In effetti, la cittadinanza coloniale pre-1939 presupponeva una sorta di passerella che seppur a condizioni molto strette poteva portare alla piena cittadinanza italiana e metropolitana. Il punto di discussione legale e soprattutto giurisprudenziale era se eventuali titoli validi e utili, previsti dalla normativa di epoca coloniale, per richiedere la cittadinanza metropolitana potessero essere invocati anche in epoca postcoloniale per lo stesso scopo.

Tra i documenti d'archivio si possono rintracciare alcune storie di vita di libici residenti in Italia che evidenziano la rilevanza della cittadinanza coloniale per le istanze di acquisizione della cittadinanza italiana. Vittorio Agiman, libico di religione ebraica che risiedeva con la famiglia a Milano dal 1932 in ragione della sua attività commerciale, fu tra i primi a sollevare con forza nel Secondo dopoguerra di fronte alle autorità italiane la mancanza di «equità» nella legislazione italiana, che non regolava il diritto di opzione per la cittadinanza italiana in favore degli ex sudditi coloniali[12]. La cittadinanza coloniale, infatti, prevedeva la possibilità di acquisire quella metropolitana ad alcune ben determinate condizioni e, facendo leva su tali condizioni, Vittorio rivendicava il proprio diritto a diventare italiano. Di fronte alle prime istanze che Vittorio rivolse agli Affari Esteri, il Ministero, in forma interna e riservata, convenne sul fatto che «è nostro interesse facilitare l'acquisto della cittadinanza italiana a determinate categorie di stranieri residenti», come appunto quelli provenienti dalle ex-colonie[13]. Tuttavia, nulla accadde fino al 1959 quando fu il caso di un altro libico residente in Italia a segnare un punto di svolta: Rashid Kemali, che aveva raggiunto Napoli per motivi di studio e divenne poi una figura di rilievo del Partito comunista italiano nella città partenopea, fece ricorso contro un primo diniego alla sua domanda di acquisire la cittadinanza italiana e ottenne così il riconoscimento in via giudiziaria che «le differenze tra la piena cittadinanza italiana e quella libica italiana non esistevano più» poiché, viceversa, Rashid Kemali sarebbe stato «condannato all'apolidia» nel caso in cui non gli fosse stata riconosciuta la piena cittadinanza italiana[14]. Un tale orientamento della giurisprudenza

---

[11] Maurice M. Roumani, *Gli ebrei di Libia. Dalla coesistenza all'esodo*, Castelvecchi, Roma, 2015.

[12] Archivio Storico-Diplomatico del Ministero degli Affari Esteri (d'ora in poi ASDMAE), Affari Politici (d'ora in poi AP), Uf. III, b. 867, lettera di Vittorio Agiman al MAE, 14 novembre 1952.

[13] ASDMAE, AP, Uf. III, b. 763, appunto per il servizio affari privati, ufficio I, 2 giugno 1951.

[14] Valeria Deplano, "Within and Outside the Nation: Former Colonial Subjects in Post-War Italy", in Silvana Patriarca, a cura di, *Nation, 'Race', and Racisms in Twentieth-Century Italy*, «Modern Italy», 23, 4, 2018, p. 401.

venne confermato nel 1967 dalla sentenza in favore dell'acquisto della cittadinanza italiana di un altro libico[15]. Ancora nel 1974 fu la famiglia Haddad, libica di religione ebraica, ad adire le vie giudiziarie. Il tribunale di Milano sentenziò che i soggetti libici in Italia, che non avessero optato per la cittadinanza libica, dovevano essere ritenuti cittadini italiani *optimo jure*[16]: nel 1974, dunque, la giurisprudenza adottò un orientamento valido *erga omnes* in favore per lo meno dei libici residenti in Italia che rischiavano l'apolidia.

Va precisato che fino al 2004 l'acquisizione della doppia o plurima cittadinanza da parte di cittadini stranieri fu di fatto reso impossibile, a differenza dei cittadini italiani intenzionati al contrario ad acquisire un'altra cittadinanza. Infatti, in forza del Decreto del Presidente della Repubblica del 18 aprile 1994, n. 362, che disciplinava il procedimento di concessione della cittadinanza italiana a norma della Legge del 1992, si chiedeva un certificato di svincolo dalla cittadinanza precedente, quale condizione per acquisire quella italiana. Solo nel 2004 questa procedura venne emendata, ridando piena applicazione al senso della Legge del 1992 che, in tema di doppia o plurima cittadinanza, non prevedeva nessuna distinzione tra il caso di una persona di nazionalità italiana e una di altra nazionalità che facesse richiesta di acquisizione della cittadinanza italiana[17]. Chiaramente nel caso dei libici recanti domanda di cittadinanza italiana fin dagli anni dell'indipendenza dell'ex colonia, il problema della rinuncia alla cittadinanza libica non si poneva, proprio perché le loro storie di vita erano storie di fuga dalla Libia, se non di vera e propria richiesta di rifugio che però non poteva avere corso legale dal momento che l'Italia solo nel 1990 revocò la riserva geografica per l'accoglimento delle richieste di asilo provenienti da fuori i confini europei[18].

Comparando i casi delle pochissime italiane di Libia che, sposando un cittadino libico, poterono eccezionalmente restare nel Paese ed eventualmente prendere la cittadinanza libica, e i casi di quei limitatissimi libici che si trasferirono in Italia, reclamando la cittadinanza italiana sulla base di quella coloniale, si può concludere che l'accesso all'altrui cittadinanza, quella libica per gli italiani e quella italiana per i libici, fu legata a fattispecie particolari e, per la gran parte dei casi, anche a seguito della legge del 1992, non trovò ragione di essere per motivi che si radicano nella storia coloniale e postcoloniale.

---

[15] Sentenza del 31 luglio 1967, n. 2035, Sezioni Unite Civili; Pres. Flore P., Est. Giannattasio, P.M. Pedote (concl. conf.); Ministero dell'Interno contro Habib, «Il Foro Italiano», 90, 10, 1967, pp. 2017/2018-2021/2022.

[16] Tribunale di Milano, Haddad e altri (avv. Nencini) contro Amministrazione dell'Interno, «Rivista di diritto internazionale privato e processuale», sentenza 20 maggio 1974, pp. 530-533.

[17] Cittadinanza. Note sull'A.S. n. 2092 trasmesso dalla Camera dei deputati, Servizio Studi, Senato delle Repubblica, a cura di L. Borsi, XVII legislatura, ottobre 2015, n. 239, p. 28.

[18] Michele Colucci, *Storia dell'immigrazione straniera in Italia. Dal 1945 ai giorni nostri*, Carocci, Roma, 2018, p. 26.

MAROCCO.
Tra presenza e cittadinanza

Filippo Petrucci, Università di Genova

La storia della comunità italiana in Marocco, se paragonata alle ricerche riguardanti altre comunità italiane presenti nei paesi della sponda Sud del Mediterraneo, non è stata particolarmente approfondita, il numero degli studi è abbastanza limitato e anche nell'immaginario collettivo restano ben poche tracce e testimonianze.

Il flusso italiano nell'Africa del Nord si è rivolto soprattutto verso la Tunisia, meta della migrazione italiana ben prima dell'instaurazione del Protettorato francese, meno verso la Libia, colonia italiana, l'Algeria, che ha avuto ugualmente una significativa presenza di nostri connazionali e il cosmopolita Egitto, da cui sono perfino arrivati in Italia una serie di italoegiziani particolarmente noti (tra questi, Marinetti, Ungaretti, Mieli, Dalida). Sembra invece restare molto poco della relazione italiana col Marocco, sia numericamente che per peso storico.

Se consideriamo più in generale la storia della migrazione italiana riscontriamo tre direttrici, transoceanica, continentale e mediterranea. Quest'ultima è stata però affrontata in maniera marginale, probabilmente perché meno rilevante dal punto di vista numerico.

La mancanza di studi, in passato, si spiega anche col fatto che spesso la storia delle migrazioni sia stata studiata collegandola a quella della colonizzazione e dunque, nel caso dell'Italia ci si sia spesso concentrati nel suo rapporto con Libia e Corno d'Africa. Questo malgrado «solo tra l'1 e l'1,7 per cento del totale degli emigranti che tra la fine del XIX secolo e l'inizio di quello successivo lasciarono l'Italia si diresse nei possedimenti coloniali in Africa. Il restante flusso umano si rivolse verso altri paesi europei, le Americhe e oltre, l'Oceania, ma in molti casi anche verso altre regioni del Mediterraneo e dell'Africa che finirono poi per diventare colonie di altre potenze europee, Francia e Inghilterra in particolare. Se nel 1921 l'Africa italiana ospitava all'incirca 33 mila italiani molti di più erano invece quelli che risiedevano in Tunisia (97 mila), in Egitto (49 mila), in Algeria (28 mila) e in Marocco (10 mila)»[1].

[1] Federica Ferrero - Antonio M. Morone, *Storie di vita degli italiani di Tangeri. Un cosmopolitismo incerto?*, «Altreitalie. Rivista internazionale di studi sulle popolazioni di origine italiana nel mondo», 60, gennaio-giugno 2020, p.112.

In realtà, sia per i numeri che per i rapporti economici e commerciali, anche il Marocco ha un suo spazio definito nella storia della migrazione italiana e lo proveremo a delineare nelle prossime pagine.

Breve storia della comunità

Una presenza più definita dei primi italiani in Marocco risale all'Ottocento anche se fino alla fine del secolo fu sempre poco rilevante.

A seguito dell'Unità d'Italia vi furono le prime rappresentanze istituzionali, prima vi erano soprattutto dei gruppi di armatori che avevano deciso di avviare un proprio commercio in Marocco (per esempio, i liguri Montanaro, Morteo e Guagnino a inizio/metà Ottocento).

Alle attività commerciali, a conferma degli accordi che il Marocco aveva con il Regno di Sardegna divenuto Regno di Italia e di una rinnovata presenza istituzionale, non fece seguito la formazione di una comunità italiana numerosa e ben definita come, ad esempio, quella che già si poteva vedere in Tunisia[2].

In questo periodo è abbastanza superfluo parlare di cittadinanza; la presenza italiana era esigua e inoltre avrebbe avuto poco senso, anche dal punto di vista commerciale, abbandonare la propria nazionalità per diventare sudditi del Sultano.

L'emigrazione italiana si fece più rilevante con la colonizzazione francese e la nascita del Protettorato nel 1912. Come fa notare Cresti, in Marocco i lavoratori italiani affluirono in numero maggiore all'epoca dei grandi lavori di modernizzazione, in particolare per la costruzione del nuovo porto di Casablanca a partire dalla seconda decade del XX secolo. Gli italiani arrivavano dalla Tunisia o direttamente dalla Sicilia[3].

Fu a Casablanca che si concentrò la maggiore presenza di italiani, in condizioni di vita precarie come molto spesso succedeva agli operai italiani che andavano a lavorare all'estero. Secondo Cresti, si raggrupparono in una zona che prese il nome di piccola Venezia e che appunto ebbe un forte sviluppo durante il periodo del protettorato francese.

Anche in Marocco, così come gli altri paesi dove la Francia dominava, si sviluppò una polemica Francia-Italia relativa alla situazione morale e alla dimensione quantitativa della comunità italiana; gli italiani venivano sempre presentati come dei disgraziati, degli esseri umani colpiti dalla privazione e dalla miseria. Era una delle armi della propaganda francese, anche per spingere queste stesse persone a rinunciare alla cittadinanza italiana e "farsi" francesi.

---

[2] Nabil Zaher, *La presenza italiana in Marocco tra l'800 e la prima metà del 900*, «Dialoghi Mediterranei», 52, novembre-dicembre 2021, p. 263.

[3] Federico Cresti, *Comunità proletarie italiane nell'Africa Mediterranea tra XIX secolo e periodo fascista*, «Mediterranea-Ricerche storiche», Anno V, aprile 2008, p. 202.

Di fatto gli italiani erano ovviamente emigrati che cercavano lavoro e condizioni di vita migliori, però la qualità del lavoro prodotto era molto spesso buona tanto che avevano salari superiori agli arabi e anche agli spagnoli; questo perché il lavoratore italiano era ricercato in quanto specializzato per determinate professioni, soprattutto legate alle costruzioni che avevano una grande espansione nella Casablanca dell'epoca.

Specificatamente in Marocco, dove non vi fu una emigrazione massiccia come ad esempio in Tunisia, gli italiani presentavano le stesse caratteristiche dei loro compagni di lavoro; la povertà era elemento comune a tutti i proletari che vivevano in quel periodo e in quel territorio.

Dal Primo al Secondo conflitto mondiale: punto di arrivo e di passaggio

Dopo la Prima guerra mondiale ci furono in varie città marocchine comunità italiane che però rimasero sempre, come dimensione, molto più piccole rispetto agli altri paesi del Maghreb.

Nel 1925 gli italiani in Marocco erano, secondo i dati del Commissariato generale per la migrazione, 12.258 e vivevano principalmente a Tangeri – che aveva uno status di città internazionale – e Casablanca. Oltre al settore delle costruzioni, che ne occupava la maggior parte, erano anche rappresentati da professionisti come commercianti, imprenditori, albergatori, idraulici, carpentieri marittimi, sarti e ferrovieri. Nel momento in cui venne fatta la costruzione della ferrovia da Oujda a Fez negli anni Trenta, ci fu un nuovo afflusso di italiani, che arrivarono ad essere nel 1936 circa 16.000[4].

Più precisamente, secondo le fonti consolari dell'epoca riportate da Zaher, gli italiani del Marocco erano 15.645: «Nel 1936 vivevano nella parte dell'impero seriffiano sottoposta al protettorato francese, 15.645 italiani ripartiti nel seguente modo: Regione di Casablanca 10.707; regione di Fez 566; regione di Mecnes 670; regione di Udjà 173; regione di Marràchese 577; regione di Rabat 2.143; territorio dell'Atlas Centrale 11; territorio di Draa 1; territorio di Mazagan 110; territorio di Port Lyautey 407; territorio di Safi 205; territorio di Tafilalet 10; territorio di Tazà 65»[5]. A questi vanno aggiunti anche coloro che risiedevano a Tangeri che non saranno comunque mai un numero elevato[6].

---

[4] Ivi, p. 203.

[5] Nabil Zaher, *La presenza italiana in Marocco* [...], cit., p. 266. I nomi desueti usati nella citazione di Zaher sono tratti da Michele Giampietro, *Gli italiani nel Marocco*, Estratto dal periodico mensile *Africa* della Società africana d'Italia, A. 58, gennaio-giugno 1940.

[6] Nel Secondo dopoguerra gli italiani a Tangeri saranno poco più di un migliaio; un numero comunque basso rispetto ai 29.000 spagnoli e ai 4.000 francesi, su una popolazione complessiva di 147.000 persone, marocchini compresi. Si veda Federica Ferrero - Antonio M. Morone, *Storie di vita degli italiani di Tangeri* [...], cit., p. 116.

Prova della presenza più dinamica è la nascita, a luglio 1916, della Camera di Commercio Italiana in Marocco, ancora esistente e una delle più antiche a svolgere ancora oggi un'attività di promozione delle imprese italiane; è questo un elemento di continuità che è arrivato fino ai nostri giorni.

Il Paese fu scelto anche come possibile tappa temporanea per poi spostarsi in altre località o magari fare anche il "grande salto" verso le Americhe. Durante gli anni del fascismo e del nazismo e successivamente durante la guerra, il Marocco fu anche uno dei porti di partenza per chi scappava da una Europa di violenza.

C'è un dato che è evidente in merito all'emigrazione italiana nell'Africa del Nord francese: indipendentemente dalla destinazione del flusso – Tunisia, Algeria o Marocco –, quest'ultimo è strettamente collegato allo sviluppo francese. L'iniziativa economica francese necessitava di manodopera e gli italiani offrirono il proprio lavoro alla potenza coloniale, lavorando quasi sempre per imprese francesi.

Lo sviluppo di una borghesia e la crescita di proprie attività imprenditoriali, contrastate dalla stessa Francia, saranno un passaggio successivo (più marcato ed evidente in Tunisia).

È proprio durante il Protettorato che si sviluppano attività per spingere gli italiani a divenire francesi.

Come detto, la situazione era ben diversa dalla Tunisia, dove il "pericolo italiano"[7] dato dalla massa di italiani preponderante rispetto ai francesi era un elemento forte e definito; era interesse della potenza coloniale accrescere i propri numeri inglobando tra l'altro manodopera specializzata e già presente sul territorio. Le dinamiche di accesso alla cittadinanza erano dunque abbastanza simili; ma anche in questo caso, così come in quello tunisino, non sembra riscontrabile una "corsa" all'acquisizione della cittadinanza. Evidentemente non era un elemento essenziale per poter vivere e lavorare in Marocco e permaneva ancora un legame con l'Italia[8].

C'è poi un altro aspetto, quello della rappresentazione e autorappresentazione – spesso successiva all'esperienza migratoria – degli emigrati italiani, simile ancora una volta a quanto avveniva per la Tunisia; vi è una descrizione degli italiani più "vicini" agli arabi marocchini, anche perché di fatto entrambi erano distanti dal colonizzatore francese e perché non lavoravano in amministrazione ma si dedicavano spesso a lavori più umili. Erano degli europei fondamentalmente più poveri e meno inseriti all'interno del potere dell'amministrazione coloniale e quindi visti con mag-

---

[7] Sulla presenza italiana in Tunisia pre e post indipendenza si vedano tra gli altri i lavori di Federico Cresti, Leila El Houssi, Silvia Finzi, Daniela Melfa, Antonio M. Morone, Salvatore Speziale. Sulla partenza degli italiani dopo il 1956, si veda il mio saggio *Le départ des Italiens de Tunisie après 1956 : quelques réflexions sur un sujet ouvert*, «*The Maghreb Review*», 47/4, 2022, pp. 413-429.

[8] I figli di italiani rischiavano però di essere considerati francesi perché non esisteva un sistema di tutela come invece esisteva in Tunisia con le Convenzioni firmate nel 1896, che prevedevano che i figli di italiani nati in Tunisia non avrebbero perduto la cittadinanza originaria. A questo proposito, si veda in questo volume il saggio di Marisa Fois, *Tunisia. Appartenenze e cittadinanze plurali,* infra, pp. 503-513 (NdR).

giore benevolenza dai marocchini stessi[9]; in realtà, come vedremo a breve, anche loro al momento della decolonizzazione saranno trattati come gli altri europei.

Il mantenimento della cittadinanza italiana ebbe anche effetti molto negativi durante la Seconda guerra mondiale. Allo scoppio del conflitto infatti gli italiani subiranno, in quanto appartenenti a un paese che aveva dichiarato guerra alla Francia e dunque dei nemici, la confisca dei beni, l'internamento in campi di concentramento degli uomini e il lavoro coatto.

Sempre a causa della guerra, nel 1942 vennero chiuse dai francesi tutte le scuole italiane in Marocco, compresa la scuola italiana di Casablanca che era stata aperta nel 1933. La colonia italiana restò dunque senza proprie scuole (fino al 1958) e gli italiani che volevano una educazione per i propri figli dovettero mandarli alle scuole francesi. Questo elemento avrà una sua rilevanza nel momento in cui i figli saranno poi chiamati a scegliere in quale paese proseguire la propria esistenza dopo la decolonizzazione essendo stati istruiti e formati in ambiente francese.

Gli anni seguenti alla fine della guerra furono difficili e la comunità inizialmente perse molte unità. Una inversione iniziò solo dagli anni Cinquanta, ancora una volta soprattutto a Casablanca che continuava ad essere la scelta della maggior parte degli italiani.

Dall'indipendenza agli anni Novanta: maroccanizzazione e partenze

Nel 1956 il Marocco ottenne finalmente l'indipendenza dalla Francia, ma molti italo-marocchini lasciarono il paese a causa dell'incertezza su quello che sarebbe stato il loro destino e dei loro beni.

Diverso fu l'atteggiamento delle grandi imprese italiane che restarono legandosi ad aziende marocchine. Nel 1958 nacque la SOMIP (Société anonyme Marocaine-Italienne des Petroles), creata fra il gruppo ENI e il governo marocchino, e l'anno successivo la SAMIR (Société anonyme Marocaine-Italienne de Raffinage) concludeva un accordo con la SNAM di Milano per la realizzazione della raffineria di Mohammedia, poco a Nord di Casablanca. Nel 1959 la FIAT invece aveva creato la

[9] Questa descrizione è continuata nel tempo e sopravvive anche nella narrazione contemporanea. Scrive Cassa che «Le definizioni emiche di sé e della peculiarità della presenza italiana vengono costruite secondo la stessa retorica: a partire dalla considerazione di sé come «meno organizzati, meno nazionalisti» rispetto ad altri europei presenti in Marocco (soprattutto rispetto ai francesi), si sostiene tuttavia di non essere secondi a nessuno, se mai migliori poiché portatori di benessere per i locali. È significativo osservare quindi che in Marocco questa rappresentazione di sé è incorporata da un lato nella relazione egemonica nei confronti dei Marocchini e dall'altro nella narrazione delle sofferenze inflitte agli italiani dallo stato coloniale francese, e giustificata, come abbiamo visto, attraverso la presunta predilezione dei marocchini per gli italiani», Maria Giovanna Cassa, *Italiani in Marocco: tracce storiche e nuova mobilità*, «Altreitalie. Rivista internazionale di studi sulle popolazioni di origine italiana nel mondo», 57, luglio-dicembre 2018, p. 135.

SOMACA (Société Marocaine de construction Automobile) con sede ad Ain Sebaa (periferia di Casablanca), per la realizzazione di propri modelli in terra africana[10].

Il momento senza dubbio più rilevante e più drammatico fu il marzo del 1973, con il cosiddetto *decreto di maroccanizzazione*, che investì anche la comunità italiana. Attraverso quel decreto il Marocco imponeva che ogni straniero che aveva un'attività commerciale la dovesse trasformare in una società per azioni e cedere il 51% del capitale della società a un partner marocchino (entro circa un anno).

Il passaggio successivo fu l'esproprio dei terreni agricoli, anche quelli degli italiani. Questa nazionalizzazione economica e culturale, comprensibile benché terribile per chi la visse[11] perché comunque portava a compimento un processo di decolonizzazione piuttosto lungo, allontanò nuovamente un grande numero di italiani a cui veniva tolto tutto ciò che avevano creato.

Gli italiani a questo punto partirono in varie direzioni. Alcuni andarono verso la Francia perché maggiormente collegati a economia e cultura francese; da Tangeri verso la Spagna perché molto spesso erano ispanofoni, ed erano maggiormente legati al mondo spagnolo. Alcuni tornarono in Italia, altri preferirono altre mete.

Una ulteriore possibilità sarebbe stata quella di prendere la cittadinanza marocchina.

In realtà, nei pochi testi che se ne sono occupati, le testimonianze raccolte concordano che non fosse facile acquisirla per varie ragioni burocratiche nonché per l'ostacolo della lingua (era ed è obbligatoria la conoscenza dell'arabo); inoltre, con la maroccanizzazione si era palesato che anche gli italiani erano comunque percepiti come stranieri, benché non fossero il popolo colonizzatore, e dunque non vi erano più concreti motivi per restare in un paese che non li voleva. Gli italiani erano stati degli stranieri sotto il Protettorato francese e continuarono ad esserlo anche con l'indipendenza del Marocco; restarono in pochissimi.

Fu solo con gli anni Ottanta, con una svolta neo-liberale, l'adesione del Marocco al GATT (General Agreement on Tariffs and Trade), un'attenuazione della maroccanizzazione (abolita definitivamente nel 1993) e l'avvio di processi di privatizzazione, che le aziende italiane, e dunque anche gli italiani, tornarono ad avvicinarsi al Marocco[12].

---

[10] Maria Giovanna Cassa, *Famiglie in movimento dall'Italia al Marocco. Riarticolazioni transnazionali fra migrazioni e nuove mobilità*, Dottorato di Ricerca in Antropologia Culturale e Sociale: DACS, Ciclo XXX, Università degli Studi Milano-Bicocca, anno accademico 2016-2017, p. 81.

[11] Si consideri poi che la partenza di migliaia di europei che non avevano neanche avuto modo di trasmettere le proprie competenze a chi si era impossessato dei loro beni non corrispose a una adeguata e fruttifera gestione degli stessi.

[12] Maria Giovanna Cassa, *Famiglie in movimento dall'Italia al Marocco* […], cit., p. 84.

Dal 2000 ad oggi

Il Marocco è ridiventato un paese attrattivo e molto interessante dal punto di vista economico a partire dagli anni Duemila perché è stata superata una certa diffidenza culturale ad investire e la zona del Nord Africa è stata rivalutata. Anche per ragioni molto pratiche: Cina e altri Paesi orientali sono molto lontani e dunque diventa difficile controllare anche i processi produttivi, mentre i Paesi dell'Est Europa, entrati nell'alveo delle regole europee, erano tenuti a rispettare una serie di regole che prima non erano per loro obbligatorie.

Lavorare in Africa del Nord vuol dire avere una vicinanza geografica che permette il monitoraggio della produzione e l'assenza di un adeguamento dell'apparato normativo alle regole europee[13].

Oltre a questi aspetti ci sono state anche una serie di attività propedeutiche agli investimenti stranieri.

Il Marocco ha avviato dagli anni Novanta riforme fiscali ed economiche importanti e nella prima decade degli anni Duemila è cresciuto fortemente perché il regno ha adottato delle operazioni a lungo termine sulla normativa fiscale, sulle procedure degli investimenti, su tutta una serie di accordi bilaterali e multilaterali anche per evitare, ad esempio, la doppia imposizione di imposte sui redditi. Inoltre, investire in Marocco non è così difficile perché le forme societarie sono molto simili a quelle previste dalla normativa francese (che a sua volta è abbastanza simile a quella italiana). Dal 1995 esiste una carta degli investimenti che prevede un'esenzione d'imposta per i primi 5 anni di esercizio di un'attività economica e una riduzione del 50% negli anni successivi.

Tangeri ha inoltre ripreso una sorta di aspetto "internazionale" perché importazioni e esportazioni non sono soggette a dazi doganali.

L'Italia continua ad essere uno dei migliori partner commerciali del Marocco: malgrado i problemi legati alla pandemia e poi alla siccità[14], nel 2021, l'interscambio è stato di 3,5 miliardi di euro (+27% rispetto al medesimo periodo dell'anno precedente), superando i livelli pre-pandemici e il livello degli ultimi 7 anni, con esportazioni di 2,2 miliardi (+29%) e importazioni di 1,3 miliardi (+23,8%)[15].

Chi sono oggi gli italiani residenti in Marocco? È probabilmente ancora valido ciò che ha scritto Dalla Cia nel 2010: «Gli italiani residenti oggi in Marocco spesso occupano ruoli dirigenziali nelle società, sono dei liberi professionisti o lavorano nel campo del commercio e dell'intermediazione, oltre a quello dell'esportazione di attività tradizionali all'estero. Al contrario delle nuove migrazioni che si stanno sviluppando all'interno dell'Unione europea, scarsi sono gli studenti, i neo-laureati

---

[13] Marcella Dalla Cia, *Nuove migrazioni: italiani in Marocco*, «Altreitalie. Rivista internazionale di studi sulle popolazioni di origine italiana nel mondo», 36-37, 2008, pp. 205-206.

[14] Situazioni ulteriormente messe in crisi dal terremoto che ha purtroppo colpito la zona di Marrakech-Safi nel settembre 2023.

[15] Si veda: <https://www.infomercatiesteri.it/overview.php?id_paesi=110>.

in cerca di lavoro e i ricercatori. […] Anche se in valore assoluto la presenza italiana in Marocco non è paragonabile a quella francese e spagnola, per le quali motivazioni storiche hanno portato nel tempo un accumulo di presenze sul territorio consolidatesi per la spaccatura anche linguistica del Paese, tuttavia per ognuna di queste comunità si registra una ripresa dei flussi a partire dal 2000 motivata e alimentata esclusivamente da ragioni economiche e dalle scelte operate dal governo marocchino»[16].

Una descrizione confermata da El Jouzi, che sul *Rapporto Italiani nel Mondo* del 2016 scriveva che «La nuova cooperazione tra Italia e Marocco ha portato una nuova generazione di emigrati italiani nel Regno. Si tratta di italiani che occupano una posizione di rilievo, nel commercio, nell'industria o nelle libere professioni […]. Dalle indagini effettuate, la comunità italiana a Casablanca e Rabat, nella maggioranza, risulta ben integrata. Gli italiani continuano ad essere percepiti con particolare simpatia ed attenzione e l'eredità dei primi immigrati ha sicuramente inciso positivamente nella memoria dei marocchini»[17].

Cittadinanze e nazionalità

La situazione della comunità italiana in Marocco oggi è dunque decisamente positiva anche se i numeri sono in generale piuttosto bassi.

A gennaio 2024 in Marocco sono residenti 6.098 italiani, di cui il 46,8% donne. La percentuale totale di tutti i residenti italiani iscritti all'Anagrafe degli Italiani Residenti all'Estero (AIRE) in Africa è dell'1,1%; il Marocco è il terzo paese dell'Africa del Nord, dopo la Tunisia e l'Egitto, per numero di iscritti[18].Tra gli italiani in Marocco possiamo contare anche i minori nati in Italia, con cittadinanza italiana (e marocchina) da genitori con doppia cittadinanza e ritornati in Marocco dopo aver vissuto parte della loro vita in Italia[19].

È possibile che ci sia anche un discreto numero di altre persone che non si iscrivono all'AIRE, sia perché non ne vedono l'esigenza, sia – soprattutto – per

---

[16] Marcella Dalla Cia, *Nuove migrazioni: italiani in Marocco* […], cit., p. 211.

[17] Abdessamad El Jouzi, "La presenza italiana a Casablanca, Rabat e Tangeri", in Fondazione Migrantes, *Rapporto Italiani nel Mondo 2016*, Tau Editrice, Todi (PG), 2016, p. 453.

[18] Si veda: <https://ucs.interno.gov.it/ucs/contenuti/Anagrafe_degli_italiani_residenti_all_estero_a.i.r.e._int_00041-8067961.htm>.

[19] Sono le cosiddette "migrazioni di ritorno", ossia persone che hanno ottenuto la cittadinanza a seguito di una migrazione precedente verso l'Italia e decidono di rientrare nel paese d'origine. Nel numero dei residenti italiani iscritti all'AIRE sono compresi anche loro. Maria Giovanna Cassa, *Famiglie in movimento dall'Italia al Marocco* […], cit., p. 100. Si veda, per inquadrare il tema in maniera più generale e completa, Francesca Licari - Fabio Massimo Rottino, "I percorsi migratori dei 'nuovi' cittadini italiani: caratteristiche socio-demografiche e nuove tendenze", in Fondazione Migrantes, *Rapporto Italiani nel Mondo 2023*, Tau Editrice, Todi (PG), 2023, pp. 65-76. Si veda anche: Francesca Licari - Fabio Massimo Rottino, *Le migrazioni dei "nuovi" cittadini italiani, principali caratteristiche e nuove tendenze*, infra, pp. 69-79 (NdR).

non perdere l'assistenza sanitaria italiana; la questione sanitaria in Marocco rimane infatti un problema e i cittadini sanno che una volta iscritti all'AIRE dovranno provvedere in maniera autonoma all'assistenza medica[20].

Oltre alla mancata iscrizione all'AIRE c'è anche una pressoché assenza di richieste di cittadinanze marocchine.

In primo luogo, come vedremo dagli articoli di legge per ottenere la cittadinanza, c'è la difficoltà dell'arabo che bisogna dimostrare di saper conoscere.

Oltre a questo dato oggettivo, molte persone che vivono o lavorano in Marocco fanno comunque la spola con l'Italia in una maniera molto più facile rispetto al passato e dunque hanno poco interesse ad avere una permanenza definita per legge in Marocco. Inoltre, come già segnalato, anche chi risiede di fatto stabilmente con permessi di soggiorno, non vuole perdere la copertura sanitaria. Infine, benché ci sia chi ha deciso di abbandonare l'Italia criticando il sistema paese e cercando fortuna in Marocco, pochi vogliono comunque tagliare completamente i ponti e preferiscono, benché non perderebbero la cittadinanza italiana, mantenere solo quella.

Di fatto, non essendoci una forte spinta economica che induca a richiedere la cittadinanza, i numeri dei neo-cittadini sono molto pochi e legati soprattutto a questioni familiari. Proprio il matrimonio è uno dei modi attraverso i quali si può ottenere la cittadinanza.

La legge che regola la cittadinanza marocchina è il DAHIR n. 1-58-250 (21 safar 1378) portant Code de la nationalité marocaine, in particolare il capitolo terzo che si intitola *De l'aquisition de la nationalité marocaine*, agli articoli 9, 10 e 11[21].

L'articolo 9 regola l'acquisizione della cittadinanza marocchina per nascita e residenza in Marocco.

Ottiene la cittadinanza chi dichiara di volerla avere (nei due anni precedenti alla maggiore età):

- qualsiasi bambino nato in Marocco da madre marocchina e padre straniero, a condizione che abbia, al momento della dichiarazione, residenza abituale e regolare in Marocco;
- qualsiasi bambino nato in Marocco da genitori stranieri nati lì successivamente l'attuazione del presente Codice.

Salvo opposizione del Ministro della Giustizia, ai sensi dei successivi articoli 26 e 27, acquisisce la nazionalità marocchina, se dichiara di optare per essa, qualsiasi persona nata in Marocco da padre straniero, lui stesso nato in Marocco, quando quest'ultimo è legato a un paese di cui la frazione maggioritaria della popolazione è costituita da una comunità avente come lingua l'arabo e come religione l'Islam e appartenga a questa comunità.

---

[20] Abdessamad El Jouzi, "Casablanca, Rabat e Marrakech. Resilienza e speranza in terra amica", in Fondazione Migrantes, *Rapporto Italiani nel Mondo 2021*, Tau Editrice, Todi (PG), 2021, p. 328.

[21] Si veda: <https://clr.africanchildforum.org/Legislation%20Per%20Country/morocco/morocco_nationality_1958_fr.pdf>. La traduzione degli articoli di legge è a cura dell'autore.

L'articolo 10 invece riguarda proprio il matrimonio di una donna straniera con un uomo marocchino.

La donna straniera sposata a un marocchino e residente da almeno due anni in Marocco può firmare una dichiarazione indirizzata al Ministro della Giustizia allo scopo di acquisire la nazionalità marocchina. Questa cittadinanza viene acquisita se, entro sei mesi dal deposito della dichiarazione, il ministro non gli ha notificato la sua opposizione e ha effetto dalla data della conclusione dell'unione.

Infine c'è l'articolo 11 che riguarda la naturalizzazione. Fatte salve le eccezioni previste all'articolo 12, lo straniero che ne fa richiesta non può essere naturalizzato se non soddisfa i requisiti seguenti:

- avere residenza in Marocco al momento della stipula dell'atto di naturalizzazione;
- dimostrare la residenza abituale e regolare in Marocco da cinque anni precedenti la presentazione della domanda;
- essere maggiorenne;
- essere sano nel corpo e nella mente;
- avere buona condotta e buona morale e non essere stato oggetto di condanna per reato, né di condanna a pena restrittiva della libertà per un delitto infamante, non cancellata in entrambi i casi mediante riabilitazione;
- dimostrare una conoscenza sufficiente della lingua araba;
- dimostrare mezzi di sussistenza sufficienti.

Da quanto detto è chiaro che in realtà vi sarebbero alcuni modi per ottenere la cittadinanza. Se i numeri sono bassi è dovuto all'esiguo numero di italiani residenti e alla non percepita necessità di ottenerla per poter vivere meglio.

In Italia, a regolare l'accesso alla cittadinanza, è la legge n. 91 del 1992, recentemente modificata dalla legge del 1° dicembre 2018, n. 132 e dai regolamenti di esecuzione n° 572/93 e n° 362/94, che riconosce il diritto alla titolarità contemporanea di più cittadinanze, a meno che il cittadino italiano non vi rinunci formalmente o nel caso in cui vi siano diverse disposizioni previste da accordi internazionali.

La cittadinanza si può ottenere in vari modi: nascita, adozione, riconoscimento giudiziale di filiazione, discendenza e matrimonio. La cittadinanza può essere richiesta anche dagli stranieri che risiedono in Italia da almeno dieci anni e sono in possesso di determinati requisiti[22].

Attraverso i dati dell'*Annuario statistico* del Ministero degli Affari Esteri e della Cooperazione internazionale (MAECI, volumi dal 2000 al 2023[23]) è stato possibile

[22] Si vedano: <https://www.interno.gov.it/it/temi/cittadinanza-e-altri-diritti-civili/cittadinanza> e <https://integrazionemigranti.gov.it/it-it/Ricerca-norme/Dettaglio-norma/id/10>.

[23] L'*Annuario statistico* del MAECI contiene tabelle esplicative riferite all'anno precedente rispetto a quello di pubblicazione. Di conseguenza, anche il numero di atti di cittadinanza per ogni volume si riferisce all'anno precedente.

ricostruire il numero degli atti di cittadinanza effettuati dall'Ambasciata di Rabat e dal Consolato generale di Casablanca negli ultimi 24 anni.

In chiusura è importante invece notare come sia differente per numero la comunità marocchina in Italia: i marocchini presenti al primo gennaio 2023 erano 415.000[24] e costituiscono quasi il 9% del totale degli stranieri residenti in Italia.

Atti di cittadinanza in Marocco. Serie storica. Valori assoluti. Anni 2000-2023.

Anno	Atti di cittadinanza Rabat	Atti di cittadinanza Casablanca	Atti totali Marocco
2000	Non specificato	Non specificato	5
2001	Non specificato	Non specificato	5
2002	Non specificato	Non specificato	7
2003	2	5	7
2004	2	6	8
2005	11	4	15
2006	-	-	-
2007	(dato non reperito)	(dato non reperito)	-
2008	2	5	7
2009	6	11	17
2010	15	40	55
2011	-	48	48
2012	8	54	62
2013	13	40	53
2014	17	37	54
2015	-	52	52
2016	10	53	63
2017	10	33	43
2018	14	25	39
2019	3	54	57
2020	12	29	41
2021	2	38	40
2022	7	25	32
2023	7	78	85
Totale	**141**	**637**	**795**[25]

Fonte: Migrantes-Rapporto Italiani nel Mondo. Rielaborazioni dati Annuario statistico MAECI - Direzione Generale per gli italiani all'estero e le politiche migratorie (DGIT) e Direzione Generale per l'amministrazione, l'informatica e le comunicazioni (DGAI).

[24] Si veda: <http://dati.istat.it/Index.aspx?DataSetCode=DCIS_POPSTRCIT1>.

[25] I 17 atti di cittadinanza concessi dal 2000 al 2002 sono presenti solo nel totale perché non è specificata la sede in cui sono stati attribuiti.

NORVEGIA.
Da italiani a norvegesi: implicazioni giuridiche e sociali del cambio di cittadinanza

Monica Miscali, Norwegian University of Science and Technology

«Come cittadino norvegese giuro fedeltà al mio paese, la Norvegia, e alla sua società, sostengo la democrazia, i diritti umani e rispetterò le leggi del Paese»[1]. Con questo giuramento gli italiani in possesso dei requisiti legali diventano a tutti gli effetti cittadini norvegesi. Che cosa significa prendere un'altra cittadinanza? Quanto tempo ci vuole per diventare cittadini di una nazione altra e quali sono i vantaggi e gli svantaggi?

L'obiettivo del presente saggio è di esplorare come sono mutati la normativa e di conseguenza i requisiti di naturalizzazione per poter diventare cittadini norvegesi, analizzando le implicazioni e i significati associati all'ottenimento di un'altra cittadinanza. Dal 2020, la Norvegia consente la doppia cittadinanza con una riforma che ha dato la possibilità a molti italiani di non dover più rinunciare alla propria. L'articolo intende pertanto investigare come sono cambiati non solo i numeri, ma anche il valore e l'importanza che riveste e ha rivestito per i cittadini italiani l'acquisizione di un'altra cittadinanza.

L'articolo è suddiviso in tre parti principali: nella prima parte verranno esaminati la legislazione sulla cittadinanza e i suoi cambiamenti in una prospettiva storica; nella seconda parte verrà analizzata la percezione di identità di coloro che chiedono di cambiare cittadinanza; infine, nella terza parte, si cercherà di quantificare il numero di italiani che hanno deciso di acquisire la cittadinanza norvegese.

L'evoluzione della legge sulla cittadinanza: dallo *ius soli* allo *ius sanguinis*

Il diritto alla cittadinanza non costituisce e non ha costituito in passato un'istituzione statica, bensì ha assunto forme e significati diversi nel corso della storia.

[1] Il testo originale è il seguente: «*Som norsk statsborger lover jeg troskap til mitt land Norge og det norske samfunnet, og jeg støtter demokratiet og menneskerettighetene og vil respektere landets lover*». Geir Ulfstein et al., *Velkommen som ny statsborger*, Arbeids-og inkluderingsdepartementet, Oslo, 2015. La traduzione è dell'autrice dell'articolo.

Man mano che le società moderne sono diventate più complesse, anche le regole di cittadinanza hanno subito delle sostanziali modifiche. Il diritto alla cittadinanza è un concetto relativamente moderno. Per Marshall, che fu tra i primi a studiare le implicazioni legate al concetto di cittadinanza, il suo sviluppo storico coincise con l'emergere del capitalismo, un sistema non caratterizzato dall'uguaglianza, bensì dalla disuguaglianza. Tuttavia, secondo l'autore, la cittadinanza è «l'uguaglianza fondamentale associata al concetto di appartenenza completa a una comunità»[2]. Le fondamenta della cittadinanza risiedevano nell'unicità che richiedeva un senso diretto di appartenenza alla comunità basato sulla lealtà. La cittadinanza era infatti attribuita a ciascun individuo sulla base della sua nascita in un luogo specifico o del suo legame con una determinata comunità. L'immigrazione e la circolazione di persone da uno Stato all'altro hanno trasformato radicalmente questa istituzione. Gli stranieri e gli immigrati, non condividendo il privilegio dell'appartenenza a una nazione diversa dalla loro, venivano esclusi dai diritti di cittadinanza nel nuovo Stato di residenza. Di conseguenza, il principio di cittadinanza, originariamente concepito come egualitario, è diventato fortemente inegualitario per alcune categorie di persone[3].

Il diritto di nascita è stato parte della politica ufficiale norvegese fin dal 1437, e in Danimarca-Norvegia dal 1776: solo i norvegesi nativi potevano ottenere incarichi ufficiali nel Regno. Tra i timori dei legislatori vi era il fatto che i funzionari stranieri potessero prendere il controllo dell'amministrazione della nazione[4]. La prima vera legge sulla cittadinanza fu approvata dal Parlamento norvegese il 21 aprile 1888. La norma stabiliva che uno straniero poteva ottenere la cittadinanza su concessione del re dopo aver risieduto stabilmente in Norvegia per tre anni consecutivi. La paura di far finire parte del patrimonio naturale della nazione in mani forestiere servì da input per inasprire la legge nei confronti dei non norvegesi[5]. Fondata sul concetto di cittadinanza singola, la prima legge stabiliva che l'appartenenza alla comunità norvegese poteva essere ottenuta esclusivamente attraverso la discendenza, ossia il principio dello *ius sanguinis*. Questo implicava che un bambino acquisiva automaticamente la cittadinanza norvegese se uno dei genitori la possedeva[6]. Tuttavia, una donna che sposava un cittadino straniero perdeva la sua cittadinanza e assumeva quella del marito, così come i suoi figli. Oltre alla trasmissione per via di discen-

---

[2] Thomas H. Marshall, *Citizenship and social class, and other essays*, University Press, Cambridge, 1950, p. 28. Si veda anche: Christian Joppke, *Citizenship and Immigration*, «Polity», 2010.

[3] Verena Stolcke, "The 'Nature' of Nationality", in Veit Bader (eds.), *Citizenship and Exclusion*, Macmillan Press, Londra, 1997, p. 64.

[4] Andreas Føllestad, "Hvis det norske forbudet mot dobbelt norsk statsborgerskap er løsningen, hva er da problemet?", in Nils Rune Langeland (eds.), *Politisk kompetanse: Grunnlovas borgar 1814-2014*, Pax Forlag, Oslo, 2014, p. 78.

[5] Grete Brochmann - Knut Kjeldstadli, *Innvandringen til Norge 900-2010*, Pax Forlag, Oslo, 2014, p. 102.

[6] Grete Brochmann - Idunn Seland, *Citizenship policies and ideas of nationhood in Scandinavia*, «Citizenship Studies», 14, 4, 2010, p. 433.

denza, la cittadinanza poteva essere ottenuta anche attraverso il principio dello *ius domicilii*; basato sul principio della residenza e permanenza in uno Stato, al richiedente veniva chiesto di dimostrare di aver vissuto nel Paese per almeno tre anni e di soddisfare determinati criteri. Si perseguiva l'obiettivo di prevenire la duplicazione della cittadinanza, imponendo ai nuovi cittadini di rinunciare alla precedente nel caso in cui acquisissero quella norvegese[9].

La legislazione sulla cittadinanza introdotta nel 1888 venne successivamente integrata da una serie di emendamenti a partire dal 1903. Con le nuove rettifiche gli stranieri venivano esclusi dalla possibilità di acquistare qualsiasi bene; tuttavia, potevano ottenere una concessione speciale per svolgere attività commerciali[7]. Nella riforma del 1903 i bambini nati in Norvegia da genitori stranieri potevano acquisire la cittadinanza norvegese al compimento dei 22 anni; analogamente, chiunque fosse nato all'estero da genitori norvegesi perdeva la cittadinanza se non fosse ritornato nel regno entro i 22 anni[8]. In questa riforma anche alle donne sposate a cittadini non norvegesi veniva consentito di mantenere la propria cittadinanza, a condizione che risiedessero con il marito straniero in Norvegia.

Il Parlamento approvò un'ulteriore legge sulla cittadinanza l'8 agosto 1924. Il requisito di residenza stabile fu aumentato a cinque anni e il richiedente doveva avere compiuto i 21 anni.

Secondo l'analisi dello storico norvegese Knut Kjeldstadli, nel periodo compreso tra il 1891 e il 1939, oltre 15.000 stranieri ottennero la cittadinanza norvegese; tuttavia, il 10,1% delle richieste fu respinto. Tra i requisiti fondamentali vi erano la durata della residenza nel Paese, la disponibilità di un alloggio stabile, la capacità di mantenere autonomamente il proprio sostentamento economico e un comportamento di condotta pressoché irreprensibile[9].

Agli inizi del secolo, diventare cittadini stava acquistando sempre più una rilevanza diversa. La cittadinanza implicava anche un'appartenenza sociale in uno Stato che, in misura sempre maggiore, stava creando un circuito di assistenza sociale che più tardi divenne la base del *welfare* norvegese; questa appartenenza sociale non poteva essere concessa a tutti. Con la crescente diffusione del nazionalismo nel primo decennio del XX secolo, alle leggi sull'immigrazione caratterizzate da un crescente grado di restrizione, si affiancarono anche disposizioni normative più stringenti in materia di cittadinanza. Stabilire chi poteva diventare membro e cittadino era il modo dello Stato di plasmare e definire la comunità nazionale[10]. La progressione della legislazione sulla cittadinanza norvegese avvenne in stretta correlazione con l'evoluzione giuridica degli altri Stati scandinavi. L'aspirazione a una certa coordi-

[7] Knut Kjeldstadli, *Innvandringen til Norge* […], cit, p. 104.
[8] Ivi, p. 103.
[9] Ivi, p. 104.
[10] David Jacobsen, *Rights across borders. Immigration and the Decline of Citizenship*, Johns Hopkins University Press, Baltimora, 1997, p. 5.

nazione in questo ambito si manifestò concretamente attraverso l'emanazione della legge sulla cittadinanza nel 1924 in Norvegia e in Svezia, e nel 1925 in Danimarca[11].

Dopo la conclusione della Seconda guerra mondiale, la cooperazione tra gli Stati scandinavi proseguì con la revisione delle leggi sulla cittadinanza, la quale nel 1950 fu formalizzata come legge nazionale in tutti e tre i Paesi[12]. La terza legge sulla cittadinanza fu approvata in Norvegia, infatti, l'8 dicembre 1950. Il principio dello *ius sanguinis* rimase predominante e, in aggiunta, lo *ius domicilii* divenne in larga misura l'ulteriore criterio per il processo di naturalizzazione[13]. Il requisito di residenza fu esteso da cinque a sette anni, e fu introdotto anche il requisito di competenza linguistica, il quale rimase in vigore fino agli anni Ottanta, sebbene non fosse effettivamente incorporato nella legislazione[14].

In questo periodo nei Paesi scandinavi vi fu un aumento considerevole dell'immigrazione. Il boom economico del dopoguerra vide un incremento della manodopera straniera, da qui la necessità di allungare il requisito di residenza per gli stranieri per limitare per quanto possibile l'accesso alla cittadinanza. Tale orientamento era motivato da convinzioni, ampiamente riconosciute a livello internazionale, che consideravano la doppia cittadinanza come una situazione svantaggiosa[15].

La cooperazione tra i tre Stati scandinavi fu ufficialmente interrotta nel 1979, e da allora Svezia, Norvegia e Danimarca hanno gradualmente intrapreso percorsi legislativi divergenti riguardo alla cittadinanza[16]. Le notevoli disparità nelle normative tra questi Paesi possono essere interpretate come il riflesso delle loro diverse esperienze nell'affrontare l'aumento dell'immigrazione internazionale e le sfide connesse all'integrazione, soprattutto a partire dagli anni Settanta[17]. In Norvegia, nel 2005, il governo guidato da Bondevik presentò una proposta per una nuova legislazione sulla cittadinanza che intendeva sostituire quella del 1950. La nuova proposta ribadiva il principio della cittadinanza singola e il requisito di rinuncia alla cittadinanza precedente al momento dell'acquisizione della nuova. La tradizione norvegese del principio di una sola cittadinanza venne così confermata, ma con un'applicazione più efficace. La nuova legge prevedeva infatti il completamento di 300 ore di formazione linguistica in norvegese, oppure la presentazione di altra documentazione che attestasse adeguate conoscenze di norvegese o sami[18]. Venne inoltre introdotta

---

[11] Grete Brochmann - Idunn Seland, *Citizenship policies* [...], cit., p. 432.

[12] Ibidem.

[13] Ivi, p. 433.

[14] Ivi, p. 435.

[15] NOU - Noregs Offentlege Utgreiingar (rapporti pubblici norvegesi), Oslo, 2000, p. 32 e p. 109.

[16] Arnfinn Haagensen Midtbøen, *Statsborgerrettslig divergens i Skandinavia- En teoretisk utfordring*, «Norsk Statsvitenskapelig Tidsskrift», vol. 25, 2009, p. 318.

[17] Grete Brochmann - Anniken Hagelund, *Norge: Landet for den gylne middelvei*, «Velferdens grenser, Universitetsforlaget», 2010, p. 351.

[18] Regjeringen, *Om lov om norsk statsborgerskap (statsborgerloven)* Ot.prp.nr.41 2004-2005: 25 <https://www.regjeringen.no/no/dokumenter/otprp-nr-41-2004-2005-/id395901/>.

l'offerta di una cerimonia di cittadinanza, alla quale furono invitati tutti i nuovi cittadini norvegesi a prestare giuramento di fedeltà[19]. Tuttavia, è interessante notare che questo irrigidimento si verificò nonostante un comitato speciale sulla cittadinanza, istituito dal governo cinque anni prima, avesse raccomandato l'apertura alla possibilità della doppia cittadinanza. La nuova legislazione fu ratificata ed entrò in vigore il 1°settembre 2006, mantenendo validità fino alla riforma legislativa del 1°gennaio 2020.

La doppia cittadinanza

A partire dal 1°gennaio 2020, la doppia cittadinanza è stata resa legale, consentendo così a un individuo di essere simultaneamente cittadino di due Stati. La recente legislazione sulla cittadinanza ha segnato un mutamento significativo in una tradizione durata oltre 130 anni e caratterizzata dall'osservanza della regola della singola cittadinanza.

Come ha messo in evidenza Arfinn H. Midtbøen, l'evitare la doppia cittadinanza è stato un obiettivo esplicito delle politiche della Norvegia sin da quando il Paese ha adottato la sua prima legge sulla nazionalità nel 1888[20]. Che cosa ha portato la Norvegia a cambiare la sua legge sulla cittadinanza solo nel 2020, se si tiene conto che moltissimi Stati europei, Italia compresa, avevano cambiato la propria legislazione già dal 1992? Solo qualche decennio fa c'era un consenso unanime internazionale sul fatto che la doppia cittadinanza potesse portare a problemi di lealtà e conflitti tra Stati. Il principio doveva quindi essere evitato per quanto possibile[21]. Negli ultimi decenni questa percezione si è in larga parte ribaltata, e la tendenza, come accennato, è quella di una crescente tolleranza della doppia cittadinanza nei paesi democratici liberali[22]. La Svezia è stata la prima nazione nordica a permettere, nel 2001, la doppia cittadinanza, seguita da Islanda e Finlandia nel 2003 e dalla Danimarca nel 2015[23]. La Norvegia, al contrario, ritenendo la cittadinanza un importante simbolo di appartenenza e lealtà, ha quindi confermato il criterio dei doveri e diritti politici verso un solo Stato[24]. Un altro argomento centrale a favore della cittadinanza unica era motivato dall'esigenza, sentita dai legislatori norvegesi, di proteggere l'integrazione degli stranieri. Il Dipartimento riteneva che un legame

[19] Ibidem.

[20] Arnfinn H. Midtbøen, *No longer the 'last man standing': Norway decides to allow dual citizenship*, 2019, online: <https://globalcit.eu/no-longer-the-last-man-standing-norway-decides-to-allow-dual-citizenship/>.

[21] Thomas Faist, "The Fixed and Porous Boundaries of Dual Citizenship", in Thomas Faist, a cura di, *Dual Citizenship in Europe. From Nationhood to Societal Integration*, Routledge, Londra, 2007, pp. 3-4.

[22] Ivi, pp. 117-118.

[23] Arnfinn H. Midbøen, *No longer the 'last man standing'* [...], cit., p. 318.

[24] Andreas Føllesdal, *Hvis det norske forbudet* [...], cit., pp. 78-81.

formale con lo Stato norvegese avesse una correlazione positiva con il grado di partecipazione in vari ambiti della società.

Dopo un lungo dibattito che ha visto i partiti norvegesi su posizioni diverse, il 6 dicembre del 2018 il parlamento ha approvato la riforma, consentendo a coloro in possesso dei requisiti necessari la doppia cittadinanza. Questa riforma, per quanto riguarda i requisiti necessari, non è molto dissimile da quella del 2006[25]. I cittadini italiani che vogliono acquisire la cittadinanza norvegese e mantenere quella italiana devono dimostrare di avere una certa preparazione sulla società norvegese, tale da consentire loro di superare un esame di conoscenza della società (sia il test di cittadinanza che il test di conoscenza della società sono in norvegese) e un test di lingua. I requisiti per la cittadinanza implicano, quindi, sia un requisito linguistico esplicito che implicito, poiché tutti i test devono essere superati in norvegese[26]. Inoltre, si deve effettuare un pagamento di circa 600 euro (6500 corone norvegesi).

In molti paesi europei sono stati introdotti criteri simili a quelli norvegesi. In Scandinavia, nonostante la vicinanza geografica tra gli Stati, i requisiti per ottenere la cittadinanza sono estremamente diversi tra loro. In Danimarca sono molto più severi che negli altri due Paesi scandinavi, con un livello B2 in tutte e quattro le abilità linguistiche (cioè produzione scritta, comprensione scritta, comprensione orale e abilità linguistiche orali). La Svezia, al contrario, si distingue in Europa per essere uno dei pochi paesi che non richiede il superamento di un esame linguistico e di conoscenza della società (anche se si prospettano dei cambiamenti tra non molto)[27]. I requisiti di cittadinanza norvegesi sembrano una via di mezzo tra quelli danesi e quelli svedesi. Nel 2017 in Norvegia il requisito per il permesso di soggiorno permanente è stato fissato al livello A1 orale (quindi un livello principiante nel Quadro Comune Europeo di Riferimento per le Lingue, QCER), e A2 orale (un livello leggermente superiore) per la cittadinanza. Nel 2020, il parlamento norvegese ha approvato l'innalzamento del requisito linguistico per la cittadinanza a B1 orale[28].

Diventare cittadini "altri": vantaggi e svantaggi

C'è da precisare che anche prima della riforma del 2020 nulla è cambiato riguardo ai diritti fondamentali acquisiti da un cittadino straniero residente in Norvegia. Anche prima dell'introduzione della doppia cittadinanza, la maggior parte dei di-

---

[25] Si veda: <https://www.udi.no/ord-og-begreper/dobbelt-statsborgerskap/> e <https://lovdata.no/dokument/NL/lov/2005-06-10-51>.

[26] Edit Bugge, *Talemål, identitet og tilhørighet: Sosiolingvistiske perspektiv på språkanalyse ved søknad om beskyttelse og språkkrav for opphold og statsborgerskap*, «Målbryting», 12(2021), pp. 25-42, <https://doi.org/10.7557/17.5926>.

[27] Si veda, a questo proposito: Tommaso Milani - Simon Bauer - Marie Carlson - Andrea Spehar - Kerstin von Brömssen, *Citizenship as status, habitus and acts: Language requirements and civic orientation in Sweden*, «Citizenship Studies», 25(6), 2021, pp. 756-772, <https://doi.org/10.1080/13621025.2021.1968698>.

[28] Edit Bugge, *Talemål, identitet og tilhørighet* [...], cit., p. 32.

ritti economici e sociali erano legati al permesso di soggiorno e quindi non più un privilegio riservato ai soli cittadini[29]. La Norvegia dalla fine degli anni Settanta ha adottato una politica di distribuzione dei benefici basata sul principio di universalità: con il permesso di soggiorno in regola, si aveva (e si ha) automaticamente diritto di accesso al costoso *welfare* alla pari dei cittadini norvegesi.

Nella letteratura specialistica si fa distinzione tra cittadini (*citizens*) e residenti (*denizens*). Quest'ultimo termine si riferisce agli immigrati a cui vengono assegnati diritti sociali e civili pari a quelli dei cittadini, ma sulla base di un soggiorno permanente[30]. L'importanza crescente data ai diritti umani, i sistemi di *welfare* sempre più inclusivi ed estesi anche ai migranti, sembrano aver tolto valore alla cittadinanza tradizionale. Grete Brochmann a questo proposito, analizzando la legislazione norvegese sui diritti degli immigrati regolarmente residenti in Norvegia, utilizza l'espressione "cittadinanza parziale"[31]. Si tratta di una condizione in cui, pur non trattandosi formalmente di una vera cittadinanza, i diritti acquisiti dagli immigrati al momento del conseguimento del permesso di residenza permanente sono così estesi da giustificare l'uso di questo concetto. Anche un altro studioso, Peter Schuck, parla a tal proposito di "devalorizzazione della cittadinanza": si tratta della condizione in cui i residenti con permesso di soggiorno permanente e i cittadini godono praticamente degli stessi diritti[32]. La "devalorizzazione della cittadinanza" seppur apparentemente vantaggiosa è, secondo Schuck, non priva di pericoli. Può ridurre l'incentivo per gli immigrati a unirsi alla comunità dei cittadini, indebolendo così le istituzioni democratiche, inoltre potrebbe favorire lo sviluppo di una mentalità individualistica a scapito dello spirito civico[33]. Al di là di queste importanti implicazioni e nonostante gli stranieri possano usufruire del *welfare* norvegese alla pari dei cittadini tramite il solo permesso di soggiorno, bisogna comunque precisare che la cittadinanza norvegese ha mantenuto la sua rilevanza per quanto riguarda il possesso dei pieni diritti politici, che il solo permesso di soggiorno non permette: il diritto di essere un partecipante politico nello Stato-nazione; diritti di partecipazione politica quali il diritto di voto alle elezioni del parlamento (mentre si ha diritto di voto per le elezioni a livello comunale) e la possibilità di essere eletti come rappresentanti parlamentari. Solo la cittadinanza offre, poi, una protezione assoluta contro l'espulsione[34]. La cittadinanza conferisce, inoltre, il diritto al passaporto

---

[29] Greta Brochmann, *Statsborgerskap, medborgerskap og tilhørighet*, in Greta Grochmann - Tordis Borchgrevink - Jon Rogstad, a cura di, *Sand i maskineriet*, Gyldendal Akademisk, 2002, p. 60.

[30] Greta Brochmann - Anniken Hagelund, *Velferdens grenser*, Universitetsforlaget, 2010, pp. 264-265.

[31] Si veda, a questo proposito: David Jacobsen, *Rights across borders. Immigration and the Decline of Citizenship*, The John Hopkins University Press, Baltimore and London, 1997.

[32] Peter H. Schuck, "Membership in the liberal polity: the devaluation of American citizenship", in William Rogers Brubaker, a cura di, *Immigration and the politics of citizenship in Europe and North America*, University Press of America, 1989, pp. 60-65.

[33] Ibidem.

[34] Greta Brochmann - Anniken Hagelund, *Velferdens grenser*, [...], cit, p. 264.

norvegese e alla protezione diplomatica quando si è all'estero. In breve, significa essere riconosciuti come membri dallo Stato, cioè non essere considerati stranieri, il che potrebbe costituire una differenza sostanziale[35]. Accanto ai diritti legali vi è una questione non secondaria legata all'identità di una persona. Acquisire un'altra cittadinanza, un altro passaporto, significa acquisire una nazionalità diversa da quella di origine, ossia una diversa identità. Per lungo tempo coloro che decidevano di acquisire una cittadinanza diversa da quella originaria erano costretti a rinunciare alla propria e questo poteva rappresentare una scelta difficile sotto molti punti di vista, non in ultimo quello psicologico. Oggi con la doppia cittadinanza questo dilemma dell'identità è stato in parte superato. Il non dover rinunciare alla propria cittadinanza e acquisirne di fatto un'altra rappresenta un incentivo per molti italiani e non più un deterrente.

Il fattore identità

Jürgen Habermas scriveva: «I confini sociali di una comunità politica non hanno solo un significato funzionale. Regolano piuttosto l'appartenenza a una comunità storica distinta legata da un destino comune e da una forma di vita politica che costituisce l'identità dei suoi cittadini»[36]. Prima del 2020 i cittadini italiani che acquisivano la cittadinanza norvegese dovevano rinunciare alla propria identità di italiani. Per alcuni individui, il processo di naturalizzazione poteva essere percepito come un dilemma complesso, mentre per altri rappresentava una semplice formalità priva di conflitti interiori. La perdita dei diritti nel paese d'origine, il tempo e i costi richiesti per la procedura, insieme al senso di smarrimento della propria identità, potevano scoraggiare la scelta di naturalizzarsi. Di conseguenza, per molti italiani, rinunciare alla propria cittadinanza risultava emotivamente difficile, poiché ciò era vissuto come un tradimento verso il proprio Paese e come la perdita di una parte significativa della propria identità nazionale. La legge sulla doppia cittadinanza del 2020 ha tolto a molti italiani la difficile scelta e soprattutto il dover rinunciare alla propria nazionalità. La doppia cittadinanza in questo caso significherebbe avere la possibilità di vivere e lavorare in un altro paese senza dover rinunciare ai diritti acquisiti nel proprio. Allo stesso tempo, garantirebbe pieni diritti civili e politici in due Stati contemporaneamente.

Dalle statistiche riportate nelle tabelle in fondo al saggio, si può intuire come per un cittadino italiano prendere la cittadinanza norvegese e rinunciare alla propria sia sempre stata una scelta ardua. Fino al 2020, il numero di italiani che hanno

[35] Rainer Bauböck, *Transnational Citizenship. Membership and Rights in International Migration*, Edward Elgar Publishing, 1994, p. vii, <https://www.udi.no/ord-og-begreper/dobbelt-statsborgerskap/>.

[36] Jürgen Habermas, *Citizenship and National Identity: some Reflections on the Future of Europe*, Praxis International, 12, I, 1992, p. 16.

deciso di diventare cittadini norvegesi si è mantenuto su cifre veramente esigue; lo svantaggio di perdere la propria cittadinanza sembrava superiore ai vantaggi insiti nell'acquisizione della cittadinanza norvegese. Nel 2020 le statistiche mostrano un'impennata nel numero di italiani che hanno fatto richiesta della cittadinanza norvegese[37]. Prima del 2020 a richiedere maggiormente la cittadinanza norvegese erano immigrati e rifugiati provenienti soprattutto da Asia, Africa ed Est Europa[38]. Tra questi gruppi di immigrati, le donne sembrano quelle più propense a cambiare cittadinanza. Il numero di immigrati dall'Europa occidentale, Nord America, Oceania e Paesi nordici che decideva di cambiare cittadinanza prima del 2020, e dunque di rinunciare alla propria, si attestava su percentuali basse, ossia del 19-25% di contro all'80% dei gruppi menzionati in precedenza. Gli italiani sembrano seguire lo stesso trend degli altri Paesi occidentali e, fino al 2020, coloro che decidono di diventare norvegesi rinunciando alla cittadinanza italiana sono solo una piccola percentuale che varia di anno in anno. Come vediamo da questi dati dell'ufficio di statistica norvegese, sono meno di 10 persone l'anno e queste cifre includono anche i minori. Con l'introduzione della legge sulla doppia cittadinanza, le cifre aumentano con picchi che superano le 120 unità. Significa che dal 2020 il numero di richieste per ottenere la doppia cittadinanza è aumentato del 100%. Detto in altri termini, per un italiano acquisire un'altra cittadinanza rappresenta un privilegio alla pari del mantenere la propria.

Da un breve sondaggio effettuato attraverso Microsoft Form e inviato a un piccolo campione di italiani (15 persone) che avevano fatto domanda per ottenere la doppia cittadinanza dopo il 2020, emerge che la maggioranza degli intervistati non avrebbe cambiato cittadinanza se non fosse stato possibile mantenere la cittadinanza italiana. Per quanto concerne poi le ragioni che hanno portato a chiedere la cittadinanza norvegese, il motivo principale è quello di voler avere gli stessi diritti dei cittadini norvegesi (per esempio il diritto al voto). Di seguito si riporta, a tal proposito, una risposta al sondaggio: «Perché avendo deciso di restare qui potenzialmente per sempre lo vedo come un vantaggio. Incentivi: Votare per il parlamento. Essere cittadini in eventuali casi futuri di chiusura frontiere (vedi Covid). Sentirsi parte di questo Paese ancora più pienamente»[39].

---

[37] Si veda: <https://www.ssb.no/befolkning/innvandrere/artikler/endring-i-statsborgerskapsloven-bidro-til-faerre-utenlandske-statsborgere>.

[38] Silje Vatne Pettersen, *Overgang til norsk statsborgerskap 1977-2011*, Statistisk sentralbyrå, Rapporter 25/2012, p. 4.

[39] Microsoft Form, sondaggio effettuato nel mese di maggio 2024.

Cittadini italiani che hanno ottenuto la cittadinanza norvegese in base al genere e all'età. Serie storica. Valori assoluti. Anni 1981-2021.

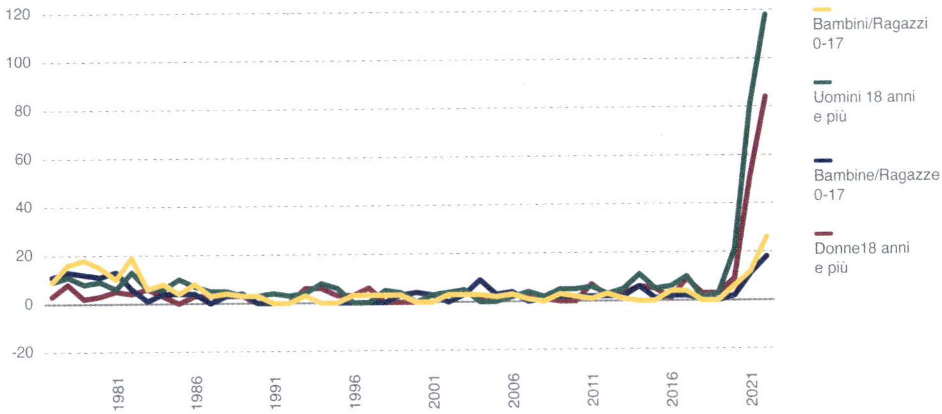

Fonte: Migrantes-Rapporto Italiani nel Mondo. Dati SSB, Istituto di statistica norvegese, <https://www.ssb.no/statbank/table/04767/chartViewLine/>.

Cittadini italiani che hanno ottenuto la cittadinanza norvegese in base al genere. Serie storica. Valori assoluti. Anni 1981-2021.

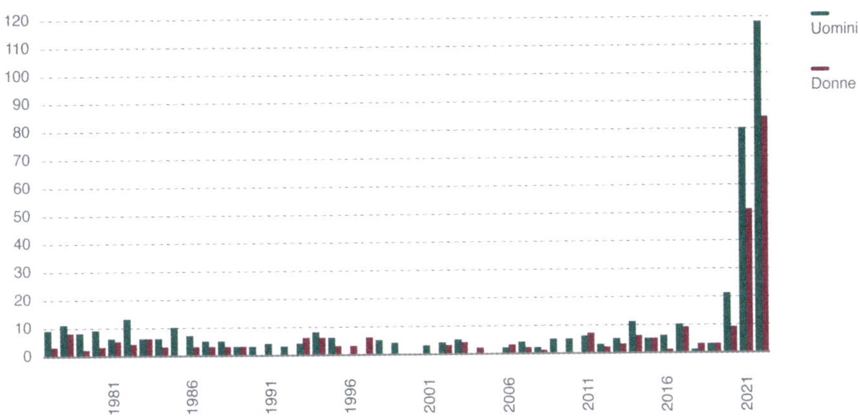

Fonte: Migrantes-Rapporto Italiani nel Mondo. Dati SSB, Istituto di statistica norvegese, <https://www.ssb.no/statbank/table/04767/chartViewLine/>.

PORTOGALLO. L'evoluzione normativa della legge sulla cittadinanza e i nuovi portoghesi

Gianluca Miraglia, Centro de literaturas e culturas lusófonas e europeias (CLEPUL), Università di Lisbona

La trasformazione del Portogallo da paese di emigrazione in paese di immigrazione

Sino alla metà degli anni Settanta del secolo scorso, il Portogallo, che all'epoca possedeva ancora varie colonie nel continente africano, era un paese contraddistinto da una forte emigrazione[1]. Nel decennio precedente, mentre si combatteva la guerra coloniale, quasi un milione di portoghesi era espatriato alla ricerca di condizioni di vita migliori verso la Francia, la Svizzera e la Germania. Al contrario, il fenomeno dell'immigrazione era del tutto trascurabile. Come mostrano le statistiche e gli studi relativi a quegli anni, risiedevano in Portogallo circa trentamila stranieri. Fra il 1974 e il 1985 questo numero raddoppia e l'aumento significativo va ricondotto essenzialmente al processo di decolonizzazione che si era avviato dopo la rivoluzione del 25 aprile del 1974, nota come la rivoluzione dei garofani, ossia il colpo di Stato militare che aveva messo fine al più lungo regime dittatoriale europeo. Dalle ex-colonie, che nel frattempo si erano trasformate in cinque nuovi Stati (Angola, Mozambico, San Tomè e Principe, Guinea Bissau e Capo Verde), più di mezzo milione di portoghesi ritornarono o si trasferirono nella madrepatria. Siccome non tutti conservarono la cittadinanza, come si vedrà meglio in seguito, si formarono allora le prime comunità di immigrati di una certa dimensione, che si insediarono prevalentemente nell'area metropolitana di Lisbona.

Con l'adesione alla Comunità economica europea, nel 1986, il Portogallo entra in una fase di accelerata crescita economica grazie alle ingenti risorse che Bruxelles

[1] Su emigrazione e immigrazione in Portogallo si vedano: Pedro Góis - José Carlos Marques, *Retrato de um Portugal Migrante: a evolução da emigração, da imigração e do seu estudo nos últimos 40 anos*, e-cadernos-CES, 2018, <http://journals.openedition.org/eces/3307>; Maria Ioannis Baganha - José Carlos Marques - Pedro Góis, *Imigrantes em Portugal: Uma Síntese Histórica*, «Ler História», n. 56, 2009, pp. 115-126. Per le statistiche sull'immigrazione si vedano i rapporti annuali del Serviço Estrangeiros e Fronteiras (SEF) dal 2000 al 2021 sul sito <https://sefstat.sef.pt/forms/relatorios.aspx>.

erogava allora per lo sviluppo delle aree più arretrate. I cosiddetti fondi strutturali vennero impiegati, in gran parte, nella costruzione di infrastrutture viarie, nello sviluppo dei servizi sociali, nel recupero urbano, e in opere pubbliche. Al crescente fabbisogno di manodopera non qualificata corrispose l'arrivo di nuovi immigrati che provenivano soprattutto da una delle ex-colonie, Capo Verde. Durante gli anni Novanta, alla continua crescita del settore delle opere pubbliche e dell'edilizia si affianca lo sviluppo del terziario che offre altro tipo di opportunità di lavoro in grado di attrarre persone altamente qualificate, in questo caso originarie dell'Europa occidentale e del Brasile. Sino alla fine del Secondo millennio, ad ogni modo, il flusso migratorio rimane tutto sommato modesto. Secondo le statistiche relative al 1999, gli stranieri residenti in Portogallo erano 190.896, pari al 2% dell'intera popolazione. Inoltre, il fenomeno dell'immigrazione continuava ad essere strettamente legato al passato storico del Portogallo, come rivela il fatto che l'origine di più del 70% degli stranieri residenti era proprio dei Paesi africani di lingua ufficiale portoghese.

A partire dal Duemila, si verifica un cambiamento importante nella composizione della popolazione straniera residente. L'immigrazione è sempre motivata in gran parte dalla crescita del settore edilizio e delle opere pubbliche, ma in un breve spazio di tempo si assiste all'arrivo di persone provenienti da Stati con i quali il Portogallo non aveva mai avuto alcuna relazione storica o culturale. È il caso degli immigrati provenienti dall'Europa dell'Est, e in particolare dall'Ucraina. L'analisi delle statistiche sui permessi di soggiorno attribuiti nel 2001, in base al decreto legislativo nº 4/2001, emanato per regolarizzare l'improvviso flusso migratorio, evidenzia che il numero di quelli concessi agli ucraini, ossia 45.233, risulta tre volte superiore a quello relativo agli immigrati provenienti dai Paesi africani di lingua ufficiale portoghese. Un altro aspetto notevole di questa nuova fase è l'aumento progressivo di immigrati oriundi del Brasile, che vanta anch'esso forti legami storici con il Portogallo. Insomma, a partire dall'inizio del Terzo millennio, grazie alla diversificazione delle origini nazionali degli stranieri residenti, il Portogallo entra definitivamente nel sistema migratorio globale.

Le statistiche relative al 2010 confermano le tendenze rilevate all'inizio del secolo e mostrano come i principali Stati di provenienza degli stranieri residenti fossero, in percentuale, il Brasile (26,8%), l'Ucraina (11,1%), Capo Verde (9,8%), la Romania (8,2%), l'Angola (5,2%), la Guinea-Bissau (4,4%), la Gran Bretagna (3,8%), la Cina (3,5%), la Moldavia (3,5%) e San Tomè e Principe (2,3%). Queste dieci nazionalità corrispondevano al 79,7% della popolazione straniera residente in Portogallo, il cui numero ammontava a 362.343 persone.

Nel decennio successivo, il Portogallo affronta una grave crisi finanziaria ed economica che obbliga il governo a siglare, nel maggio del 2011, un memorandum d'intesa con la cosiddetta *troika*, formata da Fondo monetario internazionale, Banca centrale europea e Commissione europea, il quale prevedeva un programma di aggiustamento economico da realizzarsi entro il 2014. Gli anni di austerità, durante i quali il tasso di disoccupazione ha superato in certi momenti il 16%, hanno avuto come conseguenza un calo dell'immigrazione e, allo stesso tempo, un aumento dell'emigrazione che si è tradotto in un saldo migratorio negativo, un fenomeno che il Portogallo non conosceva da quasi vent'anni. A partire dal 2016, in virtù della ripresa economica, l'immigrazione torna a crescere e lo fa a un ritmo sempre più elevato come dimostrano le cifre del tutto inedite per il Portogallo: nel 2019 gli stranieri residenti erano già circa 700.000 e nel 2020 quasi 800.000. Questo significa che nel giro di dieci anni il numero di immigrati è pressoché raddoppiato e, secondo le stime più recenti, la popolazione straniera residente si aggira ormai sul milione di persone. Per quanto riguarda la sua composizione, il confronto con la situazione riscontrata nel 2010 mostra alcuni cambiamenti significativi. Secondo i dati più recenti forniti dal governo portoghese, che si riferiscono al 2023[2], i primi dieci Stati di provenienza degli immigrati, in percentuale, sono: Brasile (29,3%), Regno Unito (6%), Capo Verde (4,9%), Italia (4,4%), India (4,3%) Romania (4,1%), Ucraina (3,9%), Francia (3,8%), Angola (3,7%), Cina (3,3%). Si mantiene al primo posto la comunità brasiliana, di gran lunga la più numerosa, mentre cala il peso, in percentuale, di quella ucraina e si verifica l'aumento significativo di nuovi immigrati provenienti dall'India. È prevedibile che a breve termine scalino la classifica il Nepal e il Bangladesh, riflesso di un flusso migratorio in buona parte motivato dal settore dell'agricoltura. Inoltre, si deve segnalare la presenza di due Paesi dell'Unione europea: l'Italia e la Francia. Si tratta di un fenomeno piuttosto recente che va collegato alla decisione dello Stato portoghese di istituire, nel 2009, lo status di *residente fiscale non abituale*. Grazie a quest'ultimo, chi trasferisce la propria residenza fiscale in Portogallo, può godere, per un periodo di dieci anni, di una imposizione fiscale vantaggiosa, per quanto riguarda i redditi ottenuti in Portogallo, o di un'esenzione fiscale del reddito ottenuto all'estero[3]. L'incentivo economico, al quale si devono abbinare sicuramente altri fattori quali il clima, la qualità di vita, la prossimità culturale e la vicinanza geografica, ha fatto sì che nel giro di pochi anni il Portogallo sia divenuto, fra l'altro, una delle mete preferite dei pensionati italiani[4]. Nella crescita della presenza italiana in Portogallo le agevolazioni fiscali hanno senz'altro giocato un ruolo importante. Fra il 2000 e il 2010 il numero di residenti italiani era passato da 3.030 a 5.067, mentre nel periodo successivo, quando lo status di residente non abituale era già entrato in vigore, e in particolare dopo il 2015, ossia l'anno in cui il

---

[2] Si veda: <https://www.gee.gov.pt/pt/publicacoes/estatisticas-tematicas/estatisticas-de-imigrantes-em-portugal-por-nacionalidade>.

[3] La legge finanziaria approvata per il 2024 prevede l'abolizione dello status di residente non abituale. In questo momento è in vigore un regime transitorio che permette a chi avesse già pianificato il trasferimento in Portogallo, e sia in grado di produrre la documentazione richiesta che lo attesta, di presentare la domanda per ottenerlo entro il 31 dicembre del 2024.

[4] Si veda: Delfina Licata, "La mobilità italiana nell'ultimo anno: le nuove peculiarità di un dinamismo incerto", in Fondazione Migrantes, *Rapporto Italiani nel Mondo 2023*, Tau Editrice, Todi (PG), 2023, pp. 24-25.

Portogallo è uscito dalla crisi, si riscontra un aumento esponenziale: nel giro di soli cinque anni il numero di italiani passa da 6.130 a 30.819[5].

L'evoluzione normativa della legge sulla cittadinanza

Secondo la classifica stilata dal *Migrant Integration Policy Index*, il Portogallo era, nel 2020, uno dei primi dieci paesi al mondo per facilità nella concessione della cittadinanza[6]. Questo importante riconoscimento rispecchia una notevole evoluzione della legge sulla cittadinanza negli ultimi cinquant'anni che si ripercorre succintamente di seguito[7]. In conseguenza della rivoluzione del 25 aprile del 1974 e del connesso processo di decolonizzazione, il modo in cui lo Stato portoghese aveva affrontato tradizionalmente l'attribuzione e la concessione della cittadinanza, tenendo conto sia dello *ius soli* che dello *ius sanguinis*, cambia drasticamente. Secondo la normativa in vigore sino a quel momento, ossia la legge n. 2098 del 1959, erano considerati cittadini portoghesi tutti coloro che fossero nati in territorio portoghese, un territorio di cui facevano parte anche le colonie africane e lo Stato dell'India portoghese[8]. Quando le cosiddette province d'oltremare acquisirono l'indipendenza politica e si trasformarono in nuovi Stati (Angola, Mozambico, Capo Verde, Guinea Bissau, San Tomè e Principe), il Portogallo, sia con l'intento di prevenire un afflusso di immigrati provenienti dalle ex-colonie, sia per evitare conflitti diplomatici con i nuovi Stati indipendenti, stabilì mediante un decreto legislativo, n. 308-A/75 del 24 giugno, i requisiti necessari affinché chi fosse nato nei territori che facevano parte della nazione sino al 1974 potesse conservare la cittadinanza portoghese. In questo modo, evitarono di perderla i discendenti sino al terzo grado di cittadini nati in Portogallo, inteso solo come territorio europeo, e coloro che, sebbene nati nelle ex-colonie, risultassero residenti in Portogallo da più di cinque anni prima del 25 aprile 1974.

Nel 1981 viene promulgata la nuova legge sulla cittadinanza, n. 37/1 del 3 ottobre. Lo *ius soli*, che, come si è detto contraddistingueva in passato la norma-

---

[5] Per una corretta valutazione del numero di residenti italiani in Portogallo si dovrà, tuttavia, tener conto che questo include anche persone in possesso del passaporto italiano provenienti dal Brasile. Sarebbero circa il 17% del totale secondo il rapporto annuale del SEF (Serviço de Estrangeiros e Fronteiras) per il 2017: *Relatório de Imigração e Fronteiras 2017*, p. 12, <https://sefstat.sef.pt/Docs/Rifa2017.pdf>.

[6] Si veda: <https://www.mipex.eu/access-nationality>.

[7] Sulla evoluzione normativa della legge sulla cittadinanza in Portogallo si vedano: AA.VV., *Contencioso da Nacionalidade*, Centro de Estudos Judiciários, Lisboa, 2016; Claire Healy, *Cidadania Portuguesa: a Nova Lei da Nacionalidade de 2006*, Lisboa, 2011; Catarina Reis De Oliveira, *Indicadores de Integração de imigrantes: Relatório Estatístico Anual*, Observatório das Migrações, Lisboa, 2023, pp. 344-370.

[8] Va ricordato, a scanso di equivoci, che sino al 1961, quando venne definitivamente abolito, vigeva nelle colonie africane uno status giuridico particolare per gli indigeni, i quali non godevano degli stessi diritti dei cittadini portoghesi a pieno titolo.

tiva portoghese, viene fortemente ridotto, mentre, al contrario, viene privilegiato lo *ius sanguinis*, riflesso della forte emigrazione verificatasi durante gli anni Sessanta del ventesimo secolo. In fondo, la finalità del cambiamento normativo era, tendenzialmente, quella di rendere più difficile l'attribuzione della cittadinanza a uno straniero, che fosse nato in territorio portoghese, e anche la sua acquisizione, mediante la naturalizzazione o il matrimonio. Allo stesso tempo, la nuova legge, con l'intento di conservare e rafforzare i legami con le comunità emigranti, agevolava la riacquisizione della cittadinanza da parte di coloro che erano espatriati e, in particolare, dei loro discendenti. Ne consegue che, mentre i requisiti per ottenere la cittadinanza mediante lo *ius sanguinis* vennero semplificati e ridotti, quelli per ottenerla mediante lo *ius soli* o lo *ius domicilii* non solo aumentarono, ma divennero burocraticamente più complessi. Affinché potesse essere attribuita la cittadinanza portoghese a una persona nata in Portogallo, da genitori stranieri, era necessario che questi ultimi risiedessero nel territorio nazionale da almeno sei anni. Inoltre, l'interessato avrebbe dovuto dichiarare la volontà di essere portoghese. Per quanto concerne la naturalizzazione, la legge del 1981 stabiliva i seguenti requisiti: una residenza continuata in Portogallo pari almeno a sei anni, mentre secondo la legge del 1959 erano sufficienti solo tre anni; la conoscenza della lingua portoghese; l'idoneità morale e civile; e infine il possesso di mezzi di sussistenza. L'evoluzione normativa che prende forma nella legge del 1981 rispecchia la nuova realtà politica e demografica del Portogallo. Una volta perso l'impero coloniale, il Portogallo è ora soltanto un piccolo Paese europeo dal quale una parte significativa della popolazione era espatriata. In tale circostanza, la preoccupazione principale del potere politico si rivolge agli emigranti e di conseguenza il principio dello *ius sanguinis* acquisisce grande rilevanza. Succede, però, che l'immigrazione fra il 1974 e il 1981, e negli anni immediatamente successivi, era, in realtà, un fenomeno sostanzialmente connesso al processo di decolonizzazione e una delle conseguenze delle modifiche legislative è stata rendere difficile e problematica l'integrazione di persone che si erano trasferite dalle ex-colonie in Portogallo, senza avere i requisiti per conservare la cittadinanza portoghese, e naturalmente anche quella dei loro discendenti.

La legge n. 25/94, promulgata nel 1994, apporta delle modifiche che, sulla scia della legge del 1981, rendono ancora meno agevole l'acquisizione della cittadinanza da parte degli stranieri residenti, ai quali vengono ora richiesti almeno dieci anni di residenza per avviare il processo di naturalizzazione, mentre viene introdotta una discriminazione positiva per gli immigrati provenienti dai paesi di lingua ufficiale portoghese, ai quali ne bastano sei. Inoltre, per il conteggio degli anni di residenza, fa fede unicamente il permesso di soggiorno e non altro tipo di visti che autorizzino la semplice permanenza in territorio nazionale. Un'altra modifica rilevante concerne l'acquisizione della cittadinanza attraverso il matrimonio per la quale, in precedenza, era sufficiente una dichiarazione di volontà nel giorno stesso delle nozze, mentre ora vengono richiesti almeno tre anni di vita matrimoniale e la presentazione di prove che attestino il vincolo del richiedente alla comunità portoghese. Queste ultime, in realtà, erano già state introdotte dalla legge del 1981 ma, in quella redazione, spettava allo Stato dimostrarne eventualmente l'infondatezza.

A partire dall'inizio del Terzo millennio si formano gradualmente delle comunità di stranieri residenti numericamente significative e di origine geografica diversificata, la cui accoglienza e integrazione colloca nuovi problemi che esigono risposte urgenti. Inoltre, trascorsi trent'anni dalla fine dell'impero coloniale, rimaneva ancora da risolvere la questione spinosa della situazione giuridica di coloro che avevano perso la cittadinanza portoghese e dei loro discendenti, nel frattempo nati e cresciuti in Portogallo. Fra i decisori politici aveva cominciato a farsi strada il pensiero secondo cui l'immigrazione non poteva essere considerata unicamente dal punto di vista della sicurezza interna ma anche da quello del suo impatto più globale sulla società. Questo significava riconoscere il contributo fondamentale degli immigrati per lo sviluppo del Paese, sul piano della demografia, dell'economia e anche dei conti pubblici. I tempi erano ormai maturi per una revisione della legge sulla cittadinanza che venne discussa e promulgata nel 2006.

Uno degli aspetti più rilevanti e innovativi della legge organica n. 2/2006, del 17 aprile, è il rinforzo del principio dello *ius soli*. La normativa prevede tre casi in cui, in base a tale principio, la cittadinanza viene attribuita a chi sia nato in territorio portoghese da genitori stranieri. Il primo concerne l'individuo di cui almeno uno dei genitori sia nato in Portogallo e vi risieda, indipendentemente dal suo status giuridico. Si tratta del cosiddetto doppio *ius soli*. Il secondo caso si applica ai bambini nati in territorio portoghese da genitori stranieri, qualora questi ultimi non siano al servizio del loro Stato, e di cui almeno uno di essi risieda in Portogallo da almeno cinque anni. Il terzo caso riguarda gli individui nati in Portogallo e che, non possedendo qualsiasi altra cittadinanza, sarebbero altrimenti apolidi. In questi tre casi, le persone nate nel territorio nazionale sono considerate portoghesi di origine al pari di chi lo è in base allo *ius sanguinis*. Riguardo all'acquisizione della cittadinanza, ossia la naturalizzazione, la legge organica n.2/2006 stabilisce modi diversi per ottenerla a seconda se la persona è di maggiore età o minorenne. Gli stranieri maggiorenni possono acquisire la cittadinanza se risiedono in Portogallo, con qualsiasi tipo di autorizzazione, da almeno sei anni. I minorenni possono acquisire la cittadinanza qualora uno dei genitori risieda legalmente in Portogallo da almeno cinque anni, o, nel caso siano nati in territorio portoghese, se hanno concluso la scuola elementare. Con l'intento di agevolare l'acquisizione della cittadinanza e rendere il relativo processo meno ambiguo e soggetto a discrezionalità, la legge ha eliminato due requisiti precedentemente in vigore, ossia l'idoneità morale e civica e il possesso di mezzi di sussistenza adeguati. Prevede invece la conoscenza della lingua portoghese che viene attestata mediante un esame da svolgersi in istituti certificati. Il livello minimo di competenza linguistica richiesto è l'A2 del Quadro comune europeo di riferimento per le lingue (QCER). Riguardo al numero di anni di residenza necessari per l'acquisizione della cittadinanza, la legge determina che siano almeno sei, ossia quelli che la legge del 1981, con discriminazione positiva, prevedeva unicamente per gli immigrati provenienti dai paesi di lingua ufficiale portoghese, mentre per gli altri stranieri il periodo richiesto era di dieci anni. Si mantiene il requisito relativo ai precedenti penali: chi richiede la cittadinanza non può essere stato in precedenza condannato a una pena di tre o più anni di detenzione, secondo la legge portoghese.

Negli ultimi anni sono state apportate varie modifiche alla legge sulla cittadinanza, di cui si segnalano di seguito le più significative. Con la legge n. 1/2013 è stato creato un canale di naturalizzazione specifico per i discendenti di ebrei sefarditi, come riparazione storica della loro espulsione dal Regno del Portogallo nel 1496[9]. La legge n. 8/2015 ha introdotto un requisito di opposizione all'acquisizione della cittadinanza per questioni di sicurezza: la cittadinanza non può essere concessa a chi possa rappresentare un pericolo o una minaccia per la sicurezza e difesa nazionale, a causa del suo coinvolgimento in attività connesse con il terrorismo. La legge n. 9/2015 estende la cittadinanza originaria ai nipoti di portoghesi nati all'estero. La legge n. 2/2018 introduce delle modifiche sia per la concessione sia per l'acquisizione tramite naturalizzazione, sempre nel senso di agevolarle, in particolare si deve segnalare la riduzione degli anni di residenza richiesti, che passano da sei a cinque. Con la legge organica n. 2/2020, del 10 novembre, si rafforza il principio dello *ius soli* con l'attribuzione della cittadinanza originaria agli individui nati in territorio portoghese, figli di genitori stranieri, "che non dichiarino di non voler essere portoghesi, se, al momento della nascita, uno dei genitori risiede legalmente nel territorio portoghese, o in esso risieda, a prescindere dallo status giuridico, da almeno un anno" (comma f dell'articolo 1º)[10]. La legge, inoltre, ha eliminato alcuni requisiti per l'acquisizione della cittadinanza tramite naturalizzazione che riguardavano coloro che avevano perso la cittadinanza portoghese, in quanto, all'epoca della rivoluzione, risiedevano in Portogallo da meno di cinque anni. Infine, il decreto legislativo n. 26/2022 oltre a introdurre delle modifiche per quanto riguarda l'attribuzione della cittadinanza originaria a individui nati in territorio portoghese, essendo figli di stranieri, e per l'acquisizione della cittadinanza per adozione e per naturalizzazione, agevola la procedura per la richiesta della cittadinanza, rendendo possibile che gran parte delle pratiche possano essere espletate per via telematica.

---

[9] Gli effetti di questa norma si sono tradotti in un aumento esponenziale di richieste, in gran parte presentate presso consolati esteri, che ha portato a successive modifiche legislative, attuate con la legge organica n.1/2024 del 5 marzo, finalizzate a introdurre nuovi requisiti come, ad esempio, la dimostrazione che il richiedente abbia un reale e duraturo vincolo con la comunità portoghese e dimostri di aver risieduto in Portogallo per almeno un periodo di tre anni, consecutivi o discontinui.

[10] Si veda: <https://dia.riodarepublica.pt/dr/detalhe/lei-organica/2-2020-148086464>.

L'impatto della legge del 2006

L'analisi dei dati statistici relativi ai dieci anni successivi all'entrata in vigore della legge del 2006[11] mette in luce quale sia stato l'impatto del cambiamento normativo sulla evoluzione del numero di attribuzioni e di concessioni di cittadinanza portoghese. Innanzitutto, si nota come a partire dal 2007 si sia verificato un aumento significativo delle richieste di cittadinanza portoghese. Fra il 2007 e il 2016, sono state presentate all'incirca mezzo milione di richieste e, in media, ogni anno circa 40 mila stranieri sono diventati cittadini portoghesi. Si tratta di una trasformazione radicale, se si confrontano questi dati con quelli relativi al decennio precedente, ossia il periodo compreso fra il 1997 e il 2006, quando la media di procedimenti conclusi per l'acquisizione della cittadinanza era stata di 5/6 mila all'anno. La normativa in vigore sino al 2006, limitando fortemente l'accesso alla cittadinanza da parte degli immigrati residenti, finiva per determinare anche le modalità più comuni per ottenerla. Negli anni Ottanta e Novanta del secolo scorso, la via più seguita dagli stranieri residenti per diventare cittadini portoghesi era il matrimonio. A partire dal 2006, l'acquisizione di cittadinanza tramite dichiarazione di volontà diviene sempre meno rilevante, corrisponde infatti a circa il 19% delle concessioni, mentre la via privilegiata diviene la naturalizzazione, che in percentuale corrisponde al 42,1% delle acquisizioni. Importanti ricadute della legge del 2006 si osservano anche nella concessione della cittadinanza alla seconda e terza generazione di immigrati, mediante l'applicazione dello *ius soli* e dello *ius domicilii*.

Chi sono i nuovi cittadini portoghesi e il caso degli italiani

Quando si esaminano le statistiche sul numero di persone che hanno acquisito la cittadinanza portoghese, si verifica come la propensione ad acquisirla dipenda da alcuni fattori determinanti. In primo luogo, la maggioranza dei nuovi cittadini portoghesi sono stranieri residenti che già in precedenza parlavano la lingua portoghese, essendo originari del Brasile o di Paesi africani di lingua ufficiale portoghese. In secondo luogo, chi richiede la cittadinanza proviene, in genere, da uno Stato che permette ai suoi cittadini di averne più d'una. Quando ciò non avviene, si veda il caso degli stranieri originari di nazioni come la Cina, l'India, l'Ucraina e il Bangladesh, il loro numero di richieste della cittadinanza è percentualmente molto basso, sebbene tali immigrati costituiscano una parte significativa della popolazione straniera residente in Portogallo. Infine, un altro fattore rilevante è il tempo di residenza. La presenza di stranieri provenienti dall'Europa dell'Est acquisisce proporzioni significative all'inizio del ventunesimo secolo e quella di immigrati che arrivano dal

[11] Catarina Reis De Oliveira - Natália Gomes-Tiago Santos, *Aquisição da Nacionalidade Portuguesa: 10 anos da Lei em Números*, Caderno Estatístico Temático # 1, Coleção Imigração em Números do Observatório das Migrações, Lisboa, 2017.

continente asiatico a partire dal 2015, mentre l'immigrazione dalle ex-colonie e, in parte, dal Brasile risale agli anni Ottanta del secolo scorso. La residenza di lunga data spiega come siano proprio questi ultimi a dimostrare una maggiore propensione per l'acquisizione della cittadinanza.

Per quanto riguarda il caso specifico dei residenti italiani, bisogna ricordare, innanzitutto, che questi ultimi, essendo originari di un Paese dell'Unione europea, godono dei diritti che la cosiddetta cittadinanza europea garantisce loro e quindi la scelta di acquisire quella portoghese non si riveste dell'urgenza che può avere per gli stranieri provenienti da altre aree geografiche. Come indica la tabella riportata in calce, il numero di italiani che hanno acquisito la cittadinanza portoghese è gradualmente aumentato negli ultimi anni. Si passa da 14 nel 2008, a 50 (29 m / 21 f) nel 2022. Per quanto riguarda la modalità seguita per l'acquisizione di cittadinanza, la statistica più recente, ossia quella relativa al 2022, indica che: 12 italiani (7 m / 5 f) sono diventati cittadini portoghesi tramite matrimonio o unione di fatto con un cittadino portoghese da più di tre anni; 4 (1 m /3 f) per dichiarazione di volontà in caso di figlio minore o incapace, il cui padre o madre abbia acquisito la cittadinanza portoghese; 30 (18 m / 12 f) in base allo *ius domicilii*, essendo residenti in Portogallo da almeno cinque anni; 1 (m) come minore nato in territorio portoghese, figlio di stranieri, dei quali almeno uno residente in Portogallo da almeno cinque anni; 3 (2 m / 1 f) come stranieri discendenti di ebrei sefarditi portoghesi[12]. In mancanza di sondaggi o di studi sull'argomento, si possono avanzare due motivi che spingono un italiano a diventare cittadino portoghese, ricordando che sia il Portogallo che l'Italia ammettono la doppia cittadinanza. In primo luogo, il desiderio di integrarsi pienamente nella realtà in cui vive e con la quale si identifica, potendo, inoltre, partecipare alla scelta della rappresentanza parlamentare mediante l'esercizio del diritto di voto nelle elezioni politiche, un diritto che solo la cittadinanza gli garantisce. Un altro motivo, più pragmatico, si potrà ravvisare nel desiderio di evitare la fastidiosa trafila burocratica che contraddistingue il rinnovo del permesso di soggiorno.

[12] Se si confronta questa statistica con quella relativa al 2008 si nota come scenda, in percentuale, il peso delle acquisizioni di cittadinanza tramite matrimonio o unione di fatto che in quel caso erano ben 9 su un totale di 14. Si tratta, del resto, di una tendenza generale che, come si è visto, dipende dall'entrata in vigore della legge del 2006.

Italiani che hanno acquisito la cittadinanza portoghese. Serie storica. Valori assoluti. Anni 2008-2022.

Anno	Cittadinanze acquisite
2022	50
2021	65
2020	56
2019	32
2018	33
2017	24
2016	22
2015	14
2014	32
2013	27
2012	17
2011	19
2010	20
2009	21
2008	14

Fonte: Migrantes-Rapporto Italiani nel Mondo. Dati INE (ultimo aggiornamento: 4 dicembre 2023).

Popolazione straniera residente in Portogallo. Valori assoluti e percentuali. Anno 2023.

Paese di origine	Numero di persone	Incidenza sul totale di immigrati
Brasile	204.694	29,3
Regno Unito	41.944	6,0
Capo Verde	34.003	4,9
Italia	30.819	4,4
India	30.251	4,3
Romania	28.911	4,1
Ucraina	27.195	3,9
Francia	26.719	3,8
Angola	25.802	3,7
Cina	22.782	3,3
Nepal	21.545	3,1
Guinea-Bissau	20.357	2,9
Spagna	18.456	2,7
Germania	18.340	2,6
San Tomè e Principe	11.234	1,6

Fonte: Migrantes-Rapporto Italiani nel Mondo. Elaborazioni Gabinete de Estratégia e Estudos (GEE) su dati INE (ultimo aggiornamento: 29 settembre 2023).

REGNO UNITO.
Italiani tra cittadinanza e identità in un mosaico di esperienze, generazioni e culture

Mirco Brondolin, Federico Filauri, Andrea Pisauro e Carmen Silvestri
Tutti gli autori sono membri dell'Associazione *Manifesto di Londra*[1]

Essere cittadini italiani nel Regno Unito ha assunto connotazioni diverse nelle varie fasi storiche che hanno caratterizzato i rapporti italo-britannici. In questo capitolo ci soffermiamo, in particolare, sulle complesse dinamiche del XX secolo, quando gli italiani hanno rappresentato per il Regno Unito tante cose diverse: dapprima, durante il Fascismo, nemici di uno Stato in guerra; dopo la Seconda guerra mondiale, risorse umane volte a rinvigorire la forza-lavoro del Paese e, infine, con l'avvio del percorso di integrazione europea, cittadini di un'unica comunità. Nell'ottica del superamento dei confini nazionali, i cittadini italiani, e dunque europei, si trovavano quasi sullo stesso piano dei cittadini britannici.

La più recente fase storica, iniziata con la Brexit nel 2016, ha però mutato nuovamente lo scenario, riportando gli italiani residenti nel Regno Unito indietro nel tempo e creando ulteriori distinzioni nella complessa materia migratoria. Infatti, oggi, non tutti i cittadini italiani vengono posti sullo stesso piano in termini di accesso ai diritti, dipendendo il loro status dalla data di arrivo nel Paese: chi prima e chi dopo il 31 dicembre 2020, momento della fatidica uscita formale del Regno Unito dall'Unione europea.

Ciascuna fase storica è caratterizzata da diversi tipi di migrazione dall'Italia, e da diversi regimi normativi per gli italiani residenti nel Regno Unito. Dall'inizio del XX secolo, quasi 20 mila italiani arrivarono in Inghilterra, Scozia e Galles in varie ondate fino all'inizio della Prima guerra mondiale, quando il Regno Unito aveva una politica sull'immigrazione relativamente liberale rispetto ad oggi. L'*Aliens Act 1905* definiva *undesirables* (indesiderati) gli immigrati privi dei mezzi per sostenere se stessi e la propria famiglia, ma non erano previsti controlli alla frontiera e le restrizioni a stabilirsi nel Paese erano pertanto applicate discrezionalmente. Gli italiani

[1] Il *Manifesto di Londra* – <https://manifestodilondra.org> – è un'associazione politico-culturale indipendente fondata a Londra nel 2017 che si occupa di dare visibilità e voce alle comunità di italiani ed italiane emigrate nel dibattito pubblico e politico britannico ed italiano.

erano in ogni caso classificati come *aliens* (stranieri) e dovevano registrarsi presso la polizia locale[2].

L'avvento del Fascismo e l'introduzione di una normativa britannica più stringente sull'immigrazione interruppero di fatto i flussi migratori. L'*Aliens Restriction Act 1919* richiedeva a ogni immigrato un permesso di lavoro concesso dal governo britannico, rendendo più complesso stabilirsi nel Paese. Nel frattempo, il partito fascista cercò di fare della comunità italiana a Londra, dove vivevano circa 10 mila italiani, una "rispettabile vetrina" del nuovo regime, con un suo quartier generale a due passi da Trafalgar Square. La dichiarazione di guerra dell'Italia fascista al Regno Unito ebbe un effetto devastante sugli italiani, improvvisamente visti come una minaccia per la sicurezza nazionale. Allo scoppiare delle ostilità il Parlamento britannico emanò l'ordine di internare gli *aliens*. Migliaia di uomini italiani furono arrestati, non senza difficoltà nel distinguere italiani nati nel Regno Unito e quindi anche britannici *iure soli*, oppure col diritto a diventarlo dopo cinque anni di residenza. Furono stilate liste per identificare i *dangerous characters* (persone pericolose) che includevano sia fascisti che attivisti antifascisti. In questo contesto, il 2 luglio 1940 avvenne la tragedia dell'Arandora Star, nave britannica affondata dai sottomarini tedeschi, portando alla morte di oltre 700 persone a bordo, tra cui 446 deportati italobritannici. La vicenda della Arandora Star, a lungo dimenticata in Italia, è ricordata tra le tante famiglie di origine italiana in Inghilterra e in Scozia come una tragedia nella storia della comunità italiana nel Regno Unito e dell'emigrazione italiana nel mondo[3].

La fine della guerra permise la ripresa dei flussi migratori di lavoratori reclutati privatamente, in particolare nell'ambito delle costruzioni. Tra il 1950 e il 1960 decine di migliaia di italiani si stabilirono nelle cittadine di Bedford e Peterborough, tuttora ospitanti le più ampie comunità italiane nel Paese. Sebbene ancora considerati *aliens* e obbligati a registrare il proprio indirizzo alla polizia locale secondo l'*Aliens Order 1953*, alla vigilia dell'ingresso del Regno Unito nella Comunità europea, nel 1972, il numero di italiani era decuplicato, contando tra i 100 e i 200 mila cittadini italiani residenti. In questa fase si registra anche una diversa attitudine tra le famiglie italiane arrivate prima della Guerra e quelle arrivate dopo. Le prime, in molti casi, non trasmisero l'eredità linguistico-culturale alle generazioni successive (un po' per i traumi della guerra stessa e in parte perché mosse da un pressante desiderio di integrazione). Le seconde, invece, arrivate in gruppi, hanno spesso mantenuto una più forte identità italiana all'interno di comunità coese[4].

---

[2] Carol Volante, *Identities and perceptions: gender, generation and ethnicity in the Italian Quarter, Birmingham, c1891-1938*, 2001, <http://hdl.handle.net/2436/90755>.

[3] Terri Colpi, *The Italian Factor: The Italian Community in Great Britain*, Mainstream Publishing, Edimburgo, 1991.

[4] Siria Guzzo - Anna Gallo, "Migration and Multilingualism in the UK: the case of the Italian communities in Bedford and Peterborough", in Margherita Di Salvo - Paolo Moreno - Rosanna

Dopo l'ingresso del Regno Unito nella nascente Comunità europea, iniziò la libera circolazione tra i diversi paesi, venendo meno gli ostacoli all'immigrazione, con annessa la possibilità di una parità di trattamento sul posto di lavoro. Questa transizione si accompagnò alla tendenza da una parte a un controesodo in blocchi di lavoratori italiani che decidono di tornare nell'Italia del boom economico, dall'altra a un flusso migratorio più frammentario, dettato da dinamiche di sviluppo professionale e individuale di molti italiani di varie classi sociali.

Con il trattato di Maastricht nel 1992 e la nascita della cittadinanza europea, gli italiani nel Regno Unito videro una significativa espansione dei propri diritti che venivano per la prima volta a includere anche quelli politici, col diritto di voto alle elezioni locali o a quelle europee, permettendo inoltre ai cittadini italiani di essere candidati o eletti all'interno delle istituzioni democratiche britanniche, nei decenni successivi. A partire dalla crisi finanziaria globale del 2007-2009, i flussi migratori dall'Italia tornarono ad aumentare, con 1000-2000 italiani al mese che si trasferivano a Londra. Questo flusso ha portato al raddoppio della popolazione residente, che conta oggi oltre mezzo milione di iscritti nell'Anagrafe degli Italiani Residenti all'Estero (AIRE). Parte di questo imponente flusso migratorio consisteva anche in comunità di italiani naturalizzati, arrivati in Italia spesso negli anni Novanta, e ripartiti per il Regno Unito allo scoppiare della crisi finanziaria. Una volta arrivate sul suolo britannico queste comunità si sono a loro volta integrate tanto nella comunità italiana quanto in quella del Paese di prima emigrazione, come nel caso degli italo-bengalesi insediatisi a Ilford[5] e in vari quartieri della capitale, in particolare nelle aree a forte concentrazione di emigrazione dal subcontinente indiano.

La Brexit, tuttavia, ha fortemente invertito la tendenza sia dei flussi migratori che della crescita dei diritti. Già a seguito del referendum del 2016 il numero di italiani che si trasferivano nel Regno Unito iniziò a diminuire, per poi crollare dopo l'introduzione del regime di visti di lavoro seguito all'uscita formale del Regno Unito dall'Unione europea[6]. Al contempo, l'impatto della pandemia da Covid-19, avvenuto proprio durante la fase transitoria della Brexit, ha generato un piccolo controesodo di italiani che sceglievano di tornare in Italia[7], pur potendo godere di una continuità di diritti tramite lo *EU Settlement Scheme*[8]. Nello stesso periodo si

Sornicola, *Multilinguismo in contesto migratorio. Metodologie e progetti di ricerca sulle dinamiche linguistiche degli italiani all'estero*, Aracne, Ariccia (RM), 2014, pp. 81-112.

[5] Francesco Della Puppa, *Italian-Bangladeshi in London. A community within a community?*, «STI Working Papers», 18/2021, Londra, Transnational Press, pp. 35-47.

[6] Federico Filauri - Matteo Pazzona - Matilde Rosina, *New Evidence on Post-Brexit UK migration trends*, Brunel University, Londra, 2024.

[7] Si vedano: Manifesto di Londra, *The impact of Covid-19 on the Italian community in the UK: new evidence, insights and recommendations*, London School of Economics, Londra, 2020; Manifesto di Londra, *L'impatto del COVID-19 e della Brexit sulla comunità italiana nel Regno Unito*, Comites di Londra, Londra, 2021.

[8] Nell'accordo di uscita del Regno Unito dall'Unione europea, siglato a gennaio 2020, tutti i cittadini europei (e i loro familiari) residenti nel Regno Unito dovevano registrarsi allo *EU Settlement*

assiste anche a un'impennata di richieste di passaporto italiano da parte di cittadini britannici con origini familiari italiane più o meno recenti.

Come conseguenza di questa lunga stratificazione di stagioni migratorie e regimi normativi, il Regno Unito è oggi caratterizzato da comunità italiane di antica e di più recente emigrazione e dalla presenza di seconde, terze e quarte generazioni di immigrati italiani con diversi livelli di integrazione e legami con l'Italia. Col passare del tempo e delle generazioni si è perso tanto il legame con la lingua e la cultura italiane, quanto con la cittadinanza stessa, creando un mosaico di diversi tipi di italianità e di integrazione nella società britannica, invitandoci a riflettere sul loro significato diversificato.

La normativa britannica per la trasmissione e il conferimento della cittadinanza britannica

L'evoluzione della normativa britannica in materia di trasmissione e conferimento della cittadinanza ha avuto un percorso molto simile all'evolversi della normativa italiana, sia per quanto riguarda i contenuti che per quanto riguarda le tempistiche.

Il principale provvedimento legislativo è il *British Nationality Act 1981*[9], entrato in vigore il 1° gennaio 1983. Con qualche anno di anticipo rispetto alla Legge n. 91/1992 italiana, si sono superati la trasmissione della cittadinanza quasi esclusivamente per legame di sangue e il legame della cittadinanza della donna a quella del marito. Venne estesa l'acquisizione della cittadinanza *iure soli* per coloro i quali fossero nati sul suolo britannico, e resa più accessibile la possibilità di naturalizzazione, dopo un periodo di residenza continuativa nel Regno Unito di cinque anni, soddisfatte alcune altre condizioni. Inoltre, per la prima volta nella storia britannica, fu introdotta la possibilità di avere cittadinanze multiple e dunque chi aveva diritto alla doppia cittadinanza per nascita non era più costretto a scegliere una delle due al raggiungimento della maggiore età. Proprio per questo motivo, fra gli anni Cinquanta e l'entrata in vigore della nuova legge, molte persone di origine italiana residenti nel Regno Unito hanno evitato di registrare i propri figli con le autorità italiane, proprio per evitare complicazioni future, come l'impossibilità di accedere al pubblico impiego britannico. Questo fenomeno riguardava in particolar modo i figli di sesso maschile, potenzialmente soggetti al doppio servizio di leva militare in mancanza di specifici accordi fra i due paesi.

La legge britannica del 1981 introdusse altre due importanti novità. La prima riguardava la trasmissione della cittadinanza britannica per coloro nati al di fuori delle isole britanniche, possibilità però limitata a una sola generazione (e non indefinitamente, come ora accade nella legge italiana). La seconda novità consisteva

---

Scheme al fine di mantenere gli stessi diritti di cui godevano prima della fine del periodo di transizione (31 dicembre 2020).

[9] Si veda: <https://www.legislation.gov.uk/ukpga/1981/61>.

nell'introduzione di una sorta di *ius soli* mitigato, per cui acquisivano automaticamente la cittadinanza britannica coloro che erano nati nel Regno Unito, i cui genitori avessero un diritto di residenza permanente. Nel caso dei cittadini europei, fino al 2005, il diritto di residenza permanente veniva immediatamente acquisito con lo stabilirsi nel Regno Unito, per cui le seconde generazioni godevano di uno *ius soli* vero e proprio; dopo tale data il diritto di residenza permanente veniva concesso ai cittadini europei che avessero vissuto continuativamente per almeno cinque anni nel Regno Unito, per cui la possibilità di acquisizione di cittadinanza per i loro figli è stata parzialmente ristretta.

A differenza dell'attuale legge italiana sulla cittadinanza, vale però la pena sottolineare gli aspetti più peculiari dell'impianto normativo britannico. Innanzitutto, a causa della secolare storia imperiale, il Regno Unito definisce varie sottocategorie di cittadini: ai *British citizens* nati e residenti nelle isole britanniche, si affiancano anche i cittadini dei territori d'oltremare, i cittadini d'oltremare (persone collegate con ex colonie britanniche che non hanno legami diretti con il territorio del Regno Unito), i sudditi britannici (cittadini di quelle colonie come Irlanda o India che avevano raggiunto l'indipendenza prima del 1949), i cittadini britannici dei territori dipendenti (i residenti ad Hong Kong che al passaggio sotto la sovranità cinese nel 1997 hanno esercitato apposita opzione) e le persone britanniche protette (i residenti di alcuni ex protettorati). I possessori di queste sottocategorie di cittadinanza non godono di pieni diritti politici e di residenza nel Regno Unito, ma possono accedere a una via prioritaria in caso di espressione di volontà di naturalizzazione. Ancora formalmente esistenti, queste categorie non vengono più concesse e stanno andando ad esaurirsi proprio per il superamento della fase storica che aveva portato alla loro istituzione.

Attualmente, è possibile richiedere la cittadinanza britannica anche per naturalizzazione. Dopo cinque anni di residenza continuativa, è possibile ottenere la residenza permanente ("*indefinite leave to remain*", o "*settled status*" per i cittadini europei presenti nel Paese prima della Brexit). Trascorso un ulteriore anno, è possibile presentare domanda di cittadinanza britannica, se in possesso di alcuni requisiti: residenza continuativa nel Regno Unito per gli ultimi 5 anni e assenze per non più di 90 giorni per ogni anno in questione, sufficiente conoscenza della lingua inglese e della storia e cultura britanniche, assenza di precedenti penali. Il costo della presentazione della domanda di cittadinanza ad oggi è di 1630 £ (circa 1900 €).

Le concessioni di cittadinanza britannica ai cittadini italiani

In questo quadro è interessante osservare come negli anni successivi al referendum del 2016, un numero crescente di italiani abbia ottenuto la cittadinanza britannica.

Concessioni di cittadinanza britannica ai cittadini italiani. Serie storica. Valori assoluti. Anni 2016-2023.

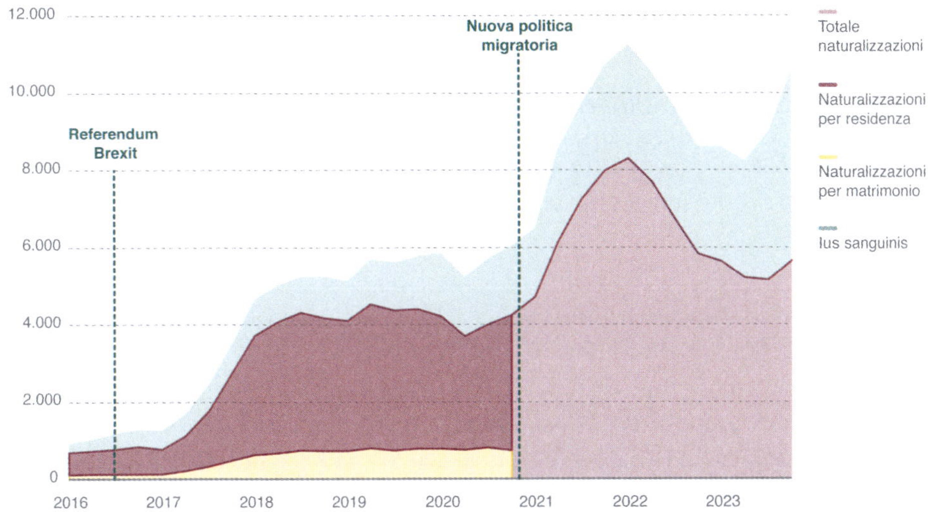

Fonte: Migrantes-Rapporto Italiani nel Mondo. Dati Home Office Regno Unito, <https://www.gov.uk/government/statistical-data-sets/immigration-system-statistics-data-tables#citizenship>.

Nel 2016, il totale dei conferimenti annuali di cittadinanza britannica per naturalizzazione si arrestava a 726. Dopo il referendum sulla Brexit, il numero di concessioni di cittadinanza registrate si è assestato lungo una costante con numeri quintuplicati (4.532 nel 2019). Si è assistito infine a una nuova impennata, tra la fine del 2021 e il 2022, dopo l'entrata in vigore della nuova legge sull'immigrazione, con un picco di 8.294 naturalizzazioni nel corso dell'anno, più di 10 volte tanto rispetto al 2016. Nel 2023 il totale si è fermato a 5.650. Una simile tendenza si osserva anche per i conferimenti della cittadinanza per discendenza, che crescono da 233 nel 2016, a 2.970 nel 2022, fino a un picco di 4.986 nel 2023 (in verde nel grafico).

Vale la pena ricordare che la nuova politica migratoria del 2021, che sostituisce la libera circolazione in vigore nel regime pre-Brexit, non ha alcun impatto diretto sui conferimenti di cittadinanza, i cui criteri di ammissibilità non sono cambiati. A questo proposito, in uno studio recente sugli effetti della Brexit sulla migrazione verso il Regno Unito, Clifton-Sprigg *et al.* leggono questo aumento recente come sintomo di un grande senso di incertezza fra i migranti già presenti nel Regno Unito al momento del referendum sulla Brexit; di fronte a questa incertezza la risposta più logica sarebbe la richiesta di cittadinanza, che assicurerebbe il mantenimento dei diritti acquisiti, o ne previene il rischio della perdita[10]. Viene aggiunto che «l'aumento complessivo avrebbe potuto essere ancora maggiore, considerando il numero di cittadini europei in possesso dei requisiti per presentare domanda. Ciò confermerebbe la complessità burocratica e gli alti costi associati alla domanda di cittadinanza»[11]. Infine, confrontando i dati provenienti da diversi paesi, gli studiosi osservano: «Troviamo un effetto solo sui migranti provenienti da Paesi europei che consentono la doppia cittadinanza, il che indica che i migranti non sono disposti a rinunciare alla loro nazionalità originaria per far fronte all'insicurezza»[12].

Le concessioni di cittadinanza italiana ai cittadini britannici

Volgendo l'attenzione ai conferimenti di cittadinanza italiana a persone di nazionalità britannica, si nota una simile tendenza in aumento.

Concessioni di cittadinanza italiana a cittadini britannici. Serie storica. Valori assoluti. Anni 2016-2022.

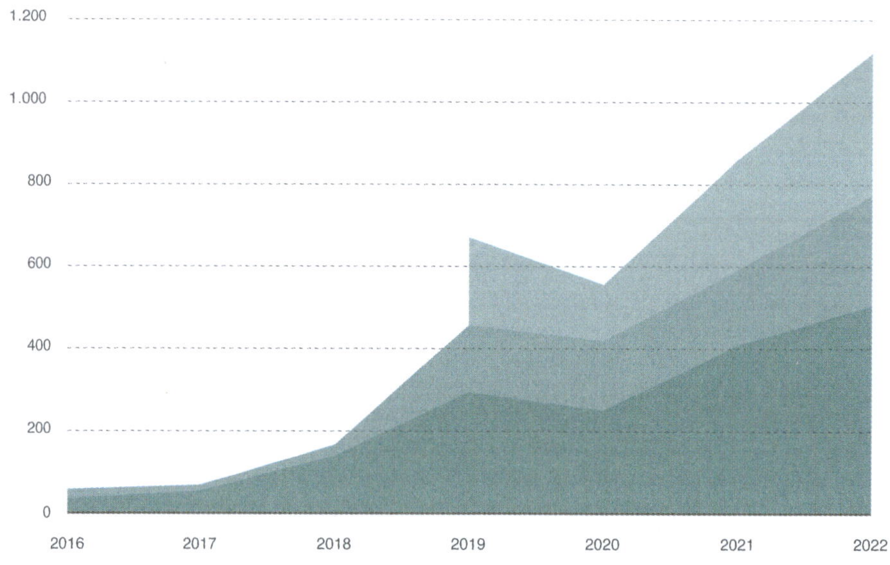

Fonte: Migrantes-Rapporto Italiani nel Mondo. Dati Ministero dell'Interno, <https://www.interno.gov.it/it/stampa-e-comunicazione/dati-e-statistiche>, Consolati Generali di Londra e Edimburgo.

---

[10] Joanna Clifton-Sprigg - Ines Homburg - Jonathan James - Suncica Vujic, *A Bad Break-Up? Assessing the Effects of the 2016 Brexit Referendum on Migration*, «IZA Discussion Papers», 16468, Bonn, 2023.

[11] Ibidem.

[12] Ibidem.

Nel 2016, il totale di naturalizzazioni italiane di cittadini britannici era di 58 unità; le naturalizzazioni arrivano a 457 nel 2019 (otto volte tanto), per raggiungere, infine, le 773 nel 2022, oltre 13 volte tanto, e un ulteriore aumento del 30% rispetto al 2021. A queste vanno aggiunte le istanze di cittadinanza *iure sanguinis* presentate presso i Consolati italiani nel Regno Unito (i cui dati sono disponibili a partire dal 2019), più che duplicate dal 2020 al 2022, raggiungendo le 347 unità. A proposito dei conferimenti di cittadinanza *iure sanguinis*, è necessario precisare che, oltre alle istanze presentate ve ne sono un grosso numero, di cui non è possibile offrire qui una stima, in attesa di essere presentate, a causa dei tempi d'attesa per un appuntamento che si sono senza sorpresa allungati. Infine, si noti che le concessioni di cittadinanza *iure sanguinis* registrate negli ultimi due anni (2021-22) sono superiori a quelle concesse per naturalizzazione per residenza (nel 2021, 269 contro 183; nel 2022, 347 contro 268). È significativo che la cittadinanza italiana venga concessa più di frequente dai Consolati italiani nel Regno Unito a chi ha origini italiane ma risiede all'estero, che dalle Prefetture italiane a chi risiede in Italia da oltre dieci anni.

In questo senso, si può congetturare che i cittadini britannici residenti in Italia pre-Brexit abbiano poco interesse a richiedere la cittadinanza italiana per residenza, essendo già tutelati dal proprio diritto di permanenza nel Paese, in base allo *EU-UK Withdrawal Agreement*, allo stesso modo in cui i cittadini italiani in possesso del *(pre-)settled status* sono tutelati nel Regno Unito.

Cittadinanza italiana e competenza linguistica

Come menzionato nelle sezioni precedenti, in Italia, ad oggi, la cittadinanza viene concessa automaticamente solo tramite *iure sanguinis*, senza particolari requisiti se non quello di dimostrare di discendere da un cittadino italiano e senza limite al numero di generazioni. Per ottenere la naturalizzazione o la cittadinanza per matrimonio, invece, tra le altre cose, è necessario dimostrare una buona conoscenza della lingua italiana, almeno di livello B1 del Quadro Comune Europeo di Riferimento per le lingue (QCER)[13]. Gramling[14] descrive questo concetto come *ius linguarum*, indicando come la competenza linguistica diventi un prerequisito per la cittadinanza.

Nel campo della sociolinguistica la ricerca ha esplorato spesso i processi che hanno di fatto territorializzato la lingua, spiegando come negli ultimi due secoli la competenza in un sistema linguistico sia stata connessa ai luoghi e alla costru-

[13] Artt. 5 e 9 della Legge n. 91/1992, così come modificati dal decreto-legge n. 113/2018, in vigore dal 4 dicembre 2018.

[14] David Gramling, *The invention of monolingualism*, Bloomsbury, London, 2016.

zione dello Stato-nazione, e non alle persone[15]. L'ideologia dietro a questi processi suggerisce che a un territorio corrisponda una lingua e viceversa. In tempi di globalizzazione, però, è difficile guardare alle lingue come entità distinte e separate geograficamente. Il Regno Unito ne è un perfetto esempio, con 93 lingue dichiarate dai suoi abitanti nell'ultimo censimento[16].

Nonostante l'ideologia secondo cui la lingua è strumento unificante legato al territorio di uno Stato-nazione, si vede l'introduzione in Italia di una forma di *ius linguarum* che lega la lingua alla cittadinanza solamente in alcuni casi, escludendone altri. La conoscenza della lingua italiana non si inserisce di fatto come un requisito essenziale per essere cittadini italiani. Ci si potrebbe interrogare sul perché tale "prova di italianità" non si applichi, per esempio, ai discendenti dei cittadini italiani all'estero, nonostante sia ben noto come la lingua d'origine si perda velocemente di generazione in generazione[17].

La risposta si può trovare nella Costituzione. Sebbene l'italiano sia la lingua normalmente usata in Italia, e la lingua in cui è stata redatta la costituzione del 1948, non esistono norme specifiche sull'ufficialità della lingua sul territorio della Repubblica. Le lingue nella Costituzione italiana sono menzionate nell'articolo 3 («*Tutti i cittadini hanno pari dignità sociale e sono eguali davanti alla legge, senza distinzione [...] di lingua [...]*») e nell'articolo 6 («*La Repubblica tutela con apposite norme le minoranze linguistiche*»), ma non si fa mai menzione della lingua italiana come lingua dello Stato. Secondo il giurista Pizzorusso[18], l'assenza di un'esplicita norma sulla "lingua di Stato" potrebbe essere frutto di una deliberata scelta dei padri costituenti, in contrasto all'impronta nazionalistica delle politiche linguistiche del periodo fascista. Introdurre una forma di *ius linguarum* per la cittadinanza, dunque, potrebbe risultare in contraddizione con l'assenza nella Costituzione di una norma sulla lingua di Stato e, in termini pratici, con la mancanza nel sistema italiano di una forma di *ius scholae*. Questo ci porta a riflettere nuovamente sul significato della cittadinanza e, in termini ancor più ampi, su cosa significhi essere italiani.

L'ultimo censimento in Inghilterra e Galles[19] riporta che nel 2021 si contano 276.669 persone nate in Italia, 368.738 titolari di un passaporto italiano, ma non britannico, 160.000 persone che parlano italiano come *main language* (lingua prin-

---

[15] Sinfree Makoni - Alastair Pennycook, *Disinventing and reconstituting languages*, Multilingual Matters, Clevedon, 2007.

[16] Si veda: <https://www.ons.gov.uk/peoplepopulationandcommunity/culturalidentity/language/bulletins/languageenglandandwales/census2021>.

[17] Carmen Silvestri, *Italian as a heritage language in London: an ethnographic perspective on identity and pedagogy in a complementary school*, Tesi di dottorato, University of Essex, 2024.

[18] Alessandro Pizzorusso, *Il pluralismo linguistico in Italia fra Stato nazionale e autonomie regionali*, Pacini ed., Pisa, 1975.

[19] Nel 2021 si è tenuto il censimento decennale anche in Irlanda del Nord, ma i dati analitici relativi alla nazionalità, all'uso della lingua e all'identità nazionale non sono ancora stati pubblicati. In Scozia, invece, la rilevazione è stata posticipata al 2022 a causa della pandemia e per questo motivo l'elaborazione dei dati è ancora in corso.

cipale) e 286.000 persone che hanno dichiarato di avere un'identità nazionale italiana[20]. Fornire un quadro chiaro del numero di italiani nel Regno Unito è complesso, ma definire ciò che conta come italiano è praticamente impossibile.

Dunque, se non si ha una discendenza italiana (ovvero si è italiani per legami di sangue), per ottenere la cittadinanza è necessario dimostrare una competenza linguistica di livello B1. Questo può essere fatto tramite un titolo di studio rilasciato da un istituto di istruzione, o tramite una certificazione rilasciata da un ente certificatore appartenente al sistema CLIQ (Certificazione Lingua Italiana di Qualità), come l'Università per Stranieri di Siena o di Perugia, l'Università Roma Tre, o la Società Dante Alighieri. Tuttavia, tali test di lingua sono progettati per la verifica delle abilità a seguito di un percorso di apprendimento dell'italiano come lingua straniera o seconda lingua, senza considerare i percorsi di acquisizione spontanea in contesti familiari, e creando così disuguaglianze nelle abilità necessarie per la vita quotidiana.

In sintesi, l'introduzione dell'esame B1 per la cittadinanza italiana genera alcuni paradossi. I discendenti degli emigrati italiani ad oggi possono richiedere la cittadinanza indipendentemente dalla loro competenza linguistica, nonostante le difficoltà nel mantenimento della lingua d'origine. I partner di cittadini italiani, invece, devono dimostrare la loro competenza linguistica per ottenere la cittadinanza, a prescindere da dove intendano risiedere. Al contempo, chi è nato in Italia, ha frequentato le scuole dell'obbligo e parla italiano come prima – e spesso unica – lingua potrebbe non avere lo status di cittadino italiano se i genitori hanno un passaporto diverso e non hanno ancora maturato i requisiti per poter richiedere la cittadinanza italiana per naturalizzazione.

Cittadinanza e lingua nel sistema educativo britannico

Il *Rapporto Italiani nel Mondo 2022* ci ricorda che tra gli italiani all'estero si contano anche «841 mila minori, moltissimi di questi nati all'estero, ma tanti altri partiti al seguito delle proprie famiglie»[21]. Si tratta di quasi un milione di bambini e ragazzi potenzialmente bilingui/multilingui in età scolare che, per la maggior parte, sono scolarizzati in una lingua diversa dall'italiano. Gli studenti con cittadinanza italiana che frequentano le scuole in Inghilterra e Galles hanno la possibilità di includere l'italiano nel loro percorso di studi aggiungendo la materia come esame di GCSE (*General Certificate of Secondary Education*) e di *A-Level*.

[20] Si veda: <https://www.ons.gov.uk/peoplepopulationandcommunity/populationandmigration/populationestimates/articles/demographyandmigrationdatacontent/2022-11-02>.

[21] Delfina Licata, "Il Rapporto Italiani nel Mondo 2022. Mobilità italiana: convivere e resistere nell'epoca delle emergenze globali", in Fondazione Migrantes, *Rapporto Italiani nel Mondo 2022*, Tau Editrice, Todi (PG), 2022, pp. XV-XVI.

Il sistema scolastico inglese è organizzato in cinque stadi (*Key Stage*, KS)[22]. Alla fine del KS4 (dai 14 ai 16 anni) sono previsti gli esami di GCSE. Gli esami vengono affrontati dai ragazzi in Year 11 ma nel caso delle lingue comunitarie, viene concesso di fare l'esame anticipato ed è possibile sostenerlo in Year 10, in alcuni casi anche prima. I GCSE di lingua si suddividono in *Foundation* (circa un livello A2 del QCER) e *Higher* (quasi un livello B1). Se l'italiano è considerato come lingua d'origine si consiglia agli studenti di fare il GCSE Higher.

Il GCSE di italiano prevede una preparazione di tipo prettamente linguistico, con programmi disegnati sui curriculum di italiano come lingua straniera, i quali spesso non rispecchiano le competenze degli studenti che parlano italiano come lingua d'origine. Alcune scuole (per esempio, le *grammar school* o alcune scuole cattoliche) hanno spesso docenti specializzati che seguono anche a livello individuale la preparazione degli studenti definiti *natives* (parlanti nativi di italiano). Non tutte le scuole, però, hanno modo di supportare gli studenti nella preparazione degli esami delle lingue comunitarie. In alcuni casi, gli enti promotori del Consolato o altre scuole complementari sul territorio offrono corsi per la preparazione al GCSE in orario extracurriculare. Laddove la scuola non avesse l'italiano come materia d'esame nell'offerta formativa, è possibile fare l'esame con un esaminatore esterno, ma non tutte le famiglie si orientano in questo sistema ed è possibile che degli studenti (cittadini italiani) non facciano in tempo a prepararsi e affrontare con successo il GCSE.

Senza un GCSE risulta difficile affrontare gli esami di *A-Level* in KS5 (tra i 16 e i 18 anni). L'esame di italiano *A-Level* è molto più incentrato sulla storia e la cultura italiana, ma presuppone un buon livello di lingua italiana. Per buon livello, in un contesto scolastico, si intende anche una competenza in termini di letto-scrittura, variazione di registri e altri elementi che sono il risultato di un percorso di apprendimento, e non di acquisizione linguistica. Il rischio che corrono le famiglie è quindi quello di dare per scontate delle abilità che la sola trasmissione linguistica informale non può fornire. Per questo la preparazione è comunque essenziale ma implica dei costi che non tutte le famiglie possono sostenere.

Le materie per gli esami di *A-Level* sono normalmente tre e in alcune scuole – ma non tutte – è possibile scegliere quattro materie. Molti studenti scelgono l'esame della loro lingua comunitaria, come l'italiano, per avere quattro *A-Level* e aumentare le possibilità di accedere all'università desiderata, dato che l'ammissione ai corsi universitari è sulla base dei voti di questi esami. Tuttavia, i costi per l'istruzione superiore (o universitaria) nel Regno Unito sono aumentati al punto tale che molte famiglie hanno iniziato a guardare con interesse all'opzione di un corso di studi universitari in Italia.

---

[22] Per la tabella sul sistema educativo inglese e italiano: <https://sial.school/it/perche-sial/sistemi-scolastici-a-confronto/>.

Mentre in Irlanda del Nord il sistema scolastico superiore ricalca grossomodo quello poco sopra descritto, in Scozia il sistema scolastico arriva ad imporre una formazione più approfondita delle materie di esame, per l'ottenimento di un titolo a conclusione della scuola secondaria superiore. Il sistema scolastico scozzese, il *curriculum of excellence*, è suddiviso in due cicli: la scuola primaria, di sette anni (P1-P7), fra i 5 e i 12 anni di età dello scolaro, e la scuola secondaria (S1-S6), di sei anni, fra i 12 e i 18 anni. L'istruzione dell'obbligo termina con il compimento del sedicesimo di anno di età (all'incirca al termine della S4), quando gli studenti possono ottenere le qualifiche *National 5*, che tuttavia non danno accesso agli studi universitari successivi. S5 e S6 sono due classi facoltative, durante le quali gli studenti possono ottenere le qualifiche *Higher* (già a partire dalla S5) o *Advanced Higher* (a conclusione della S6, ovvero dopo tredici anni di scolarità complessiva). In questo sistema, gli *Higher* corrispondono approssimativamente a un livello B1 del QCER, mentre gli *Advanced Higher* a un livello B2. Le competenze linguistiche che vengono valutate nel corso dell'esame riguardano principalmente la comprensione e la produzione di una vasta gamma di tipologie di testi nel contesto della società moderna, con un focus minore sulla letteratura[23].

Per l'immatricolazione in una università italiana, il requisito di base è essere in possesso di un diploma di maturità o di un titolo equivalente. L'equipollenza di *A-Level* e *Advanced Higher*, però, può essere complicata e le istituzioni universitarie in Italia hanno politiche e modalità d'accesso diverse tra loro. Infatti, l'articolo 2 della Legge n. 148/2002 afferma che «il riconoscimento [...] dei titoli di studio stranieri [...] è attribuita alle Università ed agli Istituti di istruzione universitaria, che la esercitano nell'ambito della loro autonomia e in conformità ai rispettivi ordinamenti». Tra le procedure di accesso di alcune università italiane, un elemento comune è la richiesta che le tre materie a livello avanzato (*A-Level* o *Advanced Higher*) siano attinenti al corso di studi a cui si intende iscriversi, ma mentre alcune istituzioni preferiscono che lo studente con cittadinanza italiana abbia superato un esame di italiano, altri corsi non contano l'esame di italiano in caso di cittadinanza italiana, e lo studente rischia così di non avere un numero sufficiente di qualifiche per l'equipollenza. In alcuni casi, infine, la cittadinanza italiana e un titolo di studio equivalente al diploma (a prescindere dalle materie d'esame) sono sufficienti per l'immatricolazione, senza questioni di competenza linguistica.

Conclusioni

Il complesso mosaico culturale e linguistico delle comunità italiane nel Regno Unito ci invita a una riflessione generale sia sul senso che la cittadinanza italiana acquisisce all'aumentare della distanza spaziale, temporale e culturale dal nostro Paese, sia in relazione a chi quella cittadinanza ambisce ad averla, vivendo ed essendo cresciuto

[23] Si veda: <https://www.sqa.org.uk/files_ccc/AHCourseSpecModernLanguages.pdf>.

in Italia. Tanto nel Regno Unito che in Italia si sono succedute fasi storiche in cui la cittadinanza veniva attribuita prevalentemente *iure sanguinis* fino a gran parte del XX secolo, introducendo poi altre modalità con le leggi più recenti come la naturalizzazione o lo *iure soli* nel Regno Unito. Si tratta di un'evoluzione positiva e necessaria, per includere e integrare tutti i cittadini residenti nello Stato che li accoglie, inclusi quelli con background migratorio che non hanno mai vissuto la migrazione in prima persona. Come discusso in questo capitolo, i legami di sangue hanno un peso relativo rispetto all'effettiva trasmissione del patrimonio linguistico-culturale di chi sceglie di – o è costretto a – migrare e col passare delle generazioni tale patrimonio tende a dissiparsi fino a scomparire.

In Italia, tuttavia, lo *iure sanguinis* rimane la via più semplice e praticata per accedere alla cittadinanza italiana, addirittura senza vincoli rispetto al numero di generazioni trascorse, creando diversi paradossi. Innanzitutto, essendo l'Italia un Paese di antica emigrazione, il numero di discendenti di italiani immigrati anche soltanto per un avo è molto alto e viene addirittura stimato in un numero maggiore degli italiani stessi[24]. Nel caso del Regno Unito stime riportano che il numero di persone con origine italiana possa raggiungere il 2%[25]. Inoltre, dato quanto questa emigrazione sia antica, molti dei richiedenti non conoscono la lingua italiana o una sua varietà, conoscono poco la sua storia recente e alcuni non vi hanno neanche mai messo piede, come è evidente da molte delle domande di cittadinanza effettuate negli anni successivi alla Brexit. Non sono rari i casi in cui l'unico legame con l'Italia è dato dalla possibilità di accedere a una cittadinanza europea e ai vantaggi che questa comporta, in particolare nel post-Brexit. Allo stesso tempo questo legame giuridico si applica per l'emigrazione più antica (prima del 1948) solo alla discendenza per via paterna, creando una diseguaglianza di genere che è in chiaro conflitto coi principi costituzionali.

L'esperienza delle comunità italiane nel Regno Unito che si impegnano attivamente nel processo di trasmissione linguistica ai propri figli, non senza difficoltà, dà invece un'indicazione chiara rispetto a chi voglia mantenere un legame culturale con il Paese, in confronto ai legami di convenienza che derivano dal mero possesso di una determinata cittadinanza, e dunque di un passaporto. Il mosaico di esperienze di italianità nella società multietnica britannica fornisce dunque un'idea di come una diluizione dello *iure sanguinis* in favore di un'apertura allo *ius scholae* possa rendere più equo, consistente e aderente ai principi costituzionali il senso della cittadinanza italiana in un'era di migrazioni globali.

---

[24] Gian Carlo Perego, "Introduzione", in Fondazione Migrantes, *Rapporto Italiani nel Mondo 2011*, Tau Editrice, Todi (PG), 2011, p. 7. Si veda anche il sito, <https://italiaindati.com/emigrazione/>.

[25] Si veda: <https://www.i3italy.org/quanti-italiani-in-inghilterra>.

APPROFONDIMENTI

Irlanda del Nord. La cittadinanza come causa di tensione fra cattolici e protestanti

La storia dell'Irlanda del Nord è stata per decenni tormentata da quella che di fatto è stata una guerra civile, fra unionisti protestanti, fedeli alla monarchia britannica di Londra, e repubblicani cattolici, che lottavano per la riunificazione dell'Irlanda del Nord con il resto dell'isola, sotto il controllo di Dublino. Questa fase si è conclusa nel 1997, con la stipula degli accordi di Belfast (o "accordi del Venerdì Santo") con i quali si è arrivati non solo a una riappacificazione delle due fazioni, ma si sono definiti anche gli aspetti sociopolitici al fine di evitare il riaccendersi delle tensioni.

Uno degli argomenti di dibattito durante la negoziazione degli accordi è stato appunto il tema della cittadinanza, visto non solo nell'ottica dell'assetto istituzionale del tempo, con l'Irlanda del Nord ancora parte del Regno Unito, ma anche in quella di una sempre più possibile riunificazione della regione con il resto dell'isola nella Repubblica d'Irlanda.

Il testo finale degli accordi ha previsto, infatti, che i residenti in Irlanda del Nord potessero mantenere sia la cittadinanza britannica che quella irlandese, se aventi diritto ai sensi delle rispettive leggi nazionali in materia, indipendentemente dal fatto che la regione fosse parte di uno dei due Stati. Infatti, nel dicembre 1922, all'entrata in vigore del Trattato anglo-irlandese che aveva sancito l'indipendenza dell'Irlanda dal Regno Unito, per sole 24 ore l'Irlanda del Nord era stata sotto il controllo del nuovo Stato, prima di esercitare l'opzione per rimanere parte del Regno Unito. Questo breve lasso di tempo non ha però evitato l'applicazione dell'automatismo per cui alle persone lì residenti fosse dunque assegnata la cittadinanza irlandese, che di diritto si trasmette anche ai discendenti nati sull'isola. Infatti, sempre gli accordi di Belfast hanno confermato anche il principio, entrato ufficialmente nella Costituzione irlandese mediante l'approvazione del diciannovesimo emendamento nel 1999, per cui ogni persona nata sull'isola d'Irlanda – includendo dunque nella norma anche coloro nati nell'Irlanda del Nord – fosse riconosciuta cittadina irlandese, in un vero e proprio *ius soli* (norma leggermente temperata nel 2005, includendo la condizione che almeno uno dei due genitori fosse di cittadinanza irlandese o britannica, ovvero che avesse maturato alla nascita del figlio almeno tre anni di residenza legale negli ultimi quattro anni).

Per un osservatore esterno, tutte queste possono sembrare questioni che riguardano la politica e diventano argomenti di frizione solamente ai tavoli di trattativa. Invece, per alcuni decenni sono stati oggetto di battaglie identitarie fra le due fazioni in lotta nella regione, cattolici e protestanti. Dopo gli accordi di Belfast, la guerra civile si è assopita e si sta affermando ormai una nuova generazione che non ha minimamente conosciuto gli anni degli scontri e delle violenze e che si pone, rispetto alla questione, in maniera aconfessionale, senza schierarsi per l'una o per l'altra parte, ma con il solo auspicio di progresso per la regione, rimasta al palo a causa dei lunghi anni di lotte.

Solo recentemente l'argomento è tornato alla ribalta, con l'entrata in vigore della Brexit alla fine del 2020: se prima possedere un passaporto britannico o irlandese era pressoché indifferente, visti anche i benefici reciproci riconosciuti in materia di diritti politici (britannici e irlandesi hanno diritto all'elettorato attivo e passivo anche nell'altro Paese), ora il passaporto irlandese risulta essere più appetibile in quanto continua a garantire il diritto alla libera circolazione all'interno dell'Unione europea. Nel solo 2023, infatti, il Ministero degli Affari Esteri irlandese ha annunciato che cinque delle sei province che costituiscono l'Irlanda del Nord risultano essere in cima alla classifica delle province dell'isola d'Irlanda da cui sono giunte più numerose le domande di rilascio di primo passaporto irlandese, mentre il totale dei passaporti rilasciati a residenti in Irlanda del Nord sfiora il numero di 100 mila (oltre il 10% dei 950 mila passaporti irlandesi rilasciati nel corso dell'anno)[26].

Scozia. Il sogno dell'indipendenza e le nuove aspettative di cittadinanza

Sebbene il Regno Unito sia formalmente costituito da quattro nazioni, ognuna delle quali gode di ampia autonomia decisionale su numerose materie, la cittadinanza britannica è tuttavia uno di quegli ambiti in cui il governo centrale di Westminster ha competenza esclusiva. Pertanto, in Scozia, così come anche in Galles ed in Irlanda del Nord, si applicano le medesime norme dell'Inghilterra, per quanto riguarda la trasmissione e la concessione della cittadinanza britannica (spesso anche impropriamente descritta come "cittadinanza inglese").

Da decenni, in Scozia, esiste un forte movimento indipendentista che ha assunto maggiore risalto e vigore soprattutto a partire dal 2007, quando è stato eletto per la prima volta nel reinsediato parlamento devoluto scozzese, un governo guidato dallo Scottish National Party (SNP), partito di matrice nazio-

---

[26] Si veda: <https://www.gov.ie/en/press-release/7e881-tanaiste-announces-passport-service-overview-for-2023/>.

nalista e nazionaldemocratica. Il principale punto programmatico dello SNP è l'ottenimento dell'indipendenza dal governo di Londra. Obiettivo fallito con il referendum del 18 settembre 2014[27] e oscurato dopo che la proposta per una seconda consultazione referendaria è stata bocciata dalla Corte Suprema britannica a fine 2022[28].

Malgrado questa brusca frenata al sogno indipendentista, lo SNP, ancora al governo, ha continuato a illustrare i potenziali benefici di una Scozia indipendente in una serie di report. Il quinto di questi, pubblicato il 27 luglio 2023 e intitolato *Citizenship in an indipendent Scotland*[29], descrive l'approccio al tema della cittadinanza da parte dello stato scozzese. Questo report, a differenza di altri che mettono in risalto le differenze rispetto allo Stato centrale sulle diverse tematiche, appare piuttosto appiattito sulle posizioni di Londra, al fine di non creare una importante spaccatura, che possa ritorcersi a livello di immagine per il partito e per la causa indipendentista. L'impianto normativo è molto simile a quello britannico con le uniche differenze riguardanti la presenza di un unico livello di cittadinanza scozzese (anche se abbiamo visto che, nel caso della cittadinanza britannica, la presenza di più categorie risulta essere ormai un residuo del passato imperiale), una maggiore facilità di accesso alla cittadinanza per i bambini che siano nati e cresciuti in Scozia e costi più contenuti per la presentazione della domanda di cittadinanza, sull'ordine delle poche centinaia di sterline, in linea con quanto esiste nei maggiori Paesi dell'Unione europea. L'unico guizzo riguarda il reingresso della nuova nazione indipendente nell'Unione europea, così che i cittadini scozzesi possano ritornare ad essere anche cittadini europei.

Malgrado le differenze formali poco sostanziali, la Scozia ritiene il tema della cittadinanza come elemento di inclusività, sia per la partecipazione civica, che per l'erogazione della previdenza sociale. Un più agevole accesso a una futura cittadinanza scozzese viene visto come dovuto riconoscimento all'enorme contributo che le persone provenienti da ogni parte del mondo danno alla società scozzese e che hanno deciso di stabilire la propria residenza in Scozia.

---

[27] Si veda: <https://it.wikipedia.org/wiki/Referendum_sull%27indipendenza_della_Scozia_del_2014>.

[28] Si veda: <https://en.wikipedia.org/wiki/Proposed_second_Scottish_independence_referendum>.

[29] Si veda: <https://www.gov.scot/publications/building-new-scotland-citizenship-independent-scotland/>.

SENEGAL E SUDAFRICA. Gli effetti linguistici e culturali della cittadinanza italiana

RAYMOND SIEBETCHEU, Università per Stranieri di Siena

Il presente capitolo si prefigge di illustrare l'impatto e il valore dell'acquisizione della cittadinanza italiana per i cittadini residenti all'estero, con un'attenzione particolare al Sudafrica e al Senegal. L'obiettivo è, quindi, di descrivere per questi due Paesi il significato di essere o non essere italiano. Per i due Paesi si cercherà di capire quale sia la legge sulla cittadinanza in vigore e come la legge italiana si sia confrontata con quelle locali a partire dal 1992. Intendiamo infine approfondire la questione dei diritti e i fattori linguistici in relazione alla cittadinanza tra il passato emigratorio, il presente migrante e il futuro dell'Italia e degli italiani in mobilità tenendo presente il doppio binario emigrazione/immigrazione.

L'acquisizione della cittadinanza italiana: il contesto senegalese e sudafricano

Come si evince dai dati forniti dai Consolati d'Italia a Dakar (Senegal)[1] e a Johannesburg (Sudafrica)[2], che ringraziamo per la collaborazione, la cittadinanza italiana si basa sul principio dello *ius sanguinis* (diritto di sangue), per il quale il figlio nato da padre italiano o da madre italiana è italiano; tuttavia, è da tener presente che la madre cittadina trasmette la cittadinanza ai figli minori solo a partire dal 1° gennaio 1948, per effetto di una specifica sentenza della Corte costituzionale. Attualmente, la cittadinanza italiana è regolata dalla legge n. 91 del 5 febbraio 1992 che, a differenza della legge precedente, rivaluta il peso della volontà individuale nell'acquisto e nella perdita della cittadinanza e riconosce il diritto alla titolarità contemporanea di più cittadinanze, fatte salve le diverse disposizioni previste da accordi internazionali.

La cittadinanza italiana si può acquisire in modo automatico per filiazione, per adozione, per riconoscimento di paternità o maternità, per nascita sul territorio

[1] Si veda: <https://ambdakar.esteri.it/it/servizi-consolari-e-visti/servizi-per-il-cittadino-straniero/cittadinanza/>.

[2] Si veda: <https://consjohannesburg.esteri.it/it/servizi-consolari-e-visti/servizi-per-il-cittadino-straniero/cittadinanza/>.

italiano in ogni caso in cui i genitori siano ignoti o apolidi o non trasmettano la propria cittadinanza al figlio secondo la legge dello Stato al quale essi appartengono; o nel caso in cui il figlio di ignoti venga trovato abbandonato in territorio italiano e non si riesca a determinarne lo *status civitatis*.

La cittadinanza italiana si può acquisire anche con una dichiarazione di volontà se l'interessato è discendente da cittadino italiano per nascita (fino al secondo grado) può ottenere la cittadinanza se (in alternativa): svolge il servizio militare nelle Forze Armate Italiane; assume un impiego pubblico alle dipendenze dello Stato, anche all'estero; risiede legalmente in Italia da almeno due anni al raggiungimento della maggiore età. Se lo straniero è nato sul territorio italiano può ottenere la cittadinanza se risiede legalmente ed ininterrottamente in Italia dalla nascita fino al raggiungimento della maggiore età. La cittadinanza italiana si può richiedere, inoltre, per naturalizzazione e per matrimonio con cittadino/a italiano/a.

Negli ultimi due decenni, tra il Senegal e il Sudafrica, è in quest'ultimo che il maggior numero di cittadini locali hanno richiesto la cittadinanza italiana. Il dato è probabilmente legato alla storia migratoria italiana nel Paese. Se i numeri dei cittadini che hanno richiesto la cittadinanza italiana in Senegal sembrano contenuti rispetto al Sudafrica, è opportuno ricordare che, come si evince dal rapporto *La comunità senegalese in Italia*[3], la collettività senegalese risulta la sesta per concessioni di cittadinanza: su un totale di 113.979 concessioni per cittadini originari di Paesi Terzi nel 2019, i procedimenti a favore di migranti di origine senegalese sono stati 2.869, il 2,5% del totale. Tra il 2012 e il 2019, oltre 971 mila cittadini non comunitari hanno acquisito la cittadinanza italiana per residenza, matrimonio o trasmissione/elezione, 26.881 erano senegalesi. L'alta incidenza di cittadini di origine senegalese tra i neocittadini italiani è indicativa dell'esistenza di un processo di stabilizzazione della comunità, una delle maggiori della diaspora in Europa, sebbene nel corso dell'ultimo anno il numero di neocittadini di origine senegalese sia sceso dell'1,7%.

Atti di cittadinanza: Senegal e Sudafrica. Serie storica. Valori assoluti. Anni 2000, 2005, 2010, 2015, 2020, 2022, 2023.

	2000	2005	2010	2015	2020	2022	2023
Senegal	6	4	14	36	8	2	7
Sudafrica	125	399	143	173	284	208	294

Fonte: Migrantes-Rapporto Italiani nel Mondo. Nostre elaborazioni su dati MAECI.

[3] Si veda: <https://www.lavoro.gov.it/documenti-e-norme/studi-e-statistiche/Documents/Rapporti%20annuali%20sulle%20comunit%C3%A0%20migranti%20in%20Italia%20-%20anno%20 2020/Senegal-rapporto-2020.pdf>.

Quale cittadinanza per i figli degli italiani di seconda e terza generazione residenti in Sudafrica?

In Sudafrica si trova la più importante comunità italiana di tutto il continente africano, con oltre 35 mila emigrati censiti dall'Anagrafe degli Italiani Residenti all'Estero (AIRE) nel 2023 che più che raddoppiano in inverno arrivando anche a 85 mila[4]. Questa importante presenza demografica è determinata soprattutto dal trasferimento dei prigionieri di guerra italiani a Zonderwater (a 43 km da Pretoria). Si tratta del più grande campo di prigionia che, tra l'aprile del 1941 e il gennaio del 1947, ospitò oltre 100 mila soldati italiani catturati dagli inglesi nei fronti dell'Africa settentrionale e orientale. Da tale esperienza demografica deriva anche la fortissima e ben radicata comunità italiana con figli di emigrati di seconda e terza generazione. Le rappresentazioni diplomatiche sudafricane ricordano in riferimento alla cittadinanza per discendenza che questa si trasmette da genitore a figlio senza limite di generazioni, a condizione che nessuno degli antenati si sia mai naturalizzato volontariamente cittadino straniero (acquisizione di altra cittadinanza) o abbia rinunciato alla cittadinanza italiana prima della nascita del discendente in linea retta. Nel contesto sudafricano dove molti figli di emigrati sono di cittadinanza sudafricana, è opportuno ricordare che, a partire dal 16 agosto 1992 (data di entrata in vigore della legge n. 91/92), l'acquisto di una cittadinanza straniera non determina la perdita della cittadinanza italiana a meno che il cittadino italiano non vi rinunci formalmente (art. 11 legge n. 91/92), salvo disposizioni di accordi internazionali. Secondo la legge sudafricana, i cittadini già in possesso della nazionalità sudafricana devono rinunciare alla loro cittadinanza se intendono acquistare un'altra cittadinanza. La stessa legge sulla cittadinanza sudafricana (*Section 6(2) Act 88 of 1995*) concede la possibilità ai cittadini sudafricani che lo desiderano di non rinunciare alla loro cittadinanza quando richiedono una nuova cittadinanza. In questo caso gli italiani possono ottenere la cittadinanza sudafricana senza perdere quella italiana.

Segnaliamo che durante l'apartheid, quando era in vigore la legge precedente, la cittadinanza sudafricana non era compatibile con quella italiana. Gli italiani avrebbero pertanto perso la cittadinanza italiana. Per questo motivo, hanno iniziato a richiederla con la nuova legge del 1995. Con la nuova legge, che consente la doppia cittadinanza, il figlio di una coppia italo-sudafricana che nasce in Sudafrica diventa prima sudafricano e poi, dietro presentazione del certificato di nascita, e dopo la registrazione presso il Consolato italiano, diventa anche italiano. Se la doppia cittadinanza per nascita è frequente, quella per matrimonio o residenza lo è meno. In realtà, gli adulti italiani non sono incentivati a richiedere la cittadinanza perché l'obiettivo per molti è quello di ottenere la residenza permanente che, se escludiamo il diritto di voto e il possesso del passaporto, consente agli italiani di

---

[4] Simonetta Sandri, *Il Sudafrica degli italiani*, 2015, <www.ferraraitalia.it/il-sudafrica-degli-italiani-67902.html>.

essere praticamente equiparati ai cittadini sudafricani. Considerato il peso maggiore del passaporto italiano rispetto a quello sudafricano dal punto di vista della mobilità internazionale, visto il processo lungo e farraginoso per ottenere la residenza permanente, se escludiamo quelli che la richiedono per motivi affettivi, in generale molti adulti italiani preferiscono usufruire dei vantaggi della residenza permanente e mantenere la cittadinanza italiana, in quanto quella sudafricana non aggiungerebbe nulla dal punto di vista pratico.

In Sudafrica i giovani italiani partono molto spesso da posizioni economiche e sociali vantaggiose, grazie alle attività imprenditoriali sviluppate dalle prime generazioni[5]. Ma di fronte alla continua trasformazione del mondo globale in generale e della società sudafricana in particolare, la loro situazione sociale non è sempre rassicurante. In realtà, secondo uno studio condotto da Macioti «i più giovani, specie quelli non particolarmente qualificati, temono per il proprio futuro. Il trend favorevole è evidentemente finito»[6]. Secondo la stessa autrice, nei primi anni Duemila la percentuale di disoccupazione oscillava tra il 37% e il 40%. Da questa situazione si aprivano tre scenari (non)migratori: a) rimanere in Sudafrica b) andare altrove c) (forse) ritornare in Italia. Nel primo caso, molti giovani dichiaravano di voler restare in Sudafrica, nonostante l'incertezza rispetto al futuro, in quanto si identificavano con il Paese, considerato come il loro. Nel secondo caso, la difficile situazione costringeva molti giovani italo-sudafricani a lasciare il loro Paese di nascita per cercare sbocchi professionali altrove. «Non in Italia [però, bensì] negli USA, in Canada, in Australia o in Inghilterra»[7]. Ciò è probabilmente dovuto al fatto che la stragrande maggioranza di questi giovani ha seguito il percorso formativo prevalentemente in inglese seguendo un modello anglosassone. Tale scelta era probabilmente legata anche al riconoscimento dei titoli di studio conseguiti in Sudafrica. Nel terzo caso, i giovani che appartenevano a contesti familiari meno consolidati sul piano economico e sociale erano incerti rispetto al proprio futuro. Sapevano che la situazione del Sudafrica era meno favorevole di quella che avevano vissuto i loro genitori, ma non conoscevano sufficientemente la realtà italiana. Non escludevano quindi un rientro, ma non ne erano neppure sicuri.

Dal punto di vista linguistico, vari studi e numerose testimonianze confermano che il profilo linguistico degli italiani nati in Sudafrica era ed è tuttora orientato verso la conoscenza e l'uso quasi esclusivo della lingua inglese. Nell'ambito della sua indagine, Macioti osserva che durante le interviste i giovani italiani «parlavano l'italiano con difficoltà ricorrendo frequentemente a vocaboli inglesi»[8]. «I giovani italiani nati in Sudafrica in generale non parlano bene l'italiano, in molti casi non

[5] Delfina Licata, "Italiani in Africa ieri e oggi: dati e storie", in Maria Paola Nanni - Franco Pittau, a cura di, *Africa-Italia. Scenari migratori*, Edizioni IDOS, Roma, 2010, p. 455.

[6] Maria Immacolata Macioti, "Sudafrica: un paese di immigrati", in Maria Paola Nanni - Franco Pittau, a cura di, *Africa-Italia.* [...], cit. p. 152.

[7] Ibidem.

[8] Ibidem.

lo parlano affatto; e preferiscono esprimersi in inglese. La maggior parte di loro non è mai stata in Italia; alcuni ci sono stati poche volte in vacanza. Gli italiani hanno un'idea dell'Italia che deriva dai loro legami familiari, dalle loro poche esperienze come turisti e anche dalla RAI – che è molto seguita dagli italiani in Sudafrica. Questi giovani sembrano molto legati alla loro cultura d'origine, sebbene condividano e coltivino solo alcuni aspetti di essa»[9]. Ad esempio, anche se non parlano l'italiano, ascoltano la musica italiana e tifano per le squadre di calcio italiane. Questi dati dimostrano che, anche se molti giovani cittadini di origine italiana possono conservare la cittadinanza italiana senza perdere quella sudafricana, preferiscono la cittadinanza sudafricana e si identificano con essa perché è quella che apre loro le porte e gli sbocchi professionali, è dietro a tale cittadinanza che si costruiscono i loro valori identitari.

Quale cittadinanza per gli immigrati senegalesi?

Secondo le informazioni fornite dal Consolato italiano a Dakar, nel 2023, 12 mila visti d'ingresso sono stati rilasciati dall'Ambasciata italiana di Dakar ai senegalesi candidati all'immigrazione in Italia. Il motivo principale di tale immigrazione è il ricongiungimento familiare che è indice di radicamento sul territorio italiano. La stragrande maggioranza dei senegalesi immigrati in Italia proviene da Dakar, principale terra d'attrazione per le migrazioni interne; seguono quelli provenienti dalla zona di Diourbel (Baol), di Kaolack (Sine Saloum), Louga (Ndiambour) e, in misura irrilevante, dalla Casamance.

Nel corso del 2022 hanno fatto ingresso in Italia 6.946 cittadini senegalesi, un numero superiore a quello rilevato l'anno precedente del 21,3%. Motivazione prevalente di ingresso risulta il ricongiungimento familiare (48,2%). Secondo motivo di ingresso è il lavoro con il 37,1% di nuovi permessi di soggiorno rilasciati, che ha fatto segnare una crescita dell'85% rispetto al 2021. Rilevante anche il numero di ingressi per richiesta d'asilo o detenzione di una forma di protezione, pari al 10,7% (in aumento del 38,3%). L'analisi della tipologia dei permessi di soggiorno evidenzia un elevato livello di stabilizzazione: la quota di lungo soggiornanti all'interno della comunità al 1° gennaio 2023 è, infatti, pari al 63,3%, una quota superiore di oltre 3 punti percentuali rispetto a quella registrata per l'insieme dei non comunitari, che colloca la comunità senegalese in decima posizione, tra le principali non comunitarie, per incidenza di lungo soggiornanti[10]. Questo dato sui lungo soggiornanti crea i presupposti anche per i dati relativi alla cittadinanza italiana.

---

[9] Raymond Siebetcheu, "Giovani italiani in Sudafrica: dinamiche linguistiche e socioculturali" in Fondazione Migrantes, a cura di, *Rapporto Italiani nel Mondo 2018*, Todi (PG), Tau Editrice, p. 460.

[10] Si veda: <www.lavoro.gov.it/en/media/64306>.

Secondo i dati Istat, nel 2023 si contavano 112.598 immigrati senegalesi in Italia. Il Senegal è la quarta nazionalità africana più importante dal punto di vista demografico dopo Marocco, Egitto e Nigeria. Questo dato colloca inoltre la comunità senegalese in dodicesima posizione per numerosità, tra le principali di cittadinanza extra-UE. La maggior parte dei senegalesi sceglie di risiedere nell'area centro-settentrionale dell'Italia. A primeggiare è la regione Lombardia, che con 29,3% copre quasi un terzo dei senegalesi presenti in Italia. A seguire vi sono Toscana (11,7%) e Emilia-Romagna (10,6%). Rilevante la presenza nel Mezzogiorno, dove ha richiesto o rinnovato il permesso di soggiorno il 17,6% dei cittadini senegalesi, con una concentrazione maggiore in Puglia (4,5%), Sardegna (3,4%) e Campania (3,2%). È interessante notare che dei 112.598 senegalesi presenti in Italia nel 2023, 82.477 (73%) erano maschi mentre 30.121 (27%) erano femmine. La polarizzazione e il marcato squilibrio di genere, che hanno sempre contraddistinto il profilo migratorio dei senegalesi, sono dovuti, a nostro avviso, alla scelta da parte dei senegalesi di emigrare da soli lasciando la famiglia in patria. Quella senegalese risulta essere la terza collettività extraeuropea, dopo quelle ucraina e pakistana, con il più alto grado di disparità di genere.

Questa scelta è legata probabilmente anche alla volontà di tornare frequentemente in Senegal, ma a ciò occorre forse aggiungere il peso che la famiglia numerosa senegalese può avere nel contesto italiano. Infatti, essendo la poligamia legale, come in molti paesi africani, alcuni senegalesi possono decidere di immigrare con una moglie e alcuni figli in Italia o di fare arrivare questi ultimi nell'ambito dei ricongiungimenti familiari. Si precisa inoltre che la scelta di poligami senegalesi di ricongiungersi in Italia soltanto con una moglie è legata anche ad un motivo giuridico. In realtà, se secondo la legge senegalese, gli uomini che optano per la poligamia si possono sposare con un massimo di quattro mogli, in Italia la bigamia, per non parlare della poligamia, è un reato. Detto in altri termini, il cittadino senegalese naturalizzato italiano o italiano naturalizzato senegalese può essere poligamo in Senegal ma non Italia.

Oltre ai 112 mila immigrati senegalesi residenti in Italia bisogna considerare anche i 35 mila che hanno acquistato la cittadinanza italiana per residenza o per matrimonio. Le acquisizioni di cittadinanza comportano un effetto sostitutivo nelle statistiche, poiché chi diviene italiano non viene più annoverato nel conteggio dei cittadini stranieri. Ci sono molte coppie miste italo-senegalesi che risiedono in Senegal, in Italia o in altri Paesi. È opportuno sottolineare che né l'Italia, né il Senegal obbligano i cittadini a rinunciare alla propria cittadinanza. Questa situazione consente ai senegalesi in possesso della cittadinanza italiana di non rinunciare alla cittadinanza senegalese. E questo vale anche per gli italiani che decidono di acquistare la cittadinanza senegalese.

La prima motivazione di riconoscimento della cittadinanza italiana per la comunità è la trasmissione da parte dei genitori neoitaliani o l'elezione alla maggiore età, motivazione evocata nel 46% circa dei casi; seguono le naturalizzazioni per residenza, che riguardano più di 1.200 nuovi cittadini senegalesi, pari al 42% delle concessioni e, infine, nel restante 12,3% dei casi la cittadinanza è stata acquisita a seguito di matrimonio con un cittadino italiano. Nel 2018 sono stati 198 i matrimoni tra cittadini senegalesi e italiani, pari all'89% circa dei 222 matrimoni in cui almeno un coniuge era di nazionalità senegalese: 28 riguardano un marito italiano ed una moglie senegalese, 170 uno sposo senegalese e una sposa italiana. Rispetto all'anno precedente i matrimoni che coinvolgono membri della comunità in esame hanno registrato un sensibile aumento (+20%), che riguarda le tipologie di unioni in cui uno dei coniugi è italiano, risultando più marcato nel caso di mariti italiani e mogli senegalesi (+64,7%) e del 28,8% per unioni dove lo sposo è senegalese; sono invece diminuiti di un terzo i matrimoni con sposi entrambi stranieri. Considerando il complesso dei matrimoni che hanno coinvolto cittadini non comunitari, l'incidenza della comunità risulta maggiore nelle unioni che hanno coinvolto un marito non comunitario e una moglie italiana: nel 3,6% dei casi lo sposo era infatti senegalese[11].

Un altro motivo che spinge i senegalesi e molti cittadini africani ad acquistare la cittadinanza italiana è legato alla possibilità di accedere facilmente a vari servizi in Italia, alla possibilità di circolare e lavorare liberamente nello spazio Schengen, ma soprattutto alla possibilità di trasferirsi facilmente, nell'ambito della *Onward Migration*, in molti Paesi extraeuropei come gli Stati Uniti d'America, il Canada e l'Australia. Come viene illustrato nel capitolo di Francesco Goglia in questo volume, la *Onward Migration* si riferisce alla migrazione di cittadini stranieri verso un secondo Paese d'immigrazione dopo una prima esperienza migratoria in un determinato Paese[12]. La cittadinanza italiana agevola questo tipo di fenomeno in quanto secondo l'*Henley Passport Index*, che analizza 199 passaporti e 227 destinazioni di viaggio da quasi vent'anni, nel 2024 il passaporto italiano è stato considerato tra i più potenti al mondo. Nel dettaglio la classifica vede in prima posizione l'Italia, al pari di Francia, Spagna, Germania, Singapore e Giappone. Con i passaporti di questi sei Stati, i viaggiatori hanno accesso a 194 destinazioni senza visto[13]. L'acquisizione della cittadinanza italiana è importante anche per le migrazioni di ritorno. Tra coloro che lasciano l'Italia ci sono, infatti, anche cittadini di altre nazionalità. Non a caso, nel 2017 gli emigrati italiani all'estero di origine straniera sono stati circa 33 mila (il 64% degli espatri). Si tratta di cittadini stranieri che, dopo aver acquisito la cittadinanza italiana e aver trascorso un periodo di tempo in Italia, hanno

[11] Si veda: <https://www.lavoro.gov.it/documenti-e-norme/studi-e-statistiche/Documents/Rapporti%20annuali%20sulle%20comunit%C3%A0%20migranti%20in%20Italia%20-%20anno%202020/Senegal-rapporto-2020.pdf>.

[12] Si veda: Francesco Goglia, *Cittadinanza, migrazioni secondarie e lingua italiana*, infra, pp. 230-239 (NdR).

[13] Si veda: <www.federturismo.it/it/i-servizi/news/589-news/news-2024/20012-henley-passport-index-nel-2024-il-passaporto-italiano-sara-tra-i-piu-potenti-al-mondo.html>.

deciso di fare ritorno nel loro Paese[14]. Molti senegalesi che intendono investire nel loro Paese sentono l'esigenza di acquisire la cittadinanza italiana per poter ottenere il doppio passaporto in modo da viaggiare con facilità, senza dover chiedere continuamente il visto d'ingresso. «L'emigrazione di ritorno consente dunque di individuare un'ulteriore linea di riflessione sulla diffusione, la promozione e il sostegno della lingua italiana nel mondo. Che, per le sue implicazioni educative e linguistiche, andrebbe, ovviamente, collegata anche alla politica culturale relativa agli immigrati e agli alunni di origine migratoria»[15].

Verso una cittadinanza linguistica

Di fronte al numero sempre crescente di immigrati, tra i vari metodi adottati dai paesi dell'UE per accompagnare questi "nuovi europei" in un processo di integrazione, sembra prevalere la misurazione del grado di cittadinanza sulla base del test linguistico. La maggior parte dei Paesi dell'UE sente una forte pressione sul controllo dei flussi migratori e l'esclusione dei potenziali immigrati con basse competenze scolastiche e professionali. Un'altra spiegazione può essere trovata nelle ideologie monolinguistiche ancora fortemente prevalenti in Europa. La lingua nazionale ufficiale è vista come un potente indice di appartenenza al gruppo e la sua padronanza come un cardine per il benessere dell'ordine nazionale[16]. Con queste politiche, la lingua e la sua valutazione assumono nuovamente il ruolo biblico di *shibboleth* (Libro dei Giudici 12:5-6). Il pericolo è che attraverso questi test si riduca la funzione formativa e motivazionale della verifica della competenza linguistica, attribuendole solo la funzione di barriera e filtro[17] e non di opportunità per il riconoscimento dello sviluppo linguistico e del successo del progetto migratorio attraverso l'investimento nell'apprendimento della lingua.

In Italia, la legge n. 132 del 1° dicembre 2018, modificando l'articolo 9 della legge n. 91 del 1992, ha introdotto l'obbligo di conoscere la lingua italiana a un livello non inferiore al B1 per chi acquisisce la cittadinanza per matrimonio o residenza. Questo test di cittadinanza è collegato alle 4 certificazioni linguistiche riconosciute dallo Stato italiano: CILS (Università per Stranieri di Siena), CELI (Università per Stranieri di Perugia), PLIDA (Società Dante Alighieri), Cert.it

[14] Maria Licia Sotgiu, "La nuova emigrazione italiana all'estero e l'italiano", in Benedetto Coccia - Massimo Vedovelli - Monica Barni - Francesco De Renzo - Silvana Ferreri - Andrea Villarini, a cura di, *Italiano2020. Lingua nel mondo globale. Le rose che non colsi…*, Editrice Apes, Roma, 2022, p. 172.

[15] Francesco De Renzo, "Le dinamiche in atto nell'italiano all'estero tra vecchie e nuove migrazioni", in Benedetto Coccia et al., a cura di, *Italiano2020* […], cit., p. 149.

[16] Piet Van Avermaet - Lorenzo Rocca, "Language testing and access", in Evelina Galaczi – Cyril Weir, a cura di, Exploring language frameworks. Proceedings of the ALTE Kraków Conference, July 2011, Cambridge, Cambridge University Press, pp. 11-44.

[17] Monica Barni, *Valutare le competenze nelle L2. Teorie, metodi, strumenti, politiche linguistiche*, Roma, Carocci, 2023.

(Università Roma Tre). Questi enti certificatori sono riconosciuti e appartengono al sistema di certificazione unificato CLIQ (Certificazione Lingua Italiana di Qualità). Dopo l'introduzione del test di cittadinanza, questi organismi certificatori hanno creato certificazioni di livello B1 specificamente rivolte a chi vuole ottenere la cittadinanza e con contenuti più adeguati a questo particolare pubblico. Il test prevede la valutazione delle 4 abilità linguistiche: produzione orale e scritta; ricezione orale e scritta. Per ottenere tali certificazioni in Sudafrica e per avere un sostegno qualificato per apprendere l'italiano, è possibile rivolgersi ai Comitati della Società Dante Alighieri presenti a Johannesburg, Durban, Pietermaritzburg e Città del Capo, oppure contattare l'Istituto Italiano di Cultura di Pretoria. In Senegal il principale ente di riferimento è l'Istituto Italiano di Cultura di Dakar.

Oltre alla necessità di certificare il livello di competenza linguistica per acquisire la cittadinanza italiana, ricordiamo che l'obiettivo primario della necessità di ottenere una certificazione è quello di dimostrare socialmente di possedere una competenza a un determinato livello, e quindi di essere in grado di interagire comunicativamente in determinati contesti social[18]. Riprendendo una considerazione della stessa autrice in riferimento al nuovo pubblico di italiano in generale, confermiamo che anche in Sudafrica e in Senegal le persone che studiano l'italiano hanno bisogno di un documento che possa essere spendibile all'interno della società, nel mondo della scuola e della formazione e nel mondo del lavoro. In questa ottica, le certificazioni di italiano assumono quindi principalmente il ruolo di "valutazione certificatoria", che accerti il possesso di requisiti in base a determinati parametri standard.

La presenza degli enti certificatori in Africa è la testimonianza che la lingua italiana non è una lingua di emergenza che deve essere appresa solo per la convenienza di un'istituzione e senza superare un determinato livello di competenza, come succedeva nel periodo coloniale. La richiesta di misurare e valutare la competenza in italiano denota la dimensione qualitativa del suo apprendimento. Con un doppio investimento economico rispetto alla formazione linguistica, si nota sia un forte incremento dei partecipanti ai corsi d'italiano, sia un importante numero di candidati agli esami di certificazione. Questa crescita a doppia dimensione è dovuta non tanto al miglioramento delle condizioni economiche degli apprendenti e nemmeno all'impellente necessità (almeno inizialmente) di acquistare la cittadinanza italiana quanto al sacrificio delle famiglie, che giustifica il valore aggiunto e le opportunità socio-professionali che la lingua italiana riesce a suscitare negli apprendenti. Alla certificazione di italiano vengono dunque associati dei valori qualitativi e di spendibilità sociale, l'ente certificatore assume un preciso ruolo sociale e diventa il garante nei confronti delle altre istituzioni sociali interessate del grado di competenza in L2 esibita dal candidato[19]. Il valore della certificazione ha quindi un ruolo di notevole importanza a vari livelli, dall'ambito sociale a quello educativo. Questo impatto

---

[18] Ibidem.
[19] Ibidem.

della certificazione può essere negativo e positivo: «un impatto negativo è costituito ad esempio dal considerare i sillabi della certificazione e soprattutto le prove della certificazione come un obiettivo d'insegnamento [...] questo modo di insegnare viene denominato *teaching to the test*, cioè insegnare esclusivamente ai fini del superamento della prova»[20]. Questo impatto negativo potrebbe essere un forte rischio anche nei contesti come l'Africa, in quanto molto spesso lo studio dell'italiano è legato all'ottenimento di un documento certificatorio che a sua volta è utile per ottenere un altro documento importante: il visto di studio per l'Italia. Famiglie, studenti e docenti si pongono quindi come obiettivi principali l'ottenimento dei due documenti (certificazione linguistica e visto d'ingresso). Questo tipo di impatto limita però la libertà d'insegnamento (da parte del docente) e di apprendimento (da parte dello studente). La programmazione didattica, come risposta ai bisogni di sviluppo linguistico-comunicativo-espressivo dell'apprendente viene di conseguenza ostacolata e vincolata da un percorso didattico "artificiale" e ai limiti dell'automatismo. Un altro aspetto negativo è il fatto di utilizzare certificati di competenza linguistica come strumenti per l'accesso a un Paese e ai diritti di cittadinanza. In altri termini il rischio è che la certificazione, da strumento per l'esercizio dei diritti universali all'espressione e per l'esercizio dei diritti linguistici, si trasformi in filtro, in barriera. Bisogna quindi evitare la funzione strumentalmente discriminatoria dell'uso della certificazione. Anche il test di certificazione per la cittadinanza si deve inserire in un progetto di cittadinanza partecipativa che passa attraverso percorsi di preparazione linguistico-culturale che renderanno più naturale il test linguistico per la cittadinanza.

Tuttavia, l'impatto della certificazione è positivo in quanto rende i corsi più trasparenti dal punto di vista degli obiettivi di apprendimento. In questo modo sia l'insegnante sia lo studente si responsabilizzano insieme sugli obiettivi formativi da raggiungere. Sarebbe anche auspicabile che il possesso di un'attestazione certificata di competenza venisse maggiormente riconosciuto senza ignorare le competenze maturate nello specifico campo della valutazione dell'italiano L2 dagli enti certificatori.

Alcune conclusioni

I senegalesi e i sudafricani che richiedono la cittadinanza italiana riescono a conservare la loro cittadinanza di origine. Per i senegalesi la cittadinanza italiana è utile per agevolare l'accesso ai servizi in Italia, la mobilità in altri Paesi del mondo nonché il frequente rientro in patria per motivi familiari e imprenditoriali. I sudafricani che richiedono la cittadinanza italiana lo fanno soprattutto per un legame storico-culturale.

---

[20] Raymond Siebetcheu, *La scrittura come professione. La scrittura giornalistica e la scrittura online di divulgazione scientifica*, Pisa, Pacini, 2020, p. 256.

Al di là del mero procedimento linguistico-burocratico e amministrativo che può portare al rilascio del passaporto italiano (ai cittadini senegalesi e sudafricani) e che certificherà l'acquisizione formale della cittadinanza italiana, a nostro avviso, la cittadinanza linguistica deve essere intesa soprattutto come espressione di dovere e diritto linguistico[21]. Queste considerazioni danno conto della necessità di muoversi verso una piena democrazia linguistica e scrittoria offrendo la possibilità a tutti i cittadini (italiani e stranieri) di leggere e capire i testi che vengono loro sottoposti.

Quando le condizioni logistiche e didattiche sono create, i cittadini stranieri, dal loro canto, hanno il dovere di apprendere la lingua del loro Paese di adozione anche per avere strumenti per conoscere il territorio, i suoi patrimoni culturali e soprattutto per condividere le loro esperienze di vita. Ma la cittadinanza linguistica implica anche il diritto linguistico dei cittadini stranieri nel vedere riconosciute e valorizzate le loro lingue, come raccomandato alla *Dichiarazione universale sui diritti linguistici*.

La cittadinanza non è solo linguistica ma è anche culturale. In questa ottica, non deve essere collegata al passaporto bensì al rispetto dei valori civili. In questo senso, la vera cittadinanza è quella che accetta e riconosce tutte le altre cittadinanze per evitare che ci siano cittadinanze di serie A e di serie B. Gli immigrati devono quindi avere il diritto di richiedere la cittadinanza italiana quando ne hanno i requisiti, ma devono anche avere il diritto di mantenere la cittadinanza del loro Paese di origine senza per questo perdere la possibilità di accedere (secondo il principio di pari opportunità e dignità) ai vari servizi sul territorio (affittare, comprare una casa, chiedere e ottenere un prestito in banca, ecc.). Ma in alcune situazioni, anche il possesso della cittadinanza italiana non esclude casi di discriminazione e insulti razzisti. Ad esempio, il cittadino africano naturalizzato italiano che si sente dire "torna in Africa" o "torna nel tuo Paese" subisce una doppia perdita: quella di aver rinunciato alla cittadinanza del Paese di origine (quando questo ultimo Paese non accetta la doppia cittadinanza) e quella di non essere accettato nella società come cittadino italiano nonostante il riconoscimento istituzionale e i vantaggi che ne derivano. Anche se i cittadini senegalesi e sudafricani non sono tenuti a rinunciare alla loro cittadinanza di origine, ricevere insulti pur godendo dei vantaggi amministrativi del passaporto italiano in Italia o all'estero crea però una grave ferita nel cuore e nella mente delle persone perseguitate. Questi fatti rendono necessaria una riflessione sulla necessità di superare le varie forme di razzismo comunicativo in Italia e sull'esigenza di creare le condizioni per un processo di cittadinanza non solo amministrativa bensì attiva, partecipata e inclusiva.

[21] Ibidem.

SPAGNA.
La doppia cittadinanza: una grande opportunità

Pietro Mariani, Consiglio Generale degli Italiani all'Estero (CGIE)
Michele Testoni, Comitato degli Italiani all'Estero (Com.It.Es.) Madrid

Introduzione

Le migrazioni sono uno dei fenomeni sociali più antichi e complessi da analizzare. Secondo l'enciclopedia Treccani, le migrazioni sono «ogni spostamento di individui, per lo più in gruppo, da un'area geografica a un'altra, determinato da mutamenti delle condizioni ambientali, demografiche, fisiologiche, etc.»[1]. Questi spostamenti assumono una pluralità di forme: pacifiche o violente; temporanee o permanenti; spontanee o organizzate; indotte da cause esterne o frutto di scelte ponderate. Nelle società di arrivo, le migrazioni determinano, in genere, tre tipi di effetti: assimilazione, inclusione o rifiuto. Da un lato, i fenomeni del multiculturalismo o dell'interculturalismo; dall'altro, il razzismo e la xenofobia. Anche nel caso delle società di origine, le migrazioni possono essere vissute in tre modi diversi: a volte sono dimenticate, perché frutto di un periodo di crisi e povertà che, per un senso di vergogna, non si vuole ricordare; altre volte sono usate come vero e proprio vanto nazionale, ad esempio per celebrare il successo economico o professionale di tale comunità, con la quale la patria di origine mantiene (o decide di ricreare) un vincolo sentimentale e di appartenenza identitaria; oppure, la diaspora migratoria può essere politicizzata attraverso un processo di "securitizzazione", diventa cioè il simbolo di un sentimento di irredentismo e sciovinismo nazionalista che, se portato a conseguenze estreme, è causa di conflitti e guerre.

L'emigrazione italiana – la sua storia, le sue caratteristiche e la sua recente evoluzione – rivela molti degli aspetti di cui sopra. Scopo di questo saggio è quello di analizzare uno dei principali obiettivi che si prefigge una delle comunità di emigrazione italiana più recente e dinamica: quella in Spagna. Diversa dal tipo di emigrazione più tradizionale, sia per età media che per estrazione sociale, la comunità italiana in Spagna ha messo nella propria agenda il diritto alla doppia cittadinanza, ovvero la possibilità di acquisire la nazionalità spagnola senza dover rinunciare quella originaria italiana, come richiesto invece dalla vigente legislazione locale.

[1] Si veda: <https://www.treccani.it/vocabolario/migrazione/>.

La comunità italiana in Spagna, oltre che per ritmi di crescita molto elevati, si caratterizza per una forte integrazione nella società iberica. Ciò è favorito da un insieme di fattori ambientali positivi: la lingua, il cibo, il clima, la cultura, i diritti civili (a partire da quelli del collettivo LGBTQIA+), l'interscambio economico e commerciale e – non dimentichiamolo – le numerose coppie "miste", quelle formate da italiani e spagnoli.

Ma c'è di più: la Spagna è una cerniera naturale fra Europa e America Latina. In Paesi come Argentina, Brasile e Venezuela la comunità italiana ha radici profonde, e la Spagna sta diventando il luogo prescelto da molti cittadini di passaporto italiano che, sia dal Bel Paese che dalle Americhe, cercano qui una nuova esperienza di vita. La "eccezionalità" della comunità italiana in Spagna è anche questo: secondo fonti consolari, circa il 25% dei nostri connazionali qui residenti è nato nella provincia di Buenos Aires. Gli italiani in Spagna sono, a tutti gli effetti, un caso unico al mondo.

Eppure, questa integrazione non è completa. Manca la cittadinanza, con l'insieme di diritti e doveri che questo strumento porta con sé. Come spieghiamo nelle pagine che seguono, l'acquisto della cittadinanza non è soltanto il possesso di un documento cartaceo – il passaporto – per molti versi sovrapponibile a quello italiano; ma è soprattutto il mezzo con cui ambire alla condivisione di tutte le opportunità economiche e sociali che offre la società spagnola. Non si tratta esclusivamente della messa in pratica di un principio cardine di ogni ordinamento liberal-democratico, e che risale alla metà del Settecento (*no taxation without representation*), ovvero, qui in Spagna, il diritto di voto, attivo e passivo, sia a livello nazionale che regionale. Parliamo altresì di ovviare a un insieme di limitazioni pratiche, di natura prettamente legale, che persistono nei confronti di tutti quegli stranieri che non sono cittadini. Una dicotomia ormai inaccettabile all'interno dell'Unione europea, uno spazio che non è più solo un mercato unico, ma che aspira a diventare un contesto di socialità più ampio e articolato.

Storia dell'emigrazione italiana e doppia cittadinanza

La Legge italiana n. 91 del 5 febbraio 1992 permette la doppia cittadinanza. Da allora, molti stranieri di origine italiana hanno cercato di ottenere la cittadinanza, principalmente attraverso il principio dello *ius sanguinis* che riconosce il diritto alla nazionalità a chiunque nasca da almeno un genitore italiano. Allo stesso tempo, gli italiani che acquisirono volontariamente un'altra cittadinanza, per naturalizzazione o matrimonio, prima del 16 agosto 1992, hanno automaticamente perso la loro cittadinanza italiana. Tuttavia, possono ri-acquistarla, senza perdere l'altra cittadinanza, stabilendo la loro residenza permanente in Italia per almeno un anno (Legge n. 91/1992, art. 13, lettera d). I Paesi di emigrazione storica italiana, dove i discendenti richiedono di recuperare la nazionalità italiana per diritto di *ius sanguinis*, sono principalmente: Stati Uniti, Brasile, Argentina, Canada, Australia, Venezuela e Uruguay.

Questi Stati sono stati oggetto di una considerevole ondata di immigrazione italiana tra il 1880 e il 1920. In Brasile, ad esempio, si stima che vi siano circa 32 milioni di discendenti di immigrati italiani: il Brasile è, quindi, il Paese con il più alto numero di persone di origine italiana al di fuori dell'Italia. La maggior parte di questi discendenti vive nello stato di San Paolo, ma si possono trovare discendenti di italiani in tutto il Brasile, dallo Stato sudorientale di Minas Gerais allo Stato meridionale del Rio Grande do Sul.

Nel 2022, l'Italia ha concesso la cittadinanza a 213.700 persone, un dato che rappresenta il 22% del totale delle nuove cittadinanze concesse all'interno dell'Unione europea, un aumento significativo rispetto agli anni precedenti. Solo nel Tribunale di Venezia si sono registrate, fra il 2022 e il 2024, ben 16.663 nuove iscrizioni e (con data 31 marzo 2024) risultano ancora in via di soluzione 13.293 fascicoli. Secondo i giudici dei tribunali, ogni richiesta bisogna moltiplicarla per dieci richiedenti a famiglia.

Per quanto riguarda le tendenze future, è in corso un dibattito circa possibili cambiamenti della legge sulla doppia cittadinanza. A partire dal gennaio 2024, si sta discutendo la possibilità di introdurre limitazioni al criterio della discendenza. Per tutti i discendenti, un requisito fondamentale è la dimostrazione della competenza nella lingua italiana al livello B1[2]. Inoltre, nel marzo 2022, il Comitato per gli Affari Costituzionali della Camera dei Deputati in Italia ha adottato la prima bozza di un testo sulla riforma della cittadinanza. Questa nuova bozza prevede un modello per la concessione della cittadinanza italiana a coloro che hanno frequentato la scuola in Italia[3]. Questo potrebbe significare che potrebbe diventare più difficile dimostrare di essere abbastanza legati all'Italia per diventare cittadini.

Come si acquisisce una cittadinanza differente?

Vi sono diversi modi per acquisire la cittadinanza in un paese diverso dal proprio Paese di nascita. I principali sono:

- *Ius soli*: la cittadinanza è concessa per diritto di nascita, viene data automaticamente a chiunque nasca all'interno del territorio di una nazione, indipendentemente dalla nazionalità dei genitori – non è permessa dalla vigente legislazione italiana;
- *Ius sanguinis*: la cittadinanza è concessa per discendenza – è automatica se uno o entrambi i progenitori hanno la piena nazionalità;
- *Percorso coniugale o di coppia*: in molti Paesi, sia il matrimonio che le unioni civili sono considerati come basi per ottenere la cittadinanza – le leggi variano a seconda del Paese: in molti casi, ad esempio, è possibile acquisire la cittadinanza

[2] Si veda: <https://www.smartdualcitizenship.com/blog/the-future-of-italian-dual-citizenship/>.

[3] Si veda: <https://migrant-integration.ec.europa.eu/news/italy-new-attempts-reform-citizenship-law_en>.

del coniuge o del partner soltanto dopo un determinato periodo di residenza legale in quello Stato;

- *Cittadinanza basata sull'investimento*: questo percorso permette di ottenere la cittadinanza di un altro Paese in qualità di individuo ad alto patrimonio netto – anche in questo caso, le norme variano a seconda dello Stato, ma in genere i requisiti essenziali riguardano l'imprenditorialità e le capacità finanziarie, ovvero l'effettiva disponibilità a investire nell'economia del Paese del quale, in cambio, si ottiene la nazionalità.

Le donne sono un caso importante, al quale occorre dedicare un'attenzione particolare. La popolazione femminile, infatti, è stata storicamente quella più discriminata circa i diritti di cittadinanza, soprattutto nei paesi dove la cittadinanza è determinata dallo *ius sanguinis* che, in genere, privilegia la linea paterna – escludendo, quindi, la possibilità di una madre italiana di trasmettere la cittadinanza alla sua progenie. Tuttavia, per fortuna, molte di queste leggi sono state modificate nel corso del tempo al fine di riconoscere i diritti delle donne. In Italia, ad esempio, la legge sulla cittadinanza è stata modificata per permettere anche alle madri il potere di trasmettere la nazionalità italiana ai propri figli.

Ci sono stati diversi cambiamenti significativi nella legge sulla cittadinanza per le donne in tutto il mondo. Ecco alcuni esempi:

- *Eliminazione delle leggi discriminatorie*: quasi 50 Paesi nel mondo continuano a mantenere leggi sulla cittadinanza che contengono disposizioni discriminatorie di genere. Tuttavia, molti Stati e *stakeholder* hanno compiuto sforzi per modificare le leggi sulla cittadinanza discriminatorie di genere, migliorando l'inclusività e l'accessibilità delle procedure di determinazione dello stato di apolidia;
- *Diritto di voto delle donne*: la storia del diritto di voto delle donne in Europa e nel mondo aiuta a capire quanto fosse importante il voto per le donne, quali fattori ostacolavano il suffragio femminile e quali altre considerazioni ed eventi lo rendevano possibile in diversi Paesi in diversi momenti della storia;
- *Diritti e privilegi della cittadinanza delle donne*: nonostante i progressi politici conquistati delle donne nel secolo scorso, in molte parti del mondo i diritti e i privilegi dello status di cittadinanza delle donne sono ancora inferiori a quelli degli uomini. Queste differenze possono essere collegate sistematicamente alle gerarchie di genere in sfere di vita come la società civile e la famiglia;
- *Cittadinanza delle donne negli Stati Uniti*: le leggi sulla cittadinanza delle donne sono cambiate nel corso del tempo. Ad esempio, prima del 1922 una donna americana che sposava un uomo straniero perdeva la cittadinanza. Questa legge è stata cambiata con il *Cable Act* del 1922, che ha permesso alle donne di mantenere la loro cittadinanza anche se sposavano uomini stranieri[4].

---

[4] Ernest J. Hover, *Citizenship of Women in the United States*, «American Journal of International Law», 26(4), 1932, pp. 700-719.

La pluri-cittadinanza in Europa

Nel contesto europeo, quando si parla di diritti di pluri-cittadinanza occorre distinguere due tipi di livelli: quello nazionale, ovvero gli accordi bilaterali che esistono fra i singoli Stati; e quello comunitario, ovvero l'introduzione da parte dell'Unione europea di un principio di "cittadinanza europea". Da un lato, quello degli Stati, i criteri per acquisire la cittadinanza variano, ma di solito includono:

- Residenza legale nel Paese per un determinato periodo di tempo, di solito fra i cinque e i dieci anni;
- Conoscenza della lingua e della cultura del paese;
- Assenza di precedenti penali;
- Stabilità finanziaria e capacità di sostenersi autonomamente.

Sul versante UE, invece, la "cittadinanza dell'Unione europea" è stata istituita dai Trattati di Maastricht del 1992 e riconosciuta dalla Carta dei diritti fondamentali dell'Unione europea del 2000[5]. Attenzione: la cittadinanza europea completa e non sostituisce la nazionalità dello Stato di origine, ma prevale sulla nazionalità di uno Stato terzo; viene automaticamente acquisita con il possesso della cittadinanza di uno Stato membro dell'Unione europea. L'idea di una cittadinanza europea iniziò a svilupparsi sin dai primi anni Settanta. Un primo passo fu la pubblicazione (gennaio 1976) del cosiddetto *Rapporto sull'Unione europea*, meglio conosciuto come *Rapporto Tindemans*, il quale conteneva un capitolo dedicato all'Europa dei cittadini e i loro diritti[6]. Come detto, le disposizioni sulla cittadinanza europea sono entrate nel diritto primario nel 1992, con l'entrata in vigore dei Trattati europei.

Doppia cittadinanza: favorevoli o contrari?

Il tema doppia cittadinanza, come è ovvio, può essere visto in modi differenti dal momento che, ne siamo consapevoli, esistono sia argomenti favorevoli che opinioni contrarie a questo strumento. Ricordiamolo: si tratta di un diritto, e non di un obbligo, per ogni cittadino italiano residente in un paese straniero. La doppia cittadinanza, per chi non la possiede sin dalla nascita, cioè attraverso lo *ius sanguinis*, si basa sempre su una scelta individuale, libera e consapevole.

La doppia cittadinanza offre numerosi vantaggi, ad esempio:

- *Diritti politici*: i cittadini di entrambi i Paesi possono partecipare pienamente alla vita politica di ciascun Paese, compreso il diritto di voto attivo e passivo alle

---

[5] Si veda: <https://www.europarl.europa.eu/factsheets/it/sheet/145/i-cittadini-dell-unione-e-i-loro-diritti>.

[6] *L'Unione europea. Rapporto di Leo Tindemans al Consiglio europeo*, Bollettino delle comunità europee, supplemento 1/76, <https://op.europa.eu/it/publication-detail/-/publication/86474a24-ccae-462b-8de4-00aacde62c65/language-it>.

elezioni (oggi nella UE il voto ai residenti comunitari è permesso, in virtù dei Trattati europei, soltanto per le elezioni municipali e, come visto di recente, per il rinnovo del Parlamento europeo);

- *Istruzione, lavoro e viaggio*: a differenza degli stranieri, i cittadini di entrambi i Paesi non necessitano di un visto o permesso per visitare i Paesi in cui hanno la cittadinanza, e possono rimanere per tutto il tempo che desiderano. Hanno anche il diritto di usufruire del sistema educativo e di cercare lavoro in entrambi i Paesi. Dentro la UE questo vantaggio è "annullato" dall'esistenza del mercato unico e, come detto, dal principio della cittadinanza europea;
- *Assistenza sanitaria e servizi sociali*: i cittadini di entrambi i Paesi possono avere accesso a due sistemi di sicurezza sociale e cure sanitarie gratuite o a basso costo;
- *Due passaporti*: i cittadini di entrambi i Paesi possono possedere due passaporti, un vantaggio considerevole nel caso si debba viaggiare in Paesi terzi con i quali il proprio Paese di origine non ha relazioni diplomatiche;
- *Concorsi pubblici*: ad oggi la Spagna esclude gli stranieri – anche se cittadini di un altro Paese UE, come l'Italia – da una serie di concorsi pubblici, in particolare quelli per posizioni con una stretta relazione con alcuni poteri dello Stato, ad esempio le forze armate e di sicurezza, la carriera diplomatica o la magistratura.
- *Proprietà immobiliare*: i cittadini di entrambi i Paesi possono possedere proprietà in entrambi i Paesi.
- *Opportunità*: la diversità crea opportunità nel mondo di oggi. Essere parte di due culture distinte offre un'esperienza unica, che molti datori di lavoro apprezzano.
- *Nuovi flussi di entrate per i governi*: alcuni Paesi permettono agli individui di acquistare la cittadinanza che viene con un secondo passaporto.
- *Opportunità di investimento e pianificazione fiscale*: alcuni Paesi con programmi di cittadinanza per investimento offrono incentivi fiscali attraenti.

Viceversa, le argomentazioni contro la doppia cittadinanza possono variare a seconda del contesto e delle sensibilità[7]. Le più comuni sono:

- *Complicazioni burocratiche*: avere due cittadinanze può comportare una maggiore complessità burocratica, come la necessità di rispettare le leggi e pagare le tasse in entrambi i Paesi. Questo può portare a sanzioni, costi aggiuntivi e potenziali conflitti legali.
- *Obblighi militari e civili*: una persona con doppia cittadinanza può essere soggetta agli obblighi militari e civili in entrambi i Paesi.
- *Identità nazionale*: alcuni sostengono che la doppia cittadinanza può indebolire il legame tra un individuo e il suo Paese di origine, diluendo il proprio sentimento di appartenenza nazionale.
- *Limitazioni sui diritti*: in alcuni paesi, i cittadini naturalizzati possono avere limitazioni su alcuni diritti, come il diritto di voto o di candidarsi alle elezioni.

[7] Si veda: <https://e-medine.org/it/doppia-cittadinanza-ue-come-ottenerla-vantaggi/>.

- *Conflitti di lealtà*: alcuni sostengono che la doppia cittadinanza può creare potenziali conflitti di lealtà, specialmente in tempi di crisi o di guerra.
- *Iniquità*: alcuni ritengono che la doppia cittadinanza possa creare iniquità, poiché non tutti i paesi permettono la doppia cittadinanza.
- *Blocco culturale*: l'adattamento a una nuova cultura può essere difficile. Questo include l'apprendimento di una nuova lingua, l'adattamento a nuove norme sociali e la comprensione di nuovi costumi e tradizioni.
- *Identità europea*: la questione dell'identità europea può essere complessa. Alcuni possono sentirsi fortemente legati alla loro identità nazionale e possono essere riluttanti a identificarsi come europei; al contrario, alcuni possono rifiutare di usufruire del diritto a una doppia cittadinanza perché, all'interno della UE, ritengono più opportuno rafforzare il processo di federalizzazione dell'Unione, cioè creare una vera e propria "cittadinanza europea" sul modello nordamericano (è l'idea degli Stati Uniti d'Europa).
- *Portabilità dei diritti*: la perdita di certi diritti nel Paese di origine può essere un disincentivo. Ad esempio, alcuni paesi non permettono la doppia cittadinanza, il che significa che si potrebbero perdere certi diritti nel Paese di origine se si acquisisce la cittadinanza in un altro paese.

L'attuale situazione in Spagna

La legge spagnola riconosce il principio della doppia cittadinanza (*doble nacionalidad*), ma si caratterizza per un'esplicita definizione di quei paesi che vi hanno diritto. Questi sono:

- Alcuni Paesi dell'America Latina (al momento sono dodici, fra cui Argentina, Cile, Colombia o Perù, ma ad esempio non Cuba, Messico e Venezuela);
- Filippine;
- La Guinea Equatoriale;
- Andorra e Portogallo;
- Infine, caso molto peculiare, ma con un'evidente radice storico-culturale, tutti gli individui che possono dimostrare un'origine ebraico-sefardita.

Il motivo di questa lista risiede nell'art. 11.3 della Costituzione spagnola del 1978, secondo la quale il diritto alla doppia nazionalità è derogato alla possibilità dello Stato spagnolo di stipulare accordi "con i Paesi iberoamericani e con quelli che hanno avuto, o abbiano, un legame particolare con la Spagna". Il testo costituzionale si contraddistingue, dunque, per una duplice scelta: da un lato, il riconoscimento e la valorizzazione di vincoli storici che risalgono all'epoca imperiale e coloniale spagnola; dall'altro lato, una certa ambiguità nel definire quali paesi condividono, o abbiano condiviso, con la Spagna una stretta relazione ("*una particular vinculación*"), senza specificare se tale rapporto è di natura geografica, storica, politica, economica o culturale.

La Francia è il caso più recente di un Paese che, in base a questo enunciato, ha siglato un accordo di doppia cittadinanza con la Spagna. Proposto su iniziativa iberica (marzo 2019), il negoziato bilaterale è durato (anche a causa del Covid-19) un anno e mezzo (settembre 2020). L'accordo fu firmato in seno al vertice bilaterale di Montauban (15 marzo 2021) fra il Presidente francese, Emmanuel Macron, e il Primo ministro spagnolo, Pedro Sánchez[8]. Questo accordo, appunto, permette ai cittadini francesi di non dover rinunciare alla loro nazionalità nel momento in cui acquisiscono la nazionalità spagnola (fermo restando i requisiti di leggi che continua a imporre la legge spagnola, ovvero almeno dieci anni di residenza o un anno di matrimonio con un cittadino di passaporto spagnolo), e viceversa. Questo accordo, com'è ovvio, non ha un valore esclusivamente legale o burocratico, ma contiene un forte significato politico dal momento che, per entrambe le nazioni, è visto come propedeutico nell'ottica di un rafforzamento dei legami storici, economici e culturali fra Madrid e Parigi. L'accordo ha, inoltre, una grande valenza simbolica poiché è nella cittadina di Montauban, nel Sud della Francia, che è seppellito Manuel Azaña, secondo e ultimo Presidente della Seconda Repubblica spagnola, ivi deceduto in esilio durante la dittatura franchista.

La situazione spagnola si contraddistingue anche per un altro caso discriminatorio. Durante il franchismo, molte persone fuggirono dal Paese (si stima circa 2 milioni di spagnoli fra il 1939 e il 1978), soprattutto verso l'America latina. Eppure, per quanto strano possa apparire, in molti di quei casi non è chiaro se queste persone abbiano perso la loro cittadinanza spagnola o meno. Nell'ottobre 2022 la Spagna ha approvato la cosiddetta "legge dei nipoti" che, in base al principio dello *ius sanguinis*, concede la cittadinanza ai nipoti delle persone esiliate durante la dittatura di Franco[9]. Secondo questa legge, qualsiasi discendente di immigrati spagnoli nati prima del 1985 – l'anno in cui la Spagna ha cambiato la sua legge sulla nazionalità – ha diritto alla cittadinanza. In precedenza, infatti, i figli degli esiliati che avevano cambiato o rinunciato alla loro cittadinanza spagnola non avevano diritto a richiederla.

Alcuni dati a confronto tra passato e presente

Secondo i dati pubblicati dall'Insitituto Nacional de Estadística (INE), nel 2022 hanno acquisito la nazionalità spagnola 181.581 stranieri: la quasi totalità dei casi (157.415) è per residenza, il numero di donne (53%) prevale su quello degli uomini (47%) e la maggior parte (69,7%) aveva risieduto precedentemente in un altro pa-

---

[8] Si veda: <https://www.inclusion.gob.es/web/cartaespana/-/espana-y-francia-ratifican-un-convenio-de-doble-nacionalidad#:~:text=Hasta%20este%20momento%2C%20Espa%C3%B1a%20tiene,Rep%C3%BAblica%20Dominicana%2C%20Argentina%20y%20Colombia>.

[9] Si veda: <https://www.theguardian.com/world/2022/oct/27/spains-new-citizenship-law-for-franco-exiles-offers-hope-in-latin-america>.

ese. Nel corso del 2023, le acquisizioni sono aumentate a 240.208, un incremento del 32,3%.

Nel 2022 hanno acquisito la cittadinanza spagnola 1.214 italiani, 668 uomini e 546 donne. Un dato assai differente rispetto al numero di stranieri che ottengono la nazionalità italiana: nello stesso anno, infatti, gli atti di cittadinanza registrati dal Ministero degli Affari Esteri e della Cooperazione internazionale (MAECI) presso i Consolati italiani in Spagna sono stati 502.

Tornando ai 1.214 italiani di cui sopra, 404 sono nati in Spagna (figli, quindi, di coppie italo-spagnole e, dunque, automaticamente titolari della doppia cittadinanza), 120 in Italia e 690 nel resto del mondo. Ciò significa che, nel 2022, ben 810 cittadini italiani hanno deciso di rinunciare alla nazionalità italiana. Nel corso del 2023, invece, il numero di italiani che ha ottenuto la cittadinanza spagnola è aumentato a 1.395, un incremento del 14,9% rispetto all'anno precedente.

Se analizziamo l'evoluzione storica di questo processo, è possibile notare che dal 2014 al 2023 si sono registrati 6.770 casi di italiani che hanno acquisito la cittadinanza spagnola. Questo significa che soltanto negli ultimi due anni (2022 e 2023) hanno ottenuto la cittadinanza spagnola 2.609 italiani, cioè il 38,5% del totale dell'ultimo decennio.

Una tempistica che, di nuovo, rispecchia quanto scritto più sopra: se è vero che un rilevante numero di italiani ottiene la cittadinanza spagnola attraverso un processo di residenza (nel caso spagnolo è di dieci anni), è dunque possibile stimare che l'intero processo burocratico con cui ottenere la cittadinanza abbia una durata complessiva di almeno dodici anni. Un fatto ormai difficile da accettare, oltre – e soprattutto – all'imposizione di dover rinunciare ufficialmente alla cittadinanza italiana.

La comunità italo-spagnola e la sfida della doppia cittadinanza

Riassumendo quanto scritto più sopra, ad oggi solamente tre Paesi europei hanno stipulato e ratificato accordi di doppia cittadinanza con la Spagna: il Portogallo, il principato di Andorra e, dal 2021, la Francia. Non appare casuale che – escludendo Gibilterra, territorio britannico – questi siano i Paesi europei confinanti con la Spagna.

L'Italia ne è dunque esclusa. Ma quali sono gli effetti pratici per la comunità italiana residente in terra iberica? I principali problemi che incontra sono i seguenti:

- *Rinuncia alla cittadinanza italiana*: gli italiani che desiderano ottenere la cittadinanza spagnola devono rinunciare a quella italiana. Questo può essere un ostacolo significativo per coloro che hanno legami forti con entrambi i Paesi.
- *Difficile scelta per i figli di coppie italo-spagnole*: i figli di coppie italo-spagnole si trovano davanti a una difficile scelta quando devono decidere quale cittadinanza mantenere.

- *Esclusione dal voto*: gli italiani in Spagna privi della cittadinanza spagnola sono esclusi dalla possibilità di votare alle elezioni nazionali e autonomiche.
- *Problemi con la documentazione*: gli italiani in Spagna privi della cittadinanza spagnola devono utilizzare il NIE (*Numero de Identificación de Extranjero*), un piccolo documento di carta, al posto di un documento con foto (la carta d'identità o il DNI spagnolo). Questo formato è spesso criticato per essere inutile e poco degno.
- *Aspettative non soddisfatte*: malgrado le numerose pressioni sulle autorità spagnole per giugnere al riconoscimento della doppia cittadinanza anche per gli italiani residenti in Spagna e i figli di coppie italo-spagnole, purtroppo i progressi sono stati lenti.

L'obiettivo della doppia cittadinanza fra Italia e Spagna è una campagna condotta da un insieme di istituzioni e partiti politici che finora hanno operato in stretta e proficua collaborazione. Il processo fu avviato nel marzo 2021, proprio sulla scia dell'accordo ispano-francese di Montauban, da un'interrogazione parlamentaria da parte di Angela Schirò, ex-deputata del Partito Democratico (PD) eletta nella Circoscrizione Estero - Ripartizione Europa. Un atto sollecitato dal Com.It.Es. di Madrid e dall'allora presidente Pietro Mariani. La risposta fu affidata all'allora Sottosegretario di Stato agli Esteri, Benedetto Della Vedova. Come riportato dal quotidiano online *El Itagnol*, Della Vedova sottolineò l'interesse del Ministero degli Affari Esteri per una positiva soluzione della questione, accennando anche a «un'interlocuzione diretta sul tema con il Segretario di Stato spagnolo, Juan Gonzales Barba, volta ad avviare rapporti bilaterali finalizzati alla definizione di un accordo Italia-Spagna per il reciproco riconoscimento della doppia cittadinanza»[10]. Una misura pensata anche per rafforzare l'integrazione tra le rispettive comunità residenti nei due Paesi[11].

La doppia cittadinanza è stato uno dei temi di maggiore interesse nella campagna elettorale (novembre-dicembre 2021) per il rinnovo dei Com.It.Es. nel mondo. Nella circoscrizione consolare di Madrid, la lista *Italiani Democratici*, che ha ottenuto la maggioranza assoluta di consensi e seggi (12 consiglieri su 18), ha la doppia cittadinanza fra le sue priorità. Molteplici, infatti, sono stati in tal senso gli interventi del Com.It.Es. sia tramite interviste nei mezzi d'informazione italiani in Spagna, sia nelle reti sociali e in incontri informali avuti con le autorità spagnole.

---

[10] Si veda: <https://www.itagnol.com/2022/07/doppia-cittadinanza-italia-spagna-novita-nel-2022/>.

[11] A questo dibattito parlamentare seguì un articolo (24 maggio 2021) pubblicato sulla pagina internet del PD con triplice firma: Luciano Vecchi (responsabile "Italiani nel mondo" del PD), Pietro Mariani (allora presidente del Com.It.Es. di Madrid) e Michele Testoni (segretario del circolo "Sandro Pertini" del PD di Madrid). In esso, si chiedeva «alle autorità italiane [...] di farsi carico di questa istanza e muovere il primo passo per camminare stabilmente nella giusta direzione». Si veda: <https://partitodemocratico.it/vecchi-mariani-e-testoni-doppia-cittadinanza-italia-spagna-per-camminare-bisogna-muovere-il-primo-passo/>.

Da sottolineare è poi la perfetta sintonia e la stretta collaborazione che esiste sul tema della doppia cittadinanza fra, da un lato, i rappresentanti di Com.It.Es. e CGIE e, dall'altro lato, la nostra rappresentanza diplomatica di Madrid.

Quello che sappiamo, secondo fonti diplomatiche, è che nella primavera del 2023 è stata depositata una bozza di accordo presso il Ministero della Giustizia spagnolo. Da allora, tuttavia, il negoziato si è fermato. Complice di questo rallentamento è stato anche il fitto calendario politico ed elettorale, soprattutto in Spagna: elezioni regionali e municipali (28 maggio 2023), elezioni nazionali anticipate (23 luglio 2023), semestre di presidenza europeo (luglio-dicembre 2023), elezioni basche e catalane (21 aprile e 12 maggio 2024). Non da ultimo, l'insediamento di Giorgia Meloni quale Presidente del Consiglio dei Ministri (22 ottobre 2022) è il frutto di un cambio di maggioranza politica in Italia opposta rispetto alle circostanze spagnole: benché il tema della cittadinanza è – ed è bene che rimanga – una questione che determina le relazioni fra "i due Stati", sarebbe miope non tenere in conto le discrepanze, e le conseguenze, che contraddistinguono oggi "i due governi".

In ogni caso, a partire dal 2022 si sono moltiplicate le iniziative a sostegno della ripresa del negoziato e, soprattutto, di una sua conclusione rapida e positiva. Ricordiamo, ad esempio, l'interrogazione dell'on. Elisa Siragusa (Movimento 5 Stelle), la risoluzione promossa dall'on. Vincenzo Amendola (PD), la mozione depositata dall'on. Toni Ricciardi (PD) o la risoluzione presentata dall'on. Federica Onori (Azione)[12].

Nel momento in cui questo rapporto va in stampa, la dichiarazione più recente sullo stato del negoziato è quella dell'attuale Ambasciatore italiano in Spagna, Giuseppe Buccino Grimaldi: lo scorso 2 giugno, durante il suo discorso di benvenuto in occasione del ricevimento per la Festa della Repubblica, l'Ambasciatore ha assicurato che la doppia cittadinanza è "sempre più vicina"[13].

Conclusioni

In questo breve saggio, abbiamo voluto offrire al lettore una visione rapida ma esaustiva sul principio della doppia cittadinanza e su quali siano i suoi principali aspetti positivi e i suoi maggiori punti di debolezza. Nel fare questo, ci siamo concentrati sulla nostra comunità di riferimento, gli italiani residenti in Spagna. Il nostro punto di partenza è che, come spesso succede, non esiste una risposta unica e valida per tutti. Le circostanze soggettive sono le più diverse e tutte legittime. Non abbiamo la presunzione di indicare un'unica via, ma piuttosto di segnalare quali sarebbero

---

[12] Si veda: <https://www.aise.it/politica/onori-az-il-governo-acceleri-sulla-doppia-cittadinanza-italiaspagna/204726/115>.

[13] Si veda: <https://lavoceditalia.com/2024/06/03/714879/ambasciatore-buccino-doppia-cittadinanza-sempre-piu-vicina/>.

i benefici che potrebbero derivare dalla firma di un accordo bilaterale fra Italia e Spagna circa la doppia cittadinanza.

A nostro avviso, i vantaggi superano gli svantaggi o gli inconvenienti: come detto, non si tratta "solo" di un fatto simbolico o di principio, ma anche di uno strumento con cui garantire più diritti e offrire maggiori possibilità. Un fatto che, per vivere nel mondo di oggi, ci pare fondamentale. Alcuni potrebbe obiettare che la doppia cittadinanza non serve per chi non ha un progetto di vita e professionale in Spagna di lungo periodo – infatti non è rivolto a questo tipo di persone. Altri potrebbero scegliere di non optare per questo percorso perché andrebbe a diluire, o addirittura sarebbe in contrasto con, la loro identità nazionale italiana. Altri ancora potrebbero vedere nella doppia cittadinanza una specie di compromesso al ribasso: gli Stati nazionali sono un lascito del passato, il futuro va in direzione di una maggiore integrazione europea e, per questo motivo, il vero obiettivo è una vera e propria cittadinanza europea secondo il modello federale statunitense.

Pur auspicando anche noi quest'ultima soluzione, pensiamo che un'attitudine realista e pragmatica sia la forma più indicata per migliorare la vita di tutti. Riteniamo che, per tutti gli italiani che risiedono in Spagna e hanno fatto di questo Paese la loro casa, la doppia cittadinanza è una grande opportunità: questa non limita, ma completa diritti che già esistono. Di più: offre nuove e maggiori opportunità di realizzazione professionale e integrazione sociale e culturale. Pertanto, rimaniamo in attesa che i due governi riprendano quanto prima il negoziato, fiduciosi che questo possa concludersi presto e nell'interesse generale della collettività.

STATI UNITI. Cittadinanza italiana tra passato emigratorio, presente di recupero dell'identità e prospettive future

AVV. MARCO PERMUNIAN, AVV. GIUDITTA GRISOLIA, DOTT.SSA DOMITILLA D'ERME
L'autore e le autrici sono membri di Italian Citizenship Assistance (ICA)[1]

La presente trattazione si propone di ripercorrere brevemente la storia e il percorso emigratorio, con particolare focus sullo status della cittadinanza, degli italiani negli Stati Uniti d'America, seguendo una triplice prospettiva che parte da un passato di perdita di identità nazionale, passa da un presente di recupero delle origini e si dirige verso un futuro di inclusione e arricchimento civico e sociale.

L'emigrazione italiana negli Stati Uniti d'America dalla seconda metà del XIX secolo fino alla prima metà del XX secolo

Il mito americano, il sogno di trovare fortuna in una terra lontana ma ricca di opportunità, ritratta nell'immaginario comune come un mondo libero in cui il prezzo da pagare per il benessere è unicamente il proprio lavoro: questo è il faro che ha illuminato le speranze e alimentato il coraggio di quella parte di popolazione dell'Italia post-unitaria più povera e svantaggiata. Quel segmento sociale che ambiva a sottrarsi da una condizione di miseria, sfruttamento e sopraffazione, sperando di poter vedere realizzati quegli ideali di prosperità che l'Italia unita aveva certamente tradito. Sogno, o forse illusione, che presto si scontra con la dura realtà che si presenta agli emigranti italiani degli ultimi decenni dell'Ottocento che, immediatamente, vedono infrangere le loro speranze di fronte alla diffidenza e alla superbia della società statunitense di fine Ottocento. Quest'ultima vedeva nello straniero

---

[1] ICA, acronimo per Italian Citizenship Assistance, è una società di servizi nata dalla passione e dall'interesse del suo fondatore, l'Avv. Marco Permunian, per i temi dell'immigrazione e della cittadinanza e, in particolare, per le conseguenze e le implicazioni che l'una determina sulle sorti dell'altra. ICA, infatti, è un'azienda che, attraverso una rete di uffici collocati in Italia, Stati Uniti e non solo, e grazie alla cooperazione di un team di lavoro composto da avvocati, esperti legali, genealogisti, traduttori ed esperti di doppia cittadinanza, offre assistenza a cittadini stranieri con origini italiane che desiderino recuperare la propria originaria identità, attraverso il riconoscimento della cittadinanza italiana.

qualcosa di lontano e di diverso da sé, non una risorsa insomma, ma della mera manovalanza da impiegare nei campi e all'interno delle grandi industrie dell'era moderna, al fine di incrementare profitti e affari della classe borghese locale sempre più avida di ricchezza e potere.

Il disincanto della realtà, però, non cede il passo alla sopraffazione di un popolo che, seppur orgoglioso della propria identità comunitaria, percepita come un riparo dalle avversità del presente, accetta con umiltà il compromesso dei ruoli per farsi lentamente spazio nella comunità di destinazione. È così che sono riusciti a ritagliarsi spazi in ambito lavorativo, sociale, politico e culturale che, seppur inizialmente marginali, conferiranno prestigio alla comunità italiana negli Stati Uniti, ponendo le basi di un riscatto sociale a lungo desiderato e silenziosamente coltivato.

In America non era infatti possibile radicare i propri valori culturali, «si andava soltanto e unicamente per divenire americani»[2]; è questa la consapevolezza che pervade gli emigranti italiani in cerca di fortuna nel Nuovo Continente, una fortuna che non viene da sé, ma si alimenta e viene agita nel duro lavoro di quei circa 40 mila italiani che solo nel 1861[3], secondo stime approssimative, lasciano il nostro Paese per dirigersi nell'America del Nord, andando a soddisfare la sempre crescente richiesta di manodopera da specializzare nelle industrie agrarie, minerarie e manifatturiere del Paese.

Le tre grandi fasi del processo migratorio degli italiani negli Stati Uniti

Ragioni economiche, ma non solo, segnano il destino di molti connazionali costretti ad abbandonare la propria patria alla ricerca di una terra che offra loro opportunità di vita migliori; in questo senso, infatti, forte è il richiamo di un paese, quale gli Stati Uniti d'America, che fa della libertà e della democrazia il vessillo della propria grandezza ed egemonia politica, economica e sociale.

Infatti, il corso del processo emigratorio che interessò milioni di italiani dalla fine dell'Ottocento fino alla seconda metà del XX secolo può essere suddiviso sostanzialmente in tre grandi fasi, ciascuna delle quali si caratterizzò diversamente a seconda delle ragioni che spinsero gli italiani a lasciare il proprio Paese e della reazione che la politica interna, sia italiana che statunitense, ebbe nella gestione del fenomeno emigratorio.

In particolare, vi fu una **prima fase**, tra il 1876, anno a partire dal quale si registrarono i primi controlli sui flussi emigratori, e lo scoppio della Grande guerra (1914) caratterizzata dallo spostamento della direzione dei flussi migratori che

[2] Grazia Dore, "L'avvento del fascismo attraverso la stampa italiana negli Stati Uniti", in Idem, *La democrazia italiana e l'emigrazione in America*, Morcelliana, Brescia, 1964, pp. 31-32.

[3] Vittorio Daniele, "L'emigrazione italiana dall'Unità ad oggi. Un quadro d'insieme", in Lorenzo Sinisi, *Emigrazioni e immigrazioni. Una sfida della storia e della contemporaneità*, Pacini Giuridica, Pisa, 2021, p. 55.

dall'Europa cominciano a mobilitarsi verso l'America settentrionale e in cui le ragioni dell'espatrio erano certamente di natura economica, ma non solo. Infatti, «dalla nascita delle prime organizzazioni operaie, l'attrazione verso paesi che venivano dipinti come caratterizzati da maggiori libertà spingeva a partire anche individui o gruppi politicizzati che cercavano nei paesi d'approdo una risposta ai loro bisogni politici e ideali»[4].

In questa fase, peraltro, l'emigrazione avveniva per lo più con modalità clandestine a causa delle forti restrizioni stabilite dal Governo del Regno d'Italia per contenere la portata sempre più incontrollata degli espatri, divenuti un vero e proprio fenomeno strutturale del Paese che, sottraendo manodopera ai grandi industriali del Nord Italia e riducendo la manovalanza a basso costo da impiegare nei grandi latifondi del Meridione d'Italia, avevano provocato la reazione della classe dirigente del nuovo Stato preoccupata che l'esodo di massa potesse stimolare una crescita al rialzo dei salari minimi.

Da qui una serie di provvedimenti tesi a limitare la libera circolazione di quei lavoratori che, prima di partire, non avessero dimostrato il possesso di determinati requisiti che consentissero loro il sostentamento una volta giunti nella terra di approdo[5] e che, chiaramente, nell'intento del legislatore dell'epoca, avrebbero dovuto rappresentare un deterrente al viaggio. Tuttavia, una vera e propria regolamentazione non si ebbe in Italia fino alla legge Crispi del 30 dicembre 1888 n. 5866, la quale riconobbe, per la prima volta, il pieno diritto di emigrare per ragioni di lavoro, ma solo a coloro che avevano assolto l'obbligo di leva militare. Il pregio della normativa fu quello di avere riconosciuto delle forme di tutela, anche se marginali, agli emigranti nei confronti delle grandi compagnie di navigazione, prevedendo condizioni minime relative al trasporto degli stessi.

Fu solo nel 1901 con la legge n. 23 del 31 gennaio che il fenomeno migratorio iniziò ad essere disciplinato al fine di riconoscere e proteggere i diritti dell'emigrante. Punto di partenza per ripensare il fenomeno emigratorio fu l'istituzione di un unico ente di controllo e gestione, il *Commissariato Generale per l'emigrazione*: quest'ultimo venne posto sotto il controllo e alle dirette dipendenze del Ministero degli Affari Esteri, nel quale furono accorpate tutte le funzioni che fino a quel momento erano frammentate tra le diverse amministrazioni dello Stato. È così che vennero costitu-

---

[4] Aldo G. Ricci, *L'Italia in America, Documenti dell'Archivio Centrale dello Stato sull'emigrazione negli Stati Uniti, Introduzione*, quaderno a cura di Cristina Mosillo e Franco Papale, Archivio Centrale dello Stato, Ministero per i Beni e le attività culturali, Roma, 2005, p. 7.

[5] Si ricordi, in particolare, la circolare del 1868 emessa dal Presidente del Consiglio Menabrea con la quale si dava disposizione ai prefetti affinché fosse impedito l'espatrio a coloro che intendevano emigrare, fra gli altri Paesi, negli Stati Uniti, ove non dimostrassero di possedere un lavoro già garantito o adeguati mezzi di sussistenza nel Paese d'arrivo. Ancora, la Circolare Lanza del 1873 con la quale si aggiunse l'obbligo per l'emigrante di provvedere in autonomia al proprio viaggio di rientro in patria in caso di malattia o indigenza, al fine di evitare un onere finanziario eccessivamente gravoso a carico dei consolati italiani all'estero a causa dell'elevato numero di rimpatri forzati.

ite, nei principali porti di imbarco italiani, tra cui Napoli, Genova e Palermo, delle commissioni ispettive affinché verificassero il rispetto delle normative sanitarie da parte delle compagnie di navigazione. A bordo dei piroscafi, durante la navigazione, fu prevista la presenza obbligatoria di *commissari viaggianti e medici militari*, i quali ebbero il compito di monitorare l'osservanza della normativa vigente. Inoltre, per assicurare continuità assistenziale ai connazionali giunti nei Paesi di approdo, vennero creati, seppur lentamente e con notevoli difficoltà, dei patronati e degli enti di tutela obbligati a fornire assistenza legale e sanitaria a chi ne avesse avuto bisogno[6].

La seconda fase del processo emigratorio tra l'avvento del fascismo e lo scoppio della seconda guerra mondiale

La fine della Prima guerra mondiale diede l'avvio ad una **seconda fase** del processo emigratorio degli italiani negli Stati Uniti d'America, che culminerà alle soglie dello scoppio della Seconda guerra mondiale e che si caratterizzò per l'impronta spiccatamente politica delle ragioni degli espatri. Infatti, con l'avvento del fascismo e per tutto il ventennio che vedrà l'ascesa di Mussolini al potere, la via dell'emigrazione verso il Nuovo Continente rappresentò per i dissidenti politici l'unica via di fuga da un sicuro destino di repressione e persecuzione. Il tutto mentre dall'altra parte dell'oceano, la comunità degli italiani già arrivati in America si faceva vanto dell'ascesa al potere del duce che, con le sue politiche espansionistiche e nazionalistiche, contribuiva ad accrescere il prestigio dell'Italia nel mondo restituendole quella dignità e gloria andata perduta dopo il crollo dell'Impero romano; un'Italia non più relegata a punto estremo, fanalino e periferia d'Europa, ma un'Italia sempre più protagonista dello scenario politico internazionale.

L'emarginazione sociale alla quale era costretta la classe operaia italo-americana «si rivelò un fertile terreno per un'ideologia che sfruttava abilmente i temi del patriottismo e dell'orgoglio nazionale»[7]: il tutto in un contesto in cui forte era la difficoltà di integrazione e accettazione per i connazionali che lavoravano nei grandi centri urbani industrializzati degli Stati Uniti in condizioni fatiscenti e che vivevano relegati nelle periferie caratterizzate da sovraffollamento, carenza di condizioni igieniche e mancanza di scuole.

Altro elemento che caratterizzò la trama delle relazioni sociali degli emigrati italiani negli USA durante questa seconda fase del processo emigratorio, fu il feno-

[6] Si vedano: Antonio Golini - Flavia Amato, "Uno sguardo a un secolo e mezzo di emigrazione italiana", in Pietro Bevilacqua - Andreina De Clementi - Emilio Franzina, a cura di, *Storia dell'emigrazione italiana. Partenze*, Donzelli Editore, Roma, 2001, pp. 45-60; Maria Rosaria Ostuni, "Leggi e politiche di governo nell'Italia liberale e fascista", in Pietro Bevilacqua - Andreina De Clementi - Emilio Franzina, a cura di, *Storia* [...], cit., pp. 309-319.

[7] Eugenia Scarzanella, *L'emigrazione italiana negli Stati Uniti nei primi decenni del Novecento*, «Italia contemporanea», Istituto Nazionale per la Storia del Movimento di Liberazione in Italia, Milano, 1975, f. 121, p. 93.

meno del cosiddetto "bossismo" o "padrone system": era questo sistema che consentiva e regolava l'avviamento al lavoro dei nuovi arrivati, i quali si rivolgevano ad intermediari che, agendo nell'interesse di terzi mandanti, e mediatori che, agendo nel proprio esclusivo interesse, mettevano loro a disposizione una gamma di servizi che andava dal procacciamento del lavoro, alla ricerca di alloggi fino all'attività creditizia, non senza il versamento di un corrispettivo decisamente esoso.

Nella lotta disperata alla sopravvivenza all'interno di questi sconfinati agglomerati urbani dei primi anni del Novecento, la comunità italiana sempre più numerosa si trovava ghettizzata, relegata ai margini di una società in cui discriminazione e pregiudizio creavano un'aurea negativa attorno ai nostri connazionali emigrati, vittime dello stereotipo dell'italiano analfabeta, criminale e malavitoso.

Fu così che, per placare le proteste dell'opinione pubblica americana, il Governo statunitense cominciò a varare una serie di provvedimenti volti a contenere i flussi emigratori; in particolare, con l'*Immigration and Nationality Act* del 1917 il Congresso americano, dopo aver disposto l'espulsione dal Paese di anarchici e sovversivi, dispose l'introduzione di test linguistici, cosiddetti *literacy test*, volti a verificare l'alfabetizzazione degli emigranti. E, infatti, proprio il fattore linguistico rappresenterà uno dei più importanti ostacoli al processo di integrazione degli emigrati italiani nel Nuovo Continente. Ostacolo che si porrà, soprattutto nella fascia degli emigranti di prima generazione, come limite non solo all'interazione con la popolazione locale, ma anche allo scambio e all'incontro tra i connazionali provenienti da diverse aree geografiche della Penisola. Tutto questo accadeva poiché la lingua italiana era all'epoca frammentata in una moltitudine di dialetti locali che generavano difficoltà di comprensione e comunicazione tra gli stessi italiani arrivati in America. Sarà solo con i migranti di seconda generazione che la barriera linguistica comincerà ad infrangersi grazie a quel processo di contaminazione, fatto di fusioni, sovrapposizioni e sostituzioni linguistiche; processo che culminerà solo con la terza generazione di migranti che, assimilando il linguaggio della nuova patria, perderà ogni traccia del parlato di origine che resterà solo nella sonorità di espressioni irriproducibili nella nuova lingua.

Alla luce della riflessione sul fattore linguistico, si assiste con una certa perplessità a tentativi di riforma legislativa avanzati nel nostro Paese tesi a richiedere, quale requisito necessario ai fini dell'acquisto della cittadinanza per discendenza, la conoscenza approfondita della lingua italiana. Ci si chiede, cioè, come potrebbe essere questo un fattore determinante dell'italianità di un soggetto che, a causa di contingenti fattori storici, culturali e sociali, ha perso ogni traccia della lingua d'origine dei suoi discendenti, perdita certamente non imputabile alla volontà dei suoi avi, ma imposta da un faticoso processo di integrazione. Esattamente, può la padronanza della lingua italiana considerarsi elemento sintomatico del legame di un individuo con la terra d'origine più della condivisione della storia, delle radici, dei valori e della cultura di un popolo di cui ha sempre vissuto il sentimento e lo spirito nazionalistico tramandato di generazione in generazione?

A tal proposito un esempio pratico offre lo spunto per comprendere meglio il processo di rifiuto coatto della propria lingua; si pensi, in particolare, all'interessante fenomeno del cambio di nome riscontrato tra i migranti italiani dell'epoca. Questi, infatti, spinti dal desiderio di facilitare l'arduo processo di integrazione, nel 85% dei casi circa, optavano per "l'americanizzazione" del nome di battesimo. E così se nella maggior parte dei casi la modifica tradiva l'origine del nome, per fare alcuni esempi Antonio diventava Anthony, Giuseppe era Joseph e Maria sarebbe diventata Mary, in un numero di casi percentualmente pari ad un quinto degli stessi, la modifica portava ad una trasfigurazione totale del nome, per cui Vincenzo diveniva James, Calogero Charles e così via.

Più rare le modifiche al cognome: nel 44% dei casi questo rimaneva inalterato, mentre in un restante 40% dei casi il cognome veniva alterato a causa di un semplice errore di ortografia condizionato da una barriera linguistica che si faceva naturalmente sentire.

Solo il residuo 15% degli emigrati sceglieva volontariamente di modificare il proprio cognome; tale cambiamento poteva avvenire, come nel caso del nome di battesimo, tramite un'americanizzazione (ad esempio, Buscicchia, Bushika). In altri casi, il secondo nome andava a sostituire il cognome stesso, come nel caso di Marco Antonio Bisceglie[8] divenuto Mark Anthony.

È bene precisare, inoltre, che la manipolazione dei nomi e dei cognomi non sempre avveniva legalmente; anzi, tanto più la modifica era marginale, tanto più era probabile che la stessa fosse stata apportata senza essere stata autorizzata o registrata presso le competenti autorità locali, cosa resa possibile da un sistema notevolmente più permissivo rispetto a quello italiano. Tale fenomeno, peraltro, rappresenta oggi un rilevante ostacolo nel procedimento di riconoscimento della cittadinanza italiana, a fronte della difficoltà di dimostrare la stessa discendenza di un soggetto che porta un cognome diverso dal preteso avo.

Ma, tornando ancora sul tema dei provvedimenti tesi ad arginare il fenomeno emigratorio, non si può non ricordare che nel 1921, il Congresso varò un ulteriore provvedimento, l'*Emergency Quota Act,* con cui vennero stabilite «restrizioni numeriche calcolate sulla base delle percentuali di immigrati provenienti da ciascun paese e regolarmente residenti negli Stati Uniti [...] mentre in passato le leggi del Congresso si erano occupate di definire restrizioni di carattere qualitativo, con l'inizio degli anni Venti si cominciò ad operare limitazioni di carattere quantitativo, consentendo l'ingresso nel paese solo ad un numero di persone pari al 2% o 3% del totale degli stranieri appartenenti a ciascuna nazione e già presenti sul suolo americano»[9].

---

[8] Il cognome è stato volutamente modificato nel rispetto della privacy dei clienti.

[9] Luca Pietro Vanoni, *Stati Uniti*, in Paolo Bonetti - Madia D'Onghia - Paolo Morozzo della Rocca - Mario Savino, a cura di, *Immigrazione e Lavoro*, Editoriale Scientifica, Napoli, 2022, p. 172.

D'altro canto, in Italia l'emanazione di tali provvedimenti determinò un declino dei rapporti con gli Stati Uniti che, nel periodo a cavallo tra le due guerre mondiali, unito agli scontri razziali, alla grave recessione economica internazionale e alle tensioni provocate dallo scoppio della Seconda guerra mondiale, porteranno all'attuazione di politiche interne repressive e di controllo dei movimenti della popolazione che rallenteranno inevitabilmente, a causa delle contingenze internazionali, i flussi di espatri, i quali riprenderanno con una certa intensità solo con la fine della guerra.

La terza e ultima grande fase dell'emigrazione nell'Italia postbellica tra politiche nazionali incentivanti e riscatto identitario di una comunità in cerca di affermazione sociale e morale

Ed è proprio a partire dal 1946 che prende avvio la **terza fase** del processo emigratorio nazionale che raggiungerà il suo apice alla fine degli anni Settanta, favorendo la ripresa e il decollo dell'economia domestica, grazie alle catene migratorie delle vecchie comunità stabilite nelle Americhe[10] che garantirono l'arrivo di rimesse nel nostro Paese.

Ovviamente questa terza ed ultima ondata di flussi migratori assumerà connotati differenti nel mutato scenario geo-politico del Secondo dopoguerra. La distruzione materiale e sociale causata dagli eventi bellici non impedì però una proficua, seppur lenta, opera di "normalizzazione", anche grazie all'impatto limitato che la Seconda guerra mondiale ebbe sulla capacità produttiva delle industrie, sempre più orientate alla produzione di massa e all'interventismo statale nelle economie nazionali. Questo processo di ripresa economica ebbe certamente il suo apice nel Piano Marshall che, garantendo l'afflusso di ingenti capitali nei Paesi europei devastati dalla guerra, diede uno straordinario slancio al processo di industrializzazione. Da qui, la sempre crescente richiesta di manodopera, più o meno specializzata, che andava correttamente redistribuita fra le economie emergenti, al fine di evitare uno squilibrio nella concentrazione dell'offerta rispetto alla domanda.

Per ovviare a tale necessità molti paesi che si avviavano verso questo processo di ripresa, tra cui anche l'Italia, cominciarono a stipulare una serie di convenzioni e accordi internazionali bilaterali volti proprio alla redistribuzione della manodopera locale nelle aree dove maggiore era la richiesta e scarsa la disponibilità. In particolare, in Europa venne istituito il CIME, Comitato intergovernativo per le migrazioni europee che, in Italia, svolse un ruolo fondamentale nel finanziare e sostenere, tra gli altri, l'apertura di sei centri per l'emigrazione che furono incaricati di selezionare e formare i connazionali emigranti da dirigere verso le metropoli industrializzate degli Stati Uniti. Tale selezione avveniva sulla base della verifica delle condizioni di salute e delle capacità lavorative dei candidati di modo che fossero assegnati nelle aree

---

[10] Gianfausto Rosoli, *Un quadro globale della diaspora italiana nelle Americhe*, «Altreitalie», Edizioni della Fondazione Giovanni Agnelli, Torino, n. 8, luglio-dicembre 1992, p. 8.

in cui si registrava maggior carenza di manodopera, tanto nel settore industriale, quanto in quello agrario e terziario[11].

Emerge, così, il tratto che contraddistinse questa nuova fase dei flussi emigratori: il passaggio da un'emigrazione «di lavoratori non qualificati a quella di lavoratori semi-qualificati»[12] della ricostruzione post-bellica, in cui non solo cominciava a farsi strada la necessità di una manodopera sempre più specializzata, ma andava assumendo rilevanza anche il fattore linguistico e dunque l'alfabetizzazione della popolazione migrante, quale indispensabile strumento di comunicazione ed integrazione nelle comunità di approdo. Tutto ciò diede un potente impulso all'opera di scolarizzazione del Paese, la cui politica cominciò a realizzare la necessità che la crescita economica dovesse procedere di pari passo con la crescita culturale di un popolo in cerca di riscatto.

Dunque, l'emigrante di nuova generazione che arriva nel Nuovo Continente non è più soltanto l'emigrante incolto e indigente, condannato alla miseria morale e materiale, ma è un individuo consapevole e calato nella realtà, che si fa forte dell'esperienza, del disincanto e del riscatto delle precedenti generazioni di migranti sulla cui rete sociale può ora contare per liberarsi dalla condizione di approfittamento e sopraffazione in cui la ricca e spregiudicata *middle class* statunitense lo aveva a lungo costretto.

È proprio in questa continua e strenua ricerca di affermazione ed emancipazione sociale, che va collocato il desiderio di molti italiani "evasi" dalla madrepatria di ottenere un riconoscimento non solo fattuale ma anche formale dello *status* di cittadino americano, avviandosi al percorso *di naturalizzazione statunitense*[13]. Questo processo fungeva da "sigillo" per quell'affermazione faticosamente conquistata nella nuova patria, e permetteva di "consegnarla" in eredità ai propri discendenti. Tale decisione veniva presa anche a costo della perdita della cittadinanza di origine[14], ultimo legame identitario con la terra natale, una terra che tanto aveva loro dato ma ancor di più aveva tolto e che resterà solo nella memoria dei valori e dei racconti

[11] Donatella Strangio, *Emigrazione italiana "assistita" nel secondo dopoguerra*, «Popolazione e Storia», Forum editrice universitaria udinese, Udine, 2018, vol. 19, n. 2, pp. 41-66.

[12] Michele Colucci, "Partire, lavorare, parlare: uno sguardo all'emigrazione italiana del 1945 agli anni Settanta", in Maria Eugenia Cadeddu - Cristina Marras, a cura di, *Linguaggi, Ricerca, Comunicazione*, «Plurilinguismo e migrazioni», Cnr Edizioni, Roma, n. 1, 2019, p. 28.

[13] La cittadinanza statunitense per naturalizzazione veniva concessa, a partire dal 1790, tramite un'istanza presentata ai tribunali di contea, statali e federali, in cui il richiedente doveva manifestare la propria volontà di divenire cittadino americano, indicando il tempo di residenza nel Paese, che non poteva essere inferiore a cinque anni, ed esibendo il certificato di arrivo unitamente a quello di registrazione, nonché il visto di ingresso (tra il 1924 e il 1944) in cui venivano riportate informazioni sulla nascita, genitori, figli e precedenti residenze. Con la domanda, si chiedeva, inoltre, l'anglicizzazione del nome per favorire una maggiore accettazione da parte della comunità nazionale.

[14] L'art. 11 del Codice civile del 1865 del Regno d'Italia prevedeva che colui il quale avesse assunto la cittadinanza di un altro Stato, perdeva la cittadinanza italiana, infatti, all'epoca vigeva il principio del divieto di doppia cittadinanza e tale effetto si produceva anche in capo alla moglie e ai figli minori conviventi.

che gli avi immigrati trasmetteranno alle generazioni future. L'acquisto della cittadinanza americana, tuttavia, si rivelerà un passaggio tutt'altro che semplice a causa dell'irrigidimento dei requisiti necessari per la sua concessione. Infatti, sebbene la Costituzione americana riconoscesse agli stranieri regolarmente residenti negli Stati Uniti gli stessi diritti civili e la stessa tutela in giudizio prevista per i cittadini americani, nel rispetto di quei valori di eguaglianza e libertà su cui si fondava la democrazia americana, di fatto, però, il trattamento amministrativo e giurisdizionale riservato agli immigrati era tutt'altro che compatibile con i principi egualitari ed immutabili di giustizia proclamati dalla Costituzione americana, senza contare i continui rischi di espulsione, basati su provvedimenti per lo più lasciati al libero arbitrio della pubblica autorità e contro i quali non era ammessa alcuna forma di tutela giurisdizionale.

Tra le altre cose, l'acquisto della cittadinanza statunitense avrebbe comportato la possibilità di espatriare per poi fare liberamente ritorno negli Stati Uniti, senza necessità di essere sottoposti agli stringenti controlli e verifiche previsti per gli stranieri.

Dunque libertà di circolazione, libero esercizio dei diritti civili e politici, libertà di domicilio, possibilità di accedere alle più elevate e prestigiose cariche pubbliche statunitensi, piena partecipazione alla vita pubblica, erano le tutele che, non solo il riconoscimento dello stato di cittadinanza era in grado di assicurare, ma di cui i connazionali emigrati non avevano mai goduto neanche nella madrepatria.

Questa continua tensione vissuta tra attaccamento alle origini e riconoscenza verso un Paese che, sia pure tra dissidi e difficoltà, aveva dato loro la possibilità di realizzare un futuro migliore, emerge nelle intenzioni delle migliaia di discendenti di italiani americanizzati che, oggi, si avviano a recuperare l'identità del passato, riportando al presente quel legame comunque indissolubile con la terra di origine, rappresentato dal riconoscimento della cittadinanza italiana che, spesso, l'origine del nome tradisce, e che la lontananza geografica aveva allentato senza mai dissolvere completamente.

Dunque, oggi assistiamo ad un fenomeno inverso rispetto a quello vissuto nel passato, non più di rifiuto, ma di recupero delle origini italiane che diventano motivo di vanto per le nuove generazioni. Un percorso che consacra il riscatto identitario della comunità italiana negli Stati Uniti, la cui appartenenza viene ora celebrata e desiderata, e il cui merito, in fondo, è consistito proprio nella capacità di adattamento, senza mai rinnegare completamente la propria identità. Un'identità forte e fiera che, sempre volta con uno sguardo di nostalgica aspirazione al passato, ha resistito ed ora riemerge in modo contrario ma speculare rispetto al passato, che non attraversa più le rotte geografiche, sempre più elastiche e fluide, ma segue la strada burocratica del riconoscimento di *status*. Quello *status civitatis*, fatto di diritti e doveri, che determina la condizione di appartenenza di un individuo ad una comunità geograficamente collocata e culturalmente identificabile nei valori, nella storia, negli usi e costumi di un popolo che ritrova le radici nella complessità e nella bellezza delle proprie tradizioni.

Per avere un'idea quantitativa circa le dimensioni di questo processo di "ritorno alle origini" basterà citare alcuni dati statistici; restringendo il campo di indagine alla storia recente, basti pensare che a partire dal novembre 2016, in concomitanza con le elezioni presidenziali negli Stati Uniti d'America, la richiesta di assistenza nei procedimenti per riconoscimento della cittadinanza italiana ha conosciuto una crescita esponenziale, arrestatasi solo parzialmente nei primi mesi dello scoppio della pandemia di Covid-19, per poi risalire costantemente e parallelamente al diffondersi del virus negli USA. Questo perché, già nell'aprile del 2020, quando negli Stati Uniti il numero di contagi e soprattutto di decessi[15] registrati era tra i più elevati al mondo a causa delle difficoltà di accesso alle cure mediche in un Paese che fa dell'assistenza sanitaria privatizzata il cardine delle sue politiche sociali, questo clima di tensione e paura generato dalla difficoltà di far fronte ad una minaccia sanitaria sconosciuta ha inevitabilmente spinto una grande parte della comunità italo-americana a vedere nella prospettiva della doppia cittadinanza non solo un'occasione per riaffermare e celebrare la propria identità, ma anche un'opportunità di "fuga" dalla situazione di crisi e di accesso ad un sistema sanitario universale, quale è quello italiano, ad oggi considerato tra i migliori al mondo.

Non si cada, tuttavia, nella tentazione di pensare che, terminata l'emergenza pandemica, l'interesse per l'acquisizione della doppia cittadinanza sia andato scemando; anzi, la richiesta è rimasta pressoché invariata, registrando occasionalmente dei picchi in concomitanza di eventi che hanno significativamente scosso l'opinione pubblica mondiale, come l'assassinio di George Floyd nel maggio 2020 o l'assalto a Capitol Hill nel gennaio 2021.

A conferma di questa tendenza, si pensi che dal 2020 ad oggi *Italian Citizenship Assistance* (ICA) ha ricevuto una media di contatti pari a circa 23.000 richieste di assistenza per cittadinanza all'anno, di cui l'80% provenienti da discendenti di emigrati originari del Sud Italia, in particolare Sicilia e Campania, seguite da Puglia e Calabria, un restante 20% provenienti dal Centro Italia, Abruzzo e Molise su tutte, per finire con una percentuale numericamente trascurabile di discendenti di emigrati provenienti dal Settentrione. Nel solo 2023, ICA ha registrato circa 25.000 primi contatti, dei quali più di 7000 hanno chiesto una valutazione specialistica del caso e, tra questi, circa il 24%[16] ha deciso di procedere, chiedendo assistenza ai fini della presentazione, presso le preposte autorità amministrative o giudiziarie italiane, della domanda di riconoscimento della doppia cittadinanza.

---

[15] Francesco Clementi, *Gli Stati Uniti e la risposta al Covid-19, tra Federazione e Stati, nell'anno delle elezioni presidenziali*, DPCE Online, [S.l.], vol. 43, n. 2, 2020, pp. 1875-1895.

[16] Si noti che nella percentuale di coloro che non hanno scelto di procedere sono inclusi anche coloro che sono risultati non idonei al riconoscimento di cittadinanza, in quanto non in possesso dei requisiti di eleggibilità.

Ma per comprendere meglio il percorso, amministrativo o giudiziale, che le generazioni contemporanee, per lo più discendenti di terza o quarta generazione di connazionali emigrati nel Nuovo continente, devono affrontare per ottenere il riconoscimento della cittadinanza italiana *iure sanguinis*, sarà utile ripercorrere le principali tappe normative che nel Paese di approdo regolavano l'acquisto e la conseguente trasmissione della cittadinanza americana, nonché la perdita della cittadinanza di origine, come meglio si cercherà di chiarire nel prosieguo della trattazione.

Il processo di naturalizzazione negli Stati Uniti d'America e le sorti della cittadinanza italiana dell'emigrante

Quando i cittadini italiani emigravano negli Stati Uniti d'America, il mantenimento della cittadinanza italiana era legato all'acquisto o meno della cittadinanza statunitense per naturalizzazione. In particolare, ci si soffermerà qui su tre leggi cruciali, che rappresentano punti di svolta nelle politiche di naturalizzazione, espatrio e cittadinanza, anche in relazione al ruolo e ai diritti delle donne.

Il processo di naturalizzazione negli Stati Uniti

In generale, negli Stati Uniti, il processo di naturalizzazione si svolgeva in più fasi e, nella maggior parte dei casi, richiedeva alcuni anni di residenza permanente ed ininterrotta da parte dell'emigrato italiano nel territorio statunitense. Trascorso tale periodo di tempo, il cittadino straniero poteva presentare una *Dichiarazione di intenti* (*Declaration of Intention*) affinché fosse avviato il procedimento per diventare cittadino americano. Solo in un secondo momento l'emigrato poteva presentare una *Istanza di naturalizzazione*, detta *Petition for Naturalization*. Tra il deposito della *Dichiarazione di intenti* e il deposito dell'*Istanza di naturalizzazione* potevano trascorre un numero di anni variabili in relazione ai cambiamenti normativi apportati nel corso del tempo. Una volta accolta l'istanza, veniva rilasciato un certificato di cittadinanza. Ovviamente, l'*Istanza di naturalizzazione* poteva essere respinta se il richiedente non avesse soddisfatto i requisiti a tal fine richiesti (tra cui conoscenza dell'inglese, incensuratezza, integrazione nel territorio, ecc.).

Era previsto un processo di naturalizzazione più celere e facilitato solo per gli italiani che si arruolavano nell'esercito americano.

La data di accoglimento della petizione per diventare cittadino americano è fondamentale perché dalla stessa è possibile determinare se sussiste il diritto al riconoscimento della cittadinanza italiana *iure sanguinis* dei discendenti degli emigrati. La regola può essere spiegata in questo modo: se l'emigrato si era naturalizzato dopo la nascita del figlio nato all'estero (o non si era mai naturalizzato), allora la cittadinanza poteva essere trasmessa al figlio nato negli Stati Uniti. Viceversa, se l'emigrato si fosse naturalizzato prima della nascita del figlio avvenuta negli Stati Uniti, non sarebbe stato possibile rivendicare la cittadinanza per discendenza, ciò perché l'emigrato aveva perso la cittadinanza italiana prima della nascita del figlio, e, conseguentemente, non avrebbe più potuto trasmetterla.

La perdita della cittadinanza italiana

Le prime norme che regolavano la perdita della cittadinanza italiana erano contenute nel Codice civile del 1865. Il titolo I del Libro I, infatti, recitava: "Della cittadinanza e del godimento dei diritti civili".

L'art. 11 sanciva la perdita della cittadinanza nel caso in cui vi fosse un acquisto di una cittadinanza di uno Stato straniero. Inoltre, la moglie e i figli di colui che perdeva la cittadinanza divenivano stranieri anch'essi, salvo che avessero continuato a mantenere la residenza nel Regno.

La successiva legge regolatrice del diritto alla cittadinanza fu emanata il 13 giugno 1912 (legge 555/1912) e anch'essa non consentiva l'acquisto della "doppia cittadinanza" sancendo la perdita di quella italiana in caso di acquisto della cittadinanza straniera. Difatti, secondo l'art. 8 di tale legge, l'acquisto volontario di una cittadinanza straniera comportava la perdita della cittadinanza italiana. Fu solo con la legge 91/1992 che venne riconosciuta la possibilità di mantenere la cittadinanza italiana anche in caso di acquisto volontario di una straniera.

Il ruolo e i diritti delle donne

La legge 555/1912 prevedeva che fosse cittadino italiano il figlio di padre italiano, mentre la donna italiana non poteva trasmettere la cittadinanza ai figli. Tale squilibrio venne colmato solo con l'emanazione della Costituzione repubblicana del 1948 che, sancendo la parità tra uomini e donne, ne garantiva eguali diritti.

Successivamente, fu solo grazie all'intervento della Corte Costituzionale che con sentenza n. 30 del 28 gennaio 1983 venne dichiarata "l'illegittimità costituzionale dell'art. 1, n. 1, della legge 13 giugno 1912, n. 555, nella parte in cui non prevedeva che sia cittadino per nascita anche il figlio di madre cittadina" e del successivo art. 2 comma 2 nella parte in cui permetteva l'acquisizione della cittadinanza materna da parte del figlio soltanto in ipotesi di carattere residuale poiché in contrasto con i principi costituzionali sanciti dall'art. 3 comma 1 (eguaglianza davanti alla Legge senza distinzioni di sesso) e dall'art. 29 comma 2 (eguaglianza morale e giuridica dei coniugi).

Tale sentenza, pertanto, riconobbe ai figli di cittadina italiana nati dopo l'entrata in vigore della Costituzione (1° gennaio 1948) il diritto alla cittadinanza italiana fino ad allora non riconosciuto.

Infine, la Corte di Cassazione a Sezioni Unite con la sentenza n. 4466 del 25 febbraio 2009 ha riconosciuto l'efficacia retroattiva della sentenza della Corte Costituzionale n. 30 del 1983 sancendo così il diritto alla cittadinanza italiana anche a favore dei figli di cittadina italiana nati prima del 1° gennaio 1948.

Per quanto riguarda la normativa americana, il *Naturalization Act of February 10 1855* – successivamente modificato dall'*Expatriation Act* del 1907 – fu una legge significativa, che semplificò il processo di naturalizzazione per le mogli straniere dei cittadini americani. Prima di allora, infatti, le donne straniere che sposavano cittadini statunitensi non ottenevano automaticamente la cittadinanza, e fu proprio grazie alla legge del 1855 che questa dinamica cambiò, disponendo che le mogli straniere di cittadini statunitensi acquisissero automaticamente la cittadinanza del marito.

Tale provvedimento ebbe naturalmente un grande impatto sulle sorti della cittadinanza delle donne italiane emigrate e coniugatesi con cittadini americani o naturalizzati americani, le quali, grazie al *Naturalization Act of February 10 1855*, vennero considerate straniere rispetto al loro paese d'origine senza tuttavia aver mai manifestato la volontà di acquisire un'altra cittadinanza. Sebbene queste disposizioni avessero portato con sé il vantaggio di semplificare il procedimento di naturalizzazione per le donne, al contempo avevano rafforzato anche la disuguaglianza di genere nelle questioni di cittadinanza.

Allo stesso modo, anche *l'Expatriation Act* emanato nel 1907 subordinò la cittadinanza della donna a quella del marito; difatti, una delle disposizioni più controverse stabilì che le donne americane sposate con stranieri perdessero automaticamente la cittadinanza statunitense. Parimenti, la donna straniera che si maritava ad un cittadino statunitense diveniva anch'ella statunitense.

Solo con l'entrata in vigore del *Cable Act* del 1922, la donna sarà svincolata dalla cittadinanza del marito, facendo così venir meno il suddetto automatismo e abrogando le disposizioni che prevedevano la dipendenza della cittadinanza della donna dallo *status* del marito.

Tuttavia, anche secondo la legislazione italiana all'epoca vigente, le donne perdevano involontariamente la cittadinanza italiana in virtù del matrimonio con un cittadino statunitense; difatti, secondo quanto sancito dall'art. 14 del Codice civile italiano del 1865, "La donna cittadina che si marita a uno straniero, diviene straniera, sempreché col fatto del matrimonio acquisti la cittadinanza del marito". Parimenti, ai sensi dell'art. 10 comma 3 della legge n. 555 del 1912, "La donna cittadina che si marita a uno straniero perde la cittadinanza italiana, sempreché il marito possieda una cittadinanza che pel fatto del matrimonio a lei si comunichi".

Fu pertanto necessario l'intervento della Corte Costituzionale che, con sentenza n. 87 del 16 aprile 1975 ha chiarito che "è in contrasto con la Costituzione non dare rilievo alla volontà della donna di conservare l'originaria cittadinanza italiana, salva la discrezionalità del legislatore di disciplinare le relative modalità" e ha dichiarato "l'illegittimità costituzionale dell'art. 10, comma terzo, della legge 13 giugno 1912, n. 555 (Disposizioni sulla cittadinanza italiana), nella parte in cui prevedeva la perdita della cittadinanza italiana indipendentemente dalla volontà della donna".

Le Sezioni Unite della Corte di Cassazione con sentenza n. 4466 del 25 febbraio 2009 hanno poi riconosciuto l'efficacia retroattiva della sentenza della Corte Costituzionale n. 87 del 1975, sancendo così il diritto a mantenere la propria cittadinanza anche a favore delle cittadine italiane coniugatesi con un cittadino straniero prima del 1° gennaio 1948.

Più specificamente, la Corte di Cassazione – nei casi di riconoscimento della cittadinanza *iure sanguinis* in capo a discendenti di un'ava cittadina italiana, coniugatasi con uno straniero in data antecedente all'entrata in vigore della Costituzione repubblicana – ha affermato che «la titolarità della cittadinanza italiana va riconosciuta in sede giudiziaria [...] alla donna che l'ha perduta per essere coniugata con un cittadino straniero anteriormente al 1° gennaio 1948, in quanto la perdita senza la volontà della titolare della cittadinanza [...] contrasta con il principio della parità dei sessi e della eguaglianza giuridica e morale dei coniugi» (art. 3 e 29 Cost.).

In definitiva, è stato solo grazie agli interventi del recente passato della giurisprudenza costituzionale e di legittimità che lo *status civitatis* della donna ha recuperato un autonomo riconoscimento e un'autonoma dignità, sganciandosi dalle sorti della cittadinanza maritale, con conseguente trasmissibilità alle generazioni di discendenti.

Recentemente sono state formulate diverse proposte di legge volte ad ampliare il diritto al riconoscimento del possesso della cittadinanza. Tra queste, degne di nota sono: 1) la proposta volta a riconoscere in via amministrativa il diritto al riconoscimento della cittadinanza *iure sanguinis* a favore di discendenti per via materna, anche laddove la madre abbia dato alla luce il proprio figlio prima del 1° gennaio 1948, senza dover ricorrere alla tutela giurisdizionale; 2) la proposta volta a conferire il diritto al riacquisto della cittadinanza agli stranieri che l'hanno persa per naturalizzazione in un paese estero prima del 16 agosto 1992, senza bisogno di ristabilire la propria residenza in Italia.

Conclusioni e riflessioni sul futuro della cittadinanza italiana

Alla luce dell'analisi e delle considerazioni brevemente fin qui esposte, tirando le somme del percorso espositivo fin qui condotto, nel bilanciamento tra pregi e prospettive di miglioramento che l'essere cittadino italiano oggi comporta, non si può non rilevare la prevalenza dei primi, confortata dagli indici statistici che suggeriscono un incremento costante delle istanze di conseguimento della cittadinanza italiana, avallato dall'indiscutibile certezza che essere cittadino italiano significa essere e sentirsi parte di una comunità libera e democratica, che fa dell'inclusione e dell'accoglienza i pilastri indissolubili del proprio presente, memore di quel passato emigratorio che ha segnato l'identità di un popolo ora intento, tramite le successive generazioni, a ritrovare le proprie origini nel confronto con le diversità.

SVIZZERA.
La cittadinanza: completamento del processo di inclusione

Toni Ricciardi, Université de Genève - CNR

La Svizzera, come molti altri Paesi europei plurilingue, federali e, quindi, con marcate differenze territoriali di natura socioeconomica, culturale e storica, anche in ambito di diritto alla concessione della propria cittadinanza, si segnala per non poche peculiarità.

«Non mi sono mai comprato», questa risposta è la prima, mista tra orgoglio di appartenenza ed incomprensibile vergogna, che ti senti dare ogni qualvolta chiedi a persone della prima generazione da quanto tempo vivano nella Svizzera tedesca. Persone che ormai hanno superato la settantina e che dopo averti raccontato di vivere in Svizzera da quaranta anni, se non addirittura cinquanta, rivendicano di non aver mai voluto acquistare la cittadinanza svizzera. Acquistare, non ottenere, ma letteralmente comprarsi la cittadinanza di un paese del quale ormai fanno parte, nel quale si sentono a casa, ma che allo stesso tempo, chiede loro di dimostrare, dopo quarant'anni – pur avendo ormai figli e nipoti che sono divenuti svizzeri, che parlano meglio lo *schwyzerdutch* (svizzero tedesco) dell'italiano – se sono perfettamente integrati. Diversa è la situazione nel resto del Paese. In Svizzera romanda, il processo di naturalizzazione, pur seguendo le indicazioni generali della legge federale, per prassi consolidata e per *humus* antropologico essendo il francese la lingua principale, tende a facilitare il procedimento, non fosse altro che dal punto di vista percettivo. In molti casi, ad esempio, non conta il comune di residenza, ma l'area vasta linguistica; non è la norma, ma prassi consolidata come vedremo nel dettaglio successivamente. Parimenti, nella parte italiana, nel nostro caso, il divario linguistico è inesistente – nonostante l'italiano-svizzero sia diverso per strutture e vocaboli dalla nostra lingua –, e le procedure presentino meno difficoltà formali. Per quanto riguarda la Svizzera tedesca, mentre le grandi città, come Zurigo e Basilea, tendono ad essere più flessibili, nella parte centrale del Paese, il ruolo ed il giudizio espresso dalla singola amministrazione comunale possono determinare notevoli differenze e riservare spiacevoli sorprese. Tuttavia, almeno fino al 2018, anno di entrata in vigore della nuova norma in materia di naturalizzazione, la sensazione che molte e molti avevano era quella di poter ottenere tutto in cambio di costi notevolmente sostenuti. Prima del 1° gennaio 2018 i requisiti per l'ottenimento della cittadinanza svizzera prevedevano tutta una serie di passaggi: almeno dodici anni di permanenza nel paese di cui gli ultimi cinque nel comune dove si presentava la domanda e il costo era commisurato in proporzione al reddito dichiarato. In un paese con i redditi tra i più alti al mondo, significava che per ottenere la cittadinanza servivano almeno dai tre ai seimila euro attuali, in alcuni casi anche di più. L'elemento economico in passato era ancora più marcato, tanto da fare convincere molte e molti italiani che il processo di naturalizzazione fosse più una questione economica e non il completamento di un processo di integrazione. Indubbiamente, le modifiche normative del 1992, ovvero la possibilità di conservare la cittadinanza italiana e, parimenti, avere l'opportunità di avere la doppia cittadinanza, hanno incrementato questa scelta, tanto che oggi, più della metà dei settecentomila italiani e italiane residenti in Svizzera posseggono anche il passaporto rossocrociato.

D'altronde, per uno straniero, acquisire la cittadinanza in Svizzera, almeno fino agli anni Novanta, non era semplice, anche se, come vedremo, oggi molte italiane e italiani ci sono riusciti.

Indubbiamente, il percorso di queste persone è stato meno agevole rispetto ai tanti pionieri dell'industria moderna, che tra il XIX e il XX secolo si trasferirono nella Confederazione gettando le basi delle odierne multinazionali del Paese, come, ad esempio, Franz Ulrich Bally, Franz Saurer, Heinrich Nestlé, Julius Maggi, Walter Boveri, Hans Goldmann e tanti altri ancora[1]. Insieme agli industriali, tra chi ebbe un percorso agevolato per ottenere la cittadinanza – come prevedibile e consuetudine in molti paesi, ivi compresa l'Italia, basti pensare alla nazionale degli oriundi – ci furono molti sportivi e soprattutto molti calciatori. Furono tre quelli di origine straniera che il 9 giugno del 1938, nella ripetizione degli ottavi di finale della Coppa del mondo Jules Rimet, edizione disputata in Francia e vinta dall'Italia, giocarono tra le file della nazionale elvetica che batté 4:2 l'allora Grossdeutschland. Settantasei anni dopo, nel mondiale giocato in Brasile nel 2014, la Svizzera è stata la nazionale più cosmopolita. Sui 23 convocati, ben 21 avevano radici e legami con l'estero, quindi più dei 18 della nazionale australiana o dei 16 rispettivamente di Algeria, Bosnia-Erzegovina e Francia[2]. Nell'ultimo mondiale, quello del 2024, la proporzioni di giocatori con background migratorio o, se si vuole, di origini chiaramente straniere è stato ancora più marcato, ma ricordare il mondiale del 2014 porta con sé la dimostrazione di come la Svizzera continui ad essere un paradosso in termini migratori. Infatti, il 9 febbraio dello stesso anno, qualche mese prima l'esordio della nazionale al mondiale brasiliano, per una manciata di voti, passò, per la prima volta nella lunga e travagliata storia di impulsi anti-stranieri della Confederazione elvetica, l'iniziativa contro l'immigrazione di massa che fece tremare

[1] André Holenstein, *Mitten in Europa. Verflechtung und Abgrenzung in der Schweizer Geschichte*, Hier und Jetzt, Baden, 2014, p. 237.

[2] Samuel Jaberg, *I «buoni migranti» che fanno felice il calcio svizzero*, «swissinfo.ch», 18 giugno 2014.

le cancellerie di mezza Europa e funse da modello per i fautori della Brexit. Quel risultato determinò, e non poteva essere altrimenti, un irrigidimento delle procedure di naturalizzazione, ma allo stesso tempo, per la prima volta nella sua storia, la "tassa fissa" e non più progressiva cambiò la percezione dell'acquisto, di cui abbiamo accennato in precedenza.

Nonostante questo, la Svizzera resta ancora oggi un paese che non concede con facilità la propria cittadinanza. Infatti, nel 2020, il *Migrant Integration Policy Index* (MIPEX) ha collocato la Confederazione in 42° posizione, su 56 paesi analizzati, classificando il processo di naturalizzazione come *leggermente sfavorevole*[3]. In questa classifica, l'Italia ottiene lo stesso giudizio della Svizzera, collocandosi in 4° fascia, ma posizionandosi al 33° posto. Tuttavia, per il MIPEX, negli ultimi anni, mentre in Argentina, Danimarca e Italia le politiche di accesso alla cittadinanza sono diventate più restrittive, in Brasile, Lussemburgo e, in misura minore, in Cina, Grecia, Lettonia, Moldavia, Portogallo, Spagna, Svizzera e Turchia sono migliorate.

Evoluzione di un diritto o di una crescente necessità?

Quando sei un paese, la Svizzera, che non può basare la tua essenza nazionale su una lingua unica, su un credo religioso unico, se devi la tua costituzione geopolitica più a volontà strategiche esterne (da Napoleone in poi) che interne perché circondata da Nazioni che, negli ultimi tre secoli, si sono caratterizzate per essere irrequiete, inevitabilmente, il rapporto con l'altro, il diverso, lo straniero, diventa un problema quotidiano, a tratti un'ossessione, a tutti i livelli. In più, se nel XX secolo diventi il paese con il tasso d'immigrazione più alto del continente – e superiore addirittura a quello degli Stati Uniti, paese d'arrivo per eccellenza[4] – assorbendo quasi la metà dell'emigrazione italiana del Secondo dopoguerra, e nel quale, già negli anni Novanta, un quinto dei cittadini era straniero; e se, negli ultimi ottant'anni, hai più che raddoppiato la tua popolazione, passando da poco più di quattro milioni agli oltre nove milioni odierni, la migrazione e lo straniero sono inevitabilmente al centro dell'agenda politica e del dibattito pubblico da sempre.

Complessivamente, dal 1900 al 2023, si sono contate 1.545.891 naturalizzazioni di cittadini stranieri in Svizzera, di queste, 272.197 sono avvenute in maniera agevolata, generalmente per matrimonio, e ben 22.269 in seguito a processi di adozione di minori[5].

La prima legge sulla cittadinanza risale al 1876, a meno di trent'anni dalla fondazione della Svizzera moderna (1848) e prevedeva che, chiunque risiedesse

---

[3] Le fasce sono: favorevole, leggermente favorevole, parzialmente favorevole, leggermente sfavorevole, sfavorevole, completamente sfavorevole. Si veda: <https://www.mipex.eu/access-nationality>.

[4] Hans Mahnig, "Introduction", in Hans Mahnig et al. (dir.), *Histoire de la politique de migration, d'asile et d'intégration en Suisse depuis 1948*, Seismo, Zürich, 2005, p. 15.

[5] UFS (Ufficio federale di statistica), *Acquisizione della nazionalità svizzera secondo le modalità d'acquisizione, 1900-2023*, UFS, Neuchâtel, 2024.

in maniera permanente nel Paese potesse presentare domanda di naturalizzazione senza la necessità di alcun periodo minimo di residenza[6]. All'epoca, gli stranieri in percentuale prevalenti erano i tedeschi, seguiti da austriaci, francesi e italiani. Questa presenza si manterrà inalterata fino alla metà degli anni Settanta, raggiungendo l'80% del contingente formato da persone provenienti da paesi confinanti, anche se, a partire dagli anni Quaranta del Novecento, la presenza italiana sarà nettamente maggioritaria. A cavallo del secolo, tra Otto e Novecento, il Paese, in poco tempo, divenne meta privilegiata per gli esuli, i quali contribuirono notevolmente al diffondersi delle idee socialiste e anarchiche e, parimenti, con i grandi trafori europei (Gottardo e Sempione) inaugurò la propria industria degli stranieri[7]. Contestualmente, però, nel 1903 – e non si ripeterà mai più – la Confederazione introdusse per i cantoni la possibilità di ricorrere allo *ius soli*, consentendo l'acquisizione della cittadinanza ai figli nati da madri svizzere oppure a chi avesse entrambi i genitori con permesso di dimora permanente da almeno due anni. Il cosiddetto modello americano durò meno di un ventennio, infatti, già nel 1919 nacque la polizia per gli stranieri, un corpo specifico dedito alla gestione ed al controllo dell'immigrazione che diventava sempre più di massa. L'anno dopo, nel 1920, fu introdotta l'ennesima modifica al processo di naturalizzazione, a dimostrazione che la autorità di Berna iniziavano a intuire la necessità di stringere le maglie della cittadinanza. Da quel momento in poi, servivano almeno sei anni di permanenza in Svizzera con il possesso di un permesso di dimora o di domicilio in corso di validità e coloro che facevano domanda entro il compimento del 20° anno di età, dovevano avere almeno 10 anni di permanenza.

Gli anni Venti saranno gli anni della costruzione dell'intelaiatura normativa complessa in termini di migrazione, che porterà all'adozione nel 1934 della prima legge organica per gli stranieri. Tranne qualche modifica e miglioramento, più dovuto alle singole intese con i paesi di provenienza degli stranieri, non ci si discosterà da questa legge fino al 2002, con l'adozione della libera circolazione per i cittadini comunitari, che portò all'abolizione dello statuto degli stagionali.

Finita la guerra, nel 1948, per la prima volta nella sua storia, la Svizzera firmò un accordo di reclutamento di manodopera straniera, che divenne un modello per i successivi e cambiò per sempre la sua storia e quella del suo principale fornitore di donne e uomini, l'Italia. Paese dal quale, a partire dagli anni Settanta dell'Ottocento e fino al 1985, sono giunti oltre cinque milioni di persone, la metà solo nel Secondo dopoguerra. Ancora oggi, con oltre settecentomila presenze, quella in Svizzera è la terza comunità italiana nel mondo.

Negli anni Cinquanta si gettarono le basi, con le dovute modifiche successive, di quella che in linea di massima diverrà la legge base sulla naturalizzazione. La

[6] UFS, *Acquisizione della cittadinanza svizzera*, «Demos», 2, 2020, p. 3.

[7] Toni Ricciardi, *Morire a Mattmark. L'ultima tragedia dell'emigrazione italiana*, Donzelli, Roma, pp.12-21.

legge del 29 settembre 1952 sulla cittadinanza, entrata in vigore il 1° gennaio 1953, fu il risultato di un processo legislativo che ha permesso di raccogliere in un'unica legge federale tutte le fonti che regolamentavano il diritto della cittadinanza[8]. Furono contemplati tre modi per ottenere la naturalizzazione: ordinaria, agevolata e la reintegrazione. Quest'ultima interessò molti che avevano perso la cittadinanza per varie ragioni durante le fasi delle due guerre mondali, ma non le donne. Per loro occorrerà attendere le modifiche introdotte nel 1978 che concedevano, finalmente, la trasmissione della cittadinanza svizzera ai figli nei casi in cui la madre fosse di origine svizzera, a patto che entrambi i genitori fossero domiciliati in Svizzera all'atto della nascita del figlio[9]. Fu una conquista delle donne, non completa, ma pur una conquista, visto che il diritto al voto fu concesso loro solo nel 1971.

Sul versante della trasmissione della cittadinanza automatica ai figli di madri svizzere sposate con stranieri, occorrerà attendere la revisione del 1985, che riconoscerà il processo automatico di trasferimento, mentre solo dal 1992 una cittadina svizzera che sposa un cittadino straniero non perde più la cittadinanza svizzera. Fu la prima volta che si raggiunse la completa parità di diritti tra donne e uomini[10].

Acquisita ormai la consapevolezza di essere un paese nel quale la presenza straniera era fondamentale, strutturale e strutturata da lungo periodo, nel 2003 fu proposta la revisione della legge del 1952 con lo scopo di agevolare il processo di naturalizzazione delle seconde e terze generazioni di stranieri presenti sul territorio nazionale. Queste persone erano generalmente nate e cresciute in Svizzera da genitori stranieri e ormai rappresentavano, nei fatti, la strutturalità di una presenza completamente integrata nella quotidianità. L'iniziativa fu bocciata con voto popolare. Solo nel 2017, sempre con voto popolare, fu concesso il diritto di naturalizzazione agevolato alle sole terze generazioni[11].

Con ogni probabilità, la facilitazione fu una sorta di compromesso, o se si vuole di concessione, rispetto all'inasprimento delle norme approvate l'anno prima, nel 2016, ed entrate in vigore il 1° gennaio del 2018, figlie dell'iniziativa del 2014 che sconvolse il Paese, che per la prima volta vide prevalere una posizione xenofoba, per soli 18.000 voti di differenza, e dove il Ticino fu decisivo in chiave antitaliana[12].

L'attuale legge sulla naturalizzazione, se da un lato diminuisce gli anni minimi di permanenza, riducendoli da 12 a 10, e introduce l'obbligo del possesso del permesso C (domicilio permanente), precedentemente era sufficiente il permesso B, dal punto di vista economico, impone una tassa fissa che non supera per tutto

---

[8] DFGP (Dipartimento federale di giustizia e polizia) - SEM (Segreteria di Stato della migrazione), *Manuale sulla cittadinanza* (domande dal 1.1.2018), Berna, 2018, p. 6.

[9] UFS, *Acquisizione della cittadinanza svizzera* [...], cit.

[10] DFGP - SEM, *Allegato III: Storia*, in, id., Manuale *sulla cittadinanza* cit., p. 3.

[11] Toni Ricciardi, *Breve storia dell'emigrazione italiana in Svizzera. Dall'esodo di massa alle nuove mobilità*, Donzelli, Roma, p. 234.

[12] Toni Ricciardi, "Italiani in Svizzera: unicum dai rischi latenti", in Fondazione Migrantes, *Rapporto Italiani nel Mondo 2019*, Tau Editrice, Todi (PG), 2019, p. 463.

l'iter i mille euro. La cittadinanza agevolata viene concessa per matrimonio, con una cittadina o cittadino svizzero, dopo il terzo anno dalla celebrazione dell'unione.

Gli italiani, i più naturalizzati

La comunità italiana, in proporzione alla sua presenza, è di gran lunga la prima per tasso di naturalizzazione che, come già indicato, supera abbondantemente oltre la metà dei propri residenti. L'elemento più interessante da sottolineare è legato alle modifiche normative intercorse nei due Paesi di riferimento, nel nostro caso Italia e Svizzera. In entrambi, tra il 1991 (revisione legge di cittadinanza svizzera) ed il 1992 (legge sulla cittadinanza italiana) le modifiche normative intervengono per accelerare un processo, già presente, ma con entità e numeri ben più ridotti. Basti pensare che, sugli oltre 350.000 doppi cittadini, 150.000 hanno ottenuto il riconoscimento a tale diritto tra il 1991 ed il 2023. Se tra il 1991 e il 1994 la media di naturalizzazioni italiane in Svizzera si aggirò sulle 2.000 unità l'anno, con una media di nati in Svizzera tra il 55 ed il 60%, a partire dal 1995 e fino al 2023 la media annua si attesta sulle 5.000 unità, di cui, in media, quasi il 60% nato in Svizzera[13]. Infine, se il punto minimo si registrò, come prevedibile, nel 1991, con 1.802 naturalizzazioni, il picco massimo fu raggiunto nel 2000 con 6.652 naturalizzazioni, 4.057 delle quali ottenute da nati in Svizzera, a testimoniare come il processo di naturalizzazione fosse maggiormente richiesto dalle seconde generazioni, nate e pienamente integrate nel Paese.

Per completare il quadro, risulta interessante analizzare anche il tasso lordo di naturalizzazione nello stesso periodo di riferimento (1991-2023). Se nel 1991, su 100 italiani con permesso di dimora almeno di dieci anni, lo 0,48 effettuava richiesta di naturalizzazione, rispetto allo 0,69 di media dei Paesi dell'Unione europea (UE); nel 2000 il tasso passa al 2,03 ogni 100 italiani presenti, rispetto alla media UE dell'1,55; dieci anni dopo, nel 2010, riscende all'1,42 rispetto alla media dei Paesi UE dell'1,44; scendendo all'1,25 nel 2020 con una media UE dell'1,43; attestandosi nel 2022 al 1,43 rispetto all'1,75 dei Paesi UE[14].

Le motivazioni di una scelta

La propensione che porta le persone a scegliere di volersi naturalizzare o, se si vuole, di chiedere una nuova cittadinanza del Paese nel quale si vive da decenni o in cui si è nati e cresciuti, ha tante ragioni, tra le più solide, probabilmente ritroviamo quella di una presenza, come comunità straniera, che affonda le proprie radici nel passato. Infatti, la presenza italiana in Svizzera testimonia come la mobilità umana abbia

[13] UFS, *Acquisizione della nazionalità svizzera secondo la precedente nazionalità, il Paese di nascita e la durata del soggiorno, 1991-2023*, UFS, Neuchâtel, 2024.

[14] Ibidem.

radici più profonde della stessa costruzione statuale e, quindi, degli stessi diritti di cittadinanza. La presenza degli italici tra gli elvetici, senza prendere in considerazione l'antica Roma, è attestata già in epoca medievale. In quella che diverrà la città di Calvino – ed è oggi probabilmente la città meno svizzera della Svizzera –, tra il XII e il XIII secolo si registrò la presenza di molti mercanti lombardi, veneti ed emiliani. Ginevra era punto baricentrico delle vie di comunicazione dell'Europa dell'epoca, una delle piazze principali delle attuali fiere internazionali[15].

Ginevra e Zurigo furono luoghi privilegiati per molti esuli politici, tra il XIX e il XX secolo, e vi nacquero le future associazioni in emigrazione.

Dagli ultimi decenni del XIX secolo, quando tutto il Paese fu trasformato in un immenso cantiere, si registrò una crescente presenza di stranieri, molti dei quali italiani.

Alla stagione dei trafori si accompagnò una lenta ma intensa attività di inurbamento nelle principali città elvetiche. In questi decenni il cantone di Zurigo si trasformò definitivamente in una regione d'immigrazione. Alla fine dell'Ottocento l'espansione dell'edilizia attirò un alto numero di lavoratori: si trattava prevalentemente di francesi, tedeschi e italiani e, inoltre, di svizzeri provenienti dalle aree rurali. Non a caso, a ridosso della Prima guerra mondiale, la popolazione di Zurigo era composta per il 34% da stranieri e per il 30% da provenienti da altri cantoni[16]. Se nei decenni tra il XIX e il XX secolo la comunità tedesca era quantitativamente la prima, gli italiani furono la componente maggiormente visibile dal punto di vista territoriale e spaziale, concentrandosi principalmente nel quartiere di Aussersihl, dando vita come oltreoceano, ad una sorta di *Little Italy* zurighese.

Al netto della crescente presenza degli esuli, tra le due guerre il contingente italiano si era progressivamente ridotto e continuava a decrescere in termini assoluti, ma allo stesso tempo divenendo il primo, tra gli stranieri, in termini percentuali. Se nel 1920 le italiane e italiani, ufficialmente censiti, erano poco meno di 135.000 (33,5%), dieci anni dopo superavano leggermente i 127.000 (35,8%) per ridursi a 96.018 (43%) nel 1941[17].

Finita la guerra, già all'indomani dell'8 settembre italiano, la Svizzera fece registrare performance economiche senza precedenti in Europa, per entità e durata. Poi, nell'immediato Secondo dopoguerra, anche la Svizzera, come l'Italia, ma a parti invertite, inaugurò la sua stagione d'oro degli accordi di reclutamento di forza lavoro straniera, proprio con l'Italia, che di lì a poco, per tutto il XX secolo divenne il suo primo fornitore di manodopera. L'apice di questo miracolo economico, dell'ingres-

---

15 Rainer M. Cremonte, *Una presenza rinnovata attraverso i secoli. Storia degli italiani a Ginevra*, Cser, Roma, 1997, p. 13.

16 Hans Mahnig, "L'émergence de la question de l'intégration dans la ville de Zurich", in Idem et al. (dir), *Histoire de la politique de migration* [...], cit., p. 321.

17 Hans-J. Hoffmann-Nowotny, *Soziologie des Fremdarbeiterproblems. Eine theoretische und empirische Analyse am Beispiel der Schweiz*, Enke, Stuttgart, 1973, p. 43.

so del Paese in una società matura dei consumi, si ebbe, come nel caso del Belgio, con la sua grande tragedia, quella di Mattmark del 30 agosto del 1965.

Sul finire degli anni Settanta, assopitosi il decennio delle tensioni xenofobe, all'inizio degli anni Ottanta, con il respingimento dell'iniziativa pro-stranieri Mitenand, venne accantonata una possibile soluzione per migliorare le condizioni dei tanti che contribuivano al progresso e al benessere del Paese.

Archiviate le conseguenze della Guerra fredda – passati gli anni delle baracche, del «non si fitta agli italiani» o dei cinquantamila bambini clandestini[18], vittime del divieto di ricongiungimento familiare – a partire dagli anni Novanta, l'essere italiani in Svizzera assunse un significato diverso. L'*Italian Lifestyle*, in tutte le sue sfaccettature, improvvisamente divenne segno di apprezzamento e accettazione.

Gli anni Ottanta corrisposero alla mobilitazione contro le discriminazioni, contro il razzismo e per il riconoscimento dei diritti sociali e civili, ma con una sostanziale differenza rispetto al decennio precedente: la comunità di riferimento diventa transazionale.

Le iniziative e i momenti di approfondimento sono realizzati in collaborazione con le associazioni degli altri stranieri e con le strutture, le istituzioni, i movimenti, i partiti, i sindacati svizzeri, con la chiara volontà di avviare processi di inclusione e integrazione[19]. Dal punto di vista politico, dalla seconda metà degli anni Ottanta la comunità italiana fu sempre più presente e coinvolta nelle questioni inerenti al diritto al voto locale e, *in primis*, sul tema del mantenimento della doppia cittadinanza e del relativo accesso facilitato alla naturalizzazione. L'asticella era stata alzata, si puntava all'ottenimento dell'uguaglianza politica dei migranti[20], mentre il mondo dell'associazionismo cominciò a poter contare sul crescente appoggio di gruppi di interesse riconosciuti all'interno della stessa società civile svizzera, contribuendo a un'inversione di rotta e passando da una politica di rivendicazione italiana ad una elvetica[21].

---

[18] Toni Ricciardi - Marco Nardone - Sandro Cattacin, "Familles italiennes en Suisse : entre placements et enfance niée", in René Knüsel - Alexander Grob -Véronique Mottier (éd.), *Placements et destinée. Décisions des autorités et conséquences sur les parcours de vie*, Schwabe Verlag, Bâle, 2024, pp. 161-172.

[19] Sandro Cattacin - Dagmar Domenig, *Inseln transnationaler Mobilität. Freiwilliges Engagement in Vereinen mobiler Menschen in der Schweiz*, Seismo, Zürich, 2012, pp. 30-31.

[20] Gianni D'Amato, *Vom Ausländer zum Bürger: der Streit um die politische Integration von Einwanderern in Deutschland, Frankreich und der Schweiz*, Lit, Münster, 2001, p. 236.

[21] Mauro Cerutti, "L'immigration italienne en Suisse dans le contexte de la Guerre froide", in Jean Batou - Mauro Cerutti - Charles Heimberg, a cura di, *Pour une histoire des gens sans histoire: ouvriers, exclues et rebelles en Suisse. 19e-20e siècles*, Editions d'en bas, Lausanne, 1995, pp. 213-231.

Un parziale bilancio, tra riconoscimenti e diritti ancora negati

Volendo fare un bilancio di questo decennio, molte delle questioni che rendevano poco piacevole, o quanto meno difficile se non ardua la presenza italiana in Svizzera, in un modo o nell'altro furono superate. I risultati ottenuti furono significativi. Cambiarono le leggi e, allo stesso tempo, cambiò il tipo di presenza: da clandestina, temporanea e ospite, si trasformò in permanente e progressivamente sempre più integrata. Tuttavia, le questioni dei diritti politici, dell'uguaglianza politica degli stranieri e, quindi, della stessa comunità italiana, restarono inevase.

Negli anni Ottanta, solo il Canton Giura concedeva il diritto di voto cantonale, ma solo attivo – si poteva votare, ma non essere candidati (passivo) –, agli stranieri permanenti da dieci anni nel Paese e da almeno uno nel territorio cantonale. Dovettero passare venti anni perché un altro cantone, quello di Neuchâtel, concedesse la stessa misura. Ancora nel 2017, il diritto di eleggere i propri rappresentanti a livello cantonale è dato solo in queste due realtà: a livello comunale, l'elettorato attivo e passivo era concesso solo a Neuchâtel già dal 1849, dopo un solo anno di residenza; mentre il Canton Giura lo introdusse nel 1979. Solo dopo decenni alcuni diritti politici sono stati dati agli stranieri e, ancora una volta, fu la Svizzera romanda ad essere più sensibile al tema: Vaud dal 2002, Ginevra dal 2005 e Friburgo dal 2006.

Per quanto concerne la parte tedesca del Paese, bisognerà attendere gli anni Novanta per assistere all'introduzione del voto comunale facoltativo (i singoli comuni possono di volta in volta normarlo): Appenzello esterno, dal 1995, e solo in tre comuni; Grigioni, dal 2004 in 23 comuni su un totale di 125; e Basilea città, dove dal 2005 è consentito in due comuni, eccezion fatta per la stessa città di Basilea dove non è concesso.

Nel resto della Confederazione, tra il 2000 e il 2015 verranno presentate iniziative per estendere il diritto di voto agli stranieri, ma saranno tutte respinte, anche in quei cantoni dove storicamente è sempre stata molto significativa la presenza italiana. Alcuni esempi: nel 2011 Lucerna ha respinto l'iniziativa con l'84%; a Zurigo nel 2013 i No sono stati il 75% e a Sciaffusa l'anno dopo hanno toccato l'85%. Infine, per quanto riguarda il Ticino, unico cantone dove l'italiano è la sola lingua ufficiale, in seno al Parlamento cantonale le proposte sono state avanzate solo nel 2009 e nel 2012. Entrambe le volte non hanno ottenuto nemmeno i voti necessari per essere successivamente sottoposte al voto popolare.

Da questi dati si comprende come, in materia di diritti politici, le battaglie iniziate nella maggior parte dei casi negli anni Ottanta siano state abbondantemente e amaramente perse.

Invece, per quanto riguarda i diritti di cittadinanza, tolta la parentesi dei primi decenni del Novecento, la Svizzera applica lo *ius sanguinis*. Dal 1° gennaio 1992 è in vigore la doppia cittadinanza senza limitazioni. Nell'ultimo decennio si sono fatti passi in avanti creando diverse facilitazioni, ad esempio, per coloro che hanno frequentato le scuole dell'obbligo nello stesso cantone dove richiedono la cittadinanza, che sono esentati dal dover attestare la conoscenza della lingua, e per coloro che hanno vissuto dal decimo al ventesimo anno nello stesso luogo, che si vedono riconosciuti il doppio degli anni. In più, il sistema delle naturalizzazioni, essendo una Confederazione, varia da cantone a cantone, con procedure generalmente più snelle e facilitate in quelli romandi. Tuttavia, nel giugno del 2014 il Parlamento federale ha adottato una nuova ordinanza in materia – entrata in vigore dal 1° gennaio 2018 –, che restringe i criteri per la cittadinanza ai soli possessori di permesso di dimora permanente da almeno dieci anni. Come abbiamo visto, la naturalizzazione facilitata per le terze generazioni è stata approvata dal voto popolare nel febbraio del 2017. La questione, ancora una volta, ha coinvolto fortemente la comunità italiana presente nel Paese. Molti dei protagonisti pro-iniziativa sono stati quelli degli anni Ottanta che, una volta divenuti nonni, hanno ripreso in mano i temi del passato pur di vedere riconoscere ai propri nipoti un diritto che a loro fu negato.

In definitiva, benché nel corso dell'ultimo secolo siano state approvate diverse modifiche legislative al riguardo, le condizioni per ottenere la cittadinanza svizzera rimangono non facili. Nonostante sia stata ridotta la durata di residenza richiesta, altri criteri sono diventati più rigorosi, ad esempio per la naturalizzazione ordinaria è ora necessario possedere un permesso di domicilio. Stando alle analisi federali e alle classifiche internazionali, già citate in precedenza, la tipologia delle persone che soddisfano le condizioni di naturalizzazione corrispondono a un profilo particolare. La maggior parte di loro sono nate in Svizzera e gli uomini sono leggermente di più delle donne. Inoltre, il numero di persone straniere che possono richiedere la cittadinanza svizzera aumenta di molto con l'avanzare dell'età come se, in anni recentissimi, parte di essi avesse, consapevolmente e in molti casi inconsapevolmente, fatto i conti con "l'acquisto" necessario di un diritto, loro negato per molti decenni.

TUNISIA.
Appartenenze e cittadinanze plurali

Marisa Fois, Fondazione Migrantes e Université de Genève

«Sono nata in un meraviglioso quartiere della Tunisi di un tempo [...] una culla di culture, un mosaico di tanti colori», racconta Ines Abdellatif Piergiovanni nell'esposizione *Portraits en paysage*, a cura di Gianni Forte, autore e direttore della Biennale Teatro di Venezia, e della Compagnia À Corps Rompus e in mostra a Tunisi tra giugno e luglio 2024. L'esposizione è stata uno degli eventi di *In-Situ Tunisi*, il festival della creatività italiana realizzato dall'Ambasciata d'Italia in Tunisia in collaborazione con l'Istituto Italiano di Cultura di Tunisi e in sinergia con un gruppo di istituzioni, artisti e aziende italiane[1]. Assieme al Consolato Generale a Boston e all'Ambasciata d'Italia a Riga, l'Ambasciata d'Italia a Tunisi è stata scelta come Capitale della Creatività Italiana nel Mondo 2024[2]. All'interno di *In-Situ Tunisi* (nome azzeccato che gioca tra l'espressione latina, che significa sul posto, e l'anagramma della capitale tunisina), l'installazione *Portraits en paysage* ha proposto – attraverso una serie di ritratti e audio, ascoltabili tramite QR code – un racconto della storia della città grazie alle memorie e alle emozioni di cittadine e cittadini binazionali, con l'obiettivo di dare voce al patrimonio culturale e alla storia comune.

La composita comunità italiana è frutto, oggi, di appartenenze e cittadinanze multiple, eredità del mosaico storico della Tunisia del XIX e del XX secolo, segno distintivo del cosmopolitismo sociale, culturale e politico che ha caratterizzato il Paese e così ben descritto dalle parole di Lucette Valensi pubblicate all'inizio del XXI secolo: «[…] il XIX secolo ha portato sulle rive della Reggenza elementi provenienti da tutto il Mediterraneo e non solo. […] È il momento in cui si cristallizzano le micro-comunità religiose e linguistiche che hanno composto il mosaico tunisino. Ma la presenza di popolazioni diverse non era però una novità in Tunisia, il loro arrivo non è sempre databile. La vicinanza dei gruppi, la lunga coesistenza degli uni e degli altri, fa sì che l'identità di ciascuno si formi anche attraverso la differenziazione dal vicino più prossimo. Che si tratti della lingua, delle abitudini alimentari

---

[1] Si veda: <https://ambtunisi.esteri.it/it/news/dall_ambasciata/2024/06/festival-della-creativita-italiana-in-situ-tunisi-26-giugno-6-luglio-2024/>, consultato il 25.06.2024.

[2] L'iniziativa *Capitali della Creatività Italiana nel Mondo*, giunta alla sua seconda edizione, è stata lanciata dal Ministero degli Affari Esteri e della Cooperazione Internazionale con l'obiettivo di stimolare e valorizzare le capacità progettuali della Rete estera nell'ambito della promozione integrata.

o delle pratiche religiose, ogni gruppo prende in prestito dai suoi vicini e adatta la propria tradizione secondo modalità che la rendono distintamente tunisina: è così che esiste una forma tunisina di ebraismo nordafricano, così come esiste una varietà propriamente tunisina della cultura popolare siciliana»[3].

Ancora oggi, la presenza italiana in Tunisia è eterogenea: vecchia migrazione, binazionali, nuova mobilità, pensionati residenti prevalentemente nelle zone costiere come Hammamet, Sousse, Madhia, Tunisi[4].

Cittadinanza in epoca coloniale

La collettività italiana in Tunisia ha una storia stratificatasi nel tempo e, nel corso dei secoli, è stata percepita come «una sorta di Stato nello Stato»[5].

La Tunisia attrasse e fu meta della migrazione italiana, già prima dell'instaurazione del protettorato francese nel 1881. Le comunicazioni tra le due sponde furono facilitate anche grazie all'istituzione di linee di trasporto marittime, tra cui quella bimensile Genova-Cagliari-Tunisi, che iniziò a operare già nel 1852[6], e incrementate anche in seguito al Trattato italo-tunisino della Goletta (1868) – con cui vennero concesse alcune agevolazioni e immunità all'Italia, che acquisì lo status di nazione favorita – e all'avvio dei cantieri di opere pubbliche, tra cui la ferrovia francese che univa Tunisi al confine algerino.

Il Paese nordafricano era considerato una terra promessa, non complicata da raggiungere come l'America, in cui i salari erano spesso più alti che in Italia e dove vi era la possibilità di diventare facilmente proprietari terrieri. Si trattava di un'emigrazione soprattutto meridionale – che partiva in primis da Sicilia, Sardegna, Puglia e Calabria –, proletaria, stagionale e di manovalanza, che portò alla nascita di tante «piccole Sicilie» nelle città tunisine, in cui anche la toponimia venne modificata e le vie e i quartieri vennero ribattezzati[7]. Ai carbonari e ai mazziniani che fuggirono dall'Italia, si unirono gli oppositori al regime monarchico e un folto gruppo di socialisti, anarchici e repubblicani, con un ruolo di primo piano nella nascita di una stampa in lingua italiana, che continuerà, diversificandosi, fino alla Seconda guerra mondiale[8].

---

[3] LUCETTE VALENSI, "La mosaïque tunisienne: fragments retrouvés", in JACQUES ALEXANDROPOULOS - PATRICK CABANEL, a cura di, *La Tunisie mosaïque. Diasporas, cosmopolitisme, archéologies de l'identité*, Presses Universitaires du Mirail, Toulouse, 2000, pp. 28-29.

[4] MARISA FOIS, "La rappresentanza degli italiani in Tunisia: 'una composita collettività' tra continuità e rinnovamento", in FONDAZIONE MIGRANTES, *Rapporto Italiani nel Mondo 2022*, Tau Editrice, Todi (PG), 2022, pp. 359-367.

[5] GASTON LOTH, *Le peuplement italien en Tunisie et Algérie*, Colin, Paris, 1905, p. 423.

[6] GIANNI MARILOTTI, a cura di, *L'Italia e il Nord Africa. L'emigrazione sarda in Tunisia (1848-1914)*, Carocci, Roma, 2006.

[7] DANIELA MELFA, *Migrando a Sud. Coloni italiani in Tunisia (1881-1939)*, Aracne, Roma, 2008.

[8] MICHELE BRONDINO, "La stampa italiana di protesta sociale in Tunisia: una voce della diaspora dell'emigrazione italiana nel Mediterraneo", in GIANNI MARILOTTI, a cura di, *L'Italia e il Nord Africa*

Gli italiani di Tunisia sono stati e sono tuttora il prodotto di «interferenze culturali»[9]. Rappresentano il frutto di contaminazioni culturali e linguistiche, della coesistenza di diversi elementi, legati al luogo di provenienza delle prime generazioni, impiantatesi da secoli nel territorio tunisino, e al luogo di arrivo, senza dimenticare l'immistione e il sovrapporsi della cultura francese in epoca coloniale.

La questione dei numeri e la cittadinanza hanno giocato un ruolo cruciale durante la colonizzazione francese, quando le autorità dell'Esagono tentarono di far fronte al «*péril italien*» anche ostacolando e sottostimando la presenza italiana[10]. «Un francese non può che sentire un sentimento di tristezza nel vedere ogni anno 20.000 dei suoi connazionali prendere il cammino delle due Americhe, mentre la Francia africana è invasa dall'elemento straniero. In Tunisia, un pugno di francesi (12.000 e tra questi 600 coltivatori) si trova di fronte 45.000 stranieri, tra cui 30.000 italiani tutti nostri nemici agguerriti» [11], scriveva nella prefazione al *Manuel de l'émigrant en Algérie* il segretario della Commissione di popolamento francese in Tunisia, alla fine del XIX secolo, per esprimere la sua avversione verso "l'invasione italiana". A fronte di circa 3.000 francesi, il censimento del 1881 stimava che vi fossero 11.100 italiani residenti stabilmente nel Paese[12]. Secondo il censimento del 1888, la presenza corrispondeva a 27.000 persone, mentre in una relazione presentata alla Camera di commercio nel 1895 si stimava che la collettività italiana fosse di 40.000 persone[13]. In soli cinque anni, nel 1900, la collettività italiana si sarebbe raddoppiata, passando a 80.000[14]. Quest'ultimo dato è confermato da alcune fonti francesi, che prendono in esame gli archivi della Direction de la Sûreté publique di Tunisi[15].

Le convenzioni del 1896, che sostituivano il Trattato italo-tunisino del 1868, conosciuto anche come Trattato della Goletta, mantennero e persino ampliarono una serie di istituzioni, società e associazioni create prima dell'istituzione del Protettorato francese e volte a difendere gli interessi economici e la promozione della lingua e della cultura italiana.

[...], cit., pp. 153-176. Dal «Giornale di Tunis e Cartagine», il primo giornale in assoluto ad essere pubblicato in Tunisia, in lingua italiana, nel 1838, fino alla soppressione della stampa straniera (e italiana) durante la Seconda guerra mondiale, Brondino cataloga 123 testate tra stampa quotidiana e periodica. Ivi, p. 157.

[9] Laura Faranda, "Introduzione", in Laura Faranda, a cura di, *Non più a Sud di Lampedusa. Italiani in Tunisia tra passato e presente*, Armando editore, Roma, 2016, p. 10.

[10] Guillaume Enriquez, *La main d'oeuvre rurale et le péril italien en Tunisie*, Robert, Paris 1906.

[11] Archives départementales de l'Ariège (Ada), Foix, 10M15, Communication et propagande (1850-1928); Jules Saurin, *Manuel de l'émigrant en Algérie. Géographie générale, modes de culture, renseignements pratiques,* Augustin Challamel, Paris, 1894, p. 1.

[12] Tommaso Carletti, *La Tunisia e l'emigrazione italiana, Rapporto del regio console a Tunisi*, in «Bollettino dell'emigrazione», II, 1903, p. 5.

[13] Gianni Marilotti, a cura di, *L'Italia e il Nord Africa* [...], cit., p. 107.

[14] Tommaso Carletti, *La Tunisia e l'emigrazione italiana* [...], cit.

[15] Gaston Loth, *Le peuplement italien* [...], cit.

A partire dal 1911, anno in cui la comunità italiana in Tunisia rappresentava la più importante presenza italiana sulle rive del Mediterraneo[16], e fino al 1921, le autorità francesi si spesero per cercare di ribaltare la situazione. Uno degli strumenti posti in essere con maggior perseveranza era la naturalizzazione, considerata «una necessità assoluta, sia per uguagliare un giorno gli italiani che per permettere al gruppo nazionale di giocare il suo ruolo civilizzatore»[17].

Gli italiani vi si opposero e resistettero, naturalizzandosi solo «per necessità e per interesse, nei casi non risolvibili diversamente. I francesi lo sanno ma è in loro la fobia delle cifre e preferiscono sapere che vi sono in Tunisia cento cattivi francesi in più e non cento buoni italiani»[18].

Gli italiani rappresentavano, come accadeva anche in altri Paesi, per esempio in Algeria, gli intermediari della colonizzazione, posizionandosi tra i cittadini-colonizzatori francesi e i sudditi-colonizzati tunisini, anche perché spesso la distanza tra colonizzati e italiani era minore di quella esistente tra colonizzati e francesi[19]. Sebbene la legge francese della fine del 1922 stabilisse la naturalizzazione automatica degli stranieri residenti in Tunisia, gli italiani – anche in forza delle convenzioni del 1896 – «sfuggono alla francesizzazione individuale»[20]: conservano la nazionalità, gli istituti scolastici esistenti sotto l'autorità del governo italiano, i servizi di assistenza sanitaria e l'esercizio di ogni genere di professione.

Tanto che, negli anni Trenta, Charles Monchicourt, intellettuale e alto funzionario del Protettorato, tra i più critici della presenza italiana in Tunisia – colpito dal privilegio di cui godevano ancora gli italiani di poter conservare la propria nazionalità, mentre nella vicina Algeria tutti gli europei diventavano automaticamente francesi alla terza generazione, e convinto che il basso numero di coloni derivasse da quella che definì «una singolare debolezza congenita»[21]– , denunciava il fatto che era «consentito a ogni italiano di svolgere l'intero ciclo della vita, dalla nascita alla morte, senza uscire dall'ambiente italiano: si sposa al Consolato d'Italia, vi dichiara i figli che educa nelle scuole italiane, è curato negli ospedali italiani da medici italiani,

---

16 Patrizia Audenino, *La casa perduta. La memoria dei profughi nell'Europa del Novecento*, Carocci, Roma, 2015, p. 55.

17 Cavé (pseudonimo di Charles Monchicourt), *Sur les traces de Rodd-Balek. Les problèmes tunisiens après 1921*, Paris, 1929, p. 474.

18 D'Agostino Orsini di Camerota, "Prefazione", in Francesco Bonura, *Gli italiani in Tunisia ed il problema della naturalizzazione*, Edizioni Tiber, Roma, 1929, p. VIII.

19 Albert Memmi, *Portrait du colonisé*, Payot, Paris 1973, pp. 43-44. Si rimanda anche a: Marisa Fois, *Migrazioni italiane nell'Europa al di fuori dell'Europa*, in Toni Ricciardi, dir., *Storia dell'emigrazione italiana in Europa. I. Dalla Rivoluzione francese a Marcinelle (1789-1956)*, Donzelli, Roma, 2022, pp. 131-157.

20 Francesco Bonura, *Gli italiani in Tunisia* [...], cit., p. 1. Per approfondimenti sulle pratiche di appartenenza alla nazionalità italiana in Tunisia, si rimanda a: Gabriele Montalbano, *Strategie d'appartenenza. Italiani nella Tunisia coloniale (1896-1900)*, in «Quaderni storici, Rivista quadrimestrale», 3/2018, pp. 773-798 e *Les Italiens de Tunisie. La construction d'une communauté entre migrations, colonisations et colonialismes (1896-1918)*, Éditions de l'École Française de Rome, Roma, 2023.

21 Cavé, *Sur les traces de Rodd-Balek* [...], cit., p. 104.

è difeso da avvocati italiani, legge giornali italiani, è membro di società italiane, ecc. Senza limiti temporali, i suoi discendenti restano italiani»[22]. Nel 1931 il totale dei francesi superò, anche se di poche centinaia, quello degli italiani[23].

Dagli anni Trenta al Secondo dopoguerra

Con l'accordo Laval-Mussolini del 1935 si tentò di risolvere la questione delle naturalizzazioni. Il testo prevedeva che fino al 1945 sarebbero rimaste in vigore le convenzioni del 1896, inoltre che gli italiani nati prima del 1945 avrebbero mantenuto la nazionalità italiana, i nati tra il 1945 e il 1965 avrebbero conservato la cittadinanza italiana e potuto optare per quella francese l'anno successivo alla maggiore età e i nati dopo il 1965 sarebbero divenuti automaticamente francesi[24].

Secondo i rilevamenti delle autorità locali, nel 1936 vi erano 94.289 italiani, scesi a 84.935 nel 1946. Il Consolato d'Italia a Tunisi stimò che dopo la fine della guerra la situazione non avesse subìto notevoli cambiamenti e che annualmente nascessero circa 2.000 bambini italiani, di cui oltre un migliaio considerato francese, se uno o entrambi i genitori erano nati in Tunisia. Infatti, in seguito alla decadenza delle note convenzioni del 1896 e con una legge francese del 1944, anche agli italiani venne applicato «quel particolare *ius soli*» già vigente per le altre collettività straniere, imponendo la nazionalità francese ai nati dopo il 1940 da genitori stranieri, di cui almeno uno nato in Tunisia.

Tra le due guerre le tensioni franco-italiane si inasprirono e ripetutamente, anche dopo l'Armistizio, da parte italiana si denunciarono le condizioni di profondo malessere nel quale si trovava la comunità italiana, sottoposta a regole restrittive per l'ingresso, a visa di uscita senza ritorno e a ritardi o rifiuti per i permessi di rientro per le persone domiciliate[25]. La tutela esclusiva dei cittadini francesi fu assicurata da misure legislative e amministrative. Nel 1943 furono chiuse tutte le scuole italiane e fu resa obbligatoria l'istruzione francese[26]. Ciò segnò uno spartiacque: il francese divenne, di conseguenza, la lingua della dimensione pubblica, relegando l'italiano

---

22 Charles Monchicourt, *Les Italiens de Tunisie et l'accord Laval-Mussolini de 1935*, Sirey, Paris, 1938, p. 3.

23 Filippo Petrucci, *Una comunità nella comunità: gli ebrei italiani a Tunisi*, «Altreitalie. Rivista internazionale di studi sulle popolazioni di origine italiana nel mondo», 36-37, 2008, p. 177.

24 Ettore Rossi, *Tunisia. Cronaca tunisina del primo semestre 1935. Gli accordi italo-francesi del 7 gennaio 1935*, «Oriente moderno», Anno 15, numero 7 (luglio 1935), p. 341.

25 Archives nationales d'outre-mer (Anom), Aix-en-Provence, Fonds Ministériels 81F/1003, Délégation française à la Commission italienne d'armistice, Communication de l'Amiral Duplat, Président de la Délégation française à la Commission italienne d'armistice, à l'Amiral de la lotte, Ministre de la défense nationale, Objet: Situation des Italiens en Afrique du Nord, Turin, 05.01.1941; si veda anche Commission italienne d'armistice, Objet: situation des colonies italiennes en AFN, Turin, 23.12.1941.

26 Per approfondimenti si rimanda a: Giorgio La Rocca, "Dall'emigrazione italiana in Tunisia alla realtà euro-mediterranea ruolo e potenzialità della Scuola Italiana di Tunisi", in Arianna Rotondo, a cura di, *Studia humanitatis. Saggi in onore di Roberto Osculati,* Viella, Roma 2011, pp. 721-736.

al contesto familiare e privato e promuovendo una generazione con «un'identità franco-italiana»[27]. Una nuova scuola italiana fu riaperta solo nel 1966, si tratta dell'attuale Istituto scolastico italiano Giovanni Battista Hodierna, scuola paritaria che fornisce sul territorio di Tunisi un'offerta formativa secondo il modello italiano, abbracciando l'intero percorso formativo: dalla materna fino al secondo grado d'istruzione secondaria.

Nel Dopoguerra, le naturalizzazioni si mantennero a un livello inferiore rispetto a quello degli anni precedenti la guerra. Secondo il consolato italiano, appunto in seguito alle rapide naturalizzazioni, tra il 35 o il 40% dei francesi di Tunisia – che ammontavano a 150.000 su 250.000 europei e su 3.300.000 tunisini – era di origine italiana, nettamente riconoscibili non solo dal cognome ma dall'uso corrente anche se parziale dell'italiano o del dialetto siciliano[28].

Dall'indipendenza tunisina ad oggi

Nel 1956, anno dell'indipendenza, gli italiani ancora presenti nel Paese erano circa 66.500, nel 1969 si stima fossero tra 10.000 e 12.000 e l'italiano era diffuso più che altre lingue estere, praticato soprattutto dalle persone anziane[29].

L'indipendenza, oltre alla liberazione dei tunisini dal giogo coloniale, fece auspicare alla collettività italiana la fine delle misure imposte durante gli ultimi anni del Protettorato francese, spesso prese a discapito degli italiani. Invece, tra la fine degli anni Cinquanta e l'inizio degli anni Sessanta, la tunisificazione dell'amministrazione pubblica fu improntata avendo come presupposto politico il nazionalismo: «veniva tracciata [...] una linea di demarcazione nell'ambito di uno stesso ceto sociale fra individui appartenenti a diverse nazionalità, perpetuando così il sistema, anche se con attori diversi, già adottato in numerose occasioni dal Governo del Protettorato»[30].

La legge sulla cittadinanza del 1963 «riproponeva la stessa politica francese sulle naturalizzazioni»[31], stabilendo che era cittadino tunisino chi nasceva in Tunisia da genitori nati in Tunisia. Si trattava del caso di molti italiani, presenti nel Paese da

---

[27] Giovanna Gianturco - Claudia Zaccai, *Italiani in Tunisia. Passato e presente di un'emigrazione*, Guerini, Milano, 2004, p. 49.

[28] Archivio Storico del Ministero degli Affari Esteri (Asmae), Direzione generale italiani all'estero (Dgie), Ufficio collettività italiane all'estero, Busta 2, Telespresso n.8271/762 dal Consolato d'Italia in Tunisia al Ministero degli Affari Esteri, Roma e per conoscenza all'Ambasciata d'Italia, Parigi, Tunisi, Oggetto: Collettività italiane nell'Africa settentrionale francese-Tunisia, Tunisi,18.05.1951.

[29] Salvatore Bono, *La collettività italiana e la collaborazione italo-tunisina*, in «Italiani nel mondo, Rivista quindicinale dell'emigrazione e del lavoro italiano all'estero», Anno XXV, n. 21, Roma, 10 novembre 1969, p. 8 e p. 11.

[30] Marco Mozzati, *Il problema della collettività italiana di Tunisia dopo la Seconda guerra mondiale*, «Il Politico», dicembre 1963, vol. 28, n. 4, p. 941.

[31] Giovanna Gianturco - Claudia Zaccai, *Italiani in Tunisia* [...], cit., p. 60.

generazioni. Inoltre, le donne di nazionalità tunisina trasmettevano la nazionalità ai propri figli nati in Tunisia, a prescindere dalla nazionalità del padre del nuovo nato.

L'anno seguente, nel 1964, venne promulgata la legge relativa alla proprietà agricola, che stabiliva la nazionalizzazione delle terre degli stranieri: solo chi possedeva la cittadinanza tunisina poteva esercitare diritti di proprietà sulla terra.

La legge tunisina del 1993 ha modificato il codice della nazionalità, sancendo la trasmissibilità della nazionalità da parte materna anche per i figli nati all'estero, a condizione della presentazione di una dichiarazione congiunta di entrambi i genitori. Successivamente a una modifica del 2010, viene considerato tunisino chi ha una madre o un padre tunisini: viene così sancita l'uguaglianza assoluta tra genitori.

Nazionalità e sovranazionalità

Il contesto di continuo mutamento storico del XX secolo fa da cornice alla nozione di nazionalità, strettamente legata anche alle scelte soggettive. Optare per una nazionalità poteva apportare benefici di tipo economico e lavorativo; basti pensare al periodo coloniale e alla francesizzazione o alla tunisificazione successivamente all'indipendenza. In un'accurata ricerca condotta tra gli italiani di Tunisia, Carmelo Russo evidenzia come l'"identità italiana" sia un riferimento costante, al pari della fierezza dell'italianità, in particolare tra gli ultraottantenni intervistati all'epoca o tra i loro genitori. Si trattava di persone che avevano studiato nelle scuole italiane, vissuto il rapporto conflittuale con i francesi, le conseguenze del fascismo e della Seconda guerra mondiale, che preferivano salari e pensioni inferiori o, ridotti alla miseria, lasciare la Tunisia, pur di «nascere italiani e morire italiani»[32]. Spesso, all'antipatia verso la Francia, si sommava il veto genitoriale alla frequentazione e al matrimonio con francesi. Le politiche di naturalizzazione e in particolare la legge francese del 1944, che come riportato nel paragrafo precedente imponeva la nazionalità francese ai figli di genitori stranieri di cui almeno uno nato in Tunisia, stravolsero la vita di alcune famiglie. All'interno dello stesso nucleo familiare, a seconda dell'anno di nascita, fratelli e sorelle avevano una nazionalità diversa.

Oltre all'orgoglio italiano, sull'altro versante è riscontrabile anche il sentimento opposto di anti-italianità, nel caso specifico, per esempio, dell'adozione delle leggi razziali durante il fascismo. Nonostante l'opera di fascistizzazione promossa dal

---

[32] Carmelo Russo, "Italiani di Tunisia: dalle naturalizzazioni francesi all'indipendenza tunisina. Attrazioni, ambivalenze, conflitti nelle percezioni identitarie" in Nadia Amendola - Giacomo Sciommeri, a cura di, *Conflitti II. Arte, Musica, Pensiero, Società* UniversItalia, Roma, 2017, p. 331. Si veda anche: Carmelo Russo, "Sangue italiano, mente francese, cuore tunisino. Nazionalità tra percezioni e appartenenze" in Laura Faranda, a cura di, *Non più a Sud di Lampedusa* [...], cit., pp. 85-111.

regime, il nucleo antifascista formatosi in Tunisia testimonia come l'ideologia del Duce non trovò terreno fertile in tutti gli italiani presenti nel Paese[33].

Ancora, non mancò chi scelse, volutamente, di essere francese per le prospettive offerte: migliori posizione lavorative e la possibilità di acquisire maggiori diritti, il maggior sostegno dalla Francia ai suoi cittadini rispetto a quello fornito dall'Italia. Alcune famiglie decisero, in segno di rottura con il passato, di modificare il proprio cognome. Così Lepetit sostituì Lo Piccolo, La Roche fu usato al posto di La Rocca e Bataille al posto di Battaglia[34]. Le generazioni cresciute dopo l'indipendenza tunisina avevano vissuto in un contesto differente da quello dei nonni e dei genitori e spesso avevano ricevuto una formazione francese, vista la chiusura delle scuole italiane.

Leggendo le interviste e i racconti degli italiani di Tunisia, è riscontrabile, in filigrana, la presenza di appartenenze plurime, come se alla nazionalità, in molti casi, si sostituisse una sorta di sovranazionalità, di culture sovrapposte e stratificate.

Essere (e sentirsi) italiani e tunisini

La legge n. 91 del 1992 regola la cittadinanza italiana e riconosce il diritto alla titolarità contemporanea di più cittadinanze, a meno che il cittadino italiano non vi rinunci formalmente o nel caso in cui vi siano diverse disposizioni previste da accordi internazionali.

Attraverso i dati dell'*Annuario statistico* del Ministero degli Affari Esteri e della Cooperazione internazionale (MAECI, volumi dal 2000 al 2023[35]) è stato possibile ricostruire il numero degli atti di cittadinanza effettuati dell'Ambasciata di Tunisi in quasi un quarto di secolo (vedasi tabella alla fine del capitolo), per un totale di 755 atti. Gli atti in questione comprendono l'acquisto, il riacquisto, la perdita e il riconoscimento della cittadinanza italiana. Nella tabella è stata inserita anche una colonna corrispondente agli atti di cittadinanza dell'area geografica del Mediterraneo e Medio Oriente nello stesso periodo, per un totale di 9.157[36].

L'anno in cui è stato prodotto il maggior numero di atti è il 2017, in cui si è raggiunto quota 95. Recentemente, è da riscontrare una diminuzione in corrispondenza dell'epidemia di Covid-19 del 2020, con 13 atti nel 2021 e 15 atti nel 2022, e una leggera ripresa nel 2023 (30 atti).

---

[33] A tal proposito, si veda: Leila El Houssi, *L'urlo contro il regime. Gli antifascisti italiani in Tunisia tra le due guerre*, Carocci, Roma, 2014.

[34] Nullo Pasotti, *Italiani e Italia in Tunisia dalle origini al 1970*, Finzi Editore, Roma, 1971.

[35] L'*Annuario statistico* del MAECI contiene tabelle esplicative riferite all'anno precedente rispetto a quello di pubblicazione. Di conseguenza, anche il numero di atti di cittadinanza per ogni volume si riferisce all'anno precedente.

[36] L'area geografica del Mediterraneo e Medio Oriente, ad esclusivo uso statistico da parte del MAECI, comprende Algeria, Arabia Saudita, Bahrein, Egitto, Emirati Arabi Uniti, Giordania, Iran, Iraq, Israele, Kuwait, Libano, Libia, Marocco, Oman, Qatar, Siria, Palestina, Tunisia e Yemen.

Oltre che per filiazione (riconoscimento della cittadinanza italiana a figli i cui genitori sono o sono stati cittadini italiani) e per *iure sanguinis* (discendenza diretta senza interruzione di possesso ai discendenti di avo italiano emigrato in Paesi dove la cittadinanza è regolata dallo *ius soli*), la cittadinanza italiana può essere acquistata anche per matrimonio, dopo tre anni dalla data di matrimonio se si risiede all'estero. È quanto ha fatto anche Ines Abdellatif Piergiovanni, che ha ottenuto la cittadinanza italiana nel 2005 e rivela di essersi «sempre sentita binazionale (tuniso-italiana)». Nata da una coppia mista, padre egiziano e madre tunisina, Ines è cresciuta in una famiglia musulmana. Ci racconta: «Sono stata esposta alla lingua italiana molto giovane attraverso Rai 1. Andavo a una scuola di suore francesi. Essendo cresciuta in questo clima con due religioni, ho imparato che nella vita la religione è fondamentale ed è bellissimo perché mi ha insegnato il rispetto, la tolleranza, il perdono e soprattutto l'amore verso il prossimo. La mia fortuna è stata di aver ricevuto questa educazione che mi ha naturalmente portata ad essere aperta alla cultura italiana. Nel 1993 ho incontrato mio marito, un uomo meraviglioso, Paolo Piergiovanni, e poi ci siamo sposati nel 1999. Condivido con mio marito molte cose, tra cui la passione per il golf che ci aiuta a rimanere uniti e ci fa ricordare che le cose semplici sono quelle più belle»[37]. Avere la cittadinanza le ha consentito di eliminare alcune barriere burocratiche relative al possesso di un passaporto diverso dal resto della sua famiglia, come per esempio i controlli e le file per i viaggi.

Oltre la possibilità per i tunisini di diventare italiani, la legge n. 91 del 1992 ha permesso anche agli italiani di "farsi tunisini" senza perdere la propria cittadinanza. Nel 2024, gli italiani in Tunisia iscritti all'AIRE, compresi i binazionali, sono 7.326 (di cui 2.989 donne)[38].

Alcune delle loro storie confermano la binazionalità dell'attuale comunità italiana.

Alfonso Campisi, professore ordinario di filologia romanza nato a Trapani, arriva in Tunisia nel 1998 e inizia ad insegnare presso il dipartimento di italianistica, prima all'Università di Cartagine e successivamente alla Manouba, dove lavora attualmente. Fonda il dipartimento di Studi italiani presso l'Università di Gabès e di Tozeur, nel sud tunisino. Nel 2015 ha istituito la prima cattedra al mondo a prevedere l'insegnamento della lingua siciliana, la Cattedra Sicilia per il dialogo di culture e civiltà, intitolata allo scrittore messinese Vincenzo Consolo. Ha richiesto la cittadinanza tunisina nel 2017 e l'ha ottenuta tre anni dopo, per merito, dal presidente della Repubblica tunisina. Tra le motivazioni che lo hanno spinto a presentare domanda, la principale «è quella identitaria»[39]. Il desiderio di sentirsi parte del Paese è uno dei motivi che ha portato anche Carlotta – pure lei siciliana, nata a Palermo

---

[37] Intervista dell'autrice a Ines Abdellatif Piergiovanni, luglio 2024.

[38] Fonte: dati AIRE 2024 elaborati dalla Fondazione Migrantes-Rapporto Italiani nel Mondo. Si veda: infra, p. 564 (NdR).

[39] Intervista dell'autrice ad Alfonso Campisi, luglio 2024.

e arrivata in Tunisia nel 1993, a undici anni –, a chiedere la cittadinanza per residenza, che ha ottenuto nel 2018. Trasferitasi con tutta la famiglia, ha frequentato assieme ai fratelli la Scuola italiana di Tunisi e, successivamente, ha studiato presso l'Institut supérieur des langues de Tunis. I suoi due figli, nati e cresciuti in Tunisia da genitori entrambi italiani, hanno frequentato l'asilo tunisino, seguito da due anni alla scuola italiana e da una formazione presso l'École internationale de Tunis, a sistema francese. Di conseguenza, parlano l'italiano, il francese e l'arabo tunisino. Carlotta pratica equitazione a livello agonistico sin da quando era bambina. A spingerla a chiedere la cittadinanza tunisina è stato anche il fatto che facendo gare nazionali e internazionali di salto ad ostacoli, di endurance e di galoppo, come straniera non veniva inserita nella classifica dei campionati nazionali[40]. Da tunisina, ha potuto invece accedervi.

Le relazioni e i legami storici, culturali e transculturali tra Italia e Tunisia, tra le due sponde del Mediterraneo, ancora fortemente presenti, ci confermano come «il Mediterraneo sia stato un solido ponte»[41] e di come le storie di ieri e di oggi siano fatte di contaminazioni, incroci, incontri e cittadinanze da declinare al plurale.

---

[40] Intervista dell'autrice a Carlotta (nome di fantasia), luglio 2024.

[41] Per un approfondimento su alcune voci e storie si rimanda a: *Il Ponte. Storie degli italiani di Tunisia*, su RaiRadio3, a cura di Francesca Bellino.

Atti di cittadinanza in Tunisia e nella regione Mediterraneo e Medio Oriente. Serie storica. Valori assoluti. Anni 2000-2023.

Anno	Atti di cittadinanza Tunisia	Atti di cittadinanza Mediterraneo e Medio Oriente	Percentuale Atti Tunisia sul totale della regione Mediterraneo e Medio Oriente
2000	60	244	24,59
2001	13	89	14,61
2002	45	186	24,19
2003	26	640	4,06
2004	14	932	1,50
2005	25	992	2,52
2006	17	155	10,97
2007	(dato non reperito)	(dato non reperito)	-
2008	22	309	7,12
2009	31	294	10,54
2010	36	193	18, 65
2011	15	278	5,40
2012	15	213	7,04
2013	23	254	9,06
2014	32	329	9,73
2015	26	403	6,45
2016	45	541	8, 32
2017	95	508	18,7
2018	64	439	14,58
2019	68	520	13,08
2020	25	441	5,67
2021	13	340	3,82
2022	15	329	4,56
2023	30	528	5,68
Totale	**755**	**9.157**	**8,25**

Fonte: Migrantes-Rapporto Italiani nel Mondo. Rielaborazioni dati Annuario statistico MAECI - Direzione Generale per gli italiani all'estero e le politiche migratorie (DGIT) e Direzione Generale per l'amministrazione, l'informatica e le comunicazioni (DGAI).

URUGUAY. Analisi dell'eredità migratoria italiana e risvolti attuali

Giulia Ampollini, operatrice Patronato ACLI Uruguay e docente di storia dell'arte
Elena Bravin, avvocata e responsabile Patronato ACLI Uruguay

L'Uruguay, il cui nome completo è Repubblica Orientale dell'Uruguay, è un piccolo paese con poco meno di tre milioni e mezzo di abitanti del Sud America. La storia dell'Uruguay è fortemente legata alla migrazione di europei e gli italiani hanno avuto un ruolo chiave nella storia di questo Stato, influenza che ancora oggi è viva nella cucina, nell'architettura, nella cultura e nello sport.

Lo scopo di questo saggio è presentare un'analisi della situazione attuale in relazione alla questione del riconoscimento della cittadinanza italiana in Uruguay, nello specifico sul funzionamento, i vantaggi e i limiti. Si analizzeranno anche la questione linguistica e culturale e la percezione che hanno i cittadini italiani (o aspiranti tali) dell'Italia e dell'Europa.

Riconoscimento della cittadinanza italiana: svantaggi e vantaggi

Per trattare il tema del riconoscimento della cittadinanza italiana in Uruguay è necessario partire dall'analisi della legislazione italiana e di quella uruguaiana in materia, con tutte le conseguenze che comporta[1].

Come sancisce la legge italiana n. 91/1992, la cittadinanza italiana si trasmette per discendenza (*ius sangunis*), per matrimonio o a seguito di residenza regolare su territorio italiano. L'Uruguay, insieme all' Argentina e al Brasile, sono paesi di storica emigrazione italiana: una prima fase migratoria è avvenuta alla fine del XIX secolo, costituita prevalentemente da liguri, piemontesi, lombardi e toscani arrivati grazie all'attivissimo porto di Genova. La seconda fase si è intensificata a metà Novecento, come conseguenza dei conflitti mondiali e della dittatura fascista e ha visto una forte componente di migranti provenienti dal Sud Italia, specialmente dalla Basilicata e dalla Calabria.

[1] Si veda: <https://www.esteri.it/it/servizi-consolari-e-visti/italiani-all-estero/cittadinanza/cittadinanza-per-discendenza-secondo-il-criterio-dello-ius-sanguinis/>.

Si stima, quindi, ma senza avere il numero esatto, che circa il 40% della popolazione uruguaiana abbia origini italiane e l'applicazione dello *ius sanguinis* – che al momento non ha limite generazionale – fa sì che potenzialmente qualsiasi persona con un antenato italiano possa reclamare il diritto al riconoscimento della cittadinanza italiana.

- La parola potenzialmente implica alcune limitazioni che di seguito saranno dettagliate.
- La morte dell'avo italiano emigrato non deve essere avvenuta prima del 17 marzo 1861 (Proclamazione del Regno d'Italia).

Per poter ottenere il riconoscimento della cittadinanza bisogna presentare al Consolato italiano di Montevideo o all'istituzione di competenza nel caso si risieda in un altro paese, una cartella con tutta la documentazione che dimostri la discendenza da un avo italiano. Questo vuol dire che di ogni persona della linea diretta bisogna presentare atto di nascita e, se corrisponde, certificato di matrimonio e atto di morte e dell'antenato emigrato bisogna presentare l'atto di nascita italiano. Nel caso di persone nate prima dell'istituzione del registro civile, si presenta l'atto di battesimo emesso dalla parrocchia e vidimato dalla curia di competenza. Teoricamente può sembrare facile, ma nel caso di antenati nati agli inizi dell'Ottocento la ricerca può risultare complicata sia per mancanza di dati sia per la lontananza geografica. Al giorno d'oggi, anche se esistono database utili come *antenati.it*, non esiste un registro civile nazionale, regionale o provinciale quindi per ottenere il documento bisogna sapere esattamente dove è nato l'antenato. A queste difficoltà bisogna aggiungere la poca disponibilità a collaborare che mostrano alcuni comuni e archivi, sia per mancanza di personale, che per penuria di risorse e, in alcuni casi, anche di volontà.

Bisogna poi tenere in conto che quando gli italiani arrivavano in Uruguay il loro nome veniva tradotto in spagnolo (per esempio: Giuseppe-José o Giovanni-Juan) e spesso i cognomi venivano trascritti con errori (Rossi che diventa Russi o Rosi), senza contare che gli stessi dichiaravano generalità non corrette e questo non aiuta le ricerche genealogiche.

Occorre considerare, infine, che alcuni archivi sono andati distrutti durante i conflitti mondiali o a causa di disastri naturali nel frattempo accorsi. Senza tali documenti, però, non si potrà iniziare la pratica.

- Per effetto della legge n. 555/1912, le donne italiane non potevano trasmettere la cittadinanza italiana e la perdevano in caso di matrimonio con uno straniero[2]. Con l'entrata in vigore della Costituzione e con la sentenza della Corte costituzionale n. 30/1893, i figli nati da donne italiane prima del 1948 e i loro

[2] Si veda: <https://www.gazzettaufficiale.it/eli/id/1912/06/30/012U0555/sg>.

discendenti potranno ottenere il riconoscimento della cittadinanza italiana solo presentando ricorso al Tribunale italiano[3].

- I discendenti di italiani nati nei territori dell'ex impero austro-ungarico emigrati prima del 16 luglio 1920 non potranno ottenere il riconoscimento della cittadinanza italiana in quanto i loro avi emigrarono prima che il loro municipio fosse riconosciuto territorio italiano dal trattato di Saint-German[4]. Questa clausola riguarda direttamente tutti i discendenti di italiani provenienti dal Trentino Alto Adige, alcune province del Friuli e alcuni comuni del Nord del Veneto. Dal 2005 al 2010 è stato possibile per i discendenti degli italiani nati in questi territori, oltre ai cittadini italiani dei territori di Istria, Fiume, Dalmazia e Trieste che hanno perso la cittadinanza perché sono stati annessi alla ex Jugoslavia, poter ottenere il riconoscimento della cittadinanza italiana grazie a una deroga.
- Nel caso di figli illegittimi, se il riconoscimento avviene dopo il diciottesimo anno di età, la persona riconosciuta ha un anno di tempo per richiedere e ottenere il riconoscimento della cittadinanza italiana. In caso contrario, la persona e gli eventuali figli futuri non potranno ottenere il riconoscimento della cittadinanza[5].
- Prima della legge n. 91/1992 non era possibile avere doppia la cittadinanza; pertanto, se l'avo italiano aveva richiesto e ottenuto la cittadinanza uruguaiana, in automatico aveva perso la cittadinanza italiana. I figli nati dopo la naturalizzazione uruguaiana non potranno ottenere il riconoscimento della cittadinanza italiana; al contrario, i figli nati prima della naturalizzazione potranno iniziare la pratica. Non tutti gli italiani che emigravano decidevano di naturalizzarsi uruguaiani: avere la cittadinanza uruguaiana era necessario, per esempio, per avere un impiego pubblico o per poter votare in Uruguay, ma non era e non è obbligatorio per risiedere nel Paese. L'ottenimento della cittadinanza uruguaiana è necessaria per essere elettori, eleggibili e per le cariche pubbliche; l'unico incarico pubblico per il quale non è necessario essere cittadino uruguaiano è quello di professore universitario. La questione di essersi naturalizzati vale anche per i discendenti dell'avo emigrato, per esempio nel caso di discendenti di italiani che dall'Argentina o dal Brasile si trasferivano in Uruguay o di uruguaiani trasferiti in Argentina o qualsiasi altro paese: se hanno ottenuto la cittadinanza del paese straniero prima del 1992 e prima della nascita dei figli, questi non potranno reclamare la cittadinanza italiana. Questa condizione limita principalmente gli italiani dell'ultima ondata migratoria rispetto agli italiani emigrati a metà

---

[3] Si veda: <https://www.camera.it/leg17/995?sezione=documenti&tipoDoc=lavori_testo_pdl&idLegislatura=17&codice=17PDL0004430>.

[4] Si veda: <https://temi.camera.it/leg19DIL/post/la-cittadinanza-quadro-normativo-vigente.html#:~:text=La%20legge%20permette%20il%20riacquisto,2)>.

[5] Si veda: <https://consrosario.esteri.it/it/servizi-consolari-e-visti/servizi-per-il-cittadino-straniero/cittadinanza/cittadinanza-per-riconoscimento-durante-la-maggiore-eta/#:~:text=Il%20cittadino%20straniero%20riconosciuto%20durante,%2C%20legge%2091%2F1992)>.

Ottocento: questi ultimi, infatti, non avevano in genere interesse a prendere la nazionalità uruguaiana. Al contrario, gli italiani della migrazione recente lo facevano per avere accesso a un lavoro migliore e questo comporta che ci siano figli di italiani che non possono ottenere il riconoscimento.

Burocrazia, costi, tempi: un processo lungo e caro ma vantaggioso

Considerati tutti questi aspetti, supponendo di essere riusciti a riunire tutta la documentazione necessaria e di non avere ostacoli che possano impedire il riconoscimento della cittadinanza, bisogna aggiungere i costi economici per la preparazione della pratica. Ogni documento straniero si presenta con apostilla, ovvero una forma di legalizzazione, accettata dai paesi che hanno firmato la convezione dell'Aja del 1961, che garantisce la validità del documento e che in Uruguay si realizza al Ministero degli Esteri, pagando per ogni singola apostilla. Alla apostilla bisogna aggiungere i costi per la traduzione all'italiano di ogni documento in lingua straniera, traduzione che deve essere fatta con traduttore pubblico, e la tassa consolare di 300 euro da versare al consolato il giorno dell'appuntamento. Nel caso delle pratiche di cittadinanza per via giudiziale, oltre ai costi per apostille e traduzioni bisogna aggiungere i costi delle spese giudiziali per il processo e le eventuali rettifiche necessarie: in sintesi, una pratica di cittadinanza di questo tipo arriva a costare oltre 5 mila euro. Se poi ci sono nascite, matrimoni o morti avvenute in altri paesi, il documento si presenta originale con apostilla e traduzione del paese dove l'atto è stato rilasciato. Se una persona è nata negli Stati Uniti, per esempio, bisognerà richiedere l'atto statunitense con tutti i costi relativi, a cui si aggiungono le spese di invio.

Bisogna poi considerare un altro aspetto che caratterizza la pratica di cittadinanza: dato l'alto numero di persone che sono in condizioni di esercitare questo diritto, risulta difficile ottenere un appuntamento al consolato. A differenza del Brasile, dove i consolati hanno attivato un sistema con liste di attesa che al momento vanno oltre i 14 anni, attualmente in Uruguay l'unico modo per ottenere il riconoscimento della cittadinanza per discendenza è prendendo appuntamento dal sito ufficiale *prenotami.esteri.it*. L'alta domanda e il proliferare di gestori o intermediari non ammessi dall'ambasciata fa sì che sia difficile ottenere un appuntamento dato che i posti vengono rapidamente prenotati ogni volta che viene aperta l'agenda. Non è facile fare una stima perché mancano parametri certi, ma in generale si calcola che per ottenere l'appuntamento in Uruguay ci vogliono, in media, due anni.

In Uruguay e in altri paesi dell'America Latina la domanda per il riconoscimento della cittadinanza italiana è aumentata negli ultimi anni non solo come conseguenza delle crisi locali ma anche perché con la legge n. 91/1992 il cittadino italiano può avere la doppia cittadinanza, quindi, non sussistono più limitazioni o impedimenti: un elemento che accomuna l'Italia all'Uruguay.

Secondo l'articolo 75 della Costituzione uruguaiana, infatti, sono cittadini uruguaiani tutti coloro che nascono in Uruguay e chi nasce all'estero da padre o madre uruguaiano, applicando quindi sia lo *ius sanguinis* che lo *ius soli*[6]. Secondo l'articolo 81 poi, non si perde la cittadinanza uruguaiana acquisendo un'altra cittadinanza[7]. Solo nella fase iniziale della Republica Oriental con la Costituzione del 1830 si perdeva la cittadinanza uruguaiana acquisendo un'altra cittadinanza, ma era comunque possibile riottenerla.

Quindi, sia la legislazione italiana che quella uruguaiana permettono la doppia cittadinanza e attualmente per i discendenti di italiani in Uruguay si prospettano solo vantaggi e benefici con il riconoscimento della cittadinanza italiana.

Lo *ius sanguinis* senza limite generazionale e il fatto che non sia richiesto un certificato linguistico, a differenza di altri paesi, fa sì che la domanda sia in costante crescita negli anni. Il certificato linguistico, infatti, è richiesto solo per coloro che ottengono la cittadinanza per matrimonio o per residenza.

Gli unici vincoli imposti ai cittadini italiani residenti all'estero sono l'iscrizione all'Anagrafe degli Italiani Residenti all'Estero (AIRE) e l'aggiornamento del proprio stato civile e domicilio a ogni variazione. Con la legge n. 30/2023 è stata istituita una sanzione economica per gli italiani residenti all'estero e non iscritti all'AIRE[8]. L'iscrizione all'AIRE è, infatti, obbligatoria per il cittadino italiano che vive all'estero per almeno un anno e senza iscrizione non si potranno utilizzare né i servizi consolari né votare dall'estero. I cittadini italiani con diritto di voto e residenti in Uruguay ricevono per posta la busta con la scheda elettorale per votare.

Secondo il consolato italiano di Montevideo, i cittadini italiani residenti in Uruguay, la cui maggioranza è nata in Uruguay, sono costantemente in crescita e i numeri confermano l'aumento costante.

Cittadini italiani residenti in Uruguay per il Consolato di Montevideo. Serie storica. Valori assoluti. Anni 2020-2023.

Anno	Residenti
2020	128.438
2021	131.158
2022	134.670
2023	137.778

Fonte: Migrantes-Rapporto Italiani nel Mondo. Dati Schedario consolare - Consolato di Montevideo.

[6] Si veda: <https://www.impo.com.uy/bases/constitucion/1967-1967/75#:~:text=Tienen%20derecho%20a%20la%20ciudadanía,habitual%20en%20la%20República.%20B)>.

[7] Si veda: <https://www.impo.com.uy/bases/constitucion/1967-1967/81>.

[8] Si veda: <https://www.gazzettaufficiale.it/eli/id/2024/01/18/24A00001/sg#:~:text=213%2C%20recante%3A%20«Bilancio%20di,303%20del%2030%20dicembre%202023)>.

I numeri indicati fanno riferimento ai cittadini italiani residenti in Uruguay, senza distinzione sull'ottenimento della cittadinanza, se per via amministrativa, giudiziale o per matrimonio, e senza distinguere i cittadini nati in Italia e trasferitisi in Uruguay.

L'Uruguay occupa il tredicesimo posto nella lista dei paesi stranieri con il maggior numero di italiani iscritti all'anagrafe consolare[9]. Inoltre, la cancellaria consolare di Montevideo è la più grande al mondo per numero di cittadini italiani iscritti in proporzione alla popolazione totale del Paese[10].

La grande ondata migratoria degli italiani verso l'Uruguay si è esaurita nel corso degli anni Settanta: oggi gli italiani che emigrano in Uruguay sono pochi e principalmente per ragioni familiari, per lavoro, per investimenti o per aprire attività, spesso legate al turismo o alla cucina italiana. Dato che non è richiesto un visto per entrare nel Paese e come turista si ha diritto a permanere fino a 90 giorni con possibilità di rinnovo, molti italiani effettuano sopralluoghi prima di prendere la decisione di trasferirvisi definitivamente.

Non ci sono state inoltre rinunce o riacquisizioni della cittadinanza italiana negli ultimi tre anni.

Le molteplici motivazioni di un investimento tanto dispendioso

La pratica di riconoscimento della cittadinanza richiedere quindi soldi, tempo ed energie. Generalmente, chi sceglie di iniziare la pratica di cittadinanza lo fa perché intenzionato a lasciare aperta la possibilità a se stesso o ai propri figli di emigrare in Europa o negli Stati Uniti. Essere cittadino dell'Unione europea permette, infatti, di risiedere e lavorare nell'area Schengen mentre un cittadino uruguaiano può permanere massimo 90 giorni a partire dall'arrivo su suolo europeo. I cittadini italiani possono entrare negli Stati Uniti con il visto ESTA, al momento non possibile per i cittadini uruguaiani[11].

Dato che il riconoscimento della cittadinanza italiana si può presentare in qualsiasi paese dove la persona ha residenza legale, ci sono cittadini uruguaiani residenti all'estero con programmi di *Working Holiday* in Australia o Nuova Zelanda o con permessi di studio, che hanno fatto o vorrebbero iniziare la pratica di richiesta di cittadinanza italiana per poter allungare il proprio soggiorno.

In generale, chi vuole ottenere la cittadinanza per emigrare ha come destinazione finale l'Europa o il Nord America: in particolare, per esempio, la Spagna per

---

[9] Si veda: <https://www.esteri.it/wp-content/uploads/2024/02/annuario_statistico__web_28022024.pdf>.

[10] Si veda: <https://www.ansa.it/sito/notizie/mondo/news_dalle_ambasciate/2023/02/02/ansa-intervista/in-uruguay-la-cancelleria-consolare-piu-grande_822c231d-4aef-4f94-8523-d61ba39bbc61.html>.

[11] Anche se gli Stati Uniti stanno valutando di inserire l'Uruguay nel programma ESTA.

affinità linguistica, per le politiche sociali, sanitarie e lavorative e gli Stati Uniti per le opportunità lavorative. Non mancano casi di uruguaiani che vogliono tornare in Italia, magari nel paese di origine dell'avo, ma non è il caso più frequente.

Un'altra motivazione forte è lo studio: per i giovani uruguaiani, avere la cittadinanza italiana vuol dire l'opportunità di frequentare università più prestigiose senza doversi limitare ai posti riservati per studenti extra-UE pagando le tasse come cittadino comunitario, ovvero con un costo nettamente minore rispetto a un cittadino extracomunitario.

A queste ragioni poi si aggiungono le prospettive di lungo periodo ovvero coloro che iniziano la pratica per tutela del proprio futuro. Sebbene non abbiano intenzione di emigrare o di andare a studiare all'estero, queste persone presentano istanza di cittadinanza come garanzia personale e per dare ai propri figli migliori opportunità. Bisogna tener presente che durante la dittatura militare dell'Uruguay (1973-1985) circa 350 mila persone hanno lasciato il Paese e il passaporto italiano è stato uno strumento di vitale tutela. Per molti, quindi, avere il passaporto è uno strumento di salvaguardia del futuro anche in vista di possibili crisi economiche o politiche, dato che le persone ancora vivono il ricordo delle crisi precedenti.

Un'altra motivazione, questa volta pratica, che spinge a richiedere il riconoscimento della cittadinanza tricolore è perché viaggiare con il passaporto italiano garantisce rapidità e trattamenti migliori: per esempio il non dovere fare i controlli una volta arrivati negli aeroporti, che sia per un viaggio di piacere o per qualsiasi altra ragione.

Esiste poi un ultimo scopo di natura sentimentale che non può non essere però tenuto presente: ci sono persone, anche molto anziane, che vogliono ottenere il riconoscimento della cittadinanza solamente per una questione di orgoglio e per omaggio agli antenati.

La competenza linguistica: un elemento criticato

Come detto in precedenza, per il riconoscimento della cittadinanza italiana *ius sanguinis* non si richiede né conoscenza della lingua né certificazione linguistica. Soprattutto nel caso di discendenti di quarta o quinta generazione, si sono perse le radici e i legami con la cultura italiana, a meno che la famiglia non abbia voluto mantenerle vive. Il fatto di non poter comprendere la lingua italiana non permette di avere una comunicazione fluida e neanche una corretta interpretazione nel caso di comunicazioni ufficiali da parte delle istituzioni italiane: ciò rende difficile, quindi, esercitare i propri diritti all'estero. Come analizzeremo più dettagliatamente nel paragrafo successivo, esiste anche il fenomeno del riconoscimento della cittadinanza italiana direttamente in Italia presso un qualsiasi municipio e anche in questo caso non è necessaria una certificazione linguistica, ma la conoscenza della lingua è dato per lo meno scontato per poter comunicare con le istituzioni.

D'altra parte, molti discendenti di italiani vogliono mantenere vive le proprie radici o riscoprirle e in Uruguay sono presenti associazioni e centri culturali legati alla comunità italiana. Le varie associazioni, legate alle diverse regioni italiane, offrono corsi di lingua, di cultura e di cucina regionale[12]. Spesso si organizzano pranzi domenicali con musica italiana del passato, eventi patrocinati dalle varie associazioni locali che riuniscono la numerosa comunità italiana.

Metà della popolazione italiana o di origine italiana dell'Uruguay è concentrata nella capitale, Montevideo, dove si trovano la maggior parte delle istituzioni e delle associazioni regionali (trentina, calabrese, ligure, ecc.), ma non mancano associazioni nell'interno del Paese come l'Associazione piemontese di Colonia o l'Associazione ligure e lucana di Paysandú.

A Montevideo è presente la Scuola italiana, fondata nel 1886, che offre un ciclo di studio completo dall'asilo fino alla quinta liceo con programma ministeriale italiano.

L'insegnamento della lingua italiana era obbligatorio in passato nel sistema educativo pubblico uruguaiano: nelle scuole elementari grazie all'appoggio dell'ente CASIU e al liceo grazie alla Società Dante Alighieri. Oggi non è più materia obbligatoria, ma può essere scelta come materia nei centri educativi CLE (Centros de Lenguas Extranjeras)[13].

Chi sceglie di fare corsi di italiano in genere lo fa per tre motivi: conoscere la lingua dei propri antenati, conoscere la lingua in vista di un viaggio o di un periodo di studio in Italia e, infine, ottenere il riconoscimento della cittadinanza italiana per matrimonio. Dal 4 dicembre 2018, infatti, è necessario come requisito, oltre al raggiungimento degli anni di matrimonio o di unione civile richiesti, una certificazione della lingua italiana di livello B1 secondo il quadro comune di riferimento per la conoscenza delle lingue[14]. Tale certificazione deve essere rilasciata da un ente certificatore riconosciuto tra: Università per Stranieri di Siena, certificazione CILS; Società Dante Alighieri, certificazione PLIDA; Università per Stranieri di Perugia, certificazione CELI e Università Roma Tre, certificazione CERT.IT.

Al momento, in Uruguay gli unici enti certificatori presenti sono l'Istituto Italiano di Cultura (IIC) di Montevideo, dove si realizzano gli esami CILS e CELI, e la Società Dante Alighieri per la certificazione PLIDA.

Nel 2023 presso l'IIC sono state realizzate 150 certificazioni tra CELI e CILS e circa una trentina di esami PLIDA. La certificazione linguistica serve anche per alcune tipologie di lavoro, per accedere all'università italiana e per eventuali concorsi pubblici, ma la maggior parte sono richieste per il riconoscimento della cit-

---

12 Si veda: <https://www.spazioitalia.org.uy/associazioni-di-montevideo>.

13 Si veda: <https://www.anep.edu.uy/codicen/politicas-linguisticas/cle>.

14 Si veda: <https://www.esteri.it/it/servizi-consolari-e-visti/italiani-all-estero/cittadinanza/cittadinanza-per-matrimonio-e-unione-civile/>.

tadinanza. Allo stesso modo, con la legge del 2018 sono aumentate le richieste di certificazione B1.

Secondo i dati riportati dal Consolato, con l'introduzione del requisito linguistico sono diminuite le richieste di cittadinanza per matrimonio, una tendenza che è continuata anche per causa della pandemia (un paio nel 2020, una ventina nel 2021) e che da poco, invece, ha iniziato a crescere.

Negli ultimi due anni si sono registrate circa 50-60 richieste per anno[15].

Una volta che la persona presenta la richiesta attraverso il portale ALI corredata della documentazione completa al Consolato, il Ministero dell'Interno valuterà l'istanza e notificherà alla persona. Questa avrà sei mesi di tempo, a partire della comunicazione a lei notificata, per presentare di nuovo la documentazione richiesta per poi prestare il giuramento.

Se prima del 2018 il tempo di valutazione arrivava a circa 4 anni, attualmente il tempo si è ridotto a 2 anni e qualche volta addirittura meno di un anno, soprattutto nel caso di persone che hanno figli e sono sposate da tanti anni.

A seguire una tabella riassuntiva dei giuramenti effettuati dal 2020: da notare il picco del 2022 dovuto anche alle ultime istanze ricevute prima della modifica della legge.

Giuramenti di cittadinanza richiesta per matrimonio. Serie storica. Valori assoluti. Anni 2020-2024.

Anno	n. giuramenti
2020	22
2021	92
2022	202
2023	43
2024 primo semestre	13

Fonte: Migrantes-Rapporto Italiani nel Mondo. Dati Schedario consolare - Consolato di Montevideo.

Considerazioni sulla situazione migratoria in Uruguay

La storia dell'Uruguay è strettamente connessa alla migrazione. Se gli italiani costituiscono la maggior percentuale di europei immigrati che hanno costruito il Paese, a loro seguono poi gli spagnoli, gli inglesi, i francesi, i tedeschi e gli svizzeri. A partire dagli anni Settanta, complice la crisi politica, la tendenza si è invertita e sono gli uruguaiani a lasciare il Paese.

---

[15] Dati forniti gentilmente dall'Ambasciata di Montevideo - Cancelleria consolare, ufficio matrimoni.

Gli ultimi censimenti svolti in Uruguay hanno dimostrato un invecchiamento degli abitanti e una forte tendenza all'emigrazione. In particolare, il censimento del 2023 ha registrato una popolazione di 3.444.263 abitanti con un aumento della popolazione, rispetto al censimento del 2011, di appena l'1%. Se non fosse per l'immigrazione straniera (60 mila persone, composta per il 27% da venezuelani, il 24% da argentini e il 22% da cubani), la popolazione dell'Uruguay sarebbe in decrescita dato che dal 2011 risulta che circa 100 mila persone abbiano lasciato il Paese. L'immigrazione di ritorno, ovvero uruguaiani che decidono di ritornare dopo aver vissuto all'estero, è costituita da circa 40 mila unità.

L'Uruguay aveva già visto una forte tendenza migratoria negli anni Settanta in concomitanza con la dittatura: una necessità dovuta alla crisi sociale ed economica. L'emigrazione verso l'estero, quindi, è un fenomeno familiare agli uruguaiani e oggi avviene principalmente per migliorare le proprie condizioni di vita e lavorative. Nel caso di persone con un titolo di studio superiore, emigrare vuol dire avere accesso a una formazione migliore e di solito sono persone che scelgono di non tornare perché ormai troppo qualificate e non riceverebbero stipendi adeguati.

Secondo una inchiesta del tabloid *El Observador*, il 31% degli uruguaiani ha pensato seriamente almeno una volta di andarsene dal Paese e le mete principali sono Spagna e Stati Uniti[16]. Oltre alla possibilità di ottenere il passaporto italiano per avere un avo italiano, con la legge spagnola dei bisnipoti del 2022 molti uruguaiani hanno avuto la possibilità di ottenere il passaporto spagnolo[17].

Secondo l'Istituto Nacional de Estadistica de España, per esempio, nel paese galiziano di Gondomar, nella provincia di Pontevedra, un quarto degli stranieri è uruguaiano. In questo paesino è nato il padre dell'attore Cesar Troncoso e il fondatore della catena di negozi Manzanares. La Spagna viene scelta come meta principale per la lingua, le opportunità lavorative e di studio, i benefici sanitari e sociali. Grazie agli uruguaiani già emigrati, inoltre, si è creata una rete di supporto e scambio per chi vuole vivere in Europa[18].

Un'altra ragione che spinge le persone a emigrare è la sicurezza a livello personale: per quanto la criminalità sia presente anche in Europa, i crimini legati al narcotraffico, le aggressioni a mano armata per strada o i furti in casa non sono frequenti come in Uruguay.

L'Uruguay è chiamato, quindi, a pensare con urgenza e immediatezza a una strategia sociale e politica per non perdere le nuove generazioni.

L'Italia non è tra le mete preferite quando si pensa di emigrare, ma l'Italia sta diventando meta di un fenomeno di migrazione temporanea: dato che è difficile

---

16 Si veda: <https://www.elobservador.com.uy/nota/emigracion-en-uruguay-deseo-de-irse-supera-al-de-la-crisis-del-2002-y-el-pais-registro-saldo-migratorio-negativo-tras-14-anos-202432814280>.

17 Si veda: <https://www.boe.es/boe/dias/2022/10/20/pdfs/BOE-A-2022-17099.pdf>.

18 Si veda: <https://www.elobservador.com.uy/nota/hay-mas-uruguayos-viviendo-en-espana-que-en-diez-departamentos-de-uruguay-202293020350>.

ottenere il turno al consolato per il riconoscimento della cittadinanza, molte persone si recano in Italia solo per poter presentare la pratica direttamente a uno dei municipi.

Infatti, dato che è possibile ottenere il riconoscimento della cittadinanza per *ius sanguinis* in qualsiasi paese a patto di avervi residenza legale, si è creato un vero e proprio fenomeno migratorio in Italia solo per le pratiche di cittadinanza. Per poter ottenere il riconoscimento direttamente in Italia è necessario avere un contratto di affitto regolare per poter fissare la residenza e a quel punto, dopo i controlli da parte della polizia locale, è possibile presentare la pratica direttamente al comune. La pratica si può presentare in qualsiasi municipio, non deve essere per forza il paese di nascita dell'avo. Molte persone dall'Uruguay, ma soprattutto dall'Argentina, stanno scegliendo questa forma perché, nonostante il costo economico, a volte porta a un risultato rapido dato che in pochi mesi le persone potrebbero ottenere già la cittadinanza. Inoltre, se la pratica viene evasa entro 90 giorni a partire dall'ingresso in Europa, la persona interessata non dovrà neanche richiedere un permesso di soggiorno. Ovviamente sembra facile a dirsi ma in realtà richiede disponibilità economica per coprire il viaggio, l'affitto, la permanenza e, come già descritto, i costi per la preparazione della documentazione. Il risultato dipende dal comune scelto, la tempistica dipende dal singolo municipio e non tutti espletano le pratiche in pochi mesi. Inoltre in caso di discordanza dei dati nei documenti la decisione spetta ai funzionari.

È frequente che nei documenti uruguaiani ci siano errori o variazioni nel cognome e/o nella data di nascita e questo può compromettere l'esito della pratica, ma ciò assolutamente non scoraggia gli aspiranti cittadini italiani e si è creato un vero e proprio mercato con gestori più o meno legali, a volte con la complicità locale, che offrono pacchetti tutto incluso con appartamento in affitto e accompagnamento al municipio.

In questo modo l'informazione trasmessa è che ottenere la cittadinanza italiana direttamente in Italia sia semplice e rapido; si creano aspettative che a volte non si realizzano perché la pratica richiede più tempo di quanto pensato o i documenti vengono bloccati richiedendo documentazione aggiuntiva. Il fenomeno, che sta diventando virale grazie alle reti sociali, aumenta anche la pressione esercitata sui comuni italiani che si trovano all'improvviso un numero crescente di richieste senza avere le risorse umane o tecniche per gestirle[19].

---

[19] Si veda: <https://corrieredelveneto.corriere.it/notizie/cronaca/24_gennaio_28/cittadinanza-italiana-in-veneto-tribunali-intasati-dalle-istanze-di-150-mila-brasiliani-l-allarme-della-magistratura-e56c2436-5521-4357-afbd-3babd374cxlk.shtml>.

Conclusione: gli italo-uruguaiani si sentono europei?

L'11 e il 12 febbraio 2024 una commissione dell'Agenzia Italiana per la Gioventù e del Consiglio Nazionale dei Giovani ha visitato l'Uruguay fissando un incontro con i giovani (18-35 anni) in due occasioni diverse: una con le ACLI di Montevideo e una con l'Ambasciata italiana di Montevideo. Durante gli incontri, dopo le presentazioni ufficiali, vi è stato uno scambio di opinioni per capire cosa vuol dire sentirsi italiani o europei e cosa si potrebbe fare per avvicinare questi giovani discendenti all'Italia. I partecipanti hanno rimarcato il desiderio di essere maggiormente considerati dalle istituzioni italiane e di avere strumenti concreti e ufficiali per poter informarsi e conoscere la realtà italiana ed europea.

Nonostante la situazione economica e politica dell'Uruguay sia più stabile rispetto ad altri paesi dell'America Latina, l'aumento della criminalità, dell'insicurezza e la prospettiva di una vita migliore stanno spingendo una quantità sempre maggiore di persone, soprattutto giovani, a considerare almeno la possibilità di emigrare in altri paesi. Inoltre, l'Uruguay è lo Stato con il costo della vita più alto in Sud America e anche questo influisce sulla decisione di emigrare, perché anche con uno stipendio minore, in altri paesi si può vivere una vita più dignitosa e con maggiori servizi[20]. Al momento, la facilità – almeno in teoria – con cui si può ottenere la cittadinanza e di conseguenza il passaporto italiano sta creando un vero e proprio fenomeno di mercato sia in Uruguay che in Italia.

La comunità italiana in Uruguay è numerosa, ma esattamente come la popolazione uruguaiana sta invecchiando e senza un ricambio generazionale si rischia la perdita delle radici e della cultura italiana. Senza nuove proposte l'Italia degli emigrati arrivati al porto di Montevideo rimarrà solo un ricordo come una fotografia che sbiadisce ogni anno di più o una vecchia canzone a cui si legano ricordi indelebili.

---

[20] Si veda: <https://www.elpais.com.uy/vida-actual/el-ranking-que-coloca-a-uruguay-como-el-pais-mas-caro-para-vivir-en-sudamerica-cual-es-el-mas-barato>.

VENEZUELA.
Sfide e opportunità della doppia cittadinanza attraverso un'analisi sociologica

Maria Rita Amelii, Universidad Central de Venezuela (UCV) e Comites Caracas
Riccardo Giumelli, Università di Verona e Università di Mar del Plata
Antonella Pinto, Camera di commercio venezuelana e italiana (CAVENIT) e Comites Caracas
Giannina Leonora Zusi, CGIE Venezuela

La cittadinanza è il diritto ad avere diritti.
Hannah Arendt

Essere cittadino significa appartenere non solo a una nazione o a uno Stato, ma a una comunità politica e culturale che riconosce e protegge la diversità e i diritti degli individui.
Will Kymlicka

Introduzione

Il termine "cittadinanza", nel lessico giuridico tradizionale, designa l'appartenenza di un individuo a uno Stato ed evoca, soprattutto nei discorsi politici e mediatici sul tema, i problemi relativi alla perdita e all'acquisto dello status di cittadino[1].

Tale termine viene definito dallo stesso Costa come il rapporto politico fondamentale tra l'individuo e l'ordine politico-giuridico in cui è inserito. Ma si tratta solo di un lato della medaglia. L'ambito legale definisce un confine: o si è cittadini o non lo si è; ma il termine, ed è questo il fascino che lo contraddistingue soprattutto agli occhi di un sociologo, evoca molto altro.

Al termine "cittadinanza" si affiancano punti di vista provenienti da discipline diverse, tra cui giurisprudenza, come visto, sociologia e storia, che permettono di esplorare il suo campo semantico e la sua evoluzione nel tempo. Tuttavia, sono diverse le connotazioni che i singoli ne danno per le più svariate ragioni.

---

[1] Pietro Costa, *Cittadinanza*, Laterza Editore, Roma-Bari, 2005, pp. 3-4.

Questo testo nasce proprio per sondare tali motivazioni e parte da una ricerca svolta dal Consolato italiano in Venezuela per mostrare questa ampiezza e complessità di significati. Tale estensione è dovuta anche ai vari contesti di immigrazione italiana, conseguenza dei processi migratori di massa e diasporici dei secoli scorsi e della mobilità attuale, di cui da tempo si occupa il *Rapporto Italiani nel Mondo*.

In particolare, il caso della richiesta di cittadinanza in Venezuela diventa di grande interesse, soprattutto se consideriamo che il Paese ha vissuto una grande immigrazione italiana e le condizioni socioeconomiche in cui versa ormai da diverso tempo sono difficili e fragili.

Per questo, il saggio cercherà di descrivere cosa significa essere cittadino italiano e come acquisire la cittadinanza italiana, descrivendo le leggi sulla cittadinanza vigenti in Venezuela rispetto alla legge italiana in vigore dal 1992.

Per fare ciò e comprendere il contesto della realtà venezuelana, si è cercato di dare risposta ad alcune questioni inerenti le attività del Consolato italiano in Venezuela:

- Come risponde il Consolato italiano in Venezuela alle richieste di cittadinanza e al rilascio di passaporti a cittadini italiani?
- Quali sono i vantaggi della doppia cittadinanza per gli italiani nati in Venezuela?
- Come gli italiani residenti in Venezuela percepiscono i loro diritti politici, sociali ed economici in Italia?

L'obiettivo generale è, partendo dal contesto venezuelano, definire il legame tra gli italiani e gli italo-discendenti residenti in Venezuela e la cittadinanza italiana, scorgendo i significati sociali, culturali, politici ed economici che lo caratterizzano, illustrando poi vantaggi e svantaggi dell'acquisizione della cittadinanza stessa.

Lo studio è stato condotto sulla popolazione degli italiani residenti in Venezuela che hanno la doppia nazionalità (italo-venezuelani). Il campione con cui si è lavorato corrisponde allo 0,1% della popolazione totale registrata nell'Anagrafe in Venezuela, un campione casuale di almeno centocinquanta cittadini italo-venezuelani. Per svolgere il lavoro sono stati raccolti e analizzati documenti scritti, registri e relazioni forniti dal Consolato Generale d'Italia a Caracas e dal Ministero degli Affari Esteri italiano (MAECI), al fine di ottenere informazioni dettagliate sull'argomento.

Accenni all'emigrazione italiana in Venezuela

Il Venezuela è uno dei paesi del Sud America che ha avuto una delle maggiori immigrazioni italiane. Al 1° gennaio 2023 erano presenti 107.169 cittadini italiani iscritti all'Anagrafe degli Italiani Residenti all'Estero (AIRE), di cui 53.141 donne. Rispetto al 1° gennaio 2022, c'è stato un aumento di 1.103 iscritti. Prevale un'iscrizione datata, ossia da oltre 15 anni, nel 51% dei casi.

In Venezuela, la comunità regionale più numerosa, in termini assoluti, è quella campana (25.715 iscritti), seguita da quella siciliana (18.852) e da quella abruzzese

(13.972). Rispetto ad altri Paesi dell'America Latina, prevale un'emigrazione dal Meridione d'Italia.

Grazie all'esplosione della sua economia petrolifera e mineraria, la presenza italiana in Venezuela, dagli anni Cinquanta in poi, contribuì considerevolmente allo sviluppo delle piccole e medie imprese e dell'industria manifatturiera. Col tempo, gli italiani parteciparono anche alla realizzazione di grandi imprese che costruirono complessi siderurgici e petroliferi. L'edilizia ebbe un ruolo di primo piano negli anni Cinquanta. La maggior parte delle costruzioni, in particolare a Caracas, fu opera di imprese italiane.

L'integrazione degli italiani in Venezuela è stata positiva. Gli italiani furono accolti con affetto e apprezzati per la loro immensa capacità di lavoro, spirito di sacrificio e dedizione, nonché per la grande conoscenza artigianale e tecnologica che apportarono innumerevoli benefici alla crescita socio-economica del Paese in ogni ambito lavorativo (artigianale, industriale e rurale).

Ristoranti, alberghi e industrie di vario tipo, ancora oggi presenti in Venezuela, furono avviati e gestiti dagli italiani. Con i fondi degli immigrati italiani vennero aperte, negli anni Cinquanta, molte scuole per i loro figli, con insegnanti madrelingua stipendiati dal governo italiano.

La lingua italiana è presente in Venezuela sin dai tempi coloniali, nelle aree intorno a Caracas, Maracay, Valencia, Maracaibo e sulle Ande. L'italiano si riflette in molte frasi idiomatiche e parole dello spagnolo venezuelano, soprattutto in ambito gastronomico. Parole come "birra", "contorno", "mortadela", "milanesa", ma anche "ciao" sono diffuse. Si stima che circa 200 mila persone parlino italiano[2] nel Paese, rendendolo la seconda lingua più parlata in Venezuela, dopo lo spagnolo.

Anche la cucina italiana è stata integrata nella dieta venezuelana. Già nel 1896 esisteva un importante ristorante che proponeva la pasta nel suo menu: il ristorante *Genova* di Manuel Coppola a Caracas. Attualmente, la pasta fa parte del paniere alimentare di base in Venezuela, dove il consumo medio annuo pro-capite è di 13 chilogrammi[3], ed è servita come piatto principale 2 o 3 volte a settimana.

Sulla legislazione venezuelana e italiana

La Costituzione del 1961 non consentiva la doppia cittadinanza. Pertanto, un italiano naturalizzato venezuelano perdeva automaticamente la cittadinanza italiana. La naturalizzazione era un obbligo per integrarsi; ad esempio, in ambito universitario, era necessario possedere la cittadinanza venezuelana per ottenere il titolo di studio e per poter esercitare le relative professioni.

---

[2] Giulia Bernasconi, *L'italiano in Venezuela*, «Italiano LinguaDue», vol. 3, n. 2. University Press, Milano, 2011, p. 20.

[3] Oscar Sayago, *La pasta en Venezuela: armonía con la gastronomía italiana*, italiani.it, 21 febbraio 2022, <https://venezuela.italiani.it/la-pasta-en-venezuela-armonia-con-la-gastronomia-italiana/>.

Solo con l'entrata in vigore dell'ultima Costituzione venezuelana del 1999, la doppia cittadinanza è stata ammessa nell'articolo 34, in cui si stabilisce che «la nazionalità venezuelana non si perde quando si sceglie o si acquisisce un'altra nazionalità»[4].

Per quanto riguarda la cittadinanza italiana, essa ha subìto profonde innovazioni con la legge n. 91/1992, pubblicata nella Gazzetta Ufficiale del 15 febbraio 1992, n. 38[5]. A differenza della precedente normativa, questa legge rivaluta la volontà individuale nell'acquisto e nella perdita della cittadinanza e riconosce il diritto di possedere contemporaneamente più cittadinanze, salvo i casi previsti dagli accordi internazionali.

Pertanto, l'art. 11 della legge n. 91/1992 consente al connazionale che risiede all'estero di mantenere la cittadinanza italiana, salvo che non vi rinunci secondo le modalità stabilite dall'art. 23 della stessa legge, vale a dire con una dichiarazione formale resa all'autorità diplomatica o consolare italiana competente in relazione al luogo estero di residenza.

Per quanto detto sopra, chi ha perso la cittadinanza italiana per averne acquisita volontariamente una straniera prima del 16 agosto 1992, ha avuto la possibilità di riacquistarla, pur rimanendo all'estero, sottoscrivendo presso il Consolato di competenza una dichiarazione formale entro il termine del 31 dicembre 1997.

Oggi, invece, è possibile riacquistare la cittadinanza italiana fissando la propria residenza in Italia per un anno, e per poter attuare la procedura di riacquisto è necessario che il richiedente abbia provveduto alla registrazione in Italia della sua perdita della cittadinanza per naturalizzazione.

Alcuni dati preliminari

I dati delle iscrizioni negli schedari consolari in Venezuela non corrispondono necessariamente ai dati AIRE. In entrambi i casi, comunque, il numero è andato progressivamente crescendo dal 2007.

Per quanto, invece, riguarda le domande di cittadinanza per circoscrizione consolare è evidente la tendenza all'aumento delle richieste, in particolar modo negli anni 2021 e 2022. Dal 2017 al 2019, il Venezuela ha vissuto una complessa crisi economica e sociale seguita dalla comparsa della pandemia Covid-19, che ha aggravato la situazione sanitaria già precaria del Paese e che ha probabilmente influito sull'aumento delle richieste di cittadinanza italiana.

[4] Per approfondimenti, si veda la Costituzione venezuelana del 1999 al seguente link: <https://www.oas.org/dil/esp/constitucion_venezuela.pdf>.

[5] Per approfondimenti: <www.senato.it/japp/bgt/showdoc/17/DOSSIER/0/941909/index.html?part=dossier_dossier1sezione_sezione11-h1_h14>.

Iscritti agli schedari consolari per genere. Serie storica. Valori assoluti. Anni 1999-2022.

Anno	Femmine	Maschi	Totale
1999	-	-	126.553
2000	-	-	134.678
2001	-	-	133.437
2002	55.097	66.886	121.983
2003	53.397	64.815	118.212
2004	54.940	66.715	121.655
2005	-	-	96825
2006	-	-	-
2007	-	-	115.411
2008	-	-	124.133
2009	-	-	126.854
2010	-	-	129.367
2011	-	-	-
2012	67.938	69.046	136.984
2013	69.465	70.413	139.878
2014	71.058	71.578	142.636
2015	71.881	72.063	143.944
2016	72.355	72.381	144.736
2017	71.635	71.679	143.314
2018	71.438	71.379	142.817
2019	70.345	70.067	140.412
2020	70.230	69.924	140.154
2021	72.345	71.940	144.285
2022	76.601	75.736	152.337

Fonte: Migrantes-Rapporto Italiani nel Mondo. Elaborazione su dati ricavati dagli Annuari Statistici del Ministero degli Affari Esteri e della Cooperazione Internazionale.

Un elemento da considerare per comprendere l'aumento delle richieste è lo snellimento della lista di appuntamento per le formalità consolari a Caracas e Maracaibo, avvenuto nel 2020 con l'inizio della pandemia, grazie alla sostituzione del sistema "prenot@mi" con l'assegnazione diretta degli appuntamenti attraverso la posta elettronica degli uffici consolari. In questo modo, il numero di appuntamenti giornalieri è aumentato notevolmente e i tempi di attesa si sono ridotti, migliorando l'efficienza del servizio.

Un ulteriore fattore che ha contribuito all'aumento delle richieste di cittadinanza è stato l'ampia pubblicità fatta attraverso i *social network*, fornendo le informazioni necessarie affinché i discendenti diretti o le persone sposate con un italiano o un'italiana potessero avvalersi del diritto di acquisire la cittadinanza italiana.

Domande di cittadinanza italiana in Venezuela per circoscrizione. Serie storica. Valori assoluti. Anni 1999-2022.

Anno	Caracas	Maracaibo	Totale
1999	-	-	6.129
2000	-	-	1.591
2001	-	-	470
2002	577	26	603
2003	1.091	123	1.214
2004	473	127	600
2005	617	555	1.172
2006	-	-	-
2007	640	2.023	2.663
2008	4.902	809	5.711
2009	29	1.370	1.399
2010	586	89	675
2011	-	-	-
2012	674	40	714
2013	532	129	661
2014	709	105	814
2015	485	121	606
2016	543	344	887
2017	548	-	548
2018	297	-	297
2019	508	287	795
2020	135	1.675	1.810
2021	4.458	50	4.508
2022	6.521	1.908	8.429

Fonte: Migrantes-Rapporto Italiani nel Mondo. Elaborazione su dati ricavati dagli Annuari Statistici del Ministero degli Affari Esteri e della Cooperazione Internazionale.

Risultati della ricerca e percezione sulla cittadinanza

Per comprendere le motivazioni alla base delle richieste di cittadinanza è stato diffuso un sondaggio attraverso un questionario composto da 20 domande, somministrato agli indirizzari di posta elettronica del Consolato, del Comitato per gli Italiani all'Estero (Comites) e del Consiglio Generale degli Italiani all'estero (CGIE).

La rilevazione è stata condotta per tre settimane a partire dal 4 maggio 2024 e sono stati ricevuti 241 questionari compilati, lo 0,1% della popolazione totale degli iscritti all'AIRE.

La fascia d'età più ricorrente è quella tra i 51 e i 60 anni. L'età media del campione di intervistati che ha risposto al sondaggio è di 48,46 anni. La distribuzione di genere è abbastanza uniforme, con un lieve protagonismo femminile: il 52% degli intervistati è, infatti, donna. La maggior parte degli intervistati risiede nella circoscrizione di Caracas (73,0%), che è anche la più grande del Venezuela, e proviene dalla Sicilia (20,0%), dalla Campania (17,7%) e dall'Abruzzo (14,6%).

Distribuzione del campione per regione italiana di origine.

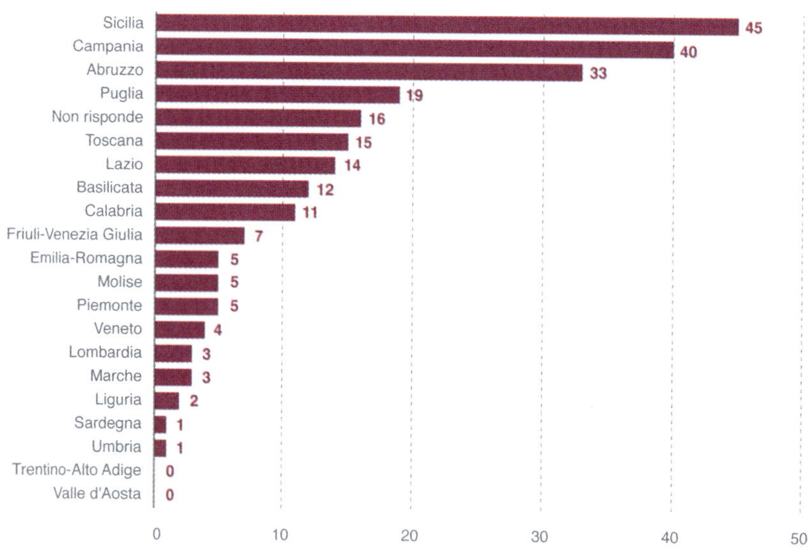

Fonte: Migrantes-Rapporto Italiani nel Mondo. Elaborazione su dati sondaggio condotto da Maria Rita Amelii per il presente saggio.

Il 91% degli intervistati possiede il passaporto italiano: questa informazione sottende il fatto che l'iscrizione all'Anagrafe non è una condizione per avere il passaporto. L'ottenimento di quest'ultimo è, piuttosto, una procedura da effettuare tramite il Consolato. Qui entriamo nell'ambito della percezione e dei significati connessi alla cittadinanza, in particolare per quanto riguarda gli eventuali vantaggi politici offerti dalla cittadinanza ai figli di italiani residenti all'estero. Sono state rivolte venti domande, alle quali gli intervistati hanno espresso valutazioni di accordo/gradimento oppure di disaccordo/disappunto secondo una gradazione espressa tramite scala Likert[6].

Più della metà degli intervistati ritiene che i vantaggi politici offerti dalla cittadinanza italiana siano pochi (il 67,6% delle risposte si raggruppa tra "nessuno" e "qualche vantaggio"). Solo uno su tre, in sostanza, ritiene che ci siano "molti" o "tutti" i vantaggi.

Per quanto riguarda, invece, la possibilità di accedere a incarichi di rappresentanza politica in Italia, la maggioranza relativa (48,1%) dichiara di non avere informazioni sulla possibilità di accedere alla rappresentanza politica in Italia, anche se in possesso della cittadinanza. Ancora, sul tema delle prestazioni sociali, la distribuzione delle risposte mostra una tendenza nella non comprensione dei benefici legati alla possibilità di ricevere prestazioni sociali.

Un tema importante riguarda la relazione tra l'ottenimento della cittadinanza e la facilità di integrarsi e partecipare alla vita attiva nella società italiana. In questo caso, la maggioranza (58,5%, includendo i risultati delle prime due risposte) concorda sull'importanza di ottenerla.

Il questionario continua con una valutazione del sistema previdenziale dal punto di vista sanitario e assistenziale per gli italiani. Nonostante molti intervistati (31,1%) dichiarino di non avere informazioni sull'argomento, un gran numero di loro (44,8%) afferma di avere una buona percezione del sistema sanitario e assistenziale italiano. Confrontando il sistema previdenziale sanitario e assistenziale italiano con quello venezuelano (IVSS), la grande maggioranza (85,8%, tra "meglio" e "molto meglio") percepisce che il sistema previdenziale italiano sia migliore di quello venezuelano.

Le due domande successive proseguono sullo stesso tema. Al quesito riguardante il fatto che l'ottenimento della cittadinanza italiana garantisca l'assistenza sociale italiana, la metà degli intervistati (50,2%) esprime disaccordo, mentre un buon numero (33,6%) dichiara di non avere informazioni.

Mentre, alla domanda sul dovere dello Stato italiano di fornire assistenza sociale (sanitaria o economica) ai cittadini in possesso della cittadinanza, la grande maggioranza degli intervistati (77,1%) ritiene di sì.

Infine, in caso di ottenimento della cittadinanza italiana e dopo aver versato contributi in Venezuela, qual è la percezione sull'ottenimento di una pensione in Italia? La maggioranza (51,8%) è consapevole che avere la cittadinanza e aver versato contributi in Venezuela non garantisce l'ottenimento della pensione italiana.

---

[6] Una scala Likert è una scala di valutazione utilizzata nelle ricerche e nei sondaggi per misurare le opinioni, gli atteggiamenti, le motivazioni e altro dei partecipanti. Viene offerto un ampio numero di risposte che va da un estremo a un altro, includendo a volte anche un'opzione neutra o moderata.

La cittadinanza è importante per accedere a un lavoro stabile in Italia: ben il 66,8% è d'accordo su questo. È molto probabile che le risposte alle domande precedenti siano influenzate dalla situazione economica venezuelana. Infatti, a un quesito preciso sul confronto tra l'economia italiana e quella venezuelana, la percezione prevalente è che, per la stragrande maggioranza degli intervistati (90,87%), la situazione economica italiana sia notevolmente migliore rispetto a quella del Venezuela.

Un altro tema importante è la relazione tra lingua italiana e cittadinanza. In particolare, è stata valutata l'importanza della lingua italiana nell'acquisizione della cittadinanza italiana. La risposta è stata abbastanza plebiscitaria: il 71,3% percepisce la lingua italiana come un requisito importante per accedere alla cittadinanza.

È stato inoltre chiesto se avere la cittadinanza italiana rafforza il senso di appartenenza e il legame con l'Italia. È facile immaginare la risposta: l'88,80% ritiene che l'acquisizione della cittadinanza sia correlata a un forte senso di appartenenza al Bel Paese. Questo probabilmente riflette l'immaginario e le intenzioni degli intervistati. Bisognerebbe poi valutare chi intende utilizzare tale cittadinanza per altri scopi, come ottenere un passaporto principalmente europeo.

Collegata a questa domanda è il quesito successivo, che pone l'accento sul ruolo degli usi e costumi come fattore di trasmissione della cittadinanza. Anche in questo caso, come prevedibile, i valori associati alle tradizioni e ai costumi sono molto importanti per la maggioranza degli intervistati (82,5%).

Per quanto riguarda l'istruzione e la formazione culturale italiane come fattore per ottenere la cittadinanza, la percentuale di intervistati che considera tali fattori importanti scende al 65,9%. Rimanendo nell'ambito della formazione, poi, è stata posta una domanda riguardante l'eventuale vantaggio dell'omologazione e del riconoscimento dei titoli accademici venezuelani in Italia in qualità di cittadino italiano. In questo caso, il 77,1% considera il riconoscimento e l'omologazione dei diplomi conseguiti come vantaggiosi.

La domanda finale indaga le diverse alternative possibili che spingono alla richiesta della cittadinanza italiana ed erano possibili più risposte. Di queste, la più ripetuta (195 risposte: 19,7%) è il sentimento di legame e appartenenza alle radici familiari. Ciò dimostra quanto – come attesta ormai una ricca bibliografia in tal senso, ma riscontrabile anche a livello esperienziale in particolar modo in Sudamerica –, l'aspetto relazionale, emotivo e nostalgico siano tra i più sentiti. Le altre motivazioni rimandano a ragioni funzionali, di interesse personale, di benessere e di miglioramento della qualità della vita. Come precedentemente accennato, la richiesta del passaporto italiano per poi intraprendere studi e attività lavorative in Spagna è piuttosto frequente.

Il dato della vicinanza emotiva va sempre tenuto presente in ogni riflessione sulle questioni di cittadinanza. Tuttavia, non si tratta solo di un fattore determinante nella comprensione di un senso di appartenenza all'Italia, identificato da un passaporto o da una carta di identità italiani. Si tratta anche di credere a una più grande e ampia comunità di italiani, o italici, come ci piace anche chiamarla, nel mondo.

Le diverse alternative possibili che spingono alla richiesta della cittadinanza italiana.

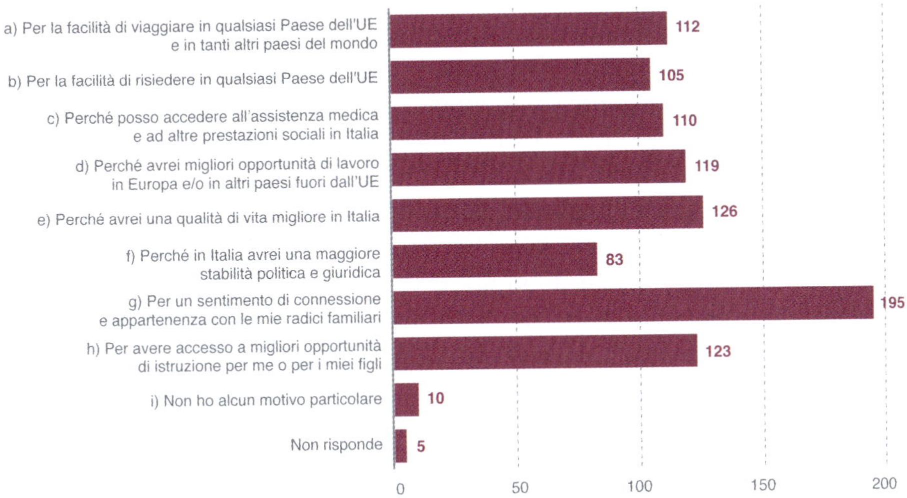

Fonte: Migrantes-Rapporto Italiani nel Mondo. Elaborazione su dati sondaggio condotto da Maria Rita Amelii per il presente saggio.

Osservazioni finali

Il sondaggio realizzato nel 2024 ha portato ad alcune riflessioni conclusive che è possibile di seguito schematizzare.

Diritti politici. Per quanto riguarda i diritti politici a cui hanno accesso gli italiani all'estero (nel nostro caso, gli italo-venezuelani), non c'è chiarezza. Le informazioni disponibili sono scarse e portano a pensare che la partecipazione politica sia molto limitata. Questa percezione coincide con la scarsa informazione che i nostri connazionali hanno sull'esistenza di spazi di partecipazione come il Comites e il CGIE, creati per mantenere i contatti e i legami tra la comunità italiana residente nel Paese e le autorità di rappresentanza italiane.

Sistemi di assistenza sanitaria. Gli intervistati ritengono che il sistema sanitario italiano sia molto più affidabile di quello venezuelano. C'è la percezione che, ottenendo la cittadinanza italiana, gli italiani in Venezuela abbiano il diritto di essere assistiti dallo Stato italiano, pur non risiedendo in Italia.

Opportunità di lavoro. La maggior parte degli intervistati percepisce la situazione economica in Italia come migliore, ma non ha sufficienti informazioni sulle reali possibilità di trovare lavoro.

Ambito pensionistico. Molti affermano di avere diritto alla pensione anche se hanno lavorato e versato contributi all'estero. Essi mantengono l'idea che i loro contributi debbano essere parificati in Italia, sebbene sia chiaro che la previdenza sociale dovrebbe essere di competenza dello Stato o del Paese in cui si vive. La questione è ancora dibattuta perché, sebbene esista una legislazione che rendeva effettiva tale omologazione, essa ha subito modifiche che, in alcuni casi, ne impediscono l'applicazione.

Valori culturali e linguistici. Infine, tutti i valori associati alla lingua e alla sua padronanza, così come le radici culturali derivanti dall'educazione familiare, sono fortemente apprezzati dagli intervistati.

Emerge, tuttavia, una necessità cogente: riaprire quanto prima la legge del riacquisto della cittadinanza presso i consolati senza costringere la persona a fissare la residenza in Italia e riacquistarla dopo 1 anno (art. 13). Si tratta di una proposta di deroga, come scritto dal parlamentare Fabio Porta: « [...] alla norma che prevede la presentazione presso i comuni italiani delle domande di riacquisto di cittadinanza per coloro che negli anni '50 e '60 furono costretti a naturalizzarsi venezuelani, sostenuta dalla collettività italiana in Venezuela e fatta propria dal Console Generale Nicola Occhipinti con una propria lettera al Direttore Generale Luigi Vignali, si muove in questa direzione e deve essere sostenuta con convinzione»[7].

Proprio in virtù della legge n. 91/92, questa dovrebbe applicarsi in forma retroattiva e permettere di diventare italiani anche ai figli di quegli italiani che non furono supportati dalla legge vigente, con l'obiettivo di non avere più cittadini nati in Italia ma considerati stranieri in quanto naturalizzati all'estero per motivi di lavoro.

---

[7] Si veda: <https://www.fabioporta.com/porta-pd-permettere-ai-naturalizzati-in-venezuela-di-riacquistare-la-cittadinanza-italiana-presentando-le-domande-ai-consolati-sostenere-la-giusta-richiesta-della-collettivita/>.

PARTE QUARTA

ALLEGATI SOCIO-STATISTICI

Per garantire la comparabilità in serie storica, si assume che il Regno Unito continui a far parte dell'Unione europea

ITALIA

Popolazione residente	58.989.749	(dato al 01/01/2024)
Iscritti all'AIRE	6.134.100	(dato al 01/01/2024)
% iscritti AIRE su Pop. res.	10,4	

Ripartizione territoriale	Totale	% donne su totale	classi età %					% iscritti per nascita
			00 - 17	18 - 34	35 - 49	50 - 64	65 oltre	
Nord Ovest	1.190.267	48,3	18,2	22,9	23,8	18,4	16,7	38,0
Nord Est	1.167.447	49,1	17,2	21,7	23,3	18,8	19,0	39,7
Centro	966.106	48,7	14,3	21,7	23,9	19,4	20,6	48,9
Sud	1.853.947	47,9	12,0	20,6	22,4	20,2	24,9	40,7
Isole	956.333	47,4	12,3	22,4	23,3	20,4	21,6	38,3
Totale	6.134.100	48,3	14,6	21,7	23,2	19,5	21,0	40,9

Area continentale	Iscritti AIRE	%	di cui donne	incidenza % donne	anzianità iscrizione AIRE (anni)			
					< 1	tra 1 e 5	tra 5 e 10	> di 10
UE 15	2.558.207	41,7	1.197.901	46,8	184.770	433.853	390.366	1.549.218
UE nuovi 13	73.888	1,2	29.955	40,5	9.670	17.315	17.606	29.297
Europa centro-orientale	18.785	0,3	8.733	46,5	3.085	4.339	4.583	6.778
Europa altri	676.322	11,0	322.917	47,7	40.144	68.898	85.463	481.817
Europa	3.327.202	54,2	1.559.506	46,9	237.669	524.405	498.018	2.067.110
Africa settentrionale	21.147	0,3	9.670	45,7	3.395	5.400	5.319	7.033
Africa occidentale	6.424	0,1	2.670	41,6	1.290	1.841	1.644	1.649
Africa orientale	7.682	0,1	3.462	45,1	895	1.342	1.597	3.848
Africa centro-meridionale	35.258	0,6	17.656	50,1	1.453	3.224	4.578	26.003
Africa	70.511	1,1	33.458	47,5	7.033	11.807	13.138	38.533
Asia occidentale	44.204	0,7	20.576	46,5	5.739	7.885	10.198	20.382
Asia centro-meridionale	2.906	0,0	1.300	44,7	526	951	654	775
Asia orientale	31.633	0,5	11.234	35,5	4.420	7.244	8.305	11.664
Asia	78.743	1,3	33.110	42,0	10.685	16.080	19.157	32.821
America settentrionale	465.200	7,6	223.178	48,0	32.265	54.957	66.332	311.646
America centro-meridionale	2.024.758	33,0	1.030.725	50,9	204.544	301.418	330.429	1.188.367
America	2.489.958	40,6	1.253.903	50,4	236.809	356.375	396.761	1.500.013
Oceania	167.686	2,7	81.183	48,4	9.655	19.496	23.906	114.629
Totale	6.134.100	100,0	2.961.160	48,3	501.851	928.163	950.980	3.753.106

Graduatoria primi 25 paesi di emigrazione		
Paese	v. a.	%
Argentina	952.555	15,5
Germania	832.639	13,6
Svizzera	639.355	10,4
Brasile	611.974	10,0
Regno Unito	475.606	7,8
Francia	470.032	7,7
Stati Uniti d'America	320.947	5,2
Belgio	281.948	4,6
Spagna	255.858	4,2
Australia	160.702	2,6
Canada	144.243	2,4
Uruguay	113.269	1,8
Venezuela	113.184	1,8
Cile	67.740	1,1
Paesi Bassi	61.778	1,0
Austria	45.267	0,7
Peru'	36.418	0,6
Lussemburgo	33.771	0,6
Sud Africa	33.155	0,5
Irlanda	27.896	0,5
Colombia	22.736	0,4
Portogallo	22.553	0,4
Messico	22.188	0,4
Ecuador	20.745	0,3
Svezia	18.208	0,3
Altri paesi	349.333	5,7
Totale	6.134.100	100,0

Graduatoria primi 25 comuni per iscritti			
Comune	AIRE	Pop. residente	% AIRE/ Pop.res.
Roma	348.748	2.754.719	12,7
Milano	97.517	1.371.850	7,1
Torino	65.314	846.926	7,7
Napoli	53.571	911.697	5,9
Genova	49.032	561.947	8,7
Palermo	38.731	628.894	6,2
Trieste	33.977	199.400	17,0
Bologna	24.679	390.518	6,3
Catania	23.701	298.209	7,9
Firenze	23.517	363.837	6,5
Venezia	19.840	250.369	7,9
Bari	18.428	316.212	5,8
Licata	17.437	34.189	51,0
Livorno	17.071	153.186	11,1
Padova	16.295	207.301	7,9
Verona	16.126	255.643	6,3
Messina	14.743	217.895	6,8
Trento	14.522	118.886	12,2
Corigliano-Rossano	14.441	74.091	19,5
Lucca	13.550	89.136	15,2
Rimini	12.560	150.272	8,4
Palma di Montechiaro	12.196	21.336	57,2
Como	12.058	83.799	14,4
Brescia	11.826	198.688	6,0
Favara	10.574	31.451	33,6
Altri comuni	5.153.646	48.459.298	10,6
Totale	6.134.100	58.989.749	10,4

Graduatoria primi 25 comuni per incidenza			
Comune	AIRE	Pop. residente	% AIRE/ Pop.res.
Castelnuovo di Conza	3.188	506	630,0
Carrega Ligure	348	82	424,4
Castelbottaccio	794	236	336,4
Briga Alta	119	41	290,2
San Biase	384	134	286,6
Acquaviva Platani	2.419	855	282,9
Soverzene	967	359	269,4
Gallo Matese	1.214	455	266,8
Rosello	444	167	265,9
Santomenna	1.026	387	265,1
Duronia	1.003	392	255,9
Borrello	876	355	246,8
Roio del Sangro	241	99	243,4
Paludi	2.150	962	223,5
Castelvetere in Val Fortore	2.115	961	220,1
Sant'Angelo Muxaro	2.559	1.168	219,1
San Pietro in Amantea	998	469	212,8
Drenchia	212	101	209,9
Morigerati	1.222	597	204,7
Cairano	583	288	202,4
Mongiardino Ligure	298	150	198,7
Civitacampomarano	573	291	196,9
Salle	509	260	195,8
Montorio nei Frentani	679	354	191,8
Castelnuovo di Ceva	197	103	191,3
Altri comuni	6.108.982	58.979.977	10,4
Totale	6.134.100	58.989.749	10,4

ABRUZZO

Popolazione residente	1.269.963	(dato al 01/01/2024)
Iscritti all'AIRE	211.998	(dato al 01/01/2024)
% iscritti AIRE su Pop. res.	16,7	

Provincia	Totale	% donne su totale	classi età %					% iscritti per nascita
			00 - 17	18 - 34	35 - 49	50 - 64	65 oltre	
Chieti	84.366	49,2	9,8	18,1	21,8	19,7	30,6	40,4
L'Aquila	46.767	48,9	11,8	19,0	20,4	20,5	28,3	40,7
Pescara	39.309	48,3	11,6	20,6	21,8	20,3	25,7	35,8
Teramo	41.556	48,0	13,8	21,6	22,0	20,7	21,8	37,2
Abruzzo	211.998	48,7	11,4	19,4	21,5	20,2	27,5	39,0

Area continentale	Iscritti AIRE	%	di cui donne	incidenza % donne	anzianità iscrizione AIRE (anni)			
					< 1	tra 1 e 5	tra 5 e 10	> di 10
UE 15	75.217	35,5	35.549	47,3	4.595	10.653	9.723	50.246
UE nuovi 13	1.133	0,5	393	34,7	197	343	287	306
Europa centro-orientale	370	0,2	179	48,4	69	95	94	112
Europa altri	21.612	10,2	10.265	47,5	1.157	1.963	2.284	16.208
Europa	98.332	46,4	46.386	47,2	6.018	13.054	12.388	66.872
Africa settentrionale	399	0,2	182	45,6	61	109	107	122
Africa occidentale	79	0,0	36	45,6	19	23	19	18
Africa orientale	116	0,1	41	35,3	12	17	18	69
Africa centro-meridionale	1.524	0,7	766	50,3	66	138	177	1.143
Africa	2.118	1,0	1.025	48,4	158	287	321	1.352
Asia occidentale	642	0,3	298	46,4	135	153	135	219
Asia centro-meridionale	36	0,0	18	50,0	14	9	7	6
Asia orientale	578	0,3	197	34,1	103	146	135	194
Asia	1.256	0,6	513	40,8	252	308	277	419
America settentrionale	26.091	12,3	12.751	48,9	1.628	2.507	3.109	18.847
America centro-meridionale	72.305	34,1	36.717	50,8	7.172	10.060	10.827	44.246
America	98.396	46,4	49.468	50,3	8.800	12.567	13.936	63.093
Oceania	11.896	5,6	5.879	49,4	463	920	1.462	9.051
Totale	211.998	100,0	103.271	48,7	15.691	27.136	28.384	140.787

Graduatoria primi 25 paesi di emigrazione		
Paese	v. a.	%
Argentina	41.789	19,7
Svizzera	21.156	10,0
Belgio	17.178	8,1
Germania	16.973	8,0
Francia	14.972	7,1
Venezuela	14.827	7,0
Stati Uniti d'America	13.780	6,5
Canada	12.311	5,8
Australia	11.771	5,6
Brasile	10.800	5,1
Regno Unito	10.723	5,1
Spagna	9.187	4,3
Lussemburgo	1.646	0,8
Sud Africa	1.494	0,7
Paesi Bassi	1.269	0,6
Cile	1.103	0,5
Irlanda	1.069	0,5
Uruguay	998	0,5
Austria	613	0,3
Portogallo	589	0,3
Panama	451	0,2
Colombia	427	0,2
Messico	406	0,2
Svezia	348	0,2
Perù	344	0,2
Altri paesi	5.774	2,7
Totale	211.998	100,0

Graduatoria primi 25 comuni per iscritti			
Comune	AIRE	Pop. res.	% AIRE/ Pop.res.
Pescara	8.410	118.634	7,1
Vasto	5.484	40.815	13,4
Lanciano	5.425	33.921	16,0
L'Aquila	5.414	69.902	7,7
Teramo	4.793	51.526	9,3
Ortona	4.177	22.101	18,9
Sulmona	3.931	21.944	17,9
Roseto degli Abruzzi	3.553	25.640	13,9
Chieti	3.511	48.585	7,2
Atessa	2.996	10.336	29,0
Montesilvano	2.911	53.565	5,4
Giulianova	2.836	23.475	12,1
Guardiagrele	2.771	8.317	33,3
Avezzano	2.488	40.881	6,1
Pratola Peligna	2.370	7.009	33,8
Orsogna	2.344	3.652	64,2
Francavilla al Mare	2.200	25.492	8,6
San Salvo	2.084	19.789	10,5
Penne	2.073	11.147	18,6
Celano	1.890	10.209	18,5
Atri	1.817	9.941	18,3
Pineto	1.716	14.698	11,7
Notaresco	1.629	6.292	25,9
Fossacesia	1.581	6.246	25,3
Popoli	1.553	4.674	33,2
Altri comuni	132.041	581.172	22,7
Totale	211.998	1.269.963	16,7

Graduatoria primi 25 comuni per incidenza			
Comune	AIRE	Pop. res.	% AIRE/ Pop.res.
Rosello	445	163	273,0
Roio del Sangro	241	102	236,3
Borrello	763	338	225,7
Salle	514	268	191,8
Colledimacine	293	158	185,4
Corvara	363	210	172,9
Sant'Eufemia a Maiella	439	259	169,5
Cansano	352	218	161,5
Villa Santa Lucia degli Abruzzi	139	89	156,2
Guilmi	632	408	154,9
Fraine	382	261	146,4
Carapelle Calvisio	112	78	143,6
Carpineto Sinello	683	480	142,3
San Giovanni Lipioni	193	137	140,9
Gamberale	390	277	140,8
Calascio	170	125	136,0
Castelvecchio Calvisio	156	118	132,2
Montazzoli	1.056	836	126,3
Roccamorice	1.014	878	115,5
Acciano	292	263	111,0
Montelapiano	83	75	110,7
Colledimezzo	485	440	110,2
Castiglione a Casauria	756	701	107,8
Montenerodomo	646	600	107,7
Civita d'Antino	978	913	107,1
Altri comuni	200.421	1.261.568	15,9
Totale	211.998	1.269.963	16,7

BASILICATA

Popolazione residente	533.636	(dato al 01/01/2024)
Iscritti all'AIRE	146.142	(dato al 01/01/2024)
% iscritti AIRE su Pop. res.	27,4	

Provincia	Totale	% donne su totale	classi età %					% iscritti per nascita
			00 - 17	18 - 34	35 - 49	50 - 64	65 oltre	
Matera	122.618	49,5	12,8	19,8	22,7	19,3	25,4	56,9
Potenza	23.524	47,3	12,5	21,7	23,1	20,0	22,7	44,7
Basilicata	146.142	49,1	12,7	20,1	22,8	19,4	25,0	54,9

Area continentale	Iscritti AIRE	%	di cui donne	incidenza % donne	anzianità iscrizione AIRE (anni)			
					< 1	tra 1 e 5	tra 5 e 10	> di 10
UE 15	42.777	29,3	19.731	46,1	1.818	3.713	4.412	32.834
UE nuovi 13	494	0,3	171	34,6	97	158	88	151
Europa centro-orientale	104	0,1	52	50,0	17	30	15	42
Europa altri	17.867	12,2	8.479	47,5	600	1.129	1.455	14.683
Europa	61.242	41,9	28.433	46,4	14	5	14	28
Africa settentrionale	61	0,0	22	36,1	14	5	14	28
Africa occidentale	21	0,0	6	28,6	2	5	3	11
Africa orientale	26	0,0	12	46,2	3	2	5	17
Africa centro-meridionale	440	0,3	219	49,8	22	47	46	325
Africa	548	0,4	259	47,3	41	59	68	381
Asia occidentale	198	0,1	88	44,4	19	53	40	86
Asia centro-meridionale	7	0,0	2	28,6	3	1	-	5
Asia orientale	208	0,1	79	38,0	34	45	48	81
Asia	413	0,3	169	40,9	56	99	88	172
America settentrionale	7.537	5,2	3.660	48,6	603	790	969	5.175
America centro-meridionale	73.282	50,1	37.758	51,5	7.179	9.498	10.940	45.665
America	80.819	55,3	41.418	51,2	2.763	12.528	14.562	61.358
Oceania	3.120	2,1	1.509	48,4	118	189	285	2.528
Totale	146.142	100,0	71.788	49,1	10.529	15.663	18.320	101.630

Graduatoria primi 25 paesi di emigrazione		
Paese	v. a.	%
Argentina	34.430	23,6
Germania	18.991	13,0
Svizzera	18.035	12,3
Brasile	12.270	8,4
Uruguay	9.664	6,6
Spagna	6.068	4,2
Francia	5.996	4,1
Venezuela	4.883	3,3
Regno Unito	4.865	3,3
Stati Uniti d'America	4.609	3,2
Belgio	3.338	2,3
Australia	3.031	2,1
Canada	2.540	1,7
Cile	2.196	1,5
Paraguay	1.661	1,1
Ecuador	969	0,7
Colombia	945	0,6
Lussemburgo	865	0,6
Messico	694	0,5
Panama	527	0,4
Paesi Bassi	502	0,3
Perù	437	0,3
Sud Africa	435	0,3
Portogallo	296	0,2
Austria	292	0,2
Altri paesi	7.603	5,2
Totale	146.142	100,0

Graduatoria primi 25 comuni per iscritti			
Comune	AIRE	Pop. res.	% AIRE/ Pop.res.
Marsico Nuovo	3.461	3.775	91,7
Lauria	3.456	11.775	29,4
Potenza	3.451	64.119	5,4
San Fele	3.081	2.535	121,5
Matera	3.033	59.620	5,1
Oppido Lucano	2.938	3.513	83,6
Maratea	2.740	4.642	59,0
Senise	2.671	6.471	41,3
Venosa	2.616	10.782	24,3
Muro Lucano	2.530	4.925	51,4
Tito	2.497	7.055	35,4
Rionero in Vulture	2.319	12.499	18,6
Satriano di Lucania	2.311	2.288	101,0
Moliterno	2.217	3.533	62,8
Palazzo San Gervasio	2.192	4.371	50,1
Trecchina	2.192	2.140	102,4
Tramutola	2.190	2.878	76,1
Pescopagano	2.136	1.643	130,0
Genzano di Lucania	2.085	5.180	40,3
Vietri di Potenza	2.031	2.644	76,8
Grassano	1.984	4.651	42,7
Viggiano	1.928	3.201	60,2
Forenza	1.920	1.791	107,2
Grumento Nova	1.920	1.537	124,9
Tricarico	1.866	4.703	39,7
Altri comuni	84.377	301.365	56,5
Totale	146.142	533.636	100,0

Graduatoria primi 25 comuni per incidenza			
Comune	AIRE	Pop. res.	% AIRE/ Pop.res.
Castelgrande	1.474	805	183,1
Montemurro	1.861	1.059	175,7
Sasso di Castalda	1.103	725	152,1
Pescopagano	2.136	1.643	130,0
Calvera	446	355	125,6
Grumento Nova	1.920	1.537	124,9
San Fele	3.081	2.535	121,5
San Chirico Raparo	1.105	919	120,2
Carbone	560	498	112,4
San Severino Lucano	1.495	1.349	110,8
Ruvo del Monte	1.065	974	109,3
Forenza	1.920	1.791	107,2
Trecchina	2.192	2.140	102,4
Calvello	1.815	1.790	101,4
Satriano di Lucania	2.311	2.288	101,0
Ripacandida	1.489	1.572	94,7
Marsico Nuovo	3.461	3.775	91,7
Fardella	522	572	91,3
Balvano	1.536	1.690	90,9
Rapone	744	840	88,6
Cancellara	995	1.131	88,0
Maschito	1.259	1.449	86,9
Teana	438	512	85,5
Oppido Lucano	2.938	3.513	83,6
Accettura	1.300	1.593	81,6
Altri comuni	106.976	496.581	21,5
Totale	146.142	533.636	27,4

CALABRIA

Popolazione residente	1.838.150	(dato al 01/01/2024)
Iscritti all'AIRE	450.158	(dato al 01/01/2024)
% iscritti AIRE su Pop. res.	24,5	

Provincia	Totale	% donne su totale	classi età %					% iscritti per nascita
			00 - 17	18 - 34	35 - 49	50 - 64	65 oltre	
Catanzaro	70.531	48,5	11,7	19,3	22,3	20,0	26,7	38,8
Cosenza	192.246	48,1	11,0	19,6	22,5	19,4	27,5	37,2
Crotone	30.644	46,3	13,8	23,2	24,0	20,2	18,9	31,0
Reggio Calabria	103.292	48,4	9,8	18,4	23,2	19,5	29,1	40,9
Vibo Valentia	53.445	49,6	9,2	17,8	21,7	19,5	32,0	38,9
Calabria	450.158	48,3	10,8	19,3	22,6	19,6	27,7	33,5

Area continentale	Iscritti AIRE	%	di cui donne	incidenza % donne	anzianità iscrizione AIRE (anni)			
					< 1	tra 1 e 5	tra 5 e 10	> di 10
UE 15	160.989	35,8	73.528	45,7	7.117	15.731	18.608	119.533
UE nuovi 13	1.447	0,3	546	37,7	282	412	347	406
Europa centro-orientale	276	0,1	120	43,5	42	69	77	88
Europa altri	53.573	11,9	24.764	46,2	2.401	4.370	5.875	40.927
Europa	216.285	48,0	98.958	45,8	9.842	20.582	24.907	160.954
Africa settentrionale	397	0,1	183	46,1	58	83	64	192
Africa occidentale	56	0,0	26	46,4	5	16	8	27
Africa orientale	124	0,0	57	46,0	12	18	13	81
Africa centro-meridionale	589	0,1	288	48,9	15	43	95	436
Africa	1.166	0,3	554	47,5	90	160	180	736
Asia occidentale	561	0,1	275	49,0	73	129	124	235
Asia centro-meridionale	21	0,0	5	23,8	5	2	5	10
Asia orientale	462	0,1	153	33,1	106	108	92	156
Asia	1.044	0,2	433	41,5	184	239	221	401
America settentrionale	47.281	10,5	22.825	48,3	2.378	3.442	4.830	36.631
America centro-meridionale	156.194	34,7	80.554	51,6	12.934	20.653	22.777	99.830
America	203.475	45,2	103.379	50,8	15.312	24.095	27.607	136.461
Oceania	28.188	6,3	14.098	50,0	1.031	2.044	3.029	22.084
Totale	450.158	100,0	217.422	48,3	26.459	47.119	55.944	320.636

Graduatoria primi 25 paesi di emigrazione		
Paese	v. a.	%
Argentina	109.046	24,2
Germania	82.414	18,3
Svizzera	52.450	11,7
Francia	34.647	7,7
Brasile	29.108	6,5
Australia	28.029	6,2
Canada	25.874	5,7
Stati Uniti d'America	21.407	4,8
Regno Unito	13.273	2,9
Spagna	12.694	2,8
Belgio	10.015	2,2
Uruguay	7.040	1,6
Venezuela	2.769	0,6
Colombia	2.069	0,5
Lussemburgo	1.778	0,4
Paesi Bassi	1.616	0,4
Irlanda	1.339	0,3
Panama	1.028	0,2
Ecuador	959	0,2
Austria	956	0,2
Repubblica Dominicana	949	0,2
Portogallo	934	0,2
Cile	699	0,2
Liechtenstein	607	0,1
Sud Africa	532	0,1
Altri paesi	7.926	1,8
Totale	450.158	100,0

Graduatoria primi 25 comuni per iscritti			
Comune	AIRE	Pop. res.	% AIRE/ Pop.res.
Corigliano-Rossano	14.441	74.091	19,5
Reggio di Calabria	9.755	169.795	5,7
Lamezia Terme	9.445	67.211	14,1
San Giovanni in Fiore	6.363	15.706	40,5
Fuscaldo	5.655	7.777	72,7
Montalto Uffugo	5.517	20.087	27,5
Bagnara Calabra	5.101	9.198	55,5
Cosenza	4.816	63.693	7,6
Acri	4.734	18.574	25,5
Cariati	4.603	7.488	61,5
Mesoraca	4.513	5.753	78,4
San Marco Argentano	4.094	6.855	59,7
Castrovillari	3.943	20.643	19,1
Mammola	3.781	2.422	156,1
Crotone	3.579	58.294	6,1
Cassano all'Ionio	3.497	16.465	21,2
Taurianova	3.360	14.788	22,7
Roggiano Gravina	3.142	6.764	46,5
Catanzaro	3.074	84.115	3,7
Morano Calabro	3.048	3.843	79,3
Amantea	3.020	13.821	21,9
Rende	3.008	36.657	8,2
Vibo Valentia	2.887	31.032	9,3
Scalea	2.882	11.427	25,2
Filadelfia	2.827	5.015	56,4
Altri comuni	329.073	1.066.636	30,9
Totale	450.158	1.838.150	24,5

Graduatoria primi 25 comuni per incidenza			
Comune	AIRE	Pop. res.	% AIRE/ Pop.res.
Paludi	2.150	962	223,5
San Pietro in Amantea	998	469	212,8
Scala Coeli	1.442	778	185,3
Terravecchia	1.004	576	174,3
Torre di Ruggiero	1.574	947	166,2
Mammola	3.781	2.422	156,1
Staiti	263	174	151,1
Belmonte Calabro	2.516	1.693	148,6
Carfizzi	742	501	148,1
Santa Domenica Talao	1.649	1.131	145,8
Bocchigliero	1.459	1.040	140,3
Pizzoni	1.277	965	132,3
Orsomarso	1.374	1.090	126,1
Savelli	1.255	1.033	121,5
Malito	829	693	119,6
Simbario	1.102	929	118,6
Fiumara	983	842	116,7
Dinami	2.042	1.757	116,2
Cardinale	2.001	1.804	110,9
Candidoni	458	419	109,3
Alessandria del Carretto	382	352	108,5
Mongrassano	1.572	1.459	107,7
Mottafollone	1.152	1.072	107,5
Sangineto	1.289	1.221	105,6
Vallelonga	811	771	105,2
Altri comuni	416.053	1.813.050	22,9
Totale	450.158	1.838.150	24,5

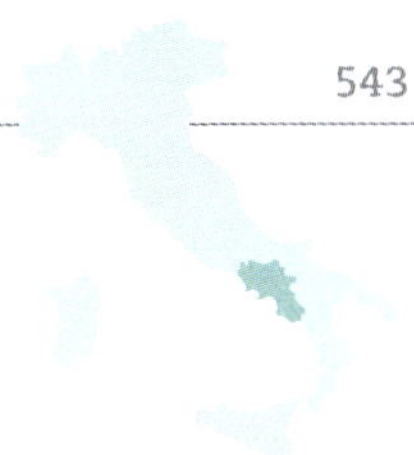

CAMPANIA

Popolazione residente 5.590.076 (dato al 01/01/2024)
Iscritti all'AIRE 562.938 (dato al 01/01/2024)
% iscritti AIRE su Pop. res. 10,1

Provincia	Totale	% donne su totale	classi età %					% iscritti per nascita
			00 - 17	18 - 34	35 - 49	50 - 64	65 oltre	
Avellino	114.712	48,8	10,3	18,7	19,7	22,0	29,3	42,8
Benevento	58.624	49,1	11,1	19,5	20,0	21,5	27,9	43,4
Caserta	69.255	47,6	12,0	21,4	21,8	21,5	23,3	32,4
Napoli	160.874	46,2	14,5	24,2	24,6	19,1	17,6	36,4
Salerno	159.473	48,5	13,0	21,0	22,9	19,9	23,1	47,8
Campania	562.938	47,9	12,6	21,3	22,3	20,5	23,3	41,2

Area continentale	Iscritti AIRE	%	di cui donne	incidenza % donne	anzianità iscrizione AIRE (anni)			
					< 1	tra 1 e 5	tra 5 e 10	> di 10
UE 15	230.338	40,9	105.965	46,0	13.236	29.465	29.373	158.264
UE nuovi 13	3.350	0,6	1.152	34,4	667	917	784	982
Europa centro-orientale	819	0,1	346	42,2	125	173	191	330
Europa altri	82.042	14,6	38.859	47,4	3.595	6.071	8.197	64.179
Europa	302.359	53,7	139.128	46,0	17.623	36.626	38.545	223.755
Africa settentrionale	991	0,2	455	45,9	115	187	243	446
Africa occidentale	154	0,0	58	37,7	22	37	48	47
Africa orientale	351	0,1	147	41,9	46	68	67	170
Africa centro-meridionale	2.899	0,5	1.449	50,0	91	236	361	2.211
Africa	4.480	0,8	2.143	47,8	274	528	719	2.874
Asia occidentale	1.659	0,3	728	43,9	346	337	401	575
Asia centro-meridionale	83	0,0	38	45,8	17	18	19	29
Asia orientale	1.609	0,3	564	35,1	209	349	396	655
Asia	2.908	0,5	1.159	39,9	572	704	816	1.259
America settentrionale	59.786	10,6	28.554	47,8	3.620	5.667	7.184	43.315
America centro-meridionale	163.380	29,0	83.626	51,2	16.255	21.521	23.842	101.762
America	206.036	36,6	103.461	50,2	19.875	27.188	31.026	145.077
Oceania	15.477	2,7	7.509	48,5	684	1.369	1.817	11.607
Totale	562.938	100,0	269.450	47,9	39.028	66.415	72.923	384.572

Graduatoria primi 25 paesi di emigrazione		
Paese	v. a.	%
Germania	93.055	16,5
Svizzera	80.526	14,3
Argentina	68.220	12,1
Regno Unito	53.844	9,6
Stati Uniti d'America	46.024	8,2
Brasile	34.256	6,1
Francia	27.045	4,8
Venezuela	27.012	4,8
Spagna	24.560	4,4
Uruguay	17.135	3,0
Belgio	15.930	2,8
Australia	14.802	2,6
Canada	13.761	2,4
Paesi Bassi	5.052	0,9
Colombia	4.271	0,8
Sud Africa	2.841	0,5
Ecuador	2.027	0,4
Austria	1.989	0,4
Cile	1.964	0,3
Messico	1.949	0,3
Irlanda	1.920	0,3
Panama	1.645	0,3
Lussemburgo	1.563	0,3
Grecia	1.455	0,3
Portogallo	1.455	0,3
Altri paesi	18.637	3,3
Totale	562.938	100,0

Graduatoria primi 25 comuni per iscritti			
Comune	AIRE	Pop. res.	% AIRE/ Pop.res.
Napoli	53.571	911.697	5,9
Salerno	6.931	126.625	5,5
Padula	5.733	4.805	119,3
Torre del Greco	4.654	80.093	5,8
Massa Lubrense	4.634	14.186	32,7
Teggiano	4.618	7.030	65,7
Cava de' Tirreni	3.981	50.191	7,9
Camerota	3.874	6.829	56,7
Maddaloni	3.783	36.756	10,3
Mondragone	3.777	28.820	13,1
San Bartolomeo in Galdo	3.690	4.299	85,8
Caserta	3.652	72.485	5,0
Sant'Angelo dei Lombardi	3.522	3.782	93,1
Montella	3.456	7.281	47,5
Lioni	3.425	5.911	57,9
Sorrento	3.321	15.297	21,7
Pozzuoli	3.265	76.211	4,3
Castellammare di Stabia	3.263	62.367	5,2
Castellabate	3.217	8.662	37,1
Castelnuovo di Conza	3.188	506	630,0
Sarno	3.188	30.636	10,4
Giugliano in Campania	3.131	123.998	2,5
Benevento	3.110	56.043	5,5
Montesano sulla Marcellana	2.994	6.221	48,1
Montoro	2.930	19.389	15,1
Altri comuni	418.030	3.829.956	10,9
Totale	562.938	5.590.076	10,1

Graduatoria primi 25 comuni per incidenza			
Comune	AIRE	Pop. res.	% AIRE/ Pop.res.
Castelnuovo di Conza	3.188	506	630,0
Gallo Matese	1.214	455	266,8
Santomenna	1.026	387	265,1
Castelvetere in Val Fortore	2.115	961	220,1
Morigerati	1.222	597	204,7
Cairano	583	288	202,4
Conza della Campania	1.882	1.272	148,0
Teora	2.068	1.461	141,5
Sacco	584	432	135,2
Alfano	1.163	931	124,9
Piaggine	1.378	1.114	123,7
Campora	373	312	119,6
Padula	5.733	4.805	119,3
Corleto Monforte	570	485	117,5
Colle Sannita	2.431	2.148	113,2
Rofrano	1.390	1.258	110,5
Magliano Vetere	612	564	108,5
Gioi	1.133	1.070	105,9
Monte San Giacomo	1.488	1.406	105,8
Morra De Sanctis	1.151	1.114	103,3
Guardia Lombardi	1.530	1.512	101,2
Valle Agricola	739	754	98,0
Tortorella	464	476	97,5
Zungoli	907	936	96,9
Ginestra degli Schiavoni	376	389	96,7
Altri comuni	527.618	5.564.443	9,5
Totale	562.938	5.590.076	10,1

EMILIA ROMAGNA

Popolazione residente	4.455.188	(dato al 01/01/2024)
Iscritti all'AIRE	265.103	(dato al 01/01/2024)
% iscritti AIRE su Pop. res.	6,0	

Provincia	Totale	% donne su totale	classi età %					% iscritti per nascita
			00 - 17	18 - 34	35 - 49	50 - 64	65 oltre	
Bologna	51.253	48,3	22,6	22,4	24,0	18,0	13,0	21,9
Ferrara	19.247	49,1	20,9	21,9	23,2	18,4	15,6	40,6
Forlì	20.443	48,5	19,9	21,7	21,8	19,6	17,0	37,7
Modena	38.964	47,7	21,8	23,8	21,1	19,2	14,2	31,8
Parma	32.159	48,9	16,4	20,7	21,3	20,0	21,7	31,0
Piacenza	23.396	49,3	16,3	21,0	21,2	19,7	21,8	41,9
Ravenna	17.446	48,0	22,2	22,2	22,9	18,6	14,0	33,4
Reggio Emilia	31.405	48,4	23,3	23,4	22,3	17,7	13,2	26,0
Rimini	30.790	49,1	18,5	22,2	23,6	19,9	15,7	36,8
Emilia Romagna	265.103	48,5	20,4	22,3	22,4	18,9	15,9	31,8

Area continentale	Iscritti AIRE	%	di cui donne	incidenza % donne	anzianità iscrizione AIRE (anni)			
					< 1	tra 1 e 5	tra 5 e 10	> di 10
UE 15	120.814	45,6	57.986	48,0	14.337	34.813	25.942	45.722
UE nuovi 13	4.120	1,6	1.601	38,9	647	1.048	1.023	1.402
Europa centro-orientale	1.484	0,6	670	45,1	319	370	400	395
Europa altri	34.909	13,2	17.127	49,1	2.489	4.276	5.291	22.853
Europa	161.327	60,9	77.384	48,0	17.792	40.507	32.656	70.372
Africa settentrionale	1.905	0,7	890	46,7	337	575	595	398
Africa occidentale	710	0,3	292	41,1	176	222	201	111
Africa orientale	648	0,2	292	45,1	88	104	98	358
Africa centro-meridionale	1.730	0,7	868	50,2	70	200	291	1.169
Africa	2.042	0,8	965	47,3	150	465	574	853
Asia occidentale	2.290	0,9	1.063	46,4	374	469	573	874
Asia centro-meridionale	301	0,1	136	45,2	62	113	60	66
Asia orientale	2.548	1,0	901	35,4	414	604	660	870
Asia	5.139	1,9	2.100	40,9	850	1.186	1.293	1.810
America settentrionale	15.726	5,9	7.359	46,8	1.773	3.010	3.150	7.793
America centro-meridionale	73.740	27,8	37.511	50,9	9.615	12.543	12.479	39.103
America	89.466	33,7	44.870	50,2	11.388	15.553	15.629	46.896
Oceania	4.178	1,6	1.952	46,7	553	928	970	1.727
Totale	265.103	100,0	128.648	48,5	31.254	59.275	51.733	122.841

Graduatoria primi 25 paesi di emigrazione		
Paese	v. a.	%
Regno Unito	37252	14,1
Argentina	32196	12,1
Francia	30816	11,6
Brasile	24753	9,3
Svizzera	21517	8,1
Germania	17546	6,6
Spagna	13808	5,2
Stati Uniti d'America	12763	4,8
San Marino	12228	4,6
Belgio	9310	3,5
Cile	4091	1,5
Australia	3802	1,4
Venezuela	3418	1,3
Paesi Bassi	3058	1,2
Canada	2963	1,1
Uruguay	2313	0,9
Sud Africa	1603	0,6
Austria	1456	0,5
Lussemburgo	1349	0,5
Irlanda	1311	0,5
Portogallo	1297	0,5
Svezia	1287	0,5
Messico	1277	0,5
Grecia	1079	0,4
Colombia	952	0,4
Altri paesi	21.658	8,2
Totale	265.103	100,0

Graduatoria primi 25 comuni per iscritti			
Comune	AIRE	Pop. res.	% AIRE/ Pop.res.
Bologna	24.679	390.518	6,3
Rimini	12.560	150.272	8,4
Parma	9.508	198.496	4,8
Modena	9.335	185.009	5,0
Reggio nell'Emilia	8.466	171.342	4,9
Ravenna	7.022	156.345	4,5
Ferrara	6.806	129.555	5,3
Piacenza	6.097	103.121	5,9
Cesena	5.602	96.145	5,8
Forlì	4.705	117.210	4,0
Carpi	3.594	72.525	5,0
Imola	2.860	69.357	4,1
Faenza	2.829	58.844	4,8
Cento	2.572	35.414	7,3
Sassuolo	2.489	41.014	6,1
Riccione	2.373	34.431	6,9
Borgo Val di Taro	1.864	6.748	27,6
San Giovanni in Persiceto	1.689	27.989	6,0
Bardi	1.619	1.982	81,7
Pavullo nel Frignano	1.517	18.233	8,3
Fidenza	1.500	27.282	5,5
Argenta	1.498	21.088	7,1
Santarcangelo di Romagna	1.484	22.254	6,7
Castelfranco Emilia	1.481	33.418	4,4
Salsomaggiore Terme	1.470	20.305	7,2
Altri comuni	139.484	2.266.291	6,2
Totale	265.103	4.455.188	6,0

Graduatoria primi 25 comuni per incidenza			
Comune	AIRE	Pop. res.	% AIRE/ Pop.res.
Morfasso	1.060	857	123,7
Ottone	374	422	88,6
Bardi	1.619	1.982	81,7
Zerba	54	72	75,0
Farini	665	1.035	64,3
Cerignale	74	123	60,2
Valmozzola	322	537	60,0
Ferriere	620	1.112	55,8
Pellegrino Parmense	430	967	44,5
Coli	365	843	43,3
Sassofeltrio	586	1.372	42,7
San Leo	1.151	2.805	41,0
Bedonia	1.246	3.116	40,0
Albareto	829	2.079	39,9
Varsi	443	1.129	39,2
Gemmano	440	1.143	38,5
Pievepelago	793	2.116	37,5
Frassinoro	641	1.720	37,3
Tornolo	318	890	35,7
Vernasca	678	2.009	33,7
Berceto	610	1.965	31,0
Bore	192	637	30,1
Talamello	310	1.061	29,2
Compiano	294	1.048	28,1
Monchio delle Corti	231	827	27,9
Altri comuni	250.758	4.423.321	5,7
Totale	265.103	4.455.188	6,0

FRIULI VENEZIA GIULIA

Popolazione residente	1.195.792	(dato al 01/01/2024)
Iscritti all'AIRE	204.401	(dato al 01/01/2024)
% iscritti AIRE su Pop. res.	17,1	

Provincia	Totale	% donne su totale	classi età %					% iscritti per nascita
			00 - 17	18 - 34	35 - 49	50 - 64	65 oltre	
Gorizia	15.116	49,2	16,4	20,3	23,3	19,0	21,0	25,8
Pordenone	62.877	50,2	12,9	19,8	21,5	20,1	25,7	33,4
Trieste	37.220	50,3	14,2	19,1	21,8	19,1	25,7	19,2
Udine	89.188	50,0	12,0	20,4	21,8	20,6	25,3	37,2
Friuli V. G.	204.401	50,1	13,0	20,0	21,8	20,1	25,2	31,9

Area continentale	Iscritti AIRE	%	di cui donne	incidenza % donne	anzianità iscrizione AIRE (anni)			
					< 1	tra 1 e 5	tra 5 e 10	> di 10
UE 15	67.276	32,9	32.691	48,6	4.228	9.911	9.153	43.984
UE nuovi 13	18.959	9,3	9.470	49,9	877	2.147	4.040	11.895
Europa centro-orientale	1.028	0,5	490	47,7	153	206	237	432
Europa altri	17.809	8,7	8.992	50,5	814	1.323	1.580	14.092
Europa	413	0,2	204	49,4	6.072	13.587	15.010	70.403
Africa settentrionale	386	0,2	187	48,4	72	87	94	160
Africa occidentale	192	0,1	85	44,3	22	60	44	66
Africa orientale	248	0,1	115	46,4	16	39	34	159
Africa centro-meridionale	3.186	1,6	1.597	50,1	132	242	312	2.500
Africa	4.012	2,0	1.984	49,5	242	428	484	2.885
Asia occidentale	1.463	0,7	689	47,1	159	274	281	749
Asia centro-meridionale	58	0,0	25	43,1	7	17	18	16
Asia orientale	1.167	0,6	449	38,5	174	252	308	433
Asia	2.688	1,3	1.163	43,3	340	543	607	1.198
America settentrionale	13.323	6,5	6.750	50,7	815	1.472	1.788	9.248
America centro-meridionale	71.548	35,0	36.885	51,6	6.984	10.256	11.834	42.474
America	84.871	41,5	43.635	51,4	7.799	11.728	13.622	51.722
Oceania	7.731	3,8	3.881	50,2	341	787	1.091	5.512
Totale	204.401	100,0	102.323	50,1	14.794	27.073	30.814	131.720

Graduatoria primi 25 paesi di emigrazione		
Paese	v. a.	%
Argentina	47.386	23,2
Francia	17.426	8,5
Svizzera	17.248	8,4
Brasile	14.904	7,3
Croazia	12.916	6,3
Germania	12.362	6,0
Regno Unito	11.639	5,7
Belgio	8.456	4,1
Spagna	7.391	3,6
Australia	7.237	3,5
Stati Uniti d'America	6.912	3,4
Canada	6.411	3,1
Slovenia	4.220	2,1
Austria	3.224	1,6
Sud Africa	3.074	1,5
Venezuela	2.856	1,4
Paesi Bassi	2.420	1,2
Uruguay	1.854	0,9
Lussemburgo	1.691	0,8
Cile	764	0,4
Svezia	669	0,3
Colombia	662	0,3
Messico	645	0,3
Israele	580	0,3
Irlanda	532	0,3
Altri	10.922	5,3
Totale	204.401	100,0

Graduatoria primi 25 comuni per iscritti			
Comune	AIRE	Pop. res.	% AIRE/ Pop.res.
Trieste	33.977	199.400	17,0
Udine	8.560	98.430	8,7
Pordenone	5.354	52.344	10,2
Gorizia	4.435	33.728	13,1
Gemona del Friuli	3.678	10.520	35,0
Caneva	3.427	6.235	55,0
Cordenons	3.152	17.829	17,7
Monfalcone	3.072	30.103	10,2
Sacile	3.003	20.047	15,0
San Vito al Tagliamento	2.759	15.231	18,1
Azzano Decimo	2.521	15.750	16,0
Spilimbergo	2.349	11.793	19,9
Codroipo	2.328	15.906	14,6
Fontanafredda	2.171	12.906	16,8
Zoppola	1.995	8.375	23,8
Tarcento	1.912	8.842	21,6
Aviano	1.911	8.986	21,3
Prata di Pordenone	1.874	8.304	22,6
Casarsa della Delizia	1.847	8.297	22,3
Fiume Veneto	1.787	11.837	15,1
Polcenigo	1.748	3.110	56,2
Porcia	1.724	14.945	11,5
San Giorgio della Richinvelda	1.724	4.557	37,8
Pasiano di Pordenone	1.720	7.891	21,8
Brugnera	1.442	9.229	15,6
Altri comuni	103.931	561.197	18,5
Totale	204.401	1.195.792	17,1

Graduatoria primi 25 comuni per incidenza			
Comune	AIRE	Pop. res.	% AIRE/ Pop.res.
Drenchia	212	101	209,9
Frisanco	1.002	588	170,4
Tramonti di Sopra	439	266	165,0
Vito d'Asio	1.009	721	139,9
Montenars	638	483	132,1
Clauzetto	472	373	126,5
Stregna	332	284	116,9
Forni di Sotto	480	530	90,6
Chiusaforte	529	593	89,2
Castelnovo del Friuli	715	829	86,2
Tramonti di Sotto	280	333	84,1
Taipana	469	568	82,6
Grimacco	235	297	79,1
Erto e Casso	257	362	71,0
Prato Carnico	573	825	69,5
Barcis	149	227	65,6
Rigolato	239	373	64,1
Forgaria nel Friuli	1.082	1.689	64,1
Sauris	242	392	61,7
Andreis	151	245	61,6
Preone	153	254	60,2
Savogna	209	352	59,4
Arba	760	1.290	58,9
Dogna	88	150	58,7
Sauris	224	389	57,6
Altri comuni	193.462	1.183.278	16,3
Totale	204.401	1.195.792	17,1

LAZIO

Popolazione residente	5.720.272	(dato al 01/01/2024)
Iscritti all'AIRE	510.552	(dato al 01/01/2024)
% iscritti AIRE su Pop. res.	8,9	

Provincia	Totale	% donne su totale	classi età %					% iscritti per nascita
			00 - 17	18 - 34	35 - 49	50 - 64	65 oltre	
Frosinone	58.598	48,2	8,7	16,9	19,5	20,1	34,7	29,1
Latina	34.331	48,0	12,8	20,5	22,7	19,5	24,5	33,3
Rieti	8.995	47,7	15,3	23,2	25,0	17,5	19,0	30,2
Roma	396.075	48,8	12,4	22,5	25,1	20,9	19,1	62,0
Viterbo	12.553	47,9	18,3	23,4	24,7	17,1	16,4	30,8
Lazio	510.552	48,7	12,2	21,8	24,3	20,6	21,2	55,0

Area continentale	Iscritti AIRE	%	di cui donne	incidenza % donne	anzianità iscrizione AIRE (anni)			
					< 1	tra 1 e 5	tra 5 e 10	> di 10
UE 15	171.082	33,5	81.167	47,4	11.102	32.841	32.607	94.532
UE nuovi 13	5.745	1,1	2.248	39,1	701	1.530	1.453	2.061
Europa centro-orientale	2.017	0,4	976	48,4	230	387	590	810
Europa altri	22.010	4,3	10.440	47,4	1.508	3.236	4.272	12.994
Europa	200.854	39,3	94.831	47,2	13.541	37.994	38.922	110.397
Africa settentrionale	2.782	0,5	1.191	42,8	350	678	692	1.062
Africa occidentale	521	0,1	243	46,6	42	120	127	232
Africa orientale	1.420	0,3	643	45,3	97	180	321	822
Africa centro-meridionale	4.250	0,8	2.107	49,6	48	244	576	3.382
Africa	8.973	1,8	4.184	46,6	537	1.222	1.716	5.498
Asia occidentale	8.221	1,6	3.882	47,2	532	1.118	2.170	4.401
Asia centro-meridionale	439	0,1	214	48,7	40	117	115	167
Asia orientale	3.479	0,7	1.293	37,2	286	701	953	1.539
Asia	12.139	2,4	5.389	44,4	858	1.936	3.238	6.107
America settentrionale	51.780	10,1	24.977	48,2	2.215	5.126	7.953	36.486
America centro-meridionale	225.252	44,1	113.529	50,4	4.237	12.591	29.298	179.126
America	277.032	54,3	138.506	50,0	6.452	17.717	37.251	215.612
Oceania	11.554	2,3	5.487	47,5	460	1.445	1.945	7.704
Totale	510.552	100,0	248.397	48,7	21.848	60.314	83.072	345.318

Graduatoria primi 25 paesi di emigrazione		
Paese	v. a.	%
Brasile	98.078	19,2
Argentina	66.462	13,0
Regno Unito	48.570	9,5
Stati Uniti d'America	35.677	7,0
Francia	32.215	6,3
Germania	27.180	5,3
Spagna	26.984	5,3
Svizzera	19.769	3,9
Perù	16.256	3,2
Canada	16.101	3,2
Cile	11.893	2,3
Belgio	11.177	2,2
Australia	10.918	2,1
Uruguay	10.413	2,0
Venezuela	7.805	1,5
Paesi Bassi	5.847	1,1
Irlanda	5.005	1,0
Sud Africa	4.000	0,8
Israele	3.513	0,7
Portogallo	3.123	0,6
Ecuador	2.987	0,6
Austria	2.509	0,5
Colombia	2.359	0,5
Svezia	2.347	0,5
Messico	2.320	0,5
Altri	37.044	7,3
Totale	510.552	100,0

Graduatoria primi 25 comuni per iscritti			
Comune	AIRE	Pop. res.	% AIRE/ Pop.res.
Roma	348.748	2.754.719	12,7
Latina	5.261	127.486	4,1
Cassino	3.423	35.039	9,8
Sora	3.350	24.825	13,5
Minturno	3.051	20.276	15,0
Anzio	2.980	59.355	5,0
Gaeta	2.872	19.332	14,9
Fondi	2.806	39.709	7,1
Formia	2.799	36.937	7,6
Viterbo	2.341	66.241	3,5
Atina	2.232	4.125	54,1
Guidonia Montecelio	2.187	89.411	2,4
Aprilia	2.126	74.572	2,9
Nettuno	2.062	48.297	4,3
Fiumicino	2.057	82.506	2,5
Veroli	2.055	19.532	10,5
Frosinone	2.024	43.454	4,7
Terracina	1.992	44.651	4,5
Pomezia	1.921	64.617	3,0
Sant'Elia Fiumerapido	1.901	5.658	33,6
Tivoli	1.880	55.201	3,4
Rieti	1.805	45.273	4,0
Civitavecchia	1.771	51.750	3,4
Casalvieri	1.740	2.442	71,3
Velletri	1.723	52.898	3,3
Altri comuni	103.445	1.851.966	5,6
Totale	510.552	5.720.272	8,9

Graduatoria primi 25 comuni per incidenza			
Comune	AIRE	Pop. res.	% AIRE/ Pop.
Casalattico	884	524	168,7
Terelle	450	287	156,8
San Biagio Saracinisco	446	294	151,7
Picinisco	1.382	1.098	125,9
Acquafondata	243	258	94,2
Settefrati	639	717	89,1
Colle San Magno	484	616	78,6
Vallerotonda	1.061	1.386	76,6
Casalvieri	1.740	2.442	71,3
Viticuso	192	296	64,9
Belmonte Castello	396	677	58,5
Gallinaro	691	1.182	58,5
Atina	2.232	4.125	54,1
San Donato Val di Comino	975	1.860	52,4
Fontechiari	620	1.222	50,7
Santopadre	585	1.168	50,1
Campodimele	266	564	47,2
Sant'Ambrogio sul Garigliano	374	872	42,9
Villa Latina	466	1.141	40,8
Rocca d'Arce	343	873	39,3
Sant'Andrea del Garigliano	482	1.272	37,9
Sant'Apollinare	644	1.813	35,5
Sant'Elia Fiumerapido	1.901	5.658	33,6
Pignataro Interamna	746	2.429	30,7
Spigno Saturnia	876	2.869	30,5
Altri comuni	491.434	5.684.629	8,6
Totale	510.552	5.720.272	8,9

LIGURIA

Popolazione residente	1.508.847	(dato al 01/01/2024)
Iscritti all'AIRE	176.144	(dato al 01/01/2024)
% iscritti AIRE su Pop. res.	11,7	

Provincia	Totale	% donne su totale	classi età % 00 - 17	18 - 34	35 - 49	50 - 64	65 oltre	% iscritti per nascita
Genova	99.462	49,5	16,2	22,7	23,3	17,4	20,3	50,6
Imperia	23.679	46,9	16,0	21,4	21,5	20,9	20,2	30,5
La Spezia	19.840	48,8	14,3	22,6	22,2	18,8	22,0	51,9
Savona	33.163	49,4	14,5	22,9	23,4	18,6	20,6	52,1
Liguria	176.144	49,1	15,7	22,6	23,0	18,3	20,5	48,3

Area continentale	Iscritti AIRE	%	di cui donne	incidenza % donne	anzianità iscrizione AIRE (anni) < 1	tra 1 e 5	tra 5 e 10	> di 10
UE 15	54.101	30,7	25.630	47,4	5.000	10.239	9.717	29.145
UE nuovi 13	1.384	0,8	517	37,4	233	323	358	470
Europa centro-orientale	688	0,4	324	47,1	77	128	158	325
Europa altri	11.803	6,7	5.577	47,3	850	1.459	2.149	7.345
Europa	67.976	38,6	32.048	47,1	6.160	12.149	12.382	37.285
Africa settentrionale	713	0,4	339	47,5	106	175	167	265
Africa occidentale	162	0,1	64	39,5	22	32	54	54
Africa orientale	240	0,1	116	48,3	29	40	48	123
Africa centro-meridionale	1.000	0,6	500	50,0	66	126	128	680
Africa	2.115	1,2	1.019	48,2	223	373	397	1.122
Asia occidentale	1.223	0,7	533	43,6	200	217	261	545
Asia centro-meridionale	71	0,0	31	43,7	15	21	8	27
Asia orientale	1.152	0,7	399	34,6	153	217	323	459
Asia	2.446	1,4	963	39,4	368	455	592	1.031
America settentrionale	9.302	5,3	4.395	47,2	825	1.336	1.548	5.593
America centro-meridionale	91.924	52,2	46.853	51,0	9.310	12.948	15.108	54.558
America	101.226	57,5	51.248	50,6	10.135	14.284	16.656	60.151
Oceania	2.381	1,4	1.133	47,6	216	380	387	1.398
Totale	176.144	100,0	86.411	49,1	17.102	27.641	30.414	100.987

Graduatoria primi 25 paesi di emigrazione

Paese	v. a.	%
Argentina	29.570	16,8
Cile	20.184	11,5
Uruguay	15.926	9,0
Francia	15.495	8,8
Regno Unito	10.623	6,0
Spagna	10.513	6,0
Svizzera	8.920	5,1
Stati Uniti d'America	7.828	4,4
Germania	7.723	4,4
Perù	7.382	4,2
Ecuador	5.135	2,9
Brasile	4.993	2,8
Belgio	3.015	1,7
Monaco	2.262	1,3
Paesi Bassi	2.231	1,3
Australia	2.132	1,2
Colombia	1.737	1,0
Paraguay	1.641	0,9
Canada	1.474	0,8
Venezuela	1.429	0,8
Messico	1.066	0,6
Sud Africa	905	0,5
Svezia	849	0,5
Irlanda	667	0,4
Repubblica Dominicana	651	0,4
Altri paesi	11.793	6,7
Totale	176.144	100,0

Graduatoria primi 25 comuni per iscritti

Comune	AIRE	Pop. res.	% AIRE/Pop.res.
Genova	49.032	561.947	8,7
Rapallo	7.210	29.420	24,5
Sanremo	6.002	53.039	11,3
La Spezia	5.873	92.715	6,3
Chiavari	5.045	27.455	18,4
Ventimiglia	4.508	22.927	19,7
Savona	4.188	58.620	7,1
Sestri Levante	3.722	17.252	21,6
Imperia	3.474	42.375	8,2
Santa Margherita Ligure	3.150	8.452	37,3
Zoagli	2.450	2.379	103,0
Varazze	2.145	12.539	17,1
Recco	2.073	9.358	22,2
Lavagna	2.034	12.308	16,5
Camogli	1.815	4.935	36,8
Finale Ligure	1.712	11.064	15,5
Alassio	1.594	10.064	15,8
Bordighera	1.529	10.203	15,0
Albenga	1.489	23.538	6,3
Sori	1.483	3.978	37,3
Cairo Montenotte	1.481	12.766	11,6
Cogorno	1.365	5.723	23,9
Taggia	1.176	13.766	8,5
Dego	1.147	1.796	63,9
Monterosso al Mare	1.127	1.317	85,6
Altri comuni	59.320	458.911	12,9
Totale	176.144	1.508.727	11,7

Graduatoria primi 25 comuni per incidenza

Comune	AIRE	Pop. res.	% AIRE/Pop.
Portofino	609	361	168,7
Giusvalla	648	395	164,1
Tiglieto	714	450	158,7
Pignone	567	525	108,0
Zoagli	2.450	2.379	103,0
Bormida	331	327	101,2
Favale di Malvaro	400	427	93,7
Nasino	150	164	91,5
Monterosso al Mare	1.127	1.317	85,6
Erli	152	217	70,0
Osiglia	292	428	68,2
Dego	1.147	1.796	63,9
Isola del Cantone	808	1.385	58,3
Propata	62	113	54,9
Mioglia	279	510	54,7
Vernazza	381	708	53,8
Deiva Marina	685	1.288	53,2
Sassello	864	1.678	51,5
Calice al Cornoviglio	539	1.060	50,8
Lumarzo	706	1.423	49,6
Sesta Godano	618	1.262	49,0
Borghetto di Vara	423	879	48,1
Rialto	255	532	47,9
Carro	231	483	47,8
Castelvecchio di Rocca Barbena	57	127	44,9
Altri comuni	161.649	1.488.613	10,9
Totale	176.144	1.508.847	11,7

LOMBARDIA

Popolazione residente	10.020.528	(dato al 01/01/2024)
Iscritti all'AIRE	641.772	(dato al 01/01/2024)
% iscritti AIRE su Pop. res.	6,4	

Provincia	Totale	% donne su totale	classi età %					% iscritti per nascita
			00 - 17	18 - 34	35 - 49	50 - 64	65 oltre	
Bergamo	72.240	48,0	19,2	23,2	22,6	18,7	16,3	33,5
Brescia	68.678	47,3	22,9	24,8	21,4	18,1	12,8	25,0
Como	60.884	48,5	18,2	21,6	23,4	19,5	17,3	36,9
Cremona	25.255	48,4	19,4	22,3	25,3	16,9	16,1	39,8
Lecco	18.909	48,5	22,3	23,6	23,9	17,3	12,8	34,3
Lodi	7.189	46,1	24,6	24,0	25,2	16,7	9,5	21,7
Mantova	44.539	48,9	21,3	22,3	25,4	16,6	14,5	46,5
Milano	172.295	47,2	18,4	23,5	25,0	19,9	13,3	28,0
Monza Brianza	34.490	46,7	22,4	24,1	25,1	18,1	10,4	25,3
Pavia	40.294	49,0	18,1	22,5	25,8	17,1	16,5	41,1
Sondrio	26.999	49,8	15,0	21,8	22,7	20,1	20,4	40,1
Varese	70.000	48,2	18,6	22,3	24,0	18,6	16,5	35,9
Lombardia	641.772	47,9	19,5	23,1	24,0	18,7	14,8	33,0

Area continentale	Iscritti AIRE	%	di cui donne	incidenza % donne	anzianità iscrizione AIRE (anni)			
					< 1	tra 1 e 5	tra 5 e 10	> di 10
UE 15	254.499	39,7	120.502	47,3	30.905	74.633	55.743	93.218
UE nuovi 13	8.469	1,3	3.155	37,3	1.276	2.285	2.219	2.689
Europa centro-orientale	3.268	0,5	1.508	46,1	546	835	853	1.034
Europa altri	113.763	17,7	54.472	47,9	8.663	14.694	18.486	71.920
Europa	379.999	59,2	179.637	47,3	41.390	92.447	77.301	168.861
Africa settentrionale	4.017	0,6	1.927	48,0	665	1.202	1.172	978
Africa occidentale	1.714	0,3	732	42,7	405	574	435	300
Africa orientale	1.455	0,2	640	44,0	200	302	350	603
Africa centro-meridionale	3.873	0,6	1.920	49,6	195	366	563	2.749
Africa	11.059	1,7	5.219	47,2	1.465	2.444	2.520	4.630
Asia occidentale	8.162	1,3	3.758	46,0	1.125	1.703	1.989	3.345
Asia centro-meridionale	736	0,1	342	46,5	144	258	178	156
Asia orientale	7.196	1,1	2.554	35,5	1.019	1.770	1.859	2.548
Asia	16.094	2,5	6.654	41,3	2.288	3.731	4.026	6.049
America settentrionale	37.982	5,9	17.630	46,4	3.738	7.389	8.095	18.760
America centro-meridionale	184.211	28,7	92.517	50,2	23.111	35.018	34.454	91.628
America	222.193	34,6	110.147	49,6	26.849	42.407	42.549	110.388
Oceania	12.427	1,9	5.772	46,4	1.336	2.634	2.589	5.868
Totale	641.772	100,0	307.429	47,9	73.328	143.663	128.985	295.796

Graduatoria primi 25 paesi di emigrazione

Paese	v. a.	%
Svizzera	109.861	17,1
Regno Unito	82.246	12,8
Brasile	73.131	11,4
Argentina	68.879	10,7
Francia	50.307	7,8
Germania	39.696	6,2
Spagna	35.225	5,5
Stati Uniti d'America	30.457	4,7
Uruguay	15.599	2,4
Belgio	14.934	2,3
Australia	11.299	1,8
Paesi Bassi	8.317	1,3
Canada	7.525	1,2
Cile	5.383	0,8
Irlanda	4.368	0,7
Portogallo	4.241	0,7
Lussemburgo	3.770	0,6
Austria	3.631	0,6
Sud Africa	3.486	0,5
Emirati Arabi Uniti	3.392	0,5
Messico	3.175	0,5
Svezia	3.019	0,5
Perù	2.657	0,4
Ecuador	2.597	0,4
Israele	2.452	0,4
Altri paesi	52.125	8,1
Totale	641.772	100,0

Graduatoria primi 25 comuni per iscritti

Comune	AIRE	Pop. res.	% AIRE/ Pop.res.
Milano	97.517	1.371.850	7,1
Como	12.058	83.799	14,4
Brescia	11.826	198.688	6,0
Bergamo	9.763	120.504	8,1
Monza	8.409	123.121	6,8
Pavia	8.378	71.383	11,7
Varese	7.446	78.819	9,4
Sesto San Giovanni	4.622	78.565	5,9
Cremona	4.139	71.094	5,8
Busto Arsizio	4.076	83.439	4,9
Mantova	3.948	49.218	8,0
Gallarate	3.848	53.257	7,2
Cinisello Balsamo	3.089	74.946	4,1
Lecco	3.072	47.145	6,5
Legnano	2.922	60.443	4,8
Voghera	2.764	39.111	7,1
Vigevano	2.671	62.614	4,3
Cologno Monzese	2.576	47.043	5,5
San Benedetto Po	2.399	6.688	35,9
Sondrio	2.295	21.244	10,8
Luino	2.288	14.190	16,1
Segrate	2.218	37.088	6,0
Lavena Ponte Tresa	2.174	5.669	38,3
Campione d'Italia	2.161	1.793	120,5
Rho	2.153	50.847	4,2
Altri comuni	432.960	7.167.970	6,0
Totale	641.772	10.020.528	6,4

Graduatoria primi 25 comuni per incidenza

Comune	AIRE	Pop. res.	% AIRE/ Pop.res.
Sueglio	177	146	121,2
Campione d'Italia	2.161	1.793	120,5
Blello	67	74	90,5
Cavargna	144	170	84,7
Bene Lario	273	341	80,1
Spriana	65	83	78,3
Langosco	290	372	78,0
Montemezzo	147	201	73,1
Vervio	142	201	70,6
Zelbio	126	184	68,5
Tartano	128	207	61,8
Torricella del Pizzo	346	579	59,8
Curiglia con Monteviasco	91	153	59,5
Magnacavallo	775	1.383	56,0
Valsolda	794	1.426	55,7
Motta Baluffi	441	795	55,5
Breme	383	706	54,2
Volpara	66	122	54,1
Verceia	569	1.080	52,7
Quingentole	514	1.023	50,2
San Giacomo Filippo	181	364	49,7
Borgocarbonara	915	1.861	49,2
Veleso	97	202	48,0
Madesimo	245	515	47,6
Ponna	109	236	46,2
Altri comuni	632.526	10.006.311	6,3
Totale	641.772	10.020.258	6,4

MARCHE

Popolazione residente	1.484.427	(dato al 01/01/2024)
Iscritti all'AIRE	181.016	(dato al 01/01/2024)
% iscritti AIRE su Pop. res.	12,2	

Provincia	Totale	% donne su totale	classi età %					% iscritti per nascita
			00 - 17	18 - 34	35 - 49	50 - 64	65 oltre	
Ancona	50.096	49,6	17,2	21,9	24,0	17,1	19,7	50,1
Ascoli Piceno	19.531	48,8	12,6	20,3	22,6	19,3	25,1	50,1
Fermo	21.830	50,4	16,8	21,9	25,2	16,2	19,9	64,9
Macerata	61.910	50,2	15,8	21,4	24,8	16,5	21,5	62,0
Pesaro e Urbino	27.649	48,4	16,7	21,3	21,3	19,6	21,1	36,0
Marche	181.016	49,6	16,1	21,5	23,9	17,4	21,1	53,8

Area continentale	Iscritti AIRE	%	di cui donne	incidenza % donne	anzianità iscrizione AIRE (anni)			
					< 1	tra 1 e 5	tra 5 e 10	> di 10
UE 15	54.966	30,4	26.246	47,7	5.440	13.880	10.478	25.168
UE nuovi 13	1.569	0,9	617	39,3	266	382	446	475
Europa centro-orientale	560	0,3	240	42,9	133	148	115	164
Europa altri	12.965	7,2	6.207	47,9	1.274	2.196	2.034	7.461
Europa	70.060	38,7	33.310	47,5	7.113	16.606	13.073	33.268
Africa settentrionale	595	0,3	266	44,7	122	166	156	151
Africa occidentale	151	0,1	66	43,7	35	40	39	37
Africa orientale	166	0,1	83	50,0	15	31	31	89
Africa centro-meridionale	612	0,3	302	49,3	19	78	98	417
Africa	1.524	0,8	717	47,0	191	315	324	694
Asia occidentale	787	0,4	388	49,3	121	184	229	253
Asia centro-meridionale	92	0,1	41	44,6	25	22	21	24
Asia orientale	850	0,5	299	35,2	136	207	222	285
Asia	1.729	1,0	728	42,1	282	413	472	562
America settentrionale	8.093	4,5	3.875	47,9	845	1.253	1.357	4.638
America centro-meridionale	96.576	53,4	49.767	51,5	8.875	14.406	16.474	56.821
America	104.669	57,8	53.642	51,2	9.720	15.659	17.831	61.459
Oceania	3.034	1,7	1.426	47,0	240	463	522	1.809
Totale	181.016	100,0	89.823	49,6	17.546	33.456	32.222	97.792

Graduatoria primi 25 paesi di emigrazione		
Paese	v. a.	%
Argentina	82.982	45,8
Regno Unito	12.573	6,9
Francia	11.459	6,3
Svizzera	11.092	6,1
Germania	9.486	5,2
Spagna	9.324	5,2
Brasile	6.557	3,6
Belgio	6.426	3,5
Stati Uniti d'America	4.866	2,7
Canada	3.227	1,8
Australia	2.867	1,6
Lussemburgo	1.574	0,9
Venezuela	1.521	0,8
San Marino	1.416	0,8
Uruguay	1.307	0,7
Cile	1.158	0,6
Paesi Bassi	1.091	0,6
Austria	794	0,4
Paraguay	679	0,4
Irlanda	659	0,4
Sud Africa	578	0,3
Colombia	532	0,3
Messico	520	0,3
Svezia	416	0,2
Portogallo	367	0,2
Altri paesi	7.545	4,2
Totale	181.016	100,0

Graduatoria primi 25 comuni per iscritti			
Comune	AIRE	Pop. res.	% AIRE/Pop.res.
Ancona	8.899	99.239	9,0
Macerata	6.097	40.553	15,0
Pesaro	5.266	95.580	5,5
Osimo	5.008	34.844	14,4
Civitanova Marche	4.967	42.000	11,8
Recanati	4.478	20.696	21,6
Tolentino	4.329	17.760	24,4
Senigallia	4.290	44.053	9,7
Fano	4.178	59.963	7,0
Ascoli Piceno	3.898	45.483	8,6
San Severino Marche	3.890	11.893	32,7
Cingoli	3.664	9.575	38,3
Fermo	3.613	35.893	10,1
Treia	3.132	9.096	34,4
Potenza Picena	3.090	15.503	19,9
Corridonia	3.083	14.703	21,0
Jesi	3.063	39.399	7,8
San Benedetto del Tronto	3.007	47.034	6,4
Fabriano	2.934	28.828	10,2
Sant'Elpidio a Mare	2.573	16.505	15,6
Loreto	2.538	12.986	19,5
Porto Recanati	2.399	12.436	19,3
Morrovalle	2.208	9.837	22,4
Castelfidardo	1.950	18.444	10,6
Monte San Giusto	1.771	7.467	23,7
Altri comuni	86.691	694.657	12,5
Totale	181.016	1.484.427	12,2

Graduatoria primi 25 comuni per incidenza			
Comune	AIRE	Pop. res.	% AIRE/Pop.
Gagliole	400	518	77,2
Acquasanta Terme	1.507	2.442	61,7
Montefalcone Appennino	204	366	55,7
Monte Grimano Terme	562	1.127	49,9
Monte Vidon Corrado	338	683	49,5
Massa Fermana	418	869	48,1
Monte Rinaldo	147	314	46,8
Ripe San Ginesio	372	800	46,5
Borgo Pace	240	525	45,7
Montedinove	200	456	43,9
Monte Vidon Combatte	172	401	42,9
Arquata del Tronto	397	940	42,2
Apiro	794	2.040	38,9
Cingoli	3.664	9.575	38,3
Montegallo	152	408	37,3
San Ginesio	1.093	3.060	35,7
Montappone	544	1.537	35,4
Cossignano	301	854	35,2
Montelupone	1.186	3.367	35,2
Treia	3.132	9.096	34,4
Monte San Pietrangeli	755	2.206	34,2
Montecarotto	627	1.849	33,9
Montefano	1.114	3.296	33,8
San Severino Marche	3.890	11.893	32,7
Castelraimondo	1.420	4.379	32,4
Altri comuni	157.387	1.421.426	11,1
Totale	181.016	1.484.427	12,2

MOLISE

Popolazione residente	289.413	(dato al 01/01/2024)
Iscritti all'AIRE	97.973	(dato al 01/01/2024)
% iscritti AIRE su Pop. res.	33,9	

Provincia	Totale	% donne su totale	classi età %					% iscritti per nascita
			00 - 17	18 - 34	35 - 49	50 - 64	65 oltre	
Campobasso	66.478	49,0	9,6	17,4	20,3	19,5	33,3	45,8
Isernia	31.495	49,5	10,8	18,0	20,5	19,3	31,5	43,9
Molise	97.973	49,2	10,0	17,6	20,3	19,4	32,7	45,2

Area continentale	Iscritti AIRE	%	di cui donne	incidenza % donne	anzianità iscrizione AIRE (anni)			
					< 1	tra 1 e 5	tra 5 e 10	> di 10
UE 15	30.994	31,6	14.781	47,7	1.338	2.778	2.982	23.896
UE nuovi 13	260	0,3	84	32,3	41	85	63	71
Europa centro-orientale	102	0,1	53	52,0	8	28	17	49
Europa altri	8.360	8,5	4.035	48,3	287	550	845	6.678
Europa	39.716	40,5	18.953	47,7	1.674	3.441	3.907	30.694
Africa settentrionale	53	0,1	22	41,5	7	11	15	20
Africa occidentale	8	0,0	2	25,0	1	6	2	3
Africa orientale	23	0,0	11	47,8	1	2	9	12
Africa centro-meridionale	224	0,2	106	47,3	8	23	37	156
Africa	308	0,3	141	45,8	17	42	63	191
Asia occidentale	129	0,1	53	41,1	13	30	22	64
Asia centro-meridionale	3	0,0	-	-	2	2	1	-
Asia orientale	112	0,1	34	30,4	20	25	26	41
Asia	244	0,2	87	35,7	35	57	49	105
America settentrionale	18.071	18,4	8.848	49,0	933	1.597	1.952	13.589
America centro-meridionale	36.461	37,2	18.583	51,0	3.768	5.173	5.274	22.246
America	54.532	55,7	27.431	50,3	4.701	6.770	7.226	35.835
Oceania	3.173	3,2	1.555	49,0	130	231	333	2.479
Totale	97.973	100,0	48.167	49,2	6.556	10.536	11.577	69.304

Graduatoria primi 25 paesi di emigrazione		
Paese	v. a.	%
Argentina	26.460	27,0
Canada	11.300	11,5
Germania	9.161	9,4
Svizzera	8.264	8,4
Stati Uniti d'America	6.771	6,9
Belgio	6.623	6,8
Regno Unito	5.725	5,8
Brasile	5.271	5,4
Francia	4.818	4,9
Spagna	3.220	3,3
Australia	3.151	3,2
Venezuela	3.002	3,1
Uruguay	962	1,0
Paesi Bassi	403	0,4
Irlanda	239	0,2
Sud Africa	221	0,2
Lussemburgo	212	0,2
Paraguay	160	0,2
Portogallo	143	0,1
Austria	139	0,1
Cile	127	0,1
Svezia	115	0,1
Danimarca	91	0,1
Panama	85	0,1
Grecia	77	0,1
Altri paesi	1.233	1,3
Totale	97.973	100,0

Graduatoria primi 25 comuni per iscritti			
Comune	AIRE	Pop. res.	% AIRE/ Pop.res.
Agnone	4.873	4.651	104,8
Campobasso	3.475	47.449	7,3
Isernia	2.614	20.731	12,6
Termoli	2.229	31.980	7,0
Montenero di Bisaccia	2.092	6.237	33,5
Bojano	1.955	7.537	25,9
Jelsi	1.686	1.615	104,4
Riccia	1.620	4.791	33,8
Castelmauro	1.596	1.141	139,9
Casacalenda	1.544	1.843	83,8
Sant'Elia a Pianisi	1.492	1.525	97,8
Ripalimosani	1.465	2.997	48,9
Mafalda	1.435	1.086	132,1
Macchiagodena	1.389	1.626	85,4
Guglionesi	1.388	4.865	28,5
Larino	1.370	6.334	21,6
Carpinone	1.363	1.018	133,9
Sepino	1.351	1.824	74,1
Cercemaggiore	1.282	3.612	35,5
Frosolone	1.216	2.787	43,6
Bonefro	1.212	1.191	101,8
Montecilfone	1.180	1.219	96,8
Gildone	1.142	755	151,3
Trivento	1.126	4.343	25,9
Pietrabbondante	1.077	597	180,4
Altri comuni	54.801	125.659	43,6
Totale	97.973	289.413	33,9

Graduatoria primi 25 comuni per incidenza			
Comune	AIRE	Pop. res.	% AIRE/ Pop.res.
Castelbottaccio	794	236	336,4
San Biase	384	134	286,6
Duronia	1.003	392	255,9
Civitacampomarano	573	291	196,9
Montorio nei Frentani	679	354	191,8
Lupara	734	399	184,0
Chiauci	363	198	183,3
Pietrabbondante	1.077	597	180,4
Sant'Angelo del Pesco	496	322	154,0
Filignano	863	561	153,8
Gildone	1.142	755	151,3
Castelmauro	1.596	1.141	139,9
Carpinone	1.363	1.018	133,9
Provvidenti	131	99	132,3
Mafalda	1.435	1.086	132,1
Sant'Angelo Limosano	389	298	130,5
Castellino del Biferno	551	427	129,0
Acquaviva Collecroce	697	556	125,4
Castelpizzuto	156	129	120,9
Civitanova del Sannio	1.035	877	118,0
Pescopennataro	276	234	117,9
Ripabottoni	508	432	117,6
Longano	733	625	117,3
Castelverrino	109	93	117,2
Monacilioni	502	464	108,2
Altri comuni	80.384	277.695	28,9
Totale	97.973	289.413	33,9

PIEMONTE

Popolazione residente	4.252.381	(dato al 01/01/2024)
Iscritti all'AIRE	364.123	(dato al 01/01/2024)
% iscritti AIRE su Pop. res.	8,6	

Provincia	Totale	% donne su totale	classi età %					% iscritti per nascita
			00 - 17	18 - 34	35 - 49	50 - 64	65 oltre	
Alessandria	45.763	49,9	15,4	21,8	24,9	17,0	21,0	41,7
Asti	18.607	49,3	16,6	22,5	23,6	17,7	19,7	42,0
Biella	16.645	49,0	17,5	22,8	22,7	18,4	18,6	35,9
Cuneo	70.132	49,9	16,8	22,8	24,4	16,5	19,5	50,6
Novara	24.036	48,1	18,6	23,0	22,6	19,1	16,6	34,2
Torino	155.540	48,0	18,3	23,2	23,7	18,2	16,5	40,5
Verbano-Cusio-Ossola	19.691	48,3	14,8	21,7	21,1	20,8	21,6	36,1
Vercelli	13.709	49,0	18,1	22,7	23,8	17,4	18,1	44,8
Piemonte	364.123	48,8	17,3	22,8	23,7	17,9	18,3	42,0

Area continentale	Iscritti AIRE	%	di cui donne	incidenza % donne	anzianità iscrizione AIRE (anni)			
					< 1	tra 1 e 5	tra 5 e 10	> di 10
UE 15	128.137	35,2	60.585	47,3	14.282	31.811	26.464	55.580
UE nuovi 13	4.109	1,1	1.513	36,8	670	1.056	1.111	1.272
Europa centro-orientale	1.184	0,3	540	45,6	230	307	308	339
Europa altri	31.119	8,5	15.007	48,2	2.598	4.012	4.929	19.580
Europa	164.549	45,2	77.645	47,2	17.780	37.186	32.812	76.771
Africa settentrionale	1.580	0,4	718	45,4	286	450	398	446
Africa occidentale	882	0,2	325	36,8	163	193	227	299
Africa orientale	780	0,2	372	47,7	92	145	171	372
Africa centro-meridionale	4.008	1,1	2.044	51,0	204	422	526	2.856
Africa	7.250	2,0	3.459	47,7	745	1.210	1.322	3.973
Asia occidentale	2.433	0,7	1.099	45,2	446	423	477	1.087
Asia centro-meridionale	152	0,0	58	38,2	22	41	41	48
Asia orientale	2.674	0,7	985	36,8	349	587	691	1.047
Asia	5.259	1,4	2.142	40,7	817	1.051	1.209	2.182
America settentrionale	16.687	4,6	7.805	46,8	1.609	2.651	3.188	9.239
America centro-meridionale	164.410	45,2	83.828	51,0	15.079	24.861	29.211	95.259
America	181.097	49,7	91.633	50,6	16.688	27.512	32.399	104.498
Oceania	5.968	1,6	2.738	45,9	625	1.096	1.043	3.204
Totale	364.123	100,0	177.617	48,8	36.655	68.055	68.785	190.628

Graduatoria primi 25 paesi di emigrazione

Paese	v. a.	%
Argentina	112.176	30,8
Francia	41.816	11,5
Svizzera	28.657	7,9
Spagna	24.402	6,7
Regno Unito	22.200	6,1
Germania	18.135	5,0
Uruguay	15.666	4,3
Brasile	14.665	4,0
Stati Uniti d'America	13.703	3,8
Belgio	7.621	2,1
Cile	6.471	1,8
Australia	5.326	1,5
Sud Africa	3.745	1,0
Paesi Bassi	3.681	1,0
Canada	2.983	0,8
Messico	2.640	0,7
Lussemburgo	1.927	0,5
Perù	1.896	0,5
Venezuela	1.832	0,5
Irlanda	1.735	0,5
Colombia	1.642	0,5
Portogallo	1.564	0,4
Monaco	1.456	0,4
Ecuador	1.451	0,4
Austria	1.435	0,4
Altri paesi	25.298	6,9
Totale	364.123	100,0

Graduatoria primi 25 comuni per iscritti

Comune	AIRE	Pop. res.	% AIRE/ Pop.res.
Torino	65.314	846.926	7,7
Alessandria	8.176	91.936	8,9
Novara	5.732	102.518	5,6
Asti	4.381	73.787	5,9
Cuneo	3.977	56.008	7,1
Pinerolo	3.741	35.469	10,5
Biella	3.575	42.953	8,3
Verbania	3.045	30.016	10,1
Barge	2.717	7.418	36,6
Fossano	2.646	24.218	10,9
Moncalieri	2.583	55.923	4,6
Vercelli	2.534	45.635	5,6
Mondovì	2.475	22.068	11,2
Casale Monferrato	2.337	32.217	7,3
Domodossola	2.320	17.727	13,1
Bra	2.187	29.802	7,3
Novi Ligure	2.012	27.343	7,4
Alba	1.911	31.154	6,1
Rivoli	1.861	46.937	4,0
Ivrea	1.789	22.484	8,0
Borgomanero	1.679	21.270	7,9
Chieri	1.641	35.947	4,6
Saluzzo	1.640	17.553	9,3
Savigliano	1.637	21.767	7,5
Collegno	1.633	48.161	3,4
Altri comuni	230.580	2.465.144	9,4
Totale	364.123	4.252.381	8,6

Graduatoria primi 25 comuni per incidenza

Comune	AIRE	Pop. res.	% AIRE/ Pop.res.
Carrega Ligure	348	82	424,4
Briga Alta	119	41	290,2
Mongiardino Ligure	298	150	198,7
Castelnuovo di Ceva	197	103	191,3
Bobbio Pellice	1.007	536	187,9
Rorà	405	218	185,8
Perlo	196	107	183,2
Roccaforte Ligure	204	120	170,0
Pramollo	338	221	152,9
Ronco Canavese	444	310	143,2
Valprato Soana	129	96	134,4
Bergolo	70	53	132,1
Roaschia	116	95	122,1
Priero	570	476	119,7
Levice	219	195	112,3
Villar Pellice	1.138	1.057	107,7
Gurro	187	177	105,6
Olmo Gentile	64	66	97,0
Montezemolo	213	220	96,8
Valle Cannobina	428	452	94,7
Sale delle Langhe	422	453	93,2
Roccaverano	335	371	90,3
Isasca	62	70	88,6
Gottasecca	110	126	87,3
Paroldo	153	178	86,0
Altri comuni	356.351	4.246.408	8,4
Totale	364.123	4.252.381	8,6

PUGLIA

Popolazione residente	3.890.250	(dato al 01/01/2024)
Iscritti all'AIRE	384.738	(dato al 01/01/2024)
% iscritti AIRE su Pop. res.	9,9	

Provincia	Totale	% donne su totale	classi età %					% iscritti per nascita
			00 - 17	18 - 34	35 - 49	50 - 64	65 oltre	
Bari	111.963	47,0	12,2	21,5	22,8	20,2	23,3	40,4
Barletta	26.007	46,8	13,1	23,1	24,5	18,9	20,5	44,6
Brindisi	38.174	45,7	13,1	24,4	23,9	20,8	17,8	32,1
Foggia	71.483	46,8	10,7	21,5	22,3	21,7	23,8	35,2
Lecce	104.817	45,8	15,1	23,3	23,4	21,7	16,5	36,5
Taranto	32.294	45,9	13,7	23,7	24,4	20,1	18,1	34,9
Puglia	384.738	46,4	13,0	22,6	23,2	20,8	20,4	37,4

Area continentale	Iscritti AIRE	%	di cui donne	incidenza % donne	anzianità iscrizione AIRE (anni)			
					< 1	tra 1 e 5	tra 5 e 10	> di 10
UE 15	217.561	56,5	98.662	45,3	9.511	20.994	23.257	163.799
UE nuovi 13	2.743	0,7	898	32,7	454	839	642	808
Europa centro-orientale	918	0,2	409	44,6	144	217	232	325
Europa altri	75.770	19,7	35.258	46,5	3.323	5.791	8.004	58.652
Europa	296.992	77,2	135.227	45,5	13.432	27.841	32.135	223.584
Africa settentrionale	795	0,2	353	44,4	116	157	180	342
Africa occidentale	106	0,0	53	50,0	19	14	30	43
Africa orientale	213	0,1	82	38,5	26	45	37	105
Africa centro-meridionale	1.821	0,5	929	51,0	80	173	208	1.360
Africa	2.935	0,8	1.417	48,3	241	389	455	1.850
Asia occidentale	1.147	0,3	498	43,4	222	246	282	397
Asia centro-meridionale	53	0,0	17	32,1	9	12	5	27
Asia orientale	919	0,2	316	34,4	128	209	260	322
Asia	2.119	0,6	831	39,2	359	467	547	746
America settentrionale	26.511	6,9	12.716	48,0	1.465	2.271	2.941	19.834
America centro-meridionale	50.361	13,1	25.606	50,8	5.122	6.738	6.927	31.574
America	76.872	20,0	38.322	49,9	6.587	9.009	9.868	51.408
Oceania	5.820	1,5	2.711	46,6	330	713	719	4.058
Totale	384.738	100,0	178.508	46,4	20.949	38.419	43.724	281.646

Graduatoria primi 25 paesi di emigrazione		
Paese	v. a.	%
Germania	114.153	29,7
Svizzera	74.703	19,4
Francia	30.955	8,0
Argentina	26.730	6,9
Belgio	25.772	6,7
Regno Unito	19.115	5,0
Stati Uniti d'America	17.593	4,6
Spagna	10.962	2,8
Venezuela	10.126	2,6
Canada	8.918	2,3
Brasile	8.556	2,2
Lussemburgo	7.035	1,8
Australia	5.667	1,5
Paesi Bassi	3.478	0,9
Sud Africa	1.757	0,5
Austria	1.740	0,5
Grecia	1.218	0,3
Irlanda	1.063	0,3
Cile	851	0,2
Uruguay	764	0,2
Svezia	720	0,2
Portogallo	701	0,2
Messico	552	0,1
Malta	528	0,1
Polonia	525	0,1
Altri	10.556	2,7
Totale	384.738	100,0

Graduatoria primi 25 comuni per iscritti			
Comune	AIRE	Pop. res.	% AIRE/ Pop.res.
Bari	18.428	316.212	5,8
Molfetta	9.483	57.245	16,6
Taranto	7.722	186.798	4,1
Mola di Bari	5.428	24.323	22,3
Corato	5.301	46.994	11,3
Bisceglie	5.135	53.521	9,6
Monopoli	4.929	47.847	10,3
Barletta	4.884	92.419	5,3
Brindisi	4.774	82.268	5,8
Trani	4.762	54.953	8,7
San Nicandro Garganico	4.692	13.590	34,5
Foggia	4.569	145.723	3,1
Andria	4.416	96.873	4,6
Manfredonia	4.409	53.621	8,2
Nardò	4.397	30.761	14,3
San Severo	4.374	49.174	8,9
Fasano	4.225	38.665	10,9
San Marco in Lamis	4.199	12.470	33,7
Lecce	4.060	94.434	4,3
Taurisano	3.991	11.240	35,5
Bitonto	3.940	53.089	7,4
Gallipoli	3.846	19.112	20,1
Presicce-Acquarica	3.737	9.215	40,6
Mesagne	3.675	26.120	14,1
Polignano a Mare	3.499	17.464	20,0
Altri comuni	251.863	2.256.119	11,2
Totale	384.738	3.890.250	9,9

Graduatoria primi 25 comuni per incidenza			
Comune	AIRE	Pop. res.	% AIRE/ Pop.res.
Volturara Appula	580	370	156,8
San Marco la Catola	1.322	857	154,3
Roseto Valfortore	1.460	991	147,3
Anzano di Puglia	1.525	1.060	143,9
Panni	937	683	137,2
Faeto	759	614	123,6
Celle di San Vito	146	148	98,6
Carlantino	725	785	92,4
Monteleone di Puglia	866	956	90,6
Castelluccio Valmaggiore	880	1.183	74,4
Alberona	474	853	55,6
Bovino	1.437	2.917	49,3
Castelnuovo della Daunia	632	1.287	49,1
Salve	2.231	4.561	48,9
Morciano di Leuca	1.460	3.048	47,9
Chieuti	671	1.494	44,9
Casalnuovo Monterotaro	559	1.373	40,7
Presicce-Acquarica	3.737	9.215	40,6
Accadia	878	2.193	40,0
Celenza Valfortore	533	1.344	39,7
Orsara di Puglia	976	2.493	39,1
Tuglie	1.915	5.041	38,0
Carpino	1.391	3.776	36,8
Taurisano	3.991	11.240	35,5
San Nicandro Garganico	4.692	13.590	34,5
Altri comuni	349.961	3.818.178	9,2
Totale	384.738	3.890.250	9,9

SARDEGNA

Popolazione residente	1.569.832	(dato al 01/01/2024)
Iscritti all'AIRE	130.217	(dato al 01/01/2024)
% iscritti AIRE su Pop. res.	8,3	

Provincia	Totale	% donne su totale	classi età %					% iscritti per nascita
			00 - 17	18 - 34	35 - 49	50 - 64	65 oltre	
Cagliari	22.907	46,9	15,5	24,0	29,0	19,5	12,0	18,9
Nuoro	22.414	47,6	11,1	22,3	23,7	22,9	20,0	39,2
Oristano	16.865	47,3	10,9	22,3	25,5	23,0	18,3	39,4
Sassari	33.456	47,4	12,9	21,5	25,0	22,0	18,6	26,4
Sud Sardegna	34.575	47,0	10,8	22,5	25,7	22,2	18,7	33,3
Sardegna	130.217	47,2	12,2	22,5	25,7	21,9	17,7	30,8

Area continentale	Iscritti AIRE	%	di cui donne	incidenza % donne	anzianità iscrizione AIRE (anni)			
					< 1	tra 1 e 5	tra 5 e 10	> di 10
UE 15	100.749	77,4	47.488	47,1	5.102	11.285	11.461	72.901
UE nuovi 13	1.383	1,1	480	34,7	273	423	325	362
Europa centro-orientale	266	0,2	115	43,2	42	60	71	93
Europa altri	10.226	7,9	5.001	48,9	693	1.040	1.301	7.192
Europa	112.624	86,5	53.084	47,1	6.110	12.808	13.158	80.548
Africa settentrionale	389	0,3	143	36,8	90	97	100	102
Africa occidentale	113	0,1	42	37,2	12	27	22	52
Africa orientale	139	0,1	54	38,8	18	24	40	57
Africa centro-meridionale	488	0,4	239	49,0	24	41	56	367
Africa	1.129	0,9	478	42,3	144	189	218	578
Asia occidentale	595	0,5	251	42,2	110	149	155	181
Asia centro-meridionale	49	0,0	18	36,7	8	14	11	16
Asia orientale	600	0,5	205	34,2	93	131	160	216
Asia	1.244	1,0	474	38,1	211	294	326	413
America settentrionale	3.497	2,7	1.701	48,6	311	579	642	1.965
America centro-meridionale	9.513	7,3	4.750	49,9	1.238	1.701	1.513	5.061
America	13.010	10,0	6.451	49,6	1.549	2.280	2.155	7.026
Oceania	2.210	1,7	1.001	45,3	289	404	343	1.174
Totale	130.217	100,0	61.488	47,2	8.303	15.975	16.200	89.739

Graduatoria primi 25 paesi di emigrazione		
Paese	v. a.	%
Germania	34.002	26,1
Francia	23.312	17,9
Belgio	13.568	10,4
Regno Unito	13.556	10,4
Svizzera	9.795	7,5
Paesi Bassi	7.016	5,4
Spagna	4.972	3,8
Argentina	4.788	3,7
Stati Uniti d'America	2.746	2,1
Brasile	2.276	1,7
Australia	2.076	1,6
Irlanda	1.123	0,9
Austria	747	0,6
Canada	747	0,6
Lussemburgo	710	0,5
Cile	579	0,4
Danimarca	498	0,4
Sud Africa	438	0,3
Svezia	421	0,3
Portogallo	390	0,3
Grecia	299	0,2
Emirati Arabi Uniti	289	0,2
Polonia	286	0,2
Venezuela	285	0,2
Norvegia	281	0,2
Altri paesi	5.017	3,9
Totale	130.217	100,0

Graduatoria primi 25 comuni per iscritti			
Comune	AIRE	Pop. res.	% AIRE/ Pop.res.
Cagliari	9.180	147.378	6,2
Sassari	5.535	120.875	4,6
Carbonia	3.726	25.990	14,3
Quartu Sant'Elena	3.665	68.463	5,4
Alghero	3.602	42.265	8,5
Olbia	2.587	61.495	4,2
Siniscola	2.008	11.135	18,0
Nuoro	1.836	33.611	5,5
Oristano	1.649	30.273	5,4
Iglesias	1.484	24.903	6,0
Bosa	1.460	7.400	19,7
Assemini	1.388	25.757	5,4
Capoterra	1.385	23.175	6,0
Dorgali	1.319	8.324	15,8
Villacidro	1.247	13.105	9,5
Selargius	1.135	28.392	4,0
Guspini	1.080	10.851	10,0
Sant'Antioco	1.070	10.570	10,1
Sindia	1.026	1.586	64,7
La Maddalena	996	10.573	9,4
San Vito	986	3.421	28,8
Monserrato	969	18.821	5,1
Tortolì	955	10.976	8,7
Ozieri	942	9.775	9,6
Dolianova	904	9.401	9,6
Altri comuni	78.083	811.317	9,6
Totale	130.217	1.569.832	8,3

Graduatoria primi 25 comuni per incidenza			
Comune	AIRE	Pop. res.	% AIRE/ Pop.res.
Bidonì	110	122	90,2
Sindia	1.026	1.586	64,7
Senis	240	386	62,2
Ballao	394	718	54,9
Montresta	241	443	54,4
Suni	516	979	52,7
Sagama	99	188	52,7
Sennariolo	76	153	49,7
Osini	341	708	48,2
Fordongianus	382	815	46,9
Villasalto	402	937	42,9
Sorradile	143	336	42,6
Illorai	308	732	42,1
Chiaramonti	637	1.524	41,8
Seui	470	1.138	41,3
Martis	189	459	41,2
Cossoine	307	752	40,8
Ruinas	234	586	39,9
Ardauli	303	760	39,9
Allai	133	349	38,1
Tresnuraghes	363	1.008	36,0
Padria	198	582	34,0
Ittireddu	156	463	33,7
Ulà Tirso	150	448	33,5
Nulvi	836	2.584	32,4
Altri comuni	121.963	1.551.076	7,9
Totale	130.217	1.569.832	8,3

SICILIA

Popolazione residente	4.794.512	(dato al 01/01/2024)
Iscritti all'AIRE	826.116	(dato al 01/01/2024)
% iscritti AIRE su Pop. res.	17,2	

Provincia	Totale	% donne su totale	classi età %					% iscritti per nascita
			00 - 17	18 - 34	35 - 49	50 - 64	65 oltre	
Agrigento	160.960	47,1	11,6	22,7	22,0	21,4	22,4	37,3
Caltanissetta	74.578	47,2	10,1	22,0	22,4	21,6	23,9	41,2
Catania	139.048	47,6	14,2	23,5	24,1	19,4	18,8	39,3
Enna	82.073	47,9	10,9	21,4	22,6	20,1	24,9	50,5
Messina	97.553	48,5	12,4	21,4	22,8	19,2	24,2	39,4
Palermo	138.239	46,5	13,0	22,6	23,4	20,0	20,9	34,1
Ragusa	34.882	47,3	13,4	23,2	24,2	18,0	21,3	35,3
Siracusa	49.543	47,7	12,6	21,9	22,8	19,8	22,9	44,5
Trapani	49.240	47,2	12,7	22,6	21,7	20,2	22,9	38,7
Sicilia	826.116	47,4	12,4	22,4	22,9	20,1	22,2	39,4

Area continentale	Iscritti AIRE	%	di cui donne	incidenza % donne	anzianità iscrizione AIRE (anni)			
					< 1	tra 1 e 5	tra 5 e 10	> di 10
UE 15	492.086	59,6	227.616	46,3	19.187	45.483	52.054	375.362
UE nuovi 13	6.626	0,8	2.468	37,2	1.183	2.244	1.510	1.689
Europa centro-orientale	813	0,1	383	47,1	133	184	192	304
Europa altri	74.526	9,0	35.302	47,4	3.158	6.133	7.549	57.686
Europa	574.051	69,5	265.769	46,3	23.661	54.044	61.305	435.041
Africa settentrionale	2.382	0,3	1.123	47,1	327	387	398	1.270
Africa occidentale	194	0,0	77	39,7	37	44	40	73
Africa orientale	347	0,0	165	47,6	44	67	75	161
Africa centro-meridionale	2.011	0,2	1.031	51,3	75	179	268	1.489
Africa	4.934	0,6	2.396	48,6	483	677	781	2.993
Asia occidentale	1.586	0,2	708	44,6	260	340	350	636
Asia centro-meridionale	90	0,0	41	45,6	17	28	25	20
Asia orientale	1.201	0,1	411	34,2	160	286	299	456
Asia	2.877	0,3	1.160	40,3	437	654	674	1.112
America settentrionale	69.388	8,4	33.045	47,6	3.997	6.844	7.995	50.552
America centro-meridionale	148.680	18,0	76.400	51,4	12.613	19.058	22.991	94.018
America	218.068	26,4	109.445	50,2	16.610	25.902	30.986	144.570
Oceania	26.186	3,2	12.686	48,4	951	2.324	3.196	19.715
Totale	826.116	100,0	391.456	47,4	42.142	83.601	96.942	603.431

Graduatoria primi 25 paesi di emigrazione		
Paese	v. a.	%
Germania	251.550	30,4
Argentina	104.206	12,6
Belgio	99.443	12,0
Svizzera	73.451	8,9
Francia	61.304	7,4
Stati Uniti d'America	56.764	6,9
Regno Unito	40.911	5,0
Australia	25.860	3,1
Spagna	21.803	2,6
Venezuela	19.671	2,4
Canada	12.624	1,5
Brasile	12.056	1,5
Paesi Bassi	6.072	0,7
Malta	3.776	0,5
Cile	2.335	0,3
Paraguay	2.185	0,3
Austria	2.070	0,3
Uruguay	1.945	0,2
Sud Africa	1.933	0,2
Lussemburgo	1.917	0,2
Irlanda	1.821	0,2
Tunisia	1.279	0,2
Danimarca	1.278	0,2
Svezia	1.275	0,2
Perù	1.175	0,1
Altri paesi	17.412	2,1
Totale	826.116	100,0

Graduatoria primi 25 comuni per iscritti			
Comune	AIRE	Pop. res.	% AIRE/ Pop.res.
Palermo	38.731	628.894	6,2
Catania	23.701	298.209	7,9
Licata	17.437	34.189	51,0
Messina	14.743	217.895	6,8
Palma di Montechiaro	12.196	21.336	57,2
Favara	10.574	31.451	33,6
Siracusa	9.571	116.051	8,2
Adrano	9.115	33.720	27,0
Aragona	8.544	8.725	97,9
Barrafranca	8.223	11.617	70,8
Caltanissetta	8.094	58.342	13,9
Gela	7.957	70.811	11,2
San Cataldo	7.620	20.659	36,9
Riesi	7.546	10.401	72,6
Valguarnera Caropepe	7.494	6.837	109,6
Lercara Friddi	7.385	6.113	120,8
Ragusa	6.809	73.684	9,2
Agrigento	6.792	55.317	12,3
Villarosa	6.659	4.328	153,9
Mirabella Imbaccari	6.638	4.214	157,5
Casteltermini	6.635	7.212	92,0
Piazza Armerina	6.574	20.709	31,7
Ravanusa	6.549	10.259	63,8
Leonforte	6.486	12.183	53,2
Canicattì	6.374	34.447	18,5
Altri comuni	567.669	2.996.909	18,9
Totale	826.116	4.794.512	17,2

Graduatoria primi 25 comuni per incidenza			
Comune	AIRE	Pop. res.	% AIRE/ Pop.res.
Acquaviva Platani	2.419	855	282,9
Sant'Angelo Muxaro	2.559	1.168	219,1
Basicò	1.166	634	183,9
Limina	1.292	727	177,7
Pettineo	2.174	1.241	175,2
Tripi	1.196	748	159,9
Mirabella Imbaccari	6.638	4.214	157,5
Villarosa	6.659	4.328	153,9
Cattolica Eraclea	4.927	3.249	151,6
Sutera	1.759	1.162	151,4
Santa Elisabetta	3.271	2.184	149,8
Cianciana	4.305	3.040	141,6
Bompensiere	672	479	140,3
Comitini	1.173	846	138,7
San Biagio Platani	3.603	2.829	127,4
Montedoro	1.694	1.356	124,9
Lercara Friddi	7.385	6.113	120,8
Delia	4.273	3.864	110,6
Valguarnera Caropepe	7.494	6.837	109,6
Grotte	5.290	5.140	102,9
Joppolo Giancaxio	1.087	1.061	102,5
Cerami	1.850	1.850	100,0
Aragona	8.544	8.725	97,9
Sommatino	5.978	6.339	94,3
Mineo	4.102	4.389	93,5
Altri comuni	734.606	4.721.134	15,6
Totale	826.116	4.794.512	17,2

TOSCANA

Popolazione residente	3.664.798	(dato al 01/01/2024)
Iscritti all'AIRE	226.732	(dato al 01/01/2024)
% iscritti AIRE su Pop. res.	6,2	

Provincia	Totale	% donne su totale	classi età %					% iscritti per nascita
			00 - 17	18 - 34	35 - 49	50 - 64	65 oltre	
Arezzo	16.586	48,0	21,3	22,0	23,4	17,3	16,0	26,7
Firenze	42.554	47,8	20,2	23,2	23,3	18,8	14,6	32,1
Grosseto	8.633	46,9	18,5	23,1	22,8	18,7	16,9	32,1
Livorno	29.871	48,7	18,7	22,1	22,5	18,1	18,7	20,3
Lucca	53.403	49,6	15,1	20,6	23,0	18,3	23,0	51,5
Massa Carrara	20.816	49,0	13,1	21,0	22,5	19,5	23,8	51,5
Pisa	18.879	48,1	19,8	22,2	25,5	17,7	14,8	31,2
Pistoia	17.197	48,3	15,7	22,0	23,9	18,2	20,2	43,2
Prato	8.015	46,0	23,8	23,8	23,1	17,5	11,8	26,7
Siena	10.778	46,8	22,1	22,6	24,5	18,3	12,6	20,2
Toscana	226.732	48,4	18,0	22,0	23,3	18,3	18,4	36,5

Area continentale	Iscritti AIRE	%	di cui donne	incidenza % donne	anzianità iscrizione AIRE (anni)			
					< 1	tra 1 e 5	tra 5 e 10	> di 10
UE 15	85.057	37,5	40.244	47,3	9.732	20.639	15.997	38.689
UE nuovi 13	3.401	1,5	1.278	37,6	515	944	849	1.093
Europa centro-orientale	1.784	0,8	901	50,5	223	333	304	924
Europa altri	18.057	8,0	8.722	48,3	1.564	2.440	2.939	11.114
Europa	1.128	0,5	506	44,9	204	283	244	397
Africa settentrionale	1.113	0,5	498	44,7	106	311	275	421
Africa occidentale	439	0,2	180	41,0	94	142	111	92
Africa orientale	408	0,2	187	45,8	58	82	90	178
Africa centro-meridionale	2.315	1,0	1.163	50,2	132	286	306	1.591
Africa	4.275	1,9	2.028	47,4	390	821	782	2.282
Asia occidentale	8.778	3,9	4.229	48,2	909	1.154	1.747	4.968
Asia centro-meridionale	204	0,1	93	45,6	37	76	39	52
Asia orientale	2.106	0,9	728	34,6	334	492	547	733
Asia	11.088	4,9	5.050	45,5	1.280	1.722	2.333	5.753
America settentrionale	17.965	7,9	8.444	47,0	1.859	3.017	3.396	9.693
America centro-meridionale	80.087	35,3	40.678	50,8	12.025	14.848	13.061	40.153
America	98.052	43,2	49.122	50,1	13.884	17.865	16.457	49.846
Oceania	5.003	2,2	2.354	47,1	463	880	957	2.703
Totale	226.732	100,0	109.707	48,4	28.149	45.616	40.587	112.380

Graduatoria primi 25 paesi di emigrazione

Paese	v. a.	%
Brasile	31.992	14,1
Argentina	26.430	11,7
Regno Unito	23.675	10,4
Francia	16.785	7,4
Svizzera	16.753	7,4
Germania	15.583	6,9
Stati Uniti d'America	15.257	6,7
Spagna	11.549	5,1
Israele	6.586	2,9
Belgio	6.267	2,8
Uruguay	4.788	2,1
Australia	4.590	2,0
Venezuela	4.132	1,8
Cile	3.304	1,5
Paesi Bassi	2.937	1,3
Canada	2.708	1,2
Colombia	2.433	1,1
Sud Africa	2.174	1,0
Messico	1.525	0,7
Irlanda	1.467	0,6
Portogallo	1.372	0,6
Svezia	1.363	0,6
Austria	1.334	0,6
Perù	1.126	0,5
Turchia	1.003	0,4
Altri paesi	19.599	8,6
Totale	226.732	100,0

Graduatoria primi 25 comuni per iscritti

Comune	AIRE	Pop. res.	% AIRE/ Pop.res.
Firenze	23.517	363.837	6,5
Livorno	17.071	153.186	11,1
Lucca	13.550	89.136	15,2
Capannori	7.848	46.343	16,9
Prato	6.207	198.034	3,1
Pisa	5.975	89.371	6,7
Carrara	5.001	59.793	8,4
Arezzo	4.513	96.426	4,7
Pistoia	4.131	89.116	4,6
Massa	3.899	65.987	5,9
Viareggio	3.448	60.793	5,7
Bagni di Lucca	3.193	5.616	56,9
Pontremoli	3.097	6.883	45,0
Camaiore	2.385	31.860	7,5
Siena	2.310	53.011	4,4
Pescia	2.207	19.253	11,5
Grosseto	2.165	81.636	2,7
Pietrasanta	2.089	22.835	9,1
Marciana Marina	2.075	1.869	111,0
Montecatini-Terme	2.049	21.180	9,7
Barga	1.795	9.387	19,1
Fivizzano	1.762	7.041	25,0
Massarosa	1.726	21.857	7,9
Cecina	1.692	28.064	6,0
Borgo a Mozzano	1.649	6.694	24,6
Altri comuni	101.378	2.035.590	5,0
Totale	226.732	3.664.798	6,2

Graduatoria primi 25 comuni per incidenza

Comune	AIRE	Pop. res.	% AIRE/ Pop.res.
Careggine	703	504	139,5
Marciana Marina	2.075	1.869	111,0
Zeri	917	922	99,5
Fabbriche di Vergemoli	653	706	92,5
Villa Collemandina	836	1.179	70,9
Marciana	1.396	2.060	67,8
Comano	450	665	67,7
Vagli Sotto	507	790	64,2
Bagni di Lucca	3.193	5.616	56,9
Molazzana	480	981	48,9
Pontremoli	3.097	6.883	45,0
Pieve Fosciana	963	2.227	43,2
Mulazzo	943	2.292	41,1
Villa Basilica	585	1.462	40,0
Stazzema	1.135	2.868	39,6
Camporgiano	649	2.004	32,4
Sillano Giuncugnano	282	999	28,2
Coreglia Antelminelli	1.416	5.066	28,0
Isola del Giglio	348	1.284	27,1
San Romano in Garfagnana	349	1.324	26,4
Castelnuovo di Garfagnana	1.438	5.609	25,6
Campo nell'Elba	1.190	4.677	25,4
Fosciandora	138	549	25,1
Fivizzano	1.762	7.041	25,0
Casola in Lunigiana	233	933	25,0
Altri comuni	200.994	3.604.288	5,6
Totale	226.732	3.664.798	6,2

TRENTINO ALTO ADIGE

Popolazione residente	1.082.116	(dato al 01/01/2024)
Iscritti all'AIRE	134.761	(dato al 01/01/2024)
% iscritti AIRE su Pop. res.	12,5	

Provincia	Totale	% donne su totale	classi età %					% iscritti per nascita
			00 - 17	18 - 34	35 - 49	50 - 64	65 oltre	
Bolzano	54.327	48,2	19,3	26,6	23,0	16,7	14,3	30,3
Trento	80.434	48,8	16,2	22,0	25,3	18,5	17,9	30,9
Trentino A. A.	134.761	48,6	17,4	23,9	24,4	17,8	16,5	30,6

Area continentale	Iscritti AIRE	%	di cui donne	incidenza % donne	anzianità iscrizione AIRE (anni)			
					< 1	tra 1 e 5	tra 5 e 10	> di 10
UE 15	59.217	43,9	28.673	48,4	6.425	11.862	10.553	30.377
UE nuovi 13	1.251	0,9	503	40,2	170	321	287	473
Europa centro-orientale	905	0,7	439	48,5	121	177	204	403
Europa altri	16.354	12,1	8.172	50,0	1.520	2.025	2.074	10.735
Europa	77.727	57,7	37.787	48,6	8.236	14.385	13.118	41.988
Africa settentrionale	430	0,3	193	44,9	104	105	125	96
Africa occidentale	85	0,1	31	36,5	17	28	24	16
Africa orientale	126	0,1	53	42,1	18	22	26	60
Africa centro-meridionale	436	0,3	204	46,8	24	27	62	323
Africa	1.077	0,8	481	44,7	163	182	237	495
Asia occidentale	447	0,3	198	44,3	76	103	105	163
Asia centro-meridionale	93	0,1	46	49,5	12	41	20	20
Asia orientale	660	0,5	241	36,5	98	143	198	221
Asia	1.200	0,9	485	40,4	186	287	323	404
America settentrionale	4.277	3,2	2.086	48,8	406	679	787	2.405
America centro-meridionale	49.006	36,4	23.918	48,8	4.552	12.757	14.449	17.248
America	53.283	39,5	26.004	48,8	4.958	13.436	15.236	19.653
Oceania	1.474	1,1	730	49,5	151	266	296	761
Totale	134.761	100,0	65.487	48,6	13.694	28.556	29.210	63.301

Graduatoria primi 25 paesi di emigrazione		
Paese	v. a.	%
Brasile	33.561	24,9
Germania	23.623	17,5
Austria	17.084	12,7
Svizzera	15.797	11,7
Argentina	9.520	7,1
Regno Unito	6.426	4,8
Francia	3.759	2,8
Stati Uniti d'America	2.986	2,2
Spagna	2.721	2,0
Belgio	2.320	1,7
Cile	1.945	1,4
Uruguay	1.649	1,2
Australia	1.307	1,0
Canada	1.290	1,0
Paesi Bassi	1.151	0,9
Paraguay	516	0,4
Bosnia-Erzegovin	419	0,3
Sud Africa	412	0,3
Portogallo	394	0,3
Irlanda	388	0,3
Messico	379	0,3
Svezia	363	0,3
Lussemburgo	358	0,3
Danimarca	321	0,2
Norvegia	280	0,2
Altri	5.792	4,3
Totale	134.761	100,0

Graduatoria primi 25 comuni per iscritti			
Comune	AIRE	Pop. res.	% AIRE/ Pop.res.
Trento		118.886	12,2
Bolzano/Bozen	9.519	106.564	8,9
Merano/Meran	4.427	41.397	10,7
Levico Terme	3.858	8.264	46,7
Rovereto	3.179	40.047	7,9
Bressanone/Brixen	2.762	23.004	12,0
Pergine Valsugana	2.726	21.684	12,6
Primiero San Martino di Castrozza	2.422	4.983	48,6
Brunico/Bruneck	2.240	17.143	13,1
Roncegno Terme	2.065	2.940	70,2
Borgo Valsugana	1.843	7.081	26,0
Riva del Garda	1.616	17.858	9,0
Arco	1.589	17.763	8,9
Appiano sulla strada del vino	1.531	14.972	10,2
Altopiano della Vigolana	1.451	5.116	28,4
Canal San Bovo	1.270	1.462	86,9
Lana/Lana	1.194	12.541	9,5
Castel Ivano	1.164	3.268	35,6
Ala	1.122	8.794	12,8
Malles Venosta/Mals	1.121	5.279	21,2
Novaledo	1.093	1.162	94,1
Laives/Leifers	990	18.430	5,4
Vipiteno/Sterzing	908	6.955	13,1
Besenello	895	2.800	32,0
Predaia	888	6.903	12,9
Altri comuni	68.366	566.820	12,1
Totale		1.082.116	12,5

Graduatoria primi 25 comuni per incidenza			
Comune	AIRE	Pop. res.	% AIRE/ Pop.res.
Samone	605	546	110,8
Ronchi Valsugana	467	451	103,5
Novaledo	1.093	1.162	94,1
Canal San Bovo	1.270	1.462	86,9
Roncegno Terme	2.065	2.940	70,2
Fornace	860	1.336	64,4
Ospedaletto	467	808	57,8
Lavarone	669	1.203	55,6
Sagron Mis	87	177	49,2
Primiero San Martino di Castrozza	2.422	4.983	48,6
Levico Terme	3.858	8.264	46,7
Albiano	708	1.523	46,5
Tubre/Taufers im Münstertal	424	959	44,2
Imer	463	1.177	39,3
Vallarsa	539	1.392	38,7
Grigno	770	2.022	38,1
Torcegno	261	694	37,6
Castelnuovo	388	1.086	35,7
Castel Ivano	1.164	3.268	35,6
Campodenno	483	1.509	32,0
Bresimo	78	244	32,0
Besenello	895	2.800	32,0
Stenico	369	1.175	31,4
Palù del Fersina	49	159	30,8
Nomi	409	1.352	30,3
Altri comuni	113.898	1.039.424	11,0
Totale	134.761	1.082.116	12,5

UMBRIA

Popolazione residente	854.378	(dato al 01/01/2024)
Iscritti all'AIRE	47.806	(dato al 01/01/2024)
% iscritti AIRE su Pop. res.	5,6	

Provincia	Totale	% donne su totale	classi età %					% iscritti per nascita
			00 - 17	18 - 34	35 - 49	50 - 64	65 oltre	
Perugia	37.308	48,0	16,5	21,7	22,5	19,4	19,8	32,5
Terni	10.498	48,1	18,2	21,4	24,9	18,8	16,7	38,7
Umbria	47.806	48,0	16,9	21,6	23,1	19,3	19,1	33,9

Area continentale	Iscritti AIRE	%	di cui donne	incidenza % donne	anzianità iscrizione AIRE (anni)			
					< 1	tra 1 e 5	tra 5 e 10	> di 10
UE 15	24.928	52,1	11.814	47,4	2.209	4.958	4.053	13.708
UE nuovi 13	794	1,7	292	36,8	147	264	192	191
Europa centro-orientale	231	0,5	109	47,2	59	74	60	38
Europa altri	5.344	11,2	2.587	48,4	469	809	693	3.373
Europa	31.297	65,5	14.802	47,3	2.884	6.105	4.998	17.310
Africa settentrionale	256	0,5	107	41,8	48	68	65	75
Africa occidentale	59	0,1	29	49,2	12	10	18	19
Africa orientale	99	0,2	48	48,5	14	28	21	36
Africa centro-meridionale	469	1,0	227	48,4	28	55	60	326
Africa	310	0,6	149	48,1	27	84	70	129
Asia occidentale	368	0,8	177	48,1	75	86	71	136
Asia centro-meridionale	47	0,1	19	40,4	15	14	12	6
Asia orientale	346	0,7	134	38,7	33	78	103	132
Asia	761	1,6	330	43,4	123	178	186	274
America settentrionale	2.775	5,8	1.339	48,3	309	484	485	1.497
America centro-meridionale	11.162	23,3	5.626	50,4	1.361	2.253	2.392	5.156
America	13.937	29,2	6.965	50,0	1.670	2.737	2.877	6.653
Oceania	928	1,9	460	49,6	98	208	184	438
Totale	47.806	100,0	22.968	48,0	4.877	9.389	8.409	25.131

Graduatoria primi 25 paesi di emigrazione		
Paese	v. a.	%
Francia	7.442	15,6
Brasile	5.436	11,4
Svizzera	5.048	10,6
Regno Unito	4.591	9,6
Germania	4.295	9,0
Argentina	3.738	7,8
Belgio	2.416	5,1
Stati Uniti d'America	2.191	4,6
Spagna	2.129	4,5
Lussemburgo	1.767	3,7
Australia	830	1,7
Paesi Bassi	667	1,4
Canada	584	1,2
Sud Africa	435	0,9
Cile	400	0,8
Venezuela	391	0,8
Irlanda	376	0,8
Austria	326	0,7
Portogallo	269	0,6
Svezia	229	0,5
Messico	227	0,5
Uruguay	215	0,4
Romania	203	0,4
Danimarca	199	0,4
Grecia	172	0,4
Altri paesi	3.230	6,8
Totale	47.806	100,0

Graduatoria primi 25 comuni per iscritti			
Comune	AIRE	Pop. res.	% AIRE/ Pop.res.
Perugia	9.603	162.527	5,9
Terni	5.797	106.677	5,4
Foligno	2.798	55.296	5,1
Gubbio	2.677	30.358	8,8
Città di Castello	2.481	38.195	6,5
Spoleto	2.145	36.186	5,9
Assisi	1.645	27.549	6,0
Gualdo Tadino	1.506	14.281	10,5
Todi	859	15.588	5,5
Narni	843	17.904	4,7
Umbertide	826	16.310	5,1
Bastia Umbra	794	21.311	3,7
Corciano	785	21.597	3,6
Trevi	652	7.972	8,2
Orvieto	646	19.367	3,3
Nocera Umbra	636	5.526	11,5
Amelia	610	11.535	5,3
Magione	603	14.660	4,1
San Giustino	592	11.097	5,3
Marsciano	528	18.018	2,9
Castiglione del Lago	525	15.134	3,5
Spello	521	8.281	6,3
Città della Pieve	459	7.407	6,2
Passignano sul Trasimeno	441	5.700	7,7
Bevagna	375	4.760	7,9
Altri comuni	8.459	161.142	5,2
Totale	47.806	854.378	5,6

Graduatoria primi 25 comuni per incidenza			
Comune	AIRE	Pop. res.	% AIRE/ Pop.res.
Scheggia e Pascelupo	275	1.245	22,1
Costacciaro	182	1.040	17,5
Parrano	69	478	14,4
Fossato di Vico	367	2.604	14,1
Pietralunga	261	1.977	13,2
Sigillo	292	2.312	12,6
Nocera Umbra	636	5.526	11,5
Ficulle	167	1.544	10,8
Montegabbione	118	1.117	10,6
Gualdo Tadino	1.506	14.281	10,5
Sellano	93	964	9,6
Monte Santa Maria Tiberina	101	1.084	9,3
Gubbio	2.677	30.358	8,8
Cannara	353	4.170	8,5
Vallo di Nera	27	328	8,2
Trevi	652	7.972	8,2
Montone	125	1.546	8,1
Bevagna	375	4.760	7,9
Passignano sul Trasimeno	441	5.700	7,7
Fabro	200	2.592	7,7
Tuoro sul Trasimeno	287	3.736	7,7
Valtopina	98	1.288	7,6
Preci	53	699	7,6
Castel Viscardo	193	2.647	7,3
Città di Castello	2.481	38.195	6,5
Altri comuni	35.777	716.215	5,0
Totale	47.806	854.378	5,6

VALLE D'AOSTA

Popolazione residente	123.018	(dato al 01/01/2024)
Iscritti all'AIRE	8.228	(dato al 01/01/2024)
% iscritti AIRE su Pop. res.	6,7	

Provincia	Totale	% donne su totale	classi età %					% iscritti per nascita
			00 - 17	18 - 34	35 - 49	50 - 64	65 oltre	
Aosta	8.228	48,6	19,1	23,8	21,6	18,9	16,6	26,1
Valle d'Aosta	8.228	48,6	19,1	23,8	21,6	18,9	16,6	26,1

Area continentale	Iscritti AIRE	%	di cui donne	incidenza % donne	anzianità iscrizione AIRE (anni)			
					< 1	tra 1 e 5	tra 5 e 10	> di 10
UE 15	4.389	53,3	2.113	48,1	490	1.352	949	1.598
UE nuovi 13	127	1,5	47	37,0	17	41	31	38
Europa centro-orientale	39	0,5	17	43,6	9	10	10	10
Europa altri	2.022	24,6	1.005	49,7	202	322	278	1.220
Europa	6.577	79,9	3.182	48,4	718	1.725	1.268	2.866
Africa settentrionale	121	1,5	56	46,3	23	27	41	30
Africa occidentale	22	0,3	5	22,7	3	5	4	10
Africa orientale	15	0,2	4	26,7	2	3	5	5
Africa centro-meridionale	50	0,6	31	62,0	1	7	6	36
Africa	27	0,3	13	48,1	7	6	7	7
Asia occidentale	32	0,4	13	40,6	8	9	2	13
Asia centro-meridionale	1	0,0	-	-	1	2	-	-
Asia orientale	73	0,9	31	42,5	19	19	15	20
Asia	106	1,3	44	41,5	28	30	17	33
America settentrionale	376	4,6	180	47,9	43	58	56	219
America centro-meridionale	844	10,3	443	52,5	99	152	154	439
America	1.220	14,8	623	51,1	142	210	210	658
Oceania	117	1,4	54	46,2	17	19	15	66
Totale	8.228	100,0	3.999	48,6	933	2.025	1.566	3.704

Graduatoria primi 25 paesi di emigrazione		
Paese	v. a.	%
Francia	2.448	29,8
Svizzera	1.979	24,1
Regno Unito	548	6,7
Spagna	376	4,6
Argentina	372	4,5
Germania	355	4,3
Stati Uniti d'America	276	3,4
Belgio	254	3,1
Brasile	223	2,7
Paesi Bassi	103	1,3
Australia	102	1,2
Canada	100	1,2
Lussemburgo	80	1,0
Portogallo	53	0,6
Marocco	52	0,6
Repubblica Dominicana	51	0,6
Austria	50	0,6
Sud Africa	47	0,6
Tunisia	46	0,6
Svezia	43	0,5
Cile	35	0,4
Venezuela	35	0,4
Repubblica Ceca	33	0,4
Irlanda	30	0,4
Romania	29	0,4
Altri paesi	508	6,2
Totale	8.228	100,0

Graduatoria primi 25 comuni per iscritti			
Comune	AIRE	Pop. res.	% AIRE/ Pop.res.
Aosta	2.500	33.176	7,5
Saint-Vincent	372	4.455	8,4
Sarre	291	4.794	6,1
Châtillon	275	4.366	6,3
Pont-Saint-Martin	258	3.535	7,3
Verrès	231	2.513	9,2
Quart	226	4.127	5,5
Saint-Pierre	194	3.295	5,9
Courmayeur	189	2.608	7,2
Nus	179	2.953	6,1
Valtournenche	167	2.172	7,7
Morgex	163	2.057	7,9
Saint-Christophe	157	3.495	4,5
Aymavilles	131	2.104	6,2
La Salle	131	2.031	6,5
Gressan	128	3.374	3,8
Charvensod	121	2.421	5,0
Gignod	120	1.683	7,1
Fénis	109	1.764	6,2
Villeneuve	109	1.285	8,5
Donnas	104	2.394	4,3
Pré-Saint-Didier	90	958	9,4
Montjovet	81	1.751	4,6
Gressoney-Saint-Jean	76	761	10,0
Pollein	75	1.493	5,0
Altri comuni	1.751	27.453	6,4
Totale	8.228	123.018	6,7

Graduatoria primi 25 comuni per incidenza			
Comune	AIRE	Pop. res.	% AIRE/ Pop.res.
Rhêmes-Notre-Dame	17	76	22,4
Valsavarenche	34	153	22,2
Saint-Rhémy-en-Bosses	74	334	22,2
Saint-Oyen	38	194	19,6
Chamois	17	108	15,7
Champorcher	47	367	12,8
Perloz	54	446	12,1
Issime	42	384	10,9
Gressoney-La-Trinité	35	324	10,8
Bard	11	102	10,8
Gressoney-Saint-Jean	76	761	10,0
Pré-Saint-Didier	90	958	9,4
Verrès	231	2.513	9,2
Introd	59	651	9,1
Saint-Nicolas	30	334	9,0
Torgnon	50	559	8,9
La Thuile	68	774	8,8
Gaby	36	418	8,6
Villeneuve	109	1.285	8,5
Valpelline	50	591	8,5
Saint-Vincent	372	4.455	8,4
Challand-Saint-Anselme	60	741	8,1
Chambave	70	869	8,1
Antey-Saint-André	45	565	8,0
Morgex	163	2.057	7,9
Altri comuni	6.350	102.999	6,2
Totale	8.228	123.018	6,7

VENETO

Popolazione residente	4.851.972	(dato al 01/01/2024)
Iscritti all'AIRE	563.182	(dato al 01/01/2024)
% iscritti AIRE su Pop. res.	11,6	

Provincia	Totale	% donne su totale	classi età %					% iscritti per nascita
			00 - 17	18 - 34	35 - 49	50 - 64	65 oltre	
Belluno	59.874	49,5	12,9	20,4	23,6	19,9	23,2	54,5
Padova	72.937	48,9	18,5	22,0	24,1	18,4	17,0	45,8
Rovigo	23.420	49,5	18,4	20,6	26,6	16,5	17,9	63,3
Treviso	158.901	49,5	15,7	21,1	23,8	19,0	20,4	52,9
Venezia	68.405	48,8	17,9	21,9	24,1	18,4	17,7	41,8
Verona	62.215	48,4	19,4	23,0	24,1	18,3	15,3	39,6
Vicenza	117.430	49,3	18,3	22,0	23,5	18,3	17,9	46,6
Veneto	563.182	49,1	17,1	21,6	23,9	18,6	18,7	48,5

Area continentale	Iscritti AIRE	%	di cui donne	incidenza % donne	anzianità iscrizione AIRE (anni)			
					< 1	tra 1 e 5	tra 5 e 10	> di 10
UE 15	183.030	32,5	86.930	47,5	18.716	46.812	36.840	80.662
UE nuovi 13	6.524	1,2	2.522	38,7	957	1.553	1.551	2.463
Europa centro-orientale	1.929	0,3	862	44,7	405	508	455	561
Europa altri	46.191	8,2	22.646	49,0	2.979	5.059	5.228	32.925
Europa	237.674	42,2	112.960	47,5	23.057	53.932	44.074	116.611
Africa settentrionale	1.740	0,3	790	45,4	290	548	449	453
Africa occidentale	756	0,1	318	42,1	183	246	188	139
Africa orientale	738	0,1	340	46,1	104	125	138	371
Africa centro-meridionale	3.333	0,6	1.666	50,0	153	291	402	2.487
Africa	6.567	1,2	3.114	47,4	730	1.210	1.177	3.450
Asia occidentale	3.483	0,6	1.648	47,3	536	708	784	1.455
Asia centro-meridionale	370	0,1	156	42,2	72	147	70	81
Asia orientale	3.693	0,7	1.261	34,1	552	875	1.010	1.256
Asia	7.546	1,3	3.065	40,6	1.160	1.730	1.864	2.792
America settentrionale	28.752	5,1	14.238	49,5	2.893	4.785	4.907	16.167
America centro-meridionale	265.822	47,2	135.176	50,9	43.015	54.383	46.424	122.000
America	294.574	52,3	149.414	50,7	45.908	59.168	51.331	138.167
Oceania	16.821	3,0	8.248	49,0	1.159	2.196	2.723	10.743
Totale	563.182	100,0	276.801	49,1	72.014	118.236	101.169	271.763

Graduatoria primi 25 paesi di emigrazione		
Paese	v. a.	%
Brasile	187.766	33,3
Argentina	55.920	9,9
Regno Unito	53.146	9,4
Svizzera	44.708	7,9
Francia	37.026	6,6
Germania	36.304	6,4
Stati Uniti d'America	17.986	3,2
Belgio	17.888	3,2
Spagna	17.385	3,1
Australia	15.876	2,8
Canada	10.766	1,9
Paesi Bassi	4.816	0,9
Uruguay	4.591	0,8
Austria	4.246	0,8
Venezuela	4.175	0,7
Messico	3.259	0,6
Portogallo	3.128	0,6
Sud Africa	3.054	0,5
Irlanda	2.498	0,4
Cile	2.256	0,4
Lussemburgo	1.957	0,3
Svezia	1.662	0,3
Danimarca	1.464	0,3
Romania	1.442	0,3
Perù	1.248	0,2
Altri paesi	28.615	5,1
Totale	563.182	100,0

Graduatoria primi 25 comuni per iscritti			
Comune	AIRE	Pop. res.	% AIRE/ Pop.res.
Venezia	19.840	250.369	7,9
Padova	16.295	207.301	7,9
Verona	16.126	255.643	6,3
Vicenza	9.821	110.830	8,9
Treviso	9.079	85.282	10,6
Bassano del Grappa	6.419	42.434	15,1
Vittorio Veneto	6.196	27.217	22,8
Castelfranco Veneto	6.094	33.103	18,4
Belluno	6.082	35.487	17,1
Schio	6.007	38.848	15,5
Montebelluna	5.637	31.281	18,0
Borgo Valbelluna	5.457	13.476	40,5
Feltre	4.532	20.468	22,1
Conegliano	4.064	34.445	11,8
Valdagno	3.786	25.765	14,7
San Donà di Piave	3.728	41.883	8,9
Arzignano	3.539	25.603	13,8
Montecchio Maggiore	3.454	23.591	14,6
Valbrenta	3.413	4.862	70,2
Marostica	3.368	14.033	24,0
Volpago del Montello	3.360	10.050	33,4
Oderzo	3.293	20.207	16,3
Rovigo	3.272	50.099	6,5
Portogruaro	3.210	24.356	13,2
Arsiè	3.052	2.168	140,8
Altri comuni	404.058	3.423.171	11,8
Totale	563.182	4.851.972	11,6

Graduatoria primi 25 comuni per incidenza			
Comune	AIRE	Pop. res.	% AIRE/ Pop.res.
Soverzene	967	359	269,4
Posina	917	572	160,3
Arsiè	3.052	2.168	140,8
Vallada Agordina	580	456	127,2
Enego	1.644	1.515	108,5
Foza	631	657	96,0
Fonzaso	2.838	3.019	94,0
Lamon	2.376	2.604	91,2
Cibiana di Cadore	274	321	85,4
Valdastico	988	1.167	84,7
Seren del Grappa	1.789	2.320	77,1
Cison di Valmarino	1.730	2.386	72,5
Valbrenta	3.413	4.862	70,2
Gosaldo	365	521	70,1
Fregona	1.873	2.742	68,3
Laghi	80	127	63,0
Val di Zoldo	1.724	2.771	62,2
Longarone	2.999	5.015	59,8
Rotzo	362	634	57,1
Sovramonte	736	1.322	55,7
San Gregorio nelle Alpi	828	1.564	52,9
Cesiomaggiore	2.086	3.941	52,9
Segusino	943	1.812	52,0
Monfumo	660	1.297	50,9
Tonezza del Cimone	257	512	50,2
Altri comuni	529.070	4.807.308	11,0
Totale	563.182	4.851.972	11,6

Cittadini italiani iscritti all'AIRE per provincia/regione/ripartizione territoriale di origine, genere, classe di età e stato civile. Valori assoluti e percentuali. Anno 2024.

Provincia/Regione/ Area geografica	Sesso				Classi età %					Stato civile %				
	Totale	%	F	% F	00 - 17	18 - 34	35 - 49	50 - 64	65 oltre	celibi	coniugati	vedovi	divorziati	n.d.
Aosta	8.228	0,1	3.999	0,1	0,2	0,1	0,1	0,1	0,1	0,1	0,1	0,2	0,2	0,1
Valle d'Aosta	8.228	0,1	3.999	0,1	0,2	0,1	0,1	0,1	0,1	0,1	0,1	0,2	0,2	0,1
Alessandria	45.763	0,7	22.835	0,8	0,8	0,7	0,8	0,7	0,7	0,8	0,7	0,5	0,8	0,5
Asti	18.607	0,3	9.167	0,3	0,3	0,3	0,3	0,3	0,3	0,3	0,3	0,2	0,3	0,2
Biella	16.645	0,3	8.151	0,3	0,3	0,3	0,3	0,3	0,2	0,3	0,3	0,3	0,3	0,1
Cuneo	70.132	1,1	35.030	1,2	1,3	1,2	1,2	1,0	1,1	1,2	1,1	0,9	1,2	0,3
Novara	24.036	0,4	11.555	0,4	0,5	0,4	0,4	0,4	0,3	0,4	0,4	0,4	0,5	0,2
Torino	155.540	2,5	74.647	2,5	3,2	2,7	2,6	2,4	2,0	2,6	2,4	2,1	3,0	0,6
Verbano-Cusio-Ossola	19.691	0,3	9.517	0,3	0,3	0,3	0,3	0,3	0,3	0,3	0,3	0,4	0,5	0,2
Vercelli	13.709	0,2	6.715	0,2	0,3	0,2	0,2	0,2	0,2	0,2	0,2	0,2	0,3	0,1
Piemonte	364.123	5,9	177.617	6,0	7,1	6,2	6,1	5,5	5,2	6,1	5,8	5,0	6,9	2,2
Bergamo	72.240	1,2	34.649	1,2	1,6	1,3	1,1	1,1	0,9	1,2	1,2	1,2	1,3	0,6
Brescia	68.678	1,1	32.495	1,1	1,8	1,3	1,0	1,0	0,7	1,2	1,1	0,9	1,1	0,6
Como	60.884	1,0	29.535	1,0	1,2	1,0	1,0	1,0	0,8	1,0	1,0	1,0	1,4	0,6
Cremona	25.255	0,4	12.224	0,4	0,5	0,4	0,4	0,4	0,3	0,4	0,4	0,3	0,4	0,1
Lecco	18.909	0,3	9.169	0,3	0,5	0,3	0,3	0,3	0,2	0,3	0,3	0,2	0,3	0,2
Lodi	7.189	0,1	3.315	0,1	0,2	0,1	0,1	0,1	0,1	0,1	0,1	0,1	0,1	0,2
Mantova	44.539	0,7	21.773	0,7	1,1	0,7	0,8	0,6	0,5	0,7	0,8	0,4	0,7	0,3
Milano	172.295	2,8	81.272	2,7	3,5	3,0	3,0	2,9	1,8	2,9	2,7	1,8	3,6	0,8
Monza e della Brianza	34.490	0,6	16.100	0,5	0,9	0,6	0,6	0,5	0,3	0,6	0,5	0,4	0,7	0,6
Pavia	40.294	0,7	19.733	0,7	0,8	0,7	0,7	0,6	0,5	0,7	0,7	0,4	0,7	0,2
Sondrio	26.999	0,4	13.436	0,5	0,5	0,4	0,4	0,5	0,4	0,4	0,5	0,5	0,5	0,2
Varese	70.000	1,1	33.728	1,1	1,4	1,2	1,2	1,1	0,9	1,1	1,1	1,0	1,6	0,4
Lombardia	641.772	10,5	307.429	10,4	13,9	11,1	10,8	10,0	7,4	10,6	10,5	8,3	12,4	4,7
Genova	99.462	1,6	49.256	1,7	1,8	1,7	1,6	1,5	1,6	1,7	1,5	1,2	1,8	0,8
Imperia	23.679	0,4	11.099	0,4	0,4	0,4	0,4	0,4	0,4	0,4	0,4	0,5	0,6	0,2
La Spezia	19.840	0,3	9.688	0,3	0,3	0,3	0,3	0,3	0,3	0,3	0,3	0,3	0,4	0,1
Savona	33.163	0,5	16.368	0,6	0,5	0,6	0,5	0,5	0,5	0,5	0,5	0,4	0,7	0,9
Liguria	176.144	2,9	86.411	2,9	3,1	3,0	2,8	2,7	2,8	3,0	2,7	2,4	3,5	2,0
Nord Ovest	1.190.267	19,4	575.456	19,4	24,2	20,5	19,9	18,3	15,5	19,7	19,2	15,9	22,9	8,9
Bolzano/Bozen	54.327	0,9	26.205	0,9	1,2	1,1	0,9	0,8	0,6	1,0	0,8	0,7	0,9	0,1
Trento	80.434	1,3	39.282	1,3	1,5	1,3	1,4	1,2	1,1	1,3	1,3	0,9	1,2	0,2
Trentino Alto Adige	134.761	2,2	65.487	2,2	2,6	2,4	2,3	2,0	1,7	2,3	2,1	1,7	2,1	0,3
Belluno	59.874	1,0	29.634	1,0	0,9	0,9	1,0	1,0	1,1	0,9	1,1	1,2	0,9	0,1
Padova	72.937	1,2	35.635	1,2	1,5	1,2	1,2	1,1	1,0	1,2	1,2	0,9	1,2	0,4
Rovigo	23.420	0,4	11.593	0,4	0,5	0,4	0,4	0,3	0,3	0,4	0,4	0,3	0,4	0,1
Treviso	158.901	2,6	78.593	2,7	2,8	2,5	2,7	2,5	2,5	2,5	2,8	2,4	2,5	0,7
Venezia	68.405	1,1	33.393	1,1	1,4	1,1	1,2	1,1	0,9	1,1	1,1	1,1	1,2	0,4
Verona	62.215	1,0	30.111	1,0	1,3	1,1	1,1	1,0	0,7	1,0	1,0	0,8	1,1	0,6
Vicenza	117.430	1,9	57.842	2,0	2,4	1,9	1,9	1,8	1,6	1,9	2,0	1,5	1,9	0,5
Veneto	563.182	9,2	276.801	9,3	10,7	9,1	9,5	8,8	8,2	9,1	9,6	8,2	9,2	2,8
Gorizia	15.116	0,2	7.435	0,3	0,3	0,2	0,2	0,2	0,2	0,2	0,2	0,3	0,3	0,0
Pordenone	62.877	1,0	31.534	1,1	0,9	0,9	0,9	1,1	1,3	1,0	1,1	1,3	0,9	0,1
Trieste	37.220	0,6	18.727	0,6	0,6	0,5	0,6	0,6	0,7	0,6	0,7	1,1	0,8	0,0
Udine	89.188	1,5	44.627	1,5	1,2	1,4	1,4	1,5	1,8	1,5	1,5	2,0	1,4	0,1
Friuli Venezia Giulia	204.401	3,3	102.323	3,5	3,0	3,1	3,1	3,4	4,0	3,3	3,5	4,7	3,3	0,3
Bologna	51.253	0,8	24.740	0,8	1,3	0,9	0,9	0,8	0,5	0,9	0,8	0,6	1,0	0,2
Ferrara	19.247	0,3	9.456	0,3	0,4	0,3	0,3	0,3	0,2	0,3	0,3	0,2	0,4	0,1
Forlì-Cesena	20.443	0,3	9.921	0,3	0,5	0,3	0,3	0,3	0,3	0,3	0,3	0,4	0,4	0,2

(Continua)

Cittadini italiani iscritti all'AIRE per provincia/regione/ripartizione territoriale di origine, genere, classe di età e stato civile. Valori assoluti e percentuali. Anno 2024. *(segue da pagina precedente)*

Provincia/Regione/ Area geografica		Sesso			Classi età %					Stato civile %				
	Totale	%	F	% F	00 - 17	18 - 34	35 - 49	50 - 64	65 oltre	celibi	coniugati	vedovi	divorziati	n.d.
Modena	38.964	0,6	18.591	0,6	0,9	0,7	0,6	0,6	0,4	0,7	0,6	0,5	0,6	0,2
Parma	32.159	0,5	15.713	0,5	0,6	0,5	0,5	0,5	0,5	0,5	0,5	0,6	0,5	0,3
Piacenza	23.396	0,4	11.540	0,4	0,4	0,4	0,3	0,4	0,4	0,4	0,4	0,5	0,4	0,2
Ravenna	17.446	0,3	8.379	0,3	0,4	0,3	0,3	0,3	0,2	0,3	0,3	0,2	0,4	0,2
Reggio nell'Emilia	31.405	0,5	15.194	0,5	0,8	0,6	0,5	0,5	0,3	0,5	0,5	0,4	0,5	0,2
Rimini	30.790	0,5	15.114	0,5	0,6	0,5	0,5	0,5	0,4	0,5	0,5	0,5	0,6	0,2
Emilia Romagna	265.103	4,3	128.648	4,3	6,0	4,4	4,2	4,2	3,3	4,4	4,3	3,9	4,8	1,6
Nord Est	1.167.447	19,0	573.259	19,4	22,4	19,0	19,1	18,4	17,2	19,2	19,4	18,5	19,5	5,0
Arezzo	16.586	0,3	7.969	0,3	0,4	0,3	0,3	0,2	0,2	0,3	0,3	0,3	0,2	0,2
Firenze	42.554	0,7	20.331	0,7	1,0	0,7	0,7	0,7	0,5	0,7	0,7	0,5	0,9	0,2
Grosseto	8.633	0,1	4.046	0,1	0,2	0,1	0,1	0,1	0,1	0,1	0,1	0,1	0,2	0,1
Livorno	29.871	0,5	14.555	0,5	0,6	0,5	0,5	0,5	0,4	0,5	0,4	0,3	0,5	0,3
Lucca	53.403	0,9	26.494	0,9	0,9	0,8	0,9	0,8	1,0	0,9	0,9	0,8	0,9	0,4
Massa e Carrara	20.816	0,3	10.197	0,3	0,3	0,3	0,3	0,3	0,4	0,3	0,3	0,4	0,4	0,1
Pisa	18.879	0,3	9.088	0,3	0,4	0,3	0,3	0,3	0,2	0,3	0,3	0,2	0,4	0,2
Pistoia	17.197	0,3	8.301	0,3	0,3	0,3	0,3	0,3	0,3	0,3	0,3	0,3	0,4	0,1
Prato	8.015	0,1	3.683	0,1	0,2	0,1	0,1	0,1	0,1	0,1	0,1	0,1	0,1	0,1
Siena	10.778	0,2	5.043	0,2	0,3	0,2	0,2	0,2	0,1	0,2	0,2	0,1	0,2	0,3
Toscana	226.732	3,7	109.707	3,7	4,6	3,7	3,7	3,5	3,2	3,7	3,7	3,2	4,2	1,9
Perugia	37.308	0,6	17.916	0,6	0,7	0,6	0,6	0,6	0,6	0,6	0,6	0,9	0,7	0,2
Terni	10.498	0,2	5.052	0,2	0,2	0,2	0,2	0,2	0,1	0,2	0,2	0,2	0,2	0,1
Umbria	47.806	0,8	22.968	0,8	0,9	0,8	0,8	0,8	0,7	0,8	0,8	1,0	0,9	0,3
Ancona	50.096	0,8	24.833	0,8	1,0	0,8	0,8	0,7	0,8	0,8	0,8	0,7	0,7	0,3
Ascoli Piceno	19.531	0,3	9.535	0,3	0,3	0,3	0,3	0,3	0,4	0,3	0,3	0,4	0,3	0,1
Fermo	21.830	0,4	11.005	0,4	0,4	0,4	0,4	0,3	0,3	0,4	0,4	0,2	0,3	0,2
Macerata	61.910	1,0	31.059	1,0	1,1	1,0	1,1	0,9	1,0	1,0	1,0	0,7	0,8	0,3
Pesaro e Urbino	27.649	0,5	13.391	0,5	0,5	0,4	0,4	0,5	0,5	0,5	0,5	0,6	0,5	0,1
Marche	181.016	3,0	89.823	3,0	3,3	2,9	3,0	2,6	3,0	3,0	3,0	2,5	2,5	1,1
Frosinone	58.598	1,0	28.236	1,0	0,6	0,7	0,8	1,0	1,6	0,9	1,1	1,5	0,8	0,3
Latina	34.331	0,6	16.478	0,6	0,5	0,5	0,5	0,6	0,6	0,6	0,6	0,7	0,5	0,2
Rieti	8.995	0,1	4.288	0,1	0,2	0,2	0,2	0,1	0,1	0,2	0,1	0,1	0,1	0,1
Roma	396.075	6,5	193.388	6,5	5,2	6,7	7,0	7,0	6,0	6,9	3,5	2,2	5,2	67,9
Viterbo	12.553	0,2	6.007	0,2	0,3	0,2	0,2	0,2	0,2	0,2	0,2	0,2	0,2	0,1
Lazio	510.552	8,3	248.397	8,4	6,7	8,3	8,7	8,8	8,5	8,7	5,5	4,8	6,9	68,5
Centro	966.106	15,7	470.895	15,9	15,5	15,7	16,2	15,7	15,4	16,2	13,0	11,6	14,5	71,8
Chieti	84.366	1,4	41.488	1,4	0,9	1,1	1,3	1,4	2,0	1,3	1,5	1,8	1,1	0,8
L'Aquila	46.767	0,8	22.853	0,8	0,6	0,7	0,7	0,8	1,0	0,8	0,8	1,0	0,6	0,4
Pescara	39.309	0,6	18.975	0,6	0,5	0,6	0,6	0,7	0,8	0,6	0,6	0,8	0,5	0,6
Teramo	41.556	0,7	19.955	0,7	0,6	0,7	0,6	0,7	0,7	0,7	0,7	0,9	0,7	0,2
Abruzzo	211.998	3,5	103.271	3,5	2,7	3,1	3,2	3,6	4,5	3,4	3,6	4,5	2,9	2,1
Campobasso	66.478	1,1	32.588	1,1	0,7	0,9	0,9	1,1	1,7	1,0	1,2	1,6	0,8	0,2
Isernia	31.495	0,5	15.579	0,5	0,4	0,4	0,5	0,5	0,8	0,5	0,6	0,7	0,4	0,1
Molise	97.973	1,6	48.167	1,6	1,1	1,3	1,4	1,6	2,5	1,5	1,8	2,3	1,2	0,3
Avellino	114.712	1,9	56.007	1,9	1,3	1,6	1,6	2,1	2,6	1,7	2,1	2,8	1,7	2,0
Benevento	58.624	1,0	28.764	1,0	0,7	0,9	0,8	1,1	1,3	0,9	1,0	1,3	0,7	1,1
Caserta	69.255	1,1	32.937	1,1	0,9	1,1	1,1	1,2	1,3	1,1	1,2	1,3	1,6	0,4
Napoli	160.874	2,6	74.372	2,5	2,6	2,9	2,8	2,6	2,2	2,7	2,5	1,9	2,5	1,3
Salerno	159.473	2,6	77.370	2,6	2,3	2,5	2,6	2,7	2,9	2,6	2,7	2,5	2,3	0,9
Campania	562.938	9,2	269.450	9,1	7,9	9,0	8,8	9,6	10,2	9,1	9,5	9,9	8,8	5,7
Bari	111.963	1,8	52.652	1,8	1,5	1,8	1,8	1,9	2,0	1,8	1,9	2,0	1,8	0,4

(Continua)

Cittadini italiani iscritti all'AIRE per provincia/regione/ripartizione territoriale di origine, genere, classe di età e stato civile. Valori assoluti e percentuali. Anno 2024. *(segue da pagina precedente)*

Provincia/Regione/ Area geografica	Sesso				Classi età %					Stato civile %				
	Totale	%	F	% F	00 - 17	18 - 34	35 - 49	50 - 64	65 oltre	celibi	coniugati	vedovi	divorziati	n.d.
Barletta-Andria-Trani	26.007	0,4	12.161	0,4	0,4	0,4	0,4	0,4	0,4	0,4	0,4	0,5	0,4	0,1
Brindisi	38.174	0,6	17.445	0,6	0,6	0,7	0,6	0,7	0,5	0,6	0,6	0,8	0,7	0,1
Foggia	71.483	1,2	33.420	1,1	0,9	1,2	1,1	1,3	1,3	1,1	1,2	1,6	1,1	0,1
Lecce	104.817	1,7	48.000	1,6	1,8	1,8	1,7	1,9	1,3	1,6	1,9	1,8	2,1	0,1
Taranto	32.294	0,5	14.830	0,5	0,5	0,6	0,6	0,5	0,5	0,5	0,5	0,6	0,6	0,0
Puglia	384.738	6,3	178.508	6,0	5,6	6,5	6,3	6,7	6,1	6,2	6,6	7,2	6,8	0,7
Matera	23.524	0,4	11.122	0,4	0,3	0,4	0,4	0,4	0,4	0,4	0,4	0,4	0,4	0,1
Potenza	122.618	2,0	60.666	2,0	1,7	1,8	2,0	2,0	2,4	2,0	2,1	2,1	1,7	0,4
Basilicata	146.142	2,4	71.788	2,4	2,1	2,2	2,3	2,4	2,8	2,3	2,5	2,5	2,1	0,5
Catanzaro	70.531	1,1	34.194	1,2	0,9	1,0	1,1	1,2	1,5	1,1	1,3	1,3	1,0	0,1
Cosenza	192.246	3,1	92.506	3,1	2,4	2,8	3,0	3,1	4,1	3,0	3,4	3,3	2,6	1,0
Crotone	30.644	0,5	14.197	0,5	0,5	0,5	0,5	0,5	0,4	0,5	0,6	0,5	0,4	0,1
Reggio di Calabria	103.292	1,7	50.043	1,7	1,1	1,4	1,7	1,7	2,3	1,6	1,8	1,9	1,3	0,7
Vibo Valentia	53.445	0,9	26.482	0,9	0,5	0,7	0,8	0,9	1,3	0,8	1,0	1,1	0,7	0,5
Calabria	450.158	7,3	217.422	7,3	5,4	6,5	7,2	7,4	9,7	7,1	8,1	8,1	6,0	2,3
Sud	1.853.947	30,2	888.606	30,0	24,7	28,6	29,2	31,3	35,8	29,6	32,1	34,5	27,7	11,6
Agrigento	160.960	2,6	75.800	2,6	2,1	2,7	2,5	2,9	2,8	2,4	3,0	4,2	2,6	0,3
Caltanissetta	74.578	1,2	35.190	1,2	0,8	1,2	1,2	1,3	1,4	1,2	1,3	2,0	1,1	0,1
Catania	139.048	2,3	66.154	2,2	2,2	2,5	2,4	2,3	2,0	2,2	2,4	2,4	2,6	0,1
Enna	82.073	1,3	39.345	1,3	1,0	1,3	1,3	1,4	1,6	1,3	1,5	1,9	1,2	0,0
Messina	97.553	1,6	47.282	1,6	1,3	1,6	1,6	1,6	1,8	1,6	1,7	1,7	1,5	0,2
Palermo	138.239	2,3	64.327	2,2	2,0	2,3	2,3	2,3	2,3	2,2	2,4	2,5	2,1	0,5
Ragusa	34.882	0,6	16.502	0,6	0,5	0,6	0,6	0,5	0,6	0,6	0,6	0,5	0,5	0,3
Siracusa	49.543	0,8	23.619	0,8	0,7	0,8	0,8	0,8	0,9	0,8	0,9	0,9	0,8	0,3
Trapani	49.240	0,8	23.237	0,8	0,7	0,8	0,7	0,8	0,9	0,8	0,8	0,9	0,8	0,2
Sicilia	826.116	13,5	391.456	13,2	11,4	13,9	13,3	13,9	14,2	13,0	14,5	17,0	13,2	1,9
Cagliari	22.907	0,4	10.740	0,4	0,4	0,4	0,5	0,4	0,2	0,4	0,3	0,3	0,4	0,4
Nuoro	22.414	0,4	10.659	0,4	0,3	0,4	0,4	0,4	0,3	0,4	0,3	0,5	0,3	0,2
Oristano	16.865	0,3	7.981	0,3	0,2	0,3	0,3	0,3	0,2	0,3	0,2	0,3	0,3	0,0
Sassari	33.456	0,5	15.852	0,5	0,5	0,5	0,6	0,6	0,5	0,6	0,5	0,7	0,6	0,2
Sud Sardegna	34.575	0,6	16.256	0,5	0,4	0,6	0,6	0,6	0,5	0,6	0,5	0,7	0,6	0,1
Sardegna	130.217	2,1	61.488	2,1	1,8	2,2	2,4	2,4	1,8	2,3	1,9	2,5	2,1	0,8
Isole	956.333	15,6	452.944	15,3	13,2	16,1	15,6	16,3	16,0	15,3	16,4	19,5	15,3	2,7
Totale Complessivo	6.134.100	100,0	2.961.160	100,0	100,0	100,0	100,0	100,0	100,0	100,0	100,0	100,0	100,0	100,0

Fonte: Migrantes-Rapporto Italiani nel Mondo. Elaborazione su dati AIRE.

Cittadini italiani iscritti all'AIRE per paese di residenza, area continentale, genere, motivo di iscrizione e anzianità di iscrizione. Valori assoluti e percentuali. Anno 2024.

					Motivo iscrizione %					Anzianità di iscrizione AIRE %					
Paese	Totale	%	Fem	% Fem	Espatrio	Nascita	Trasferimento	Reiscrizione	Cittadinanza	1 anno	da 1 a 3 anni	da 3 a 5 anni	da 5 a 10 anni	da 10 a 15 anni	oltre 15 anni
Austria	45.267	0,7	20.971	0,7	1,0	0,5	0,6	0,4	0,3	1,2	1,1	1,1	1,0	0,7	0,5
Belgio	281.948	4,6	135.804	4,6	5,4	4,1	6,3	4,2	1,1	2,0	1,9	2,0	2,5	3,2	6,9
Danimarca	14.002	0,2	6.133	0,2	0,3	0,1	0,2	0,2	0,1	0,5	0,4	0,3	0,3	0,2	0,1
Finlandia	5.367	0,1	2.231	0,1	0,1	0,1	0,1	0,0	0,0	0,1	0,1	0,1	0,1	0,1	0,1
Francia	470.032	7,7	226.428	7,6	9,6	5,4	8,1	10,2	3,6	6,2	8,0	8,1	7,4	5,7	8,4
Germania	832.639	13,6	379.639	12,8	17,5	10,0	25,7	10,5	3,5	8,4	10,2	10,1	11,3	10,4	17,1
Regno Unito	475.606	7,8	226.345	7,6	10,9	3,9	5,5	10,9	3,8	9,1	16,9	14,6	9,9	5,3	5,0
Grecia	13.282	0,2	6.910	0,2	0,3	0,2	0,3	0,2	0,2	0,2	0,2	0,1	0,2	0,2	0,3
Irlanda	27.896	0,5	13.392	0,5	0,7	0,2	0,4	0,3	0,2	1,0	0,9	0,9	0,7	0,4	0,2
Lussemburgo	33.771	0,6	15.958	0,5	0,8	0,4	0,9	0,3	0,2	0,6	0,5	0,6	0,6	0,4	0,6
Paesi Bassi	61.778	1,0	28.494	1,0	1,3	0,7	1,0	0,5	0,5	1,6	1,4	1,2	1,0	0,8	0,9
Portogallo	22.553	0,4	9.671	0,3	0,5	0,2	0,2	0,3	0,3	0,7	0,7	0,9	0,5	0,3	0,1
Spagna	255.858	4,2	117.721	4,0	4,2	4,1	2,7	4,3	2,7	4,8	5,2	5,2	5,1	4,8	3,3
Svezia	18.208	0,3	8.204	0,3	0,4	0,2	0,3	0,2	0,1	0,4	0,4	0,4	0,4	0,3	0,2
UE15	2.558.207	41,7	1.197.901	40,5	53,0	30,1	52,4	42,4	16,6	36,8	48,1	45,6	41,0	32,6	43,5
Bulgaria	2.972	0,0	999	0,0	0,1	0,0	0,0	0,1	0,0	0,1	0,1	0,1	0,1	0,0	0,0
Malta	10.004	0,2	4.024	0,1	0,3	0,1	0,1	0,1	0,0	0,4	0,4	0,4	0,3	0,1	0,0
Polonia	9.348	0,2	3.219	0,1	0,2	0,1	0,1	0,1	0,1	0,3	0,3	0,3	0,2	0,1	0,1
Romania	9.859	0,2	3.462	0,1	0,2	0,1	0,1	0,3	0,1	0,4	0,3	0,3	0,3	0,2	0,0
Ungheria	5.090	0,1	2.029	0,1	0,1	0,1	0,1	0,1	0,0	0,1	0,1	0,1	0,1	0,1	0,0
Estonia	951	0,0	289	0,0	0,0	0,0	0,0	0,0	0,0	0,0	0,0	0,0	0,0	0,0	0,0
Lettonia	439	0,0	121	0,0	0,0	0,0	0,0	0,0	0,0	0,0	0,0	0,0	0,0	0,0	0,0
Lituania	698	0,0	196	0,0	0,0	0,0	0,0	0,0	0,0	0,0	0,0	0,0	0,0	0,0	0,0
Croazia	17.380	0,3	8.883	0,3	0,1	0,1	0,2	0,1	4,8	0,2	0,2	0,2	0,4	0,7	0,2
Slovenia	5.516	0,1	2.553	0,1	0,1	0,0	0,1	0,1	0,4	0,1	0,1	0,1	0,1	0,1	0,1
Slovacchia	2.314	0,0	746	0,0	0,1	0,0	0,0	0,0	0,0	0,1	0,1	0,1	0,1	0,1	0,0
Repubblica Ceca	7.644	0,1	2.769	0,1	0,2	0,1	0,1	0,1	0,0	0,2	0,2	0,2	0,2	0,1	0,1
Cipro	1.673	0,0	665	0,0	0,0	0,0	0,0	0,0	0,0	0,0	0,0	0,0	0,0	0,0	0,0
UE allargamento 13	73.888	1,2	29.955	1,0	1,5	0,5	0,8	1,0	5,6	1,9	1,9	1,8	1,9	1,6	0,6
Albania	2.710	0,0	1.053	0,0	0,1	0,0	0,0	0,1	0,1	0,2	0,1	0,1	0,1	0,0	0,0
Ucraina	863	0,0	277	0,0	0,0	0,0	0,0	0,0	0,0	0,0	0,0	0,0	0,0	0,0	0,0
Federazione Russa	4.349	0,1	2.026	0,1	0,1	0,0	0,1	0,1	0,1	0,1	0,1	0,1	0,1	0,1	0,0
Bosnia-Erzegovina	1.082	0,0	552	0,0	0,0	0,0	0,0	0,0	0,1	0,0	0,0	0,0	0,0	0,0	0,0
Repubblica di Macedonia	650	0,0	311	0,0	0,0	0,0	0,0	0,0	0,0	0,0	0,0	0,0	0,0	0,0	0,0
Moldova	689	0,0	319	0,0	0,0	0,0	0,0	0,0	0,0	0,0	0,0	0,0	0,0	0,0	0,0
Bielorussia	329	0,0	152	0,0	0,0	0,0	0,0	0,0	0,0	0,0	0,0	0,0	0,0	0,0	0,0
Montenegro	369	0,0	149	0,0	0,0	0,0	0,0	0,0	0,0	0,0	0,0	0,0	0,0	0,0	0,0
Repubblica di Serbia	2.150	0,0	1.028	0,0	0,0	0,0	0,0	0,1	0,1	0,1	0,1	0,1	0,1	0,0	0,0
Kosovo	177	0,0	79	0,0	0,0	0,0	0,0	0,0	0,0	0,0	0,0	0,0	0,0	0,0	0,0
Turchia	5.417	0,1	2.787	0,1	0,1	0,1	0,1	0,1	0,3	0,1	0,1	0,1	0,1	0,1	0,1
Europa Centro-Orientale	18.785	0,3	8.733	0,3	0,4	0,2	0,3	0,4	0,8	0,6	0,5	0,5	0,5	0,3	0,1
Andorra	761	0,0	359	0,0	0,0	0,0	0,0	0,0	0,0	0,0	0,0	0,0	0,0	0,0	0,0
Isole Faer Oer	25	0,0	10	0,0	0,0	0,0	0,0	0,0	0,0	0,0	0,0	0,0	0,0	0,0	0,0
Dominio di Gibilterra	244	0,0	119	0,0	0,0	0,0	0,0	0,0	0,0	0,0	0,0	0,0	0,0	0,0	0,0
Islanda	642	0,0	278	0,0	0,0	0,0	0,0	0,0	0,0	0,0	0,0	0,0	0,0	0,0	0,0
Liechtenstein	1.781	0,0	792	0,0	0,0	0,0	0,0	0,0	0,0	0,0	0,0	0,0	0,0	0,0	0,0
Isola di Man	258	0,0	105	0,0	0,0	0,0	0,0	0,0	0,0	0,0	0,0	0,0	0,0	0,0	0,0
Monaco	8.097	0,1	3.742	0,1	0,2	0,1	0,2	0,1	0,1	0,1	0,1	0,1	0,2	0,1	0,1
Norvegia	8.901	0,1	3.844	0,1	0,2	0,1	0,1	0,1	0,1	0,3	0,2	0,2	0,2	0,1	0,1
San Marino	15.608	0,3	7.851	0,3	0,3	0,2	0,3	0,0	0,2	0,2	0,2	0,2	0,3	0,4	0,3
Svizzera	639.355	10,4	305.566	10,3	12,4	8,1	25,3	8,0	9,9	7,4	7,0	6,7	8,3	8,2	13,3
Stato della Città del Vaticano	14	0,0	2	0,0	0,0	0,0	0,0	0,0	0,0	0,0	0,0	0,0	0,0	0,0	0,0
Jersey	417	0,0	156	0,0	0,0	0,0	0,0	0,0	0,0	0,0	0,0	0,0	0,0	0,0	0,0
Guernsey	219	0,0	93	0,0	0,0	0,0	0,0	0,0	0,0	0,0	0,0	0,0	0,0	0,0	0,0
Europa Altri	676.322	11,0	322.917	10,9	13,1	8,5	26,0	8,3	10,3	8,0	7,6	7,3	9,0	8,9	13,9
Europa	3.327.202	54,2	1.559.506	52,7	67,9	39,3	79,5	52,1	33,2	47,4	58,0	55,2	52,4	43,5	58,1

(Continua)

Cittadini italiani iscritti all'AIRE per paese di residenza, area continentale, genere, motivo di iscrizione e anzianità di iscrizione. Valori assoluti e percentuali. Anno 2024. *(segue da pagina precedente)*

Paese	Totale	%	Fem	% Fem	Motivo iscrizione %					Anzianità di iscrizione AIRE %					
					Espatrio	Nascita	Trasferimento	Reiscrizione	Cittadinanza	1 anno	da 1 a 3 anni	da 3 a 5 anni	da 5 a 10 anni	da 10 a 15 anni	oltre 15 anni
Algeria	991	0,0	461	0,0	0,0	0,0	0,0	0,0	0,0	0,0	0,0	0,0	0,0	0,0	0,0
Egitto	5.921	0,1	2.971	0,1	0,1	0,1	0,1	0,2	0,2	0,1	0,1	0,1	0,2	0,1	0,1
Libia	725	0,0	355	0,0	0,0	0,0	0,0	0,0	0,0	0,0	0,0	0,0	0,0	0,0	0,0
Marocco	6.098	0,1	2.854	0,1	0,1	0,1	0,0	0,3	0,1	0,2	0,2	0,2	0,2	0,1	0,0
Sudan	86	0,0	40	0,0	0,0	0,0	0,0	0,0	0,0	0,0	0,0	0,0	0,0	0,0	0,0
Tunisia	7.326	0,1	2.989	0,1	0,2	0,1	0,1	0,2	0,2	0,3	0,2	0,2	0,2	0,1	0,0
Africa Settentrionale	21.147	0,3	9.670	0,3	0,4	0,2	0,2	0,8	0,5	0,7	0,5	0,6	0,6	0,3	0,2
Costa d'Avorio	701	0,0	278	0,0	0,0	0,0	0,0	0,0	0,0	0,0	0,0	0,0	0,0	0,0	0,0
Benin	80	0,0	32	0,0	0,0	0,0	0,0	0,0	0,0	0,0	0,0	0,0	0,0	0,0	0,0
Burkina Faso	119	0,0	42	0,0	0,0	0,0	0,0	0,0	0,0	0,0	0,0	0,0	0,0	0,0	0,0
Capo Verde	480	0,0	196	0,0	0,0	0,0	0,0	0,0	0,0	0,0	0,0	0,0	0,0	0,0	0,0
Gambia	39	0,0	9	0,0	0,0	0,0	0,0	0,0	0,0	0,0	0,0	0,0	0,0	0,0	0,0
Ghana	726	0,0	310	0,0	0,0	0,0	0,0	0,0	0,0	0,0	0,0	0,0	0,0	0,0	0,0
Guinea	36	0,0	14	0,0	0,0	0,0	0,0	0,0	0,0	0,0	0,0	0,0	0,0	0,0	0,0
Guinea Bissau	48	0,0	25	0,0	0,0	0,0	0,0	0,0	0,0	0,0	0,0	0,0	0,0	0,0	0,0
Liberia	17	0,0	5	0,0	0,0	0,0	0,0	0,0	0,0	0,0	0,0	0,0	0,0	0,0	0,0
Mali	77	0,0	31	0,0	0,0	0,0	0,0	0,0	0,0	0,0	0,0	0,0	0,0	0,0	0,0
Mauritania	39	0,0	24	0,0	0,0	0,0	0,0	0,0	0,0	0,0	0,0	0,0	0,0	0,0	0,0
Mayotte	32	0,0	19	0,0	0,0	0,0	0,0	0,0	0,0	0,0	0,0	0,0	0,0	0,0	0,0
Niger	35	0,0	16	0,0	0,0	0,0	0,0	0,0	0,0	0,0	0,0	0,0	0,0	0,0	0,0
Nigeria	839	0,0	292	0,0	0,0	0,0	0,0	0,0	0,0	0,0	0,0	0,0	0,0	0,0	0,0
Isola della Riunione	358	0,0	163	0,0	0,0	0,0	0,0	0,0	0,0	0,0	0,0	0,0	0,0	0,0	0,0
Senegal	2.636	0,0	1.146	0,0	0,0	0,0	0,0	0,1	0,0	0,1	0,1	0,1	0,1	0,0	0,0
Sierra Leone	25	0,0	10	0,0	0,0	0,0	0,0	0,0	0,0	0,0	0,0	0,0	0,0	0,0	0,0
Togo	119	0,0	53	0,0	0,0	0,0	0,0	0,0	0,0	0,0	0,0	0,0	0,0	0,0	0,0
Repubblica del Sud Sudan	18	0,0	5	0,0	0,0	0,0	0,0	0,0	0,0	0,0	0,0	0,0	0,0	0,0	0,0
Africa Occidentale	6.424	0,1	2.670	0,1	0,1	0,1	0,1	0,2	0,1	0,3	0,2	0,2	0,2	0,1	0,0
Burundi	86	0,0	36	0,0	0,0	0,0	0,0	0,0	0,0	0,0	0,0	0,0	0,0	0,0	0,0
Comore	5	0,0	2	0,0	0,0	0,0	0,0	0,0	0,0	0,0	0,0	0,0	0,0	0,0	0,0
Etiopia	1.254	0,0	598	0,0	0,0	0,0	0,0	0,0	0,0	0,0	0,0	0,0	0,0	0,0	0,0
Gibuti	116	0,0	47	0,0	0,0	0,0	0,0	0,0	0,0	0,0	0,0	0,0	0,0	0,0	0,0
Kenya	1.655	0,0	713	0,0	0,0	0,0	0,0	0,0	0,0	0,0	0,0	0,0	0,0	0,0	0,0
Madagascar	508	0,0	223	0,0	0,0	0,0	0,0	0,0	0,0	0,0	0,0	0,0	0,0	0,0	0,0
Malawi	106	0,0	49	0,0	0,0	0,0	0,0	0,0	0,0	0,0	0,0	0,0	0,0	0,0	0,0
Mauritius	638	0,0	293	0,0	0,0	0,0	0,0	0,0	0,0	0,0	0,0	0,0	0,0	0,0	0,0
Mozambico	638	0,0	264	0,0	0,0	0,0	0,0	0,0	0,0	0,0	0,0	0,0	0,0	0,0	0,0
Ruanda	138	0,0	61	0,0	0,0	0,0	0,0	0,0	0,0	0,0	0,0	0,0	0,0	0,0	0,0
Seychelles	287	0,0	152	0,0	0,0	0,0	0,0	0,0	0,0	0,0	0,0	0,0	0,0	0,0	0,0
Somalia	30	0,0	9	0,0	0,0	0,0	0,0	0,0	0,0	0,0	0,0	0,0	0,0	0,0	0,0
Tanzania	497	0,0	213	0,0	0,0	0,0	0,0	0,0	0,0	0,0	0,0	0,0	0,0	0,0	0,0
Uganda	271	0,0	116	0,0	0,0	0,0	0,0	0,0	0,0	0,0	0,0	0,0	0,0	0,0	0,0
Zambia	512	0,0	226	0,0	0,0	0,0	0,0	0,0	0,0	0,0	0,0	0,0	0,0	0,0	0,0
Zimbabwe	571	0,0	279	0,0	0,0	0,0	0,0	0,0	0,0	0,0	0,0	0,0	0,0	0,0	0,0
Eritrea	370	0,0	181	0,0	0,0	0,0	0,0	0,0	0,0	0,0	0,0	0,0	0,0	0,0	0,0
Africa Orientale	7.682	0,1	3.462	0,1	0,1	0,1	0,2	0,1	0,2	0,2	0,1	0,1	0,2	0,1	0,1
Angola	218	0,0	83	0,0	0,0	0,0	0,0	0,0	0,0	0,0	0,0	0,0	0,0	0,0	0,0
Botswana	87	0,0	32	0,0	0,0	0,0	0,0	0,0	0,0	0,0	0,0	0,0	0,0	0,0	0,0
Camerun	383	0,0	178	0,0	0,0	0,0	0,0	0,0	0,0	0,0	0,0	0,0	0,0	0,0	0,0
Repubblica Centrafricana	22	0,0	10	0,0	0,0	0,0	0,0	0,0	0,0	0,0	0,0	0,0	0,0	0,0	0,0
Ciad	34	0,0	13	0,0	0,0	0,0	0,0	0,0	0,0	0,0	0,0	0,0	0,0	0,0	0,0
Congo	245	0,0	92	0,0	0,0	0,0	0,0	0,0	0,0	0,0	0,0	0,0	0,0	0,0	0,0
Gabon	224	0,0	103	0,0	0,0	0,0	0,0	0,0	0,0	0,0	0,0	0,0	0,0	0,0	0,0
Guinea Equatoriale	34	0,0	5	0,0	0,0	0,0	0,0	0,0	0,0	0,0	0,0	0,0	0,0	0,0	0,0
Lesotho	8	0,0	2	0,0	0,0	0,0	0,0	0,0	0,0	0,0	0,0	0,0	0,0	0,0	0,0
Namibia	236	0,0	109	0,0	0,0	0,0	0,0	0,0	0,0	0,0	0,0	0,0	0,0	0,0	0,0
Sao Tome' e Principe	7	0,0	1	0,0	0,0	0,0	0,0	0,0	0,0	0,0	0,0	0,0	0,0	0,0	0,0
Sud Africa	33.155	0,5	16.750	0,6	0,4	0,7	0,5	0,5	0,8	0,3	0,3	0,3	0,4	0,5	0,7
Eswatini - Swaziland	61	0,0	31	0,0	0,0	0,0	0,0	0,0	0,0	0,0	0,0	0,0	0,0	0,0	0,0

(Continua)

Cittadini italiani iscritti all'AIRE per paese di residenza, area continentale, genere, motivo di iscrizione e anzianità di iscrizione. Valori assoluti e percentuali. Anno 2024. *(segue da pagina precedente)*

Paese	Totale	%	Fem	% Fem	Motivo iscrizione %					Anzianità di iscrizione AIRE %					
					Espatrio	Nascita	Trasferimento	Reiscrizione	Cittadinanza	1 anno	da 1 a 3 anni	da 3 a 5 anni	da 5 a 10 anni	da 10 a 15 anni	oltre 15 anni
Repubblica Democratica del Congo	544	0,0	247	0,0	0,0	0,0	0,0	0,0	0,0	0,0	0,0	0,0	0,0	0,0	0,0
Africa Centro-Meridionale	35.258	0,6	17.656	0,6	0,5	0,7	0,6	0,5	0,8	0,3	0,3	0,4	0,5	0,6	0,7
Africa	70.511	1,1	33.458	1,1	1,1	1,1	1,1	1,6	1,6	1,4	1,2	1,3	1,4	1,1	1,0
Arabia Saudita	1.588	0,0	630	0,0	0,0	0,0	0,0	0,0	0,0	0,1	0,1	0,0	0,0	0,0	0,0
Bahrein	518	0,0	212	0,0	0,0	0,0	0,0	0,0	0,0	0,0	0,0	0,0	0,0	0,0	0,0
Emirati Arabi	13.543	0,2	5.702	0,2	0,3	0,1	0,2	0,1	0,2	0,5	0,4	0,3	0,4	0,2	0,1
Territori della Autonomia Palestinese	364	0,0	178	0,0	0,0	0,0	0,0	0,0	0,0	0,0	0,0	0,0	0,0	0,0	0,0
Gerusalemme	2.611	0,0	1.318	0,0	0,0	0,0	0,0	0,0	0,1	0,0	0,0	0,0	0,1	0,0	0,0
Giordania	1.370	0,0	659	0,0	0,0	0,0	0,0	0,0	0,0	0,0	0,0	0,0	0,0	0,0	0,0
Iran	380	0,0	179	0,0	0,0	0,0	0,0	0,0	0,0	0,0	0,0	0,0	0,0	0,0	0,0
Iraq	123	0,0	60	0,0	0,0	0,0	0,0	0,0	0,0	0,0	0,0	0,0	0,0	0,0	0,0
Israele	17.443	0,3	8.773	0,3	0,3	0,3	0,1	0,1	0,3	0,2	0,2	0,2	0,4	0,4	0,3
Kuwait	573	0,0	215	0,0	0,0	0,0	0,0	0,0	0,0	0,0	0,0	0,0	0,0	0,0	0,0
Libano	2.488	0,0	1.287	0,0	0,0	0,0	0,0	0,0	0,1	0,1	0,1	0,0	0,1	0,0	0,0
Oman	314	0,0	130	0,0	0,0	0,0	0,0	0,0	0,0	0,0	0,0	0,0	0,0	0,0	0,0
Qatar	2.164	0,0	897	0,0	0,0	0,0	0,1	0,0	0,0	0,1	0,1	0,1	0,1	0,0	0,0
Siria	300	0,0	157	0,0	0,0	0,0	0,0	0,0	0,0	0,0	0,0	0,0	0,0	0,0	0,0
Yemen	55	0,0	35	0,0	0,0	0,0	0,0	0,0	0,0	0,0	0,0	0,0	0,0	0,0	0,0
Armenia	83	0,0	35	0,0	0,0	0,0	0,0	0,0	0,0	0,0	0,0	0,0	0,0	0,0	0,0
Azerbaigian	81	0,0	27	0,0	0,0	0,0	0,0	0,0	0,0	0,0	0,0	0,0	0,0	0,0	0,0
Georgia	206	0,0	82	0,0	0,0	0,0	0,0	0,0	0,0	0,0	0,0	0,0	0,0	0,0	0,0
Asia Occidentale	44.204	0,7	20.576	0,7	0,9	0,6	0,5	0,4	0,9	1,1	0,9	0,8	1,1	0,8	0,5
Afghanistan	17	0,0	9	0,0	0,0	0,0	0,0	0,0	0,0	0,0	0,0	0,0	0,0	0,0	0,0
Bangladesh	511	0,0	250	0,0	0,0	0,0	0,0	0,0	0,0	0,0	0,0	0,0	0,0	0,0	0,0
Brunei	34	0,0	13	0,0	0,0	0,0	0,0	0,0	0,0	0,0	0,0	0,0	0,0	0,0	0,0
Sri Lanka	353	0,0	162	0,0	0,0	0,0	0,0	0,0	0,0	0,0	0,0	0,0	0,0	0,0	0,0
India	1.145	0,0	527	0,0	0,0	0,0	0,0	0,0	0,0	0,0	0,0	0,0	0,0	0,0	0,0
Maldive	86	0,0	33	0,0	0,0	0,0	0,0	0,0	0,0	0,0	0,0	0,0	0,0	0,0	0,0
Nepal	52	0,0	25	0,0	0,0	0,0	0,0	0,0	0,0	0,0	0,0	0,0	0,0	0,0	0,0
Pakistan	354	0,0	177	0,0	0,0	0,0	0,0	0,0	0,0	0,0	0,0	0,0	0,0	0,0	0,0
Kazakhstan	250	0,0	68	0,0	0,0	0,0	0,0	0,0	0,0	0,0	0,0	0,0	0,0	0,0	0,0
Uzbekistan	53	0,0	18	0,0	0,0	0,0	0,0	0,0	0,0	0,0	0,0	0,0	0,0	0,0	0,0
Kirghizistan	35	0,0	13	0,0	0,0	0,0	0,0	0,0	0,0	0,0	0,0	0,0	0,0	0,0	0,0
Tagikistan	12	0,0	5	0,0	0,0	0,0	0,0	0,0	0,0	0,0	0,0	0,0	0,0	0,0	0,0
Turkmenistan	4	0,0		0,0	0,0	0,0	0,0	0,0	0,0	0,0	0,0	0,0	0,0	0,0	0,0
Asia Centro-Meridionale	2.906	0,0	1.300	0,0	0,1	0,0	0,0	0,1	0,0	0,1	0,1	0,1	0,1	0,0	0,0
Myanmar	70	0,0	26	0,0	0,0	0,0	0,0	0,0	0,0	0,0	0,0	0,0	0,0	0,0	0,0
Cambogia	258	0,0	85	0,0	0,0	0,0	0,0	0,0	0,0	0,0	0,0	0,0	0,0	0,0	0,0
Repubblica Popolare Cinese	8.017	0,1	2.723	0,1	0,2	0,1	0,2	0,1	0,1	0,2	0,2	0,2	0,2	0,2	0,0
Repubblica Popolare di Corea del Nord	1	0,0		0,0	0,0	0,0	0,0	0,0	0,0	0,0	0,0	0,0	0,0	0,0	0,0
Repubblica di Corea del Sud	729	0,0	334	0,0	0,0	0,0	0,0	0,0	0,0	0,0	0,0	0,0	0,0	0,0	0,0
Filippine	1.943	0,0	817	0,0	0,0	0,0	0,0	0,0	0,0	0,1	0,0	0,1	0,0	0,0	0,0
Giappone	6.131	0,1	2.217	0,1	0,1	0,1	0,1	0,1	0,0	0,2	0,2	0,2	0,1	0,1	0,0
Indonesia	1.592	0,0	523	0,0	0,0	0,0	0,0	0,0	0,0	0,0	0,0	0,0	0,0	0,0	0,0
Laos	78	0,0	24	0,0	0,0	0,0	0,0	0,0	0,0	0,0	0,0	0,0	0,0	0,0	0,0
Timor Orienta	19	0,0	7	0,0	0,0	0,0	0,0	0,0	0,0	0,0	0,0	0,0	0,0	0,0	0,0
Malaysia	999	0,0	355	0,0	0,0	0,0	0,0	0,0	0,0	0,0	0,0	0,0	0,0	0,0	0,0
Mongolia	33	0,0	10	0,0	0,0	0,0	0,0	0,0	0,0	0,0	0,0	0,0	0,0	0,0	0,0
Singapore	3.983	0,1	1.555	0,1	0,1	0,1	0,1	0,0	0,0	0,1	0,1	0,1	0,1	0,1	0,0
Thailandia	5.924	0,1	1.907	0,1	0,1	0,1	0,1	0,1	0,1	0,1	0,1	0,1	0,2	0,1	0,0
Vietnam	996	0,0	347	0,0	0,0	0,0	0,0	0,0	0,0	0,0	0,0	0,0	0,0	0,0	0,0
Taiwan	860	0,0	304	0,0	0,0	0,0	0,0	0,0	0,0	0,0	0,0	0,0	0,0	0,0	0,0

(Continua)

Cittadini italiani iscritti all'AIRE per paese di residenza, area continentale, genere, motivo di iscrizione e anzianità di iscrizione. Valori assoluti e percentuali. Anno 2024. *(segue da pagina precedente)*

Paese	Totale	%	Fem	% Fem	Motivo iscrizione % Espatrio	Nascita	Trasferimento	Reiscrizione	Cittadinanza	Anzianità di iscrizione AIRE % 1 anno	da 1 a 3 anni	da 3 a 5 anni	da 5 a 10 anni	da 10 a 15 anni	oltre 15 anni
Asia Orientale	31.633	0,5	11.234	0,4	0,7	0,3	0,5	0,4	0,4	0,9	0,8	0,8	0,9	0,6	0,2
Asia	78.743	1,3	33.110	1,1	1,6	0,9	1,0	0,9	1,3	2,1	1,8	1,7	2,0	1,5	0,7
Canada	144.243	2,4	69.635	2,4	2,7	1,8	1,8	4,3	3,0	1,6	1,2	1,5	1,8	2,0	3,1
Groenlandia	7	0,0	2	0,0	0,0	0,0	0,0	0,0	0,0	0,0	0,0	0,0	0,0	0,0	0,0
Saint Pierre e Miquelon	3	0,0	1	0,0	0,0	0,0	0,0	0,0	0,0	0,0	0,0	0,0	0,0	0,0	0,0
Stati Uniti d'America	320.947	5,2	153.540	5,2	6,0	4,0	4,4	8,4	5,0	4,9	4,4	4,6	5,2	5,6	5,4
America Settentrionale	465.200	7,6	223.178	7,5	8,6	5,8	6,2	12,8	8,0	6,4	5,7	6,1	7,0	7,6	8,5
Anguilla	46	0,0	16	0,0	0,0	0,0	0,0	0,0	0,0	0,0	0,0	0,0	0,0	0,0	0,0
Antigua e Barbuda	133	0,0	56	0,0	0,0	0,0	0,0	0,0	0,0	0,0	0,0	0,0	0,0	0,0	0,0
Bahamas	299	0,0	138	0,0	0,0	0,0	0,0	0,0	0,0	0,0	0,0	0,0	0,0	0,0	0,0
Barbados	65	0,0	22	0,0	0,0	0,0	0,0	0,0	0,0	0,0	0,0	0,0	0,0	0,0	0,0
Belize	38	0,0	16	0,0	0,0	0,0	0,0	0,0	0,0	0,0	0,0	0,0	0,0	0,0	0,0
Bermuda	430	0,0	191	0,0	0,0	0,0	0,0	0,0	0,0	0,0	0,0	0,0	0,0	0,0	0,0
Isole Cayman	217	0,0	82	0,0	0,0	0,0	0,0	0,0	0,0	0,0	0,0	0,0	0,0	0,0	0,0
Costa Rica	6.647	0,1	3.091	0,1	0,1	0,1	0,1	0,1	0,1	0,1	0,1	0,1	0,1	0,1	0,1
Cuba	3.946	0,1	1.936	0,1	0,0	0,1	0,0	0,1	0,2	0,1	0,1	0,1	0,1	0,1	0,0
Dominica	3	0,0	2	0,0	0,0	0,0	0,0	0,0	0,0	0,0	0,0	0,0	0,0	0,0	0,0
Repubblica Dominicana	10.156	0,2	4.843	0,2	0,2	0,1	0,1	0,3	0,2	0,2	0,2	0,3	0,2	0,2	0,1
El Salvador	2.992	0,0	1.477	0,0	0,0	0,1	0,0	0,0	0,1	0,1	0,0	0,0	0,0	0,1	0,0
Giamaica	133	0,0	57	0,0	0,0	0,0	0,0	0,0	0,0	0,0	0,0	0,0	0,0	0,0	0,0
Grenada	31	0,0	18	0,0	0,0	0,0	0,0	0,0	0,0	0,0	0,0	0,0	0,0	0,0	0,0
Guadalupa	227	0,0	102	0,0	0,0	0,0	0,0	0,0	0,0	0,0	0,0	0,0	0,0	0,0	0,0
Guatemala	6.134	0,1	3.104	0,1	0,1	0,2	0,0	0,1	0,1	0,1	0,1	0,1	0,1	0,2	0,1
Haiti	123	0,0	65	0,0	0,0	0,0	0,0	0,0	0,0	0,0	0,0	0,0	0,0	0,0	0,0
Honduras	1.418	0,0	684	0,0	0,0	0,0	0,0	0,0	0,0	0,0	0,0	0,0	0,0	0,0	0,0
Martinica	203	0,0	98	0,0	0,0	0,0	0,0	0,0	0,0	0,0	0,0	0,0	0,0	0,0	0,0
Messico	22.188	0,4	10.166	0,3	0,3	0,4	0,2	0,3	0,5	0,3	0,3	0,4	0,5	0,6	0,3
Nicaragua	1.623	0,0	788	0,0	0,0	0,0	0,0	0,0	0,0	0,1	0,0	0,0	0,0	0,0	0,0
Panama	10.263	0,2	4.852	0,2	0,1	0,2	0,1	0,1	0,2	0,2	0,2	0,2	0,2	0,2	0,1
Saint Lucia	27	0,0	10	0,0	0,0	0,0	0,0	0,0	0,0	0,0	0,0	0,0	0,0	0,0	0,0
Saint Vincent	15	0,0	4	0,0	0,0	0,0	0,0	0,0	0,0	0,0	0,0	0,0	0,0	0,0	0,0
Saint Kitts Nevis	10	0,0	5	0,0	0,0	0,0	0,0	0,0	0,0	0,0	0,0	0,0	0,0	0,0	0,0
Isole Turks E Caicos	48	0,0	17	0,0	0,0	0,0	0,0	0,0	0,0	0,0	0,0	0,0	0,0	0,0	0,0
Isole Vergini	22	0,0	12	0,0	0,0	0,0	0,0	0,0	0,0	0,0	0,0	0,0	0,0	0,0	0,0
Bonaire, Sint Eustatius, Saba	39	0,0	20	0,0	0,0	0,0	0,0	0,0	0,0	0,0	0,0	0,0	0,0	0,0	0,0
Saint Barthelemy	45	0,0	20	0,0	0,0	0,0	0,0	0,0	0,0	0,0	0,0	0,0	0,0	0,0	0,0
Saint Martin	75	0,0	26	0,0	0,0	0,0	0,0	0,0	0,0	0,0	0,0	0,0	0,0	0,0	0,0
Argentina	952.555	15,5	495.374	16,7	8,7	24,1	4,4	11,7	20,5	14,9	12,0	12,5	16,1	22,7	14,6
Aruba	162	0,0	66	0,0	0,0	0,0	0,0	0,0	0,0	0,0	0,0	0,0	0,0	0,0	0,0
Bolivia	4.111	0,1	2.054	0,1	0,0	0,1	0,0	0,1	0,1	0,1	0,1	0,1	0,1	0,1	0,1
Brasile	611.974	10,0	304.138	10,3	5,1	14,7	2,3	10,6	23,4	18,4	13,4	15,3	11,6	11,2	6,3
Cile	67.740	1,1	34.799	1,2	0,5	1,8	0,7	1,8	1,2	0,9	0,6	0,6	1,2	1,7	1,1
Colombia	22.736	0,4	11.331	0,4	0,2	0,5	0,2	0,4	0,7	0,4	0,3	0,4	0,6	0,5	0,3
Ecuador	20.745	0,3	10.344	0,3	0,2	0,6	0,2	0,2	0,4	0,3	0,3	0,2	0,4	0,5	0,3
Isole Falkland	3	0,0	1	0,0	0,0	0,0	0,0	0,0	0,0	0,0	0,0	0,0	0,0	0,0	0,0
Guyana	3	0,0		0,0	0,0	0,0	0,0	0,0	0,0	0,0	0,0	0,0	0,0	0,0	0,0
Guyana France	156	0,0	66	0,0	0,0	0,0	0,0	0,0	0,0	0,0	0,0	0,0	0,0	0,0	0,0
Paraguay	13.816	0,2	6.854	0,2	0,1	0,4	0,1	0,1	0,4	0,3	0,2	0,2	0,2	0,3	0,2
Peru'	36.418	0,6	18.685	0,6	0,2	1,0	0,4	0,5	0,6	0,4	0,3	0,4	0,4	0,6	0,8
Suriname	6	0,0	3	0,0	0,0	0,0	0,0	0,0	0,0	0,0	0,0	0,0	0,0	0,0	0,0
Trinidad e Tobago	91	0,0	48	0,0	0,0	0,0	0,0	0,0	0,0	0,0	0,0	0,0	0,0	0,0	0,0
Uruguay	113.269	1,8	58.654	2,0	0,9	3,0	0,7	0,6	3,2	1,1	1,2	1,2	1,1	2,5	2,2
Venezuela	113.184	1,8	56.303	1,9	1,1	2,7	1,2	1,8	2,1	2,9	1,9	1,2	1,5	2,0	1,8
Curacao	114	0,0	55	0,0	0,0	0,0	0,0	0,0	0,0	0,0	0,0	0,0	0,0	0,0	0,0
Sint Maarten	79	0,0	32	0,0	0,0	0,0	0,0	0,0	0,0	0,0	0,0	0,0	0,0	0,0	0,0

(Continua)

Cittadini italiani iscritti all'AIRE per paese di residenza, area continentale, genere, motivo di iscrizione e anzianità di iscrizione. Valori assoluti e percentuali. Anno 2024. *(segue da pagina precedente)*

Paese	Totale	%	Fem	% Fem	Motivo iscrizione %					Anzianità di iscrizione AIRE %					
					Espatrio	Nascita	Trasferimento	Reiscrizione	Cittadinanza	1 anno	da 1 a 3 anni	da 3 a 5 anni	da 5 a 10 anni	da 10 a 15 anni	oltre 15 anni
America Centro-Meridionale	2.024.758	33,0	1.030.725	34,8	17,9	50,2	10,7	28,7	54,2	40,8	31,4	33,4	34,7	43,8	28,5
America	2.489.958	40,6	1.253.903	42,3	26,5	56,0	16,9	41,5	62,3	47,2	37,1	39,6	41,7	51,4	37,0
Australia	160.702	2,6	77.931	2,6	2,7	2,5	1,4	3,7	1,5	1,8	1,8	2,1	2,4	2,4	3,1
Isole Cook	7	0,0	2	0,0	0,0	0,0	0,0	0,0	0,0	0,0	0,0	0,0	0,0	0,0	0,0
Figi	57	0,0	25	0,0	0,0	0,0	0,0	0,0	0,0	0,0	0,0	0,0	0,0	0,0	0,0
Isole Marshal	8	0,0	6	0,0	0,0	0,0	0,0	0,0	0,0	0,0	0,0	0,0	0,0	0,0	0,0
Stati Federati della Micronesia	2	0,0		0,0	0,0	0,0	0,0	0,0	0,0	0,0	0,0	0,0	0,0	0,0	0,0
Nuova Caledonia	300	0,0	118	0,0	0,0	0,0	0,0	0,0	0,0	0,0	0,0	0,0	0,0	0,0	0,0
Nuova Zelanda	6.351	0,1	3.003	0,1	0,1	0,1	0,1	0,1	0,1	0,1	0,1	0,1	0,1	0,1	0,1
Palau	5	0,0	3	0,0	0,0	0,0	0,0	0,0	0,0	0,0	0,0	0,0	0,0	0,0	0,0
Papua Nuova Guinea	27	0,0	5	0,0	0,0	0,0	0,0	0,0	0,0	0,0	0,0	0,0	0,0	0,0	0,0
Polinesia Francese	123	0,0	51	0,0	0,0	0,0	0,0	0,0	0,0	0,0	0,0	0,0	0,0	0,0	0,0
Isole Salomone	2	0,0		0,0	0,0	0,0	0,0	0,0	0,0	0,0	0,0	0,0	0,0	0,0	0,0
Samoa	13	0,0	6	0,0	0,0	0,0	0,0	0,0	0,0	0,0	0,0	0,0	0,0	0,0	0,0
Tonga	30	0,0	9	0,0	0,0	0,0	0,0	0,0	0,0	0,0	0,0	0,0	0,0	0,0	0,0
Vanuatu	30	0,0	13	0,0	0,0	0,0	0,0	0,0	0,0	0,0	0,0	0,0	0,0	0,0	0,0
Isole Wallis	6	0,0	4	0,0	0,0	0,0	0,0	0,0	0,0	0,0	0,0	0,0	0,0	0,0	0,0
Territori Australi Francesi	23	0,0	7	0,0	0,0	0,0	0,0	0,0	0,0	0,0	0,0	0,0	0,0	0,0	0,0
Oceania	167.686	2,7	81.183	2,7	2,9	2,6	1,5	3,9	1,6	1,9	2,0	2,2	2,5	2,5	3,2
Totale	6.134.100	100,0	2.961.160	100,0	100,0	100,0	100,0	100,0	100,0	100,0	100,0	100,0	100,0	100,0	100,0

NOTA: I dati riferiti agli italiani residenti all'estero sono disaggregati per "Territorio estero di residenza", classificato secondo la definizione fornita dal Ministero dell'Interno – A.I.R.E. (Anagrafe degli Italiani Residenti all'Estero). Come per l'edizione del Rapporto Italiani nel Mondo 2014 non è stato operato l'accorpamento dei territori esteri di residenza, qualora non identificati come Stati Indipendenti o Nazioni riconosciute, ai corrispondenti Stati esteri di appartenenza geopolitica. I territori esteri di residenza considerati nel testo e nelle tabelle, quindi, sono elencati, singolarmente o collocati in aree territoriali accorpate, secondo la posizione geografica.
Si fa presente che nel testo e nelle tabelle si utilizza, per continuità, come nelle precedenti edizioni del Rapporto, la denominazione "Paese", sinonimo anche di Stato, in luogo di "Territorio estero di residenza".
Si elencano di seguito i "territori esteri di residenza" non identificati come Stati, presenti nell'archivio AIRE ed il corrispondente Stato di I territori e le dipendenze sotto riportati appartengono in alcuni casi amministrativamente e in altri politicamente ma con notevoli spazi di autonomia, agli Stati riportati in grassetto. **Danimarca**: Isole Faer Oer, Groenlandia; **Francia**: Mayotte, Isola della Riunione, Isola di Guadalupa, Isola della Martinica, Saint Barthelemy, Guyana Francese, Isole della Nuova Caledonia, Polinesia Francese, Isole Wallis, Territori Australi ed Antartici Frances; **Regno Unito**: Dominio di Gibilterra, Isola di Man, Isole Normanne, Jersey, Guernsey, Isola di Anguilla, Isole Bermude, Isole Cayman, Isole Turks e Caicos, Isole Vergini Britanniche, Isole Falkland, Isole Salomone. **Paesi Bassi**: Bonaire, Sint Eustatius, Saba, Saint Martin, Isola di Aruba, Curacao, Sint Maarten; **Israele:** Gerusalemme; **Repubblica Popolare Cinese:** Hong Kong; Sta**ti Uniti d'America**: Isole Vergini Americane; **Sudan:** Sud Sudan; **Stati Federati della Micronesia:** Isole Marshal; **Nuova Zelanada:** Isole Cook.

Fonte: Migrantes-Rapporto Italiani nel Mondo. Elaborazione su dati AIRE.

Cittadini italiani iscritti all'AIRE per nazione di residenza e regione di origine. Primi 28 paesi. Valori assoluti. Anno 2024.

Paesi	Totale	Abruzzo	Basilicata	Calabria	Campania	Emilia Romagna	Friuli Venezia Giulia	Lazio	Liguria	Lombardia	Marche	Molise	Piemonte	Puglia	Sardegna	Sicilia	Toscana	Trentino Alto Adige	Bolzano/ Bozen	Trento	Umbria	Valle d'Aosta	Veneto
Argentina	952.555	41.789	35.685	109.046	68.220	32.196	47.386	66.462	29.570	68.879	82.982	26.460	112.176	26.730	4.788	104.206	26.430	9.520	709	8.811	3.738	372	55.920
Germania	832.639	16.973	19.043	82.414	93.055	17.546	12.362	27.180	7.723	39.696	9.486	9.161	18.135	114.153	34.002	251.550	15.583	23.623	17.653	5.970	4.295	355	36.304
Svizzera	639.355	21.156	17.661	52.450	80.526	21.517	17.248	19.769	8.920	109.861	11.092	8.264	28.657	74.703	9.795	73.451	16.753	15.797	8.662	7.135	5.048	1.979	44.708
Brasile	611.974	10.800	13.592	29.108	34.256	24.753	14.904	98.078	4.993	73.131	6.557	5.271	14.665	8.556	2.276	12.056	31.992	33.561	943	32.618	5.436	223	187.766
Francia	475.606	10.723	4.970	13.273	53.844	37.252	11.639	48.570	10.623	82.246	12.573	5.725	22.200	19.115	13.556	40.911	23.675	6.426	2.413	4.013	4.591	548	53.146
Regno Unito	470.032	14.972	5.985	34.647	27.045	30.816	17.426	32.215	15.495	50.307	11.459	4.818	41.816	30.955	23.312	61.304	16.785	3.759	934	2.825	7.442	2.448	37.026
Stati Uniti d'America	320.947	13.780	4.960	21.407	46.024	12.763	6.912	35.677	7.828	30.457	4.866	6.771	13.703	17.593	2.746	56.764	15.257	2.986	980	2.006	2.191	276	17.986
Belgio	281.948	17.178	3.335	10.015	15.930	9.310	8.456	11.177	3.015	14.934	6.426	6.623	7.621	25.772	13.568	99.443	6.267	2.320	462	1.858	2.416	254	17.888
Spagna	255.858	9.187	6.653	12.694	24.560	13.808	7.391	26.984	10.513	35.225	9.324	3.220	24.402	10.962	4.972	21.803	11.549	2.721	809	1.912	2.129	376	17.385
Australia	160.702	11.771	3.060	28.029	14.802	3.802	7.237	10.918	2.132	11.299	2.867	3.151	5.326	5.667	2.076	25.860	4.590	1.307	400	907	830	102	15.876
Canada	144.243	12.311	2.576	25.874	13.761	2.963	6.411	16.101	1.474	7.525	3.227	11.300	2.983	8.918	747	12.624	2.708	1.290	276	1.014	584	100	10.766
Uruguay	113.269	998	9.925	7.040	17.135	2.313	1.854	10.413	15.926	15.599	1.307	962	15.666	764	174	1.945	4.788	1.649	46	1.603	215	5	4.591
Venezuela	113.184	14.827	5.364	2.769	27.012	3.418	2.856	7.805	1.429	2.322	1.521	3.002	1.832	10.126	285	19.671	4.132	212	82	130	391	35	4.175
Cile	67.740	1.103	2.198	699	1.964	4.091	764	11.893	20.184	5.383	1.158	127	6.471	851	579	2.335	3.304	1.945	106	1.839	400	35	2.256
Paesi Bassi	61.778	1.269	553	1.616	5.052	3.058	2.420	5.847	2.231	8.317	1.091	403	3.681	3.478	7.016	6.072	2.937	1.151	469	682	667	103	4.816
Austria	45.267	613	292	956	1.989	1.456	3.224	2.509	632	3.631	794	139	1.435	1.740	747	2.070	1.334	17.084	16.024	1.060	326	50	4.246
Perù	36.418	344	439	391	708	907	519	16.256	7.382	2.657	289	75	1.896	461	210	1.175	1.126	179	46	133	151	5	1.248
Sud Africa	33.771	1.646	884	1.778	1.563	1.349	1.691	2.241	482	3.770	1.574	212	1.927	7.035	710	1.917	830	358	179	179	1.767	80	1.957
Lussemburgo	33.155	1.494	426	532	2.841	1.603	3.074	4.000	905	3.486	578	221	3.745	1.757	438	1.933	2.174	412	201	211	435	47	3.054
Irlanda	27.896	1.069	286	1.339	1.920	1.311	532	5.005	667	4.368	659	239	1.735	1.063	1.123	1.821	1.467	388	124	264	376	30	2.498
Colombia	22.736	427	948	2.069	4.271	952	662	2.359	1.737	1.924	532	49	1.642	424	160	763	2.433	271	64	207	130	9	974
Messico	22.553	589	354	934	1.455	1.297	483	3.123	650	4.241	367	143	1.564	701	390	1.046	1.372	394	76	318	269	53	3.128
Ecuador	22.188	406	700	383	1.949	1.277	645	2.320	1.066	3.175	520	76	2.640	552	207	858	1.525	379	74	305	227	24	3.259
Portogallo	20.745	155	1.027	959	2.027	584	367	2.987	5.135	2.597	205	52	1.451	199	166	645	874	169	28	141	149	2	995
Svezia	18.208	348	126	335	1.255	1.287	669	2.347	849	3.019	416	115	1.366	720	421	1.275	1.363	363	190	173	229	43	1.662
Croazia	17.443	89	61	62	272	593	580	3.513	313	2.452	219	30	744	248	73	241	6.586	90	41	49	48	3	1.226
Israele	17.380	63	22	56	146	361	12.916	504	131	693	154	9	242	198	50	165	194	187	54	133	49	8	1.232
San Marino	15.608	92	37	53	90	12.228	51	291	115	412	1.416	9	96	199	22	80	133	29	11	18	61	7	187
Altri Paesi	298.902	5.826	4.980	9.230	19.266	20.292	13.722	34.008	14.024	50.166	7.357	1.346	24.306	11.098	5.608	22.132	18.571	6.191	2.271	3.920	3.216	656	26.907
Totale	6.134.100	211.998	146.142	450.158	562.938	265.103	204.401	510.552	176.144	641.772	181.016	97.973	364.123	384.738	130.217	826.116	226.732	134.761	54.327	80.434	47.806	8.228	563.182

Fonte: Migrantes-Rapporto Italiani nel Mondo. Elaborazione su dati AIRE.

Cittadini italiani iscritti all'AIRE su Popolazione residente nei Comuni con oltre 100 mila abitanti. Graduatoria per valori percentuali. Valori assoluti e percentuali. Anno 2024.

Comune iscrizione AIRE	Regione iscrizione AIRE	Provincia iscrizione AIRE	AIRE (01/01/2024) (a)	Popolazione residente (01/01/2024) (b)	% Iscritti AIRE su Pop. res. (a)/(b)*100
Trieste	Friuli Venezia Giulia	Trieste	33.977	199.400	17,0
Roma	Lazio	Roma	348.748	2.754.719	12,7
Trento	Trentino	Trento	14.522	118.886	12,2
Livorno	Toscana	Livorno	17.071	153.186	11,1
Bolzano/Bozen	Trentino	Bolzano/Bozen	9.519	106.564	8,9
Vicenza	Veneto	Vicenza	9.821	110.830	8,9
Genova	Liguria	Genova	49.032	561.947	8,7
Rimini	Emilia Romagna	Rimini	12.560	150.272	8,4
Siracusa	Sicilia	Siracusa	9.571	116.051	8,2
Bergamo	Lombardia	Bergamo	9.763	120.504	8,1
Catania	Sicilia	Catania	23.701	298.209	7,9
Venezia	Veneto	Venezia	19.840	250.369	7,9
Padova	Veneto	Padova	16.295	207.301	7,9
Torino	Piemonte	Torino	65.314	846.926	7,7
Milano	Lombardia	Milano	97.517	1.371.850	7,1
Pescara	Abruzzo	Pescara	8.410	118.634	7,1
Monza	Lombardia	Monza e della Brianza	8.409	123.121	6,8
Messina	Sicilia	Messina	14.743	217.895	6,8
Firenze	Toscana	Firenze	23.517	363.837	6,5
Bologna	Emilia Romagna	Bologna	24.679	390.518	6,3
Verona	Veneto	Verona	16.126	255.643	6,3
Cagliari	Sardegna	Cagliari	9.180	147.378	6,2
Palermo	Sicilia	Palermo	38.731	628.894	6,2
Brescia	Lombardia	Brescia	11.826	198.688	6,0
Piacenza	Emilia Romagna	Piacenza	6.097	103.121	5,9
Perugia	Umbria	Perugia	9.603	162.527	5,9
Napoli	Campania	Napoli	53.571	911.697	5,9
Bari	Puglia	Bari	18.428	316.212	5,8
Reggio di Calabria	Calabria	Reggio di Calabria	9.755	169.795	5,7
Novara	Piemonte	Novara	5.732	102.518	5,6
Salerno	Campania	Salerno	6.931	126.625	5,5
Terni	Umbria	Terni	5.797	106.677	5,4
Ferrara	Emilia Romagna	Ferrara	6.806	129.555	5,3
Modena	Emilia Romagna	Modena	9.335	185.009	5,0
Reggio nell'Emilia	Emilia Romagna	Reggio nell'Emilia	8.466	171.342	4,9
Parma	Emilia Romagna	Parma	9.508	198.496	4,8
Sassari	Sardegna	Sassari	5.535	120.875	4,6
Ravenna	Emilia Romagna	Ravenna	7.022	156.345	4,5
Taranto	Puglia	Taranto	7.722	186.798	4,1
Latina	Lazio	Latina	5.261	127.486	4,1
Forlì	Emilia Romagna	Forlì-Cesena	4.705	117.210	4,0
Foggia	Puglia	Foggia	4.569	145.723	3,1
Prato	Toscana	Prato	6.207	198.034	3,1
Giugliano in Campania	Campania	Napoli	3.131	123.998	2,5

I Comuni con oltre 100.000 mila abitanti in Italia sono 44.

Fonte: Migrantes-Rapporto Italiani nel Mondo. Elaborazione su dati AIRE e ISTAT.

Cittadini italiani iscritti all'AIRE su Popolazione residente nei Comuni tra 100 mila e 10 mila abitanti. Graduatoria per valori percentuali. Primi 50 Comuni. Valori assoluti e percentuali. Anno 2024.

Comune iscrizione AIRE	Regione iscrizione AIRE	Provincia iscrizione AIRE	AIRE (01/01/2024) (a)	Popolazione residente (01/01/2024) (b)	% Iscritti AIRE su Pop. res. (a)/(b)*100
Riesi	Sicilia	Caltanissetta	7.546	10.401	72,6
Barrafranca	Sicilia	Enna	8.223	11.617	70,8
Ravanusa	Sicilia	Agrigento	6.549	10.259	63,8
Palma di Montechiaro	Sicilia	Agrigento	12.196	21.336	57,2
Leonforte	Sicilia	Enna	6.486	12.183	53,2
Licata	Sicilia	Agrigento	17.437	34.189	51,0
Grammichele	Sicilia	Catania	5.286	12.405	42,6
San Giovanni in Fiore	Calabria	Cosenza	6.363	15.706	40,5
Borgo Valbelluna	Veneto	Belluno	5.457	13.476	40,5
Raffadali	Sicilia	Agrigento	4.631	11.855	39,1
San Cataldo	Sicilia	Caltanissetta	7.620	20.659	36,9
Taurisano	Puglia	Lecce	3.991	11.240	35,5
Gemona del Friuli	Friuli Venezia Giulia	Udine	3.678	10.520	35,0
San Nicandro Garganico	Puglia	Foggia	4.692	13.590	34,5
Ribera	Sicilia	Agrigento	6.050	17.761	34,1
San Marco in Lamis	Puglia	Foggia	4.199	12.470	33,7
Favara	Sicilia	Agrigento	10.574	31.451	33,6
Volpago del Montello	Veneto	Treviso	3.360	10.050	33,4
Randazzo	Sicilia	Catania	3.373	10.156	33,2
San Severino Marche	Marche	Macerata	3.890	11.893	32,7
Massa Lubrense	Campania	Napoli	4.634	14.186	32,7
Piazza Armerina	Sicilia	Enna	6.574	20.709	31,7
Nicosia	Sicilia	Enna	3.898	12.589	31,0
Lauria	Basilica	Potenza	3.456	11.775	29,4
Atessa	Abruzzo	Chieti	2.996	10.336	29,0
Campobello di Mazara	Sicilia	Trapani	3.269	11.340	28,8
Ugento	Puglia	Lecce	3.345	11.998	27,9
Ramacca	Sicilia	Catania	2.826	10.187	27,7
Montalto Uffugo	Calabria	Cosenza	5.517	20.087	27,5
Menfi	Sicilia	Agrigento	3.232	11.817	27,4
Adrano	Sicilia	Catania	9.115	33.720	27,0
Francofonte	Sicilia	Siracusa	3.100	11.676	26,6
Bronte	Sicilia	Catania	4.827	18.198	26,5
Acri	Calabria	Cosenza	4.734	18.574	25,5
Scalea	Calabria	Cosenza	2.882	11.427	25,2
Mazzarino	Sicilia	Caltanissetta	2.728	10.827	25,2
Porto Empedocle	Sicilia	Agrigento	3.915	15.584	25,1
Sedico	Veneto	Belluno	2.501	10.150	24,6
Rapallo	Liguria	Genova	7.210	29.420	24,5
Tolentino	Marche	Macerata	4.329	17.760	24,4
Lipari	Sicilia	Messina	3.080	12.685	24,3
Venosa	Basilicata	Potenza	2.616	10.782	24,3
Marostica	Veneto	Vicenza	3.368	14.033	24,0
Motta di Livenza	Veneto	Treviso	2.523	10.702	23,6
Castellammare del Golfo	Sicilia	Trapani	3.444	14.660	23,5
Palagonia	Sicilia	Catania	3.663	15.650	23,4
Vittorio Veneto	Veneto	Treviso	6.196	27.217	22,8
Taurianova	Calabria	Reggio di Calabria	3.360	14.788	22,7
Niscemi	Sicilia	Caltanissetta	5.610	24.810	22,6
Pachino	Sicilia	Siracusa	4.924	21.826	22,6
Altri Comuni			1.867.564	26.577.639	7,0
Totale			2.123.037	27.360.369	7,8

Fonte: Migrantes-Rapporto Italiani nel Mondo. Elaborazone su dati AIRE e ISTAT.

Cittadini italiani iscritti all'AIRE su Popolazione residente nei Comuni con meno di 10 mila abitanti. Graduatoria valori percentuali. Primi 50 Comuni. Valori assoluti e percentuali. Anno 2024.

Comune iscrizione AIRE	Regione iscrizione AIRE	Provincia iscrizione AIRE	AIRE (01/01/2024) (a)	Popolazione residente (01/01/2024) (b)	% Iscritti AIRE su Pop. res. (a)/(b)*100
Castelnuovo di Conza	Campania	Salerno	3.188	506	630,0
Carrega Ligure	Piemonte	Alessandria	348	82	424,4
Castelbottaccio	Molise	Campobasso	794	236	336,4
Briga Alta	Piemonte	Cuneo	119	41	290,2
San Biase	Molise	Campobasso	384	134	286,6
Acquaviva Platani	Sicilia	Caltanissetta	2.419	855	282,9
Soverzene	Veneto	Belluno	967	359	269,4
Gallo Matese	Campania	Caserta	1.214	455	266,8
Rosello	Abruzzo	Chieti	444	167	265,9
Santomenna	Campania	Salerno	1.026	387	265,1
Duronia	Molise	Campobasso	1.003	392	255,9
Borrello	Abruzzo	Chieti	876	355	246,8
Roio del Sangro	Abruzzo	Chieti	241	99	243,4
Paludi	Calabria	Cosenza	2.150	962	223,5
Castelvetere in Val Fortore	Campania	Benevento	2.115	961	220,1
Sant'Angelo Muxaro	Sicilia	Agrigento	2.559	1.168	219,1
San Pietro in Amantea	Calabria	Cosenza	998	469	212,8
Drenchia	Friuli Venezia Giulia	Udine	212	101	209,9
Morigerati	Campania	Salerno	1.222	597	204,7
Cairano	Campania	Avellino	583	288	202,4
Mongiardino Ligure	Piemonte	Alessandria	298	150	198,7
Civitacampomarano	Molise	Campobasso	573	291	196,9
Salle	Abruzzo	Pescara	509	260	195,8
Montorio nei Frentani	Molise	Campobasso	679	354	191,8
Castelnuovo di Ceva	Piemonte	Cuneo	197	103	191,3
Bobbio Pellice	Piemonte	Torino	1.007	536	187,9
Rorà	Piemonte	Torino	405	218	185,8
Scala Coeli	Calabria	Cosenza	1.442	778	185,3
Lupara	Molise	Campobasso	734	399	184,0
Basicò	Sicilia	Messina	1.166	634	183,9
Chiauci	Molise	Isernia	363	198	183,3
Perlo	Piemonte	Cuneo	196	107	183,2
Castelgrande	Basilicata	Potenza	1.474	805	183,1
Sant'Eufemia a Maiella	Abruzzo	Pescara	463	253	183,0
Pietrabbondante	Molise	Isernia	1.077	597	180,4
Corvara	Abruzzo	Pescara	379	212	178,8
Limina	Sicilia	Messina	1.292	727	177,7
Montemurro	Basilica	Potenza	1.861	1.059	175,7
Pettineo	Sicilia	Messina	2.174	1.241	175,2
Terravecchia	Calabria	Cosenza	1.004	576	174,3
Colledimacine	Abruzzo	Chieti	266	153	173,9
Cansano	Abruzzo	L'Aquila	370	214	172,9
Frisanco	Friuli V	Pordenone	1.002	588	170,4
Roccaforte Ligure	Piemonte	Alessandria	204	120	170,0
Casalattico	Lazio	Frosinone	884	524	168,7
Portofino	Liguria	Genova	609	361	168,7
Torre di Ruggiero	Calabria	Catanzaro	1.574	947	166,2
Tramonti di Sopra	Friuli Venezia Giulia	Pordenone	439	266	165,0
Giusvalla	Liguria	Savona	648	395	164,1
Posina	Veneto	Vicenza	917	572	160,3
Altri Comuni			5.800.952	35.891.752	16,2
Totale			5.848.020	35.914.004	16,3

Fonte: Migrantes-Rapporto Italiani nel Mondo. Elaborazone su dati AIRE e ISTAT.

Rapporto Italiani nel Mondo
Rivista della Fondazione Migrantes
Anno 2024

Direttore responsabile: Ivan Maffeis

Direttore: Pierpaolo Felicolo

Caporedattrice: Delfina Licata

Direzione e Redazione
Fondazione Migrantes
Via Aurelia 796 – 00165 Roma
Tel. 06.6617901
Fax 06.66179070
www.migrantes.it
rapportoitalianinelmondo@migrantes.it

Autorizzazione del Tribunale di Roma
n. 170/2013 del 25/06/2013

Finito di stampare per conto di Tau Editrice
nel mese di novembre 2024
da Industria Grafica Umbria S.r.l. - Todi (PG)

PER ORDINAZIONI E PRESENTAZIONI
Fondazione Migrantes
Via Aurelia, 796 - 00165 Roma - Tel. 06.6617901 - Fax 06.66179070
rapportoitalianinelmondo@migrantes.it
redazione@rapportoitalianinelmondo.it

Via Umbria, 148/7
06059 Todi (PG)
Tel. 075.8980433
www.taueditrice.it
info@editricetau.com